실존주의 상담 및 심리치료의 실제

Emmy van Deurzen 저 | 한재희 역

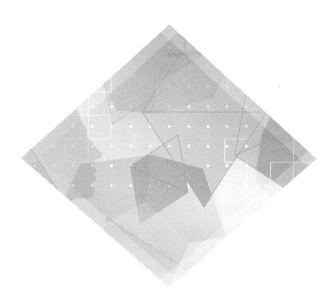

학지사

상담의 주제는 인간 존재와 삶에 대한 내용이다. 인간이 어떤 존재인지를 규명할 때 무엇보다 실존적 존재라는 사실은 그 누구도 부인하지 못할 것이다. 또한 우리 삶에서 궁극적으로 소외, 만남, 자유, 선택, 책임 등의 인간 실존에 대한 내용은 필수적인 요소들이다. 인간의 심리적 문제를 해결하고 성장을 돕는 상담학에 있어서도 1930년대 이후 실존주의 철학에 기반을 둔 존재론적 관점에서 인간 심리와 행동을 이해하려는 실존주의 상담에 대한 학문적 발달이 전개되었다. 그러나 실존주의 상담 및 심리치료는 실존적 가치관에 기반을 두고 있지만 단일화된 이론체계를 갖추고 있지 않다. 임상적 현장에서 실존주의 상담은 상담자 각자마다 혹은 학파에 따라 다양한 접근방식을 지니고 있다.

영국 실존분석학파의 대표적 상담자인 뒤르첸은 영국을 중심으로 실존심리치료 훈련과정 및 실존분석협회를 주도적으로 설립하였으며, 실존분석 심리치료를 체계적이고 활발하게 시행하였다. 이를 통해 그녀는 실존심리치료의 지평을 넓히는 선구적 업적을 이루었다. 뒤르첸은 인간의 삶을 쉽게 해결할 수 없는 딜레마와 모순, 갈등과 불안이 내재되어 있는 현장으로 정의하고 있다. 하지만 그녀는 이러한 삶의 현장에서 인간은 생존을 가능하게 만드는 삶의 기술과 내면적 가정을 직시하고 이에 대한 새로운 선택과 모험을 감행할 수 있는 힘을 여전히 소유하고 있는 존재임을 강조하고 있다. 뒤르첸에게 있어서 상담자는 내담자 스스로 가치 있는 삶에 대한 새로운 선택과 모험을 열어갈 수 있도록 투쟁을 도와주는 협력자이며, 내담자의 내면의 소리를 자신에게 상기시켜 주는 촉진자다.

이 책은 뒤르첸의 실존분석에 대한 대표적인 저서로서 실존심리치료의 실용적인 적용에 초점을 두고 있다. 실존주의적 접근에 대한 철학적 바탕과 함께 실존분석에서 상담자와 내담자의 관계, 상담자의 역할, 내담자에 대한 실존적 탐색, 상담의 목표와 과정, 꿈이나 상상, 의미와 의도 등을 활용한 상담적 기술 등을 구체적인 사례를 통해 제시해 주고 있다.

실존주의 상담은 인간 심리를 내적 충동이나 외적 환경의 산물로 보는 정신분석적 견해나 행동주의적 견해에 대한 비판으로 태동되었지만 결과적으로 기존의 상담이론들에게 많은 영향을 주었다. 이를 통해 실존주의적 관점은 대부분의 상담이론에서 자연스럽게 수용되고 있다. 그러나 실존주의 철학 및 가치관에 입각한 실존주의 상담 및 심리치료는 많은 경우 이론이 추상적이고 실제적 적용에 있어서 매우 모호하다는 평가를 받고 있다. 이 책은 이러한 모호성을 적절히 해결해 주며 상담학도들에게 실존심리치료의 실제적 적용을 위한 가이드를 제시해 줄 수 있으리라 생각한다.

오랜 시간 인간의 실존적 가치관에 기반을 두고 상담의 통합적 접근을 모색하고 시도해 온 역자 역시 이 책을 통해 실존분석적 안목에 대해 좀 더 구체적인 유익을 얻을 수 있었다. 상담학을 공부하는 좀 더 많은 분에게 실존분석을 소개하고 싶은 마음으로 망설임 끝에 이 책을 번역하고자 결심하였으나 예상했던 것보다 훨씬 더 힘겹고 어려운 과정이었음을 고백할 수밖에 없다. 이 책의 완역을 위해 끊임없이 격려해 주고 도움의 손길을 준 고마운 분들이 있었기에 가능했다. 또한 이름을 일일이 열거할 수는 없지만 강의시간을 통해, 또는 임상훈련을 통해 실존적 접근에 대한 피드백과 풍성한 상담적 지혜를 나누어 준 백석대학교 박사과정 학우들과 실존통합심리상담 임상훈련팀에 참여한 모든 분께 감사의 마음을 전하고 싶다. 끝으로 정해진 시간을 넘겼음에도 불구하고 완역에 이르기까지 묵묵히 기다려 주신 학지사 김진환 사장님과 편집부 직원들, 특히 이세희 선생님께 마음속 깊이 감사를 드린다.

2017. 4.

역자 한재희

 저자 서문

내가 이 책을 처음으로 저술한 때는 상담 및 심리치료가 영국에서 급격히 발달하던 1980년대 중반이었다. 그 당시 현존하는 철학들과 심리치료 사이에 직접적이고도 실용적인 연결성이 있는 교재가 없었기 때문에 나는 거의 10년 가까이 이러한 과목을 가르치면서 어려움을 겪었다. 나는 수련감독자가 되기 전, 1970년대에 정신과 병원과 심리치료 공동체에서 일을 하였다. 그리고 심리학적 훈련보다는 나 자신만의 철학적 훈련을 위주로 하는 개인적인 방법을 찾고 발달시켰다. 나는 빈스방거(Binswanger)나 보스(Boss)의 심리치료 방법과 같이 전 세계에서 활용되는 방법들에 몰두했고, 랭(Laing)의 작업에서 영감을 받았다. 그의 연구로 내가 '반정신의학적' 치료공동체와 위기상담센터에서 일하기 위해 10년 동안 거주했던 프랑스에서 영국으로 이주하게 되었다. 나는 곧바로 다른 사람이 연구한 것을 통해 방법을 찾기보다는 나만의 방법을 창출하기 위한 연구를 시도해야 한다는 결론을 내렸다. 따라서 1978년부터 줄곧 나 자신만의 실존적 심리치료를 연구하여 the Arbours Association, Antioch University, South West London College 등의 여러 기관에서 가르쳤으며, 또 이러한 주제와 관련된 모임에서 발표하기 시작하였다. 나는 여러 가지의 발표 자료와 도표를 만들었고, 나의 연구자료는 1980년대에 Windy Dryden이 발표한 책의 한 부분으로 포함되어 공식적으로 출판되었다. 실존주의 심리치료에 헌신한 출판인을 찾는 것 또한 매우 힘들었다. 감사하게도 당시 Sage Publications의 편집장이었던 Farrell Burnett 덕분에, 나의 계획은 길을 찾았다.

나는 드디어 1970년대 초 프랑스에서 나의 내담자들과 철학적으로 나누었던 생각들을 책으로 옮겨 쓴다는 생각에 도전적인 마음과 위안을 느꼈다. 나의 도전은 다른 사람들의 연구에 기반을 두기보다는 실제로 내가 믿고 행했던 것들을 기록

하는 것이었다. 반대로 나에게 있어서의 위안은 개인적으로 사람들에게 다가갈 수 있을 뿐만 아니라 그들이 이해하도록 올바로 전달하고 소통하는 것이 가능할 수 있다는 데 의미가 있다.

나의 아이디어들은 생활 속에서 공부하면서, 내담자들과 일하면서, 가르치면서, 감독하고 훈련시키면서 만들어졌다. 이는 현재도 지속적으로 마찬가지다. 직장동료들, 학생들, 내담자들, 슈퍼바이저들, 가족들과 친구들 모두에게 감사한 마음은 말로 표현할 수 없다. 내가 처음 이 책을 저술할 당시, 단지 나는 나의 입장에 대한 가능한 것들의 일부분을 드러내는 것으로 생각했으며, 많은 부분들이 보완되고 개정될 필요가 있다는 사실을 알고 있었다. 나는 이 책을 통해 실존분석과 관련된 협회와 실존주의 상담 및 심리치료의 교육과정을 발전시키며, 후속적으로 또 다른 책들을 저술하는 용기를 얻을 수 있으리라고는 상상도 못하였다. 또한 실존주의 심리치료가 이후 몇십 년 사이에 수많은 이들에게 흥미를 주고 실행 가능한 접근방법으로 영국뿐만 아니라 전 세계적으로 확장되리라는 사실을 전혀 알지 못했다.

이 연구적 발판을 위해 사람들이 모여서 끊임없이 실존주의적 사회에 대해 대화를 나누었던 것은 나에게 경이로운 경험이었다. 숙련된 수많은 전문가들이 자신만의 방법을 찾아내거나 열광적으로 실존주의 운동에 참여하였으며, 훈련과정을 통해 접촉하였다. 헌신적인 기관들 외에도 실존주의 심리치료를 핵심으로 하는 커리큘럼을 통해 수천 명의 새로운 실존주의 심리치료자들이 탄생하였다. 실존주의 심리치료는 이제 영국을 포함한 유럽의 여러 나라에서 잘 실행되고 있다. 이것에 대한 관심은 특히 덴마크, 스웨덴, 동유럽, 포르투갈, 아일랜드 그리고 그리스에서 활발하게 전개되고 있다. 또한 아시아, 라틴 아메리카, 호주 그리고 미국에도 이 연구를 하는 기관들이 있다. 이러한 운동은 자체적으로 분리되거나 갈등하는 역사를 지니고 있으며 실존주의적 작업이 어떠해야 하는지에 대해 건전한 의견 충돌이 있다. 우리는 이러한 대립이 계속 허용되어서 사람들의 대화와 토론을 통해 창의적으로 발전되기를 기대하고 있다. 만약 실존주의적으로 접근하는 방식이 경직되고 좁혀져서 하나의 고정된 신념으로만 보인다면 매우 부끄러운 모습이 될 것이다. 내가 항상 가치 있게 여기고 있을 뿐 아니라 많은 독자들이 이 책에 흥미를 느낄 수 있었던 이유는 이러한 접근방법의 자유로움과 열려 있는 솔직함 때문이다.

실존주의적 사고가 상담자들이나 심리치료사들과 같은 직업군과 연관성이 있고 도움을 줄 수 있다는 것은 매우 기쁜 일이다. 실존주의적 접근은 일종의 기술이나 경쟁이 아니라, 세상과 인류를 다르게 보는 방법일 뿐이며, 잘 숙련된 철학적인 방법을 통합시키는 것을 가능하게 만든다. 실존주의 심리치료를 받기 위해 진심으로 준비된 사람들은 대부분 자기 스스로에게 말하고 직접적으로 영감을 받는다. 그들은 흔히 자신이 오랫동안 분명히 표현하지 못하고 생각만 하고 있었던 것들을 표현할 수 있도록 만들어 준다고 느낀다. 사람들은 대부분 당연히 자신의 관점과 마음가짐이 결과적으로 자기 삶의 뼈대를 형성한다고 느낀다. 이 과정은 정신 내부에 갇혀 있는 사람들과는 달리 자신에 대해 좀 더 다르게 그리고 좀 더 개방적인 시각으로 자신에게 정말로 중요한 부분에 집중할 마음을 갖기 시작한 사람들에게도 동일하게 느껴지게 한다.

이 책에 있는 개념들은 여러 자료들로부터 나왔으며 나는 의도적으로 자료들을 깔끔하게 정리하여 이 책이 단순한 형태를 유지하도록 하였다. 내가 받았던 교육 및 수련과정 못지않게, 어린 시절 나의 성장배경은 실존적으로 볼 수 있는 나의 관점에 기여했다. 나의 부모인 Anna와 Arie의 폭넓은 종교관과 어렸을 때부터 경험했던 해외여행은 분명히 세상을 보는 나의 시각에 영향을 주었다. 그들이 나에게 인생에 대해 가르쳐 주었던 것에 대해 진심으로 감사하게 생각한다. 내가 좋아하는 소크라테스, 스피노자, 키르케고르, 니체, 하이데거, 사르트르 등과 같은 철학자들의 작품 또한 나에게 영감을 주었다. 여러 임상가들 역시 나에게 많은 영향을 주었고, 특히 프로이트, 빈스방거, 보스, 야스퍼스, 랭, 메이는 이 책을 쓸 당시 가장 영향력을 주었던 인물들이다.

이 책에 소개된 상담과 심리치료는 사람들의 삶에 있어서 딜레마를 대면할 수 있도록 도와주는 것을 수반한다. 이 책의 주제는 질병과 건강에 기반을 두고 언급하기보다는 도덕성과 인간성을 바탕으로 하여 이야기된다. 준거 틀은 의학, 사회학, 심리학적이기보다는 철학적이다. 이 책에서의 가정은 사람들이 자신의 문제점과 자신에 대한 감각을 이해하기 전에 인생에 대해 통찰력을 지녀야 한다는 것이다.

사람들은 흔히 위기에 처할 때 공허함과 인생에 대한 무지를 깨닫는다. 이러한 순간에 인생을 더 잘 이해하길 바라며 혼돈과 혼란 가운데에서 인생의 의미를 찾으려 한다. 많은 사람들이 오랫동안 추구해 온 인생에 대한 이해와 의미를 발견할 수 있도록 도와줄 사람을 찾을 수 없어 헤매게 된다. 어떤 사람들은 교회를 찾게 되고, 또 어떤 사람은 심리치료나 의료기관을 찾아간다. 소수의 어떤 사람들은 이 문제에 대해 종교적 혹은 의학적, 심리적인 어떤 것을 찾아가지 않고 운 좋게 자신을 도울 수 있는 전문가들을 만나기도 한다.

평범한 사람들이 의미 있는 방식으로 일상적 존재감을 획득할 수 있도록 도움을 주기 위한 단순하고도 현실적인 방법들은 이 책을 처음 마음속으로 구상했을 때부터 오랫동안 가지고 있었다. 여기에 할당된 페이지들은 실존주의적인 기본적 방법을 간단하게 소개하기 위한 시도였다. 내가 말하는 모든 것은 긴 시간에 걸쳐 여러 실존주의 철학자들이 밝힌 개념들을 실용적으로 적용한 것들이다. 참고자료인 철학자들의 개념을 통해 언급된 많은 인간 본성에 대한 통찰과 삶의 이해에 대한 지식은 지금까지 아직 손도 대지 못한 채 남아 있다. 실존분석 및 심리치료에 관련된 다양한 학파가 독립되어 격리되어 있거나 단지 이론적인 틀로만 남겨져 있다. 게다가, 실존주의적 접근방법의 언어는 상담자와 심리치료사들이 매우 싫어할 만큼 추상적이고 불가사의하며 관련 지식이 풍부해야 알 수 있는 것들이었다. 실존주의적 접근 중 일부는 정치적이며 사회적인 관점을 강조했지만 실행에 옮기기 위한 틀을 형성하는 데에 실패했다. 이 책은 이런 것들을 바꾸기 위한 첫 파동의 일부다.

실존주의적 개념의 실용적인 적용으로 보이는 인본주의적인 방법은 대부분 실증주의적 편견이 뒤따른다. 이러한 인본주의적 상담자는 주로 전문적인 기술 위주이고, 일반적으로 빠르고 실용적인 해답과 마법 같은 치료를 목표로 한다. 그 방법은 개인의 선택과 자유를 추구하며 자아실현과 개인적인 성장을 이루는 것을 강조한다. 이것은 미국의 인간 가능성 운동(Human potential movement)에 의한 결과물이며 최근 긍정심리학으로 되살아났다.

유럽의 실존주의 철학자들은 절대로 간단하고 편파적인 해답을 제안하지 않고, 오히려 인간의 복잡성을 더 주의하여 탐색하였다. 그들은 결코 인간의 딜레마를 해결할 수 있다는 오해를 불러일으키려고 의도하지 않았다. 그들은 저서를 통해서 어느 누구도 자기를 실현하는 개개인이 사는 지구상 낙원에 대한 전망을 결코 언급하지 않았다. 그들의 목표는 인생의 피할 수 없는 모순에 대한 통찰력을 얻고자 하였고 그 지식에서 힘을 얻으려 했다. 이 책은 유럽의 전통에 확고한 기반을 두었다. 이 책은 삶의 장애가 되는 문제점들에 대한 준거틀과 접근방법을 제공한다. 또한 어떤 기술보다는 생각하는 방식, 살아가는 방식, 일하는 방식을 제안한다.

나의 저술에 있어서 명료한 공식화와 비판적인 고려 사항을 위해 나와 가까운 사람들의 생각, 경험 그리고 통찰을 교환하고 논의할 수 있었던 것은 매우 중요했다. 현실에 대해서 글을 쓰려면 현실에서 도전받고 있는 것을 받아들여야만 한다. 변화하고 성장하는 나의 가족들은 이 책에서 다루는 인생과제에 관해서 나에게 항상 영감과 도전과 지지를 주는 근원이었다. 수십 년 동안 나의 가정의 변화는 변함없이 한 세대에서 배운 것들을 다음 세대에 물려주는 것에 대한 중요성을 인식하게 해 주었다. 이런 연유로 인해, 나는 이 책을 나의 자녀와 손주들에게 헌정하고자 한다. 그들은 현실적 기준이 되었을 뿐만 아니라, 정말 중요한 것이 무엇인지에 대해 집중하게 해 주었다. 또한 그들은 분명히 나의 마음이 자기만족 속에 빠져 있지 않도록 그리고 폐쇄적이 되지 않고 개방하도록 만들었다. 또한 이 책을 처음 썼을 당시 David Smith의 격려를 밝히고자 한다. 우리의 각자 길은 갈라졌지만, 초기 저술 작업에 있어서 그의 기여는 매우 컸다. 나의 남편인 Digby Tantam의 적극적인 도전과 지지는 여전히 인생에 대해 배울 수 있도록, 그리고 사랑과 창의적인 방법으로 삶을 살아갈 수 있도록 도와주었다. 우리의 관계적 친밀함은 이 책에 예시된 여러 가지 깊은 삶의 위기들 속에서도 살아갈 수 있게 도와주었다. 이 친밀함은 삶이 나락에 떨어져 있는 상태에서도 인간으로서 탐구하고 발달하는 것이 가능하다는 것을 가르쳐 주었다. 그리고 나에게 두려움의 가장 확실한 해결책은 사랑이라는 것 또한 알려 주었다.

　끝으로, 이 책을 완성할 수 있도록 도와준 학생들의 열의 또한 언급하는 것은 매우 당연하다고 생각된다. 여러 학생들과 교육생들의 지적과 의견은 나의 생각들을 집중시켰고 나는 이것에 대해 그들에게 감사한다.

　이 책의 새로운 버전을 위해 검토 중일 때, 나는 새롭게 개정해야 할 필요성과 이전 버전의 유익점을 유지하고 싶은 욕구 사이에서 균형을 잘 맞추어야만 했다. 나는 전체적으로 이전의 간단함을 계속 유지하기로 택했고 새로운 아이디어들은 다른 책들을 위해 보류했다. 이 책은 1980년대에 그랬던 것처럼 선구자적인 책이 될 것이고 실존주의적 방식을 자신의 작업에 도입하고 싶은 새로운 상담자들에게 길을 안내할 것이다. 이 책에 나오는 실존주의적 접근에 있어서 가장 명확한 메시지는 실존주의적 작업의 근본적인 목표는 사람들이 자신의 가치, 신념 그리고 삶의 목적을 재발견하는 것이다. 실존주의적 심리치료의 목적은 처음이든지 반복되든지 간에 자기 자신을 현실적으로 경험하는 것이다. 이것은 한계와 가능성에 비추어 자기 자신을 알고 자신이 가장 만족할 수 있는 인생과 진심으로 관계를 맺는 것이다. 나는 상담자들과 심리치료사들이 이 책을 통해 사람들이 발견하지 못하였던 삶의 목적과 의미를 좀 더 효과적으로 찾아갈 수 있도록 도와주며, 이러한 생각들을 실행에 옮길 수 있는 방법을 지속적으로 제시해 줄 수 있기를 희망한다.

　이 책은 대부분 이미 심리치료를 실행하고 있는 전문상담자들과 훈련받고 있는 수련생들을 위해 서술되었다. 따라서 이 책은 실존주의적 관점에서 내담자들에게 개입하는 자세한 방법적 개요를 보여 준다. 이러한 관점이 철학적일 뿐만 아니라 심리치료적으로 활용되었기 때문에, 이 책은 광의적인 관점에서 실존주의의 영향을 받은 사람이면 누구와도 연관이 있다. 이 책의 초점은 실용적인 적용에 있다.

　도입부에서는 실존주의적 접근에 있어서 근본적인 철학적 영향에 대해 간단하게 개관이 제공되었다. 이것은 많은 사람이 원했던 제3판에 추가되었던 항목이다.

　첫 장에서는 특정한 실존주의적 방법을 예술적 방식을 통해 묘사하였으며, 심리치료 회기를 예술교습(tutorial)에 비유하였다. 상담에 있어서의 심리치료사들의 목표와 책임에 대한 개요가 서술되어 있다.

두 번째 장에서는 심리치료사들과 내담자들 사이의 실제적 관계를 살펴보고, 실존주의 상담자 및 심리치료사들이 내담자들에게 어떤 영향을 주는지에 대해 기술하였다.

세 번째 장에서는 인간 경험의 4차원을 통해 작업하는 기초적인 모델을 보여 주고 있다. 각각의 차원에서 각각의 다른 도전들이 인식되고 대면되는 것에 대해 보여 준다.

네 번째 장에서는 사람들의 현재적 삶을 검토할 수 있도록 도와주는 것에 대한 중요성을 설명하였다. 나는 삶의 가정이 어떠한 방식으로 정의되고 이것이 어떻게 기본적인 가치와 재능으로 나타나는지에 대해 집중하였다.

다섯 번째 장에서는 심리치료 기법들이 더욱 유익하고 창의적으로 될 수 있는 것에 대해 탐구하였다. 이것은 감정, 의미, 꿈, 상상을 포함한 방법이다.

여섯 번째 장에서는 사람들이 바꾸는 것을 통하지 않고 현재적 삶의 배경에 저항하는 자신을 대면함으로써 격려될 수 있는 방식에 대해 숙고하였다. 어떤 일에 헌신하고 다른 사람들과 소통하는 것이 또한 어떻게 사람들의 만족스러운 삶을 만드는지에 대해 살펴보았다.

마지막으로, 아주 간단히 실존요법의 요약과 정의가 결론적으로 서술되었다. 이 부분은 주로 매우 철학적인 본성과 관련하여 실존주의적 실행에 대한 증거가 서술되었다. 이 책의 전반에 걸쳐서 이런 아이디어들이 어떻게 실행될 수 있는지에 대해 충분한 예시가 주어져 있다. 이러한 페이지들은 분명하게 내담자, 슈퍼바이저, 학생 그리고 수련생들의 작업에 기반이 되어 있다. 하지만 지속적으로 의미 있는 개인적 삶에 대한 탐색의 결과물이다. 이것은 미래를 향한 긴 항로의 첫걸음일 뿐이다.

차 례

실존치료의 기원

✸ 선구자: 소크라테스

소크라테스(Socrates)는 지혜를 추구하는 철학이 인간 본연의 삶을 더 풍요롭고 진실된 방법으로 살아갈 수 있게 하는 학문적 방법을 생각한 최초의 사람이었다. 그러므로 소크라테스는 당연히 실존치료와 상담의 기초를 세운 공로자로 인정되어야 한다. 그는 약 2,500년 전인 BC 4세기에 현재의 그리스 아테네에서 살았다. 그는 진리를 발견하기 위해 절대적으로 헌신하였으며, 사람들이 자신들의 생각과 존재방식을 더욱 잘 이해하고 자신들의 마음을 명료화할 수 있도록 돕는 방식으로 사람들과 대화하였다.

소크라테스는 자신을 산파에 비유하였고 자신의 방법론을 '생명을 탄생시킨다'라는 의미가 담겨 있는 '산파술(maieutic)'이라고 명명했다. 이는 소크라테스가 자신을 사람들의 영혼 속에 숨겨진 진리를 발견하도록 돕는 중재자로서 인식했기 때문이다. 문자 그대로 사람들이 진정으로 중요하고 본질적이며 올바른 것을 출산할 수 있도록 그들을 돕는 역할을 하는 것이다. 소크라테스가 열정적인 학생들이나 정치인들을 대상으로 그들이 추구해야 할 삶의 방식에 대해 철학적으로 연설할 때 그는 변증법적 과정으로써 철학적 대화의 방법을 개발하였다.

이러한 철학적 대화의 방법은 먼저 사람들로 하여금 중요한 주제에 대한 자신들의 관점과 신념을 최대한 표현하도록 하였다. 그 후에 그들에게 핵심적인 질문을 던짐으로써 그들이 그 주제에 대해 좀 더 주의 깊게 생각해 보도록 하였다. 또한 그들의 가정에 도전을 가하여, 논리와 명료성의 결여를 탐색할 수 있도록 하였다.

이러한 아이디어는 사람들을 자각하게 하였고 자신이 이전에 생각했던 것보다 더 위대한 지식과 통찰을 할 수 있다는 것을 보여 주었다. 소크라테스의 목표는 사람들이 예리하고 명료하게 사고할 수 있도록 돕는 것이었다. 사람들은 자신을 더욱 깊이 탐색해 보고 이전에 지녔던 생각을 반추해 볼 수 있도록 격려를 받으면, 스스로 눈을 떠서 진실을 추구하는 데 관심을 갖게 된다. 또한 그들은 올바른 삶을 추구하고 더 나은 사람이 된다. 소크라테스는 사람들로 하여금 최상의 것을 끌어내는 것을 목표로 하였다. 이를 위해 그는 반대되는 또 다른 의견을 제시하여 어리석음을 제거하고 도전을 견뎌낼 수 있는 진리를 체계적으로 구축해 가도록 변증법적 방법을 활용하였다.

실용주의자인 소크라테스는 채석공으로 일하기도 하였고, 한때 훌륭한 군인이기도 하였으나, 그는 소피아주의(sophism)를 강하게 반대하였다. 그 당시 소피아주의는 대중화된 논쟁 방법이면서 웅변술이었다. 소피아주의는 상대방과의 토론에서 승리하기 위하여 경쟁적인 논쟁의 방식을 활용하였다. 소피스트(sophist)들은 인간의 마음을 자신들이 원하는 방향으로 설득할 수 있다는 점에서 자부심을 느꼈다. 그리고 이러한 방법은 정치인과 권력자들이 반대 세력을 대항할 때 사용할 수 있도록 도움을 주었다. 소피아주의는 자신의 의견을 제시하는 초기 형태의 철학이라고 볼 수 있다. 그러나 소크라테스는 설령 그 생각들이 매력적이며 확신이 있고 강력하게 여겨질지라도 잘못된 해석과 옳지 못한 생각들을 사람들에게 제공하는 것은 잘못된 행위라는 사실을 보여 주었다. 그는 인간의 언어와 삶은 실제적이며 진실하고 지혜에 바탕을 두어야 한다고 주장했다.

소크라테스는 인간이 자신의 중요한 생각을 스스로 이해할 수 있도록 도움을 주어서 자력으로 사고하는 방법을 습득하게 하는 것을 목적으로 하였다. 그는 옳고 그름을 분별할 수 있는 소위 '미덕(virtue)'이라는 본연의 지혜를 통하여 보다 경각심을 가지고 신중한 방식으로 삶을 사는 것이 필요하다고 주장했다. 젊은 아테네인들에게 소크라테스의 영향력은 실로 엄청났는데, 이는 소크라테스와 젊은 귀족들과의 많은 대화가 수록되어 있는 플라톤의 글에서 잘 보여 준다. 소크라테스에게 가해진 비판 중 하나는 그가 젊은이들에게 당시의 기준이 되고 널리 수용되었던 도덕적 규범에 대해 새롭게 재고하고 이를 통해 도출된 자신만의 도덕을 따르라고 주장한 점이다. 이러한 것은 상당한 논란을 일으켰고 소크라테스는 결국 아테네 법정으로부터 사형선고를 받게 되었다. 소크라테스가 자신의 철학적 실행을 정당화한 연설(Plato, 2003)은 결국 아테네 법정이 사형 판결을 내리는 빌미를 주었다. 그는 이와 같은 판결을 겸허하게 받아들였으며, 감옥에서 그의 친구들에게 정의에 대한 갈망과 죽음의 덕에 대한 강의를 하면서 송솔나무 독약을 마시고 의연하게 죽었다. 그는 자신에 대한 성찰이 없는 인간의 삶은 가치가 없으며, 인간에게 가장 중요한 목적은 자신의 삶이 선과 악 어떤 것에 반응할 것인지 스스로에게 질문하는 것이라고 확신했다.

소크라테스는 델파이(Delphi) 오라클 선언, 즉 "소크라테스보다 현명한 자는 없다."라는 주장에 대해 자신을 스스로 지혜롭게 여기는 사람들보다는 더 현명하다는 의미로 해석했는데, 이는 그들과는 달리 소크라테스는 자신의 무지함을 알고 진리를 추구하기 때문이라고 생각했다. 또한 소크라테스는 시인과 예술가들뿐만 아니라 현명하고 유명하며 대중적인 권력이 있는 사람들에 대해서도 논쟁하였다. 소크라테스는 그들 역시 어느 면에 있어서는 잘못 지도하고 가식적이 될 수 있다고 주장하여 비난을 받았다. 게다가, 그는 신들을 신화로, 태양을 돌로, 달을 지구와 같다고 주장하였기 때문에 당시 종교적 가치에 분란을 야기하는 무신론자라는 비난을 받았다. 소크라테스는 당시 사람들이 지나치게 집착하고 있었던 돈과 명예 그리고 권력을 추구하는 행위를 경멸하였고 영혼의 성장을 위해 강조해야 할 때라고 확신하였다.

아마도 플라톤의 동굴 비유는 철학자가 어떤 존재인지에 대한 소크라테스의 생각을 가장 명확하게 드러내주고 있는 것이라 할 수 있다. 플라톤(2007)은 그의 저서 『공화국(republic)』에서 대부분의 사람들이 자신들의 삶 속으로 숨어버린 것을 비유하는 소크라테스의 동굴에 대해 잘 묘사하고 있다. 인간들은 사슬에 묶인 채 땅에 앉아서 끊임없이 반복되는 대상과 일들이 투사되는 공허한 벽을 쳐다보며 자신들이 무엇을 설명하고 있는지조차 모르면서 이것들에 대해 끊임없이 경쟁적으로 논의하고 있다. 사람들은 심지어 이러한 가짜 현실에 대하여 가장 잘 추측하는 사람들에게 상까지 주고 있다. 이와 같은 묘사는 사람들이 실질적으로는 경험한 적도 없는 사실에 대해 마치 전체를 아는 것처럼 강력하게 주장하는 현실세계의 삶의 모습과 매우 흡사하다. 다수의 인간들은 순종적으로 이 게임에 동참하여 진실된 삶을 잊고 있다. 소크라테스는 철학자가 사슬에 묶이지 않은 사람의 역할을 수행함으로써 사슬에 묶인 사람들을 구출해내어 빛으로 인도함으로써 진실을 직접적으로 체험케 해야 한다고 주장했다. 다시 말해, 철학자들의 역할은 앞서 언급한 사슬에 묶인 죄인들을 해방시키고 계몽하는 것이다. 진리는 결코 온전하게 파악될 수 없으며, 이러한 해방과 계몽에 대한 개념은 불가피하게 진리를 찾고자 하는 노력에 있어서 제한적일 수밖에 없다는 사실을 소크라테스는 인식하였다. 동굴비유는 소크라테스의 겸손함을 보완하는 범위 내에서 실존치료의 목적에 대한 매우 적절한 요약이라고 할 수 있다. 주목해야 될 또 다른 점은 동굴의 삶에 이미 익숙해진 대부분의 동굴 속 죄인들은 자유로워지고 빛을 대면하는 것에 대해 망설일 것이라는 점이다. 너무 급하게 강제로 외부의 빛에 노출될 경우 심지어 눈이 멀 수도 있다.

소크라테스는 이와 같은 점에 대해 누구보다 명확히 인식하고 있었고 진리를 추구하는 그의 헌신에는 매우 큰 확신이 있었지만 다른 사람을 대면시키는 일에 대해서는 주저하였다. 이와 유사하게 실존치료자는 자신의 내담자와 함께 가장 진실된 가능성을 위해 헌신을 다해야 한다. 이때, 주의해야 할 점은 아직 진실을 맞이할 준비가 되어 있지 않은 내담자에게 강요를 해서는 안 된다는 것이다. 즉, 무엇보다 중요한 원칙은 내담자가 자신이 얼마나 더 나아가고 싶은지에 대한 결정권을 갖고 있어야 한다는 점이다.

✺ 아테네, 로마 철학자로부터 실존철학까지

소크라테스의 선구자적 업적을 통해 지대한 영감을 받은 플라톤과 아리스토텔레스는 인간 존재에 대해 각자의 완벽한 철학적 사고를 완성하였다. 그들은 각각 자신만의 방법으로 아테네 철학을 가다듬었다. 이들은 소크라테스가 단순하게 제시했던 사람들의 상호작용 및 대화 방식들에 대한 생각들을 체계적으로 정리하고 새로운 도덕적 기준을 정립하였다. 이렇게 온전하게 정립된 철학적 시스템(philosophical system)과 이론들은 매우 매력적이며 우리에게 많은 시사점들을 제공한다. 하지만 그들은 상호작용 및 치료적 요소를 강조하지 않았기 때문에 실천적 적용의 안내자로서의 실존치료자적 측면과는 다소 거리가 있다. 이와 같은 차이는 그 후 철학적 사고를 더욱 발전시킨 로마 철학자들에게도 동일하게 적용된다. 루크레티우스(Lucretius), 에피쿠로스(Epicurus), 제노(Zeno), 세네카(Seneca), 에픽테토스(Epictetus), 마르쿠스 아우렐리우스(Marcus Aurelius) 및 플로티노스(Plotinus)와 같은 철학자들은 각자의 방식에 따라 매우 가치 있는 연구를 수행하였고, 이는 인간 존재와 심리적 변화에 관한 개념적 틀을 형성하였다. 대부분 그들 연구의 주된 목적은 인간 존재가 실패와 고통에서 오는 분노를 중단하거나 어려움을 대면하는 데 있어서 강건해지거나 매 순간 행복을 극대화시킬 수 있을 만큼의 충분한 거리를 두는 것이라 할 수 있다. 실존치료자들은 종종 이들의 저서에 많은 관심을 기울이지만, 어느 누구도 영혼이나 인간 존재에 대한 궁극적 진리를 대변하는 것으로 보고 있지는 않는다. 각각의 철학자들은 우리에게 실제에 대해 가능성 있는 해석의 한 모퉁이를 제공해 준다. 그러한 다양한 철학적 관점을 탐색하는 것은 내담자들의 다양한 세계관을 인식하기 위해 매우 유용하다.

 이어서 철학은 기독교 사상으로 대체되었으며, 토마스 아퀴나스(Thomas Aquinas) 및 오거스틴(Augustine)과 같은 학자들은 플라톤과 아리스토텔레스의 아테네 철학에 대한 개념을 활용하여 아테네의 사상을 기독교 교리로 통합시켰다. 기독교 교리는 사랑과 자비 등 최상의 긍정적 정서를 형성하면서 자신의 고통을 인내하는 로마의 표현형식에 기반을 두고 있다. 일반적으로 기독교 철학자들은 인간 해방보다는 통제적 방식에서 인간과 함께하는 것에 관심을 두었다. 수 세기 동안 교회는 인간들의 생각과 삶을 통제하고 잘못에 대한 판단 근거를 제공해 주었다. 이 시기의 철학은 절대적 종교를 보조하는 요소에 불과하였다. 그러나 에라스무스(Erasmus), 갈릴레오(Galileo), 데카르트(Descartes), 스피노자(Spinoza) 등의 철학자들이 나타난 르네상스 시기에 이르러 철학은 매우 객관적이고 과학적이 되었으며, 다른 세계관에 대한 확신과 새로운 도전으로 인해 모든 것이 변화되었다. 이는 결과적으로 경험주의와 계몽주의 사상을 지닌 합리주의 철학자들의 득세로 이어지게 되었다. 이에 따라 이 시기의 철학은 더욱 복잡성을 드러내었고 학문적 불일치로 야기되는 공적인 논쟁이 격화되었다. 볼테르(Voltaire), 루소(Rousseau), 칸트(Kant), 로크(Locke), 흄(Hume) 및 헤겔(Hegel) 등의 철학자들은 전인적 존재로서의 인간 존재를 정교하게 묘사하려는 새로운 철학적 이론을 추구하였다. 이들은 각자 나름대로의 명예와 유명세를 얻었다. 그러나 이들 중 누구도 젊은이들과 교류하거나 실존적 기술(existential skills)을 가르치고자 하는 데 특별한 관심을 두는 사람은 없었다. 이는 철학이 학문적 영역으로서의 출발점을 형성하게 되었다. 철학자들은 점점 더 현실 세계와는 거리를 두게 되었으며 철학자 당사자들뿐만 아니라 자연 학문과 적극적으로 경쟁하면서 논리적으로 합리성을 추구하는 것에 더욱 몰입하게 되었다. 그들은 객관적으로 보이는 것과 인류에게 중요한 새로운 아이디어를 제공하는 것에 대한 기여에 더욱 많은 관심을 갖게 되었다. 철학자들은 자연세계에서의 신대륙 발견에 비교되는 위대한 혁신적 아이디어를 발견하기에 최선의 노력을 기울였다. 19세기에 이르러 몇몇 철학자들이 이러한 게임에 염증을 느끼고 이와 같은 현상에 반기를 들기 시작하였다. 그들은 당시의 철학적 패턴을 부수고 진리추구와 사고적 예술로서의 철학을 표방하였다. 또한 그들은 단지 사고에 대한 것보다도 상상력에 호소를 하였다. 당시 주류 철학자들은 이들을 이단아로 규정하며 배척하였으나 이들은 자신들의 생각을 꿋꿋하게 견지하는 것을 두려워하지 않았다. 이들은 실천적 지혜를 추구하는 것이야말로 철학하는 목적이라고 주장하였으며 소크라테스 본래의 발자취를 따라가고자 하였다. 실존주의 심리치료자들은 이러한 용기와 신선한 철학적 분위기를 제공하고 실행한 자유의 철학자들에게 큰 빚을 지고 있다.

✿ 자유의 철학자들: 키르케고르와 니체

코펜하겐에서 살았던 쇠렌 키르케고르(Kierkegaard)는 실존주의 심리치료자들에게 매우 중요한 공헌을 하였다. 그는 자기 삶의 주관적 경험을 매우 주의 깊게 기술하였고 철학이 우리에게 평범한 사람들에게 자신의 삶에 대해 고찰할 수 있도록 도울 수 있다는 경험을 제공해 주었다. 북부 독일에서 생활했던 그는 아르투르 쇼펜하우어(Schopenhauer)처럼 부정적인 것은 긍정적인 것과 함께 고려되어야 한다는 견해를 지니고 있었다. 키르케고르는 인간에게 있어 무의미나 죽음에 대한 직면이 냉혹하게 불안과 절망으로 연결된다는 것을 발견하였다. 그는 이러한 경험들이나 이로부터의 회피야말로 인간 조건의 핵심이라고 믿었다. 사람들은 이러한 깊은 어둠을 용기 있게 직면할 수도 또는 회피하여 도망할 수도 있다. 또 다른 방법으로 그들은 낭떠러지 옆에서 마비되어 얼어붙어 있을 수도 있다. 그가 관찰했던 사람들의 대부분은 깊은 절망을 피하기 위하여 군중 속에 함몰되어 공동체나 타인이 그들에게 요구하고 예상하는 방식대로 느끼고 행동하였다. 이는 필연적으로 스스로 사고하는 것을 회피하는 결과를 초래하였다. 이것은 그들이 결코 중요한 문제의 핵심을 직면하지 못하고 무지 속으로 숨어버리는 것을 의미한다.

키르케고르는 우리가 삶의 일상적인 모순과 어려움을 명확하게 직면할 때 오히려 그것들을 해결할 수 있다고 주장했다. 그는 그의 독자들에게 삶의 고통과 갈등 그리고 모순에 대해 두려워하지 말고 용기 있게 맞서서 의심을 극복하고 믿음의 도약을 하라고 격려하였다. 그는 삶을 통한 변증법적 진행을 다시 한번 소개하였고 대다수의 사람들이 어떤 길을 걷고 있는지를 묘사하였다. 일반적으로 인간은 쾌락과 즐거움을 추구하면서 인생을 시작한다. 그러면 그들은 준행해야 할 법칙의 필요성을 발견하고 그들의 일을 책임감 있게 실행한다. 그러나 일정한 시간이 흐르면 의구심이 생기게 되며 반복되는 의구심을 통하여 스스로 생각하는 법을 깨닫게 된다. 궁극적으로 키르케고르는 우리가 믿음의 도약을 함으로써, 열정적인 삶에 헌신하기로 결정함으로써, 그리고 자유와 필요성의 긴장 속에서 용기 있게 일어서서 이러한 일을 수행하는 것이 올바른 일이라는 것을 확신함으로써 우리 스스로를 구원할 수 있다고 믿었다.

이런 적극적인 삶은 인생에 있어서 불안(angst)과 절망을 당당히 맞이하겠다는 것을 의미한다.

불안과 절망은 우주의 무한성과 인간의 유한성 사이에서 유발되는 역설적 긴장을 자각하게 될 때 자연스럽게 동반된다. 우리는 단지 죽을 수밖에 없는 피조물임에도 불구하고 여전히 영원과 끝없는 가능성 안에서 우주를 이해하고자 노력한다. 이것들에 대해 의식하는 것이 우리들의 선택과 책임감에 있어서 우리를 어지럽게 한다.

> 불안은 자유에 대한 현기증이다. 불안은 우리의 영혼이 합성을 사실로 가정할 때 자유에 대한 어지러움이다. 자유는 자체의 유한성으로 자신의 가능성을, 불안은 영혼이 유한성에 대한 지지로 영혼이 통합적으로 위치하고 자유가 그 본연의 가능성을 염두에 둘 때 야기되는 현상이다(Kierkegaard, 1844/1980: 61).

키르케고르가 제시하는 해결책은 불안과 절망으로부터 우리 자신들을 회피하는 것이 아니라, 오히려 그 반대로 그것들을 수용하고 용기 있는 태도로 함께 사는 것을 배우는 것이다. 키르케고르는 다음과 같은 유명한 말을 남겼다.

> "어느 누구라도 올바른 방법 안에서 고뇌하는 법을 배운 자는 궁극적인 것을 배운다(Kierkegaard, 1844/1980: 155)."

니체(Nietzsche) 역시 인간의 존재에 대해 적극적인 입장을 취했다. 그는 인간에게 있어서 고통은 피할 수 없을 뿐만 아니라 오히려 우리 자신을 발견하고 극복하기 위해 반드시 필요한 요소라고 보았다. 또한 고통은 우리 자신들이 진실과 용기와 강인함 안에 든든하게 세워지도록 깊은 뿌리를 내려준다. 우리 자신이 되게 하는 우리의 의지는 권능에 대한 의지다. 하지만 권능을 습득하는 것은 매우 어렵다.

위대한 고통에 대한 훈련, 오직 이러한 훈련만이 인간의 모든 발전을 창조했
다는 사실을 알지 못하는가?(Nietzsche, 1886/1989: 225)

키르케고르가 하나님과의 관계 회복이라는 기독교적 사상을 제시하였다면, 이
에 반해 니체는 인간이 이러한 사상을 제거하고 스스로의 안녕과 삶의 가치에 대
한 책임을 져야 한다는 것을 주장했다. 니체는 이러한 초인성(Übermensch) 안에서
인간 자신이 스스로를 극복하고 초월해야 한다고 생각했다. 그는 키르케고르와
마찬가지로 인간이 심층적 혼란과 대면하는 과정을 통해서 이루어져야 한다고 확
신했다.

인간은 동물과 초인(superman)과 사이에 묶여 있는 밧줄, 즉 혼란을 극복하
는 밧줄이다(Nietzsche, 1883/1933: 43-44).

이를 수행하기 위해 우리는 우리 자신의 운명을 용기 있게 확신하고 그것을 사
랑할 수 있는 힘을 발견해야만 한다. 이를 니체는 동일한 조건으로 윤회되어도 사
랑할 수 있는, 즉 운명을 사랑하는 운명애(amor fati)라고 하였다. 다시 말하자면
니체의 철학은 깊은 사고와 개인적 자유를 격려하였고, 키르케고르와 마찬가지로
실존주의 심리치료라는 방앗간에 풍부한 곡물을 제공하였다. 이 풍부한 곡물은
실존주의 심리치료자들에게 필수 도서 목록이라 할 수 있다.

✽ 하이데거와 실존주의 현상학

하이데거(Heidegger)의 저서 『존재와 시간(Being and Time)』(1927)은 인간 존재의
철학에 있어서 기념비적인 중요한 업적이었다. 하이데거는 이 저서에서 그의 스
승인 후설(Husserl)의 현상학적 방법론을 활용하여 인간 존재에 대해 매우 구체적
으로 설명할 수 있는 모든 저작들의 초석을 다졌다. 하이데거는 인간의 존재를 시

간 속에서 역동적이며 끊임없이 변화하는 존재로 설명하였다. 그는 실제적으로 인간을 시간이라고 규정하였으며, 따라서 인간은 과거에서 미래로 끊임없이 이동함으로써 결코 정지된 상태가 될 수 없다고 주장하였다. 그러므로 인간이 항상 '더 이상도 아니고 아직도 아닌' 것을 경험하는 것처럼 인간은 온전히 평온한 상태로 존재할 수 없다. 하이데거에 따르면, 인간 존재의 기본적 특성 중 하나는 불편함 (Unheimlichkeit, 문자적으로 '집으로부터 떠나 있는')이라는 특성이다. 우리는 이미 이전부터 있었고 우리가 떠난 후에도 여전히 그 상태로 남아 있을 이 세계 속에 던져졌다는 사실로부터 기인된 이러한 특성을 극복할 수 없다. 그럼에도 불구하고 우리는 언젠가 죽게 될 것이고 어느 면에서는 하루하루 조금씩 죽어간다는 인간의 가장 큰 제한성을 인지함으로써 삶에 자유로울 수 있다.

하이데거의 도전은 인간이 물리적 세상과 타인들에게 자신에 대한 지배를 허락함으로써 자기 스스로를 잃어버리게 되는 것을 멈추도록 하는 목적을 가지고 있었다. 우리는 다른 사람들 속에 자신을 내버려두거나 인계하는 것 대신에 과거의 사실과 현재의 상황 그리고 미래의 가능성에 대한 우리 자신의 평가 속에서 스스로를 세워 갈 수 있다. 이를 하이데거는 일종의 자기와 삶에 대한 자각인 'ec-stasy(standing out, 돋보이다)'로 정의했다. 이것은 우리에게 여러 방면으로 우리의 시간을 보여 주고 하나의 통찰력 있는 순간을 보여 준다. 하이데거는 모든 인간이 개별적으로 의식하는 개인적 소명을 경험하기를 원했으며 이것이 실존적 불안과 죄를 통해 나타남으로써 수행되는 방법을 보여 주었다. 이러한 맥락에서 하이데거는 어려움과 고난을 인간이 심층 속에 있는 자신에게 다가서는 필수불가결한 요소로 보았던 키르케고르와 니체를 따르고 있다. 오직 사실과 대면할 때야말로 우리는 진실과 실존에 개방적으로 다가설 수 있다.

이것은 우리가 스스로 완벽할 수 없고 항상 관계 속에 있는 인간임을 자각할 때 가능하다. 우리는 세상과 타인, 그리고 우리 자신에 대한 이미지와 생각들과 연결되어 있다. 이러한 것들은 우리의 좁은 선입견과 관심을 넘어서도록 도와준다. 인간 본연이 되는 핵심은 죽음의 현실성을 직면하고 가능한 한 자신이 되는 것이다. 이러한 현실성만이 우리가 타인들에 의해 좌우되고 하이데거가 언급한 익명의 '그들'로 취급되는 것으로부터 우리를 구원하고 자유롭게 하는 것이다. 우리가 우리 존재의 일시적 본성에 대한 심사숙고를 하지 않고 군중에 이끌리고 그들의 의견 속에 자신을 방치하면 우리는 자신의 가면적 특성을 극복할 수 있는 능력을 상실 하게 된다. 우리가 모조품 같은 우리의 특성을 넘어설 때 우리는 불안과 생명으로 충만한 생생함을 동시에 경험하게 된다.

> 죽음에 대한 열광적인 자유는 그 자체로 사실적이고 확실하면서도 고뇌하게
> 되는 '그들'의 환상으로부터 해방되는 자유다(Heidegger, 1927/1962: 266).

우리가 누구인가에 대해 진실해지는 것은 우리의 연결성에 대한 자각이다. 거 기에 있는 존재, 즉 현존재(Dasein)는 인간 자체이고 이것은 우리가 세상으로부터 단절된 존재가 아니며 세상과 늘 연결된 존재라는 것을 의미한다. 우리는 분리되 어 있지 않고 우리 외부의 사람들이나 사물과 연결되어 있다. 우리는 세상에 던져 진 존재로서 세상은 우리에게 매우 중요한 연관이 있으며 세상과 상호의존적인 관계이기 때문에 우리는 세상에 관심을 갖게 된다. 우리는 세상 없이 어떤 존재 도 될 수 없기에 자연스럽게 세상에 관심을 갖는다. 이러한 점에서 우리는 자신으 로부터 쉽게 소원하게 될 수 있을 뿐만 아니라 스스로를 속일 수도 있다. 우리 자 신을 깨우치며 자유롭게 하는 것은 매우 중요하다. 인간은 쉽게 자기기만에 빠져 세상에서 실제로 어떤 존재인지를 잊어버린다. 하이데거는 철학적 사고가 이러 한 망각에서 우리를 구원하며 우리를 심오하게 만들고 명상적인 생각으로 되돌아 가게 한다는 사실을 말하고 있다. 이는 우리가 세상을 조작하고 조정하려고 할 때 적용하는 합리적이고 계산적인 사고방식에 대항하는 것이다.

진실을 향한 길을 발견하는 것이 한 번 더 주제가 되었다. 의심의 여지없이 하이 데거의 업적은 프랑스 실존주의자들을 고무시켰을 뿐만 아니라 실존주의 심리치 료를 새롭게 정립하는 전 과정에서 유용한 수단이 되었다. 말년에 하이데거는 자 신의 초기 개념이었고 프랑스의 실존적 사고에서 항상 중요하게 남아 있었던 인 간의 결단력(Entschlossenheit)보다는 내맡김(Gelassenheit)에 대한 능력에 대해 더

많이 언급했다. 결단력과 내맡김의 개념들은 개방된 인간 존재를 좀 더 효과적으로 설명을 해 주고 있다. 다시 말해 그러한 개념들은 우리로 하여금 삶의 진정한 본질에 대해 좀 더 자각하게 만들어 준다.

결단력을 통해 우리는 과거를 회상하고 미래를 예측하면서 용감하게 존재의 한계에 맞서게 된다. 내맡기는 평온함을 통해 우리는 스스로 자신 너머에 있는 것에 이르도록 확장하고 뻗어나가도록 허용한다. 그리고 우리는 그것에 대해 스스로 순복하기에 충분할 만큼 그것을 의지한다. 우리는 우리 자신을 초월하여 존재 안에서 다시 현재적 자기 자신이 되게 하는 내맡김의 평온한 상태로 되게 한다. 하이데거는 또한 세상에 대한 우리의 감정이나 조율은 인간이 본연의 모습이 되기 위한 능력과 경험한 것을 분별해 주는 중심 요소라고 말했다.

🏵 사르트르와 실존주의자들

사르트르는 이러한 하이데거의 개념들을 받아들여서 그 개념들을 매우 구체적인 실존주의 철학으로 변화시켰다. 그의 실존주의 철학은 인간의 조건을 선택과 책임감에 기반으로 하는 것으로 보았다. 그는 '우리는 우리의 행위다'라고 언급했다(Sartre, 1943). 우리가 세계에서 어떠한 행동을 취할 때에만 우리는 어떤 현실을 갖게 되는 것이다. 우리는 세상에 적극적으로 참여해야만 한다, 그렇지 않으면 우리는 소멸되거나 무의미한 존재가 된다. 우리가 선택하지 않는 것은 우리의 삶을 선택하지 않는 것이다. 왜냐하면 선택하지 않는 것 또한 여전히 하나의 선택이고, 우리에게 책임감을 주기 때문이다.

사르트르는 존재론(존재의 과학)에 대한 하이데거의 생각들을 더욱 구체화시키고 존재적으로, 삶의 태도적 입장에서 재해석하였다. 사르트르는 그의 저서 『존재와 무』(Sartre, 1943)에서 인간은 순수한 자유(pure freedom), 순수한 무존재(pure nothingness)로서 어떠한 대상의 견고성을 획득하기 위해 중요한 존재가 되기를 갈망한다고 주장하였다. 이러한 이유로 인해 우리 모두는 삶의 중심에 있는 자기

기만(mauvaise foi)과 함께 나쁜 믿음 안에서 삶을 마감하게 된다. 우리는 우리 스스로가 아닌(우리의 역할 속에서 행동하거나 스스로를 심각하게 과장하는 것으로) 어떤 것으로 자신을 가장하거나, 실제로 본연의 자신이 아닌 어떤 모습으로 가장한다. 우리는 우리 스스로가 자신을 속이려고 하는 것만큼 서로를 어리석게 하려고 노력하면서 자신을 각인시키려 하지만, 실제적으로 우리는 절대 성공하지 못한다. 또한 우리는 언제나 본래적 자신이 아닌 것보다 자신의 본래적 모습에 대한 메스꺼움과 불편함을 느낀다. 우리는 어떤 역할을 흉내 내고 특정한 이념과 대상을 추구함으로써 행복을 추구하지만 이러한 것이 제대로 실행되지 않을 때 놀라고 당황한다. 우리는 어떻게든 이 목표를 성취하면 비로소 안심을 하고 한때나마 자신을 괜찮은 존재로서 스스로에 대해 만족감을 느낄 수 있을 것이라 생각한다. 그러나 삶은 그렇지 않다. 우리가 환상에서 깨어나 인생은 근본적으로 터무니없다는 사실을 자각하고 스스로의 의미를 찾아낼 때까지 거듭되는 실망을 경험해야만 한다.

　사르트르는 또한 우리가 세상을 변혁하고자 노력할 때, 우리의 감정을 조작하고 마술적으로 자신에게 적합한 감정에 빠져드는 방식에 대하여 설명하였다. 우리는 너무나 많은 속임수를 사용하며 우리 스스로 완벽할 수 있다는 믿음으로 종결하는 존재적 방식을 쉽게 가질 수 있다. 그러나 이것은 비극적인 실수다. 우리는 실제로 아무것도 아니며 그저 스스로 혼자 완벽하게 중요한 존재인 것처럼 가장할 뿐이다.

　메를로퐁티(Merleau Ponty), 카뮈(Camus), 보부아르(Beauvoir) 그리고 그 외의 여러 학자들은 이러한 생각을 더욱 확장시켰다. 메를로퐁티는 인간이 감각과 감정에 갇혀 벗어날 수 없다는 점에 특별한 관심을 두었다. 그는 인간이 언제나 세상에 의해 영향을 받고 조형될 뿐 아니라 동시에 돌이켜 세상에 영향을 주려 한다는 사실과 연관하여 양가적인 면을 주장하였다. 이것은 또한 우리가 우리 스스로에 대해 느끼는 방식에도 영향을 준다.

　　…… 필연적으로 우리 자신과의 접촉은 오직 모호한(양가적인) 영역에서만

일어난다(Merleau Ponty, 1945/1962: 381).

우리는 스스로의 그림자를 붙잡고 있지만 종종 하늘은 구름 한 점 없는 창공이다. 우리는 이러한 모든 복잡성에도 불구하고 자유를 위한 능력을 추구해야 한다. 비록 인간의 경험은 힘겹지만 정체되어 있는 것보다는 여전히 가치가 있다. 메를로퐁티는 사람들이 지니고 있는 무기력한 세계관을 극복하도록 하는 데 주의 깊은 관심을 보였다.

카뮈(Camus, 1942)는 인간의 존재를 불합리한 투쟁으로 바라보는 관점으로 더 나아갔다. 그에게 있어서 삶은 본질적으로 이해할 수 없는 것이기에 의미를 발견하는 것이 중요하지 않았다. 더 중요한 것은 존재의 본질적 자유를 붙잡는 것이며, 이러한 본질적 자유는 우리로 하여금 의미를 생성하거나 우리의 외부에서 의미를 발견하도록 한다. 그에게 있어서 의미는 모순에도 불구하고 가능한 것이 아니라 이와 같은 모순으로 인하여 의미가 가능하다고 주장하였다. 목적을 발견하는 것은 우리 자신의 과제인데 이는 우리를 위해 그 누구도 미리 준비해 주지 않기 때문이다. 우리의 투쟁은 시시포스의 과업처럼 매일 끝없이 반복되는 헛수고와 같이 보일 수도 있다. 그러나 우리가 만일 세밀한 것에 관심을 기울이고 마음의 상황적 특성을 이해하면서 우리가 경험적으로 만나는 우리 자신의 중요한 순간들을 창조한다면 우리는 일상적이고 존재의 미미한 그 경험을 통해 만족을 발견할 수 있다. 용기와 투지는 행복을 추구하는 것보다 훨씬 더 위대한 가치들이다.

보부아르는 이러한 관점에 동의하였으며 인간이 자신의 본질적 과업에 맞추어 스스로의 운명을 조형시키는 것을 보여 주었다. 이러한 과업과 개인적인 목표들은 재고되고 끊임없이 새로워져야 한다. 왜냐하면 우리는 스스로의 일상과 다른 사람들이 우리에게 부여한 역할에 쉽게 사로잡히기 때문이다. 보부아르는 우리가 자신의 본래적 과업과 연결할 수 있는 능력을 잃어버리면 자기 자신을 상실한다고 확신했다. 그녀는 우리가 살아가는 것이 힘들다고 변명하지 않고, 자신의 삶을 열정적으로 살아내는 것이 무엇보다도 중요하다고 생각하였다(Beauvoir, 1944). 인생은 매일매일 새로운 날들을 살아가는 것이다. 우리는 삶에서 마주치는 모호성, 위기, 갈등과 딜레마들을 직시하여야 한다. 그리고 우리 대부분은 자신만의 힘으로 많은 것을 이루어 낼 수 없기 때문에 대부분의 경우 다른 사람들과 동맹관계를 형성해야 할 필요가 있다.

실존주의는 구조주의자, 후기구조주의자 그리고 이후 포스트모더니스트들의 철학 등의 영향을 받았다. 이들은 하이데거 철학이 주는 함의를 각자의 방식으로 탐구하였다. 푸코(Foucault), 레비나스(Levinas), 리쾨르(Ricoeur), 데리다(Derrida) 등의 학자들은 기존의 진리와 개념들을 의문시하고 이의를 제기하는 것에서 의미심장하게 공헌하였다. 기존의 가정과 편견을 붕괴시키는 것은 실존주의 심리치료를 수행하는 데 있어서 중요한 부분이다. 그러나 이는 전체가 아닌 변증법적 과정의 한 부분이어야 하며, 의미와 진리 그리고 지혜를 탐구함으로써 새로운 균형을 이루어야 할 필요가 있는 것이다.

✷ 실존주의 심리치료의 재발견

이상과 같은 실존주의 철학의 활동과 더불어, 20세기 초부터 위에서 서술된 새로운 현상학적, 실존주의적 철학에 깊은 영향을 받은 임상가들에 의해 실존주의적 정신의학과 실존심리치료의 새로운 운동이 전개되었다.

독일의 정신과의사이자 이후 철학자로 변신한 카를 야스퍼스(Karl Jaspers)는 정신질환을 이해하기 위해 정신질환자의 경험을 기술하고자 했던 최초의 인물이었다. 그는 정신질환을 진단과 평가적 분류가 아닌 실존주의적 용어로 이해하려고 노력하였다. 그는 인간의 한계상황의 개념을 강조하였다. 그는 자연적 한계를 수용하는 것과 이러한 한계를 우리가 존재 가능한 범위로서 활용하는 방법의 중요성을 설명하였다. 사람들은 이러한 한계에 대한 직면을 회피한다. 그는 다음과 같이 언급하였다.

일상생활 속에서 우리는 종종 눈을 감고 마치 이들이 존재하지 않는 것처럼

살아간다. 우리는 언젠가 죽어야만 한다는 사실을 잊어버리고, 우리의 죄를 잊
어버리고, 우리가 기회의 자비에 놓여 있음을 잊는다(Jaspers, 1951: 20).

만약 우리가 한계를 직시한다면, 우리는 일어나서 삶 속으로 들어오게 된다. 만
약 우리가 이를 피하려 한다면, 우리는 추락하여 길을 잃게 된다. 우리의 어려움
과 고통은 이러한 한계를 대면하는 것이 전부이며, 바로 이러한 대면 속에서 우리
는 진정한 우리 자신이 된다. 그의 임상적 경험에 의하면 어떤 사람들은 이 한계
를 부정함으로써 문제 상황에 빠지게 되고, 또 어떤 사람들은 이로 인한 파멸감을
느낌으로 인해 문제 상황에 빠지게 되는 것을 보여 주었다. 어떠한 방식이든 이러
한 것 모두 경계와 현실 안에서 살아가는 것에 대한 실패다.

하이데거와 마찬가지로, 야스퍼스 역시 사람은 자기를 망각하는 경향성이 있다
고 생각했다. 우리는 지각 없이 현실을 피하고 싶어 하는 꿈으로부터 깨어날 필요
가 있다.

우리가 대면하고 경험하는 모든 것은 우리에게 인생이 무엇이며 무슨 목적을 지
녔는지에 대한 단서를 제공한다. 우리는 우리가 해석하고 이해할 수 있는 이러한
비밀스럽고 성스러운 교재로서의 암호들을 읽는 법을 배울 필요가 있다. 이것은
이 세상에서 그리고 타인들과 더불어 초인적 열정으로 우리의 인생을 살 수 있도
록 안내한다.

스위스의 정신과의사인 루트비히 빈스방거(Ludwig Binswanger, 1963)는 프로이
트(Freud)의 친구였지만 그의 견해에는 결코 동의하지 않았다. 그는 심리치료가
사람들로 하여금 자신들의 정신, 정열, 삶의 열정을 재발견하도록 돕는 것에 초점
이 맞추어져야 한다고 확신하였다. 그는 후설과 하이데거의 사상에 깊은 영감을
받아 자신의 연구를 '실존분석'이라고 부르기 시작하였다. 그는 공간과 시간 등 인
간세계에 대한 경험의 철학적 측면들에 초점을 맞추었고, 이를 해석하는 것이 아
니라 묘사하는 현상학적 원칙을 사용하였다. 그는 개인의 삶을 분석하기보다는
보다 잘 이해하기 위하여 개인의 세계관을 체계적으로 구성하였다. 그의 연구는
함께 훈련받은 그의 동료인 보스(Medard Boss, 1957)의 연구에 깊은 영향을 주었

다. 보스는 하이데거와 직접적으로 수년간 함께 일하였으며 자신의 방법론을 '현존재 분석(Daseinsanalysis)'이라고 칭하였다.

✱ 실존주의 심리치료의 부흥

이러한 실존치료의 조용한 시작은 더욱더 많은 사람들에게 영향을 미치기 시작하였다. 제2차 세계 대전은 인간 상황에 대한 공포와 불안의 분위기를 조성하였고 이러한 조건은 많은 사람들로 하여금 실존적 사상을 더욱 수용하도록 하였다. 이와 동시에, 틸리히(Tillich), 레빈(Lewin), 라이히(Reich), 아렌트(Arendt), 그리고 부버(Buber) 등의 유럽 학자들이 박해를 피해 미국과 이스라엘로 이주하여 유럽의 사상을 전 세계에 퍼뜨렸다. 그들의 영향력은 실존주의가 사람들의 상상을 사로잡은 종전 이후 더욱 커졌으며, 프랑스 실존주의 학자들은 전성기를 누리게 되었다. 빅터 프랭클(Viktor Frankl)은 자신의 가족들이 모두 살해당한 나치대학살(Holocaust)의 생존자로서, 심리치료의 한 형태인 실존치료에 대해 저술하였다. 프랭클은 자신의 실존치료가 당시에 광범위하게 퍼져 있는 마음의 위험한 상태인 의미의 공허를 사람들이 채울 수 있도록 도움을 줄 수 있다고 확신했다. 그는 이러한 심리치료를 로고테라피(logotherapy), 또는 의미요법이라고 불렀다. 어떤 학자들은 실존주의와 인본주의 사상을 결합시켰고, 또 다른 미국의 많은 학자들은 인본주의 심리학 운동을 창조했다. 로저스(Rogers), 매슬로(Maslow), 메이(May)와 같은 심리치료자들은 모두 야스퍼스, 틸리히, 사르트르 등 실존주의자들의 저서를 통해 많은 영향을 받았다. 메이(May)와 엘렌버거(Ellenberger) 그리고 앤젤(Angel)은 『Existence』(May et al., 1958)라는 제목의 핵심적인 책을 저술함으로써 이 개혁에 위대한 공헌을 하였다. 이 저서는 오늘날까지 실존치료자를 훈련시키는 지혜의 원천으로 여겨진다. 이 책은 또한 인본주의 심리학과 인간 잠재 능력 회복 운동을 일으킨 사람들에게 큰 영향을 주었다. 이 운동은 당시 지배적이었던 정신분석과 행동주의에 대항한 심리치료적 반박을 야기하였으며, 이는 심리학과 심리치료의 제3세력으로서 가능성 있는 대안을 만들어냈다. 인본주의 심리학은 결과적으로는 정신분석에 영향을 주었고, 이로 인해 정신분석은 현재적 관계와 지금-여기의 경험에 대해 보다 많이 개방하게 되었다. 또한 인본주의 심리학은 행동주의에도 영향을 주었으며 인지적 영역의 발전을 촉진시켰고 이로 인해 인지행동치료가 확립되었다. 사실상, 인지행동치료는 수년에 걸쳐 인본주의, 정신분석, 체계론, 실존주의로부터 많은 개념들을 도입하였다. 인지행동치료는 굳이 새로운 기법의 근거를 빌릴 필요 없이 이러한 개념들을 흡수하였다. 이것은 성공적인 통합과 다원주의의 아주 좋은 사례라 할 수 있다.

인본주의적 특성을 지닌 실존치료는 주로 미국에서 성행하였다. 이는 얄롬(Irvin Yalom, 1980)과 부젠털(James Bugental, 1981)의 연구를 통하여 알려졌고, 최근에는 슈나이더(Kirk Schneider, 2007)와 다른 학자들에 의해 더욱 강조되었다. 이 연구자들에게 미국 실증주의의 영향은 매우 지대하였다. 또한 인본주의 실존치료의 부흥은 인본주의 심리학의 새로운 분야인 긍정심리학의 등장과 긴밀한 연관을 지닌다. 1980년 얄롬의 핵심적인 저서인 『실존주의 심리치료(Existential Psychotherapy)』가 출판되었고, 이어서 다른 뛰어난 사례연구와 심리치료 소설들이 출간되었으며, 이것은 이 접근법에 대한 세계적인 관심을 이끌어 냈다.

유럽에서 새롭게 나타난 실존치료 운동은 이와는 다소 다른 특성을 지녔다. 이 운동은 1960년대와 1970년대에 시작되었고, 의심할 여지없이 랭(Ronald D. Laing)의 고무적인 연구(1960, 1961)에서 출발하였다. 그는 정신질환을 지닌 사람들의 상태를 의학적 개념이 아닌 철학적 개념들로 더 잘 이해될 수 있다고 주장하였다. 그는 정신분열 상태의 경험을 묘사하였으며, 이는 개인적 또는 사회적 갈등과 같은 특성으로 기술되었다. 그는 정신병적 증상으로 고통을 겪는 사람들의 이야기를 이해하려 할 때, 그 사람의 정치적, 가족적 맥락을 상당히 고려해야 하는 것에 대한 중요성을 보여 주었다. 그는 붕괴(breakdown)가 일종의 돌파구(breakthrough)를 마련하는 것이 된다고 생각하였으며, 주로 이중구속(double binding)에서 벗어나고 자신을 표출하려는 시도로서, 이로 인해 불편함을 겪는 다른 사람들에 의해 미친 사람들이라고 불린다고 주장하였다.

랭(Laing)은 연구의 기본적 토대로서 실존주의 철학과 현상학을 선택하였으며, 특히 사르트르의 연구, 그중에서도 사회-정치적 이론에 집중했다. 랭(Laing)과 그의 동료들은 사람들이 약물치료 없이 자신들의 정신건강의 문제들을 이겨 나갈 수 있도록 돕기 위해 실험적인 치료공동체를 설립했다. 이러한 시도는 정신건강 전문 분야에 종사하는 많은 사람들에게 깊은 감명을 주었으며, 잠시나마 마치 치료공동체가 기존의 정신병동을 성공적으로 대체할 수 있을 것처럼 보였다. 그러나 실존주의적 방식의 사회적 실험은 1980년대의 정책들로 인해 기존의 정신병동을 폐쇄하는 것으로 이어졌고, 이로 인해 정신질환을 앓던 많은 사람들이 춥고 실직한 상태로 내쫓겼고 때로는 노숙자로 전락하였다.

영국에서는 몇몇 소수의 사람들이 실존치료를 부흥시키고 재형성하기 위한 새로운 노력을 기울였다. 이들은 이 책의 초판(Deurzen-Smith, 1988)과 이후 지속적으로 간행된 본 저자의 출판물들(Deurzen, 1998, 2002, 2009, 2010; Deurzen-Smith, 1997)에 의해 많은 영향을 받았다. 이들은 함께 실존분석학회(Society for Existential Analysis)를 창설했고 학회 명의 저널도 창간했다. 하지만 영국에서 실존치료가 성공할 수 있었던 다른 중요한 요소는 의심할 여지없이 여러 곳에서 실존치료 훈련 과정을 개설한 것이다. 이 과정은 가장 먼저 Regent's College 그리고 그 후에는 New School of Psychotherapy and Counseling에서 개설되었다. 인내와 헌신 그리고 지속적으로 장애물을 극복함으로써 실존치료는 영국의 심리치료에서 핵심적인 분야가 되었다. 그리고 많은 저자들이 수년에 거쳐 자신들의 이론적 사상을 출판해냈고(Cohn, 1997, 2002; Du Plock, 1997; Strasser and Strasser, 1997; Tantam, 2002; Spinelli, 2005, 2007; Deurzen and Adams, 2011), 실존치료 운동은 스칸디나비아와 동유럽을 포함한 대륙 전역에 걸쳐 영향을 끼쳤다.

실존치료에 대한 다양한 시각과 다른 견해에 대한 설명은 믹 쿠퍼(Mick Cooper)가 저술한 『실존치료(Existential Therapies)』(2003) 또는 저자가 저술한 실존치료의 핸드북인『Everyday Mysteries』(Deurzen, 2010) 또는『Encyclopedia』(Deurzen and Kenward, 2005)에서 찾아볼 수 있다. 영국에서 실행되는 것과 같이 철학 상담(philosophical therapy)은 실존주의적 접근을 가장 잘 정의해 주고 있으며, 이는 실존치료의 전문가들의 숫자만큼이나 그 방식이 다양하게 실행된다. 그 이유는 이러한 치료 방식이 근본적으로 자유에 근거해 있기 때문이다. 따라서 이 책 또한 나의 철학적 교육으로부터 깊은 영향을 받은 실존주의적 심리치료에 대한 견해라는 사실을 염두에 두고 읽혀야 한다. 나는 소크라테스와 다른 저명한 실존주의 철학자들이 추구했던 방식 안에서 그들이 진리와 지혜를 위한 끈질긴 탐구적 접근의 방식에 기울어져 있다는 것을 기꺼이 밝힐 수 있다. 이러한 접근방식은 연구자들 간의 많은 토론과 비판을 통해 여러 해에 걸쳐 발전을 거듭해 왔다. 그리고 세계의 다른 지역과 문화로부터의 새로운 공헌으로 말미암아 현재의 국제적인 강력한 기반을 형성하게 되었다. 나는 이러한 상호접목하는 상호문화적 요인이 실존치료적 접근의 지속적인 진화를 이끌어 가는 가장 강력한 촉매제가 될 것이라는 사실을 확신한다. 향후 이러한 특성은 더욱 강화될 것이라는 사실과, 더 많은 사람들이 의학적인 방식 대신 철학적 방식으로 삶의 고통에 대해 생각하는 기쁨을 발견해 나갈 것이라는 사실을 확신한다.

〈표 1〉 실존주의적 철학자

자유주의 철학자	현상학자	실존주의자	포스트모던주의자	실존주의적 인본주의자
Søren Kierkegaard (1813~1855)	Franz Brentano (1838~1917)	Jean Paul Sartre (1905~1980)	Michel Foucault (1926~1984)	Martin Buber (1878~1965)
Friedrich Nietzsche (1844~1900)	Edmund Husserl (1859~1938)	Maurice Merleau Ponty (1908~1961)	Emmanuel Levinas (1905~1995)	Paul Tillich (1886~1965)
Arthur Schopenhauer (1788~1860)	Karl Jaspers (1883~1969)	Simone de Beauvior (1908~1986)	Paul Ricoeur (1913~2005)	Rollo May (1909~1994)
Fyodor Dostoyevsky (1821~1881)	Martin Heidegger (1889~1976)	Gabriel Marcel (1889~1973)	Jacques Lacan (1901~1981)	Hannah Arendt (1906~1975)

Karl Marx (1818~1883)	Max Scheler (1874~1928)	Albert Camus (1913~1960)	Jacques Derrida (1930~2004)	Abraham Maslow (1908~1970)

〈표 2〉 실존주의 심리치료자

초기 정신의학자	인본주의 심리학자	영국의 대체 심리치료자	최근 미국의 심리치료자	최근 영국의 심리치료자
Ludwig Binswanger (1881~1966)	Paul Tillich (1886~1965)	George Kelly (1905~1967)	James Bugental (1915~2008)	Hans Cohn (1916~2004)
Karl Jaspers (1883~1969)	Carl Rogers (1902~1987)	Aaron Esterson (1923~1999)	Thomas Szasz (1920~)	Freddie Strasser (1924~2008)
Eugene Minkowski (1885~1972)	Rollo May (1909~1994)	Ronald Laing (1927~1989)	Irvin Yalom (1931~)	Ernesto Spinelli (1949~)
Medard Boss (1904~1990)	Viktor Frankl (1905~1997)	David Cooper (1931~1986)	Kirk Schneider (1956~)	Emmy van Deurzen (1951~)

제1장

목적 및 기본 구조

✻ 기본적 가설

기본적 가설은 사람들이 의심 없이 진실이라고 받아들이고 있는 생각을 말한다. 모든 상담 및 심리치료의 접근방식은 인생과 세상 그리고 인간에 관한 일련의 신념과 사상에 기반하고 있다. 이런 관념들은 접근방식에 있어서 매우 본질적인 것이기에 쉽게 간과될 수 있다. 기본적 가정은 명시적이기보다는 내재적이다. 심리치료사들이 수행하는 모든 개입들은 미묘한 방식이로든, 덜 미묘한 방식으로든 기본적 가정을 표출하고 있다.

기본적으로 타인을 이해할 수 있다는 신념을 비롯한 어떤 기본적 가정들은 모든 심리치료적 접근에서 공유되고 있다. 특별히 어떤 기본적 가정은 상담 및 심리치료에 있어서 특정한 관점과 관련이 있다. 기본적 가정을 가지지 않는 접근방식은 존재하지 않는다. 어떠한 접근방식도 그 과정에 있어서 기본적 가정들이 전달되지 않은 채로 이루어질 수는 없다.

내담자들은 접근방식의 기본적 가정을 수용할 수 있다고 느끼는 범위 안에서만 혜택을 얻을 수 있다. 일반적으로 내담자가 자신의 저항을 기꺼이 실험해 보려고 하지 않는다면 정신분석적 접근의 작업을 통해서는 어떠한 혜택도 얻지 못한다는 것은 충분히 입증된 사실이다. 이것은 내담자가 분석적 접근이 내포하는 가정을 수용한다는 것을 의미한다. 이러한 기본적 가정은 심리학적 과정을 강조하는 용어 안에서, 모든 태도와 생각이 중요한 의미를 지니고 있음으로 말미암아 세밀하게 조사되는 것이 유용하다. 내담자가 무의식적으로 자신의 생각과 행동이 형성된다는 것을 받아들이지 못한다면, 그 내담자는 정신분석을 통해 도움을 받을 수 없다.

이와 유사하게, 내담자가 새로운 기술과 사고 패턴을 습득하여 이를 적극적으로 활용하는 것의 중요성을 알지 못한다면 인지적 방법이나 행동적 방법으로부터 도움을 받을 수 없다. 다시 말해, 인지-행동적 접근방식으로부터 유익을 얻기 위해서 내담자는 사람이 어떤 특정한 방식을 통해 생각하고 행동을 학습하며 재학습을 통해 이러한 패턴을 교정할 수 있다는 가정을 받아들여야만 한다.

내담자는 사람이 자기 자신에 대해 책임질 수 있으며 또한 책임져야 한다는 가정에 동의하는 범위 안에서 인간중심적 상담의 접근으로부터 도움을 받을 수 있다. 더 나아가, 내담자는 자신의 감정을 드러내는 것이 유익하고 필요하다는 생각에 동의해야만 한다. 그렇지 않고 해결책을 찾는 모든 책임이 상담자에게 있다고 가정하여 자신의 속마음을 드러내지 않고 수동적으로 임하는 내담자들은 인간중심적 접근을 통해 유익함을 얻기 어려울 것이다.

그러므로 실존주의적 관점에 있어서도, 기본적 가정에 대한 인식은 상담자와 내담자 모두에게 중요한 것으로 여겨진다. 내담자가 실존주의적 원리들에 대한 신뢰가 있을 때 비로소 내담자가 치료과정에 전적으로 임할 수 있게 된다. 내담자가 앞으로 어떤 일이 일어나게 될 것인지에 대해 이해하는 기회와 그 과정의 정당성에 대한 확신을 갖게 될 때 비로소 전적으로 협력하게 될 것을 예상할 수 있다.

어떤 내담자들은 상담자의 행동이나 표현을 따라 하고 은연중에 모방함으로써 상담자의 내재적 가정을 깊이 있게 흡수한다. 실존주의적 관점에서 볼 때, 이러한 일들은 내담자가 다른 가능한 대안에 대해 생각하지 않는다면 도움이 되지 않는 것으로 여겨진다. 실존주의적 접근방식은 내담자가 자신의 삶이나 삶에 대한 태도에 있어서 적절한 정보를 통해 선택할 수 있는 능력에 대한 중요성을 가정한다.

이는 상담자가 자신의 전문성과 개인적 가정을 분명하게 인식하는 것에 대한 필요성을 강조한다. 철학적 명료성은 실존주의적 접근방식에 있어서 가장 기본적인 필수조건이다. 상담자가 내담자 자신의 태도와 목표를 명료화하도록 도와주기 위해서는 상담자가 먼저 주의 깊은 관심을 통해 자기 자신을 성찰하여야 한다.

실제에 있어서 대부분의 경우, 상담자들은 자신의 의도와 가정에 대해 명확히 인식하지 못한다. 그들은 단순히 임상훈련의 초기 과정에서 이러한 것들을 제공받았기에 이렇게 흡수한 방식들을 가지고 상담을 진행하고 있는 자신을 발견하게 된다. 그들은 내담자에게 도움을 주고 싶어 하기에 종종 매력적이고 효과적으로 보이는 다양한 기법들을 사용하고 있는 것을 스스로 알고 있다. 가급적 전문적으로 유연성 있는 모습이 되려는 목적으로 절충적 또는 통합적인 입장을 취하기도 한다. 그러나 불행하게도, 그들이 통합하려는 여러 가지 다른 접근방식들은 서로 전혀 다른 기본적 가정을 가지고 있을 수 있다.

단지 1분 동안 내담자의 주도적인 의견에 따른 후, 그 내담자에게 곧바로 과제를 내주는 것은 분명히 모순적이다. 처음에는 내담자의 자율성에 대한 가치를 강조하는 가정으로 시작하다가 곧이어 내담자의 복종에 대한 필요성을 가정하고 있기 때문이다. 같은 맥락으로 상담자가 상담 회기에서 내담자로 하여금 분노 감정을 표출하도록 매우 강하게 용기를 주고 나서, 나중에는 미성숙한 감정적 표현을 내담자가 상대방과의 끊이지 않는 갈등의 원인으로 해석하는 것은 서로 충돌하는 것을 의미한다. 이 같은 경우에는, 감정표현이 치료적 힘이라는 처음의 가정과 이성과 절제의 우월성에 대한 마지막 가정 사이에 노골적인 모순이 나타난다.

만일 상담자가 풍부한 경험과 창의성을 통해 다른 접근방식들과 가정들을 충분히 녹여서 새롭고 일관적인 종합적 방식을 형성하지 못한다면 결과는 매우 혼란스럽게 될 것이다. 내담자들이 생각하기에 삶은 매우 혼란스럽고, 상담에서 임상가는 어느 방향을 따라야 할지 전혀 알지 못하고 있다는 메시지만 얻었다고 할 것이다. 종종 이러한 방식으로 전달되는 또 다른 기본적 가정은, 상담과 인생은 우연적이라는 것과 가능한 최선의 방법은 호소력 있게 보이거나 특정한 시기에 유행하는 것을 따라야 한다는 가정이다. 내담자들은 이러한 다원주의적인 방식으로부터 단지 우연적이고 우발적인 인생관으로 인해 편안한 마음을 갖는 정도의 유익만 얻게 될 것이다.

상담과 심리치료에 있어서 실존주의적 접근은 여러 측면에서 절충적 방식과는 반대되면서도, 어느 면에서 통합적 심리치료의 형태다. 기술, 전략, 묘안의 다양성은 그 자체로 오히려 도움보다는 해가 될 수 있다고 가정될 뿐 아니라, 상담자가 상담 작업의 통합적 기초를 형성하는 삶의 법칙과 자신의 방향성에 대한 명확한 인식을 갖는 것이 가장 중요하게 여겨진다. 상담자에게 있어서 실존주의적 접근의 출발점은 인생과 삶에 대한 자신의 관점을 명확하게 하는 것이다. 자신의 기본적 가정을 깊이 있게 탐색하는 것은 일반적으로 가능한 대안들에 대한 지식을 수반한다. 상담자가 인생을 이해하는 것을 우선순위에 둘 때 비로소 실존주의적이 될 수 있다. 실존주의적 관점에 따르면 내담자는 인생의 본질적인 문제와 삶 속에서 발생하는 의문에 대해 깊이 고민해 온 상담자를 신뢰한다. 상담자는 다른 사람들이 자신의 삶을 분명히 이해할 수 있도록 돕기 위하여 자신이 먼저 충분한 명확성에 도달해야 한다. 상담자는 다른 관점들을 각각 이해하면서 수용할 수 있도록 충분히 폭넓은 관점을 가져야만 한다.

실존주의적 접근의 모든 가정 중에서 가장 기본적인 것은 바로 인생을 이해하는 것과 삶을 더욱 명료하게 이해할 수 있도록 좋은 감각을 형성하는 것이 가능하다는 것이다. 더욱 강력하게 언급하자면, 사람들이 자신의 삶을 반추하고 자신의 경험을 체계화시킬 수 있도록 만드는 일관적인 참조체계를 가지는 것이 가장 본질적이라는 것이다.

상담 또는 심리치료를 받기 위해 오는 내담자들은 종종 인생 또는 삶의 어떤 측면들을 이해할 수 없어서 혼란스러워한다. 그들은 자주 두 가지 또는 그 이상의 서로 다른 대립적인 삶의 관점들을 수용하기 위해 갈등한다. 인생을 이해하는 기존의 방식이 새로운 도약이나 위기 속에서는 더 이상 유효하지 못하다는 것을 발견했을 수도 있다. 실존주의적 상담 또는 실존심리치료는 삶을 의미 있게 만들 수 있는 것에 대해 탐구하는 과정으로 여겨질 수 있다. 내담자들이 경험하는 절망과 무능감은 삶의 의미를 찾는 여정에 있어서 필수적인 첫 시작 단계로 여겨진다. 이 여정은 내담자가 중요한 문제들에 대해 점검하고 자기 자신의 기본적 가정에 대한 의문을 가질 준비가 되어 있을 때 비로소 수행될 수 있다.

그러므로 내담자 스스로가 생생한 이슈들을 점검하고 인생과 합의하기 위한 근본적인 헌신의 마음을 가지고 상담 회기에 참여할 때 비로소 실존주의적 방식으로부터 도움을 받을 수 있다. 만약 어떤 특별한 증상을 제거하거나 문제를 해결하는 것이 내담자가 원하는 전부일 뿐이고 실존적 현상에 관해서는 다루고 싶어 하지 않는다면, 내담자는 실존주의적 접근을 통해 최상의 유익을 얻을 수 없을 것이다. 물론 이는 내담자가 자발적으로 자유로운 선택을 통해 상담에 와야 한다는 것을 내포한다. 실존주의적 방법은 내담자의 적극적인 참여와 혼자서는 수행할 수 없었던 자기 자신과 자신의 삶을 대면해 보고자 하는 정직한 의도를 전제로 한다.

사 례

실존주의적 접근에 대한 적절성과 부적절성에 관한 설명은 레오나르도와 제임스의 경험을 통해 살펴볼 수 있다. 레오나르도는 상담에 대한 모험을 하지 말라는 조언에도 불구하고 상담과정에 적극적으로 온전히 참여했다. 절박한 동기와 전적인 헌신의 힘으로 레오나르도는 실존주의적 접근으로부터 많은 도움을 받을 수 있었다. 제임스의 경우는 그 반대였다. 그는 자기성찰에 대한 의욕이 전혀 없었음에도 불구하고 상담자에게 위탁되었다. 그는 도움을 필요로 하는 충분히 많은 이유가 있었음에도 불구하고 이러한 자신의 상황을 인생의 문제로 여기고 싶어 하지 않았다. 실존주의적 접근은 제임스에게는 적절하지 않았다.

레오나르도는 47세 남성으로 암으로 인해 죽어가고 있었다. 가족과 친척들은 레오나르도에게 의학적 진단을 비밀로 했으며 그가 마치 모든 상황이 다시 좋아질 것처럼 믿기를 바랐다. 그러나 오래 지나지 않아서 레오나르도는 이러한 사실들을 알아차렸고, 곧 닥칠 죽음을 맞이하기 전에 자기 인생을 뒤돌아보고 평가하기로 결정을 내렸다. 그는 종교적인 신념에 대한 확신이 없었기에 고해성사를 선택하지 않았다. 그는 어처구니없어 보이는 자기 인생을 이해하기 위하여 매우 강하게 도움 받기를 주장했기 때문에 결국 상담사에게 위탁되었다.

인생을 다시 생각해 보거나 변화를 만들기 위한 시간은 충분하지 않았으며, 극적으로 새롭게 시작하는 것도 불가능했다. 레오나르도가 살 수 있는 날은 3개월도 남아 있지 않았다. 낭비한 많은 시간들에 대해 적절한 설명을 찾는 것이 그가 원하는 전부였다. 그의 삶 전체를 통해 교묘하게 회피해 온 것처럼 보이는 것들을 절망적으로 찾고 싶어 했다. 그것은 바로 그가 살아 있다는 사실이었다. 레오나르도가 뒤늦게 깨달은 것은 그의 모든 노력들은 일종의 롤러코스터와 같이 생각한 인생 안에서 이루어졌다는 것이다. 이 놀이기구는 마치 끝없이 탈 수 있고 최대한 자기 인생을 즐길 수 있는 것처럼 보였다. 실제적인 즐거움은 이제 그에게 헛된 것으로 보였으며 그것은 오히려 질병을 일으키는 원인이 되었다는 사실을 알았다. 바빴던 일상, 흡연, 음주는 이제 단지 자신의 삶을 멈추게 하는 원인처럼 보였다.

레오나르도의 말에 따르면 그의 삶에서 마치 자기 자신의 그림자로 산 것과 마찬가지라고 했다. 그의 '인생보다 더욱 큰' 삶의 스타일은 자기 스스로와 가까이 대면할 길을 막아버렸다. 그는 자신이 하고 있는 것들이 옳은지 그른지 스스로 자문해 본 적이 없었다. 그럭저럭 살았을 뿐이었다. 그는 레오나르도 자신의 인생을 산다고 살아왔지만 죽을 때가 되어서야 비로소 그 삶이 자기가 살기를 원했던 삶인지에 대해 고민하게 되었다.

비록 그는 질병이 이전에는 의심할 여지가 없었던 것들에 대해 질문할 수 있도록 도움을 주고 있다는 사실에 대해 기쁘기도 했지만, 철저한 절망과 무의미한 감각 속에 빠져 있었다. 그는 모든 것이 곧 회복될 것처럼 가식적으로 행동해 주기를 소망하는 가족들과 친구들의 위선이 혐오스러웠다. 이것은 그가 이전에 보였던 태도인 강요적 낙천주의와 편협한 쾌락주의의 전형적인 예가 되었다. 그는 상담과정 속에서 이러한 것들의 거짓된 속성을 죽기 전에 발견할 수 있기를 소망했다.

철학적 고찰과 자기성찰의 과정을 시작한 이후 레오나르도는 그가 살아온 인생에 대해 평온함을 가지게 되었다. 그는 자신이 대부분의 사람들이 살아온 방식 그대로 생활했다는 것, 즉 인생이 끝없이 영원한 것처럼 생각되어 삶의 열정을 상실한 채 살았다는 것을 깨달았다. 그는 종말을 향해가는 지금이 현실을 가치 있게 해주는 죽음을 필사적으로 부인하려는 시도에 대해 이해할 수 있었다. 그가 절박하게 이러한 문제들과 씨름할 때, 최후 몇 주는 그에게 있어서 가장 열정적인 경험을 하는 시간이 되었다.

그는 가장 가까운 친구들과 가족들에게 이런 문제들에 대해 얘기하기로 결정했고, 그들의 격정적인 반응들로 인해 당황했다. 비록 그들 중 많은 사람들이 직설적인 방법으로 삶과 죽음에 대해 논의하는 것을 거부하였지만, 그는 또한 이전에는 가능하지 않았던 깊은 친밀감과 심층적인 상호작용을 발견하였다. 레오나르도가 죽기 얼마 전 자신을 '행운의 사람'이라고 고백한 것은 대가 없이 나온 말이 아니었다. 그는 자신의 불치병을 최상의 기회로 활용했다. 비록 죽음을 앞둔 채 깊이 있는 인생을 시작하기에는 조금 늦었지만, 그는 결코 늦지 않았다는 것을 깨달았다. 심각한 육체적 고통에도 불구하고 레오나르도는 품위 있게 삶을 마감했다. 그의 인생에서 최후의 몇 주는 주변에 있는 여러 사람들에게 상당한 영향을 끼쳤다. 실존주의 상담은 그가 더욱 강력하게 삶의 주제들을 다룰 수 있도록 가능하게 하였다. 만일 그가 자기 과거의 모습에 대한 혐오 속에 머물러 있었다면 가능하지 못했을 것이었다. 물론 실존주의 상담을 추구한 것은 주변의 다른 방식을 통해서가 아닌 바로 레오나르도 자신의 선택이었다.

제임스의 경우는 정확히 그 반대였다. 그는 상담소를 적극적으로 찾지 않았고 상담을 원하지도 않았다. 그는 단지 불쾌한 증상만이 치유되길 바랐다. 그 또한 40대 중반이었으며 계속되는 악몽에 시달려서 상담자에게 위탁되었다. 이런 증상은 몇 년 전 매우 치명적인 사고가 일어난 이후 시작됐다. 그는 병원을 다니며 사고로 인한 여러 가지 부상을 치료받았고, 1년 후에는 신체적으로 온전히 회복되었음에도 불구하고 악몽은 사라지지 않았다.

그 시기에 제임스는 사고에 대한 책임이 있었던 동일한 회사로 복귀했다. 그는 자신의 건강을 회복하는 데 있어서 회사가 져야 하는 책임에 대해 크게 강조했다. 실제로 회사는 좋은 보험을 들어놓았으며 제임스가 치료받는 데에 있어서 아낌없이 지원해 주었다. 악몽을 꾸는 이유에 대해 여러 가지 신경학적 검사를 받은 결과, 그의 증상은 심리적인 문제로 결론이 내려졌다. 제임스는 이러한 결과가 자신이 심리적으로 온전하지 못하다는 것을 암시하고 있다고 생각하였기 때문에 매우 언짢아했다. 그는 자신의 증상이 순수하게 생리적인 문제일 뿐 심리적인 특성이 있는 것이 아니라고 확신했다. 그의 악몽이 그의 삶에 대해 의미 있는 태도를 드러낼 수도 있다는 생각은 그에게 매우 불쾌한 것이었다. 그는 그가 꾼 악몽의 내용을 다시 기억하는 것조차도 꺼려 하였다.

제임스는 자신의 악몽을 단순히 외상적 경험을 꿈에서 반복하는 것이라고 생각하고 싶어 했다. 실제로 꿈속에서 사다리를 타고 올라가 꼭대기에 올라섰을 때 사다리가 넘어지는 등 어느 정도는 사고가 발생했을 당시와 유사한 상황들이 포함되어 있었다. 그러나 그 꿈이 끔찍한 이유는 제임스가 올라가는 도중에 사다리를 넘어뜨려 분명히 의도적으로 그를 죽이려고 하는 사람들이 등장하기 때문이었다. 그 외에도 제임스가 꿈속에서 사다리를 올라가야 하는 순간들로부터 도망가야만 하는 갖가지 재앙들이 있었는데 이러한 사건들은 더욱 위협적이고 무서운 것이었다.

이러한 꿈들에 대한 실존적 분석은 그 범위가 매우 넓게 보이지만 제임스는 더 중요한 의미가 있을 가능성에 대해서 생각조차 하지 않았다. 그에게 있어 이러한 꿈들은 사건에 대한 잔해일 뿐 사건을 다루는 자신의 태도에 대한 독특한 표현이라는 생각은 하지 않았다. 그는 이해가 아닌 치료를 원했다. 그가 자기 자신을 만드는 것에 불편해한다는 견해를 스스로에게 설득시키려는 노력은 아무 의미가 없었다. 제임스의 관점이 명확해지자 실존상담에 대한 위탁은 부적절하다는 것이 분명했다. 제임스는 그의 인생을 깊이 들여다보거나 타인에 대한 자신의 태도를 반추해보는 것을 원하지 않았다. 그는 만일 자신을 깎아 내리고 위협하는 타인에 대한 두려움에 대해 생각하기 시작하면 현실에 대한 감각을 상실할 수도 있다고 생각했다.

그리하여 제임스에게는 행동주의적 접근방식이 가장 적절할 것이라는 결정이 내려졌다. 그는 이완치료를 받기 위해 위탁되었고, 노출치료를 통한 고소공포증 치료를 받았다. 높은 곳에 대한 두려움이 감소되자 이제는 다른 증상들이 나타나기 시작했다. 이런 증상들은 약물로 치료를 했다. 결과가 완전히 만족스럽지는 못했지만 제임스는 그가 원하는 종류의 치료를 받았다. 그가 세상 속에서 존재하는 방식에 대해 살펴보는 것이 도움이 될 수 있을 것이라는 생각에 동의하지 않는 한, 실존주의적 접근은 그에게 효과적이지 않았을 것이고 가능하지도 않았을 것이다. 제임스에 대한 결론 부분에서 흥미로운 사실은 제임스가 약물치료를 받은 후에도 불면증과 자신감 부족의 상태가 계속 되고 이로 인해 공황 발작의 증상을 보이자 결국 상담자를 다시 찾았다는 것이다. 그리고 그가 다루고 싶었던 주제는 바로 통제

를 포기하는 것에서 오는 두려움이었다. 제임스가 자신의 상태를 이해하게 될 수
도 있다는 결정을 내린 후에야 비로소 그와 상담과정을 진행하는 것이 가능해졌다.

    실존주의적 접근의 첫 번째 기본적 가정, 즉 인생을 이해하는 것이 가능하며 사
람들은 인생에 대한 자신의 태도를 통해 세상의 의미를 만들 수 있다는 가정은 미
래의 내담자들에게 원칙적으로 수용될 수 있음에 틀림없다. 그래야만 상담에 있
어서 실존적 방법을 통해 내담자들이 자신의 독특한 존재방식을 이해하고 정리할
수 있도록 도움을 줄 수 있다. 이렇게 시작된 탐구와 발견의 과정이 경험을 재조
직하고 의미 창출의 새로운 방법을 도출해낼 수 있도록 이끌어 간다. 여기서 사람
들이 자기 스스로의 능력을 믿는 정도까지 의미를 창조하거나 혹은 재창조할 수
있도록 논쟁하는 것이 바로 명백한 순환적 논쟁이다.

    이런 의미에서 실존주의적 방식은 자기 충족적 예언이라는 개념에 기초를 두고
있다. 자신이 혼돈과 모순의 바다에서 표류하고 있다고 생각하는 사람들에게 인
생은 혼란스럽고 무질서한 것처럼 보인다. 하지만 기본적으로 삶이 의미가 있다
고 믿는 사람들에게는 명확성과 질서를 찾는 것이 가능하다. 실존주의적 위치는
혼돈을 믿는 것도 아니고 질서에 대한 신념도 아니다. 그것은 바로 삶이 혼란스럽
고 터무니없다고 보인다 해도 사람은 의미와 질서를 창조할 능력을 지니고 있다
는 것에 대한 신념이다.

    이것은 실존주의적 접근의 두 번째 기본적 가정을 보여 주는 것으로서 인간 본
성의 내재적 유연성과 관련된 것이다. 대부분의 사람들이 환경에 의해 많은 영향
을 받고 있지만, 어느 때라도 그들은 어떻게 반응할지를 결정할 중요한 능력을 항
상 지니고 있다. 어떤 상황에서 '주어진' 환경이 무엇이든 간에, 그 주어진 것들에
대해 어떻게 반응하고 무엇을 창조할지는 그 자신만이 결정할 수 있다. 지배적으
로 주어진 조건에서 자기 자신을 가꾸어 나갈지 혹은 파괴시킬지는 개인의 결정
에 달려 있다. 어느 때에든지 상황을 자신에서 유익하게 변경할 수도 있고 혹은
불리하게 바꾸어 나갈 수도 있다. 역경을 뛰어넘을 수도 있고 그 앞에서 주저앉을

수도 있다. 유리한 조건 앞에서 연약하게 안주할 수도 있고 아니면 앞으로 나아갈 수도 있다.

실존주의적 관점에 따르면, 사람이 자신에게 주어진 기회를 생각해 보는 것은 매우 가치가 있으며, 만일 삶을 잘 영위하기 위해서는 밝은 미래와 가능성뿐만 아니라 삶 속의 위기와 위험에서 얻는 통찰력이 필수적이다. 이런 맥락에서 실존치료는 삶의 예술에 있어서의 실제적인 가정교사와 흡사할 수 있다. 실존치료는 개인에게 주어진 독특한 존재성에 대해 탐구할 수 있도록 도와줄 뿐 아니라, 그것의 한계를 수용하면서 고유한 가능성을 발전시키도록 도와줌으로써 삶에서 의미의 새로운 차원을 얻을 수 있게 한다.

실존주의적 접근을 통해 가장 큰 고통에 시달린 사람이 언제나 가장 많은 혜택을 얻을 수 있다는 것은 결코 아니다. 때때로 역경과 고난은 사람으로 하여금 자기 자신과 더욱 밀접하게 만들어서 독립적으로 인생의 도전과 기회를 기꺼이 받아들이게 한다. 종종 인생을 즐거운 경험으로 당연하게 인식했던 사람이 정작 무너지기 시작할 때 가장 절실하게 도움을 필요로 하는 사람일 수도 있다. 사는 방법을 배운다는 것은 인간 존재의 불가피한 고통과 고난을 직접적으로 대면하는 것을 포함한다. 비극적 고난에 온전히 노출되었던 사람은 처음부터 보호받았던 사람보다 시험이나 고비를 맞았을 때 준비가 더 잘되어 있을 수 있다.

사람이 생존을 위해 타고난 본능을 가질 수는 있으나, 이것은 심층적으로 의미 있는 삶을 위한 기술을 포함하고 있지는 않다. 그 기술은 오직 경험을 통해서만 체득될 수 있으며 또한 그렇게 터득되어야만 한다. 만일 적절한 순간에 잘 인도해 줄 수 있는 안내자의 지도가 있다면 그 경험은 더욱 풍요로워질 것이다. 이것이 없다면 사람은 지혜로워지기보다는 매우 쉽게 낙심하고 좌절하게 될 것이다. 인간이 고난, 상실, 죽음, 고통, 고독, 실패, 죄책감 그리고 모순이라는 인생의 한계 상황을 만났을 때, 인생여행에 있어서 나아갈 방향과 동기를 발견할 수 있다면 이러한 것들을 극복할 수 있다. 이러한 의지력이 위기의 순간에 경험 있는 연장자로부터 학습되는 것은 거의 확실하다. 그들의 지지로 많은 것들이 지탱될 수 있다. 그러한 어른이 존재하지 않는다면 다른 방법, 즉 때로는 동료 혹은 이겨내야 한다는 자신의 의지나 결심을 통해 그러한 의지력은 습득되어야만 한다. 이것이 없다면 어떠한 행운도 그 어려움을 이겨내는 데 도움을 주지 못할 것이다.

사 례

제이크는 이러한 점에 있어서 좋은 실례가 됐다. 그는 어린 시절 소아마비에 걸려 두 다리를 사용하지 못하게 되었다. 그의 가족은 아주 가난하여 그 당시 제이크에게 필요했던 평안함이나 장애에 대한 보상을 하나도 제공해 주지 못했다. 많은 사람들이 제이크와 그 가족을 동정했으며 그들의 미래가 불행할 것이라고 예측했다. 부분적으로 장애를 가지고 있었던 제이크의 삼촌은 제이크의 가족과 함께 살았다. 삼촌은 제이크와 대부분의 시간을 보내며 목공 기술뿐만 아니라 상식적인 일들과 간단한 철학적 원칙을 가르쳐 주었다.

제이크가 힘든 시기를 극복하며 보낼 때 평이하거나 뻔하고 진부한 말들조차도 그의 강인한 성품의 기반이 되었다. 제이크는 포기하고 싶은 생각이 들 때마다 삼촌이 그에게 가르쳐 준 말들을 스스로 되뇌었다. 그에게 진정으로 힘을 준 그 격언들은 간단하고 평범했지만 위로와 격려가 되었다. '말이 많으면 화근이 된다.' '시도해 보기 전까지는 할 수 있는 것이 무엇인지 결코 알 수 없다.' '행운은 용감한 자의 편이다.' 등은 제이크가 가장 좋아했던 격언들이다.

이와 동시에 제이크는 '게으른 자는 나쁜 일을 도모한다.'는 교훈을 배웠으며, 자신이 연마하고 있던 매우 유능한 수공 기술에 대해 배울 수 있는 모든 일을 찾아서 했다. 열두 살의 나이에 제이크는 폐품처리장에서 수거된 부품들로 혼자서 자동차를 설계하여 제작하였고, 발명에 대한 기쁨과 성장한 독립성은 그가 더 많은 공부를 하게 만드는 원동력이 되었다. 제이크는 독학으로 고급 엔지니어의 수준에 이르렀고 자동차 디자인에 있어서 전문가가 될 수 있었다. 그는 회사에서 가장 독창적이고 활기찬 사람이었다. 사람들은 격려가 필요할 때면 변함없이 제이크를 찾아갔다. 제이크는 분명히 어려운 상황을 자신에게 유익하도록 변화시키는 것에 성공하였다.

조녀선은 정확히 그 반대의 경우에 해당되었다. 그는 편안한 환경과 기회가 있었던 상황에서 10년도 채 안 돼서 매우 무기력한 상태로 자신을 전락시켰다. 그는 사립학교를 옮겨 다녔고, 부유한 친구들과 어울리며, 파티를 다녔다. 그는 어떠한 것에 대해서도 일주일 이상의 흥미를 갖지 못했다. 조녀선은 매우 부유한 부모님으로부터 받은 돈으로 술과 마약을 했고 그로 인해 여러 차례 정신과 진료를 받았다. 얼마 되지 않아 그는 실직했고 열두 개가 넘는 각각 다른 접근법의 심리치료를 받았다.

그러나 어떤 것도 소용이 없었다. 조녀선은 자기 인생을 적극적으로 건설하고자 하는 소망을 포기한 지 오래였다. 그는 오로지 타인에게 의존하여 자신을 보살펴 줄 때까지 기다릴 수밖에 없었고, 그렇지 않을 경우엔 낙담하였다. 그를 돌보았던 정신과 간호사들은 종종 그의 낭비적 태도를 싫어했다. 어떤 간호사는 '내가 만약 그에게 있는 기회의 절반만 가졌어도 나는 큰 성공을 이루어 낼 수 있었을 텐데.'라고 말하였다. 조녀선은 인생에서 많은 기회가 될 수 있었던 것들을 망가뜨렸다. 그는 삶에 대해 어떤 것도 이해하지 못했다. 분명한 사실은 어느 누구도 그를 가르치고자 고심하지 않았다는 것이다. 그는 인생의 실제적인 충격에 있어서 과도하게 보호를 받았고 자신의 추락으로 인한 충격을 다룰 준비가 전혀 되어 있지 않았다. 동시에 그의 주변에 있는 사람들은 그가 사회적 지위와 부로 인해 보호를 받게 될 것이기 때문에 그를 가르칠 필요가 없다고 생각했다.

조녀선은 자신의 자기 충족적 예언을 실현하고 있었다. 그는 자신이 어린 시절을 너무 안락하게 보내서 그의 성격이 쇠약해졌다고 확신했다. 그는 굳이 그의 운명을 거부하려고 노력하지 않았으며, 이는 결국 그를 알코올과 마약 남용으로 빠져들게 만들었다. 그는 충동에 굴복하고 자신을 구원하려는 의지 없이 시간과 에너지를 낭비함으로써 자신의 운명에 순응하였다. 조녀선은 자기 자신을 망친 것이 바로 특권적 지위였으며, 소극적이고 무기력한 삶의 특성으로 술과 마약을 위한 돈마저 벌려고 하지 않았을 것이라고 주장했다.

흥미롭게도 조녀선은 갖가지 치료적 경험으로부터 자신의 행동에 대한 새로운 합리화를 아주 많이 차용해 올 수 있었다. 그의 지난날을 탐색하면서 그가 희생자라는 새로운 증거들이 튀어나왔다. 그는 어머니가 줄 수 있는 돌봄에 미치지 못하는 보모들에 의해 양육되었다. 그의 부모는 그가 잘 해낼 것이라고 기대했지만 그가 진정 원하고 필요로 하는 것에 대해서는 어떤 관심도 두지 않았다. 인간적 애정은 돈으로 대체되었다. 어느 누구도 그를 진심으로 사랑해 주지 않았다. 그에게 전혀 관심이 없었고 오직 마약만이 그에게 즐거움을 줄 수 있었다. 그는 모든 것들이 지겨워졌다.

비록 이 모든 것이 의심의 여지없이 어느 정도는 진실이지만, 조너선은 분명히 자신의 인생에서 어떤 특정한 부분들만 선택했고 다른 부분들은 무시하였다. 조너선이 자기에 대해 스스로에게 말한 이야기는 그의 운명을 구체적으로 형성하는 것이었으며, 그의 배경에 있는 많은 긍정적인 측면을 활용하는 기회를 축소시키고 있었다. 제이크는 모든 악조건들에도 불구하고 특별히 성공적으로 수행한 반면 조너선은 역경 앞에서 형편없이 행동하였다. 더군다나 조너선은 자기 파괴적 사고과정을 인식하지 못했다. 그는 자신의 수동적인 태도로 인하여 자신의 삶에 적극적으로 기여하는 역할을 하고 있었다는 사실을 알지 못했다.

처음으로 조너선이 인식하게 된 계기는 같은 병원에 있었던 동료 환자가 그에게 신물이 나서 집단치료 회기 중에 많은 사람들이 수년간 그의 뒤에서 험담을 하고 있는 것에 대해 말해 솔직하게 다 말해 주고 나서부터였다. 그녀는 조너선에게 그의 변명에 질렸으며, 그의 자기만족적인 태도에 대해 역겹다고 말했다. 그녀는 조너선이 부모님으로부터 받은 보살핌보다 훨씬 못 받았지만 정말로 잘 극복해낸 많은 사람들을 봤다고 그에게 말했다. 조너선이 자신의 문제가 무엇인지 알았다면 그가 적극적으로 그 문제를 해결해 보려고 하지 않은 이유는 무엇일까? 왜 그는 사립학교에 가서 부유층 아이들이 자신처럼 역겨운 기생충처럼 되지 않도록 도움을 주는 일을 하지 않는 걸까?

그녀의 조소 섞인 공격은 조너선의 분노를 일깨웠고, 이는 매우 특별한 사건이 되었다. 그는 그 공격자에 대항하여 상담자에게 지지를 요청했고 이는 몇 주 동안 지속되었다. 그의 상담자는 어떻게 올바른 태도를 취해야 할지 당황했다. 상담자는 조너선의 새로운 진전에 놀라기도 하고 동시에 만족하면서도 이와 동시에 상담자는 조녀선의 의견에 동의하면서 그를 달래고자 하였다. 특히 상담자는 과거 속에 행동적 문제의 근원이 있다고 언급한 자신의 견해에 조녀선이 영리하게 숨어버릴 때는 더욱 그러했다.

그 상담자는 슈퍼바이저에게 조녀선의 기분을 상하게 하는 것은 아무 의미가 없다고 말했다. 그렇게 하는 것은 그에게 긍정적인 영향을 줄 수 없음이 분명하기 때문에 상담자 또한 조녀선에게 부드럽게 대하는 것이 더 적절하다고 하였다. 그 상담자는 자신이 조녀선의 생각에 얼마나 크게 공감하였는지를 갑자기 깨달았을 때 이렇게 스스로 말하는 것을 들으면서 매우 놀랐다. 상담자는 조녀선이 철저히 무기력하고 미래의 개선 가능성이 없다고 생각했었다. 그럼에도 불구하고 상담에 대한 반추를 통해 상담자는 조녀선이 매우 좋은 환경임에도 불구하고 철저히 실패한 사람이라고 보이지 않을 만큼 내면적으로는 그렇게 약하지 않을 것이라고 명백하게 생각했다. 더욱이 상담자는 조녀선이 무능함의 이유에 대해 믿을 수 있게끔 하는 정도의 이야기를 스스로 만들어 낼 만큼 약삭빠르다고 생각했다.

이어지는 회기에서 조녀선이 자신의 능력에 대한 새로운 관점을 접하게 되었을 때, 그것을 인정했을 뿐만 아니라 처음으로 희망을 보게 된 것에 대해 만족하는 것처럼 보였다. 실제로 그는 힘 있는 자신의 성품을 인정해 주기를 기다린 것 같아 보였다. 그는 이 주제에 대해 열정적으로 설명하였고, 그의 상담자에게 오랫동안 감명 깊게 남아 있는 어린 시절에 들었던 이야기에 대해 설명했다. 그 이야기는 어떤 남자에 대한 이야기였다. 그 남자는 어떤 특정한 날짜까지 자신의 재산을 크게 잃을 것이라는 사실에 내기를 걸었다. 실제로 그렇게 되는 것이 그 남자에게는 거의 불가능한 일인데 그 이유는 그가 돈을 없애버리기 전에 돈은 계속해서 축적되기 때문이었다. 이와 같이 조녀선에게도 부유한 사람은 돈을 버는 것보다 잃는 것이 더 어려운 것으로 여겨졌다. 이러한 시각에서 보면 실패한 그의 행동은 부모가 그에게 남겨준 쉬운 성공보다 훨씬 위대한 업적이라는 상담자의 말에 동의하였다.

그 순간 이후로 조녀선은 완전히 새로운 국면을 맞이하게 되었다. 그는 더 이상 자신의 힘과 독립성을 확인하기 위해 자신의 연약함을 증명할 필요가 없게 되었다. 그는 자부심과 즐거움을 갖기 시작할 수 있었고, 그의 강인함과 위트를 공개적으로 드러낼 수 있게 되었다. 더 나아지고자 하는 그의 동기가 내면에 형성되었다. 자신감을 위한 새로운 도전과제를 갖게 되었다. 모두가 조녀선이 스스로 파멸하게 될 것이라고 예상했었다. 자신의 능력을 시험하고 그 능력을 발전시키는 것이 자신을 넘어지게 내버려두었던 절망과 중독의 깊은 곳에서 스스로를 끌어올리는 것보다 더 큰 도전이 아니겠는가?

　조녀선은 사람이 자기 스스로에 대해 동기와 믿음을 갖게 되는 순간부터 얼마나 놀랍게 변화할 수 있고 또 변화를 수행하는지 입증해 주었다. 종종 사람들이 자기 상황을 다른 관점에서 보기 시작하는 것으로도 충분하다. 사람은 어떤 상황을 유지하거나 창조하는 데에 있어서 자신의 활동적인 역할을 인지하게 되면 그 역할을 계속할지 그만둘지 선택할 수 있게 된다.

상담 및 심리치료에서 중요한 것은 내담자가 책임성을 지니고 있는 방식 혹은 자신의 통찰력과 능력을 어떻게 증명하고 있는지를 강조하는 것이다. 이것은 내담자가 무엇을 잘못하고 있는지 혹은 수행하지 않는 것이 무엇인지를 책망하는 것보다 더욱 효과적이다.

　기본적 가정은 사람들이 자기 삶에 대해 더욱 책임을 지고 주도권을 가져야 한다는 것이 아니라, 그들이 이미 여러 가지 방법을 통해 다양하게 하고 있다는 것이다. 실존주의적 임상가들은 내담자에게 자기 결정적이 되라고 가르치는 것이 아니라 내담자들이 이미 수행하고 있는 방식을 인식할 수 있도록 격려하는 것이다. 또한 임상가는 내담자가 가고 있는 방향을 다시 점검하도록 도와주는 것이다.

　이 과정에서 세 번째 기본적 가정이 밝혀지게 된다. 사람들은 자신의 인생 가운데 삶의 방향과 상황에 반응하는 방식에 대해 중요한 영향을 미칠 수 있다. 그런데 삶의 상황이 어느 정도 주어지게 되며 이런 맥락에서 볼 때 그것은 사람의 한계를 확실히 보여 주게 된다. 인간의 자유에 대한 한계는 우주적 질서에 의해 정해지며 이는 절대적인 방식에서 그 자체로 표출된다.

　출생과 죽음은 가장 분명한 한계다. 또한 이 양극 사이의 시간도 자연적인 한계로 가득 채워져 있다. 예를 들면, 모든 사람은 늙게 된다는 것, 극단의 온도에서나 혹은 어떤 화학적 반응에 매우 취약하다는 것 등이다. 사람들은 기본적으로 물리적 · 생물학적 원리에 지배되는데 이는 어떤 것이 가능한지 혹은 불가능한지를 결정한다. 예를 들어, 인간은 중력의 법칙을 거부하거나 신체적인 욕구에 주의를 기울이지 않고는 살아갈 수 없다.

이러한 지구상의 생물을 다스리는 기초적인 법칙을 무시하려는 사람은 누구라도 곧 무모함이라는 즉각적인 결과를 경험하게 될 것이다. 인생의 법칙에 대한 기본적인 이해는 생존을 위해 매우 중요하다. 대부분의 원칙은 순전히 본능적인 방법으로 알게 되지만, 어떤 것은 사회적인 맥락에서 배워야 한다. 무엇보다, 이런 한계는 지극히 사회적인 환경의 규칙에 의해 생성된다. 이런 규칙의 대부분은 자연법칙만큼이나 명확하고 절대적이다. 이것 또한 사람들이 비교적 안전하고 효율적인 방법 안에서 자신들의 방식을 발견하기 원한다면 이런 법칙들을 받아들여야 할 필요가 있다.

이러한 원칙들을 넘어서서 고려해야 할 인간적 법칙과 개인적인 규칙들이 있다. 감정에 대한 사람들의 내면적인 세계는 외적인 규칙이나 원리만큼 행동의 자유를 제한할 수 있다. 사람들이 어떤 상황을 지각하는 방식은 반응할 자유에 대한 감각을 결정한다. 다시 말해 사람은 독특한 인간적 한계를 인식함으로써 자신의 가장 강점인 측면으로부터 유익을 극대화할 수 있게 되는 것이다.

마찬가지로 윤리적 법칙과 원리는 인간의 자유에 대한 네 번째 한계 및 경계를 구성한다. 자기 자신과 다른 사람들의 가치를 인식하는 것은 어떤 선택을 수행함에 있어서 매우 중요하다. 자유는 오직 인간에게 필요한 것, 불가능한 것 그리고 원하는 것에 대해 인식하는 범위에서 가정될 수 있다.

인간 존재에 대한 경계와 한계에 대한 강조는 전형적인 실존주의적 관점이다. 이러한 특성은 심리치료의 실증주의적 관점에서는 흔히 등한시된다.

예를 들어, 인본주의적 관점에서는 필요성과 결정론을 대신하여 인간의 자유와 선택을 강조한다. 분명한 실존주의적 접근은 언제나 현실들, 한계들 그리고 결과들에 대한 깊은 고찰을 포함한다. 인간의 조건에 대한 진지한 분석은 자유뿐만 아니라 제한점을 인식하는 데 실패하지 않을 것이다. 인본주의적 신조는 인류를 우주의 중심에 두며, 다소 편향적으로 개인의 권리와 자유를 맹목적으로 따르도록 격려하는데, 이는 균형이 맞춰져야 되는 요인들이다.

　예를 들어, 만약 내담자가 자기주장에 대해 가르침을 받았다면 이것은 문제를 해결하기보다는 오히려 문제를 만들어 낼 수도 있다. 만일 내담자 자신이 주장하고 싶은 것이 무엇인지 결정하기 위해 자신의 삶을 탐구하고 있는 것이 아니라면 말이다. 자기 자신에 대해 단언하는 것은 방정식의 한 쪽에 불과할 뿐이다. 우리는 타인의 가치와 권리를 단언해야 할 측면도 필요로 하고 있다. 우리는 모든 인간관계의 전반적인 측면인 '주고받는 것'에 대한 이해를 할 수 있도록 해야 한다.

　실존적 접근은 내담자가 덜 주장적인 것까지 포함하여, 가능한 여러 선택의 경우들을 전체적으로 탐색하게 한다. 또한 내담자가 수동성이나 무력함 같은 현재의 주장 방식에 대해 의문을 갖도록 이끌어 줄 것이다. 결과적으로 가장 중요한 것은, 실존적 접근이 실제로 내담자로부터 무엇에 적극적으로 동기 부여하는지를 탐구하게 된다는 것이다. 때때로 자기주장적 태도에서 표현하는 것을 어려워하는 사람들은 단순히 논쟁에 대한 어떤 가치를 발견하지 못한다.

　사람들이 살아가기 위해 그리고 투쟁하기에 충분히 중요한 어떤 것을 발견한다면, 더욱 자기 주장적으로 변해가는 것이 문제가 되는 것은 드물다. 오히려 반대로 이 단계에서는 더 자주 그리고 더 많은 주의를 필요로 하는 행동에 대한 영향과 결과를 생각할 수 있는 능력을 필요로 한다. 사람들이 동기화되면, 그들의 행동은 때때로 너무 열정적이고 자기확신에 차서 장기적인 안목을 고려하지 않게 된다.

　이것은 오히려 내담자에게 그 어떤 것보다도 자기계발이나 자기실현을 위해 격려하는 면에 있어서 실수할 수도 있는 유혹을 가지고 있다. 이러한 방식에서 희망적 사고의 윤리가 닻을 올리게 되기도 한다. 사람들은 자신들의 삶을 위해 자신들 스스로 직접 가꾸어 나가고, 현재의 삶은 근절되어야만 하는 수많은 실수 위에서 이루어져 있음을 믿도록 도움을 받아야 한다. 이것은 단기적 낙관주의로 이끌 수도 있지만 장기적인 실행결과에 대한 예견은 무시될 수 있다.

실제로 사람들은 삶에 있어서 충분히 좋은 이유가 없으면 어떤 것에 깊이 있게 관여하지 않기 때문에 삶은 좀 더 복잡해진다. 단지 자신의 상황에 대한 좀 더 넓은 실존적 상황을 자각하는 것이 확장될 때 사람들은 방향감을 가지고 앞으로의 전진을 시작할 수 있다. 현재 가동하고 있는 생각을 통해 바람직한 것에 대한 개념을 선택하는 것이, 만일 그 의도와 결과가 개인적으로 충분히 숙고되지 않는다면, 그 자신을 막다른 혼란 속으로 이끌어 갈 수 있다. 상담자들은 특별히 더 넓은 상황적 맥락에서 내담자의 개인적인 탐구를 신중하게 관찰해야 한다. 적절한 반영적 성찰이 없는 상태에서 내담자에게 변화에 대한 영향을 주는 것은 어려운 일이 아니다.

내담자들은 종종 현재 자신들의 삶에 싫증이 나 있기에 암시에 걸리듯이 쉽게 영향을 받는다. 그들은 상담자가 제안하는 어떤 새롭고 가능성 있는 규칙들을 받아들이기를 갈망한다. 특별히 시대정신(Zeitgeist)이 이러한 신념들을 강화한다면 더욱 그렇다. 개인적 선택, 자유, 자아실현 또는 행복추구 같은 신념들은 쉽게 받아들여진다(Deurzen, 2009). 왜냐하면 그것들은 상상력에 호소하며 모든 사람들의 문제가 사라지고 모든 것이 잘되는 이상적인 세계의 그림을 창조하기 때문이다. 내담자들에게 단순히 그들의 약속을 지속적으로 지키지 못할 새로운 규칙들을 가르치는 것은 아무 소용이 없다. 변화를 추구하기 위한 시도가 자신의 실존적 고통을 치유해 줄 것이라는 신념으로 급하게 행동함으로써 내담자는 프라이팬에서 불길 속으로 무모하게 뛰어 들어갈 수 있다. 조만간 내담자 자신이 스스로의 행동에 대한 존재적 원리를 직접 대면하지 않는다면, 그는 여전히 해결할 수 없는 새로운 문제를 만들어 내는 것을 발견하게 될 것이다.

만일 자유가 의무와 필요성의 생각들에 의해 균형이 맞추어지지 않는다면 그것은 모호하거나 심지어 그릇된 개념이라는 사실이 조만간 밝혀지게 될 것이다. 자기실현이 만일 다른 사람을 소외시키고 그 과정에서 정서가 상실되는 것을 의미한다면 그것은 정말로 가혹하고 황량한 것이 될 것이다. 사람에게 있어서 변화는 영속성이나 방향감각을 잃게 되는 것을 알게 되기까지는 흥미진진하다. 규칙에 억압당하는 삶으로부터의 자신을 자유롭게 하는 것은 위대한 도전이 될 수도 있다. 하지만 그것이 주는 만족과 유쾌함은 얼마 동안 새로운 질서의 필요성을 가려 줄 수도 있다. 만약 새로운 규칙이 준비되지 않는다면 그리고 적극적으로 조성되지 않는다면 혼란이 뒤따르게 될 수 있다. 행복은 결코 영원하지 않으며, 불행에 대한 어느 정도의 수용이 있어야만 행복을 영위할 수 있다(Deurzen, 2010). 실존주의 임상가들은 내담자가 스스로 이러한 이슈들을 드러낼 수 있도록 촉진시킬 것이다. 이로 인해 내담자들은 강박적으로 자기를 개선시키려는 시각보다는 좀 더 넓은 관점을 얻게 된다. 사람들이 스스로 생각할 수 있도록 그리고 어떤 일이 닥치더라도 그들의 삶이 언제나 재균형을 잡을 수 있도록 가르치는 것이 중요하다.

사 례

프랜시스의 경험은 실존적 방향과 다른 접근들과의 차이를 잘 보여 주는 사례다. 그녀가 확실히 인간주의적 실존주의의 개념을 적용하기 시작했을 때, 그녀의 삶이 더 어려워졌기 때문에 혼란스러웠고 속았다고 느꼈다. 그녀의 결혼생활은 2년이 지난 후부터 극적인 사건들과 고통으로 망가졌지만 무엇이 잘못됐는지 이해하지 못했다. 그녀는 앞으로의 실수들을 피하기 위해 일어났던 일들에 대해 분명히 알기를 원했다. 그녀는 혼자 힘으로 삶을 정돈해 보려고 했으나 그 시도가 비참하게 어긋났고, 그녀는 삶을 정리할 필요를 느꼈다.

그녀는 어린 두 자녀가 있는 30대 중반의 주부로 자신을 소개했다. 그녀는 7년간의 결혼생활에 대해 이야기했다. 그녀는 갑자기 남편 스티브와 그녀의 생활에 대해 환멸을 느끼기 시작했다. 자녀들이 모두 학교에 간 이후, 처음에는 단순히 자신을 즐겁게 하려고 여러 활동을 했으며 나중에는 재취업을 위해 가능한 것들을 알아봤다. 프랜시스는 교육적인 과정으로 많은 자기개발 집단에 참가했다. 결국 그녀는 리더 없는 지지그룹의 지속적인 참가자가 되었다. 그녀는 그룹 내에서 멤버들로부터 엄청난 신뢰를 얻었다. 그녀는 자신의 10대 시절보다 더 큰 활기를 느꼈다. 그녀는 마침내 집과 자녀들이 아닌 다른 것들에 대해 이야기를 나누는 사람들과 친구로 사귀었다. 사실상, 이 그룹의 많은 사람들은 그녀보다 상당히 젊었고, 대부분은 자녀가 없었다.

그 당시 프랜시스는 자신의 경험과 그룹 내 다른 대부분의 여성들의 경험 사이에서 큰 차이를 느끼지 않았다. 그녀는 새로운 문화에 소속되고자 노력하였고 그녀는 점차 새로운 기준과 규칙을 익혔다. 이것들은 그녀 가정의 기준과 규칙들과 충돌했다. 그녀는 맹목적으로 새로운 신념들을 받아들였다. 활기를 띠고자 하는 열망으로 프랜시스는 자신이 지향하는 방향에 대해 어떤 비판적 인식이나 생각도 할 수 없게 되었다. 그녀는 자기 삶의 모든 것이 잘못되어 있었다고 확신했고 그녀는 지금까지 진정으로 사는 것에 대해 너무 두려워해 왔다는 것을 알았다. 그녀는 '어리석음이나 두려움' 같은 어떤 망설임을 떨쳐버렸고 답답하고 꽉 막혀 있고 시대에 뒤떨어지게 살아온 자신을 비난했다.

그룹 동료들의 지지에 힘입어 프랜시스는 자신의 아이들이 자신보다 더 중요하다는 생각을 거부했고, 자신의 필요를 가장 중요하게 주목해야 한다는 결론에 이르렀다. 그녀는 남편과의 관계가 구식이고 소유적 관계처럼 가치 없게 여겨졌다. 그녀가 경험하곤 했던 질투, 외로움, 아이들 행복에 대한 두려움 등과 같은 성가신 감정들은 단지 이전의 잘못된 태도와 입장에 기인한 것으로 여겨졌다. 일단 그녀가 필요한 변화를 이룬다면 모든 것이 달라질 것으로 보였다.

프랜시스는 애인과 아이 돌보미를 찾았으며 새로운 삶을 시작하였다. 그녀는 남편과 함께 개방적인 결혼생활의 가능성을 논의했다. 처음에 스티브는 충격과 상처를 받았다. 그는 매우 화가 났으며 실망했다. 프랜시스는 스티브 또한 자기 충족감의 자유를 경험하도록 격려하고 그가 주저하지 않도록 도와야만 한다고 느꼈다. 그녀는 지지그룹 여성 중 한 명인 로스에게 그를 소개했고, 스티브의 태도는 몇 주 후에 급격하게 변했다. 얼마 지나지 않아서 프랜시스와 스티브 모두 사교 생활로 바빠졌다. 그들은 밤 시간과 주말에도 거의 만날 수 없었다.

아이들의 학교로부터 큰 아이가 거의 2주 동안 수업을 빠졌다는 사실을 통지받았을 때 프랜시스에게 첫 깨달음이 왔다. 그녀는 아이들이 방황하고 무책임한 행동으로 반응했었다는 사실을 깨달았다. 특히 아이가 몹시 화를 내며 엄마는 자기에게 사람들은 하고 싶은 걸 하면서 살아야 한다고 했으면서 자신은 왜 좋아하지도 않는 학교를 가야 하느냐고 물었을 때 그녀는 걱정이 되었다. 프랜시스는 현재 자신의 새로운 인생방식이 옳은지에 대해 의구심이 커져 갔지만, 아무도 진지하게 그녀와 함께 이것에 대해 논의하고 싶어 하지 않았다.

그룹에서 사람들은 프랜시스의 고심보다 스티브와 로스의 깊은 열애에 훨씬 더 많은 관심을 보였다. 사실, 프랜시스는 혼자서 이러한 생각을 하고 있다는 것이 얼마나 잘못되었는지 생각조차 할 수 없었다. 이러한 생각을 애인과 논의한다는 것은 사랑이 끝나는 것이었다. 이제 그녀는 기대어 울 수 있는 스티브의 어깨가 필요했다. 그러나 스티브는 더 이상 없었다. 그는 로스와 함께했다. 이것은 프랜시스가 극복하기에 너무 어려운 고통이었다. 그녀는 이 모든 것에 있어서 질투를 느꼈고, 철저히 혼자였고, 아이들에 대한 역할에 있어서도 매우 혼란스러워했다. 일어났어야 할 모든 일들이 발생했고, 그녀는 해방감과 행복을 느끼는 대신에 그 어느 때보다 더 큰 고통과 예전보다 더 힘든 감정을 느꼈다.

프랜시스는 스티브와의 관계를 회복하여 이전의 생활로 돌아가고자 시도했지만, 그녀는 너무 늦었다는 것을 깨달았다. 스티브는 로스와 달콤한 연애에 깊이 빠져 있었고 그녀를 포기하고 싶어 하지 않았다. 사실, 로스와 스티브는 새로운 가족을 꾸릴 생각이었다. 스티브는 프랜시스와 결혼생활에서의 상처를 회복하려고 시도하는 것보다 로스와 함께 새롭게 시작하려고 생각하고 있었다. 이것은 프랜시스에게 결정적으로 충격을 주었다. 그녀는 버려지고 배신당한 느낌이었으며, 아이들의 미래에 대해 정말 걱정했다. 이것은 그녀가 모든 것이 잘될 거라고 상상했던 결과와는 전혀 달랐다.

극도의 두려움이 이제 시작되었다. 프랜시스는 이 상황을 어떻게 대처하고 무엇을 생각해야 할지 몰랐다. 그녀는 자신과 아이들에 대한 안정감을 회복하고픈 생각과 새롭게 발견된 자유를 붙들고 싶은 생각 사이에서 가슴이 찢어지는 듯했다. 그녀는 모험과 독립을 위해 열정적인 불을 붙이려는 필사적인 시도로 두 번 집을 떠났다. 그러나 두 번 모두 그녀는 가족이 그녀를 보호해 주기를 바라는 열망과 아이들이 행복하기를 바라는 열망을 가지고 돌아왔다. 지금 그녀는 위기가 무엇인지를 알게 되었고, 그녀는 더 이상 남편과 아이들에게 일어나고 있는 것들을 무시할 수 없었다. 그러나 그녀가 자유를 포기하고 집에 돌아왔을 때 스티브가 자신과 함께 해 주지 않는 것으로 인해 질투에 휩싸이는 감정을 느꼈다. 그래서 그녀는 다시 떠나고 싶어 했고 다른 사람을 돌보는 마음보다는 오직 자신만을 생각하고 싶었다.

스티브도 그녀만큼 혼란스러웠으며, 프랜시스와 로스 사이에서 안절부절못하였고 어쨌든 간에 죄책감에 사로잡혔다. 마침내 아이들도 아빠가 가정의 안정과 가족생활을 파괴한다고 생각하였기 때문에 스티브를 외면했다. 프랜시스는 이것이 공평하지 않은 것이라고 생각했지만 오히려 한편으로는 그러한 일로 인해 편안함을 얻었다. 그녀는 제자리를 잡기 위한 건설적인 해결책을 갖기 위해서 제삼자의 도움이 필요했고, 이를 위해 그녀와 스티브는 부부상담자에게 도움을 요청했다.

이러한 모든 것에서 건설적인 결과를 위한 유일한 시도는 새로운 관심사와 가치 속에 묻힌 삶을 분리시키고 자신들의 삶을 재정립하도록 격려와 조언을 받는 것이었다. 이것은 그들로 하여금 단지 서로의 행동에 대해 단순히 반응하는 것보다는 새로운 행동을 시도하는 것을 가능하게 했다. 스티브는 집을 떠났고, 그들은 이혼의 구체적인 과정을 다루기 시작했다. 아이들은 어떤 입장을 취해야 할지를 확실히 알았기 때문에 오히려 이전의 혼란스러움보다는 새로운 상황에 더욱 잘 적응했다. 그러나 프랜시스는 모든 과정이 현실이 아닌 악몽과 같은 것으로 경험했다. 그녀는 명확해지기를 원하면서도 점점 더 좌절했다. 그녀는 어떻게 모든 것들이 이렇게 빨리 망가질 수 있는지 이해할 수 없었다. 진행되고 있는 모든 일에 있어서 어느 누구도 옳고 그름에 대해서는 조금의 관심도 없었다. 그녀는 자신들이 원해서 수행했던 새로운 삶의 방식이 단지 의무적으로 살아가는 방식보다는 더 좋았어야 하는데 오히려 삶이 고통으로 남겨진 이유를 이해할 수 없었다.

그녀는 이러한 상황으로 인해 분명히 불행해졌고 분노하고 있었기에 개인 상담을 받도록 위탁되었다. 프랜시스가 상담 회기에서 원했던 것은 개인적인 상황에 관련된 일반적인 문제들을 명확하게 이해하는 것이었다. 지금까지 그녀의 감정이 그녀에게 유일한 안내자였어야만 했고 그로 인해 지금 길을 잃어버린 상태가 되었다고 생각했다. 그녀는 주부로서 우울하고 지겨워서 뭔가 더 자극될 만한 어떤 것을 찾아보았었다. 자신의 독립성과 자유를 발견했을 때 매우 기뻤고 그래서 이것이 삶의 방식이 되어야 한다는 결론을 내렸다. 프랜시스는 우울, 질투, 슬픔, 지겨움 등과 같은 부정적인 감정들이 주는 메시지를 이해하기보다는 무가치한 것으로 여겨서 없애버리려고 하였다. 그녀는 기분 좋은 것은 선한 의미로, 그리고 부정적인 것은 악한 것으로 삶의 철학을 삼아 왔다. 그녀의 의도는 자신을 돌보는 것처럼 그러한 감정들을 돌볼 수 있는 이상적인 상황으로 만들어 가는 것이었다. 그녀는 경계선의 지표로 필요할 수 있는 부정적인 감정들에 대해서는 어떤 생각도 차단했다. 그녀는 자신의 태도와 행동이 다른 사람들과 자신의 미래에 어떤 영향을 주는지에 대해 고려하는 것을 거절했다. 유토피아를 위한 선택으로 인해 그녀는 혼란에 빠져들었다.

프랜시스는 일어난 것들로 인해 발생된 두렵고 화난 기분에 대한 상담자의 공감을 즐기는 것에 많은 시간을 허비하는 것을 필요로 하지 않았다. 그녀는 그 상황의 논리에 직면할 필요가 있었고, 그녀가 원했던 곳으로 이끌어 가는 정의의 모순과 무자비함을 과소평가했던 방식을 자각해야 할 필요가 있었다. 그녀는 억압적인 결혼으로부터 자유로웠다. 적극적이고 전문적인 삶을 영위했고 아직도 아이들과 함께하고 있었다. 그러나 아이들과의 관계는 전반적으로 변화되었을 뿐만 아니라 더 많은 관심을 필요로 하게 되었다.

프랜시스가 이전에 일어났던 일에 대해 스스로 책임을 져야 한다는 사실을 대면하기 시작한 것은 큰 구원이 되었다. 사람들은 어떤 일반적인 원칙에 따라 기능을 한다는 사실을 확실히 알았다. 예를 들면, 개방 결혼에 대한 그녀의 태도로 인해 스티브도 근본적으로 상처를 받았다는 사실을 무시하고 있었다. 그녀는 지금 헌신에 대한 이해를 심도 있게 시작했고, 헌신을 깨뜨리는 것이 무엇인지도 이해하기 시작했다. 프랜시스는 '양립하는 두 가지를 동시에 행하고자 하는(have your cake and eat it) 것이 가능하지 않다'는 상식적 관념이 무엇보다도 경험에 기반을 두고 있다는 사실을 깨달았다. 처음에 그녀는 남편과 아이들에게 헌신을 하고자 했던 기본적인 선택이 그녀의 삶을 가치 있게 했었다. 그녀가 자기-개발의 필요성을 우선순위에 놓았던 두 번째 선택은 이전의 상황들을 무참히 무너뜨렸고, 새로운 상황을 만들었다. 두 가지 경우에서 그녀는 자신의 행동을 수행하기 이전에 행동 속에 내재되어 있는 의미를 고려하지 않았다. 그녀는 상황에 있어서의 경계선을 무시했고, 그 경계 속에서 예상치 못하게 함몰해버린 자신을 발견했다.

이러한 뒤늦은 깨달음으로 프랜시스는 자신이 얼마나 순진했는지 알 수 있었다. 자유와 자기-개발을 선택하는 것은 다른 사람에 대한 아낌없는 헌신을 거절함으로 인해 자연스럽게 따라오는 외로움과 고립감에 직면할 준비가 되었을 경우에만 완벽하게 매력적인 선택이었다. 그녀는 아이들과 남편이 가지고 있었던 가치를 무시했기 때문에 그녀는 단지 그들이 자신에게 의존하고 있다고 느끼는 방식으로 과소평가했다. 그녀가 가장 잘 돌보던 사람들을 소홀히 여겼고, 자연스럽게 예상되었던 결과는 그들이 그녀에게 등을 돌렸고 실망했고 배신당했다고 느꼈다.

처음으로 프랜시스는 스티브가 자신에 대한 배신감과 실망스러움으로 인해 절박한 심정으로 로스에게 향하게 된 새로운 헌신에 대해 깊이 생각해 보았다. 그녀는 그에게 상처를 준 것에 대해 진심으로 후회했다. 그때까지 그녀는 단지 스티브가 자신에게 상처를 주었던 괴로움에 대해서만 경험했었다. 그녀가 이렇게 새롭게 느낀 관점을 스티브에게 표현했을 때, 스티브와 프랜시스는 싸우지 않고 대화하는 것이 가능해졌다. 그들은 심지어 서로에게 어떤 확신을 다시 갖게 되었다. 프랜시스가 자신과 스티브에게 기꺼이 정직하기로 결심하면서 그것이 주는 영향을 보기 시작했을 때 매우 감동을 받았다. 합리성은 두 사람 모두에게 분명히 유효했다.

그녀는 삶에 대한 자신의 생각들을 더 깊이 바라볼 준비가 되었다. 그녀는 처음에 경험했었던 의존성과 지금 새롭게 발견한 상호의존성 사이에서의 차이를 발견했다. 그녀에게 상호의존성은 처음에 찾아 헤맸던 저항적인 반의존성과 대조되는 것이었다. 자율성이 요구하는 방식은 자신을 필요로 하는 사람들과 자신의 가족에게 속해져서 함께 공존할 수 없는 것으로 프랜시스는 생각하였다. 따라서 그녀는 독립을 그러한 상황으로부터 뛰쳐나오는 것으로 이해했었다. 그녀는 이제 아이들에게 심지어는 남편에게 온전히 헌신되어 있는 상황에서도 자신의 삶의 어느 영역에서 자율성을 가질 수 있다는 가능성을 생각할 준비가 되었다. 그녀는 우선순위와 포기해야 하는 것, 무엇을 선택하든지 간에 어떤 것은 버려야만 한다는 것에 대해 배웠다. 그녀는 다른 것을 위해 기꺼이 포기하는 것도 분명히 가치 있다는 사실을 정확하게 알게 됐다.

　상담은 프랜시스에게 실질적인 경험을 통해 인간 존재를 구성하는 다양한 상식적인 규칙이 의미하는 바가 무엇인지를 깨닫기 시작하는 시간이었다. 그녀는 이러한 규칙이 대가를 치르지 않고도 마법같이 재조직될 수 있는 방법에 대해 생각하고 있었다는 사실을 깨달았다. 그녀는 삶에서 매력적으로 보이는 어떤 일부분을 선택하고 지겹게 여겨지는 어떤 부분은 버릴 수 있다고 생각했었다. 그녀는 어떤 결과로 따라오는 혼란 상태가 전혀 달갑지 않았지만 이러한 혼란스러움 속에서도 어떤 논리가 존재하고 있다는 것에 안심하였다. 그녀는 새로 시작할 수 있었고 지금은 규칙에 의해 움직여 갈 수 있었다. 그녀는 자신을 불만족한 상황에 버려두지도 않았지만 완전한 만족을 기대하지도 않았다. 그 대신에 가능성뿐만 아니라 자신의 선택과 헌신에 의해 초래되는 제한성, 이 둘 모두에 주의를 기울일 수 있었다.

　프랜시스는 안정이 되었고 그녀 자신에게 주어진 선택이 무엇이고 또한 어떤 것이 바람직한지를 스스로 확신하게 되었다. 그녀는 더 이상 독립성을 주장하기 위해 인위적이고 광적인 장치가 없이도 독립심을 확실하게 키워 갔다. 그녀는 파트타임 직업을 위한 훈련을 시작했고, 또한 집에서도 많은 계획을 아이들과 함께 시작했다. 그 결과, 그녀는 자신과 아이들을 위해 새로운 안락감과 생동감을 찾았고 아이들의 많은 친구들이 집에 놀러왔다. 또한 장기적인 결과로 스티브는 로스보다 가족과 함께 시간을 보내게 되었다. 프랜시스는 이로 인해 매우 기뻤으며 단지 아내로서보다는 그녀 자체로 사람들에게 좋게 인정받고 있다는 것을 느꼈다. 프랜시스는 자신이 뿌렸던 씨앗을 다시 긍정적인 방식으로 수확하게 된 것을 발견하게 된 것이 기뻤다.

　프랜시스가 배운 교훈은 그녀의 환경과 사람들에 대해 관심을 가지는 것이 결과적으로는 그녀 자신의 필요성과 관심에 대한 맹목적인 주장보다 더욱 유익하다는 것을 알게 되었다. 그녀는 이것을 일컬어 "나 자신을 위해 모든 것을 가지려고 했을 때 내가 가지고 있던 모든 것을 잃었다. 지금 이미 존재하고 있는 것을 최상으로 만들었더니 더 풍성하게 발전되었다."고 하였다.

　프랜시스는 그녀 자신과 삶이 갖고 있는 한계와 이미 주어진 한계의 경계선 안에서 수행하는 자신의 능력을 발견했다. 실존적 접근의 시도는 내담자로 하여금 이 두 가지 삶의 관점을 인정하고 수용할 필요가 있도록 하는 것이다. 자신이 할 수 있는 능력과 할 수 없는 능력 그리고 가능한 것들과 불가능한 것들을 인정하는 것이 앞으로 전진할 수 있는 길이다. 많은 사람들은 이렇게 하는 것을 주저하며 스스로를 속이며 살아간다. 프랜시스가 원했던 생각들에 대한 근본적인 태도는 그렇게 자기를 기만하는 좋은 예였다. 다행히도 일반적으로 삶이 자신의 순진성을 직면하고, 경험이 사람들의 취약함과 실수를 드러냄으로써 자신의 현실을 그 품으로 돌려주는 결과를 낳지만, 또한 그로 인해 새롭게 배우는 기회를 가져다준다.

비록 사람들은 자신과 자신의 삶에서 완벽을 갈망하지만 그러한 완전함은 도저히 도달할 수 없고 이룰 수 있는 목표가 아니라는 것을 반복적으로 깨달을 수밖에 없다. 현실적으로 완벽할 수 없는 상황에서 많은 사람들은 완벽성의 환상에 대해 스스로 만족을 한다. 그들은 스스로의 파멸이나 불가피한 고통과 같은 피할 수 없는 현실을 까맣게 잊어버린다. 죽음과 상실은 부인되거나 뒤에 버려진다. 실제로는 다르게 이야기하면서 사람들은 지속적으로 행복하다거나 또는 스스로 즐기고 있는 척한다. 만일 오늘 상황들이 전체적으로 만족스럽지 않다면 언젠가는 이루어질 것이라는 소망을 품는다. 실제적 삶은 또 다른 날까지 지속적으로 미루어진다. 그다음의 날에는 어떤 다른 불만족이 그들에게 발생되고 결국 그들은 삶이 불완전이라는 용어와 함께 있다는 사실을 깨닫게 된다. 많은 사람들은 그 소망을 결코 이루어 낼 수 없으며 그들에게 삶은 실망과 환멸의 긴 연속이다. 그래서 죽음은 그들이 결코 받아들일 수 없는 최후의 그리고 총체적인 환멸이다.

사 례

암으로 죽어가는 조시는 이러한 것을 잘 요약해서 보여 준다. 그녀는 다음과 같이 말하였다. "나는 당신보다 내 지금의 위치가 더 낫습니다. 왜냐하면 나는 더 이상 잃을 것이 없고 그래서 나는 더 이상 두렵지 않습니다. 당신은 여전히 뭔가 붙들려 하고 삶과 자신에 대한 환상을 유지합니다. 이것이 바로 당신이 두려워하는 이유입니다." 인생을 마감해야 하는 순간에 있는 마크는 죽을 준비가 되었는지 질문을 받았을 때 이렇게 설명했다. "솔직히 나는 죽는 것보다 사는 것이 더 두렵습니다." 조시와 마크 이 두 사람 모두가 죽음의 중요성을 좀 더 인식하고 그것의 불가피함을 부인하지 않으려 노력했었다면 좀 더 나은 삶을 사는 것이 쉬웠을 것이다.

약함이나 한계 그리고 죽음을 등한시하는 자기기만은 죽음의 두려움보다는 삶의 두려움에 기반을 두고 있다. 죽음에 대해 항복하는 것은 때때로 사람들이 예상하는 것보다 더 쉽다. 정말 어려운 것은 죽음의 가능성을 인정하는 것과 그리고 여전히 그 가능성 가운데 삶이 진행되는 것이다.

그러므로 삶의 도전은 삶과 연관된 바로 그 모순을 창조적으로 활용할 수 있도록 만들어 내는 것이라고 할 수 있다. 인생을 충만하게 살아가는 것과 관련된 자기 확신은 오직 자신의 죽음에 대한 불가피성을 대면함에서 올 수 있다. 존재에 대한 용기는 비존재에 대한 용기와 손을 맞잡고 함께 간다. 많은 사람들이 발견했듯이 친밀한 관계는 그 사람이 먼저 자신의 외로움을 수용할 수 있을 때 비로소 가능하게 된다. 개인의 존재 속에서 의미를 창조해 내는 것은 쓸모없어 보이는 모든 것에 대한 의문으로 시작된다. 자유는 경계선에 대한 탐색과 한계에 부딪혀 봤을 때 비로소 시작된다.

심리치료와 상담의 실존적인 접근은 이러한 인간 조건에 대한 기본적인 규칙들을 이해하는 것을 중요하게 여긴다. 내담자들은 자신의 존재 속에서 통찰력을 얻기 위해 충분히 자신과 삶에 대한 성찰을 스스로 할 수 있는 능력이 있는 존재들로 여겨진다. 임상가들은 그들이 삶을 이해하는 과정에서 그들을 돕기 위해 존재한다. 그들의 삶의 상황에서 함축된 의미들이 구체적으로 명료하게 될 때, 내담자들은 더 적극적으로 그 상황에 영향을 미칠 수 있고 그 상황에 대한 스스로의 태도를 결정할 수 있다. 그와 동시에 더 넓은 경계가 인식이 되고 적용하는 규칙이나 법칙이 고려된다. 이러한 방식에서 내담자들은 창조적이고 역동적인 모습으로 삶의 모순을 다루는 데 있어서 도움을 받는다. 이러한 기본적인 가정들이 일련의 분명한 목표가 있는 심리치료의 형태를 만들어 간다. 이러한 목표에 대한 논의는 다음과 같다.

✿ 실존치료의 목적

실존주의 상담과 심리치료의 목표는 삶을 명료화하고, 반영하고 이해하는 것이다. 이는 삶 속에서의 문제를 직면하고, 삶의 가능성과 경계선을 탐색하도록 한다. 실존적 접근은 전통적인 의학 모델로 사람을 치료하려는 것이 아니다. 내담자들은 병들었다고 여겨지는 것이 아니라 오히려 그들은 삶의 고통과 삶에 대해 서투른 것뿐이다. 사람들이 혼란스럽고 길을 잃었을 때 그들이 원하는 최후의 방법들은 아프거나 무능력한 것으로 취급되는 것이다. 그들에게 필요한 것은 삶의 영역을 탐색하고 올바른 방향을 결정하기 위한 어느 정도의 도움이다. 이를 통해 그들은 자신들의 길을 다시 찾을 수 있다. 그들은 지도와 나침반이 필요할 뿐이다.

실존주의 상담이나 심리치료는 전통적인 행동과학처럼 사람을 변화시키려고 하는 것이 아니다. 실존적 접근은 사람들이 반드시 변화되거나, 기꺼이 변화되어야 하고, 또는 변화될 수 있다고 가정하는 것이 아니다. 제공되어야 하는 도움은 상담의 과정에서 통찰을 얻음으로 인해 삶의 방향을 찾는 것을 목표로 한다. 그 과정은 자신의 목표와 의도 그리고 삶에 대한 일반적인 태도를 성찰하는 것이다. 그러므로 초점은 그 사람의 인격에 있기보다는 삶 그 자체다. 실존적 상담의 목표는 사람들로 하여금 삶의 도전을 방해하는 자신의 방식을 발견하여 그것을 새롭게 개발하고 확고히 하는 것을 돕는 데 있다. 이를 통해 내담자는 자신의 길을 다시 찾을 수 있다.

결론적으로 어떤 내담자들에게는 삶 그 자체가 중요한 의미를 가져다주기에 삶에 있어서 아주 조금 변화하거나 또는 전혀 변화시킬 필요가 없다는 결론을 내릴 수도 있다. 반면에 어떤 내담자들은 그와 반대로 삶에서 현재의 방향이 자신이 원하는 삶이 아니라는 것을 인식하기 때문에 상당한 변화를 만들어 낸다. 많은 경우 내담자들은 이러한 발견을 이루어 가는 과정에서 이전에 가진 불행의 증상들을 포기하게 될 것이다. 그러나 상담 작업이 직접적으로 증상을 목표로 하는 것이 아니다. 더 훌륭한 전문성과 편안함을 지닌 삶의 과정으로 사람들을 돕는 것이 실존적 작업의 목적이다. 불가피한 문제와 어려움, 분노와 실망 그리고 존재의 위기들을 자신감 있게 대면하는 것을 배우는 것이 실존적 작업이 하고자 하는 모든 것이다. 이 과정에서 즐거움과 경이로움의 끝없는 자원을 발견하는 것이 이 모험의 일반적인 부산물이다.

잘 사는 것은 예술이다. 모든 예술이 그렇듯이 예술가들은 실습을 통해서만 향상된다. 예술의 비밀스러운 통찰력은 실수를 통해 얻는다. 많은 사람들이 수년에 걸친 자신들의 노력을 통해 삶의 예술을 성공적으로 배우는 반면, 어떤 사람들은 과거나 현재에 과외실습지도를 통해 유익함을 얻을 수 있다. 실존치료 회기들은 많은 경우 예술의 과외실습지도와 유사하다.

예술을 전공하는 학생은 완벽함을 추구하는 과정에서 이미 예술 활동을 하고 있는 선생님에게 지도받기 위해 의지한다. 내담자도 이와 동일하게 삶 속에 참여하고 있으며 불완전성과 혼란을 잘 다듬어 없애고자 실존심리치료자에게 도움을 요청한다. 예술전공자는 지도교사에게 등록금을 지불하고 신청할 때, 자신이 수행하는 작업에 있어서 더 유능해지려는 동기를 가지고 온다. 실존심리치료자를 찾아오는 내담자도 이와 같은 방식으로 자신의 삶이 향상될 수 있기를 바라는 동기를 가지고 온다.

예술전공생과 내담자 모두가 자신들이 의지하고 있는 전문가들에게 원하는 것은 전문성이다. 때때로 예술전공생이 이미 숙련이 되어 있을지라도 색깔이나 음영 또는 관점 등과 같은 섬세한 측면을 더욱 개선할 필요가 있다. 이와 같은 방식으로 심리치료에서 내담자들은 종종 살아갈 수 있는 능력이 있지만 자신의 감정이나 닥치는 시련 또는 새로운 상황을 이해하는 것을 다루는 데 있어서 어려움을 경험하기도 한다.

미술 과목의 목적은 드로잉이나 채색 등의 회화 기술을 숙달하게 하여 미술가로서의 능력을 최대화시키며, 이를 통해 미적 추구의 즐거움과 만족감을 얻게 하는 데 있다. 실존심리치료의 목적은 삶의 기술을 습득하게 하여 삶의 도전을 두려워하거나 회피하는 대신 받아들이고 즐길 수 있도록 하는 데 있다. 예술 수업의 과제 중 일부는 학생으로 하여금 자신이 지닌 재능을 발견하고 더욱 개발하는 데 있다. 이와 마찬가지로 실존적 작업의 과제 가운데 하나는 역시 내담자가 삶에 있어서 자신의 재능을 인식하고 이를 더 발전시킴과 동시에 긍정적이고 생산적인 방향으로 활용할 수 있는 방법을 찾게 하는 데 있다. 물론 예술 수업의 또 다른 과제는 학생이 어려워하는 부분에 대한 훈련을 위한 것이다. 마찬가지로 동일한 사항이 실존심리치료에서도 적용된다.

그러나 훌륭한 예술가를 만드는 것은 기술이 아니라는 것을 인식하는 것이 무엇보다도 중요하다. 그것은 대상을 관찰하고, 관찰되는 것을 최상으로 표현할 수 있는 능력이다. 이를 위해서는 끊임없는 노력과 상상력, 헌신과 열정이 필수적이다. 표현수단에 대한 이해는 부차적인 것이며 예술작품의 창조를 위해서 그것만으로는 결코 충분하지 못하다. 실존적 작업에서 내담자의 성격을 충분히 이해하는 것이 중요하긴 하지만 이 역시 부차적인 것이며 삶에 대한 방식과 그것을 어떻게 잘 이해하고 있는지가 더 중요하다. 그러나 삶에 대한 문제를 다루는 것은 명확하고 구체적이며 개별적인 방식으로 이루어져야 한다. 일반적이고 추상적이며 모방적인 것은 장기적인 관점에서 실제적 가치가 없다.

훌륭한 미술가는 비록 기본적인 기술과 예리한 관찰 능력을 충분히 가지고 있어도 자기만의 표현 방식을 연습함으로써 이루어진다. 다른 사람의 작품을 적당히 모방하는 것이 아니라 창조성과 진정성이 궁극적인 목표다. 실존상담 및 심리치료는 기획된 방식으로 살도록 가르치지 않는다. 실존적 접근은 자기만의 방식으로 의미 있게 살아가는 데 있어서 어려움을 겪는 사람들에게 이미 설정되어 있는 틀을 제안하는 것이 아니다. 특정한 기술이나 자기표현의 방식으로 소외감을 느끼는 사람들을 이끌어 주는 시도는 역효과를 낼 수도 있으며 소외감을 감소시키기보다는 더 심화시키는 결과를 초래할 수도 있다.

다음의 예는 수줍어하거나 회피하는 성향이 있는 사람에게 사회적 기술을 가르치는 연습에 대한 것이다. 그들에게 특정한 태도나 문장을 모방하게 하고 외형적으로 좀 더 받아들여질 수 있는 방식으로 행동하도록 가르치는 것은 매우 쉽다. 그러나 내면적으로는 사람과의 접촉으로부터 자기 안으로 고립되는 것이 더 깊어지는 반대의 결과가 나타날 수 있다. 겸손하고 효율적인 의사소통이라는 허울 아래 오히려 내면적으로 외로움과 고립이 확장될 수도 있다.

사 례

대니얼은 다음의 것을 분명하게 경험하였다. 그는 정신병동 입원환자로 사회적 기술 훈련이 요구되는 것으로 평가되었다. 실제로 대니얼은 타인과의 상호작용이 없었고 고립되어 있었으며 이에 대한 자기 나름대로의 적절한 이유가 있었다. 이러한 그의 특성에 대한 개입으로 사회 기술 워크숍이 제공되었다. 이와 유사한 또 다른 워크숍을 참석한 후에 대니얼은 그 과정이 얼마나 모욕적이었는지 상담자에게 털어놓았다. "워크숍은 나에게 맞지도 않는 옷을 입으라고 하는 것 같았어요. 그것들은 내게 적합하지 않았으며 나는 그러한 워크숍들이 불편했어요. 나는 문제를 일으키고 싶지 않기 때문에 꼭 참석해야 한다면 따를 것입니다. 그러나 나는 원치 않습니다. 결코 그러고 싶지 않고 앞으로도 그러지 않을 거예요."

대니얼에게 있어서, 정해진 형태의 틀을 따라야 하는 모든 심리치료방법과 상담은 부담이 되었고 시간 낭비였다. 그는 자신의 존재 방식에 대해 동의하지 않는 듯한 상담자들의 암시적 태도나 행동에 대해 매우 민감했다. 비록 그는 삶에 있어서 고립된 태도로 인해 고통받을지라도, '정상적인 방식'을 수용하거나 통합을 위한 타협에 대해 기꺼이 시도하려는 준비가 되지 않았다. 그가 만약 심리치료를 전적으로 거부한다면 결국 전기충격요법을 받을 것이라는 사실을 알고 있었기 때문에 어느 정도의 심리치료 과정에 대해 동의하였던 것이다. 그러나 그가 '정상적인 세상'을 위해 양보할 때마다, 그는 자신의 개인적 세계 속에서 더욱더 고립감을 느꼈고 내면적으로 차이가 있음을 더욱 확신하게 되었다.

대니얼과 같은 경우의 사람들에게 있어서 실존적 작업의 목적은 자신만의 독특한 감각의 가치를 인정하고, 그것에 대항하기보다는 그 독특함이 무엇인지 인식하는 데 있으며, 그 안에 숨겨진 강점과 잠재성을 인식하는 데 있다. 다른 사람들의 강력한 힘과 방법으로 그들이 근본적으로 경험하고 있는 것을 고치려고 시도하는 것은 소용없는 일이며 역효과를 일으키는 방법이다. 만일 그들이 가치 있다고 여기는 것을 고수하기 위해 대가를 치러야 한다면 헤아릴 수 없는 고통과 고문일지라도 기꺼이 감수한다. 그들에게 있어서 잘 적응된 정상 상태가 분명히 매력적인 대안은 아니다.

대니얼이 언급하듯이, "그들은 극심한 생존경쟁과 차디차게 굳어진 정상상태로 인해 미쳐 있어요. 나는 그들로부터 소외당하는 것을 원하지는 않아요. 나는 단지 내 방식을 선호할 뿐입니다. 그들이 나를 가두어 둘 수 있지만 나의 사고방식까지 그럴 수는 없어요. 그들의 사고방식은 대중매체에 의해 좌우됩니다. 그들은 편협하게 눈이 가리어져 있어서 내가 그들의 방식을 싫어한다는 것조차도 인식하지 못해요." 대니얼은 심리치료사가 자신이 잘못되었다는 것을 입증하여 확신시키려고 할 때 심리치료를 거부했다. 그는 자기 자신과 세계에 대한 자신의 견해가 존중될 때에 비로소 마음을 열기 시작했다. 그는 심리치료사가 자신을 바꾸려고 시도하지 않는다는 것을 알았을 때, 점차 세계를 경험하는 자신만의 독특한 방식을 이용하여 서서히 더 건설적인 방법을 고려하는 모험을 하기 시작했다.

대니얼과 같은 사람들은 자신의 생각을 존중하고 신뢰해 줄 수 있는 사람을 발견하는 데 있어서 희망을 상실하기 때문에 점점 더 고립 속으로 빠져든다. 그들은 잘 살아간다는 것이 무엇을 의미하는지에 대한 규준이 너무 개인적이고 까다롭기 때문에 자신의 기준대로 사는 것이 어렵다는 사실을 발견하기도 한다. 만약 당신이 대단한 힘과 능력을 소유하고 있으며, 당신의 견해가 타당하다는 외부의 인식이 있는 경우, 당신의 견해를 고수하는 것에 있어서 단지 평화와 확신을 가질 수 있을 것이다. 그러나 모두가 일관되게 당신이 잘못되었음을 지적한다면, 당신은 결국 더 미쳐 버릴 것 같을 것이다. 철수(withdrawl)하는 것은 자아의 중심을 유지하는 최후의 시도일 수 있다. 하지만 다른 사람과 의미 있는 상호작용이 없다면 지지의 원천은 곧 사라질 것이고 엉망진창이 될 것이다.

따라서 필요로 하는 것은 서투르고 파괴적인 표현을 하거나 혹은 아예 표현을 하지 않는 것이 아니라, 내부의 진실에 대해 예술적이고 건설적으로 표현하는 방법을 발견하는 것이다. 창의적인 예술가는 자신의 성장을 방해하거나 단순히 순응하도록 만드는 사람보다 자신의 독창성을 자극하고 표출할 수 있도록 하는 교사를 필요로 한다. 실존적 작업의 목적은 사람들이 자신에게 가치를 두는 것에 진실할 수 있도록 그리고 자신의 재능을 자신의 방법대로 발전시킬 수 있도록 돕는 것이다.

이 과정의 첫 번째 단계는 비록 깊은 곳에 내재되어 있지만 이미 존재하고 있는 자신의 능력을 발견하는 것이다. 비록 이러한 것들이 부정적이고 파괴적으로 사용되어 왔을지라도, 그 사람은 거의 완전히 자신의 기본적인 재능을 의심하지는 않는다. 예를 들어, 대니얼은 결코 그의 위대한 감성과 강렬한 경험을 위한 특별한 능력, 그리고 성실함과 정직함에 대한 강한 신념을 결코 의심하지 않았다. 이미 언급했듯이, 비록 어느 누구도 그렇게 여기지 않았을지라도, 그는 이런 재능들을 매우 가치 있게 여겨 왔다. 심지어 극도의 위기와 고립의 순간에서도 그의 강렬한 자기 확신은 이런 자질들에 대한 자부심과 스스로에 대해 진리를 위한 순교자로 여기는 것을 통해 유지되었다. 그는 그가 몹시 가치 있게 여기던 것을 타협하기보다는 차라리 그의 모든 세속적인 것들과 물질적인 풍요를 포기하려 하였고, 우정이나 존경 혹은 다른 사람들로부터 받는 존재감을 등한시하며 살아가려 하였다. 그의 삶의 환경이 그러한 일을 불편하게 만들었고 그의 특별한 재능을 활용할 수 있도록 하지 않았기 때문에, 자신의 원칙을 충실하게 유지하기 위해서 그는 자신에 대한 낭만적인 이미지에 안식하며 살 수밖에 없었다. 이러한 방식 안에서, 그는 오래지 않아 어느 누구도 믿지 않는 그 자신만의 세계를 만들었다.

일상생활과 내면세계를 연결하는 방법을 찾기 위한 대니얼 스스로의 모든 노력이 실패했을 때, 그는 부정적인 방식으로 자신의 감성과 독특한 재능을 활용하기 시작했다. 그는 주변에 있는 사람들의 부정직한 것에 대한 숨겨진 실마리를 찾아내는 전문가가 되었으며, 대니얼은 이것을 그들이 열등하고 악하다는 증거라고 생각했다. 대니얼은 그들이 정직하지 못함을 꿰뚫어보는 자신의 통찰력을 두려워하기 때문에, 그들 중 일부는 그를 대항해서 음모를 꾸미고 있다고 믿게 되었다. 그는 이러한 것에 대해 사람들에게 비난하는 편지를 쓰기 시작했고, 그의 비난은 그들에 대한 핵심적인 진실이 담겨 있었기 때문에, 많은 경우 매우 민감하게 신경을 건드리기 시작했다. 곧 처음으로 그는 병원에 입원하게 되었으며 편집증을 위한 치료를 받았다.

어려웠던 초기 상담이 지난 후에, 대니얼은 비록 불편함과 비하감이 있을지라도 정신과 환자로서의 이력이 자신에게 이전의 삶의 방식보다 더 진실해질 수 있는 안목을 제공하리라는 결론을 내렸다. 병원에는 자신과 유사한 더 많은 사람들이 있었다. 실제로 어떤 사람들은 자신이 의미하는 바를 이해할 수 있을 것처럼 보였다. 그는 다른 환자들과 친구가 되었고 심지어 몇몇 직원과도 친구가 되었다. 그 기간은 그가 경멸하는 사람들을 위해 아무런 의미 없는 일에 노예화되기보다는 진정한 자신을 위해 활용할 수 있는 시간이었다. 이제 그는 자기 자신으로 있을 수 있는 방법이 있다는 것을 알았기 때문에 어느 누구라도 자신의 머리를 다시 보통 사람들의 크기로 축소시키려는 것에 대해 허락하지 않았다.

대니얼과 실존적으로 작업하는 것은 무엇보다도 그에게 영향력을 행사하고, 그를 변화시키고, 그를 비난하고, 그와 갈등하고 또는 그가 틀렸다는 것을 증명하려는 유혹을 극복해야 한다는 것을 의미했다. 그것은 그가 실제적으로 옳은 방식 안에서의 어떤 것을 알아내기 위해 그의 편에 선다는 것을 의미했다. 오로지 그와 함께 협력함으로써, 그의 현재 태도의 기반에 놓인 진실이 무엇인지를 이해하기 시작하는 것이 가능해졌다. 진정성, 정직, 감성과 성실성을 위해 자유롭고 싶어 하는 그의 욕구는 절대적이었다. 이런 네 가지 자질은 그의 삶의 철학의 기초였다. 하지만 역설적이게도, 이런 욕망은 그를 반대 방향으로 이끌었다.

대니얼이 병원에서의 이력을 안정감 있게 받아들임으로써 그는 자신의 가치를 직접적으로 확인하고자 하는 것으로부터 빠져나왔다. 그는 '문제'로부터 벗어나기 위해, 협력적인 치료적 작업을 하기로 동의했으며 심지어 전기충격치료(ECT)도 허용했다. 그는 치료라는 생각을 떨쳐버리고 개인적으로 진심 어린 마음이 될 수 있도록 변화하고자 하였다. 그런데 그는 기본적으로 정직하지 않았다. 그의 경험 강도는 항정신병 약에 의해 크게 감소했지만, 결코 창조적으로 이해하기 위한 수단이 아닌 위협을 인식하기 위한 수단으로써 그의 감각을 사용하고 있었다. 간단히 말해, 그는 결코 그 자신의 가치를 강화시키는 방식으로 움직이지 않았다. 대니얼의 상태는 그가 완전한 고립으로부터 벗어나서 자신에게 필요한 호흡 공간을 주고 있을지도 모르지만, 그것은 지금 가장 바람직하지 않고 역효과적인 삶의 방식으로 돌아서고 있었다. 그는 그의 능력과 그가 정말로 자부심을 가질 수 있는 훌륭한 자질을 낭비했다. 반면에 이러한 상황은 그가 그것들을 잘 활용할 수 있는 방식을 검토하기 위한 최적의 시간이었다.

어떤 상황이라기보다 삶의 방식으로서의 정신적 질환이라는 견해를 통해, 대니얼은 좀 더 건설적인 삶의 방식을 생각하는 것을 시작할 수 있었다. 이는 그의 재능으로 인해 고통받기보다는 재능을 발전시킬 수 있는 삶의 방식을 통해서였다. 그가 가치를 두는 것을 고수하고자 하는 그의 동기는 매우 강력했다. 그가 자신의 자기기만을 깨닫는 것은 그로 하여금 다른 사람들을 나쁘게 생각하는 것을 멈추고 온전히 맑은 정신이 들도록 하기에 충분했다. 만약 그 자신이 부정직한 실수를 했다면, 다른 사람들이 동일한 일을 하는 것이 더 이상 범죄가 되지 않을 것이다. 하지만 그가 스스로를 구원하고 교착상태로부터 빠져나오고자 투쟁하는 것은 필수적인 것이었다. 그는 자신의 원칙에 따라 사는 방법을 발견하기를 원했으며, 그는 많은 의욕과 헌신으로 이 방법을 찾는 데 전념했다.

어느 정도의 행운과 적절한 때에 적절한 사람을 만나는 축복이 결합되어서, 대니얼의 용기는 그로 하여금 새로운 분야에서 전문적으로 자신을 확립하게 하는 것을 가능하게 했다. 주변 환경에는 그가 좋아하는 그 이상의 것이 있었고, 그의 열망에 대한 더 적합한 것이 있었다. 그는 이제 온전한 성실함과 함께 동일한 지각적 정직을 적용할 수 있었고, 그것을 파괴적인 용도보다는 창조적인 활용으로 사용할 수 있었다. 그의 감각은 새로운 직업에서 성공의 공식이 되었고, 몇 년 지나지 않아서 그는 꽤 명성을 얻게 되었다. 사람들이 여전히 그를 약간은 비정상이라고 생각할 수도 있지만, 이것은 이제 병리적이기보다는 권장할 만한 것이 되었다. 사실, 대니얼은 새로운 업무 분야에서 영감의 진정한 근원으로 그의 정신과적 병력을 사용할 수 있었다.

　　대니얼의 성공이 그러한 실존적인 회기들보다 그 자신의 활력과 결단이 더욱 많은 연관성이 있다는 것에 의심의 여지가 없다. 그럼에도 불구하고, 대니얼이 그 자신의 재능과 능력에 대해 필수적인 통찰력을 얻고 이런 것들을 잘못 사용하고 있다는 것을 깨닫기 위해서는 상담 회기를 통한 촉매적인 경험이 필요했다. 가장 중요한 것은 그가 자신의 가치와 일치시키는 것을 배우는 것이었다. 그는 의미와 진리를 발견하기 위해 스스로 만족스러운 삶의 방향을 찾기 위해서 자신의 동기와 힘의 원천을 촉발시킬 수 있도록 격려받는 것이 필요했다.

　　이런 실존적인 접근은 사람들이 자신의 기준을 가지고 자신의 삶을 건강하게 살아갈 수 있도록 용기를 준다. 더불어, 실존적인 접근은 그것을 위한 기준과 이상적인 것들이 무엇인지를 발견하기 위해 필요로 하는 명확한 이해를 하도록 격려한다. 더 나아가, 실존적 접근은 그것들이 보편적 가치와 상충하는지를 확인하면서, 그러한 기준과 생각의 일관성을 관찰하기 위한 틀을 제공한다. 또한 그 사람의 능력과 재능에 따라 실제적인 적용을 용이하게 하고, 그것들의 함의와 결과를 논리적으로 검토하도록 만든다. 실존적 접근은 인생과 세계 그리고 자기 자신을 바라보는 특별한 관점을 탐구하는 것을 중심으로 한다. 실존적 접근의 목적은 자신에게 중요한 것이 무엇인지를 분명히 하도록 돕는 것이다. 그리하여 자신이 자신과의 관계에서 더 조화로우며 더 실제적이고 생생하게 느끼도록 돕는 것이다. 내담자는 자신의 생활양식이 우선순위에 일치하도록 재정비하기 전에, 자신의 개인적 발전을 가로막고 있는 선입견과 가정을 점검해 보아야 한다. 따라서 당연하게 받아들여진 많은 것들이 삶에 대한 진실을 찾는 등불을 통해 재점검되어야 한다. 존재 자체의 기본 구조와 역동성을 투명하게 성찰하는 것은 개인병리학적 관점으로부터 멀어지게 한다. 이것은 해방의 효과가 있고 그리고 이것으로 인해 그 사람은 삶의 현장에서 더 잘 활용할 수 있을 것이다.

　　실존적 과업의 목표는 내담자들로 하여금 삶의 재능을 발전시키는 새로운 국면으로 들어가도록 하는 것이다. 이는 실존적 상담 및 심리치료가 삶의 예술을 훈련시키는 것에 비유할 수 있는 이유다. 이것은 권태와 증오보다는 재미와 상상을 가지고 세상과 인간 존재를 새롭게 보는 방법과 연관되어 있다. 이미 알려져 있는 이전의 생각들을 다시 재고함으로써, 어떤 새로운 발견들이 이루어진다. 수많은 비밀들이 존재의 심장 속에 묻혀 있다는 느낌은 삶에 희망과 뜻밖의 기쁨을 가져다준다. 새로운 의미와 가능성들이 드러나고, 이것들과 함께 개인적 동기와 용기의 원천이 드러난다. 이러한 방식으로 한 개인의 삶의 경험은 어떤 특별한 외적 변화의 필요 없이 극적으로 변화한다.

사 례

본 사례는 리디아의 사례로 그녀는 자신의 삶이 마치 고인 웅덩이 같이 되어버렸다고 느껴져서 심리치료를 받으러 왔다. 그녀는 나이가 서른을 넘어서 일상적인 것에 정착하게 된다면, 삶은 필연적으로 모든 것에 흥미를 잃게 되는 단조로운 경험이 되고 말 것이라고 믿고 있었다. 그녀는 우울적 기질이 자신의 문제라고 확신하고 있었다. 리디아는 심리치료사가 자신의 성격을 고쳐줄 수 있을지에 대해 의문을 품고 있었다. 그녀는 인간 본성에 대한 결정론적 관점을 지니고 있었기 때문에 그것이 불가능하리라고 생각했다. 그녀는 심리치료사가 자신의 성격이나 상황을 바꾸는 것은 불가능할 뿐 아니라 불필요하다고 지적하였을 때 다소 충격을 받았다. 그녀는 자신의 심리치료사가 자신에게 변화하라고 압력을 가할 것이라고 확신하였고, 그녀는 그런 변화를 할 수 없을 것이라는 사실을 심리치료사에게 입증할 준비를 했었다.

그녀가 특정한 방식으로 무엇인가를 해야 한다는 압력이 없어졌을 때, 리디아는 변화가 필수이적이면서 위협이라는 자신의 가정을 검토해 볼 시간을 가질 수 있게 되었다. 그녀가 자신의 삶이 정체되었다고 판단한 것은 자신이 무엇인가를 더 해야만 한다고 느꼈기 때문인 것으로 밝혀졌다. 그녀가 바람직한 변화에 대해 상상했던 것을 자신의 감각으로 탐색하는 것은 그녀에게는 마치 절대 열지 못할 것이라고 생각해 왔던 문을 여는 것과 같았다. 리디아는 자신이 늘 원했던 것은 이미 살고 있는 삶을 깊이 있게 즐기는 것이라는 사실을 발견했다. 그녀가 불충분하다고 생각했던 이유는 스스로가 즐거움과 변화를 모순되는 개념으로 인식했었기 때문이다. 그녀는 자신이 이미 가지고 있는 것에 만족하면 자신이 인생에서 무언가를 놓쳐버릴 위험에 처할 거라고 느꼈다. 자신에 대한 광적인 평가절하와 그녀가 가지고 있던 것에 대한 불만족에 의해, 그 당시 그녀가 인생에서 놓쳐버리고 있는 것에 대한 관심을 가졌을 때, 그녀는 커다란 안도감을 경험하였다.

리디아에게 있어서 진정한 해방은 그녀 자신이 충분하지 못하다고 느끼는 것을 중단하는 것이었다. 그녀가 원하는 모든 것은 소중한 자신의 삶을 구성하는 것들을 더욱 유지할 수 있는 것뿐이었다. 그것들이 있는 그대로 유지될 때조차도 변화와 활동이 있을 수 있음을 발견한 것은 그녀에게는 하나의 계시였다. 삶은 하나의 변형의 과정으로서 새롭게 재확인하는 개념이었다. 이전에 그녀는 항상 능동적으로 변화를 일으켜야 한다는 의무감을 느꼈었다. 따라서 계속 변화하는 것을 거부하는 것은 정체되어 있는 이미지를 그려냈다. 그녀가 변화에 대해 걱정할 필요가 없다는 것과 삶 그 자체가 바로 필요한 변형을 가져다줄 것이라는 것을 확인받는 느낌은 더욱 많은 안정감을 그녀에게 제공하였다. 이제 그녀는 염려를 중단하고 자신이 지니고 있는 것을 즐기기 시작할 수 있었다. 마침내 그녀에게 삶은 지루한 것과는 거리가 먼 것처럼 여겨졌다.

리디아는 자신의 삶에서 결코 어떤 극적인 변화가 있었던 것은 아니지만, 그녀는 자신에게 무엇인가를 해야 한다고 말하는 것을 중단했다. 대신에 그녀는 자신의 편안함을 위한 재능을 발전시키기로 선택했다. 그녀의 집과 정원 그리고 가족을 돌보는 것은 이제 그녀의 수치스럽지 않은 중독이자 헌신이 되었다. 그녀는 자신이 원했던 것을 선택하고, 타인들이 각자의 분야에서 성취하는 것에 대한 이전의 개념들을 버린 것에 일종의 자부심도 느꼈다. 삶은 그녀에게 있어서 상황이나 성품의 어떤 것을 변화시키는 것 없이도, 이제 밝은 미래로 가득 찬 것처럼 보였다. 그녀는 자신이 우울한 기질이라고 생각해 왔던 것은 안정감과 안전에 대한 갈망이라는 사실을 깨달았다. 그녀는 자신을 변화시키려고 하기보다는, 자신의 성향에 대항하는 것을 중단하는 것을 배웠다.

만약 리디아가 자신의 삶에 극적인 변화를 수행하기로 결심하거나, 삶의 어떤 크고 성공적인 프로젝트를 수행하기로 하였다면, 그녀의 경험은 더욱 인상 깊게 들렸

을 수도 있다. 하지만 실존적 작업의 성공은 그런 외형적이고 피상적인 영역에 의
해 계측될 수 없다. 실존적 작업의 목표는 사람들로 하여금 이미 만들어진 외형적
성과들을 확인하도록 하는 것이 아니라, 그들 자신의 기준과 가치를 인식하도록 돕
는 것이다. 리디아의 경우, 성공의 자료들은 서서히 이루어지는 변화의 조용한 과
정에 만족하는 그녀의 원칙에 따라 살도록 하는 것이었다. 그녀를 더욱 의욕적인
방식으로 하도록 자극하는 것은 그녀가 그전보다 더 부적절하고 우울한 감정을 느
끼게 했을 것이다.

내담자들에게 자신의 운명의 방향을 찾도록 지지하는 것은 쉬운 것이 아니다.
인간의 성취에 관한 가장 확실한 그림을 가지도록 하거나 모든 내담자를 이런 방
향으로 안내하는 것이 훨씬 더 쉽다. 따라서 실존적 접근은 현재의 유행에 맞추기
보다는 사람들이 각자의 소명을 인식하도록 돕는 것을 목표로 하기 때문에 인기
를 얻기 어려운 암울한 운명이다. 또한 삶에 있어서 내담자의 특별한 관심에 대한
민감성은 무엇이 바람직한 것인가에 대한 상담자 자신의 견해로부터 충분히 분리
되어야 하는 것을 필요로 한다. 이는 상담자의 견해가 강요되지 않아야 하기 때문
이다.

이러한 종류의 자율성은 실존적 과업의 궁극적인 목표다. 이는 사람들이 자신
의 가능성과 한계 모두를 인식하면서 자신과 세계에 대한 자기 자신의 견해를 표
현하도록 자극하는 것이다. 그 과정은 삶에 있어서 자신들의 재능, 능력 그리고
운명에 대한 자기 자신의 인식에 대한 탐색, 질문 그리고 분류를 포함한다. 그것
은 또한 인생과 삶을 다스리는 일반적인 법칙과 원리에 다시금 연관시키는 것이
다. 보편적인 것을 인식하고 수용하면서, 개별적으로 확고한 자신의 역설을 다루
는 개인적인 용기, 방향 그리고 의미를 찾는 것이 목표다.

내담자들의 성찰과 일관성을 관찰하면서, 내담자가 자신의 표준을 세우며 자신
의 가치체계에 따라서 살아가도록 용기를 북돋는 것은 분명히 쉬운 과업이 아니
다. 다음은 이 과정을 촉진시키기 위해 실존주의 임상가들에게 요구되는 것이 무

엇인지 생각해 보자.

✽ 실존적 임상가의 태도

실존심리치료 또는 상담은 의학적 접근이거나 심리학적 접근이라기보다는 철학적 탐구과정이다. 우리가 살펴본 바와 같이 임상가들은 삶의 예술에 있어서 멘토로 기능한다. 숙련된 실존심리치료사는 우수한 기술자나 영리한 전략가라기보다는 현자와 유사하다. 실존적으로 활동한다는 것은 내담자의 존재적 상태에 초점을 맞추려고 선택하는 것을 의미한다. 그렇게 함으로써, 기술과 전략은 반추의 유익함 속에서 뒤로 밀려나 내버려진다. 실존적 탐험에 내담자와 참여한다는 것은 내담자가 중요하게 여기는 모든 문제에 대해 심사숙고한다는 것을 의미한다.

실존적 임상가는 삶의 조각을 함께 맞추는 것에 깊은 관심이 있어야 한다. 인간 존재에 대한 위대한 이해에 도달코자 하는 헌신 없이는 어느 누구도 실존적 관점으로 활동할 수 없다. 실존적 임상가는 무엇보다 진실을 가치 있게 평가한다. 그러나 임상가가 열망하는 진실은 교리나 추상이 아닌, 살아 있는 생생한 진실이다. 인간의 조건적 상황에 대한 임상가의 호기심은 기본적으로 일상적 존재 속에서 사람들이 진실을 창출하고 파괴하는 방식에 대한 탐색으로 방향지어진다.

그것은 모든 영향과 모든 함의와 세밀한 부분과 심층에 있는 모든 것에 대한 면밀한 검토 아래에 있는 내담자의 특정한 존재적 방식이다. 따라서 상담 회기에서 심리치료사의 존재와 참여는 매우 강렬하다. 50분간의 상담시간 동안 임상가는 자신이 할 수 있는 모든 통찰력과 지혜를 가지고 내담자의 생생한 현실을 마주하게 된다. 이런 집중화된 노력은 명백히 상담시간의 경계가 분명하게 정해져 있을 때만 유지될 수 있다. 심리치료사는 내담자의 동료 탐구자로서 기능한다. 그는 내담자의 생활양식과 세계관을 탐구하는 것에 초점을 유지하며, 내담자가 자신의 시각을 넓힐 수 있도록 도와주며 자기 자신의 운명을 통제한다는 느낌을 증가시킬 수 있도록 한다.

　이것을 성취하기 위해서, 실존적 임상가는 자신의 내면적 통합성을 유지하기 위하여 내담자와 필수적인 거리를 유지할 필요가 있다. 임상가는 자기 자신에 대한 진실성을 유지하면서, 다른 사람들과 함께 할 수 있는 능력을 갖추어야만 한다. 임상가는 경청과 공감적 반응의 과정에서 자신이 함몰되기보다는, 침착성과 냉정함을 유지하는 것에 확실해야 한다. 실존적 임상가는 자신과 함께 있는 사람에게 침착할 때에만, 언어로 표현되었든 혹은 되지 않았든, 내담자의 말의 의미를 알아들을 수 있는 능력을 유지할 수 있을 것이다. 이것은 단순히 내담자를 위해 거기에 함께 있으면서 경청하는 것과 관련된 문제가 아니라, 내담자의 관심과 이와 관련된 진실된 공명 안에서 일종의 참여자라는 것과 관련된 것이다. 온전히 현존한다는 것은 내담자 자신이 아직 이해할 수 없거나 심지어 명백하게 표현할 수 없는 것을 듣고 이해하는 것이다. 임상가는 숨겨진 것을 드러나게 만드는 과정을 주도해야 한다. 이것은 깊은 관심을 가지고 함께하는 것에 의해서 그리고 내담자가 힘들게 싸우고 있는 것이 무엇인지 알고 인식하는 것에 의해서만 이루어질 수 있다.

　실존적 임상가가 제공하는 것은 단순한 지지와 수용이 아니라, 생각하지 못한 것에 대해 고려해 볼 수 있도록 용기를 주는 것이다. 어떤 문제가 극복될 수 없을 것 같아 보여서 내담자가 가쁜 숨을 쉬거나 한숨을 쉴 때, 상담자는 따뜻한 마음과 함께 이러한 장애 역시 해결할 수 있고 극복될 수 있다는 차분한 확신 속에서의 단호함이 필요하다. 상호작용의 배경에는 의심할 여지없이 근본적으로 내담자의 인간성에 대한 강한 긍휼함이 결합되어 있다. 그러나 결과적으로 분석에서는, 내담자와 관련된 어려움에 대한 정서적 감상보다는 상담 회기를 지배했던 인생의 시련과 고난을 대면하는 결단이 있어야 한다.

　실존적 임상가들은 인간 본성의 많은 것을 인식하고 쉽게 충격받지 않으며 놀라지 않도록 인생의 어려움들을 견디고 살았던 성숙성과 경험을 지니고 있어야 한다. 그들은 모든 내담자들이 실수와 불운 속에서 자신들의 갈등을 인식할 수 있도록 돕기 위해 자기점검에 충분히 익숙해야 한다. 하지만 내담자들을 가엽게 여기거나 축하해 주거나 교정해 주려고 함으로써 스스로 우월한 지위를 확보할 필요가 없다. 그들은 내담자들의 비극적이거나 고양된 상황의 한 측면이 그들을 진심으로 감동시켰을 때 비로소 내담자들의 경험에 공명을 울리며 동조한다. 임상가들은 항상 내담자들이 스스로 자신의 운명에 영향을 미치는 방식으로 강렬하게 그들을 기억시켜야 한다.

실존적 상담과 심리치료는 단순히 따뜻한 인간관계를 대체하는 것이 아니다. 그들은 상담자가 상식과 개인적 통합과 보편적 지혜를 되새기도록 하는 목회적 혹은 멘토링 관계에 더 가깝다. 여기서 상담자가 경계해야 할 한 가지의 위험은 내담자의 상황을 추정하거나 모든 것을 아는 척하는 것이다. 임상가들은 심지어 인간적 관심과 돌봄처럼 가장하고 있을 때조차도, '당신보다 거룩하다'라는 태도의 함정에 쉽게 빠질 수 있다. 이것을 예방하는 유일한 방법은 심리치료사가 자신의 생각, 통찰력 그리고 관점을 내담자와 함께하면서 내담자를 따라갈 수 있는 준비가 되어야 하고 또한 이러한 것들에 대해 질문할 수 있는 능력이 있어야 한다. 심리치료사는 철두철미하게 자신의 한계와 편견에 대해 정직해야 한다. 만약 심리치료사가 모든 내담자에게 제공해야 하는 진지한 대우 그대로 진지하게 내담자를 대한다면, 심리치료사는 자기만족에 빠지지 않을 것이다. 모든 내담자들은 어떤 면에 있어서 심리치료사가 이전에 세운 가설에 도전하고 상담자의 경험을 왜곡하기도 한다. 따라서 심리치료사는 끊임없는 역동적 교환에 열려 있어야 하며 새로운 견해를 수용하고 자신의 잘못을 인식할 수 있는 능력이 있어야 한다.

겸손은 진정한 철학자의 본질적 특성이다. 소크라테스는 '자신이 모른다는 사실을 인식하는 사람'이 현명한 사람이라고 정의하였다. 이것은 실존심리치료사의 태도에 대해 훌륭하고 유용한 표준을 제공한다. 이런 근본적인 회의주의를 통해서, 실존심리치료사는 진실을 탐색하는 것에 열려 있을 수 있다. 심리치료사가 내담자를 확실히 파악하였다는 자신의 영민함에 감탄하는 순간, 자신이 잘못된 길을 가고 있다는 것을 알 것이다. 심리치료사가 스스로에게 순수하고 편견 없는 접근의 가치를 되새김으로써, 그는 오만해지는 것으로부터 자신을 보호할 수 있으며 내담자에게 설교하는 것을 중단하게 될 것이다.

이런 계속되는 배움의 자세로, 심리치료사가 자신의 일로부터 얻을 수 있는 가장 큰 기쁨은 인간 모순에 대한 이해가 확대되는 기쁨이다. 내담자가 의미 있는 방식으로 당면한 문제를 말할 수 있도록 돕는 멋진 일을 하는 것은 또 하나의 중요한 즐거움이다. 전문가적 업무의 대가로 인해 얻는 수익은 마지막 기쁨이다. 임상가가 자신의 일로부터 얻을 수 있는 이 세 가지 방식의 기쁨과는 별개로, 임상가는 온전히 내담자를 돌보는 위치에 있다.

　내담자의 삶을 안내하고 스스로를 점검하는 올바른 태도에 대한 기본적 전제들은 또 다른 중요한 속성들이다. 실존적 임상가들은 인간의 조건과 본성에 대한 넓은 관점을 어렵지 않게 지니고 있다. 그들의 자세는 문화와 계급과 국경선을 넘어선다. 그들은 어떤 유일한 접근 혹은 확신에 대한 이념을 그대로 따르지 않도록 조심해야 하며, 내담자를 개종시키려 하지도 않아야 한다. 그들은 자신들을 유혹하는 치료적, 정치적, 문화적으로 진부한 어떠한 것으로부터 자유로워져서 개인적인 방식을 발전시켜야 한다. 내담자들을 향한 임상가의 메시지는 내담자가 스스로 생각하도록 도와주는 것이다.

사 례

　가브리엘은 스스로 생각하는 것이 매우 힘들다는 것을 정확히 알고 있었다. 그는 학급에서 일어나고 있는 상황을 도저히 극복하지 못할 것 같은 생각으로 인해 수주 동안 대학 수업을 빠진 상태에서 상담에 의뢰되었다. 가브리엘은 젊은 아프리카인으로, 영국에 온 지 몇 달밖에 되지 않았다. 그는 유학 장학금을 받는 것에 대해 심각하게 고민하고 있었다. 자신의 고향에서 그는 항상 특권적 위치에 있었다. 그는 자신의 사회에서 유망한 구성원들 중 연장자였고, 그 자신이 연장자들을 존경하고 숭배하는 것에 익숙하듯이, 그는 많은 존경을 받는 것에 익숙했다.

　'문화적 충격'이라는 용어로는 가브리엘이 영국에서 마주치는 상황에서 자신의 혼란스러움을 표현하기에는 부족했다. 비록 그는 자신이 매우 열린 마음을 가졌다고 생각했음에도 불구하고, 그가 만나는 동료 학생들의 다양한 태도들로 인해 놀랐다. 이러한 태도들이 그에게 큰 충격을 주는 것도 어쩌면 그가 넓은 마음을 가졌기 때문이었을 것이다. 그의 연령대와 비슷한 두 명의 다른 아프리카 학생들도 있었지만, 그들은 그들 자신에게만 집중하고 있었다. 그들과는 달리 가브리엘은 젊은 영국 학생들의 집단 속으로 바로 초대되어 들어갔다.

가브리엘은 새로운 친구들의 가치와 기대 그리고 자신의 어린 시절 부모와 친척들의 기대와 가치 사이에서 발생하는 갈등으로 엄청난 혼란을 느꼈다. 그는 흑인으로서 자신의 동포들을 위해 싸워야만 하는 의무가 있는 것처럼 보였다. 그러나 한편으로는 그가 연방국가의 뛰어난 구성원으로서 그의 특권을 감사해야 하는 것이었다. 그는 세상이 갑자기 뒤집힌 듯했다. 그가 지금까지 명예이고 장점이라고 생각했던 모든 것은 지금 불명예이고 위협이 되었다.

그의 첫 번째 반응은 일종의 불신이었다. 그래서 그는 새로운 동료들을 멀리했고 자신의 나라에서 온 사람들과 함께 어울렸다. 그러나 가브리엘은 영국 정부의 유학 장학금이 그가 완전히 서구적 사고에 적응하도록 주어졌다는 것을 느꼈다. 그는 자신을 끝없이 놀라게 만드는 사람들 속에 자신을 집어넣기로 결정했다. 그러나 그는 자신의 고향과 풍습에 연결점을 유지하기 위하여, 새로운 환경의 영향으로부터 자신을 정화시키는 매일의 의례를 지속했다. 그 의례는 물을 사용하는 것과 관련되었다. 어느 날 그는 실수로 학교 기숙사에서 작은 홍수를 일으켰다.

가브리엘이 그 홍수에 대한 책임을 요구받았을 때, 그는 자신의 책임을 완전히 부인했다. 몇몇 사람들은 그가 여러 주 동안 욕실에서 큰 의식을 치르는 것을 알고 있었기 때문에 그를 고발했고, 또한 그가 그 문제를 속이고 있는 것에 대해 크게 비난을 하였다. 이 사건은 그의 친구들이 그에게 자신들과 친구관계로 지속되기를 원한다면 책임을 인정할 것에 대해 개인적으로 말해 주었을 때에야 비로소 적절한 국면으로 전환되었다. 그래서 가브리엘은 조상들이 자신의 새로운 삶의 방식을 용인하지 않아서 홍수를 일으켰다고 사람들에게 설명하기 시작했다. 그는 이 사건에 대해 이와 같은 시각에 대한 확신으로 굳어져 있었기 때문에, 그가 상담자에게 위탁되는 것은 시간 문제였다. 대부분의 사람들은 가브리엘이 온전한 정신이 아니라고 여겼으며 그때부터 대학 내에서 그의 고립은 날마다 심해졌다.

첫째로, 가브리엘은 상담자를 일종의 영적 권위자로서, 즉 자신이 설명해야만 하고 상담자는 자신에 대해 판단을 내리는 재판관 같은 존재로 생각했다. 그는 자신이 새로운 친구들과 너무 가깝게 어울림으로써 자신의 문화를 저버리고자 했던 죄를 깨닫게 하기 위해 조상들이 개입했다고 확신했다. 만약 이런 일이 아프리카에 있는 자신의 부족민들 사이에서 발생했다면 아무런 문제가 되지 않았을 것이다. 그러면 그의 아버지는 분명하게 새로운 친구 관계를 포기하고 자신의 가치에 대해 충실하라고 명령했을 것이다. 그는 아버지의 말에 순종했을 것이고 그 상황은 평화롭게 해결되었을 것이다.

그러나 이번 사건에서는 상황이 매우 달랐다. 실제로 그의 아버지는 그가 영국 문화에 대해 깨닫기를 원했으며 따라서 이 모든 것은 필수적인 경험이었다. 이와 동시에 가브리엘 자신이 친구들과 친하게 지내는 것을 즐겼으며 그들에게 호감 받는 것을 포기하고 싶지 않았다. 하지만 그는 그 자신과 세계에 대한 그들의 생각에 완전히 동화될 수는 없었다. 그것은 다만 이해되지 않았을 뿐이었다. 특히, 그들이 자신에게 자신의 책임 아닌 것으로 여겨지는 그 홍수 사건에 대해 책임을 질 것을 주장하는 이유를 이해할 수 없었다. 개인적 책임이라는 바로 그 개념이 그에겐 낯설었다. 그는 책임감이라는 생각으로부터 죄책감이라는 생각을 분리할 수 없었다.

가브리엘에게 있어서 개인들의 능력은 서구의 사고보다 훨씬 더 관계적이었다. 그에게는 개인의 독립적 사고에 맞추어 행동하는 것보다 그가 속한 집단의 규칙에 맞추어 행동하는 것이 중요했다. 그에게 있어서의 문제는 제 정신이 아니었다거나 그가 한 행동에 대한 책임을 지는 것에 대한 것이 아니었다. 문제는 무엇이 옳고 그른가에 대해 아무도 지도해 줄 수 없었다는 것이다. 문제는 병리적인 것이 아니라 문화적인 것이었다. 그는 두 개의 모순된 가치 체계에 갇혀 있었다. 만일 그가 단순히 둘 중 하나를 취하고 다른 것을 거부했다면, 그는 다시 편안할 수 있었을 것이다. 그러나 가브리엘은 자신에게 동시에 영향을 주는 양쪽 시스템을 받아들이고자 하는 시도 속으로 너무 깊게 들어갔다. 그는 혼란스러웠고 그는 무엇이 옳고 무엇이 그른지 이해할 수 없었다. 그래서 그가 윤리적 문제에 대한 그의 마음을 결정하기 위해 안내가 필요할 때, 그가 의지할 사람은 아무도 없었다.

가브리엘이 상담자가 이러한 문제를 해결하는 방식을 말해 주지 않을 거라는 생각에 익숙해지기 위해서는 상당한 시간이 걸렸다. 이러한 방식은 그가 몹시 원하던 것이었다. 그는 언제나 새로운 상황을 다루어야 할 필요가 있을 때는 권위자에게 의뢰하는 것에 익숙했다. 상담자의 권위는 그에게 무엇이 옳은 것인가에 대해 마음으로 결정하도록 말해 주는 것이었으며, 그 또한 그렇게 했다. 그가 상담의 개념에 대해 가능한 모든 선택을 탐색하고 각각의 결과에 대해 고심하는 기회로 이해했을 때, 그는 내적인 평안을 되찾았다. 만약 상담자가 그의 온전한 정신을 서구적 기준에 근거하여 판단했다면, 그는 비상식적인 사람으로서 상담을 그만두었을 것이 거의 확실했다. 만약 상담자가 그에게 아무것도 제시하지 못하고 회기 동안 책임을 다할 것만을 기대하였다면, 상담은 갈피를 잡지 못한 채 제대로 되지 못했을 것이다.

가장 먼저 필요로 했던 것은 상담자가 가브리엘의 고립과 문제를 발생시킨 근본적인 문화적 오해를 파악하는 것이었다. 가브리엘은 자신의 시각으로 그 상황을 온전히 설명할 수 있는 공정한 기회를 갖지 못했다. 두 번째로, 그는 사람들이 그에게 하고자 했던 것에 대하여 매우 평이하고도 간단한 이해가 부족했다. 개인적 명예와 책임과 관련된 서구적 개념에 대한 설명은 그의 상황을 쉽게 만드는 것과는 동떨어져 있었다. 어떤 사건에서 자신이 책임져야 하는 부분을 부정하지 말라는 것만을 요구받았을 때 그는 고발당하는 것으로 느꼈다. 그가 이 모든 사건의 시발점이 되는 그의 조상에 대해 언급하는 것을 사람들이 받아들이지 않았을 때 그는 자신의 명예가 훼손당하는 것처럼 느꼈다. 마법적 사고에 대한 서구 사람들의 거부는 그에게는 개인적인 모욕처럼 느껴졌다. 그는 자신의 시각에 대해 이해받아야 할 필요가 있었지만, 그 또한 자신이 잘못 이해하고 있는 시각에 대해서도 귀를 기울일 필요가 있었다.

두 가지 방식의 사고가 더욱더 명료하게 가지런히 정리되었을 때, 가브리엘은 사건들과 자신의 혼란에 대해 더욱 폭넓게 이해할 수 있었다. 어떤 면에 있어서는 실제로 몇 가지 선택이 있다는 것과 그가 좋아하거나 싫어하는 각 문화의 측면들에 대해 그가 마음을 정리할 수 있다는 서광이 그에게 비추기 시작했다. 이 사건에서, 그는 처음에는 어떤 것보다 그 자신의 전통을 소중히 여긴다는 결론에 스스로 도달했기 때문에, 그의 선택은 그의 나라로 돌아가는 것이었다. 비록 그는 고향으로 곧

바로 돌아가고 싶었음에도 불구하고, 유학은 그에게 인간 본성과 서구 사회에 대해 많은 것을 배우게 했다. 이어서, 영국인 친구들의 가설에 대한 그의 비판적 평가는 그들의 견해에 큰 영향을 주었다. 자기 자신의 기준으로 다른 사람들을 판정하기 전에 타인들의 지각과 가치를 적극적으로 탐구하는 것에 대한 중요성을 강조함으로써, 재앙으로 끝나 버릴 수 있었던 것이 건설적인 경험으로 드러났다.

실존적 접근의 폭넓은 시각은 타문화적 이슈를 다루는 데 특히 적절하다. 또한 실존적 접근의 철학적 근거들은 실존적 접근이 위기 상황에서 매우 유용한 방법이 되도록 한다. 실존적 임상가들의 일반적인 태도는 확신, 용기, 호기심 그리고 활력이다. 그들의 개입은 삶이 필연적으로 많은 노력과 시련을 필요로 하지만 언제나 보상을 주는 가능성을 지니고 있다는 것을 드러낸다.

만약 내담자가 인생에 압도당하는 것으로 느낀다면, 내담자가 그렇게 느끼기 쉽기 때문에, 상담자는 내담자의 연약함에 대한 논리를 거부하거나 무시하지 않는다. 상담자는 내담자에 대하여 도전하거나 반대하지 않는 반면 동의하거나 용납하지도 않는다. 상담자는 단지 내담자가 의미하는 모든 것을 점검하도록 도와주며, 따라서 상담자는 종종, 내담자와 함께, 자신이 느끼는 것처럼 내담자가 느낀다는 것이 놀랍지 않은 결론에 도달할 것이다. 동시에 상담자는 내담자가 그런 느낌을 어떤 상황에서 무엇이 잘못되었고 혹은 무엇이 결여되었는지를 구체적인 이해로 바꾸는 것을 도와주게 될 것이다. 상담자의 태도는 내담자에 의해 표현된 것을 꿰뚫어보는 더 큰 통찰력으로 내담자가 상황에 대한 자신의 경험을 변경할 수 있는 방안을 찾도록 도와줄 것을 변함없이 나타낸다. 상담자는 철학적 탐구의 정신 속에서 변증법적 의문을 통해 확장된 통찰력의 방향으로 내담자를 인도한다.

사 례

수전은 자살을 시도한 후 상담을 신청했다. 그녀는 심리치료사가 자신을 매우 조심스럽게 다뤄야 하는 아이처럼 취급하지 않는 것을 알고 안도했다. 그녀는 매우 진지하게 받아들여질 필요가 있었고 자기만족적 방식보다는 훈련된 방식으로 자신의 선입견을 점검해 볼 기회를 가질 필요가 있었다. 수전은 열일곱 살이었으며 그녀는 삶이 힘들고 보람 없는 일이라고 생각했다. 그녀는 가족의 약 보관함에서 발견한 수면제를 과다 복용하였다. 비록 그녀가 죽을 정도로 심각한 상태는 아니었지만, 그녀의 의도는 분명히 자신의 삶을 끝내는 것이었다.

자살을 시도했던 그 순간에 수전이 생각했던 진실은 인생이 살 만한 가치가 없다는 것이었다. 삶은 단지 끊임없이 지속되는 문제의 연속이었다. 상황들은 자신이 원하는 방식으로 결코 흘러가지 않았다. 사람들은 절대 자신을 이해하지 못할 것이고 자신이 그들의 동의가 필요하다는 것을 그들이 알게 된다면 사람들은 자신을 조롱할 것이다. 상황은 절망적이었고 이 모든 것을 끝낼 용기를 가진다는 것이 유일하게 현명한 일인 것처럼 보였다.

종종 나타나는 사례에서처럼 수전에게 있어서도 자살 시도는 겁쟁이라기보다는 영웅적이고 용감한 의미를 지니고 있었다. 그녀는 자신의 행동을 매우 가치 있게 여겼기 때문에, 약물과다의 중요성을 평가절하하는 주변의 모든 사람들에 의해 자존심이 훼손당하는 느낌을 가졌다. 그녀는 마치 자살시도가 병적인 증세인 양 자신을 안쓰럽게 여기는 사람들이 싫었고, 그녀를 멍청하다고 하거나 무책임하다고 혹은 관심받으려 했다고 훈계하거나 비난하는 사람들을 싫어하였다. 그녀를 달래거나 설득하려고 하는 노력으로 얻어지는 것은 아무것도 없었다. 유일하게 이로운 것은 그녀가 자신의 현실을 대면하도록 돕는 것이었다.

수전과의 실존적 작업은 이런 사실들에 대해 그녀의 생각이 좀 더 건설적인 결론에 도달할 수 있도록 도와주는 과정이었다. 이는 힘든 현실주의를 토대로 한 그녀의 삶에 대한 견해를 확인하는 것을 의미했다. 삶이 편안해질 수 있다고 하거나 사람들이 마침내 그녀의 아픔을 잊어버릴 거라고 말하는 것은 좋지 않은 의도라고 생각했다. 삶은 기본적으로 힘들고 사람들은 본래 불공정하다는 그녀의 인식은 위대한 발견 중의 하나였고 개인적 현실이었다. 그녀가 과감하게 삶을 그런 방식으로 볼 수 있는 것에 대한 인정이 필요했다. 게다가, 그녀가 온전히 자기 힘으로 죽음을 감행할 용기가 있었더라면, 또한 용감하게 삶을 살 용기도 가지고 있을 거라는 사실을 되새길 필요가 있었다. 최소한 그녀에게 환상은 남아 있지 않았으며 그래서 그녀는 절망으로 인해 지속적으로 막힘없이 앞으로 나아갈 수 있었다.

실존적 태도는 항상 긍정적인 함의를 발견하기 위해 부정적이고 어려워 보이는 것을 정면으로 맞설 것을 포함하고 있다. 수전의 경우에는 누군가가 자신의 견해를 이해할 수 있고, 자신의 견해 뒤에 숨겨진 강점을 확인하면서 그것을 높이 평가하는 사람을 찾는 것이 큰 만족이었다. 이러한 새로운 관점에서 자신의 자살을 다시 생각해 본다면, 그녀는 그것이 잠을 깰 때 발생하는 경험과 다를 게 없다고 결정했다. 여기까지 온 것은 그녀가 정말로 심각하게 어떤 특정한 상황들을 참을 수 없다는 사실을 스스로 알 수 있게 해 주었다. 이것은 또한 그녀에게 특별한 인간으로서의 자신에 대한 절대적 감각을 주었다. 즉, 만약 그녀가 진심으로 원한다면 그녀는 모든 것을 끝낼 수 있는 선택을 할 수 있었다. 그녀는 자기 삶에 대한 책임자이며, 삶과 죽음은 그녀와 그녀 자신 사이의 문제였다. 이전에 그것을 제대로 깨달은 적은 없었다. 어떤 의미에서는, 그녀는 스스로 살 권리를 얻었으며, 그러므로 그녀는 과감하게 스스로 죽을 권리를 선택하였던 것이다.

비록 그녀의 삶에서 실제적 환경은 안 좋은 상황 그대로지만, 이 모든 것은 매우 희망적이었다. 이러한 혼란을 타파하는 과정에서 수전에게 강력한 힘이 되었던 것은 용기에 대한 자신의 능력을 아는 것이었다. 다음 몇 달 동안, 그녀에게 일어났던 많은 어려운 상황 속에서, 그녀는 죽을 만큼 충분히 용감하고 아무것도 두렵지 않다는 것을 단순히 반복함으로써 표면화했다. 그녀가 죽을 준비가 되어 있었기 때문에, 그녀는 인내하기 힘든 어떤 것들에 대해 자신의 의견을 드러낼 자격이 있다고 느꼈다. 그녀가 침묵하고 있었을 때 자신이 동의하지 않는 것들에 대해 다른 사람들이 그녀를 괴롭히도록 하는 대신에, 그녀의 마음을 이야기하는 것을 배웠다.

수전은, 많은 실수들을 통해서, 자신이 가치 있게 여기는 것과 어떤 사람들과 함께 노력해야 할 가치가 있는지를 점차적으로 배워 갔다. 그녀가 자신을 이해하는 데 있어서, 자신이 가치 있는 것을 찾는 것과 관련된 작지만 새로운 정보를 추가할 때마다, 그녀는 더욱 삶에 매진하였다. 그녀가 자살을 시도한 지 1년 반 뒤에는, 그

녀에게 있어서 죽음은 전혀 매력적인 선택이 아닌 것으로 여겨졌다. 그녀는 인생

이 실제로 살 만한 가치가 있다는 사실을 발견했다.

실존적 태도는 불교나 스토아학파의 태도에 비유될 수 있다. 삶은 끊임없는 도전으로 간주된다. 그러나 이러한 도전은 도피주의나 자기기만보다는 평정과 결단을 통해 더욱 효과적으로 대면할 수 있다. 삶은 거칠고 힘들 수도 있지만 그러나 그것은 삶을 흥미롭게 만든다. 삶을 위해 최선을 다하는 사람들에게 있어서 삶은 풍요롭고 보람된 경험이 될 수 있다. 실존적 심리치료는 개인이 자신의 삶에서 찾을 수 있는 가치와 의미를 탐색하는 마지막 분석의 과정이다. 따라서 실존적 심리치료사의 태도는 내담자가 자신이 원하는 전반적인 방향을 결정할 수 있도록 내담자로 하여금 자신에게 가장 진지한 것에 대해 숙고해 보도록 용기를 주는 사람이다. 뒤에 이어지는 장에서는 이러한 과정을 더욱 상세히 기술할 것이다.

단원 요약

01 상담과 심리치료의 모든 접근법은 기본 가정을 내포하고 있으며 내담자들이 그 접근법의 기본 가정에 근본적으로 동의하였을 때만 도움이 될 수 있다.

02 실존적 접근법은 인생과 삶에 대한 개인적 견해를 분류하는 데 초점을 맞추고 있다.

03 실존적 접근의 기본적 가정은 삶을 이해하는 것과 이해할 수 있도록 하는 것이 가능하다는 것이다.

04 사람들은 존재의 가치를 최상으로 하기 위해 일관된 참조틀을 필요로 한다.

05 내담자들은 과업에 온전히 몰입하며 기꺼이 그들 자신을 정직하게 대면해야 할 필요가 있다.

06 사람들은 명백한 혼돈과 부조화에도 불구하고 의미와 질서를 창조할 수 있다.

07 사람들은 역경 속에서 좌절하고 있을 수도 있거나, 혹은 그 역경을 극복하고 역경을 통해 배울 수도 있다.

08 비록 사람들은 일부러 그렇게 행동하는 것은 아닐지라도, 그들은 이미 자신의 삶을 지향하는 방식을 통해 삶에 대한 책임을 지고 있다. 그들은 여전히 삶의 방향을 선택하고 있다.

09 삶의 경계들은 보편적 질서에 의해 정해진다. 우리 모두는 다음 것들에 속박되어 있다.
   a. 중력의 법칙이나 생사의 법칙과 같은 자연법칙
   b. 문화 또는 인간관계에 의해 성립된 사회법칙
   c. 우리 내부의 강점과 약점에 대한 실제, 그리고 우리 내면적 감정의 법칙
   d. 우리의 신념과 가치를 지배하는 윤리적 법칙

10 우리가 삶의 규칙들을 이해할 때 좀 더 효과적으로 살아가는 방법을 배우는 것이 가능하다.

11 삶은 구속과 자유 모두에 의해 지배된다. 즉, 사람들은 이것들을 탐색하고 이해함으로써 도움을 얻을 수 있다.

12 사람이 무엇인가를 위해 살고 갈등하며, 심지어 그것을 위해 죽을 수도 있는 것을 발견하는 것은 매우 중요하다.

13 사람들이 자신의 상황을 이해하고 더욱 의미 있는 길을 발견하도록 돕는 것은 그들에게 공감을 보이는 것보다 더욱 중요하다.

14 행위와 우선순위 그리고 가치들의 가능한 결과를 예측하고 다른 것을 포기할 만큼 중대한 어떤 것을 결정하는 것은 매우 중요하다.

15 완벽은 비록 그것이 타당한 목표라고 할지라도 성취될 수 없다. 따라서 삶은 상황이 좋아지는 훗날까지 미루어질 수 없다.

16 자기기만은 종종 죽음에 대한 두려움보다는 삶에 대한 두려움에 토대를 두고 있다.

17 삶은 예술이며 우리는 실수와 훈련을 통해 삶을 더 윤택하게 할 수 있다.

18 실존적 심리치료사들은 삶에 있어서 원숙한 전문성이 있어야 하며 그리고 타인들이 자신들의 재능과 능력을 탐색할 수 있도록 도와서 그것들을 가장 적절하게 활용하도록 조력하는 일과 관련하여 숙련된 전문성이 있어야 한다.

19 인생의 이슈들을 해결하는 것은 세분화되고 구체적이며 개인적인 방식 안에서 가장 잘 다루어질 수 있다.

20 실존적 심리치료는 무엇보다도 진실, 즉 그들이 매일매일의 삶 속에서 발견하는 생생한 진실에 가치를 둔다.

21 우리는 내담자의 독특한 경험에 대한 호기심과 놀라움, 그리고 새로운 발견을 대면하는 겸손함을 통해 순수하고 편견 없이 접근하는 것을 필요로 한다.

22 삶은 평정심과 결단을 통해 가장 효과적으로 대면할 수 있는 끝없는 도전이다.

논의 및 숙고할 점

❖ **다음의 내용에 대한 당신의 기본적 가정은 무엇인가?**

1. 세상에 대해 그리고 좋은 일과 나쁜 일이 생긴다는 의미에 있어서 그것이 일어나는 방식에 대한 것은?
2. 다른 사람들에 대해 그리고 그들이 서로서로에 대해 행동하는 방식에 대한 것은?
3. 당신 자신, 즉 당신의 성격과 당신의 강점과 약점에 대한 것은?
4. 인간 삶의 목적과 의미에 대한 것은?

❖ **당신이 살아가야만 한다고 느끼는 방식의 용어를 통해 당신 자신이 갖는 가치는 무엇인가?**

1. 당신 인생에서 가장 중요한 것 열 가지는?
2. 가치의 순서에서 그것들의 각각의 순위는?
3. 이것들을 상실한다면 당신은 어떻게 대처할 것인가?
4. 최고의 가치를 위해 당신은 얼마나 많은 것을 포기할 것인가?
5. 이러한 것들을 초월하여 당신의 인생을 바칠 만하다고 느끼는 다른 어떤 것이 있는가?

❖ **심리치료를 수행하거나 상담을 해야만 하는 역할에 대한 당신의 편견은 무엇인가?**

1. 심리치료는 오직 사람이 절망적일 때만 유용한가?
2. 심리치료는 심리적 질병을 가지고 있는 사람을 위해서 준비되어야 하는가?
3. 심리치료는 더 나은 삶을 위한 수단이고 예방적 차원으로 사용되어야 하는가?
4. 심리치료가 교육적 의미에서 가지고 있는 역할이 있는가?

❖ **반추는 당신의 인생과 우리가 살고 있는 세상을 이해하는 데 어떤 역할을 하는가?**

1. 당신은 얼마나 자주 조용히 홀로 생각할 시간을 갖는가?
2. 반영은 우리가 체계적으로 연습해야 하는 훈련이어야 하는가?
3. 당신은 당신의 사고를 논리적으로 적용하도록 훈련받으며 비논리적 사고를 자각할 수 있는가?
4. 당신은 하루하루 당신 자신의 생각과 행동을 반성하면서 일기나 저널을 쓰거나 기도하는가?

❖ 내담자들 역시 갈등할 수 있는 이슈들을 당신 스스로 파악하는 데 있어서 자기반추의 역할은 무엇인가?

1. 수련생으로서 당신을 위한 개인심리치료는 당신의 학습에 핵심적 부분인가, 귀찮은 일이나 사치인가?
2. 당신은 당신의 심리치료를 활용한 적이 있는가? 또는 어떻게 활용할 것인가?
3. 당신 인생에서 과거에 배운 학습 내용들, 위기들, 단계들, 목적들 그리고 미해결 과제들을 체계적으로 분석해 본 적이 있는가?
4. 당신 삶의 목적은 무엇인가?
5. 심리치료가 당신 삶에서 어떤 기능을 하는가?

❖ 다른 형태의 학습이나 인생에서의 경험이 어떤 역할을 하는가?

1. 이러한 기술들은 인간 경험에 대한 당신의 이해를 위해 심도 있는 탐구를 제공하는가? 당신은 어떤 기술들을 연습했고 즐겼으며, 당신은 이런 배움의 형태를 어떻게 강화할 수 있는가?
2. 여행이나 다른 문화권의 사람을 만나는 것이 당신의 마음을 확장하거나 세상에 대한 당신의 가설을 되돌아보는 역할을 하는가?
3. 당신에게 심리치료에 대한 흥미를 제공해 주고 당신이 좋은 심리치료사가 될 수 있도록 만드는 가장 큰 성장적 경험은 무엇인가?

제2장

접촉점 형성하기

✺ 출발점: 불안

　내담자가 상담 첫 회기에 왔을 때, 그 내담자의 중요한 관심사 중 하나는 상담의 과정이 자기 자신을 위해 작동하는지 여부다. 치료적 관계를 맺는다는 것은 자신이 중요한 존재가 되기를 기대하는 어떤 관계에 들어가는 것처럼 커다란 도전이다. 내담자가 상담전문가에게 와서, 자신의 삶에 대해 도움을 요청함으로써 스스로 자신의 삶을 관리할 능력이 부족하다는 것을 인정하는 것이다. 이러한 매우 취약한 위치의 관계로 들어갈 때, 내담자는 더욱더 자기 자신을 노출하게 된다. 이것은 불안의 상태를 더욱 심각하게 가중시키는 것 같다.

　상담자는 이러한 사실을 인식할 필요가 있으며 각각의 독특한 내담자가 자신의 불안을 완화시키기 위해 시도하는 방식에 대해 민감할 필요가 있다. 상담자는 또한 이러한 불안뿐 아니라 더 심한 불안도 해결할 수 있다는 어떤 능력에 대한 증거를 제공할 필요가 있다. 상담자가 상담 회기에 수행할 모델에 대해 분명히 소개하고 확증하는 것을 통해서 이러한 것을 행할 수 있다. 첫 회기를 시작하기 전에 서면으로 심리치료적 작업의 변수들을 설정하여 보내는 것은 매우 유익하다. 또한 일반적으로 사전 회기를 갖는 것도 매우 좋은 방법이다. 사전 회기를 통해 상담자와 내담자는 그들이 어떤 식으로 함께 작업할 것인지 그리고 무엇에 초점을 둘 것인지 등에 대해 서로 이야기를 나눌 수 있다. 그 후에 상담자와 내담자는 바람직한 치료적 계약을 맺는 확고한 결정을 가지는 위치에 서야만 한다. 회기 수, 기간, 시간, 비용이 분명하게 동의되어야 한다. 나는 『Everyday Mysteries』

(Deurzen, 2010)라는 저서를 통해 이러한 구조적인 문제를 상세하게 서술했다.

첫 회기에 상담자는 자신의 작업 방식을 설명할 수 있고 내담자는 이것에 대해 어떤 질문이라도 할 수 있다. 멘토로서 상담자의 역할과 내담자의 최근 어려움에 대하여 상담자가 내담자와 함께 발견 활동을 분명히 하는 것은 중요하다. 상담자는 아마도 내담자에게 상담을 자기 자신의 한계와 어려움뿐만 아니라 재능과 능력을 정밀히 조사하는 기회로서의 과정으로 설명하게 될 것이다. 상담자는 둘 사이의 연합된 노력이 새로운 방향과 목적을 위한 내담자의 탐색에 어떻게 초점이 맞추어지게 될지 강조할 것이다. 상담자는 내담자를 혼란스럽게 만들었던 문제에 대해 새로운 빛을 던져주고, 내담자가 벽에 부딪혔을 때 새로운 전망을 주고, 자신의 힘을 활용할 수 있도록 격려하고, 앞으로 향해 나아갈 때 건설적이고 창조적인 방식을 발견하도록 함으로써 자신의 역할을 특징짓는다. 상담자는 또한 자신의 역할이 내담자를 변화시키거나 치료하려고 시도하는 것을 어떻게 배제하는지, 자신의 전문성이 비록 삶을 좀 더 쉽게 살도록 만들 수 있다 할지라도 인간의 삶을 더욱 쉽게 만들지 못한다는 것을 언급할 것이다. 상담자는 결국 자신의 역할을 아버지, 어머니, 형제, 자매, 친구, 배우자, 연인의 대리자가 아니라 다만 내담자 자신의 미래에 대한 자기의 방식을 발견하는 데 있어서 하나의 동반자이며 안내자라고 주장하기를 바랄 것이다.

따라서 처음부터 치료적 관계는 전문상담자가 내담자에 의해 의뢰되고 고용되는 임상가로서의 관계로 엄격하게 정의될 것이다. 상담료는 내담자의 삶의 방식과 살아내는 능력에 대한 방법적 탐색과 훈련서비스에 대한 답례로 지불된다. 이것은 동정이나 공감 또는 어떤 다른 정서적 관계의 형태로 내담자를 취급하는 것이 아니라 스스로를 이해하고 자신을 이해할 수 있도록 배우는 것에 대해 권한을 부여받는 것이다. 만일 이러한 조건이 내담자에게 수용될 수 있다면 상담 회기는 내담자의 내면에 대한 초기 탐색을 진행할 수 있도록 나아갈 수 있다.

초기의 치료적 관계와 관련된 불안의 방식은 내담자가 자신의 삶에 있는 또 다른 측면의 불안을 반영하는 것이라는 사실이 곧 명백하게 밝혀질 것이다. 사람들이 일상적인 삶 속에 있는 취약성과 어려움으로 인해 유발되는 불안을 다루는 방식은 일반적으로 삶 속에서 있는 불안을 다루는 방식을 드러내는 데 있어서 좋은 시사점을 제공한다. 그러므로 많은 말을 하는 내담자는 이와 유사한 태도로 삶의 과업들을 진행할 것이다. 종종 이들은 상담 회기를 위해 광범위하게 준비하고 잘 구조화하여 분명하게 책임성을 보이고 싶어 한다. 뒤로 물러나 앉아 있으면서 상담자가 주도권을 쥐도록 기다리는 내담자는 삶에서도 유사하게 수동적 형태를 실행할 것이다. 사람들은 불안을 극복할 수 있는 여러 가지 다른 방법들을 가지고 있다. 그러나 대부분의 사람들은 포장되어 있는 표면 아래에서 끊임없이 지속적으로 되돌아오는 위험으로 인해 불안을 경험한다.

  실존주의 저작들은 불안의 근본적인 역할에 대하여 상당한 주의를 기울여 왔다 (Kierkegaard, 1844; Heidegger, 1927; Sartre, 1943; May, 1950). 이러한 전통 속에서 불안은 인간 삶에 있어서 불가피한 부분으로 여겨진다. 여기서 언급하는 것은 공포를 뜻하는 것이 아니다. 이것은 어떤 사람들이 불안에 대해 묘사하는 것과 같은 공포에 대한 두려움도 아니다. 공포는 대상을 가진다. 우리는 특정한 어떤 것에 대해 두려워한다. 그러나 불안은 대상이 없다. 우리는 무(nothing)에 대해 고뇌한다. 우리는 존재하지 못함(nothingness)의 가능성 때문에 불안해한다. 실존적 불안 또는 염세적 불안(Angst)은 사람들이 자기 자신과 무로부터 어떤 것을 만들어야 한다는 것에 대한 자신의 책임성을 인식하는 순간 경험하게 되는 기본적인 불편함과 불쾌함이다. 이것은 사람들이 자신의 죽음과 실패의 가능성을 직면할 때 자의식과 자신의 취약성에 대한 깨달음을 동반하는 감각이다. 불안은 무로부터 어떤 것을 창조하기 위해 필요로 하는 삶의 에너지다. 그러므로 이것은 삶을 직면하고 자기 자신을 발견하는 필수불가결한 것(sine qua non)이다.

  무심한 방식으로 실존 속에 자신을 깊이 던지는 것은 단지 일시적으로 불안을 제거시킬 수 있을 뿐이다. 강박적인 행동은 한동안 불안을 피할 수 있다. 만일 어떤 사람이 어떤 대상을 좋아함으로써 확실하게 예정된 삶을 살아가고 있다면, 실존적인 불안은 이 가짜 확신이 거짓으로 판명될 때까지 잠시 지연될 수도 있다. 인간 조건에 대한 본질과 안정감의 근본적인 결핍에 대해 깨닫게 되는 순간, 인간은 다시금 불안을 불러일으키는 벌거벗은 존재적 실체에 노출된다.

어떤 사람들은 일상에서 끊임없이 되돌아오는 의무에 따라 기계적으로 행동함으로써 상대적으로 불안으로부터 자유로운 상태로 사는 것에 성공한다. 그들에게 있어서 인생이란 바로 이러한 방식이며 자신들이 이 방식을 만든다고 스스로 가장한다. 그들은 그러한 방식에 대해 자신들이 할 수 있는 그 어떤 것도 고려하지 않는다. 스스로의 선택도 없고 의심의 여지도 없을 때 그곳에는 불안도 없다. 사람들은 근본적인 선택 속에 자신들을 포함시키자마자, 특히 수행하는 어떤 것에 있어서 자신의 책임성에 대해 인식하는 순간, 그들은 불안의 경험을 선고받게 된다.

그러므로 불안은 개인 내면에서 자신에 대한 자각의 수준을 드러낸다. 최종적인 분석에 있어서 이러한 자각은 인간 존재가 소유하는 근본적인 자유의 실현에 대한 것이다. 사물이나 동물들과 달리 사람들은 자신들의 삶에 있어서 의식적인 결정을 할 수 있다. 그들은 상황이나 환경에 의해 많은 영향을 받을 수 있다. 그러나 그들은 어떤 방식으로든 항상 사물에게 영향을 주는 근본적인 능력을 가진다. 죄수나 노예조차도 상황에 대해 반응하는 방식에 대한 어떤 선택을 지니고 있다. 선택의 여지가 없을 때 사람들은 자신들의 삶을 수용하도록 결정하는 능력으로 인해 여전히 자신들의 운명에 대한 책임을 지니고 있다. 그런 의미에서 자살은 인간 자유의 최종적 주장으로 보일 수도 있다.

사느냐 죽느냐(to be or not to be) 하는 것은 의심의 여지없이 인간의 가장 근본적인 질문이며, 이러한 질문을 자신에게 하는 것은 불안의 경험 속으로 자신을 던져 넣는 것을 의미한다. 실제에 있어서 불안은 당신을 불안정하게 하고 균형을 잃게 하는 자유의 현기증이다. 선택을 위한 근본적인 능력에 대한 자각을 제거하려는 사람들에게 있어서, 삶은 그들의 안전이 위협받을 때마다 고통스러운 불안을 가져온다. 일상적으로 불안과의 투쟁은 결정할 수 있는 기본적인 능력을 자각하며 살아가기를 선택하는 사람들에게 지속적으로 일어난다. 그들은 삶이 죽음 안에 기반하고 있으며, 세상 속에서 인간의 위치는 항상 모호하며, 단지 매일의 도전에 지속적으로 직면하는 것만큼 살아가면서 자신의 존재를 창조하고 보호하는 것을 유지할 뿐임을 예리하게 자각한다. 삶이 허용되지 않을 때 실존적인 불안이 경험된다. 불안이 거부될 때, 우리는 존재가 고갈되는 불가능성을 인식하는 것과 마찬가지로 불안은 절망으로 바뀐다.

실존적 접근은 불안을 제거하려고 시도하는 것이 아니라 오히려 사람들이 불안에 직면하고 불안을 환영하고 불안을 맛보고 사용하도록 격려한다. 불안에 대한 능력으로 사람들을 치료하는 것은 삶 그 자체로 그들을 치료하는 것을 의미할 수도 있다. 그러한 작업은 불안을 억압하고 위장하거나 부정하는 것이 아니라 불안의 의미를 이해하려는 것이며 불안과 더불어서 건설적으로 살기 위한 힘을 얻게 하는 것이다. 만일 죽음의 가능성을 단호하게 직면할 수 있다면 살아가기 위한 용기가 발견될 수 있다. 실존치료는 사람들이 이러한 용기를 발견할 수 있도록 사람들을 돕는 작업이다. 그러므로 실존치료는 사람들이 자신의 불안을 드러내며 삶을 정면으로 직면하도록 격려함으로써 시작된다. 불안은 인간이 자신의 책임성을 대면하기 위하여 필요로 하는 모든 가능한 에너지를 제공한다.

사 례

세실리아는 불안의 경험으로부터 도피하고 싶어 했다. 첫 회기 상담에 왔을 때 그녀는 또 다른 완벽한 삶을 방해하고 있는 불안의 갑작스러운 공격을 진정시키는 방법을 알고 싶다고 하였다. 그녀는 갑작스럽게 불안이 밀려와서 무엇을 하든지 간에 하던 것을 멈추고 침대로 들어가야만 했다. 그러나 침대에서조차도 그녀는 안전할 수가 없었다. 왜냐하면 그녀가 잠이 들려는 순간 갑작스럽게 넘어져서 떨어지는 감각을 종종 느끼곤 했기 때문이었다. 그녀의 몸은 마치 균형을 찾으려는 듯이 흔들렸으며 손과 발은 주변의 공간에서 무언가를 붙잡으려는 듯 제멋대로 허우적거렸다. 그녀는 자신이 잠을 제대로 잘 수 있을 것이라는 믿음을 더 이상 가질 수 없었다.

세실리아의 외부적 환경은 특별히 평탄하고 안정적으로 보였다. 그녀는 상당한 부와 지위를 가진 열여덟 살 연상의 한 남성과 결혼했다. 그녀는 매우 풍요롭게 살았으며 또한 가정 내에서 남편인 미카엘에게 이상적인 아내의 이미지와 흠잡을 데 없는 내조를 제공했다. 그녀는 삶에 있어서 이렇게 평안한 안식처를 갖게 된 것을 행운으로 생각했다. 그녀의 유일한 불만은 불안장애였다. 그것은 때때로 갑자기 그녀를 집의 안주인으로서의 의무를 수행할 수 없게 만들었다. 그녀는 이럴 때 침대에서 끊임없이 로맨틱한 소설들을 읽었다. 이것들은 그녀의 고요한 개인생활을 갑작스럽게 황폐화시켰던 것들로부터 다시금 평화로운 위로를 발견하게 해 주었다.

그녀는 이러한 일이 일어나는 이유를 알지 못했다. 이것은 일종의 간질 증상처럼 특히 도움을 갈구하는 당혹스러운 경련 속에서 반복되는 비몽사몽간의 감각으로서, 그녀는 이로 인해 두려움이 생겼다. 그녀는 철저한 신경과적인 검사결과를 통해 뇌의 상태에 대해 안심하고, 그녀에게 있어서 무언가 문제가 있음이 틀림없다고 확신한 후 치유방안을 찾기로 결정했다. 그녀는 몇 년간 최면술 치료를 받았다. 그 기간 동안 그녀의 증상은 호전되었지만 그녀는 우울해졌다. 이미 그녀는 몇 가지 약을 처방받았으며 이러한 것들이 그녀가 노력한 전부였다. 그러나 결국 그녀는 어느 누구에게도 말하지 않은 채 이러한 모든 것들을 집어치워 버렸다. 그녀는 자신을 괴롭히는 것이 무엇인지 알기 위하여 비밀스러운 마지막 시도로 상담을 받으러 왔다. 그녀를 치료했던 정신과 의사는 자신의 치료실로 그녀를 초대했지만, 그녀는 만일에 그녀가 그 치료실로 가야 한다면 몇 주 동안 집에서 떠나 있어야 하기에 미카엘의 아내로서의 역할은 실패할 것이라고 생각했다. 따라서 상담을 요청하는 것이 그녀에게는 최후의 수단이었다.

상담 회기에서 미카엘의 아내로서 실패했다는 생각이 특별히 그녀를 불안하게 만드는 것이 아니라는 사실에 대해서는 분명해졌다. 그녀는 이상하게도 정신병원에 갇혀 미친 세실리아로 여생을 끝낼 수도 있다는 생각에 사로잡혔다. 몇 년 동안 좋은 아내가 된 후에 그녀는 순식간에 모든 책무를 저버리게 될 수도 있을 것이다. 이는 불행하게도 그녀가 통제할 수 없는 몇몇 이유 때문에 자신의 의무를 수행할 수 없게 되기 때문이다. 이렇게 뻔하고 무책임한 공상에 초점이 맞추어지면 그녀는 거의 미소를 지었다. 그녀는 이 시나리오의 저변에 자기 자신과 집의 안주인으로서의 통제를 포기하려는 유쾌하지 못한 생각이 있다는 것을 서둘러 추가시켰다. 그녀는 마치 명예로운 생존을 위해 전투력을 상실한 것처럼 느꼈다.

그녀 자신이 이러한 전투가 무엇인지 설명하려고 했을 때 그녀는 즉시 불안을 느끼기 시작했다. 바로 이것이 그녀의 근본적 문제에 대해 환영할 만한 현재의 기억 매개체가 되는데, 이것은 우리가 문제에 대한 경험과 중요성을 직접적으로 들여다 볼 수 있도록 안내하고 있었다. 그녀가 지금 기억한 불안은, 그녀가 삶의 안정과 위로, 안전을 획득했다고 자신만만하게 처음으로 생각하기 시작했을 때 오히려 극단적인 형태로 그녀를 괴롭히기 시작했다. 그녀는 모든 것을 자신의 통제하에 두었다고 생각하는 순간, 이와 같은 것이 결국 모든 것을 망칠 수 있다는 사실을 아는 것이 자신을 미치게 만든다고 생각하였다. 그녀는 많은 것들을 요청하지 않았기 때문에 이것이 가장 불공평하다고 여겼다. 비록 미카엘이 물질적인 편안함을 제공했지만 그녀는 결코 그로부터 더 이상의 어떤 것을 원하지 않았다. 그녀는 그의 사랑을 요구하지도 않았으며 결코 사랑받는다고 느끼지 못했다. 그녀는 미카엘로 인해 항공승무원으로서 자신의 직업을 지속하고 싶은 욕구를 포기했다. 그녀는 미카엘이 이미 전처에게서 3명의 자녀를 가지고 있었고 더 이상 자녀를 원하지 않았기 때문에 그녀 자신의 아이들을 갖고 싶은 희망도 포기했다. 그녀는 그와 결혼했을 때 얻는 것이 무엇인지 알았기 때문에 그녀는 이것에 대해 어떤 것도 불평하지 않았다. 그녀의 이 모든 희생은 그녀가 부여받은 외적으로 완벽해 보이는 생활에 의해 정당화되었다. 이러한 삶이 이와 더불어 얻으려고 의도했던 마음의 평화를 그녀에게 가져다주지 못했다. 그녀는 삶을 흥미롭게 만드는 것을 포기함으로써 자신을 두렵게 만드는 위협과 불편으로부터 안전이라는 가치 있는 보상을 받게 될 것이라고 상상했었다.

그녀는 불안이 자신에게 보내는 메시지, 즉 삶으로부터 숨어 버리는 것이 불가능하다는 메시지로, 그리고 자신의 활력과 취약성을 암시하는 것으로서 이해하기 시작했을 때, 비로소 그녀는 자신의 우울증이 자기에게 주는 메시지와 자기 스스로를 차단하려는 것을 무시한 논리적인 결과라는 사실을 이해하기 시작했다. 그녀는 지속적으로 현실 속에서 일어나는 불안을 덮어 버리려 했으며 알약이나 치료 또는 일상생활의 단조롭고 평이한 반복적 생활을 통해 해결하려고 하였다. 또한 매 시간 그녀는 자신의 활력을 죽이려 했으며, 삶의 도전을 시도하는 능력을 죽였으며, 자기 자신과 자신이 원하는 모습이 되고자 하는 희망을 죽였다.

세실리아의 우울증은 자신의 삶에서 손을 떼고 자신의 가능성을 거부한 것에 대한 결과였다. 그러한 과정에서 다음 단계는 정상적인 삶으로부터 점진적으로 후퇴하면서 급기야 정신과치료로 그녀를 이끌었다. 실제로 세실리아에게 있어서 정신과치료는 마지막을 의미했다. 거기에서 그녀는 정상생활의 모든 희망을 포기했으며 패배를 받아들였다. 그녀는 치료의 가능성에 끌리기도 했지만 역시 체념의 강렬함 속에서 흥미롭게도 위태로움을 발견했다. 그녀는 수도회에 들어가고 싶어 했다. 거기에서 그녀는 마침내 평화를 발견할 수 있을 것으로 기대했다. 그녀는 물질적 풍요와 안위를 포기할 것이며 마찬가지로 맑은 정신으로 행복하게 되려는 열망을 포기하고자 하였다. 그 밖에 무엇을 할 수 있을까? 그녀가 안전하게 되는 것을 위해 어떤 대가를 더 지불할 수 있을까?

그녀는 마침내 이어지는 운명과의 거래에 대한 가능성을 생각했을 때 고무되었으며 흥분되었다. 이는 일종의 미친 거래임이 분명했고 그녀도 스스로 이것을 보았다. 그녀는 미카엘과의 결혼으로 반쪽짜리 안정감을 획득해 왔다는 것이 스스로에 대한 희생이라고 생각하자마자 곧 차분해졌다. 만약 사랑과 경력과 출산을 포기하는 것이 안정감을 보증하는 것이 아니라면 왜 그녀의 상태를 더 낮게 만들어 줄 자유와 존엄성과 건전함을 포기해야만 하는가? 아마 존재조차도 없는 어떤 것을 위해 이미 너무 고가의 대가를 지불했던 것은 아닌가? 그녀는 미래의 삶을 지속적으로 달콤하게 만들어 줄 슈거 대디(sugar daddy)와 결혼하는 로맨틱 소설의 여주인공으로 자신을 바꾸어 줄 것으로 실제 생각하였는가? 그녀는 정신과 치료실로 도피함으로써 삶을 더욱 편안하고 안전하게 만드는 것이 가능하다고 진지하게 생각하였는가? 그녀 주변의 도처에 있는 정신과 치료실은 인간적인 고통과 혼란에 직면해야 할 곳이 아닌가? 그녀는 다시 한번 더 도망가려고 함으로써 어려움이 감소되는 것이 아니라 오히려 더 불안정하고 더 불안하고 더 우울하게 되지 않았는가?

이러한 모든 질문들은 동일한 방향으로 그녀를 이끌었다. 그녀는 마침내 그녀가 원했던 것, 즉 삶이냐 죽음이냐 하는 것에 대해 결심해야만 했다. 만일에 그녀가 불행과 고통 그리고 불안정에 대항하는 전적인 보증을 원했다면, 그 정신과치료 이후에 유일하게 남은 선택은 죽음이었을 것이다. 심지어 그녀에게는 아직까지 이 땅

위에서 다룰 수 없었던 것을 지속해야만 하는 이후 삶에 대한 어떤 특별한 보증도 없을 것이다. 그러므로 그녀는 덜 완벽하고 덜 안정적인 방식으로 살아가는 삶을 그렇게 오랫동안 미루고 무시하려 했던 실행 가능한 선택만이 남아 있다는 사실에 직면하게 되었다.

　그녀가 이러한 선택의 암시를 탐색하기 시작했을 때, 그녀는 이것이 실제적인 면에 있어서 전적으로 새로운 조망이며 가능성에 대한 온전히 새로운 범주로 펼쳐질 수도 있다는 것을 깨닫기 시작하였다. 안정보다는 오히려 삶의 목적과 새로운 시작을 출발하는 것에 대해 상상하는 것은 그녀가 스스로 이전에 의도적으로 닫았던 것을 다시금 여는 방법에 대한 흥분을 가져왔다. 그녀에게 절망보다는 희망을 줄 수 있는 것을 향해 나아가기 시작하는 것이 너무 늦지 않았을 수도 있다고 생각하는 것은 신선한 공기를 불어넣은 것과 같았다. 물론 그녀가 이미 만들었고 만들기 위해 준비해 왔었던 그 희생과 비교해 보면 그녀가 이제 만들어야만 한다고 느꼈던 그 희생은 꽤 중요치 않게 보일 수 있다. 실로 그녀는 친구와 가족과의 관계에서 자부심을 삼켜버려야만 하고 처음부터 줄곧 잘못되어 왔을 수도 있음을 받아들여야 한다는 것을 알았다. 그녀는 또한 자신의 삶을 주장하는 것의 결과가 미카엘과의 관계를 소원하게 할 수도 있다는 것을 깨달았다. 이것은 더 나아가 물질적인 풍요를 희생하는 것으로 이끌 수도 있었다. 만일 그녀가 단지 보호를 받기 위해 미카엘과 함께한다면 그 관계성은 훨씬 더 가치가 없을 것이며, 마찬가지로 미카엘이 그녀를 사랑하지만 만일에 그녀가 억압된 채로 남아 있도록 한다면 그녀를 위한 그의 사랑은 오히려 미약하다는 사실을 깨닫게 되었다.

　그녀가 이러한 안목으로 상황을 보았을 때, 그녀는 근본적으로 잘못되었다는 것을 스스로 알고 있었기 때문에 필요한 결정을 내리는 데 오래 걸리지는 않았다. 그녀는 오랫동안 자신의 삶에 대해 불편함을 느꼈으며 불안장애는 항상 이것을 그녀에게 생각나도록 하였다. 그녀는 스스로 격리되었던 삶을 재건하려는 새로운 결정의 결과로서 수반되는 불안에 대해 직면하는 것을 두려워하지 않았다. 그녀의 선택이 명확해지는 순간 그녀는 강한 안도감을 경험했다. 그녀가 새롭게 독립적인 삶을 위해 준비하는 것은 그녀에게 분주하기에 충분한 것 그 이상을 가져다주었다. 그 결과 그녀는 자신의 무감동을 해소하였고 이와 더불어 우울한 감정에도 머물렀다. 비록 처음에는 이것들이 매우 힘들었지만 그녀가 새로운 삶의 형태를 갖추고 출발했을 때, 그녀는 자신의 결정이 옳다는 것에 대한 자신감을 얻었다. 이것은 그녀에게 이전의 삶으로부터 얻었던 어떤 것보다 더욱 커다란 안전감과 강인함을 제공해 주었다.

세실리아가 용기와 자신감을 얻은 것은 그녀의 삶에서 불안을 제거하려는 절망적인 노력을 포기한 바로 그 순간이었다. 그녀가 불안과 실존적 도전을 환영하기 시작했을 바로 그때에, 그녀는 점차 삶을 충만하게 살 수 있게 되었고 그녀의 가능성과 기회를 탐색하기 시작하였다. 오히려 극적인 것처럼 보이는 이러한 첫 변화는, 그녀가 이러한 종류의 결정을 어찌 되었든 간에 시도하려던 시점이었고, 그러한 결정을 촉발하는 통찰을 위한 준비가 되었기 때문에 매우 빨리 일어났다. 그녀가 미카엘과 자신 사이에 진정한 사랑이 거의 없다는 것을 깨달았을 때, 그녀의 결정에 대한 완전한 의미를 받아들이기까지는 그 후로도 오랜 시간이 걸렸다 .

세실리아는 일상이 순조롭지 않거나 혼자라고 느낄 때 결혼이나 일탈 상태로 또 다른 회피를 갈망하기 시작했다. 그녀는 더 많은 로맨틱 소설을 읽고 자기 자신에 대한 로맨틱한 생각들을 만들기 시작했으며, 지나가버린 것에 대한 걱정거리가 있는 삶을 만들기 시작했다. 그녀는 아첨하고 응석 부리는 새로운 파트너에게 유혹되고자 하는 희망 속에서 또 다른 부자 남성과 장난삼아 하는 연애로 도피할 때도 있었다. 근본적으로 모험적인 일로서 삶을 충분히 수용하는 것과 가치 있는 경험으로서 불안을 환영하는 것은 세실리아에게 고문당하는 것과 같이 어려운 일이었다. 그녀는 일상생활의 작은 결정 속에서 그녀 자신의 도피자 전략을 선택하기 전에 오랫동안 자기 자신을 관찰할 필요가 있었다.

이러한 점에 있어서, 세실리아는 대부분의 사람들과 매우 유사하다. 인간 존재는 치유할 수 없는 것을 치유하려는 데 엄청난 에너지를 소모하며, 불가피한 위험이 다시금 출현하는 곳에서 안전감을 재건하려고 시도한다. 때때로 우리가 안전한 경험 속에서 삶을 조직하려고 시도하는 방식은 삶이 확고하고 안정적이며 견고하다는 식으로 가장하는 것이다. 우리는 마치 현실이 만져질 수 있고 통제될 수 있는 것처럼 행동한다. 사람들은 마치 견고하고 안정적이며 변화하지 않는 것처럼 행동한다. 만일 이것이 사실이라면 불안을 위한 여지는 없어야 할 것이며 삶 자체의 공간은 사라지게 될 것이다. 사물들은 매우 예측할 수 있고 확실할 것이며 사람들은 전체적으로 규범적이고 잘 적응된 방식으로 기능할 것이다. 결정은 자동적으로 그것의 원리를 따르기 때문에 선택이나 결정과정에 대한 의문은 없을 것이다. 상황은 결코 경악할 일을 만들지 않을 것이며 따라서 완벽하게 규칙적이 될 수 있다.

　사람들이 지속적으로 그런 규칙적이고 안전한 세상을 만들려고 하지만, 우리의 노력은 불가피하게 우리의 상황 및 우리 안에서 작동하는 운명과 예측할 수 없는 자연의 법칙으로 인해 실행되지 않는다. 이러한 법칙이 작동하는 한, 총체적으로 통제할 수 없으며, 따라서 불멸성과 명확한 확실성은 없으며 불안으로부터 도망갈 길은 없다. 삶의 현실성을 악착같이 거부하는 사람들은 가장 강력하게 자기 자신의 한계를 기억하게 되는 일이 뒤따라올 것이다. 내면의 불안으로부터 도망가는 사람은 후에 더욱 고통스럽고 옴짝달싹 못하게 만드는 불안을 경험할 것이다.

　이것과 관련된 매우 적절한 예는 약물사용 후에 철수(withdrawl)하는 증상에 대한 경험이다. 일시적으로 만들어진 내적 평화는 이후 불안의 증가라는 비싼 대가를 지불한다. 이것은 알코올, 니코틴, 진정제와 같은 약물 등과 같이 처방약이든 비처방약이든 모든 종류에 있어서 마찬가지다. 빈번히 수면제 복용을 중단하려는 사람들이 약물을 사용하는 동안에 억눌러 왔던 꿈 활동의 반향을 경험한다는 것은 잘 알려진 사실이다. 이것으로 인해 악몽 속에서 너무 놀라고 격앙되기 때문에 잠은 하나의 위협으로 경험되며 또 다른 약을 다시 복용하게 되는 결과를 가져온다. 이러한 이유들로 사람들에게 약물을 천천히 끊으라고 조언하는 것이다. 또한 그들에게 증폭되는 불안과 우울 그리고 불안정을 돌볼 수 있는 도움이 필요하다고 경고하는 이유다. 이러한 의미에서 삶은 절대적으로 자비롭지 않다. 삶은 사람들이 회피하려고 애쓰기보다는 운명에 복종하고 그 운명을 짊어지려고 할 때까지, 그들 자신의 규칙들로 살아가려는 사람들을 괴롭힐 것이다.

그러므로 실존주의 상담자는 삶을 있는 그대로보다 더 낫게 보이도록 노력하지 않는다. 실존주의 상담자는 사람들에게 닥쳐오는 것이 무엇이건 간에 그것에 맞설 수 있는 그들의 기본적인 능력을 확신하기 때문에 결코 불안을 감소시키려 들지는 않는다. 그리고 상담자는 불안이 아무리 격렬할지라도 자신들의 불안에 인내할 수 있는 용기를 발견하도록 그들을 돕는다. 실존주의 상담자는 문제가 완벽하게 해결될 수 있을 것처럼 가장하지 않는다. 상담자는 삶이 안전할 수 있을 것이라는 주장은 어떤 의미도 만들어 낼 수 없다는 사실을 깨달을 것이다. 그는 내담자가 근본적인 취약성과 한계를 인식할 수 있도록 도울 것이다. 상담자의 과업은 내담자가 자신의 자기기만으로부터 깨어나도록 격려하는 것이다. 만일 모든 복잡성 가운데서 그리고 모든 도전에 대해서 현실을 직시하는 내담자의 능력이 확실해진다면 결코 상황으로 인한 어려움을 가정할 필요가 없다.

이러한 관점에서 많은 다른 심리치료처럼 실존치료는 실제로 교육적인 계획이라고 할 수 있다. 효율적인 부모는 아이가 불안해하는 상황을 축소하려고 하지 않는다. 그녀는 이렇게 말하지 않는다. '오, 그것은 아무것도 아니야. 학교 가는 첫날은 그렇게 두렵지도 않고 바보 같아지지도 않을 거야. 힘을 내.' 그녀는 오히려 이렇게 말한다. '물론 너는 두려울 거야. 이것은 정말 엄청나게 새로운 경험이야. 어떤 누구에게도 첫 번째로 학교에 가는 것은 불안한 일이야. 이것은 네가 어떤 중요한 것을 시작하려고 준비하고 있다는 것을 의미해.'

어린이와 내담자는 동일한 경험이 있는 훌륭한 배우들이라 할지라도 중요한 공연 전에 불안을 느낄 수 있다는 생각에서 위안을 발견할 수 있다. 배우들은 이것이 그들의 공연을 준비하는 데에 얼마나 가치 있고 필수불가결한 것인지를 자주 보고한다. 만일 불안이 없어서 불안과 함께 유용한 에너지와 집중력이 동반되어 증가하는 것으로 접근되지 않는다면 공연은 맥이 없게 된다. 내담자와 어린이는 둘 다 마찬가지로 용감한 행동은 불안 없이 거의 수행되지 않는다는 것과, 불안 없는 용감함은 단순히 무모함과 분별력 없는 것으로 쉽게 바뀔 수 있다는 것을 지식 속에서 핵심을 발견할 수도 있다.

진정한 용기는 불안을 직면하는 가운데 갖는 인내다. 불안은 인간 자신이 처한 상황 속에서 반추할 수 있는 교사로서의 역할을 드러내준다. 또한 그것은 가장 효과적으로 상황과 맞서기 위해 인간의 내적인 강인함과 능력을 불러 모으는 데 사용되는 것을 보여 준다. 안락함을 추구하는 데 있어서 수동성과 자기기만의 태도는 불가피하게 불안의 경험으로 되돌아가도록 할 것이다. 삶에 대한 적극적이고 자율적인 방식을 위해 이러한 불안과 선택에 직면하는 것은 강인함과 자신감을 빠르게 증가시키며 생동감 있는 경험으로 이끌어 준다.

대부분의 사람들이 수동성과 안정감을 선택하는 경향이 있지만, 일단 그들이 삶을 능동적으로 대결하면 그들은 종종 잠재성과 모험과 흥분에 대한 경이로움과 만족감을 경험한다. 그들은 깊이 몰입되어 있던 흥미 있는 활동을 포기하는 것을 원하지 않기 때문에 저녁에 잠자리에 드는 것이 싫어서 오히려 아침에 침대에 머물러 있기를 바라는 것처럼 보인다.

실존주의 상담자는 인간의 마음속에 있는 무력한 타성에 대한 일반적 원리를 인식하고 있으면서, 내담자가 자신의 불안을 피하고 삶으로부터 회피하고자 선택하는 다양한 방식들을 정확하게 지적한다. 불안이 표면화되었을 때 내담자가 그것을 직면할 수 있도록 격려하는 것은 그다음 단계다. 내담자가 불안의 중요성을 이해할 수 있도록 돕는 것은 세 번째 단계다. 마지막 단계는 불안에 의해 초점화된 도전을 일으키도록 건설적이고 창조적인 방법을 탐색하는 것이다. 이러한 과정은 불안에 대한 새로운 원인들이 발생하는 것을 끊을 수 없기 때문에 상담이 지속되는 한 계속될 것이다. 내담자가 상담자의 큰 도움 없이도 자기기만을 해결하는 전문가가 되었을 때, 회기의 종결은 가까워진다.

실존치료 과정에서 불안은 항상 명백한 형태로 존재하지는 않는다는 것을 쉽게 알 수 있다. 사람들이 불안을 덮으려 하거나 치워버리려고 할 때 불안은 다양하게 변장을 한다. 분노와 더불어 문제를 가지고 있는 것처럼 보이는 사람은 사실상 자신의 근본적인 불안정성이 떠오르기 때문에, 자기 안에서 불안을 촉발하는 사람이나 상황들에 대해 분노를 경험하게 될 수도 있다. 내담자가 분노를 다루는 다양한 책략을 배울 수도 있다. 그러나 자신이 덮어버리려고 하는 불안을 기꺼이 직면하기 전까지는 기본적 경험의 차이를 만들 수 있는 것은 아무것도 없다. 자신이 근본적인 불안정성과 취약성을 대면하고 있지 않다는 사실을 인식하게 되었을 때, 그는 비로소 외적이고 인공적인 방벽 뒤에 숨기보다는 오히려 내면의 강인함을 축적함으로써 자신의 상황을 개선하는 것이 가능해진다.

우울한 내담자는 비슷한 방식으로 삶과의 싸움을 포기함으로써 내적으로 고갈되는 것을 느낀다. 그는 자신을 불안하게 만드는 것을 피하는 어리석은 선택을 함으로써 자신의 생동감을 스스로에게서 빼앗아 왔을 수도 있다. 세실리아의 경험은 이러한 것의 좋은 예다. 그녀가 안전을 보장하지 못하는 삶에 대한 내적인 불안에 직면하기 시작했을 때, 비로소 그녀는 자신의 우울을 떨쳐버릴 준비가 되었다.

이러한 의미에서 신경증적 불안조차도 더욱 핵심적인 깊은 불안을 은폐하는 것이 될 수 있다. 세실리아의 경우, 정신병처럼 보였던 한 차례의 급격한 불안장애는 단지 삶의 근본적인 불안에 대한 일상의 투쟁을 피하려 한다는 것을 암시했다. 그녀는 안정감을 얻었다고 자신을 기만하는 것에 대해서는 성공했다. 그러나 그녀는 자신의 양심을 속이는 데는 성공하지 못했다. 그녀가 함께하지 않았던 모든 것들에 대해 죄책감을 느끼기 시작한 것은 깊은 기억력을 필요로 하지 않았다. 안전을 위한 대가로 그렇게 가치 있는 많은 것을 포기해 온 것에 대한 세실리아의 실존적인 죄책감은 그녀의 근본적인 불안 회피의 또 다른 표현이었다.

삶에 대한 기본적인 불안을 회피했다고 느끼는 많은 사람들이 실존적인 죄책감을 경험한다. 그들은 일시적인 안도감을 얻기 위해서 어떤 것을 수행하지만 그러나 근본적으로 뭔가 잘못되었다는 느낌을 갖는다. 만일 잘못된 것도 없지만 또한 제대로 된 것도 없는 일들이 삶의 도전을 방해하여 왔다면 이는 권태로움으로 느껴질 수도 있다. 그러한 삶으로부터 철수하는 것은 강한 무의미함을 동반한다.

인간 환경의 기본적인 불안정성을 인식함으로써 촉발된 실존적인 불안으로부터 도망치는 것에는 두 가지의 기본적인 전략이 있는 것처럼 보인다. 그 첫 번째는 함께 사는 것을 거부하는 것이다. 이것은 자살을 수행하거나 점차적인 이탈을 통해서도 가능하다. 사람들은 엄청난 노력과 적극적인 방법으로 인간 삶에 참여하는 것이 위험하다고 생각하게 될 때, 때때로 그들은 그런 모습으로 귀찮게 살 가치가 없다고 결정한다. 이것은 일반적으로 그들이 노력과 모험으로부터 얻게 될 어떤 것이 있다는 희망을 갖지 못할 때 발생한다. 점차적인 이탈과 철수하는 것은 약물 중독과 알코올 중독 혹은 또 다른 형태의 회피로 이끌 수 있다. 급기야 이러한 전략은 소외와 분리를 가져온다. 이러한 상태에 있는 사람들은 결과적으로 삶에 대한 광기와 파괴를 가져오는 깊은 절망 속으로 뛰어든다.

이 경우에 있어서 실존주의 상담 또는 심리치료의 역할은 사람들이 수동적으로 철수한 결과로 발생된 절망 상태에 머무르게 하기보다는, 오히려 적극적인 삶에 참여토록 함으로써 위험과 불안을 감수할 수 있도록 돕는 것이다. 이러한 점에 있어서 어려운 논리는 사람들로 하여금 이해하거나 결심하게 되는 것과는 거리가 멀다. 그들의 선택이 명백하게 지각되었을 때, 모든 불공정함뿐만 아니라 위협들에 맞서는 삶은 반드시 죽음과 절망을 가져올 수도 있는 도피주의를 넘어서게 된다.

불안으로부터 회피를 시도하는 두 번째 전략은 마치 그 문제에 있어서 선택의 여지가 없는 것처럼 삶을 수용하는 전략이다. 실존적인 불안은 존재에 있어서 능동적으로 참여하려는 인간 능력에 대한 인식을 통해 야기된다. 선택과 책임성은 모든 어려움의 기원이다. 그래서 선택과 책임성이 존재하지 않는 것처럼 가장함으로써 불안을 일시적으로 제거하는 것은 가능하다. 이것은 자기기만 또는 나쁜 신념에 대한 선택이다(Sartre, 1943).

사람들은 마치 자신들의 삶이 운명에 의해 완전히 결정된 것처럼 살 수 있으며 그래서 그들은 자신의 책임성을 버릴 수 있는 것처럼 살 수 있다. 그들은 스미스 씨 또는 스미스 부인으로서 안전하게 이웃과 가족들 속으로 숨겨질 수 있기 때문에 또는 그들은 택시기사이고 우체국장이며 비서 또는 치과의사이기 때문에 그들 스스로 안전하다고 생각한다. 그들의 일상은 자신들이 삶 자체의 고유성이라고 생각하는 다수의 습관과 규칙적인 패턴으로 조직화된다. 비록 그들이 현재와 과거에 휴일과 여가라고 일컬어지는 자유의 맛을 열망했다 할지라도, 그들의 삶은 오랜 직장생활에서의 은퇴와 모든 관례로부터 멀어진다는 바로 그 생각으로 인해 위험으로 가득 채워질 것이다. 휴일과 여가시간이라는 자유 속으로의 신중한 짧은 여행은 역시 일반적으로 동일하게 그들이 자신을 위해 만들어 왔던 자기 이미지에 대한 기대에 의해 조직되고 형성된다. 이들은 안전이라는 거품 속에 숨어서 실제 삶의 위험들로부터 자기 자신을 보호하는 분별 있는 삶을 살아가는 민감한 사람들이다. 그들이 자유를 선택하는 것은 불안을 위한 선택을 의미한다. 따라서 그들은 자유 대신에 의무를 선택하고 있다는 것을 깨닫는다.

　문화가 이러한 태도의 산물이며, 이러한 전략은 이와 같은 게임을 기꺼이 즐기는 개개인을 지지하고 있는 공유된 망상과 현실의 연결망을 제공함으로써 작동한다. 이것은 개개인이 안전한 장소를 잃어버리고, 삶과 죽음으로부터 보호받는 것에 대한 무능감을 발견하자마자 실패한다. 이러한 무능감은 자기 자신의 공허감으로부터 스스로를 보호해 줄 수 있었던 시스템에 대한 궁극적인 무능함이다. 이것은 조만간 대부분의 사람들의 삶 속에서 일어난다. 실존은 거의 예외 없이 잘 조직되어 있고 실패 없이 삶의 불가피한 장애를 극복할 수 있는 것이 아니다. 사랑했던 사람의 죽음, 직업의 상실과 사람들이 당연한 것이라고 생각했던 존중감의 상실은 보호막이 터지는 것을 야기할 수 있다.

　이러한 것이 공황상태를 불러일으킬 때 종종 살아야 할 이유가 어떤 것도 남아 있지 않는 것처럼 보인다. 안전을 위한 망상이 갑자기 사라져 버리며 이와 함께 강인한 힘도 자기 자신으로부터 사라져서 위축되고 우울하게 느껴진다. 사람들은 자기 자신을 빈 조개껍질에 비교하며 그들은 더 이상 자기 자신이 아무것도 아닌 것처럼 느껴진다고 말한다. 그들은 이전에는 성공적으로 피해 왔던 공허감의 경험에 익숙해지는 것이 거의 불가능하다는 것을 발견한다. 때때로 그 시스템은 안전을 위한 새로운 기회를 제공한다. 그러나 종종 사람들은 이미 준비된 해결책으로는 극복할 수 없는 삶의 불가피한 위기에 직면한다. 그 후 사람들은 안정감이라는 환상이 더 이상 유지될 수 없다는 사실에 직면하였을 때, 그들은 병에 걸리거나 또 다른 방식의 도움을 찾는다. 그들은 앞에 설명했던 '삶으로부터 회피하기' 전략으로 되돌아갈 수도 있다. 다시 말하면 사람들이 안전을 가장하거나 삶에는 선택이 없다고 하는 전략은 철수하는 전략보다 결코 더 좋지 않다.

　다음 장에서는 실존주의 상담자가 사람들의 불안을 다루는 데 도움을 줄 수 있는 방식에 대해 더욱 세밀하게 살펴볼 것이다. 그러나 우리는 먼저 그런 일의 결말을 통해 어떤 가능한 대안들이 있을지에 대해 깊이 있게 고찰해 보아야 한다. 사람들은 어디서 잘못되며 어떻게 어긋나는지에 대해 잘 알 수 있다. 하지만 이러한 것들은 단지 그들이 옳은 방향으로 도움을 받을 수 있을 때에만 가능하다. 그러므로 사람들은 일상적인 삶의 방식에 매여 있는 것을 취소하도록 격려받기 이전에 진정한 삶을 구성하는 것이 어떤 것인지에 대한 분명한 인식을 갖는 것이 중요하다. 이들은 거짓으로 보일 수도 있고 피상적인 해결책으로 보일 수도 있지만 깊은 불안의 순수한 진공상태로 빠져 들어가는 암흑보다 더 나은 현실이 될 수도 있다. 만일 불안에 대한 진정한 대면이 실행가능하고 매력적인 선택이 된다면, 불안이 포함되어 있는 명백하고 실제적인 표상을 분명히 가지고 있다는 것이다.

✿ 진정한 삶을 향하여

내담자의 입장은 거리에서 방향을 물어보는 누군가의 입장과 비교될 수 있다. 비록 그는 방향을 상실하여 혼란스럽고 어찌할 수 없는 느낌으로 짓눌려 있을지라도 그는 기본적으로 올바른 방향을 찾고자 하는 의도를 가지고 있다. 이러한 관심으로 인해 그는 방향을 물어서 불편한 마음을 감소시키고 가야 할 길을 찾아 출발하고자 한다. 그러나 그가 자신의 길을 찾는 데 실패하고 방황한 후에 몇몇 행인에게 접근하여 도움을 요청하지만, 그 행인들의 모순되거나 모호한 안내는 그를 더욱 혼란스럽게 만든다. 그래서 그는 길에 대해 잘 알 뿐만 아니라, 목적지까지 잘 도착할 수 있도록 분명하고 효과적인 이정표를 줄 것으로 기대하는 전문가의 도움을 받기로 결정한다.

몇몇 내담자들은 자신이 원하는 방향에 대해 매우 단순한 생각들을 가지고 있다. 그들은 상담자에게 와서 "나는 단지 남편과의 결혼생활이 지속될 수 있기를 원합니다." "내가 원하는 것은 나 자신이 좀 더 즐겁게 지내고, 밤에 좀 더 숙면을 취하는 것이 전부입니다." 혹은 "나는 부모로부터 자유로워지고 나 자신의 삶을 세우기 위해 당신의 도움이 필요합니다."라고 말하기도 한다. 그들은 종종 자신들이 길을 잃어버린 상태로 있는 이유에 대해 이해하지 못하지만, 적어도 그들이 향하고 있는 방향에 대한 생각은 가지고 있다.

많은 다른 내담자들은 자신이 무엇을 원하는지에 대한 최소한의 생각도 없이 첫 상담에 임하기도 한다. 그들이 아는 모든 것은 길을 잃었고, 불편하고, 혼란스럽다는 것이다. 그들은 그 상황이 끝나기를 원하지만, 자신이 원하는 방향에 대한 생각이 거의 없거나 전혀 없다. 그들은 "당신이 전문가니까 무엇을 해야 할지 말해 주세요."라고 말하기도 한다. 그리고 그것은 종종 상담자로 하여금 책임을 떠안고서 가능한 방법에 관하여 제안해 주는 것을 시작해야 하는 유혹에 빠지게 한다.

물론 인간중심이나 정신역동적인 방법으로 훈련된 많은 상담전문가들은 원칙적으로 어떠한 직접적인 충고나 조언을 하는 것을 자제할 것이다. 그래도 그들은 불안한 감정들을 반영해 줌으로써, 일단 자기감정을 인식하기 시작한 내담자에게 괜찮아질 것이라는 메시지를 전달하는 방식으로 암시된 제안을 하려는 유혹을 느낄 수 있다. 또한 심리치료자들이 내담자가 잘못된 부분에 대해 특정한 판단을 내리고 해석할 수도 있다. 실존주의적으로 상담한다는 것은 어느 누구도 길을 잃어버렸거나 혼란스러운 감정들을 중단할 수 없으며, 그들이 가고자 하는 방향을 스스로 결정할 때까지 자신들의 방식을 지속한다는 사실을 기억하는 것을 의미한다. 실존주의 상담자는 방향을 처방하는 것이 아니고, 내담자가 자신의 목적지에 대한 마음을 스스로 결정할 수 있도록 도움을 주게 될 것이다.

내담자들은 자신들의 목적에 대해 명료함을 얻을 때 비로소 상담에서 앞으로 나아가고자 하는 동기가 활성화될 것이다. 어떤 인위적인 목표도 그 동기를 활성화시킬 수 없다. 내담자는 자신의 목적에 대한 통찰을 얻어야만 한다. 상담자의 역할은 내담자가 자기 자신을 성찰해서 자신의 성향과 목적을 찾아갈 수 있도록 도와주는 것이다. 그 누구도 다른 사람의 목적을 찾는 데 도움을 줄 수 없다. 당신은 자신의 본래적 목적에 조화로울 만큼만(Sartre, 1943), 자신이 착수한 프로젝트에 대해 충분한 동기를 발견할 수 있을 것이다. 이것이 진정한 삶에 대한 모든 것이다. 점차 당신의 양심이 올바른 방향이라고 지시하는 것을 따라갈 수 있게 되고, 이렇게 당신 자신이 운명의 주인공이 되어가도록 한다. 매우 단순하게, 진정한 존재가 된다는 것은 자기 존재의 한계를 인식한다는 유일한 조건하에 자신에게 진실하게 되는 것을 의미한다.

분명히 자기 자신에게 진실하게 되는 것은 방향감각을 잃어버린 내담자들에게 뿐만 아니라 자신이 원하는 방향을 알고 있다고 믿는 내담자들에게도 본질적으로 중요하다. 당신의 동기와 의향을 검토하는 것은 자신이 선택한 방향이 원하는 방향과 같다는 확신이 충분해질 때까지 중단 없이 계속되어야 하는 과정이다.

예를 들어, 단지 결혼생활이 정상적으로 돌아오기를 원하는 마음으로 시작한 아내 내담자는 남편과 가치 있는 친밀한 관계 또한 원한다는 것을 발견할 수도 있을 것이다. 좀 더 나아가 상담에서 실제적으로 그녀는 자신의 인생에서 보다 중요한 모든 사람들과 친밀하게 되는 능력을 키우기 원한다는 사실을 깨닫게 될 것이다. 그녀가 결혼을 임시방편으로 정상화시키는 정도로만 추구하는 한, 그녀의 또 다른 동기는 만일 이혼한다면 사람들이 수군거릴 것이라는 두려움에 근거하고 있다고 생각할 수 있다. 그녀는 무슨 일이 있더라도 남편을 만족시킬 수 있어야 한다고 항상 말해 왔던 어머니를 기본적으로 기쁘게 해드리는 것에 대해 생각할 수도 있다. 이것은 마치 다른 사람들이 그녀에게 그 길로 가라고 말하는 것처럼 여겨진다. 이는 그녀가 자신의 방향에 대하여 확신하지 못하고 있다는 것을 의미한다. 그것은 자신의 선택에서 시작하지 않았고 그녀 자신이 만족스럽지 않기 때문에 그녀가 실제로 이 방향을 추구하고 있다고 여겨지지 않는다. 그러나 몇몇 사람들이 대안적인 목표로서 결혼을 회복하려는 생각을 포기하고 이혼을 고려하라고 제시하는 것으로 인해 이혼하려고 한다면 이것 역시 만족스럽지 못하다는 것을 발견하게 될 것이다.

이 방향이든지 저 방향이든지 그 길은 사람들이 그렇게 하라고 그녀를 설득했기 때문에, 그녀는 결국 스스로를 더 이상 이끌지도 못할 뿐만 아니라, 제자리걸음을 하게 만들어 어지럽고 혼란스럽게 될 뿐이라는 것을 발견하게 될 것이다. 그녀가 결혼생활을 단순히 지속시키기 원하는 자신의 더 깊은 동기를 검토하고 이해할 수 있게 될 때에만, 그녀는 남편과 함께 살고 싶어 하는 것으로 인해 추구하는 궁극적인 목표에 대해 알게 될 것이다. 만일 그녀가 실제로 자기 남편과 친밀할 수 있게 되는 것이 그녀에게 중요하다는 것을 깨닫게 된다면 그녀는 또한 자신의 부모와 가까워질 수 있다는 데 진정한 가치를 둘 것이고, 그녀는 결혼생활에 충실해야 할 동기가 훨씬 더 커질 것이다.

이제는 그녀의 삶이 사회적으로 받아들여지고 생동감 있어 보이기에 더 이상 적절한 일들을 수행하려는 것은 중요하지 않다. 그녀는 더 이상 겉으로 보이는 결혼생활에 만족하지 않는다. 이제는 그녀와 남편 사이에 진정성 있고 실제적인 관계가 더 중요하다. 그녀는 이제 더 이상 침대에서 담배를 피운다거나 코를 푸는 것과 같은 어떤 표면적으로 화나게 하는 요인들을 제거하는 것에 의존하는 것을 중요하게 여기지 않았다. 그녀는 기본적으로 남편을 개선시키기보다는 남편을 알기 원하기 때문에 이제 남편과의 관계에서 다르게 노력하는 자신을 발견하게 되었다. 친밀하게 관계하고자 하는 진정한 동기는 그녀의 부모뿐만 아니라 직장에서 동료들과의 관계로 확대될 것이다. 그것은 그 자체로서 인생의 충분한 목적이 될 것이다.

다른 사람들과 가까워지는 것을 배우는 것, 그들을 알고 그들을 이해하는 것을 배우는 것 그리고 차이와 짜증스러움을 극복하는 것은 본질적으로 도전이 된다. 그것은 심지어 그녀의 삶에서 가장 가치 있는 측면이 될 수도 있다. 그녀가 진지하게 관심을 기울이자마자 보상이 주어지고 많은 연습을 통하여 기술을 습득한다.

진정한 삶은 가치 있는 행동을 잘하게 만드는 동기와 열정을 제공해 준다. 삶에 있어서 활력과 즐거움이 증가하는 경험은 진정한 삶의 특징이다. 진정하게 살아간다는 것이 인간의 상황적 조건과 불가피한 한계에 대한 진실된 지각에 기초할 때에야 비로소 내면의 깊은 실체감을 제공한다. 확실히 사람들은 한계에 대한 인식이 부족한 지점에서는 거의 진정하지 않은 삶에 몰두하게 된다.

진정치 못한 삶의 특징은 부과된 의무감으로 살아가거나 자신의 운명에 대해 불만족을 경험하는 것이다. 일상의 소외감이나 자기 스스로에 대한 불평으로 상담이나 심리치료에 온 내담자는 아마도 거의 이러한 종류의 간접인생을 살고 있는 것이 분명하다. 그것은 또한 진정한 삶을 얻을 수 있는 방법을 모르면서, 행복한 삶에 대한 갈망으로 나타날 수 있다. 그 사람이 결정을 내리지만 삶에 대해 책임지는 자신의 능력과는 거리가 멀다. 이와 같은 방식의 삶은 옳은 것을 하기보다는 사람들이 자신에게 기대할 것이라고 생각되는 어떤 일을 하는 것을 의미한다. 그러나 이와 같은 방식으로 인해 그들은 좀처럼 깊이 있는 감흥이 없으며, 점점 더 의무감처럼 느껴지는 어떤 것들을 지속적으로 수행함으로 인해 동기가 더욱 소멸된다. 극단적인 경우에 내담자들은 마치 자신들의 모든 권위가 상실되었기에 자신의 경험이 비현실적이라고 생각하여 자신들이 책임져야 할 것 중 하나가 아니라고 설명할 수도 있다. 이것은 마치 그들이 누군가 다른 사람의 삶을 살거나 마치 누군가 다른 사람이 그들의 입장에서 그들의 삶을 사는 것과도 같다.

사 례

캐서린은 의사를 몇 번 만난 후, 산후우울증으로 진단되어 상담에 의뢰되었다. 그녀는 몇 시간마다 끝없이 아기의 기저귀를 갈고 아기에게 젖을 먹이는 일을 지속하는 것을 불평하였다. 그녀는 자신이 단지 자동조종장치 속에서 의미 없고 지루한 삶을 살고 있는 것처럼 느껴졌다. 진정한 자신은 사라진 채 캐서린은 삶의 모든 흥미를 상실했고 마치 5개월 된 아기의 훌륭한 간호사처럼 낯선 사람에 의해 점령당한 것처럼 느껴졌다. 그녀는 비현실적이며 쓸모없이 망가지는 기분이었다.

그녀의 가족, 특히 남편과 어머니는 그녀가 아기로부터 떨어져서 당분간 자신의 시간을 갖는 것이 좋을 것이라고 생각했다. 그래서 그들은 그녀가 몇 주 동안 아일랜드로 가서 그녀의 자매들과 함께 지낼 수 있도록 모든 것을 계획했다. 그동안 어머니가 아기를 돌볼 예정이었다. 캐서린은 아기를 제대로 양육하지 못한다는 느낌이 커질 가능성으로 인해 자신의 감정이 회복되기보다는 오히려 더 나빠질까 봐 두려워했다. 그녀는 의사에게 남편과 어머니가 연합하여 자신과 아기에게 해를 끼치려고 하는 것 같은 두려움을 표현했다. 의사는 그녀가 어떤 일들을 지나치게 상상하고 또한 통제력을 상실했다고 결정하기에 충분했다. 의사는 신경안정제를 처방했다. 그러나 그녀는 약을 복용하는 것이 현실감을 떨어뜨리고 자신에 대한 느낌과 책임감을 떨어뜨리게 만든다는 것을 깨달았을 때 의사의 처방을 거부했다. 그녀는 의사에게 남편과 어머니의 요구를 그녀에게 순응하도록 만드는 시도를 하고 있다고 언어적으로 공격했다. 이것은 그녀에게 심각한 문제가 있다고 여기는 의사의 의혹을 확신 있게 만들었다. 상담은 정신과치료를 받기 전 마지막 선택으로 고려되었다. 상담에서 그녀가 자신에게 휴식이 필요하다는 것과 몇 가지 치료를 받아들이는 것에 대한 확신을 가질 수 있기를 희망했다. 캐서린은 이것에 대해 잘 인식하고 있었고, 복잡한 감정과 경계심을 가지고 상담을 시작했다.

비록 그녀가 비판이나 비난받는 것에 대해 두려워할지라도 분명히 자신의 공포와 비현실감을 탐색하는 기회를 얻는 것에 대해 안도감을 갖게 하였다. 그녀는 자신을 격려해야 한다거나 자제해야 한다는 권고가 주어지지 않을 것이라는 확신을 갖게 되자, 태도를 바꾸어서 사람들이 자신을 비난하는 것에 대한 두려움을 더 이상 표출하지 않았다.

그녀는 이제 자신의 상황을 진정으로 생각하기 시작하였고 서서히 몇몇 경험을 이해할 수 있게 되었다. 그녀는 자신의 모성(motherhood)에 대해 매우 실망하고 있다는 것을 깨닫게 되었다. 그녀는 아기를 낳기 전에 은행에 근무하였다. 비록 그녀가 이것을 꽤 즐겼지만 그녀는 자신이 당연히 그 세계에 속했다는 것을 결코 진정으로 느낄 수 없었고, 매일의 삶에서 종종 비현실감을 경험했다. 그녀는 존과의 결혼 역시 4년간의 긴 약혼 후에 그저 해야만 하는 것으로 여겼다. 그들은 서로 잘 지냈다. 이는 단지 그들 둘 다 까다롭지 않은 사람이었기 때문이라고 그녀는 말했다. 그들의 삶은 나쁘지 않았지만, 그렇다고 눈에 띄게 좋은 것도 아니었다. 그녀는 직장과 결혼, 그리고 양가 집안과 좋은 관계를 맺으며 가끔씩 파티와 여행 등 마치 자신이 하기로 되어 있는 일을 그저 진행하고 있는 것으로 느꼈다. 그녀는 마치 새롭게 시작하는 삶이 기다리고 있는 것처럼 느꼈다.

그때 그녀는 임신하였고, 출산하기로 결정하였다. 그녀는 일을 그만두고 아기에게 온전히 헌신하기를 원하였다. 그녀는 매우 활기찼고 신이 났으며, 그래서 출산에 대한 많은 서적을 읽었고, 뜨개질로 여러 벌의 아기 옷을 만들었다. 그녀는 자연분만을 원했지만 결국 응급제왕절개 수술을 해야만 했다. 그녀는 아기에게 모유수유를 시도했지만 너무 큰 문제가 있어 자신의 의무를 수행하는 데 있어 뒤로 물러

서서 적절한 다른 방법으로 대처하고 있는 자신을 발견하였다. 이제 더 이상의 희망은 남아 있지 않은 것처럼 느껴졌다. 그녀가 고이 간직했던 장점이 쓸모없는 것처럼 되어버렸다. 이와 같은 상황이 영원히 계속될 것만 같았다. 무엇을 해야 하나? 그녀는 절망감을 느꼈다.

분명한 것은, 절망에도 불구하고 캐서린은 자신을 환자로 취급하고 어려움에서 극복하려는 자신의 노력을 포기하게 만드는 모든 사람들의 시도에 대해 저항했다. 이러한 방법으로 그들과 싸우고 있을 때 그녀는 더욱 살아 있음을 느꼈다. 혼자라는 것이 느껴지는 것은 끔찍했지만 그녀는 이러한 상황을 보는 그들의 관점에 대해 온 힘을 다해서 저항해야 한다는 것을 알았다. 이것이 그녀에게 중요한 이유와 이를 위해 투쟁하는 방법이 그녀에게 자존감과 용기를 주고 있다는 사실을 이해하는 것이 상담 회기에서 가장 중요한 과제였다.

그녀가 얼마나 힘들게 느끼고 있든지 간에, 자신의 아기를 돌보기로 결정하는 것에 대한 탐색의 과정에서 캐서린은 엄마 역할에 대한 자신의 환상이 현실에서 매우 동떨어져 있다는 사실을 발견하였다. 그녀는 이제 그 어느 때보다도 헌신적인 어머니가 되는 것이 그녀에게 가장 중요하다는 것을 믿었다. 그녀는 엄마가 되는 과정에서 너무 힘들었으며 또한 모성애를 위한 과정에서 경험하는 기쁨이 거의 없다는 것 때문에 실망했다. 왜냐하면 이전에 엄마가 된다는 것은 그녀에겐 매우 장밋빛이었고 행복과 기쁨을 주는 것이라고 상상했기 때문이다. 그녀가 그렇게 해야만 한다고 믿었던 단조로운 일상적인 삶에서 벗어난다는 것이 절대로 쉬운 방법이 아니었다. 오히려 그녀는 일상적이고 매우 지루한 삶의 측면들을 불가피하게 지속적으로 마주하게 되었다.

비록 그녀는 이러한 발견으로 인해 달아나서 숨고도 싶었지만 그렇다고 아기를 포기하는 대가를 치르고 싶지는 않았다. 비록 그것이 그녀가 평상적으로 생각했던 것보다 결코 쉽지 않은 선택일지라도 그녀는 모성역할에 최선을 다하는 자신의 능력과 자신의 회복력을 보여 주는 기회를 놓치고 싶지 않았다. 남편이나 어머니 그리고 세상에서 최고의 의사일지라도 어느 누구도 그녀의 마지막 기회를 빼앗을 수는 없었다. 그녀는 여전히 좋은 어머니가 될 수 있었다.

캐서린은 이제 좋은 엄마가 된다는 것이 아기의 요구에 주의를 기울이는 것만을 의미하지는 않는다는 사실을 깨달았다. 그녀는 대부분의 시간을 적절하게 지냈다. 그것은 반드시 자연분만을 하거나 모유수유를 주는 것을 의미하지 않았다. 비록 그녀가 선호했던 것과는 달랐지만 제왕절개와 분유수유 역시 결국은 괜찮았다. 그게 아니라, 캐서린에게 좋은 엄마가 된다는 것은 아기에게 가까이 있으면서, 둘 사이의 특별한 친밀감을 즐기는 것이고, 작은 게임을 발견하는 것이고, 안아주고, 아기를 이해하고, 그의 성장에 경탄하는 것을 배우는 것이었다. 그녀가 가장 중요한 것들을 위해 활용해야 하는 시간이 오히려 자기 자신에 대한 환멸과 육체적인 불편함으로 선점되어 있었다. 그것은 양육의 가장 중요한 측면을 잃어버린 느낌이었다. 그것은 모든 것을 쓸모없이 만들어 버렸다. 그녀는 의사와 간호사 그리고 산파에게 스스로 잘 수 있다고 너무 바쁘게 대응하였고 그것을 확신시키느라 아기와 함께 있고 싶어 하는 자신의 욕구를 상실해 버렸다. 사람들이 그녀가 힘들어하고 있다는 것과 그녀가 아기로부터 떨어져서 휴식을 취해야만 한다는 것을 제안했을 때에야 비로소 그녀는 아기를 위한 자신의 진정한 갈망을 떠올렸다.

캐서린이 자신의 진정한 갈망을 상기할수록 그녀는 아기에게 좀 더 가까이 다가 갔다. 다른 사람에게 우유를 주도록 하는 것 대신에 자신이 제이미와 같이 있겠다 고 주장하였고, 아기와 함께 있으면서 아기의 성격에 관하여 많은 것을 알게 되었 다. 그녀는 아기에게 관심을 갖고 자신의 아기를 훨씬 더 사랑할 수 있다는 것을 깨 달았으며, 제이미도 엄마와 함께 있는 것을 더 좋아한다는 것을 알게 되었다. 그녀 는 평소 자신의 우선순위에 있었던 집안일은 대충대충 했지만, 시간을 내서 제이미 와 마룻바닥을 뒹굴며 아기의 간지럼 타는 곳을 모두 찾아냈다. 오래지 않아 캐서 린은 아일랜드에 있는 자매에게 제이미를 데리고 갔다. 돌아올 때, 그녀는 피곤한 것처럼 보였지만 엄마로서 만족했다. 우울증은 과거의 것이었다.

캐서린은 자신의 현실적 삶을 찾기 전에 필요한 두 가지 중요한 사항에 대해 생 각했다. 첫째, 그녀가 환상을 잃어버렸다는 것과 자신이 원하고 상상했던 것보다 잘하지 못하고 있다는 사실을 받아들여야만 했다. 둘째, 그녀의 진정한 욕구를 회 복하고 원하는 것에 대한 동기를 우선순위에 두고 시작해야만 했다. 이는 아기를 양육하는 것에 있어서 충만하고 진정한 인간이 되는 것을 배우는 것이었다. 그녀는 다른 사람들에게 보여 주고자 하는 모성적 역할에 의해 압도되었고 또한 아마도 은행에서의 직장생활과 관련된 후회로 인해 우울증으로 고생하는 것처럼 보였다. 사실 그녀는 우울했다. 왜냐하면 그녀는 양육에 대해 충분히 익숙하지 않았고 그녀가 매우 중요하게 여기는 직장에서의 일을 수행하는 데 실패할까 봐 두려웠기 때문이었다.

캐서린은 자신에게 적합하지 않은 다른 사람들의 견해에 따르는 과정에서 끔찍함과 비현실감을 느꼈다. 그녀가 비현실감과 따분함에 길들여져 있어서 자신의 운명을 통제할 수 없었기 때문에 확실히 이것은 새로운 것이 아니었다. 그녀는 수동적인 삶을 사는 것에 익숙했다. 엄마가 된다는 것은 그녀에게 자신의 삶에 책임을 지는 실제적 삶에 대한 기회였다. 모든 일들이 산산조각 난 것처럼 보였을 때, 엄마로서의 양육이 중요했던 이유가 바로 이 때문이었다. 주변 사람들이 양육에 대한 생각을 잠시 잊어버리고 휴가를 가는 것 외에는 다른 방도가 없다는 것을 암시했을 때 이것이 바로 그녀가 매우 절망하게 되었던 이유였다.

이러한 것이 판명되었을 때, 이 경험은 캐서린이 자신의 삶으로부터 원했던 것들이 무엇이었는지 흔들어서 일깨워 깨닫게 해 주는 도전이었다. 이것은 아기를 돌보는 것에서 위안을 얻거나 옛 직장으로 돌아가는 것을 의미하지는 않았지만, 그녀는 자신이 느끼는 것에 대해 자신이 온전히 수행하는 것을 배우는 것이 그녀에게는 휴가가 되었다. 그녀는 비록 아이를 양육하는 것이 자신을 매우 지치게 만들고 때때로 실망스러울지라도 제이미를 잘 양육하는 법을 배우고 싶어 했다. 그녀가 텅 빈 의무감이 아닌 내면의 확신을 가지고 이 일에 헌신했을 때, 그녀는 삶의 강렬함을 발견했다. 그것은 직접 스스로 선택하는 삶(first-hand life)을 살게 만들어서 그녀가 앞으로 나아가는 데 불가피한 새로운 장애물을 피하지 않고 극복할 수 있도록 충분한 용기를 주었다.

캐서린의 경험은 진정한 삶이 '좌절하는 고통을 겪는 가운데 자기 자신이 되어 가는 것'(Jaspers, 1931)이라고 정의한 야스퍼스의 정의에 대한 멋진 사례였다. 진정한 삶은 즐거움과 순간적 의향을 추구하고, 자유롭게 선택할 수 있는 것을 수행하는 것으로 구성되었다고 종종 잘못 가정한다. 자율성은 진정한 삶의 결과가 될 수는 있지만 그것이 근원은 아니다.

자율적인 삶은 상황과 자신의 한계를 고려하는 가운데 자신의 개인적인 방향을 추구하는 것이다. 그것은 결코 평탄한 길을 선택하는 것을 의미하지 않는다. 이것은 항상 자신의 양심이 지시하고 현실성과 생존 그리고 자신의 목적과 의도에 조화되어 존재하는 것으로 기인하는 생생함과 현실감으로부터 인내하는 힘을 얻는 방향으로 진행하는 것을 의미한다. 이 과정은 항상 좌절의 경험과 한계의 인식을 포함한다. 이것은 진정한 삶을 야망과 오만함을 추구하는 것과 구별되게 하는 것이다.

진정성은 문자 그대로 순수함 또는 원저자를 의미한다. 그것은 소유권과 관련된 것을 뜻한다. 만일 어떤 것이 진실하려면, 그것은 자기 자신의 무엇이 되어야 하는 것이다. 이것은 문자적으로 '스스로 준비된' '스스로 만들어진'을 뜻하는 그리스어로부터 번역되었다. 사실 그리스어 'authentes'는 진정한 사람, 좀 더 일반적으로는 통치하거나 관리하는 사람을 가리킨다. 특별하게는 그 이상으로 살인자 또는 자살자를 가리킨다. 따라서 자신을 책임진다는 것은 자기 자신을 다스릴 뿐만 아니라 다른 사람을 다스리는 것으로, 그리고 생명을 창조할 뿐만 아니라 생명을 빼앗을 수 있는 권능으로까지 확장된 것으로 보인다.

영어에서 진정성이라는 개념은 분명히 이렇게 강한 함축을 지니고 있지는 않다. 그래도 진정한 삶이 자신이 원하거나 원하지 않는 것에 대한 분명한 선택을 의미하는 것에는 큰 차이가 없다. 이것은 어떤 사람이 자신에게 속한 것으로 인정되는 모든 것을 지키고, 자신의 것이라고 인정되지 않는 것을 거절하고 포기하는 단호함이 요구된다. 진정한 삶은 자신이 헌신할 가치가 있는 것으로서 인정하는 가치에 부합해서 이미 잘 알고 있고 분명한 선택을 할 수 있는 것이라 할 수 있다. 대중이나 군중들의 인도에 따르거나(Kierkgaard, 1846), 그들 속에 함몰되어 있는 삶(Heidegger, 1927) 또는 어떤 것에 따라 표류하는 대신에, 진정한 사람은 자신이 이끄는 원리를 따른다. 그는 옳고 그른 것에 대한 자신의 견해에 따라 자기 자신의 프로젝트와 본질적 방향으로 진행하며, 다른 어떤 것보다도 자신에게 충실한 삶을 따른다. 진정성 있게 되기 위해서 사람은 자신의 가능성뿐만 아니라 실패와 죽음까지도 겪을 수 있는 자신의 한계를 직면해야 한다.

충성스럽게 된다는 것과 자기에게 충실한 것과 자신의 원리를 따른다는 것은 행동보다는 말이 쉽다. 자아는 우리 자신들이 고립되어 있지 않기 때문에 결코 단순한 문제가 아니다. 자기 자신에게 진실한 것은 우리 자신이 세상과의 관계에서 어떻게 기능하는지, 그리고 다른 사람들이 어떤 측면에서 우리 자신의 일부분이 되는지에 대한 감각을 가질 때에만 가능하다. 그러나 이것은 우리 자신의 의식으로부터 우리를 다른 사람들과 멀어지게 하는 것을 의미하는 것은 아니다. 캐서린의 가족과 의사는 아기를 돌보느라 기진해 있는 그녀에게 잠시 휴식을 가지게 함으로써 그들은 그녀에게 평온함의 필요성에 대해 진심으로 격려했다. 그녀는 이것에 대하여 의문을 가졌지만 그녀가 원했던 것이 무엇인지에 대해서도 확실하지가 않았다. 어느 순간 그녀는 다음과 같이 말하였다. "아마도 나는 제이미로부터 휴식을 가질 필요가 있어요. 어쩌면 나는 나 자신에게 그렇게 해야만 해요. 어쩌면 내가 나 자신을 적절히 돌보지 못하고 있는 것 같아요. 그들이 옳을 거예요. 하지만 나 자신이 그것을 원하는 것 같지는 않아요. 그러한 생각은 나를 더욱 슬프게 만들어요." 캐서린은 다른 사람들에게는 합리적으로 보이는 그 방향에 대해 그 어떤 끌림도 느끼지 않았다. 비록 그녀가 원하는 것을 명쾌하게 깨닫지는 못했지만 그녀는 자신이 원하지 않는 다른 것에 대해서는 꽤 분명하게 말할 수 있을 만큼 자신의 깊은 의도에 충분히 조화되어 있었다.

그녀는 거친 상황적 조건들 속에서 방향을 찾고 생존하기 위한 끈질긴 노력으로 말미암아 지치고 낙담하여 길을 잃은 여행자와도 유사했다. 그녀의 고충을 아는 주변 사람들은 노력을 중단하고 편안한 호텔에 가서 쉬라고 좋은 의도로 조언했다. 그녀가 자신의 목적지에 가깝게 다가간 지금 자신이 찾고자 하는 것을 포기하라고 강요하는 것 같아서 그녀는 혐오감을 경험했다. 그러나 그녀는 너무 고단해서 아직 명료하게 생각할 수가 없었으며 그녀의 요청은 결국 실패하게 될 것이라고 그녀를 걱정하여 말하는 다른 사람들에게 점점 설득되어 갔다. 그녀는 그 누구도 그녀를 올바른 방향으로 인도할 수 없을 것 같아 두려웠다. 그녀는 길을 잃었고, 항상 찾는 그 길은 막혔거나 어디로든 이끌지 못하는 그 길 위에서, 어떤 길에서 또 다른 길로 계속해서 방황하였고, 결국 더 이상 나아갈 수 있는 에너지는 고갈되었다.

그녀에게 필요한 모든 것은 자신의 목적을 스스로 생각해서 지속적으로 이어갈 수 있도록 그녀의 동기를 되살리는 것이었다. 이것을 위해서는 그녀가 아기와 가까워지고 싶어 하는 자신의 욕구를 기억할 필요가 있었다. 그녀는 보다 실제적인 방법으로 자신의 본래적 목적으로 돌아갈 필요가 있었다. 상담자의 작업은 그녀가 본래의 방향과 목표를 기억해내는 과정에서 그녀를 돕는 것이었다. 이는 그녀의 존재적 지도에서 그녀를 현재 위치에 놓고, 그녀가 자신의 앞날에 특이할 만한 몇 가지 통찰을 얻을 수 있도록 그녀를 돕게 되는 것이었다. 덧붙여서 그녀가 직면하고 있는 도전을 받아들일 수 있도록 자신감을 향상시키며, 그녀의 행로 위에 필연적인 장애물을 극복할 수 있도록 돕는 것으로서 중요한 의미를 지니게 되었다.

예상했던 대로 캐서린이 이러한 통찰을 얻는 과정에서 그녀의 우울증은 불안으로 바뀌었다. 그녀의 불안은 특별히 그녀의 병에 대해 다른 사람들이 갖는 관점에 의문을 제기하는 그녀의 능력을 중심으로 제기되었다. 그녀는 이러한 주제들에 대해 자신보다 훨씬 더 권위자로 여겨지는 사람들의 의견에 순응하곤 하였다. 이제 그녀는 비록 자신이 존경하는 모든 사람들이 자신의 의견에 반대가 되는 조언을 할지라도, 어쨌든 아기를 돌보는 모든 것을 계속하기를 원하는 것이 옳을 수도 있다는 것을 믿기 시작했다. 이것은 그녀에게 높은 수준의 불안을 초래했다. 그녀의 불안은 결코 자기회의를 가리키는 것이 아니라, 그녀가 무엇을 해야 하고, 어떻게 그것을 해야 하는지 스스로 결정할 수 있는 능력에 대한 성장의 표시였다. 그녀가 이러한 자신을 깨달았을 때, 그녀의 불안은 자신에게 예견되는 상황에 대한 표지판이 되었다. 그것은 모든 것이 순탄하게 진행되고 그녀의 꿈들이 마술처럼 실제가 되는 것을 기대하기보다는 그녀가 선택한 방향으로 나아가는 데 있어서 어려움들에 대해 대비할 필요를 상기시켰다. 불안은 그녀가 자신의 삶에 참여하는 것에 대한 표시이며, 그것은 불가피하게 발생하는 위기에 대한 준비를 나타내는 것이었다.

캐서린은 외적인 현실에서 힘들게 하는 것들에 대한 망설임에도 불구하고, 그녀가 진정으로 원했던 것에 대한 내적 자각이 매우 강했기 때문에 그녀는 빠르게 교훈들을 배웠다. 그녀는 상당히 많은 체험을 겪었기 때문에 자신의 새로운 자각을 거의 즉각적으로 시행할 수 있었다. 그녀는 어린 시절에 동생들을 돌봤고, 아기와 어린아이들을 즐겁게 하는 방법을 실제로 잘 알고 있었다. 그녀는 단지 알고 있는 것을 상기하는 것과 아기들과 함께 노는 오랜 꿈같은 즐거움과 새롭게 발견한 어른의 책임감을 결합하는 그녀의 능력에 대해 어느 정도의 자신감을 갖는 것이 필요할 뿐이었다.

비록 캐서린은 자신의 생각이 적절하다는 것을 주변 사람들에게 어떻게 설득할지에 대해 상당히 걱정이 되었지만, 일단 그녀가 스스로에 대한 확신이 들자, 주변의 사람들은 거의 즉각적으로 그녀의 결정에 동의했다. 이는 종종 자신들이 가고 싶어 하는 방향에 대해 확신을 가지고 있는 사람들은 그들이 앞으로 나아가는 것을 방해하고 싶어 하는 사람들을 거의 만나지 않는다는 것과 같다. 마찬가지로 주저하고 망설이는 사람들은 그들에게 멈추라고 하거나 방향을 바꾸어서 자기들이 하고 있는 길을 취하라고 설득하는 많은 사람들을 만나게 된다. 그러므로 '확실성(authenticity)'이라는 단어가 제시하는 것과 같이 자신감 있고 확고한 태도로 자신의 운명을 따르는 사람들이 리더가 될 수 있다. 자신의 방향에 대한 감각을 알지 못해서 진짜가 아닌 삶을 사는 사람들은 아마도 자신이 따르는 것에 의해 잘못 인도되고 있다고 느낄 때까지 추종자가 되는 경향이 있을 것이다.

물론, 삶에 있어서 당신의 방향에 관한 진실한 결정들이 자동적으로 당신을 올바른 방향으로 이끌 것이라는 보장은 없다. 사람들은 심지어 자신들이 스스로 선택한 것에 대한 책임감과 능력을 충분이 인식했을 때조차도 실수한다. 진실함 그 자체는 충분한 미덕이 아니고, 그것 자체가 진실에 대한 분명한 보장은 아니다. 거기에는 어떤 사람들이 성공적으로 자기 자신의 내적인 근거를 발견해서 자신과 자신의 추종자들을 완전한 파멸로 이끌어 가도록 확고하게 설정된 자신의 규칙에 따라 정열적이고 열광적으로 살았던 사람들에 대한 많은 사례가 있다. 고립된 진정성은 광기와 같은 뜻을 가질 수 있다. 한 사람이 진정성 있게 삶을 살아갈 수 있게 되는 순간, 그는 옳고 그름을 결정하는 새로운 규준을 찾아야 할 필요가 있다. 외적 권위에 대한 거부로 인해 오래된 규칙들이 폐기처분되는 과정에서, 사람의 내면적 근거가 올바른 궤도에 머무르기 위해서는 여행을 위한 나침반을 필요로 한다.

그래서 실존적 심리치료에 있어서 첫 번째 단계는 언제나 내담자가 자신의 본래의 의도와 방향을 다시 발견하도록 돕는 것이다. 그러나 이러한 과정에서 내담자는 자신의 의도와 방향이 자신의 궁극적 선이라는 측면에서 점검하도록 격려받는 것이 필요하다. 내담자는 자신의 방향을 모니터링하는 가이드라인이 필요하다.

✿ 가이드라인 발견하기

내담자가 자신의 본래 의향을 따르기 시작하고, 옳고 그른 것에 대한 관점을 둘러싼 자신의 삶을 조직하기 시작할 때, 그는 자신의 진실한 위치를 점검해 보기 위해 명확한 기준을 필요로 한다. 인간주의적 접근은 근본적으로 인간은 적합한 조건이 주어졌을 때 건설적으로 성장하는 긍정적인 존재라고 여긴다. 실존적 입장은 사람들이 좋은 쪽이나 나쁜 쪽 어느 방향으로도 진행될 수 있으며, 좋은 것 또는 나쁜 것으로 여겨지는 것에 대한 반추는 어떤 문제에 대해 개인이 선택하는 것을 가능하게 한다.

인간주의 상담자들은 내담자가 자신의 잠재력을 탐험하도록 격려하려고 노력할 것이다. 내담자가 느끼는 내적 성장에 대한 인식을 증가시키는 자신감은 유익할 것이고, 성장과 더불어 긍정적 변화로 이끌어 갈 것이다. 그러나 실존주의 전문가들은 인간 본성의 선량함에 대해 비교적 적은 확신을 가지고 있으며 사람들의 강점만큼이나 약점을 고려할 것이다. 카타르시스를 느끼기 위해 강력한 감정

분출의 함양이 실존적 접근의 목표는 아니다. 개인의 생활환경을 새롭게 재조직하는 것 또한 목표가 될 수 없다. 실존주의 전문가들은 나중에 후회할 수도 있는 내담자의 자기중심적인 결정이 갑자기 분출되는 것에 대해 신중할 것이다.

대신 실존주의 상담의 목표는 내담자가 양심의 나침반을 통해 자기 위치를 알 수 있도록 격려하는 것이다. 전문가는 내담자가 급격하고 행동중심적인 태도를 발전시키기보다 자기반추적인 태도를 발전시키도록 돕는다. 내담자는 조만간 자신의 실질적인 생활 조건에 대해 새로운 결정을 내려야만 한다. 그러나 내담자가 자신의 삶에서 상당한 변화를 만들기 위해 과도하게 서두르는 것은 여전히 낙원과 같은 삶으로 변형시킬 수 있다고 자신의 능력을 기만하고 있다는 것을 나타낸다.

양심에 따라 방향을 정하는 것은 항상 가능성이 있는 보다 확장된 다른 관점의 틀 안에 자신의 관점을 두고, 결정을 내릴 때 보다 보편적인 초점을 취할 것을 항상 요구한다. 이런 것이 없다면 당신의 개인적인 시각은 상당히 독선적일 수 있으며, 이것은 아마 외적인 규준에서 도피하여 자신만의 규칙과 자기방식의 피난처로 도망치려는 편협하고 방종하는 시도로 쉽게 바뀔 것이다. 이런 경우, 결과는 대부분 확실하게 자기 파괴적이며, 결국 보다 큰 명확함 대신 보다 큰 혼란을 야기할 수 있을 것이다.

그래서 지혜로운 삶의 첫 번째 기준은 좀 더 넓은 시각을 확보한 후에 당신의 방향성을 찾을 수 있다는 것이다. 외적인 기준과 기존 체제가 원칙 안에서 의문시되는 과정에서 그것들이 단순히 없어지거나 자신의 틀로 대체되지는 않는다. 그것들은 보다 넓은 보편적인 질서 안에서 궁극적인 중요성이 점검되어야 하며 내적 규준이 지도 원리를 좀 더 충족시키는 것을 발견할 때 비로소 폐기된다.

자기 가족의 삶에 대한 어려움으로 불평을 시작한 내담자를 예로 들어보자. 그녀는 자신이 너무 많은 짐을 지고 가야 하는 것 같고, 아무도 그녀에게 감사하지 않으며 당연히 해야 할 일을 했다는 식으로 여기는 것처럼 느껴졌다. 어쩌면 그녀가 느끼는 극도의 불만감이 자신 스스로에게 더 이상 이런 상황을 견딜 수 없다고 말하고 있기 때문에 이혼 소송을 제기할 준비를 하고 있을 수도 있다. 이 여성이 외적으로 매우 힘들어 하는 상황으로 인해 강렬한 혐오감을 옹호하는 것은 무엇보다 쉽고 또한 이로 인해 가장 크게 만족할 수 있을 것이다. 어떤 이는 암암리에 꾸준히 (그리고 아마도 매우 진심으로) 그녀가 이혼을 추진하는 것에 대해 공감할 수도 있을 것이다. 설령 그녀가 근본적으로 매우 파괴적인 태도를 보일지라도, 자신만만한 행동에 대해 칭찬을 받으며 그녀 자신이 느낄 수 있는 자유를 향한 갈망과 자칭 그녀에게 새롭게 발견된 진정성을 용납하기는 쉬울 것이다. 분명히 내담자가 침묵하며 고통스러워하기보다 결단을 내리는 내담자 자신의 능력과 자신의 감정을 표현하는 능력을 발견하는 것은 충분히 가치 있는 소득으로 보인다.

그러나 내담자의 입장에서 평가하기보다 상황으로부터 자기 자신을 분리하는 것은 일방적이고 잘못된 접근방식이 될 수 있음을 분명히 드러낸다. 경험이 많은 상담자나 심리치료사들은 많은 것들이 어려운 상황 속에서 습득될 수 있으며, 내담자가 너무 빨리 배에서 내리도록 격려하는 것은 나중에 큰 후회를 가져올 수 있다는 사실을 알고 있다.

실존주의 상담과 심리치료는 현실에서 벗어나는 편안한 항공편을 제공하는 것이 아니고, 자신의 강점뿐만 아니라 자신의 한계를 마주해야 하는 필요성과 자신의 상황에 내포되어 있는 사람들을 상기시켜 주는 것이다. 이 과업에 대한 측정은 불가피하게 인간 조건의 한계에 대한 측정이어야만 한다.

실존주의 전문가가 존재의 불가피한 측면을 꿰뚫어보며 내담자에게 접근하고자 한다면, 많은 요소들이 중요한 것으로 드러난다. 이러한 것들은 인간 존재의 경계이며, 삶을 위한 가이드라인을 제공할 수 있다. 어느 누구도 우주의 작용을 완벽하게 이해할 수는 없지만, 사람들이 수 세기에 걸쳐 만들어 낸 축적된 통찰력은 유용한 지도를 제공할 수 있다.

기본 원칙으로 드러난 것은 인간의 실존이 대립물 사이의 투쟁이라는 것이다. 모든 경험에는 양면성이 존재한다. 모든 논쟁에도 반대하는 변론이 있다. 긍정적인 측면은 부정적인 측면을 가지고 있으며, 반대의 경우도 동일하다. 사람들은 항상 삶과 죽음, 선과 악, 긍정과 부정, 능동과 수동, 행복과 슬픔, 친밀감과 거리감 사이의 연속선 어딘가에서 자기 자신을 발견한다.

대부분의 사람들은 대립하는 연속선 어딘가에서 안전하고 안정적인 위치를 얻기 위해 매진하는 것처럼 보인다. 그들은 인간 존재의 보편적인 측면의 일부로서 자신을 생각하고 다른 것들은 거부한다. 예를 들어, 그들은 자신을 기본적으로 건강하고 똑똑하며 정직하다고 간주하면서 자신의 취약점과 실수할 수 있는 가능성, 그리고 신뢰롭지 못한 경향을 무시하곤 한다.

사 례

실비아는 특별히 자신을 비폭력적이고 평화를 사랑하는 사람이라고 생각하였다. 그녀는 충실한 채식주의자였고, 다방면에 있어서 열정적이고 활동적인 지지자였다. 그녀는 남자친구가 자신을 버렸기 때문에 도움을 구했다. 그것은 무엇이 잘못되었는지에 대해 의아해지기 시작했던 사건이었다. 실비아의 남자친구는 이전의 남자친구들처럼 그녀의 '열광적인' 헌신 때문에 자신이 비집고 들어갈 틈이 없어 떠난다고 말했다. 처음에 그녀는 자신의 문제가 자신의 좋은 자질에 적합한 남자를 찾는 것이 어렵기 때문이라고 원인을 돌리려 노력했다. 그녀는 자신의 평화주의가 이런 결과에 이르게 한 것이고, 특히 남자들을 즐겁게 해 주려는 자신의 입장에서 물러서 있을 준비가 되어 있지 않았기 때문이라고 주장했다. 그녀는 이것이 남자들이 여자들에게 참을 수 없는 무엇일 거라고 생각했다.

그녀는 자신의 비폭력성 안에 있는 공격적인 저의에 둔감했고, 자신의 태도 안에 있는 모순을 인지하지 못하는 것이 명백했다. 자신의 자세에 있어서 타협하지 않는 지향성을 인정했을 때, 비로소 그것을 통해 그녀 자신의 문제를 분명하게 표현하기 시작할 수 있었다. 그녀는 곧 자신이 원칙을 강력하게 주장하는 경향성이 있다는 사실을 알아차렸다. 그녀는 자신과 맞지 않는 사람들을 진정시키기 위해 할 수 있는 것들을 거부했지만 자신이 상냥함과 이해가 부족하다는 것을 인식할 수 없었다. 실비아는 공격성과 폭력성이 발휘될 수 있다는 사실과 비록 그녀가 공격성과 폭력성을 평화로움으로 교체했다고 생각했지만 공격성과 폭력성은 다른 방식으로 위장하여 내재되어 있다는 사실을 깨달을 필요가 있었다.

이러한 특성과 태도들에 대한 비난이 그녀가 실제로 성장하는 것을 불가능하게 하고 일방적으로 행동하는 것에 사로잡힌 사람으로 만들었다는 사실을 발견했다. 그녀는 결국 자신이 평화를 위해 싸우는 과정에서 많은 적을 만들어 내고 있었다는 것을 알아차리지 못했던 자신의 원칙을 반박하게 되었다.

그녀가 남자친구들과의 폭력적인 의견 충돌 상황에서뿐만 아니라 자신이 과거에 평화를 사랑하는 사람으로서의 역할을 담당하려 했던 모든 영역에서 자신의 폭력성에 대해 단지 표현하게 되었을 때, 그녀는 점차적으로 조금 더 유연한 사고방식을 관리할 수 있게 되었다. 이로 인해 그녀는 남자친구와 충분히 잘 지내게 되어 장기적인 관계를 기대하는 것을 가능하게 만들어 주었다. 남자친구는 실비아가 자신의 공격적인 면을 인정할 수 있는 것에 대해 반응을 보였다. 그녀는 심지어 덜 극단적이며 조금 더 쉽게 살아갈 수 있게 되었다고 말했다.

비록 실비아는 지금 남자친구와 훨씬 더 좋은 관계를 유지할 수 있게 되었지만 이것은 어떤 면에서 자신의 이상과 타협한 결과가 아니었다. 그녀가 한 것은 자기 이상의 결과를 바라보고 그것을 표현하는 좀 더 현실적인 방법을 발견한 것이었다. 이것은 자신의 한계를 더 잘 이해할 수 있게 만들어 주었고 보다 온전한 방식으로 살아갈 수 있게 해 주었다. 일단 그녀가 엄격한 자아상을 포기하자 안도감이 들었다. 그녀는 손상된 것이 아무것도 없었으며 모든 것이 이득이었다고 말했다. 마침내 그녀는 타인의 공격적인 행동을 이해할 수 있었다. 또한 그녀는 자신의 태도 속에서 평화를 위해 싸우면서도 양보하는 것에 대해서는 강렬히 거절했을 때의 모순을 볼 수 있었다.

이런 점에서 자신의 한계를 인식하는 것은 스펙트럼 안의 다양한 색 중에서 절반의 색조만을 활용해서 그림을 그리려 노력하고 있다는 것을 인정하는 것과 유사하다. 초기 인식은 아마도 고통스러울 것이지만, 풍성한 관점을 얻을 수 있기에 충분히 가치 있는 일이다. 실제로 인간의 상황적 경계 안에서 사람들은 일반적으로 그들 자신들이 인정하는 것보다 훨씬 더 많은 다양성을 가질 수 있다.

전문가들은 때때로 내담자가 과거에는 알아차리지 못했던 자신의 일부분을 인식하도록 격려한다. 이것은 틀림없이 성격과 기질의 다양한 측면들에 대해 보다 풍부하게 인식하는 방향으로 나아가게 되지만, 그러나 그것으로 충분하지 않다. 실존주의적 접근은 넓은 파장의 주파수에 맞출 수 있는 민감한 도구로서 일련의 이미지 조각들과 혼합 합금물로 개인의 견해를 대체시킨다. 비록 많은 것들이 개인을 좁은 파장 안에 제한할지라도 원칙적으로 개개인은 인간의 모든 자질, 사고방식과 경험에 맞출 수 있는 능력을 가지고 있다.

실존주의적 관점에서 보면, 체계화할 수 있는 조화의 법칙들을 통해 익숙한 경험의 모든 범위를 탐구하는 것은 내담자가 자신의 레퍼토리를 확장시킬 것을 격려받게 되는 배경과 같다. 대립되는 것을 인지하는 동안, 목표는 결코 영구적으로 어떤 입장에서 다른 입장으로 바뀌는 것이 아니다. 전제는 어떤 것도 궁극적인 진실이 되는 것을 증명하거나 행복으로 향하는 열쇠를 제공하는 것이 아니다. 그 반대로 실존주의적 심리치료사는 모든 범위에 대한 인식이 중요하며, 이를 통해 경험이 조절될 수 있으며, 활동과 조화가 생성될 수 있다고 믿는다. 다시 말해서, 대립되는 것들에 대한 인식은 어느 한쪽을 선택하는 것이 아니며 필연적으로 중용을 지키는 것도 아니다. 그것은 양극 사이에서 움직이는 것을 가능하게끔 만들어 주고 우리에게 유용한 최대한의 넓은 범위를 갖도록 한다.

실비아를 상담하는 과정에서, 목표는 그녀의 평화주의와 더 많이 일치하도록 하거나 그것을 포기하는 것에 대한 선택을 격려하는 것이 아니었으며 삶의 과격한 태도를 버리도록 이끄는 것도 아니었다. 목표는 그녀가 자신의 존재방식 안에서 양극단의 경향성이 있다는 것을 인식할 수 있도록 하고, 그렇지 않은 척 행동하는 것을 멈추는 것이었다. 이 모든 것 이면에 있는 가정은 다른 사람과 마찬가지로, 실비아 역시 모든 스펙트럼을 경험할 수 있었고 그러므로 이 방법 외에 다른 방법은 없다고 바라보는 자신의 레퍼토리의 일부분을 억제해 왔음이 틀림없다는 것이다. 이러한 생각은 자신을 제한하기보다 모든 능력을 발휘할 수 있다는 것을 인지함으로써 타인과 함께 그녀가 자기 안의 더 큰 자유와 더 큰 현실을 취할 수 있게 해 준다는 것이다. 실비아의 경험은 가설을 확인시켜 주었다.

대립되는 것들과 타협하는 것이 절충안이 아니라는 것을 기억하는 게 중요하다.

실존적 이상은 경험의 경직성이 양극단을 통합하는 과정에서 사라지도록 만드는 것이 아니다. 목적은 제한된 레퍼토리를 확장시키고 자신과 타인에게 대조적인 것들을 수용할 수 있도록 하는 것이다. 실존주의적 목표는 칙칙한 회색빛에 안주하기보다 다양한 색채를 사용하는 것에 원숙하게 되는 것이다. 성취되는 것은 한 음을 연주하는 따분한 하프 연주 대신에 다양성의 교향곡이다. 대립되는 관점에 대해서 전혀 고려하지 않는 어떠한 시각도 그것은 틀림없이 부분적이 될 수밖에 없다. 융통성과 다양성은 전체성으로 나아가는 진솔한 분투의 특징이다.

물론, 자연은 이러한 삶의 변증적 관점을 위한 모델과 영감이다. 빛에서 어둠으로, 어둠에서 빛으로, 더위에서 추위로, 추위에서 더위로 변하는 주행성의 리듬, 계절과 기온의 변화 같은 자연의 끊임없는 운동은 존재의 원형(prototype)이다. 세계는 겨울의 삭막함에서부터 봄의 푸름을 거쳐 여름의 무성함으로, 가을의 황금빛을 지나 다시 겨울의 삭막함으로 변형되는 형태를 갖춘다. 계절과 기후는 존재의 순환적이고 일시적인 자연의 본성을 가장 확실하게 상기시킨다. 비록 이러한 것들에 대해 불평하고 신음하는 소리를 내고 싶은 생각이 들지만, 그 어느 누구도 계절이나 날씨의 변화도 없는 늘 동일한 세상을 환영하지 않는다.

이와 같은 방식으로 사람들에게 미리 짜인 행동과 감정의 양식을 동일하게 따르도록 만드는 시도가 때때로 매력적인 선택으로 여겨지지만, 이는 궁극적으로 성장이 불가능하며 죽게 만드는 해결책이다. 대신에 인간 경험의 외면적 한계에 대한 인식은 개개인이 아직 경험하지 못한 영역들에 대해 접근을 허용할 것이다. 그것은 개인적인 위치, 속도와 궤도가 표시되며 투영될 수 있는 것에 대응하는 지도를 제공할 것이다.

실존적 지도에서 가장 중요한 극은 삶과 죽음, 존재와 비존재, 실재와 부재다. 실제로 모든 양극성들은 삶과 죽음 사이의 원시적 대립 관계 안에서 이해될 수 있다. 삶은 세상 속에 있음으로써 모든 것을 총망라해 포함하는 것으로 여겨진다.

따라서 삶은 탄생과 죽음, 고난과 고통에 대한 직면, 노동의 필요성과 생존을 위한 몸부림, 불완전성, 고립 그리고 운명에 대한 궁극적인 의존과 현실을 포함하고 있는 유한한 인간의 실존과 아주 밀접하다. 죽음이나 무(無)는 그 너머의 무한의 관점을 보여 준다. 이것은 인간 존재의 먼 배경 안에 있는 차원, 즉 초월을 의미한다. 이 차원은 인간의 삶을 둘러싼 더욱 확장된 구조, 즉 자연, 우주와 시간 그리고 경외와 경이로움의 경험적 순환과정을 포함한다.

다른 모든 양극성들은 두 개의 커다란 대립에 대한 기본적인 주제와 관련된 변동으로서 이해된다. 두 극 사이에서 선택한 것이 장애물이 될 때, 자연스러운 변동이 새롭게 정비되어야 할 필요가 있는 것이다. 이것은 기본적인 원리와 기능이 이해될 때 비로소 더욱 쉽게 구분될 수 있다.

흔히 사람을 방해하는 기본적인 양극성의 일부는 능동적-수동적, 과거-현재, 포함-배제, 지배-항복, 선-악, 의심-신뢰, 주는 것-받는 것, 느끼는 것-행하는 것이다. 이러한 대립물들 중 어떤 것도 모순이 되지 않는다. 그들은 한 동전의 양면처럼 형성되었기 때문이다. 대립물들 사이의 긴장은 삶에서 매우 본질적인 것이다. 에너지는 양극에서 음극으로 흐르고 그러면 동력이 발생된다. 창조적인 삶은 이 두 극 사이에 흐름을 허락하는 것과 같다.

흔히 사람들은 진실은 복잡하고 역설적이기보다는 단순하고 부분적이어야 한다고 믿으면서 양극 중에서 한쪽만을 선택하는 경향이 있다. 이런 식으로 자신들을 간략화시키고, 한쪽으로 치우친 입장을 유지하기 위해 소망 없는 시도 속에서 자신의 에너지를 모두 불태운다. 어떤 사람들은 양극성을 인식하지만 그것이 주는 혼란으로 두려워한다. 사람들은 삶으로부터 모든 효능이 사라질 때까지 합성하고 타협하는 것을 통해 모순들을 삭제함으로써 관리하려고 애쓴다.

상담과 심리치료에 적용함에 있어서, 몇몇 간단한 사례는 이러한 이론적인 가이드라인을 명확하게 해 주고 극대화시킬 것이다. 이러한 사례들은 놓쳐버린 요소를 탐색하는 것에 대한 중요성을 드러내 밝혀 준다. 전문가들이 끊임없이 자신의 생각 저변에 간직하여 질문해야 하는 것들은 다음과 같다. 이 사람은 규칙을 적용하려고 어떻게 노력하고 있는가? 내담자는 어떤 방식으로 경험의 일부를 덮어버리며, 어떤 방식으로 기본 원리들을 없애려고 시도하고 있는가? 진실의 어떤 부분이 빠져 있는가? 그는 어떤 방식으로 삶의 긴장이나 모순, 역설이라는 용어들에 대해 완전히 도달하지 못하고 있는가?

에드는 여자친구 맨디로 인해 낙심하여 상담을 신청하였다. 에드는 어떻게 해야 맨디가 자신을 사랑하도록 만들 수 있는지 알 수 없다고 말했다. 이것은 에드가 통제상태를 유지하고자 하는 일에 집중되어 있는 자신의 세계관에 대한 좋은 예다. 맨디가 그를 사랑하게 만드는 것은 그에게 달려 있었다. 그는 위세를 부리는 자신의 태도를 알고 있었고, 사실 이를 대단히 자랑스럽게 여기고 있었는데, 이는 오랜 기간에 걸쳐 어느 정도의 자신감을 갖게 되었고 이로 인해 여성에 대한 자신의 위상을 확보할 수 있는 것으로 확신하고 있었다. 그런데 그는 어렵게 얻은 자신감과 상황을 다루는 능력을 통해 맨디의 신의를 이끌어 내지 못했기 때문에 다소 실망했다.

그들은 열렬한 사랑을 불태웠다. 그는 그녀에게 청혼을 하였다. 결국에는 자신들이 결혼하게 될 것이라고 인정함에도, 그녀는 거의 이때부터 줄곧 그의 친구들에게 공공연한 추파를 던지기 시작했다. 추파를 던지는 것을 멈추라고 말할수록, 점점 더 그녀는 도발적으로 행동하였다. 그는 그녀가 적어도 2명 이상의 자기 친구와 잠자리를 함께 한 사실을 알게 되자, 더 이상 이를 방관할 수 없었다. 그는 그녀가 난잡하다고 하였으며 그녀와의 관계를 청산했다. 그리고 그는 친구들로부터 처음으로 그녀를 소개받았던 지역 사교클럽에서 그녀가 환대받지 못할 것이라고 말하였다. 그는 맨디가 새 남자친구들과의 관계를 포기하는 것을 거부함으로써 마음이 상하였고 굴욕감을 느꼈다. 그는 지금 딜레마에 빠졌다. 그는 친구들이 맨디와 잠자리를 분명 함께하였음에도 자신의 패배를 줄곧 상기시키면서 그들과 계속 사귀어야 할지, 아니면 자신의 사회적 네트워크를 포기하여야 할지 고통받고 있었다. 그 후 그는 이 특수한 지역의 클럽과 친구들, 그리고 간절하게 사랑하는 여자친구가 주는 안락함과 친밀함을 포기해야만 하였다.

단지 두 회기에 걸쳐 상담을 받은 후, 에드는 자신의 딜레마에 어떤 다른 해법이 있음을 알았고, 그 상황을 어떻게 대처하여야 할지 깨달았다. 그는 친구들이 자신에게 신실하도록 그리고 더 이상 맨디를 만나지 않도록 하기 위해 노력했다. 그러나 친구들은 맨디가 에드에게 별반 중요하지 않은 존재라고 생각했기 때문에 이 방법이 통하지 않았다. 에드는 강제로 맨디로 하여금 자신에게 충실할 것을 맹세시키려 하였고 그다음에 청혼하였다. 그러나 이 모든 것이 유용하지 않았다. 그녀는 그를 비웃다가 흐느껴 울며 뛰쳐나갔다. 에드는 어찌된 영문인지 이해할 수 없었고, 다음에 어떤 행동을 취해야 할지 이미 마음에 새긴 채 세 번째 상담 회기에 왔다. 그는 모든 일을 그만두어야 할 필요가 있다고 확신하였다. 남들에게 자신을 바보로 보이도록 만든 것은 자신이었다. 그는 그들에게 그렇게 보였다. 그는 새로운 삶을 시작하려고 하였다. 그는 다른 지역 클럽에서 다른 이웃들과 어울릴 수 있는 또 다른 공간을 이미 찾았다. 또한 그는 새로운 친구를 사귈 수 있는 다른 직업을 찾으려 하였다. 이전의 삶에 종지부를 찍었다.

에드는 자기 주변의 사람들과 세상에 대한 자신의 일방적인 접근방식을 이해하지 못했다. 모든 것을 제자리에 있게 하려는 시도는 계속 동일한 실수만 유발시킬 뿐이었다. 그는 악순환의 고리에 갇혀 있었다. 그가 강한 자기주장으로 주변을 통제할수록, 결과적으로, 주변 인물들은 더욱 그에게 반발하였고, 그러면 그는 더욱 심리적인 압박감을 느끼며 자신의 환경을 더욱 통제하려고 자신을 강하게 내세웠다.

비록 에드는 도망하는 것을 굴복이나 패배의 한 예로 시인할지라도, 그가 문제투성이의 상황을 회피하려는 것은 그가 범하는 실수를 인정하지 않으려는 것과 다르지 않음을 깨닫게 되었다. 이것은 또한 그가 다른 사람들의 관점에 대해 고려하는 것을 중단하는 것이었다. 그는 단지 새로운 세계를 건설하고 싶었고, 이번에는 모든 것이 자신이 바라는 대로 구현될 것을 소망하였다.

자신의 경험에서 에드가 놓친 관점이 하나 있는데, 이것은 바로 굴복, 필요, 양보와 연약함이었다. 세상에 대한 자신의 관점에서 그는 단지 지배자가 될 수 있었고, 정상에 머무르면서, 다른 이들을 통제하고 있는 상황에 있기 때문에 자신을 실망시킬 수 없다고 확신하였다. 인생과 사람들에 대한 그의 접근방식 때문에, 주변 사람들은 자신들이 무시당하고 존중받지 못하고 있다고 느끼는 데 따른 불편함과 반발 기류가 있었다.

에드가 주변의 모든 세상이 통제를 통한 자기보호 욕구를 중심으로 세워져 있는 것을 알기 시작했을 때, 처음에는 이러한 방식으로 행동해 온 자신의 악함과 죄책 감으로 인해 억눌리는 형태로 나타났다. 모든 면에서 맨디도 자신만큼이나 절망적 이었을 수 있다고 생각하자 스스로 수치스러워졌다. 어쩌면 맨디가 그의 친구들과 잠자리를 같이하는 것은 그녀가 그를 존중하지 않는다는 것을 보여 주는 것이 아니 라, 그녀가 에드에게 존중받지 못하고 있음을 그에게 알려 주는 가장 좋은 방법이 었던 것 같다는 데까지 생각이 미치자 정신적 고통을 받았다. 그는 그녀가 떠날 때 흘린 눈물을 기억하면서 자신이 그녀에게 가장 큰 상처를 준 것 같은 의구심이 들 었다.

에드는 자신의 세계를 뒤집어 보는 법을 배우고 있었다. 올바른 것은 이제 그릇 된 것으로 바뀌고, 그릇되어 보였던 것은 올바른 것으로 바뀌어 갔다. 이것은 어떤 일을 바라보는 이전의 방식보다 더욱 정확하고 유용한 것으로 바뀌어 갔다. 그는 양면의 입장에서 판단할 필요가 있었다. 이는 다른 사람에게 진정 다가가고자 원 한다면 자신의 위상을 바꿀 수 있는 능력뿐만 아니라 통제심을 잃지 않으면서 자신 을 세울 수 있는 능력의 가치를 바라볼 필요가 있었다.

이러한 때에 에드는 친구들을 거의 만나지 않았고 맨디와는 전혀 접촉하지 않았 다. 비록 잘못된 것을 매우 예리하게 이해하고 있었음에도, 발견한 것을 실행하지 는 못했다. 에드는 자신이 깨닫게 된 것을 표현하는 것에 대한 매우 큰 어려움이 그 의 본성의 연약한 부분이라는 사실을 이제 명백하게 알게 되었다. 그는 여전히 맨 디를 향한 강렬한 애정과 그리움으로 고통받고 있었지만 그의 관심을 새로운 말이 나 행동으로 옮기지 못하고 있었다. 상담 시간에 그가 할 수 있는 전부는 주먹으로 자신의 무릎을 내려치고 자신이 몹시 그녀를 원하도록 그녀가 만들고 있는 상황에 대해 그녀를 욕하는 것이었다.

그런 식이었다. 그의 세상에는 오직 통제실만 존재하였기에 자신이 맨디를 원하 도록 그녀가 자신을 통제하고 있다고 상상하였다. 자신의 편향적인 접근으로 인하 여 그는 두려움과 보복의 세상을 살 수밖에 없었다. 맨디가 자신을 공격하는 것이 아니라 자신에게 관심을 갖고 실제로는 고통을 받고 있다고 상상하기 시작했을 때, 그는 자신이 겪고 있는 고통을 드러낼 수 있었다. 오랜 시간이 지나서야 비로소 그는 용기를 내어 맨디를 찾아가 이를 말하게 되었다. 이것은 이미 갖추고 있는 자기 주장과 용기 그리고 통제력을 연약함과 필요 속에서 새로운 통찰과 균형이 이루어지도록 하는 것에 대한 중요성을 이해하는 것에 달려 있었다.

에드가 용기 있게 양보할 수 있을 만큼 자신감이 자라기까지는 그의 일상에서 작은 것일지라도 서서히 적용하는 수개월의 시간이 필요했다. 그때까지 겨우 어렵사리 맨디에게 한 말이라고는 이 상황을 더 이상 견디기 힘들고 그녀가 한 일들을 바라보는 것을 견딜 수 없었기에 그녀를 떠날 수밖에 없었음을 이해해달라고 한 것뿐이었다. 결국 그것으로 인해 자신이 너무 고통스러웠다는 말을 덧붙였다. 맨디가 책망하듯이 '그래, 진작에 왜 그렇게 말하지 못했어요?'라고 말하자 비로소 그는 자신이 그렇게 행동하지 못했던 이유에 대해 의문을 갖기 시작했다.

이 점을 생각하면서 에드는 그렇게 말할 수 없었던 당시를 떠올렸는데 사실 상처를 받았다기보다는 그저 통제 상태를 벗어난 것 때문이었음을 깨달았다. 이제 그는 자신의 고통을 인식하였고, 맨디가 그에게 관대하게 반응함으로써 그는 놀라면서도 한편 기뻤다. 그는 다른 사람들과 관계를 맺고 대하는 어떤 방식이 자신의 내적 세계와 주변의 세계를 창조하고, 이를 통해 이와 동일하게 보다 많은 반응으로 재창조된다는 사실을 깨달았다.

우리가 갖고 있는 어떤 자질들을 남들도 지니고 있다고 상상하는 것은 옳지 않다. 우리가 존재하고 관계를 맺는 특정한 방식으로 우리는 다른 사람들을 대하게 된다. 이러한 메커니즘을 통칭하는 용어인 투사 또는 투사된 정체성의 원리에 있어서 기초적 원리에 입각하여 넓은 의미로 쓰이는 것이 연대감이다. 연대감은 인간 개개인이 지닌 다양성을 바탕으로 하여 삶의 동일한 활동에 참여하는 것이며, 사람들은 동일한 장치를 지닌 채 제각기 참여한다는 사실이다. 비록 각자가 다른 사람들보다 특정한 측면을 더욱더 개발하였다고 하여도, 원리상 모든 인간은 경험의 전체적인 스펙트럼을 두루 갖추고 있다. 따라서 때때로 우리가 상상하는 것보다 더욱 우리는 상호 간 공명을 일으키며 서로에게 영향을 끼치고 있다.

새로운 양상은 항상 나타나게 마련인데, 또한 새로운 관계를 통하여 이 양상이 드러날 수도 있다. 본질적으로 어떤 양상이 다른 것에 비하여 우월한 것은 아니다. 각각의 양상은 모든 것을 아우르는 전체의 일부일 뿐이다. 따라서 각각의 양상은 긍정적이거나 부정적으로 사용될 수 있으며 또한 긍정적이거나 부정적으로 사용될 수 있는 짝을 가지고 있다.

에드는 긍정적인 면에서 인생을 나름대로 잘 통제할 수 있었다. 심지어 그는 역경에 대응해서 그의 삶에 신속하고 효율적인 변화를 추구할 수 있을 정도였다. 그러나 그는 주변의 모든 것을 항상 통제하려는 데 따른 부정적인 결과를 미처 인식하지 못했다. 이것은 그가 통제의 반대 개념인 양보와 순응의 긍정적 시사점을 인식하지 못했기 때문이었다. 그는 단지 뒤에 보이는 부정적인 이미지만 보았을 뿐이었기 때문에 그것을 체계적으로 피하려고만 애썼다.

사 례

엘리자베스의 이야기는 개인적인 가치를 평가하고 그것의 절대적인 유효성과 완전성을 점검하기 위해 보편적인 기준을 사용하는 데 있어서 얻을 수 있는 유익을 설명하는 또 다른 사례다. 상담자인 엘리자베스는 타인의 불완전함을 수용하는 원리를 매우 충실하게 수행하였다. 그녀는 어떤 사람의 입장에 대해 옳고 그름을 판단하기 어려울 정도로 남을 이해하고 동정하는 능력을 개발해 왔다.

엘리자베스는 수년간 청소년센터에서 근무했다. 그녀는 여러 상이한 배경을 가진 수백 명의 사람들과 알고 지내면서 일하고 있었는데, 규율을 포함하여 어떤 의사결정도 내릴 수 없는 사항이 점점 증가하면서 자신의 편견에 대한 의문이 점차로 늘어나고 있음을 깨닫게 되었다. 그녀는 어떤 과정에서 자신이 잘못 결정하고 누군가에게 피해를 주는 것은 아닌지 너무나 걱정스러워했다. 이것이 실제로 문제가 되었으며, 청소년센터에서 자신이 맡은 관리 책임에 심각한 영향을 미칠 정도였다. 결국 센터에서의 업무가 마비될 지경에 이르렀다. 엘리자베스는 자신이 딜레마에 빠져 있음을 알아차렸다. 그녀는 자신의 원칙에 충실하고 싶었지만 이렇게 지속되는 것은 그녀를 옴짝달싹 못하게 하였다. 그녀는 극복하지 못할 것에 대한 불평을 하였다. 이것이 바로 올바른 방향을 찾을 수 있는 단서가 되었다.

사랑으로 모든 것을 끌어안을 듯한 그녀의 접근방식은 승리하고자 하는 욕구에 연유하고 있다는 사실이 곧 명백하게 드러났다. 승리한다는 것은 보상을 좋아하고 많은 친구들을 사귀고 내담자와 동료들로부터 인정을 받고자 하는 것과 유사함을 의미했다. 그녀가 다른 사람들에 대한 충분한 이해와 선의로 가득 찬 삶을 살아간다면 그들이 이러한 것들로 보상할 것이라고 생각했기 때문에 모든 것이 잘될 것이라 믿었다.

남을 용인하지 않는 것은 자신의 근시안적 인격을 의미하며 또한 그것은 강직하고 도덕적인 자신을 퇴보시킬 것으로 생각하여 두려워하였다. 이로 인해 센터에서 발생하는 어떤 잘못된 사태로 자신이 상처를 받았음에도 불구하고 이에 대한 반대 의견을 내는 것에 대해 머뭇거리게 되었다. 그녀는 어떤 판단을 내리는 것에 대해 매우 고통스러워하였다.

그녀는 여러 해 동안 직무에 있어서 매우 인기가 있었으며, 자유롭고 민주적인 그녀의 리더십으로 인해 평판이 좋았었는데 최근에 비판의 소문을 듣게 되었고 이것에 대해 그녀는 매우 염려하고 있었다. 그녀는 나약해졌고 모든 것이 밝혀진 것처럼 느끼고 있었다. 10대들이 자신을 지속적으로 좋아하고 있다는 것을 알고 있었지만, 그녀의 확고하지 않은 태도로 인해 동료들이 자신을 무시할 것이라고 생각하여 두려워하고 있었다.

엘리자베스는 다른 사람들이 무엇을 하든 그들을 이해하고 좋아하는 자신의 원칙은 자신이 스스로 원하는 어떤 것을 표출하고 있는 것이라는 사실을 인식하게 되었다. 그녀는 모든 사람들이 자신을 이해하고 좋아하지 않으면 몹시 불편해하였다. 이로 인해 남들로부터의 지지를 잃지 않으려고 어떤 대가를 치를지언정 다른 이들의 의견을 반박하는 것을 피하려 하였기 때문에, 그녀는 자신의 태도와 행동을 지나치게 의식하고 있었다.

엘리자베스는 일괄포용의 원칙에 따라 움직였다. 자신을 좋아하고 인정하는 범주 속으로 모든 사람과 상황을 포용할 수 있었고, 또 다른 이들의 호감과 인정의 테

두리 안에 그녀를 받아들이도록 만드는 데 있어서 꽤 효과적으로 처신하였다. 그녀가 보지 못하는 것은 모든 것을 포용하는 태도 안에 내포된 부정적인 측면이었다. 옳고 그름 사이의 분별이나 구분이 결여된 결과로 말미암아 온순하고 착한 모습을 유지하는 데 따른 포용의 원칙은 분명 대가를 치르고 있는 셈이었다.

이로 인해 그녀가 깊이 있게 깨달은 것은 모든 것을 포용하는 과정에서 실제로 독특할 수 있는 가능성을 배제하고 있었다는 사실이다. 그녀의 상상력은 독특성이라는 개념에 매료되어 눈에 띄는 의상이나 독특한 호텔, 범상치 않은 것들, 독특한 취향을 가진 사람들만이 제공할 수 있는 물건들처럼 자신에게 전적으로 금기시되어 왔던 모든 것들에 대해 갈망하고 있었다. 그녀는 살아오는 동안 처음으로 상담을 통해 이런 은밀한 갈망에 대해 나누게 되었다.

엘리자베스는 독특하게 된다는 것을 자신과 세상에 대해 대담한 선언을 하는 것으로 생각하였다. 이는 또 다른 두려움을 가져오기도 하지만 매력적인 면도 있었다. 그녀가 보기에 이러한 유형의 사람들은 타인들을 친구로 만들기보다 적으로 만들게 될 것으로 생각했었다. 깊은 생각 끝에 그녀는 이를 '친구들뿐만 아니라 적들'이라고 수정하였다. 실제로 그녀는 이러한 사람들이 많은 이들로부터 존경을 받고 세상과 교류할 때 매우 분명한 태도를 취한다는 것을 깨달았다. '만일 내가 근무하는 센터에서 섹스나 낙태, 폭력에 대해 나 자신이 분명한 견해를 지니고 있다면, 새롭게 의사 결정을 하고 마비상태를 종식시키는 것은 단순한 업무가 될 텐데'라고 말하였다. 이전에는 그저 무시했던 독특한 성향을 취하는 것에 대한 유익성을 상상하게 되자, 그녀는 자신이 의례 그러했던 수용적 태도에 대한 균형을 잡으면서 그 가치를 인식하게 되었다.

독특성이 불필요하게 나쁜 것이 아니라는 것을 깨닫게 되자 그녀는 곧바로 대담한 표현과 확실한 결정을 자유로이 취할 수 있는 자유를 회복하였다. 엘리자베스는 관대함과 확고함 그 사이에서 균형을 잡는 것을 다시금 배우게 된 것이 일종의 계시와도 같았다. 그녀는 독특하게 포용적인 태도를 지나칠 정도로 유지했었기에 독특한 태도를 취하는 것이 그리 어렵지 않다는 것을 알게 되었다. 자신의 한계에 대한 작은 통찰이 그녀의 일상에서 큰 변화를 만들었다. 상담자는 엘리자베스의 편파적인 삶의 태도를 점검함으로써 그리고 이전에는 피하려고만 하던 모순을 직면하도록 함으로써 이러한 통찰을 얻을 수 있도록 도울 수 있었다. 이는 다른 이들처럼 엘리자베스 역시 양면적 태도를 취할 수 있고 스스로 그것을 발견하는 것이 그녀에게 유익할 것이라고 상담자가 일관되게 가정하고 접근하였기에 가능한 것이었다.

대립되는 것들에 대한 보편적인 상호적 보완원리를 심도 있게 고려할 때 비로소 내담자들은 상담을 통해서 불안을 진정성으로 바꿀 수 있다. 일단 이들이 기본적인 불안을 직면하고 자신의 가치관을 따라 살려는 여러 방법을 모색하면, 이러한 역설적 원리를 참고하게 됨으로써 자신들의 시야를 더욱 넓힐 수 있다. 이를 가장 잘 짚어낼 수 있는 간단한 방법은, 일반적으로 사람들은 자신들이 확신하는 것이 옳고 부정하는 것에 대해서는 틀리다는 생각을 가지고 있다는 것이다. 그러나 자신이 믿는 것은 최소한의 부분적인 진실일 수밖에 없다. 어떤 다른 것을 부정한다는 것은 일반적으로 어떤 한계점이나 사각지대를 나타내는 것으로서 진실의 다른 면으로부터 주의를 돌리는 것이라는 사실을 의미한다.

미술에서 초점을 명확히 잡고 두드러지게 드러내기 위하여 어떤 것을 선택한 뒤 그림의 일부를 없애는 것이 때로 적절할 때가 있다. 결국에는 모든 측면에서 전체 그림으로 되돌아오는 것이 대조와 생동감을 유지시킬 수 있는 유일한 방법이다. 어떤 측면에 대해서 체계적으로 장기간에 걸쳐 독특성을 유지한다는 것은 보통의 경우 인생에 대한 개인의 태도에 있어서 어느 정도는 근본적인 오류를 범하고 있음을 나타내는 것이다. 여기서 채택하고 있는 실존적인 접근방식은 상식과 조화를 이루는 것이다.

상식은 사람들로 하여금 모든 사람은 선하고 완벽하고 전적으로 올바르다고 볼 가능성이 거의 없음을 직관적으로 알 수 있도록 만든다. 사람들은 타인의 강점과 미덕에 경탄하기도 하지만, 언제나 이 사람의 연약함과 오류가 훤히 드러나는 순간을 바라는 성향도 있다. 사람들은 평범해지거나 실수를 범하게 되면 오히려 안도감을 느끼곤 한다. 궁극적으로 뛰어난 사람들은 완벽한 통제나 완벽한 이미지를 일시적으로 연출하는 것이 아니라, 삶의 과정에서 때로 연약함을 보이기도 하면서 삶에서 반복적으로 부지런히 난관을 뚫고 오르는 사람들이다.

실존주의 상담자는 내담자가 일방적인 성취를 목표로 삼도록 돕는 것이 아니라 역설과 갈등과 모순을 직면하도록 돕는 것이다. 그러므로 상담 회기들은 내담자의 진실이 초점화되고 놓친 부분과 대비를 이루는 범위를 고려하여 평가되어야 한다. 최종 목표는 완벽한 인간을 생산해 내는 데 있는 것이 아니라 인간적이고 건설적이며 창의적인 방법으로 모순덩어리들을 다룰 수 있는 인간을 배출하는 데 있다.

역설은 모든 인간 존재에 만연한 것이지만 상이한 경험수준과 갈등을 인식한다면 보다 쉽게 알아낼 수 있다. 3장에서 나는 경험의 특정 영역에 대한 위치 지도를 제공해 줄 수 있는 개념적 틀을 제시하였다. 이러한 방식을 통하여, 내면적 갈등을 다루는 내담자의 문제가 좀 더 구체적으로 드러나게 될 수 있다. 또한 삶의 가이드라인으로 인식되는 원칙들이 경험의 모든 수준에서 일반화될 수 있도록 보다 쉽고 확실하게 만들어질 수 있다.

단원 요약

01 불안은 모든 상담과 심리치료의 출발점이다.

02 실존적 불안은 우리가 우리의 연약함과 언제 닥칠지 모르는 죽음을 의식하고 인식할 때 경험하는 기본적인 불편함이다.

03 불안은 우리가 존재의 벌거벗은 실상을 직면할 때 불가피하게 느끼는 경험이다. 그것은 어떤 의문도 품지 않고 삶을 그저 기계적으로 살아갈 때 일시적으로는 덮어둘 수 있다. 그러나 어떤 선택이나 가능성을 인식하는 순간 불안은 다시 활성화된다.

04 불안은 사람의 내적 인식의 수준을 나타낸다. 이는 우리가 존재할 것인지 존재하지 않을 것인지에 대한 기본적인 질문에 대해 직면하는 수준까지 측정하는 척도라 하겠다.

05 실존적인 접근방법은 불안을 제거하는 것이 아니라 오히려 불안을 자유롭게 하는 것이다. 삶의 용기는 죽음을 대면하는 능력을 기초로 한다. 그리하면 불안의 창의적인 활용이 가능해진다.

06 사람들은 마치 삶이 안전하고 확고하며 안락할 수 있게 보이도록 만들려고 노력한다. 만일 그들이 스스로의 선택과 책임에 대한 도전을 일으키려면 그들은 불안과 불확실성에 대해 인내하는 것을 배워야만 한다.

07 실존적 죄책감은 불안에 대한 도전을 일으키는 것에 실패했을 때 종종 나타나는 신호이며, 사람들은 숨어버리거나 알고 있는 대로 행하지 않음을 통해 실존적 죄책감을 회피하려고 애쓴다.

08 자신이 갖고 있는 충분한 능력대로 살지 않는 것은 새로운 참여를 통하여 쉽게 치유될 수 있는 인간 존재의 비극 중 하나다.

09 순종적인 삶은 자살이나 고립 또는 은거와 같이 삶에서 회피하는 것이 될 수 있다.

10 진정성 있는 삶이란 우리가 가진 재능과 능력을 현실 그대로 진단하는 것뿐만 아니라 명확한 목표와 의도를 요구한다.

11 진정성은 인간의 조건과 불가피한 갈등, 한계 및 불가능한 것들에 대해 충분한 인식이 없는 한 획득되지 않는다.

12 다른 사람의 목적이 대신할 수 없다. 우리는 우리 자신의 인생의 의미를 찾아 스스로 선택한 방향을 따라야 한다. 우리는 우리 자신의 운명의 주인이 되어야만 한다.

13 진정성 있는 삶은 인생에 동기와 열정을 부여하고 수행할 가치가 있는 것에 대해 헌신하도

록 이끌어 준다.

14 진정성 있게 산다는 것은 어렵고 결코 완전히 달성할 수 없지만, 그것을 위한 목표는 삶의 활력과 환희를 증가시킨다.

15 진정성이 없는 삶은 의무적이고 무계획적이며 불만족으로 가득 차 있다. 그것은 인생으로부터의 고립이나 자아로부터의 일탈에 기반을 두고 있다. 그럼에도 불구하고 때때로 그것은 불가피하다.

16 진정성 있는 삶은 자신을 즐겁게 하려는 것에 대한 것이 아니라 마음에서 우러나오는 상태며 억압되지 않는 상태다. 그것은 아마도 우리가 당면하는 속박에서조차도 삶의 최상을 진정성 있게 생성하는 것이다.

17 진정성 있는 삶은 항상 인간 존재의 한계를 고려할 뿐 아니라 인간적인 패배와 오류를 범하기 쉬운 삶의 경험을 택한다.

18 내담자들은 양심이라는 나침반을 통해 자신의 방향을 스스로 선택하도록 격려되어야 한다.

19 그들이 진실한지에 대한 여부를 시험할 수 있는 방법은 삶의 갈등과 모순을 심도 있게 받아들이고 있는지를 살펴보면 된다.

20 역경을 건설적으로 다스리며, 평범하지만 생산적이며 창의적으로 자신의 능력을 최대한 발휘하는 것은 해 볼 만한 가치 있는 목표다.

논의 및 숙고할 점

❖ **당신의 삶에서 불안의 역할은 무엇인가?**

1. 불안이 가장 극심한 때는 언제인가? 불안이 엄습하거나 잠잠해지는 때는 언제인가?
2. 당신의 삶에서 가장 불안했을 때는 언제였는가?
3. 불안을 다루는 방법을 어떻게 배웠는가?
4. 지금 불안을 어떻게 다루고 있는지, 그리고 다른 방법이 있다면 어떤 것인가?

❖ **당신의 삶에서 불안과 죄책감이 당신의 가이드가 되었던 시절을 기억할 수 있는가?**

1. 불안을 발생시키는 에너지의 가치는 무엇인가?
2. 당신이 실행할 수밖에 없으며 그러한 가운데 갖는 죄책감의 기능은 무엇인가?
3. 죄책감이나 불안 없이 살아가는 것이 가능하며 바람직한 것이라고 생각하는가?
4. 너무 심한 불안(공황상태)은 언제이며, 당신은 이것을 어떻게 경감시키는가?

❖ **당신의 인생을 규정하는 개인적인 성공과 실패는 무엇인가?**

1. 당신에게 지속적인 가치를 주는 성공이 있는가? 아니면 퇴색되고 있는가?
2. 실패의 이유를 이해하고 있는가?
3. 인생의 굴곡이 어떻게 하면 배우는 계기가 되는가?
4. 삶의 목적이 난관을 피하는 것인가? 아니면 역경과 맞서 싸우는 것인가?

❖ **당신은 양심이라는 나침반을 어떻게 사용하고 있는가?**

1. 당신은 당신의 내적 나침반을 어떻게 서술하고 있으며, 그것을 어떻게 느끼고 있는가?
2. 당신은 언제 내면에서 울리는 양심의 소리를 듣는가? 그것은 누구의 소리인가? 당신은 이 소리를 잠잠하게 만드는 경향이 있는가? 이 소리를 불러내 이에 의존하는 성향이 있는가?
4. 당신은 양심을 사용함에 있어서 어떻게 이를 향상시킬 수 있으며 또한 그것을 어떻게 교육시킬 수 있는가?

❖ **당신의 삶에서 창의성을 위한 공간이 있는가?**

1. 당신의 삶에서 휴식과 회복의 역할은 무엇인가?
2. 당신의 긴장을 완화시킬 수 있는 최선의 방법은 무엇인가?
3. 당신은 창의적 능력과 상상력을 어떻게 사용하는가?

4. 매일의 일상 활동과 상호 관계 속에서 당신은 어떻게 하면 보다 창의적으로 살아갈
   수 있는가?

제3장

개인적 세계관에 대한 명료화

❋ 물리적 세계

세상에 대한 내담자의 경험을 검토할 때, 참조틀은 상담자에게 내담자의 경험과 충분한 거리를 둘 수 있도록 해 주며, 내담자가 처한 현실의 모든 다른 국면들을 탐색하는 데도 확신을 준다. 실존심리치료는 내담자가 겪은 곤경을 상담하는 데 있어서 매우 개인적인 작업 방식을 허용한다. 그리고 내담자들의 경험에 대한 밀접한 공감대는 참조틀에 의해 안전하게 보호될 필요가 있다.

실존주의 심리치료자들은 개인적인 특성을 범주화하여 명칭을 부여하는 진단적 틀을 사용하는 대신, 인간 존재의 기본적인 영역들을 묘사하는 참조틀을 사용한다. 이러한 생각은 개인의 입장과 삶의 궤적이 구성되고 이해될 수 있는 인간 존재의 지도를 제공하려는 것이다. 이것은 상담자가 내담자들의 삶의 여정을 북돋워 주는 데 도움을 주며, 또한 상담자가 스스로를 제한하거나 한정짓지 않고 새로운 영역으로 확장하여 들어갈 수 있도록 격려해 준다. 실존주의 상담자들은 내담자들의 상태를 결정짓도록 제한하는 어떤 특질이나 개성들을 고정시키려고 하지 않는다. 융통성과 가변성이 항상 그들 앞에 놓여 있다.

실존의 영역들은 일반적으로 독일어의 Umwelt, Mitwelt 그리고 Eigenwelt와 관련되어 물리적, 사회적, 개인적인 영역을 포함하는 3차원으로 묘사된다(Binswanger, 1946; Boss, 1963). 부버(Buber, 1923)와 야스퍼스(Jaspers, 1931, 1951), 틸리히(Tillich, 1952) 등과 같은 저자들은 네 번째 영역, 즉 영적인 영역(Überwelt)을 언급하였다. 이는 당연히 포함되고 명확해져야 할 필요가 있으며, 이에 대해서는 이전에 나의 저서에서 서술한 바와 같다. 독일어 용어에 대한 번역은 저자들에 따라 그리고 개념에 대한 이면적 이해의 차이에 따라 다양하다.

물리적 세계(Umwelt), 곧 '우리를 둘러싼 세계'는 물질적, 생물학적 영역의 자연세계를 묘사하는 말인데, 여기서 개인은 본능적인 태도로 행동하는 것을 말한다. 이것은 우리 몸이 세상에 있는 사물들과 관련을 맺고 있는 자연세계다. 사회적 세계(Mitwelt), 곧 '함께하는 세계'는 인간관계와 상호작용이 이루어지는 사회적인 영역의 공적인 세계를 뜻한다. 이곳에서 개인은 학습된 교양 있는 방식으로 행동한다. 이곳은 세상의 다른 사람들에 대한 우리의 자아와 관련된 곳이다. 개인적 세계(Eigenwelt), 곧 '자기 자신의 세계'는 친밀한 심리학적인 영역과 개인적 경험이 있는 사적인 세계를 일컫는다. 거기서 개인은 정체성과 소유감을 생성한다. 이는 우리가 본래 친숙한 우리들 자신과 관계를 맺는 영역으로, 주체적 내(the I)가 객관적 나(the Me)와 관계를 맺고 점진적으로 개인의 자아감을 형성해 간다. 영적 세계(Überwelt) 또는 '더 위의 세계'는 믿음, 목적, 열망이라는 영적이고 철학적인 영역과 관련된 이상적인 세계를 가리킨다. 여기서 우리는 우리에게 중요한 이념들과 관계를 맺는다. 각 개인은 세계관을 생성하며 우리가 영원하고 가장 중요하다고 생각하는 가치에 염두를 두며 살아간다. 이곳은 우리가 존재감을 형성하는 곳이다. 하이데거는 지구, 세상, 인간, 신이라는 4중적 영역을 언급했고 이들이 서로 얼마만큼 복잡하게 얽혀 있는지를 보여 주었다(Heidegger, 1957). 그러나 간략히 말해서, 인간은 다양한 관계를 이루는 세계 속에 존재하고 있다. 즉, 우리들이 세상의 사물과 관련하는 물질적 영역의 수준, 타인과 관계를 맺는 사회적 영역의 수준, 우리들 자신과 관계를 맺는 개인적 영역의 수준 그리고 세상을 인식하는 관념들과 관계하는 영적(혹은 철학적) 영역의 수준이다. 이것은 [그림 3-1]에 나타나 있다.

관계적 존재의 네 가지 영역의 층별 구조에서 보면, 물리적인 세계가 가장 기초가 되고 있다. 분명히 인간 존재는 물질적이고 자연적인 세상 안에 있는 실제적인 물리적 현상 속에 항상 단단히 고정되어 있다. 이곳은 우리들이 생존하는 법을 배우고 세상 안에서 사물과 효과적으로 관계를 맺으면서 우리의 존재를 만들어 가는 곳이다. 우리는 이러한 든든한 토대 없이 삶을 영위할 수 없다.

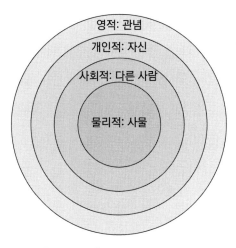

[그림 3-1] 네 가지 관계적 층

이런 물리적 세계를 실제의 전부로 여기도록 가정하는 유혹이 있지만, 이러한 영역 수준의 경험에서조차도 이미 주어진 요소들에 대해 개인적 경험의 다양성이 뚜렷하게 존재한다. 어떤 사람은 그 자신의 생존을 위한 필요와 생존에 적합한 특질이 무엇인지를 지각함에 따라 다른 사람들과는 다르게 각자의 환경과 관계를 맺을 것이다(Von Uexkull, 1921). 그러므로 개인이 주관적으로 겪는 실제는 가장 기초적이고 매우 구체적인 경험의 수준에서조차도 극단적으로 다를 수 있다.

이런 관찰이 암시하는 것들은 내담자의 자연세계에 대한 개인적인 경험을 이해하는 데 중요하다. 하이데거에 의하면 인간은 실제적인 분명한 제약과 한계가 있는 물리적 세상 속에 던져진 존재인데(Heidegger, 1927), 주어진 상황에 대한 인간들의 개인적인 반응은 상당히 다를 수 있다고 하였다. 비록 그 물리적 경계가 절대적일지라도 그 자연적 경계 내에서의 활동에 대한 태도는 주관적이다. 자연세계 안에 거한다는 것은 일정한 규칙과 법을 준수할 것을 요구한다. 그러나 사람들이 그 세상 안에서 건축한 집(the home)은 각각에게 주어진 세상을 완전히 개별적으로 해석하는 경험을 구성할 수 있다.

내담자들이 자연세계의 구조와 맺는 관계를 탐색해 보는 것은 그들이 세상에서 존재하는 방식을 온전히 이해하는 데 있어서 매우 중요한 시작 단계다. 우선 자연 세계에 대한 다양한 측면이 고려되어야 할 필요가 있다. 우리는 내적, 외적 모두의 근거로부터 물리적 감각의 전 범주에 대한 신체적인 자각에 주의를 기울여야 한다. 모든 종류의 신체적 기술뿐만 아니라 신체에 대한 이미지, 질병으로부터 보호하는 능력, 균형 잡히거나 혹은 약한 몸, 식습관, 성(性)과 자손 번식 등은 내담자의 독특한 세상의 일부분이다. 내담자가 현재 살고 있는 조건들, 기후 조건, 날씨 조건, 확실한 주변 상황들에 대해 내담자가 편안하게 느끼는지 아니면 불편하게 느끼는지에 대해 주의를 기울이는 것도 필요하다. 이런 조건들 중의 어떤 것으로 인해 불편해하거나 혹은 선호하는지에 대한 것은 거의 중요하지 않다. 그들이 이런 패턴 속에 놓이는 데 있어서, 자신들의 조건을 어느 정도 자신이 선택한 것인지, 아니면 완전히 수동적으로 그러한 패턴이 주어졌는지가 중요하다.

상담자가 내담자에게 이런 문제들에 대해 구체적으로 질문하지 않기 때문에, 내담자가 이런 주제 중 한 가지를 가지고 올 때마다 더 많이 탐색되고 명료해지도록 자극받아야 할 필요가 있다. 표면적으로 중요하지 않은 주제가 실제적으로는 내담자의 세계와 현실에 대하여 매우 가치 있는 정보를 포함하고 있다는 사실이 종종 판명된다.

사 례

내담자: 어제는 일상적인 날의 반복이었어요. 내가 편지를 부치러 나가자마자 비가 심하게 쏟아지기 시작했어요. 나는 흠뻑 젖어서 집으로 되돌아와야 했고 그래서 편지는 이후에 부칠 수 있었어요.

상담자: 당신은 비에 젖는 것을 매우 싫어하는군요. 그렇죠?

내담자: (약간 놀라며) 보통 때는 안 그래요. 나는 비를 좋아해요. 비는 나의 머리를 자동적으로 곱슬머리로 만들어 줘요. 나는 그 편지를 정말 보내고 싶었던 것은 아니었던 것 같아요.

이후에 내담자는 편지와 관련된 주제와 그 중요성에 대하여 계속 발전시켜 나갔다. 상담자는 내담자의 말을 특별히 받아들이거나 거부하지 않았다. 또한 상담자는 회피하고 있는 이슈에 대해 초점을 맞추지도 않았으며, 내담자가 실제 행동을 하게 된 가능한 동기나 다른 가능한 행동에 대한 어떤 제안도 하지 않았다. 뿐만 아니라 상담자는 편지 부치는 것을 지연시키는 내담자의 경향성에 대해 논쟁하는 개입도 하지 않았다. 상담자가 했던 전부는 내담자가 자신의 입장과 세계관을 점검하는 방향으로 내담자의 주의를 돌리도록 계속 안내한 것뿐이었다.

단순히 이러한 것을 수행함으로써 탐색적 분위기가 생성된다. 내담자의 세계관을 점검할 때 동의나 도전적 태도가 아니라 더 깊은 탐색과 명료를 위한 초대는 상담자의 목표가 되어야 한다. 이것은 개방적 분위기와 함께 내담자의 세계가 그 앞에 열리면서 새로운 발견이 시작되는 경이로움을 생성한다. 이는 내담자에게 어떤 문제들과도 씨름할 수 있는 자신감을 준다.

점진적으로, 내담자가 가진 타고난 세계관을 묘사하는 명확한 그림이 나타날 것이다. 물론 이것은 고립적으로 나타나는 것이 아니라 내담자 세계의 다른 영역들을 묘사하는 그림과 함께 출현하게 된다. 그렇게 되면 내담자가 자신의 타고난 존재를 다루는 데 있어서 특별한 어려움을 갖고 있는지 아닌지 또는 자신의 물리적 세계에 근거하여 안전하게 느끼는지 아닌지가 명백해질 것이다.

물리적 영역에서의 장애는 보편적으로 존재의 다른 영역에 도달하는 결과를 쉽게 얻을 수 없도록 한다. 자연세계는 인간 삶의 기초이며 이 수준에서의 기본적인 조화는 다른 단계를 원활하게 기능하게 하기 위한 필수사항이다.

예를 들어, 우리는 만족스러운 애정관계를 만들지 못하는 무능한 자신에 대해서 불평하면서도, 자신이 신체적으로 매력적이라는 것을 스스로 확신하기 위하여 결국 애정관계를 원하는 내담자를 상상할 수 있다. 내담자가 근본적으로 자신의 신체적 안정감에 대해 의심하고 있다는 것이 발견될 때, 상담 작업은 다른 사람들과의 복잡한 관계를 다루기 전에 그녀 자신의 신체와의 관계에 대한 방향으로 이루어져야 한다.

자연세계의 영역 안에서 자신을 조절하는 능력은 자연법칙들이 궁극적으로 옳다는 믿음과 이런 법칙들 속에서 독창성 있게 대응할 수 있는 재능으로 인해 생존을 보장할 뿐 아니라 즐거움을 창조한다. 사람들은 취미와 운동과 여가 생활 안에서 그러한 능력을 개발한다. 낚시, 정원 가꾸기, 승마, 뱃놀이, 등반, 골프 등은 사람들이 자신의 자연세계에서 즐길 수 있는 능력이 있다는 모든 예이며, 그것은 환경과 그들의 신체가 조율하는 감격을 경험하게 해 준다.

여가를 즐기기 위해 필요한 최상의 기술은 자연세계에서 적극적으로 살아가는 좋은 예들이기 때문에, 다른 영역에서의 더욱 복잡한 생존경쟁에 대해 간단하면서도 확실한 도움이 될 수 있도록 환기시키는 방법으로, 종종 사람들이 선호하는 운동이나 여가 등의 은유를 사용할 가치가 있는 것이다.

사 례

콜린은 자신의 10대 아들들과 지내는 데 있어서 매우 큰 어려움을 겪고 있는데, 아이들과의 관계를 개선하지 못하여 절망을 느낄지라도 여가시간에는 배를 타곤 했다. 그는 자녀들을 다루는 것과 항해할 때 자신의 전문적인 기술을 비교하기 시작하면서, 정말 어려운 것은 항해기술이 아니라 가정에 있다는 것을 스스로 자각할 수 있게 되었다. 그는 어느 날부터인가 그가 이제껏 이루어 온 모든 것을 한순간에 황폐하게 만들 수 있는 폭풍처럼 여겨지는 아이들에게로 주의를 돌리면서 간접적으로 비교를 하기 시작했다. 비록 그는 자신의 자녀들을 다루는 데는 한계점에 이르렀을지라도, 그가 폭풍에 대항해서 배를 운항하는 방법에 대한 질문을 받았을 때 그의 상상력과 역량은 활력 있게 발휘되었다.

무엇보다도 그는 화내고 싶지 않았다고 말했지만, 아들들이 화내는 것에 대해 아무런 반응을 보이지 않았다는 것을 알지 못했었다. 하지만 이것은 자신이 이미 화를 내고 있는 것이라는 사실을 알아차렸다. 그다음에 그는 자신이 폭풍을 만났던 경험을 묘사하기 시작했고 매일 만나는 어려움에 이러한 경험을 다양하게 적용하였다.

이러한 탐색에서 가장 유용한 점은 인간은 결코 바람에 직접적으로 맞서서는 안되며, 필요할 때마다 융통성 있는 자세를 지녀야 하고, 바람이 부는 방향으로 배를 돌려야 한다는 것에 대한 콜린 자신의 인식이었다. 그러나 그는 아들들과의 관계에서, 만일 그가 약해지면 아들들이 자신을 존경하지 않게 될까 봐 두려웠기 때문에 결코 자신의 태도를 바꾸지 않았다. 그러다가 항해와 비교하면서 갑자기 분명히 깨달은 점이 있었는데, 그것은 태도를 바꿀 수 있는 능력을 가짐으로써 자신이 약해지는 것이 아니라 실은 더 강해지고, 좀 더 상황을 책임질 수 있게 된다는 것이었다.

더군다나 콜린은 바람의 힘과 물살의 흐름에 관한 지식의 중요성을 깨달으면서, 자녀들이 파괴적으로 행동하는 동기들이 무엇인지에 대한 자신의 지식이 부족했다는 사실을 깨닫게 되었다. 그는 지난날 자신이 자녀들을 다루는 접근방식에 있어서 너무 단순했던 것에 전율했다. 사람이 어떤 원리에 의해서 작용하는 힘에 대해 배울 수 있는 것과 같은 방식으로, 그는 인간관계 속에 관련되어 있는 힘에 대해 배울 수 있다는 생각을 이전에는 전혀 할 수 없었다.

그가 아빠로서 상황을 개선할 수 있다는 새로운 희망을 갖게 되자마자, 마음속에 그의 아들들을 기쁘게 해 줄 수 있는 생각들이 떠올랐다. 콜린은 바람과 함께 표류하면서 원래의 목표지점에 대한 계획을 바꾸어서, 때로는 바람이 지시하는 방향으로 키를 전환하면서 속도를 높이는 것이 매우 즐겁고 기분을 최고조로 만들어 준다는 생각에 사로잡혔다.

즐기는 것을 좋아하는 아빠의 모습에 익숙지 않은 아이들이 처음에는, 자기들과 싸우기보다는 오히려 함께하려는 아빠의 시도에 저항했다. 콜린은 배가 가는 길 앞에 놓인 바위와 빙산을 피하면서 키를 잘 잡기 위해 항해사로서 모든 노하우를 모아야만 했다. 그가 과거에 그랬던 것처럼 짜증 내면서 포기하지 않고 꾸준히 노력하게 된 것은, 폭풍과도 같은 그의 아들들의 행동을 그 자신이 다룰 수 있다고 믿었기 때문이었다.

마침내 콜린이 그의 큰아들과 함께하게 되었을 때, 그는 아들을 방해하기보다는 아들이 원하는 대로 따라 주기로 결심했고, 이후 둘 사이의 애정이 깊어짐으로써 이전에는 경험하지 못했던 즐거움을 발견하였다. 그의 아들은 5년 만에 처음으로 그와 함께 배를 타게 되었다. 비록 작은 아들과는 긴장관계가 더 오래갔지만 큰아들과의 관계 개선은 집안 분위기를 다르게 바꾸었고, 좀 더 중요한 것은 콜린 자신이 인간에 대해 새로운 전망을 갖게 되었다는 점이다.

콜린이 자연세계에 대해 기본적으로 갖고 있는 쉽고도 전문적인 지식은, 상대적으로 쉽지 않고 경험해 보지도 않은 영역의 문제들과 씨름하는 데 있어서 그에게 큰 도움을 주었다.

콜린의 경우와는 대조적으로, 다른 사람들에 대한 어려움이 자연세계와의 기본적인 관계에 초점이 맞추어지기도 한다. 때때로 어려움은 그들 자신의 육체에 대한 자신감 부족일 수도 있고, 물리적인 환경에 대한 신뢰의 결여일 수도 있다. 거의 대부분 이런 종류의 어려움은 신체적 증상의 표출로 발견된다. 다음에 나오는 소피와 미셸의 경험 사례는 자연세계의 영역에서 불편을 느끼는 두 가지 양극단을 보여 주고 있다.

사 례

소피는 외적인 세계에 대해서는 비교적 확고한 신뢰를 가지고 있었지만, 그 자신의 신체에 대해서는 그렇지 못했다. 반면에 미셸은 자신의 신체에 대해서는 비교적 자신감을 가졌으나, 물리적 외부 환경에 대해서는 거의 신뢰하지 못했다. 소피는 키에 비하여 정상적 몸무게의 약 2배 정도의 과체중이었고, 미셸은 뼈가 드러나 보일 정도로 매우 마른 몸의 소유자였다. 그들 모두 체중 문제로 야기되는 것 외에 다른 신체적 문제는 없었다. 그들은 자신들의 신체에 대한 불만족 때문에 상담을 받으러 왔다. 그들은 서로 몰랐으나 알게 모르게 상대방을 개선시키는 데 서로 도움을 주었는데, 그것은 그들의 경험이 상당히 유사하면서도 아직도 몇 가지 방법에서는 매우 상반된 위치에 있었기 때문이었다.

각각의 경우에 불편한 신체적 현상은 자연세계와 보다 근본적인 조화를 이루지 못한 결과라는 것이 분명했다. 소피의 삶에 있어서 표면적으로 드러난 유일한 문제는, 그녀가 인생의 흠 또한 죽음의 몸무게라고 언급한 신체적 불만족이었다. 그녀는 만일 자신이 몸무게의 반을 줄일 수 있다면 날씬하고 멋있어 보일 것이라고 말했다. 미셸에게도 문제는 유사하여, 자신이 음식을 거부하는 것을 멈추어서 다른 사람들처럼 정상적으로 보일 수 있게 되기를 소망했다. 그녀는 자신이 거식증을 해결할 수 있을 것으로 느낀 적도 있었지만 아직은 다른 사람들처럼 먹지는 못하고 있었다. 만일 그녀의 몸이 자신의 기대에 부응해 주는 순간 모든 것이 해결될 것처럼 보였다.

이 여성들 각자는 자신의 몸을 역겨워하며 혐오했고 자신들이 고통받고 있는 이유는 신체적 결함 때문이라고 생각했다. 그들은 자신들의 몸을 잘라버리고 싶을 정도로 자기 신체에 대해 비판적이었다. 사실 그들의 몸에 대한 불만은 자신들의 신체적 존재가 물리적이고 실질적인 주변 환경과 관계를 맺는 데 있어서 훨씬 더 많이 근본적인 어려움을 나타낸 경우였다. 그들은 자신들의 문제가 대인 관계적 특성에서 문제가 될 것이라고 의심하는 경향이 있었다. 그들 모두는 어떤 상담 단계에서 패션에 대해 언급했고, 여성들이 이상적이며 비현실적인 이미지에 순응하기 위해 받게 되는 압력에 대해 말했다. 또한 그녀들의 삶에 특별히 영향을 끼치는 관계로 인해 어려움을 겪고 있다고 불평하기도 했다. 그러나 결론적으로 그들 모두는 주로 자연과 관련된 문제들과 씨름하면서, 그리고 자신들의 신체를 직접적인 방법으로 자연과 다시 연결시킴으로써 진전을 보게 되었다.

소피의 이야기는 미셸의 경우와는 매우 다르다. 소피는 30대 중반이며 남편과 세 자녀를 두고 있다. 그녀는 집 밖에서 일하지 않았는데, 사실 거의 집을 떠나지 않았다고 볼 수 있다. 그녀는 자신을 수치스러워하면서 자신이 체중을 감량할 때까지는 숨어 있는 것이 현명하다고 생각했다. 물론 그녀가 더욱 집에 머물러 있을수록 더 많이 먹게 되었다.

미셸은 20대 초반이고 미혼이며 취업도 하지 않은 상태였다. 그녀는 몇 차례 가게 점원으로 일한 적이 있었으나 바쁜 스케줄에 지쳐서 일을 계속할 수 없었다. 그녀는 오랫동안 서 있다가 기절한 적도 몇 번 있었다. 너무 많이 결근을 해서 예상했던 대로 해고당하기도 했다. 결국 실직수당에 의지하여 살면서 그녀의 몸이 유일하게 받아들이는 음식인 우유로 연명하며 며칠씩 먹지 않고 침대에 누워 있곤 했다.

소피와 미셸 모두에게는 그녀들이 정상적인 모습으로 돌아갈 수 있도록 기꺼이 돕고자 애쓰는 사랑하는 가족과 친구들이 있었다. 그러나 두 사람은 그들에게 시간낭비일 뿐인 동정적인 격려의 방식에 절망하였고, 사람들이 집요하게 쓸데없는 노력을 들이면서 자신들에게 강요하는 것을 두려워했다.

소피와 미셸은 공통점이 있었는데, 그것은 그녀들이 대부분의 시간을 집 안에서 보내고 신체접촉을 피하면서 자연세계로부터 고립된 채 삶을 살고 있다는 것이었다. 둘 다 자신들의 몸을 귀찮은 존재로 여기면서 자신의 것으로 인정하지도 않았고 포기하기까지 한 것이다. 둘 다 적극적인 성생활을 하지도 않았다. 소피는 현재 일곱 살인 막내를 낳은 후에 남편에게 임신의 기회를 허락하지 않았다. 이미 2년 전부터 그녀는 의학적으로 불임이었지만, 그녀와 남편 사이에 금욕적 상태를 유지함에는 별반 차이가 없었다.

미셸은 16세 때 성폭행을 당한 이후로 성적 관념에 대해 매우 강렬한 공포심을 가지고 있었다. 사실 그녀는 자신의 몸에 대해 섬세한 감정을 가지고 있어서, 거울 보는 것을 좋아했고 자신의 신체적 단점에 대한 연민을 가지고 있었다. 그녀는 자신에게 적대적이고 거칠게 경험된 외부 세계에서, 긴장된 삶 가운데 있는 그녀의 몸이 행복하게 살기에 충분할 정도로 강해지려면 어떻게 해야 하는지를 생각해낼 수 없었다.

그러나 소피와 미셸 모두는 자신들이 현재 살고 있는 세계에서 겪고 있는 두려움이나 역겨움이 아닌, 활력 있고 생생한 신체를 가진 존재로 발전시켜 줄 수 있는 일종의 안전감에 대한 비밀스러운 갈망을 지니고 있었다.

소피에게 신체적으로 행복한 이미지는 바람에 긴 머리를 나부끼면서 벗은 몸으로 흰 말을 타고 있는 고다이바(Godiva)[1] 백작부인이었다. 이 환상에서 그녀에게

---

1) 역자 주-중세 영국 전설에 나오는 인물

가장 관심 있게 보이는 것은 자신감 있게 질주하면서 환경을 지배하는 부분이라고 할 수 있다. 육체가 그처럼 거침없이 움직일 수 있을 때, 벗은 몸은 자신감을 상징한다. 사실 그녀는 자신을 풍만한 고다이바의 몸과 비교하면서 상대적으로 편안함을 느끼곤 했는데, 그녀가 자신을 강하고 자신감 있고 우아하게 느낀다면 더 이상 날씬해질 필요는 없었다. 긴 머리는 중요했다. 그러나 소피는 외모에 대한 심각한 좌절로부터 벗어나고자 항상 머리를 짧게 잘랐는데, 이로 인해 머리카락이 뭉쳐서 갈라지고 보기 싫게 되어 외모를 더 안 좋게 만들었다.

　그녀는 고다이바 부인을 자신의 삶에 어떻게 접목시킬지 고민한 끝에 승마를 배우기로 결심했다. 그래서 몇 군데 승마 교습소에 전화를 했는데, 그들 중 아무도 그녀를 태울 수 있을 정도의 말을 갖고 있지 않다는 사실을 깨달으면서 또다시 실망하게 되었다. 이것은 이전의 어떤 경우보다도 더 실제적인 방식으로, 그녀로 하여금 자신의 몸무게에 대한 심각성을 인식시켜 주었다. 처음으로 그녀가 무엇을 배워 보고자 하는 동기를 가졌는데, 자신의 신체 때문에 그것을 할 수 없게 된 것이다.

　그러나 이것도 그녀로 하여금 다이어트를 하도록 만들기에는 충분치 못했다. 오히려 그 반대로 그것은 그녀가 자연적인 세계와 평화롭게 지낼 수 있는 자신의 능력에 대해 절망을 주었다. 그러나 그 노력이 매우 지대했고 강렬했다. 그녀는 만일 자신이 말을 타고 바람을 가르면서 전속력으로 달리는 자유로움을 경험할 수 있다면, 더 많은 에너지를 사용하면서 더 완전한 즐거움을 누리고 음식으로부터의 즐거움을 찾지 않으면서 몸무게를 줄이기 시작할 수 있을 것이라고 확실히 느꼈다.

　이제 만일 새로운 경험을 만들 수 있다면, 그녀는 스스로 괜찮을 것이라고 확신했기 때문에, 말 타는 것의 대안을 발견하기 위한 쪽으로 초점을 맞추는 것이 쉬워졌다. 그래서 그녀는 달리기와 수영을 시도해 보았으나, 자신의 체력이 얼마나 부족한지를 깨닫고 실망과 당혹스러움을 느꼈다. 그녀는 이러한 운동 모두를 빨리 포기해버렸다.

　소피의 머리에 반짝하는 생각이 떠올랐다. 실제 말들이 자신을 태울 만큼 충분히 강하지 못하다면 철로 만든 말로 바꾸는 것은 어떤가? 그래서 그녀는 오토바이 타는 것을 배우기로 결심하고는 비록 전에 자동차 운전조차도 배우지 못했지만 몇 번의 망설임 후에 오토바이를 직접 타 보았다. 그녀는 말 타는 것보다 마치 청소년처럼 오토바이 타는 것을 즐거워했고 결국 열광적인 오토바이 애호가가 되었다. 그녀가 초보자로서 오토바이를 배우는 1년 동안, 식사와 식사의 중간에 스낵을 먹기보다는 오토바이를 타러 밖으로 나갔다. 이로 인해 그녀는 특별히 다이어트를 하지 않았는데도 19kg을 뺄 수 있었고, 자신의 추정이 옳았다는 것을 스스로 증명했다. 비록 아직 과체중이기는 하지만 그녀가 취미생활에 흠뻑 빠져들도록 한 것에 집중하면서 더 이상 몸무게로 인해 압도당하지 않게 되었다. 그녀는 오토바이를 타는 것뿐만 아니라 오토바이의 기계적 구조에까지 매료되었기 때문에, 아이들이 학교에 가 있는 동안에는 오토바이 차고에서 많은 시간을 보내게 되었다.

소피의 이야기는 이보다 훨씬 복잡했고, 또한 삶 가운데 발생하는 어려움들이 그녀의 신체와 세상의 물질 영역에 대한 그녀의 태도를 제어함으로써 간단히 풀릴 수 있는 것은 아니었다. 그러나 그녀는 자신이 진행하고자 하는 동기를 정확하게 느끼고 목표를 설정한 후에, 신체적 자신감과 활동성이 부족했다는 것에 주의를 기울이면서 이런 것들을 재정립함으로써 훨씬 좋아지게 되었다.

마찬가지로 미셸도 자연세계에 대한 자신감의 부족을 통찰하면서 새롭게 행동하기 시작하였다. 그녀에게 있어서 본성적 기쁨의 이미지는 노아의 방주인데, 그곳에는 모든 동물들이 나란히 평화롭게 살고 있다고 상상했다. 또한 그녀는 방주 안에서 살면서 그녀가 배고플 때마다 몇몇 어미 동물들의 젖을 빨고 있는 자신을 상상하였다. 동물과 친숙해지는 이러한 생각은 그녀의 머릿속에 크게 자리 잡았다. 그녀는 종종 디즈니의 〈정글북〉에 대해 언급하면서 늑대에 의해 길러졌던 모글리(Mowgli)처럼 되기를 원했다. 이것은 그녀의 사회생활과 다른 사람들과의 관계적 경험 모두에 있어서 중요한 암시가 되는데, 그녀가 이렇게 초점을 맞추는 목적은 전적으로 물리적 영역과의 관계에 맞추고 있었기 때문이다.

미셸은 특별히 동물들과 가까워지려는 모습으로 자신을 자연세계와 조화시키고자 하는 깊은 열망이 있다는 것을 인식하게 되면서, 또 한편으로는 그런 접촉들로부터 자신이 얼마나 끊임없이 배척당하고 있는지에 대해서도 예리하게 인식하게 되었다. 그녀는 숨 돌릴 틈도 없이 거친 일상의 세계와 교류하면서, 동시에 그녀가 편하게 느낄 수 있는 물질세계의 안전함과 안락함을 즐기도록 강요받고 있었던 것이다.

자신의 증상과 싸우려 하기보다는, 삶 속에 긍정적인 요소를 도입할 수 있는 방법으로 자신의 삶을 재조정하려는 생각이 그녀 안에 강렬하게 뿌리를 내렸다. 그래서 다른 종류의 직업을 찾기 시작했는데, 수의사를 보조하는 일이나 애완동물 가게에서 일하는 직업을 구했으나 몇 번 실망한 후에, 애견 보호소에 직업을 구하는 서신을 보내기로 결심하였다. 그녀는 집에서 멀리 떨어진 애견 보호소에 보조원으로 취직이 되었다. 보수는 적었지만 열심히 일하고 청소하고 먹이를 주고 운동시키면서 매 순간을 즐겼다.

미셸의 문제들이 이러한 변화를 통해 완전하게 해결된 것은 아니지만, 신체적 증상들은 감소되었다. 그녀는 자신이 알지도 못했던 새로운 근육들을 포함하여 좀 더 건강한 신체적 조건들을 발전시켰으며, 식욕부진과 음식 거부하기를 멈추었다. 개들이 매일 먹이로 주는 고기를 게걸스럽게 먹어치우는 것을 보면서, 그녀는 옛날에 단백질이 풍부한 음식들에 대한 역겨움을 다시 떠올렸다. 그녀는 직장 가까운 곳으로 이사하기로 결심했고, 이로 인해 그녀의 새로운 지역에서 정기적으로 상담에 오는 것이 불가능해져서, 한 달에 한 번 상담에 올 수밖에 없었다. 이는 미셸로 하여금 다른 사람들로부터 고립되는 것이 몹시 고통스럽다는 것을 깨닫게 하였다. 미셸에게는 자연세계와의 관계적 결핍에 대한 관심이 다른 영역에서의 결핍도 인식하게 해 주었다. 그녀가 동물과의 밀접한 관계를 통해서뿐만 아니라 더욱 중요하게는 애견 보호소에서 어렵고 힘든 노동을 기꺼이 하려는 것을 통해서, 자신의 신체에 더 의존하게 된다는 사실을 학습하면서 집 밖의 외부세계에서의 충분한 자신감을 세워 갈 때, 그녀는 가장 기본이 되는 물질세계의 영역에서 더 많은 자신감을 갖게 되었다. 그리고 나서 역시 다른 문제들에 대해서도 얼마든지 씨름할 준비가 되었다고 느끼게 되었다.

그러므로 자연적 영역에서의 삶에 대한 적응이 만사형통한 것은 아니지만(사실 그렇게 될 수 있는 것은 아무것도 없다), 이는 다양한 영역에서 삶의 온전한 진가를 발휘할 수 있는 방향으로의 첫걸음이 될 것이다. 당신 자신의 신체와 외부의 생물학적이며 물리적 환경과의 관계에서 자연세계와 조율을 이루는 능력은 더 나은 발전을 위해 필수적인 것이다. 이 세상에 있는 여러 극단적인 것들 사이에서 융통성 있게 움직일 수 있는 능력이 형성될 때, 그것은 자신을 이끌어 낼 수 있는 중요한 힘이 된다.

이 영역에서 기본적인 양극단은 자연세계의 법칙에 복종할 것인가 아니면 그것들을 정복할 것인가다. 그러므로 자신의 물리적 영역을 다루는 데 있어서의 목표는 존재가 구체적으로 물질적인 필요들과의 상호작용을 하는 데 있어서 유연성을 발전시키는 것이 되어야 한다. 그것은 능동성과 수동성의 균형을 유지하는 것이며, 삶과 죽음, 건강과 질병 그리고 안전과 불안전을 직면할 준비를 하는 것이다. 모든 면에서 안전한 물리적 상황을 획득하기 위해 시도하는 목표를 가지는 것은 양극단의 한 면만을 고려한 것으로서 환상일 뿐이다. 이와 동일하게, 자연세계에 대한 완전한 통제와 정복의 목표 역시 일방적인 것이다. 소피는 자신에게도 활동성에 대한 열망이 있다는 것을 인식하면서 앞으로 나아가는 방법을 발견하였고, 그럼으로써 이전에 생계안정으로 만족하고 집안에 안전하게 숨으려고만 했던 것으로부터 벗어날 수 있었다. 한편, 미셸은 자신이 앞으로 나가기에 충분한 탄력성을 얻을 때까지, 그 안에서 둥지를 틀 수 있는 안전한 세계를 찾을 수 있는 방법들을 발견해야 할 필요성을 인식함으로써 도움을 받았다.

균형은 집안에서의 안전과 새로운 모험적 도전과의 사이에 충돌되는 것을 필요로 한다. 또 다른 자연적 은유를 통해 말하자면, 삶이란 정원에서의 나무 가꾸기와 유사할 수 있는데, 그것은 환경을 능동적으로 조절하는 여러 가지 활동, 즉 때에 맞춰 씨를 뿌리고, 잡초를 제거하며, 가지치기를 하지만, 나무의 성장 기간 동안에는 수동적 돌봄으로 놔두는 것이 복합적으로 필요하다는 통찰을 요구한다. 그러나 추수기에는 마침내 능동적으로 개입하여 활동함으로써, 자연 순환 과정의 창조적 능력이 만들어 내는 모든 과정을 끝낼 수 있다. 물론 물리적 세계는 상호작용의 여러 수준에서 우리를 포함시킨다. 그것들은 간단하게 네 가지로 구별되는데, 자연과 자연세계에 대한 우리의 관계, 세상에 있는 실제적이고 물리적 사물들에 대한 우리의 관계, 우리 자신의 신체에 대한 우리의 관계, 우주적 세계에 대한 우리의 관계다. 이러한 각각의 수준들에 있어서, 도전이란 양극단적인 것들과 부정적인 것들을 망라하는 것이며, 자신감을 가지고 긴장과 더불어 살아가는 것이다.

〈표 3-1〉 물리적 세계에서의 긍정적, 부정적 도전들

물리적 세계에서의 도전들	긍정적인 면	부정적인 면
자연	생명	죽음
사물	즐거움	고통
신체	건강	병
우주	조화	혼돈

✦ 사회적 세계

　인간 존재의 두 번째 영역은 다른 사람들에 대한 우리의 관계적 영역이다. 친밀한 관계는 전반적으로 이 범주에 속하지 않는다. 친밀한 관계는 다른 사람을 자신의 개인적인 세계의 영역 속으로 데려오는 것이기 때문이다. 사회적 세계에서의 관계란 기본적으로 공적인 사회에서 다른 사람과 일상적으로 만나는 관계를 말한다. 사회 속의 공적 세계는 사회적으로 상호작용하는 모든 측면을 위한 경기장으로서 인간 존재에 있어서 불가피한 부분이다. 우리는 싫든 좋든 다른 사람들과 더불어 살아가고 있다. 다른 사람들은 대부분의 경우에 우리의 즐거움과 실망에 개입되어 있으며, 다른 사람들과의 관계는 상당한 부분에서 우리를 지배하고 있다.

　인간의 삶이 항상 자연세계의 환경에 대처하는 상황에 놓인 것과 같이 사회적 세계 역시 두 번째 근본적 영역이다. 사람들의 경험은 대부분 행동, 감정과 사고를 결정해 주는 사회적, 정치적 그리고 문화적 환경 속에 놓여 있다. 따라서 생물

학적인 요소가 항상 가장 중요한 결정자로 여겨지고 있지만, 상호 관계적 요소도 과소평가되어서는 안 된다.

내담자가 가진 경험의 사회적 영역에 초점을 맞추는 상담자나 심리치료사의 역할은, 물리적 영역과 관련하여 상담할 때의 역할과 유사하다. 그는 내담자에게 '주어진 세계'에 대한 자신의 현재적 태도를 명료화하도록 격려해 주고, 보다 넓게 조망할 수 있도록 통찰력을 자극해 주어야 한다. 사회적 영역에서의 경험은 다른 인종, 사회적 지위 또는 다른 집단, 자신들의 국가, 언어, 문화적 역사, 가족, 직업 환경 그리고 사회적 권위와 법에 대한 일반적 태도에 대한 사람들과의 관계를 포함한다.

주의가 필요한 중요한 양극단의 예로는 지배와 복종, 수용과 거부, 사랑과 증오, 동질성과 이질성을 들 수 있다. 다른 영역들에서와 마찬가지로, 목표는 이런 모든 요소들에 대한 체계적인 조사를 유지하는 것이 아니라, 지속적인 불균형이나 명백한 갈등에 대하여 경고해 주며, 내담자의 인식이 왜곡되고 맹목적이며 혼동되고 있는 것들에 있어서 내담자의 성찰을 이끌어 주는 것이다.

많은 내담자들은 자신들의 사회적 세계에 어려움을 갖고 있으며 상담과 심리치료에 있어서의 실존적 접근은 많은 경우 전적으로 이런 면에 초점이 맞추어진다. 실존적 접근방식은 인간이 근본적으로 선하다거나 상호 협력적이라는 인간 중심의 가설에 동의하지 않는다. 철학적으로 말한다면, 긍정적인 면에 초점을 맞추어서 사람들로 하여금 자신들의 가능성을 발전시키도록 허락하는 것으로 충분하다는 생각은 신뢰성이 부족하다. 우리 주변에는 성장이 반드시 긍정적인 성장만을 의미하지 않는다는 많은 증거들이 있다. 다른 사람을 전적으로 수용하며 무조건적인 긍정적 배려를 제공하는 것은 좋은 생각도 아니고 현명한 태도도 아니다. 실존심리치료는 내담자가 이해하고 있는 세상에 상담자가 공감적으로 참여하여 건설적인 대화를 위한 신뢰로운 분위기 속에서 좋은 결과를 창출한다는 데 있어서는 유사한 뿌리를 두고 있다. 하지만 실존적 접근의 만남은 어떤 날카로운 창끝을 가질 필요가 있으며, 이것은 더 깊은 탐색이 허용되어야만 하는 것이다. 인간 존재는 양극단 사이에서의 활동으로 인해 끊임없이 흠집이 발생하며, 그러한 갈등은 인식되고 직접적으로 다루어져야 한다. 인간관계의 사회적 세계에서 양극단은 사랑과 증오, 감사와 원한, 좋아함과 싫어함, 지배와 복종, 수용과 거부, 포용과 배척 등이다. 실존심리치료와 타인과의 진정한 삶은 인간관계의 역설적 모순에 기꺼이 대면할 때에만 성공적으로 이루어질 수 있다. 사르트르(Sartre, 1943)에 의해 묘사된 것처럼 이러한 역설적 모순은 전적으로 포용되어야만 하는데, 그렇지 않다면 잘못된 돌봄이나 무관심의 상황은 계속될 것이다. 그는 인간관계에서 항상 긴장이 야기된다는 점을 지적하고 있다. 이러한 긴장은 사람들이 다른 사람들을 지배하려는 욕망과, 반대로 자신을 지배하려는 다른 사람들을 다시 지배하려고 하는 시도로부터 야기된다. 지배와 복종을 위한 투쟁의 이러한 상호작용은 마찬가지로 동물세계에서도 관찰될 수 있지만, 그러한 과정을 성찰하는 인식에 대한 인간의 능력은 문제들을 매우 복잡하게 만든다.

　사람들은 사회적 상황에서 지배하는 것만으로 만족하지 않는다. 오히려 자신에게 복종하는 사람들이 자신의 절대적 우월성을 인정하고 자발적으로 자신에게 복종하기를 원하는 것이다. 잔인한 힘으로 사람을 복종케 하는 것이 실제적으로 인간의 능력을 주장하는 것으로 보이지 않는다. 반면에 일반적인 견해를 넘어서는 승리자들이 수행하고 있는 전략적인 사회적 게임의 미묘함은 종종 이러한 게임에서의 승리자들을 칭찬하도록 권장하는 특징을 지니고 있다.

　정치, 법적 싸움, 사업 경쟁 그리고 미디어의 상태 등은 모두 분명하고도 뻔뻔스럽게 이러한 파워 게임(power game)에 근거하고 있다. 그러나 인간의 상호작용은 모든 인간의 공적인 본성으로서 약간 덜 과시적일지는 몰라도 역시 같은 규칙을 따르고 있다.

　힘의 갈등은 네 가지 방법에 의해 해결될 수 있다. 앞에 나오는 세 가지 방법은 사람들 간의 경쟁은 불가피하다는 가정에 근거한다. 곧 당신이 경쟁을 받아들여야 한다는 모델이다. 첫째로 당신은 다른 사람을 지배하려는 시도를 할 수 있다는 것이다. 둘째로 다른 사람에게 복종할 수도 있고 다른 사람을 위해 헌신하는 방법을 통해 당신 자신을 그들에게 필수불가결한 존재로 만들 수도 있는 것이다. 셋째로 당신은 다른 사람들과의 접촉으로부터 물러나서 적어도 잠시 동안은 갈등과 경쟁을 피할 수도 있다. 그리고 네 번째 가능성은 상호협력으로서, 당신이 다른 사람과 경쟁하기보다는 오히려 협력한다는 사고방식이 필요한 모델이다. 상호협력은 전적으로 서로가 같은 이익과 목적 그리고 계속적으로 함께 일할 때만 성공할 수 있다. 만일 상호협력이 성공적으로 이루어지면, 불가피하게 이해관계가 상반되는 또 다른 이익집단과의 경쟁이 또다시 이어지게 된다.

사람들은 종종 그 상황에 대해 성찰하는 능력을 저버리고 또한 그 문제에 대한 자신들의 선택에 주목하는 것을 생략한 채, 다른 사람들과 기능적으로 관계하는 한 가지 면에만 고착되어 있다. 그래서 사람들은 자신들이 다른 사람에게 헌신하는 희생자의 느낌으로 끝나버리거나, 반대로 자신들의 이익에 사로잡힌 나머지 다른 사람들로부터 고립된 위치에서 결말을 낸다. 즉, 이들은 실제적으로 타인과의 접촉이 교환되는 곳으로부터 의사소통과 애정을 제거해버리는 것이다.

현대 또는 후기 현대 서구문명은 대부분 적극적인 개인주의를 장려하고 있다. 이는 개인이 자신의 권리를 찾아야 할 필요성과 또한 다른 사람이 자신의 영역으로 침범해 오는 계속적인 위협으로부터 자신을 보호하기 위하여 대항할 필요에 대해 가르치고 있다. 동시에 아직도 서양 사회에 크게 영향을 끼치고 있는 유대-기독교의 가치관은 이러한 개인주의에 대해 박애주의와 비이기적인 상호협력 그리고 다른 인간 동료에 대한 사랑으로 옷을 갈아입기를 요구하고 있다.

많은 내담자들은 이러한 문화적 딜레마에 빠져 혼란스러워하고 있다. 그들은 사랑이 무엇인지에 대한 비현실적인 기대를 가지고도, 자신들이 다른 사람들로부터 사랑받지 못하고 수용받지 못하는 이유에 대해 알지 못한다. 그들과 상담을 할 때는, 그들의 문제가 문화 또는 사회와의 접촉에서 겪는 어려움 때문이라고 탓함으로써, 또는 더 나쁘게, 그들은 더 잘 대우받을 가치가 있으며 비난받아야 할 것은 그들의 부모로 인한 애정 결핍이라고 제시함으로써, 더 큰 절망감이 야기되지 않도록 하는 것이 중요하다. 만일 문화적 딜레마 곧 이기주의와 이타주의 간의 긴장이 어떻게 인간 삶에 있어서 보다 근본적인 모순의 한 표현이 되는지에 대해 내담자들이 인식할 수 있도록 도움을 받는다면, 그들은 훨씬 더 많은 것을 얻어낼 수 있다. 그 어느 것도 일방적일 수 없기 때문에 전적으로 긍정적이거나 전적으로 부정적인 것은 어디에도 없다. 양쪽 모두 자신과 다른 사람 사이를 조절해 주는 역동적인 과정의 필수적인 요소들이다. 다른 문화들에서도 비록 이유와 방법에 있어서 다소 차이가 있기는 하지만 이와 유사한 갈등이 야기된다.

청소년들은 이러한 영역에서 특히 많은 어려움을 가질 것으로 보인다. 사회가 그들에게 제공할 수밖에 없는 문제로 인한 그들의 실망은 종종 개인적 가치에 대한 무시 혹은 착취라는 이슈에 집중되어 있다. 그들은 너무 심한 경쟁 속에 있어서, 그 안에서 아무 역할도 할 수 없거나 또는 비밀처럼 봉인되어 있는 것처럼 보이는 세상 속에서 자신이 위치해 있는 곳을 찾고자 노력한다. 이는 외부 세상으로부터 동떨어져 있는 가족에서 안주하고 과잉보호되었던 젊은 사람들에게 더욱 특별한 문제가 된다.

사 례

알렉스의 투쟁은 많은 면에서 10대들이 겪는 곤경의 전형적인 사례라고 할 수 있다. 그녀가 겪었던 딜레마의 경험은 너무 강력해서 거의 온 정신을 거기에 쏟아부으며 씨름해야 했다. 이것은 자신이 젊은이로서 지닌 이상주의적 태도로 인해 타협할 수 없었고, 결국 이중적으로 구속되는 상황에 놓이게 되었기 때문이다.

알렉스는 유대감이 강한 중산층 가정의 막내딸이었다. 그녀가 약 13세 되기까지는 집안일을 꾸준히 도와주고 학교에서 공부도 잘하는 소녀였다. 그녀의 부모는 그녀가 어릴 때부터 독립적으로 살도록 격려해 온 진보적인 교육자들이었다. 그래서 알렉스는 많은 취미 생활과 과외 활동을 할 수 있었다. 그녀는 항상 친한 친구들을 많이 가지고 있었고 대부분의 사람들은 그녀가 예의 바르고 감수성이 많다고 좋아했다.

알렉스가 중등교육과정에 들어가면서부터 문제가 발생하기 시작했다. 대부분 그녀의 친구들이 사립학교로 진학한 반면, 그녀는 지방의 공립학교에 들어갔다. 알렉스는 이것이 부모의 재정적 압박으로 인한 유일한 선택이라는 것을 알고 있었지만, 그녀를 강제로 공립학교에 입학시키고 나서, 그녀가 장학금을 받도록 열심히 공부하게끔 권하지도 않고 있다는 사실에 분개했다.

그녀는 새로운 학교에서 새 친구들과 사귈 수 있었으나, 어느 누구와도 그녀가 이전의 학교에서 친구들과 지냈던 만큼 가깝게 지내지는 않았다. 아마 더 중요한 것은 그녀가 항상 가장 친밀한 관계로 여겼던 부모로부터 소외감을 느꼈기 때문일 것이다. 그 이유는 부모가 딸의 미래보다 자신들의 원칙을 더 중요하게 여기는 것처럼 보였기 때문이었다. 그녀는 특히 엄마에게 실망했는데, 그것은 엄마가 딸의 견해보다는 남편 동료들의 견해에 더 많은 관심을 갖고 있다고 느꼈기 때문이다. 알렉스의 언니는 최근 명문대학 진학을 포기하고 어린이집에서 일자리를 얻었는데, 이는 엄마가 아빠의 동료들 중 한 사람의 조언을 통해서 이루어진 것이다. 이로 인해 알렉스는 부모가 언니의 미래를 팔아버렸고 딸의 학업보다 일하는 것을 좋아한다고 다시 한번 느꼈다. 물론 그녀는 언니를 안타까워했다.

고립과 환멸감을 주는 이러한 환경에 대항하고 있는 동안에, 알렉스는 학교에서 도난, 마약, 또래들의 집단압력을 포함한 수많은 분노 경험들을 하게 되었다. 알렉스는 두려웠으며 누구에게 말해야 될지 몰랐다. 어느 누구도 신뢰감 있는 관심을 가져 주는 것 같이 보이지 않았다. 현재 공립학교에 다니고 있는 그녀의 옛 친구에게 고민을 털어놓았을 때 그 친구는 알렉스의 걱정을 전혀 심각하게 여기지 않았다. 알렉스는 엄마가 자신의 일에 대해 알려고 하지도 않거나 그녀를 믿어 주지도 않으면서, 심지어 그런 상황에 있는 딸을 비난할 것이라고 확신하였다. 학교의 다른 학생들은 더 높은 수준의 도덕적 기준을 가지고 있는 자신을 이상한 아이로 생각할 것처럼 보였다. 그녀는 완전히 혼자라고 느꼈다.

2년 이상 알렉스는 마치 모든 것이 잘 되어 가고 정상적인 것처럼 살려고 노력했다. 그러나 실제에 있어서 그녀는 다른 사람들과의 관계에서 철수하였고, 시간이 지남에 따라 점점 세상이 악하다는 사실에 설득당하였다. 그녀는 매일 일기를 써서 자신의 선함을 보존해 주는 규칙들을 만들어 가려고 노력하였으며, 자신도 다른 사람처럼 악하게 될까 봐 점점 더 두려워졌다.

그녀의 가족 안에서 일어난 새로운 사건들은 그녀로 하여금 부모가 한때는 선했으나, 지금은 그들을 둘러싼 세상처럼 점점 악해지고 있다는 생각을 확신하게 만들었다. 그녀는 다른 사람들이 이전에 그랬듯이 보다 편한 방법을 택하여 거기에 빠지고 싶은 유혹을 견뎌내면서, 그 자신만은 선하게 남으려고 노력하곤 했다. 그러나 그녀 가까운 주변에 이르기까지 거의 모든 사람들이 악하다는 것을 알아 가면 갈수록 정상적인 생활을 영위하기가 점점 더 어려워졌다. 그녀는 악에 저항하려고 노력하는 유일한 한 사람임에 틀림없다고 스스로 느꼈다. 학급 상황은 특히 그녀를 고통스럽게 했다. 교사들은 학생들을 공부시키기보다는 학생들에 대해 방관적이었고, 때로는 교재를 충분히 이해하지 못하는 것처럼 보이기까지 했다. 학생 대부분은 공부하지 않고 공부에 관심조차 없으면서 교사의 눈에 영리하고 근면하게 보일 수 있도록 거의 지속적으로 속임수를 쓰고 있었다. 그들 가운데 어떤 학생들은 열심히 공부하는 아이들을 멸시하고 조소하면서, 모든 학생들이 비열하게 행동하도록 괴롭히는 아이들도 있었다.

알렉스는 견딜 수 없는 이러한 압박감 속에서 자신의 모습을 유지하면서도 어느 정도는 현재의 추세를 따르고 있다고 느꼈다. 그러나 그녀는 이것이야말로 악이 자라는 것을 입증하는 것이라고 생각하면서, 현실과 타협하고 있는 자신을 경멸하였다. 그녀는 그들과 잘 지내려는 것을 통해 자기 자신을 보호하고자 노력했다. 이것은 그녀를 단지 자기중심적인 아이로 만들었으며, 결국 그녀는 그들로부터 따돌림당할 수밖에 없었다. 그들 모두는 다른 사람을 고려하지 않는 너무나 이기주의자들이었다. 알렉스는 더욱 이타적이 되며 자신의 이익을 추구하지 않기 위해 더욱 노력해야만 했다. 그녀는 자신이 남들과 다르다는 사실이 드러나는 것에 대해 더 이상 두려워하지 말아야 했다.

알렉스가 이런 결론에 다다르자 학교와 집에서 그녀의 태도는 바뀌었다. 그녀는 공개적으로 자신이 진실을 말하는 사람이라고 선포하였다. 그녀는 다른 아이들을 따라서 했던 화장하기와 흡연을 중지했고, 학교 공부에 흥미가 많은 학생인 척하는 것을 그만두었다. 이제부터 그녀는 진실하고 이타주의의 모습으로 있기로 한 것이었다. 우선 그녀의 태도는 순수하고 이상주의적 견지를 단지 표현하는 것에 집중되었다. 교사들은 그녀가 숙제하기를 공개적으로 거부한 것에 당황하였으나, 그녀는 갑자기 급우들에게 인기를 얻었다.

알렉스는 자신의 변화된 행동으로 인해 일어나는 이러한 반응들에 대해 관심을 가지고 관찰해 보았는데, 나타난 행동들에 대한 오해가 있는 것에 놀랐다. 교사들은 그녀가 더 이상 학교생활을 즐기지 않고 거부하는 이유가 무엇인지에 관심을 가지기보다, 그녀가 제대로 수행하지 않는 것 자체를 두려워하였다. 다른 아이들은 그녀가 할 수 있는 한 교사들에게 대항하면서 과감하게 달라진 것에 흥분하였다. 어느 날 그녀가 교복 대신에 넝마 같은 속옷을 입고 학교에 왔을 때, 급우들은 그녀를 우스운 모양새로 꾸며서 밖으로 내몰았다. 결국 그녀는 정학을 당했고 부모에게 알려졌다.

알렉스는 자신이 행하는 새로운 형태의 정직함을 멈추게 하려는 사람들에게 더욱 염려스러운 아이가 되었기 때문에, 사태는 심각하게 악화되기 시작하였다. 알렉스의 부모는 알렉스 앞에서 교장선생님에게 사과하였는데, 그녀는 자신의 부모가 딸을 이해하려고 노력하기보다는 교장선생님의 입장을 두둔하고 있는 것처럼 느꼈다. 그들은 그녀와 대화하고 싶어 했고 이유를 알고자 했으나, 그녀는 맹세코 그들의 노력이 허사가 될 것이라고 단언했다. 그녀는 이제 출발선에서 너무 멀리 나갔기 때문에 돌이키기에는 어려웠다. 그녀는 자신이 어떤 사명을 가졌다고 느꼈다. 이것은 무엇이 잘못되었는지를 세상에 밝혀야만 한다는 것이었다. 만일 그녀가 그 일을 하지 않는다면 아무도 하지 않을 것이다. 모든 사람들이 눈가리개를 계속 쓰고 있으면서도 만족하고 있는 것으로 여겨졌다.

넝마 속옷 소동이 벌어졌던 얼마 후, 학교 오케스트라와 합창단의 공동연주회가 있었다. 저녁 시간 연주회 중간에 알렉스는 갑자기 무대에 뛰어올라가서, 정직과 순수함과 이타주의의 필요성에 대해 말하면서 모든 사람들 앞에서 자신의 옷을 모두 벗어 버렸다. 음악 교사가 그녀를 무대 밖으로 밀쳐 냈지만, 교사가 강하게 개입한 이런 행동은 알렉스의 모든 절망적 행동의 사슬을 난폭하게 풀어버린 결과를 낳았다. 그녀는 야수처럼 싸워댔고 의사가 놓아 준 주사를 맞고 30분이 지나서야 겨우 잠잠해질 수 있었다.

이 사건 이후 알렉스는 10일간을 정신병동에서 보내게 되었는데, 후에도 수개월간 더 외래 환자로 의사를 만났다. 알렉스가 상담 회기 기간 중에 지속적으로 언급한 것들 중의 하나는 다른 사람들의 태도에 대한 환멸이었다. 특별히 그녀가 비난하는 것이 무엇인지를 구체적으로 명확하게 하는 데는 몇 주일, 심지어 몇 개월이 걸렸다. 그녀는 모호한 말들을 하였는데 '그들 모두는 그것 안에 있고, 그들 모두는 게임을 하고 있는데, 밖에서 보면 그것이 좋아 보일지 모르지만 당신이 안을 볼 때까지 기다려야 한다' 등의 말이었다. 이런 종류의 진술은 그녀의 정신적 질병의 증거로서 남겨졌다. 그녀는 이러한 방식으로 거대한 저항으로 맞서는 데 반해 자신의 투쟁에 대해 자신감 있게 진술하는 데는 어려움을 가지고 있었다.

마침내 그녀는 상담자가 자신을 진지하게 받아들이고 정말로 자신의 염려에 대해 관심을 가져준다고 확신하게 되었을 때, 아주 서서히 조금씩 더 자세한 진술을 하기 시작했다. 처음에 그녀는 어떤 사실적 정보를 주기 시작했는데, 그것은 그녀의 편집증을 새로운 상황에서 볼 수 있게 하였다. 그녀가 정말 좋아했고 존경했던 몇 명 안 되는 선생님들 중의 한 분이 어떤 급우들에게 마약을 제공하는 일과 관련되었다. 그 선생님은 학생들과 친밀했던 분이었다. 사태를 더욱 악화시킨 것은 그녀의 반 학생들 중 하나가 마약 값을 지불하려고 돈을 훔쳤는데 그 교사가 그것을 덮어두었다는 것이다. 그 선생님이 한 일을 알렉스가 폭로하려고 할 때, 어떤 상황이 발생할지를 알고 있던 다른 아이들이 알렉스에게 반응을 보였다. 이들이 보인 방식을 통해, 알렉스는 사건을 이 지경에 이르기까지 한 사람들에 대해 자신이 좀 더 단순했어야만 했다는 결론을 내렸다. 그녀가 명백히 구속력이 있다고 생각했던 도덕들은 실제에 있어서는 그렇지 않았다. 그녀가 이전에 높은 이상을 가졌었기 때문에 그녀는 매우 실망했고 분노했으며 인간을 매우 나쁜 존재로 생각하기 시작했다.

그녀의 엄마의 행동은, 그녀가 사람들을 본성적으로 악하다고 여기는 의구심을 확실하게 만들어 주었다. 그녀가 가진 인간관계의 이상적 모습은 대부분 엄마로부터 물려받았는데, 최근에 자신의 엄마가 아빠의 동료 중의 한 사람과 외도를 한다는 사실을 알게 된 것이었다. 이는 그녀로 하여금 속았다는 것과 모든 희망을 잃어버리는 느낌을 갖게 하였는데, 더욱 심해졌던 것은 언니인 제인에게 이 문제를 놓고 이야기해 보려고 했을 때 그녀가 지극히 무관심하였기 때문이었다. 제인은 알렉스에게 아빠가 먼저 수년 동안 다른 여자와 사귀어 왔기 때문에, 그것은 엄마가 자신을 위해 저항하는 때가 된 것으로서 충분히 예상할 수 있었던 것이라고 장황하게 설명해 주었다. 또한 그녀는 알렉스에게 엄마와 아빠가 딸들을 가능한 한 빨리 내보내서 독립적인 삶을 살기를 원하고 있기 때문에, A-levels[2]의 대입시나 계속 학업을 지속할 수 있는 여지가 없다는 사실을 잘 깨달아야 한다고 덧붙여 말하였다. 알렉스는 이전에는 이런 것들 중에 어떤 것도 알지 못했기 때문에, 마치 눈에서 비늘이 벗겨져 나가는 듯한 심한 충격을 받았으며, 특히 제인이 이러한 사실들을 잘 알고 있으면서도 무관심한 것처럼 보였기 때문에 더욱 그랬다.

이 모든 일들을 그녀의 상담자에게 간단하게나마 언급하였다는 것, 그리고 적어도 자신에게 귀 기울여 주는 사람이 있다는 사실을 발견한 것은, 알렉스에게 분명한 안도감을 주었지만 충분치는 못했다. 인간관계가 존재하는 사회적 세계에 대한 그녀의 관점은 매우 부정적이고 혼란한 상태였다. 그녀의 마음속에는 수년 동안 장밋빛의 비현실적인 그림이 있어 왔는데, 보호받았던 어린 시절의 꿈같은 세상에서 잠을 깬 후에, 지금은 어두침침한 비현실적인 그림을 가진 또 다른 극단적 상황에 떨어지게 된 것이다. 정직성과 이타주의를 향한 십자군과도 같이 그녀의 행진은 그녀의 어린 시절의 세상을 다시 만들고, 거기에 사는 사람들은 모두 선하고 다른 사람에게 솔직하며 인간 상호작용의 동기는 순수해서 다른 사람을 이해하고 돕는 목적을 가지는, 그러한 존재적 세상의 환상을 보호하려는 마지막 시도였다. 그러나 지금은 아무런 목적도 없는 것 같았다.

비록 알렉스가 그녀의 상담자를 신뢰하기 시작했을지라도, 이러한 신뢰는 그녀가 상담자를 인간관계의 긍정적 이미지로 떠오르게 할 정도까지 되지는 못하였다. 이해해 주고 안심시키는 상담자의 태도는 알렉스가 이야기할 수 있도록 하는 데 있어서 의심의 여지없이 중요하지만, 어떤 면에서 알렉스가 세상에 대하여 깨달은 것들과 모순되었고, 이런 이유로 상담자의 태도가 그녀를 혼란스럽게 했다.

상담의 어떤 회기에서 알렉스는 예상 밖으로 상담자에게 가장 폭력적인 방식으

---

2) 역자 주-우수대학 입학을 위한 영국의 수능제도

로 언어적 공격을 가했다. 알렉스가 그녀에게 말하길 다른 사람의 문제를 이용해서 돈을 챙기는 가짜이고 매춘부라면서, 겉으로는 마치 천사처럼 행동하고 있지만 다른 한편으로는 자신의 속임수에 대해 속으로 씩 웃고 있다고 하였다. 뿐만 아니라 그녀는 상담자가 이타주의자의 옷을 입고 있긴 하지만 이기주의자에 지나지 않으며, 자기 이익을 위해서 마치 세상을 구할 것처럼 나선 위선자에 불과하다고 말했다.

상담자는 알렉스를 도우려는 자신의 모든 노력에 대해 그녀가 그토록 심하게 거부하는 것에 충격을 받고 멍해졌다. 상담자는 진심으로 도우려는 자기 마음을 알렉스가 알아주지 않는 것에 대해 심하게 불평하였고, 자신은 인도주의적 심정으로 일을 하고 있는데 돈을 목적으로 일을 한다는 소리에 얼마나 기분이 상했는지를 말해 주었다.

슈퍼비전에서 상담자는 자신이 보였던 반응과 알렉스의 감정 폭발 모두를 새로운 시각으로 보게 되었는데, 그것이 상담의 진전을 가능하게 하였다. 슈퍼비전 과정에서 상담자는 다른 사람을 돕고자 했던 자신의 열망에 대해 오히려 이기적 동기를 가지고 있다는 말을 듣고서 무엇이 그렇게 끔찍했는가라는 질문을 받았다. 그때 상담자가 강한 반응을 보이면서 알렉스에게 강하게 반박한 것은 알렉스가 투쟁하고 있었던 것과 똑같은 어려움을 표현한 것이라는 사실을 깨달았다. 즉, 두 사람의 사회적 세계관은 똑같이 이기주의는 악하고 이타주의는 선하다는 잘못된 가정을 근거로 하고 있었던 것이다.

상담자와 알렉스 모두는 자신들을 전적으로 선한 사람이며 다른 사람의 행복을 위해 헌신하는 정말 좋은 사람이라고 생각하였다. 그들이 보이는 이러한 유사성은 그들이 서로를 신뢰하고 서로서로를 고맙게 여기도록 하는 것을 가능하게 만들어 주었다. 그러나 지금 알렉스는 다른 사람들이 선하고 자기에게 전적으로 헌신적일 것이라는 기대에 대한 비현실성을 떠올리고 있었다. 어느 날 그녀는 상담자가 새 차를 타고 센터에 도착해서 다른 직원과 함께 시시덕거리는 것을 보았다. 이는 알렉스에게 있어서 학교 선생님의 행동과 엄마의 불성실한 모습에 대해 실망했던 것을 떠오르게 하였다.

슈퍼비전 과정을 통해 상담자는 알렉스의 공격성에 대처하는 다른 태도로 인해 얻을 수 있는 효과를 생각해 볼 수 있게 되었다. 기본적으로 세 가지 대안이 있다는 결론을 내렸다. 첫째로 인간관계의 세계는 알렉스가 믿고 싶어 하는 것만큼 실제로 이상적일 수 있다고 알렉스를 확신시키려고 노력해 보는 것이었다. 상담자는 이전의 내담자들에게 했던 것보다 더욱 많이 알렉스에게 자신을 헌신함으로써, 그래서 언제든지 알렉스가 접촉할 수 있도록 함으로써, 친밀한 개인적 관계를 맺어가면서 이것을 수행할 수 있을 것이다. 상담자는 알렉스가 처음에는 이것을 매우 좋아하겠지만, 갑자기 끝나 버릴 수 있는 환영과 마술적 세계를 만드는 것을 허락한 것이기 때문에, 언젠가 불가피하게 그녀의 기대를 실망시킬 때가 올 것이라는 것과, 그러면 알렉스가 그것을 가볍게 받아들이지 못할 것이라는 것을 상상했다.

둘째로, 상담자는 알렉스의 행동을 정신적으로 혼란한 상태가 표현된 것으로 진단해서, 즉 정신병자로 취급하여 더 이상의 상담 회기를 포기하고 정신과 의사에게 위탁할 수도 있었다. 상담자는 지금 알렉스가 자신을 맹렬하게 공격하고 있기 때문에, 이러한 선택이 얼마나 유혹적인지에 대해 깨닫고 있었다. 상담자가 더 이상 알렉스를 이해하려고 노력할 필요가 없어지기 때문에 결정은 이러한 방향으로 기울고 있었다. 다른 사람들도 어쨌든 이러한 견해들을 가지고 있었고, 그래서 상담자 역시 동일한 덫에 쉽게 걸릴 수 있었다(어떤 면에서 이러한 덫은 알렉스 자신이 쳐놓은 것이다). 알렉스를 포기하는 데서 돌이키도록 상담자를 붙잡아 준 유일한 것은, 이 소녀를 돕기 위해 가능한 모든 방법을 행할 수 있다고 스스로 생각하도록 만든 자신의 바람이었다. 상담자 내면에서의 이러한 갈등은 이기주의와 이타주의의 팽팽한 줄다리기로 나타났다. 이것에 대한 성찰은 상담자 자신의 태도에 내재되어 있는 모순을 직면하도록 만들었다. 동시에 자신과 알렉스가 모두 타인 중심이 되려고 노력하는 이상적인 사람들이라는 그림을 가지고 있었다. 상담자가 이것을 유지하려고 노력하고 있었기 때문에, 다른 사람이 자신의 노력에 감사하고 자신의 선함을 인정하는 것에서 큰 만족을 얻고자 하였다. 이는 명백히 알렉스가 지적했던 것처럼 강한 자기중심주의적 특성이라 할 수 있다.

상담자는 자기중심적 동기가 왜 그토록 끔찍한지 그 이유에 대해 질문을 받을 때까지는, 자신의 순수성에 대해 항변하였다. 이기주의에 대한 조그만 암시조차도 거절해야 할 필요성이 무엇인가? 자기 보호가 무엇이 잘못되었는가? 알렉스가 다른 사람들의 학대에 맞서 자신을 보호할 수 없었던 것이, 정확하게 이타주의의 부족으로 인한 것은 아니지 않았는가? 그러면 그녀는 왜 그러한 상황에 놓이게 된 것인가? 알렉스가 가장 필요로 했던 것은 이기적이 되는 권리에 대한 확신과 이기주의의 긍정적 측면에 대한 확신이었다.

이런 질문들에 대한 숙고는 상담자로 하여금 알렉스의 공격에 위협받고 있는 느낌을 중단하게 만들었고, 그녀에게 가능한 세 번째 대안을 생각하도록 하였다. 알렉스의 감정폭발은 상담자와 정말 친해지고 싶어서 소란을 피우는 아우성 소리라는 견해와, 상담자와 내담자 모두 자신들에 대한 성찰 없이 다른 사람들을 위해 함께 할 수 있는 능력에 한계가 있다는 통찰을 할 수 있도록 해 주었다. 만일 상담자가 자신의 한계를 스스로 허용할 수 있다면, 더 나아가 자신의 한계의 긍정적인 측면을 볼 수 있다면, 상담자는 알렉스가 똑같은 것을 할 수 있도록 도울 수 있었을 것이다.

상담자가 훨씬 더 편안한 마음과 유머러스한 방법으로 두려워했던 지난 회기를 점검하기 시작했을 때, 상담자는 자신이 상상했던 알렉스의 모습으로 인해 미소 지을 수 있게 되었다. 그다음 회기에서 알렉스는 이전의 감정폭발에 대해 후회하면서, 최대한으로 자기를 지원해 주고 있는 상담자에게 협력하고자 노력하였다. 이전의 평온하지만 가식적이었던 상담관계를 형성하면서 추구하고자 했던 동기를 이해하고 나서, 상담자는 알렉스의 후회에 따라가려는 자신의 유혹에 대해 저항했다. 다음의 대화는 그 내용이다.

상담자: 지난 화요일에 당신이 말한 것을 잊고 싶어 하는 것 같군요.
알렉스: 나는 그렇게 할 의도는 아니었어요.
상담자: 당신이 나를 공격하려던 것이 아니었다고요?
알렉스: 정말로 선생님을 상처 주려던 것이 아니었어요.
상담자: 당신이 나를 상처 주려고 하지 않아도 당신이 말한 것들 중에 어떤 것들은 중

요해요.

알렉스: [놀라는 소리를 내며] 예. [잠시 멈추고] 그건 맞아요. [30초의 침묵] 화나지 않으
셨어요?

상담자: 아니, 더 이상은 아니에요.

알렉스: 나는 매우 심한 말들을 했어요. 그건 정말 내가 아니었어요. 선생님께서도 아시
겠지만, 그런 일은 종종 일어나요. 나는 정말이지 어쩔 수 없었어요.

상담자: 당신이 어쩔 수 없었다고 말하니 기쁘군요. 왜냐하면 만일 당신이 할 수만 있다
면 그와 같은 것들을 중단할 수 있다는 말로 들려요. 그렇지 않아요?

알렉스: 난 그렇게 하는 것들을 정말 좋아하지 않아요. 끔찍해요.

상담자: 당신이 사람들에게 불쾌한 말을 하고 싶어 한다는 사실을 깨닫는 것은 끔찍한 일
이지요.

알렉스: 그걸 생각하는 것은 끔찍해요.

상담자: 그것이 왜 그렇게 끔찍해요?

알렉스: 모르겠어요. [생각하면서] 왜냐하면 어쩔 수 없이 일어나기 때문이에요. 내가 모
든 것이 잘될 것이라고 생각하면 그때 어떤 일이 발생하여 망쳐 놓아요. 그리고
나는 사람들에 대해 이러한 끔찍한 생각들을 하기 시작해요.

상담자: 지난 화요일 내게 했던 것처럼 말이군요. 갑자기 당신은 내가 당신을 진정으로
좋아해서가 아니라 내가 그저 업무로서 당신과 함께 있을 뿐이라고 갑자기 생각
한 것이지요.

알렉스: [한숨을 쉬고, 10초간의 침묵]

상담자: 당신은 내가 당신을 위해 항상 전적으로 함께 있어야 한다고 생각했군요. 그러나
그것은 불가능하고 내가 당신에게 제공할 수 있는 것은 한계가 있다는 것을 알았
으면 합니다.

알렉스: [거의 듣지 않고 숨 막혀 하면서] 예. [잠시 멈추고 나서 눈물이 가득 차서] 어떤
일들이 이런 방식으로 되는 걸 원치 않아요.

상담자: 어떤 방식?

알렉스: 냉담하고 불쾌하게요. 사람들은 서로를 이용해요.

상담자: 당신 말은 내가 돈을 벌기 위해 당신을 이용하고 당신은 자신의 혼란스러움에서
어떤 명료함을 얻으려고 나를 이용한다는 것인가요?

알렉스: 음… [힘주어 고개를 끄덕임]

상담자: 그것이 냉담하고 불쾌한 것인가요? 잘못되었다는 건가요? [매우 부드러운 어조

로 말함]

알렉스: 지금은 잘 모르겠어요. [그녀는 손으로 얼굴을 가리고 거의 2분 동안 소리 없이
　　　 흐느꼈다. 뺨 위로 흐르는 눈물을 강하게 훔쳐내면서, 반쯤 억제된 흐느낌으로
　　　 말하길] 나는 사랑에 대해 믿음을 갖고 싶었어요.

상담자: 어떤 종류의 사랑이지요?

　지금 알렉스는 자신이 이상적인 인간관계라고 생각했던 그 방식을 묘사하는 데
까지 진전을 보였다. 상담자는 알렉스가 자신의 관점이 암시하는 것을 더욱더 구
체화할 수 있도록 격려하였고, 마침내 알렉스가 그러한 한쪽 면만의 입장이 갖는
약점들과 함정들을 인식하도록 돕는 일에 성공하였다.

　많은 회기 동안 그들은 대안적 관점을 보다 정교하게 하는 일로 시간을 활용했
다. 비록 알렉스가 사랑이 가득한 이타적인 세상에 대해 처음 가졌던 그녀의 이상
적인 관념으로 지속적으로 돌아가려 할지라도, 상담자는 알렉스에게 그러한 비현
실적인 환상의 부정적인 의미를 끊임없이 되새길 수 있도록 해 주었다. 또한 상담
자는 그녀에게 이타주의적 행동의 부정적인 측면들에 대해 직면시켰다. 상담 과정
에서 얻게 된 가장 의미 있는 통찰들 중 하나는, 아마도 알렉스의 엄마가 전에 자신
도 모르는 사이 딸의 행복을 빼앗음으로써 딸에게 했던 해악을 깨닫게 되었다는 것
이다.

　알렉스의 부모는 알렉스의 어린 시절에 그녀가 세상의 거친 현실에 노출되지 않
도록 하였는데, 그러한 보호적 태도가 그녀를 진심으로 사랑한 의도의 결과였다는
사실이 알렉스에게 이해되기 시작했다. 그녀를 보호한 것은 긍정적 효과를 가지고
있었지만, 공립학교라는 실제 세상에서 알렉스가 정글 속에서 길을 잃은 느낌을 갖
는 형태로 나타났을 때 부정적인 결과 역시 드러나게 되었다.

　상담자는 이제 상담관계가 전문적인 관계라는 현실과 알렉스를 보호하고 싶어
했던 이전 상담에서의 유혹과의 비교를 활용할 수 있게 되었다. 상담자는 알렉스
에게 자기 유익을 보호하기 위한 필요성에 대해 그리고 알렉스가 자기중심적인 현
실과 조만간 맞닥뜨려야 한다는 점에 대해 지적해 주었다. 알렉스는 전문적 관계
의 한계를 인식하는 것에 대한 유익점을 깨달았고 그리고 자기중심성의 긍정적인

측면에 대한 감각을 발전시키기 시작하였다.

이제 알렉스의 시야가 넓어지자 그녀는 정직한 이기주의와 맹목적 이타주의에 대한 구별을 하기 시작했다. 이것은 무엇보다도 그녀에게 사람이 자신의 욕구들과 그 범주들 그리고 공개적으로 이것들을 언급하고 그것들을 보호할 수 있는 용기를 인식하도록 해 주었다. 이는 전에 그녀가 가졌던 이타주의와 순수한 정직함으로 인한 강박증을 대체하였다. 또한 그녀가 현실 세계에서 요구하는 것들과 주어진 것들을 존중하는 방식 안에서 가치를 두었던 것들에 대한 대부분의 것들을 통합하였다. 그리고 그녀가 전에 악하다고 생각하였던 많은 것들에 대해 용납하기 시작했다. 그 중요한 변화는 그녀의 감사하는 마음과 전적으로 무시해 왔던 인간의 약함과 실수를 수용하는 것과 관련이 있었다. 그것은 또한 선한 의도가 오히려 고통과 실망에 뿌리를 내리고 있을 가능성에 대한 인식을 포함하였다.

알렉스의 문제는 이러한 설명보다 훨씬 더 많이 복잡했다. 그러나 인간관계가 이루어지는 공적 세계에 대한 그녀의 모순적 관점은 의심할 여지없이 그녀에게 가장 혼란스러운 요소였다. 이러한 새로운 통찰들 중에서 몇 가지는 그녀가 더 잘 살아갈 수 있도록 접근하는 열쇠를 주었다.

많은 젊은이들이 유사한 문제로 싸우고 있다. 그들 중 전부는 아니지만 많은 사람들이 정신병의 경계에까지 근접하고 있는 반면, 어떤 사람들은 다른 방식으로도 이해할 수 없다고 느끼는 모순들로부터 도망가려고 노력하고 있다. 마약, 알코올 남용, 범죄, 폭력 그리고 강박적 섹스 등은 모두 인간관계의 공적 세계에서 명료함의 부족에 대한 반작용으로 나타나는 다른 방식들이다.

알렉스의 좌절은 강렬했고, 쉽게 자신의 비현실적인 세계 속에 갇혀 지내게 되었다. 정신과 치료 시스템은 그녀를 정신분열로 보고 치료할 준비를 했으며, 이것은 의도는 좋지만 자칫 정신병자로서 일생의 병력을 남기게 되는 위험에 노출되는 것이다. 더 나아가 그것은 삶의 고난을 극복하는 자신의 능력에 대해 이미 빈약해져 있는 그녀 자신의 신뢰를 더욱 훼손시키는 것이었다.

로널드 랭(Ronald Laing)과 토마스 사즈(Thomas Szasz) 같은 사람들이 이러한 파괴적인 과정에 대해 명확하게 묘사하기 전까지는(Laing, 1960, 1961; Szasz, 1961), 다른 사람들과의 관계에서 자아를 통합하는 건설적이고 재건하는 과정이 어떻게 지속적으로 도움이 될 수 있는지에 대해 언급된 적은 거의 없었다.

그런 과정을 그려 보면, 존재의 모든 영역에 대한 고려가 중요하다. 알렉스의 경험을 보면, 표면적으로 그녀는 매우 비현실적인 사회적 세계의 관계를 가지고 있었다. 반면 그녀는 어릴 때 많은 과외활동(등산이나 수영)에 접하게 해 준 부모의 직접적인 노력의 결과로 인해 잘 확립된 자연세계와의 관계를 가지고 있었다. 그녀가 자연세계에서 할 수 있었던 기술이나 즐기는 능력은 그녀의 투쟁에서 지속적으로 희망을 주고 지지해 주는 배경이었다.

그러나 아마도 가장 중요한 것은, 알렉스가 지적으로 축복을 받았다는 것이었다. 이는 그녀가 기본적으로 자기 자신에게 솔직할 수 있게 만들어 주었다. 그녀는 생생한 내면적 세계와 자기 자신에 대한 끊임없는 근접성을 지니고 있었으며, 이는 그녀가 깊은 절망 속으로 빠져들지 않도록 보호해 주었다. 때때로 그녀의 생각이 비논리적이고 비현실적일지라도 그녀는 자신에 대한 견고한 신뢰가 있었고, 이것은 가장 최악의 순간에서도 자신을 완전히 포기하고 자신을 파괴하기보다는 그녀가 밖으로 나가서 세상을 변화시키는 것을 원하도록 만들었다.

사회적 세계에서의 개인적 혼란이 만일 자신의 내면세계와 관련하여 경감되지 않는다면 그 혼란은 크게 가중될 것이다. 이것은 이후에 고찰하게 될 개인적 세계의 사적 영역에 대한 관계다.

〈표 3-2〉 사회적 세계에서의 긍정적, 부정적 도전들

사회적 세계에서의 도전들	긍정적인 면	부정적인 면
사회	사랑	증오
타인	지배	복종
자아	수용	거절
문화	소속	고립

✺ 개인적 세계

　내담자가 가지고 있고 세밀히 검토해야 할 세계의 세 번째 영역은 내담자 자신과의 관계다. 이러한 사적인 세계는 친밀감의 영토다. 그것은 다른 사람과의 친근함뿐만 아니라 자신과의 친밀함을 포함한다. 개인적 세계는 고향과 같다고 볼 수 있다. 이는 친근함과 연대감으로 인해 당신이 자기 자신에게 편안하게 느껴지는 장소다. 이러한 사적 세계는 '나 자신' 그리고 '우리'의 세계다. 그것은 자신의 일부라 느껴지는 매우 중요한 것을 포함한다.

　내적 세계는 감정, 생각, 성격적 특성, 이상, 포부, 목적 그리고 사람을 포함한다. 이러한 것들은 당신 자신이라고 특징지을 수 있는 많은 것들을 포함하고 있다. 현대 사회가 물리적 또는 사회적 세계의 관계인 외향성과 자신감을 확장하기 위한 개인주의를 부추기고 있는 반면, 풍부한 내면적 삶에 대한 개발은 선호하지 않는다. 사람들의 사적인 세계는 종종 놀라우리만큼 메말라 있고 공허하다. 많은 내담자들은 자신을 발견하고 싶은 소망의 과정에서 상담 또는 심리치료에 오게 된다. 다른 많은 사람들은 자신들의 내적인 공허와 가치박탈을 인식조차 하지 못하고 있다. 그들의 삶은 의무, 책임, 규칙, 반복적 직무 그리고 반드시 해야 하지만 실제로는 원하지 않는 것으로 느껴지는 많은 것들로 가득 채워져 있다. 어떤 사람들은 따분해하면서 자신들의 내적 공허함을 만성적인 약물이나 알코올뿐만 아니라 끊임없는 전화질이나 문자, 온라인 채팅, 강박적 텔레비전 시청, 간식 먹기, 컴퓨터 게임, 영화, 쇼 보기, 파티나 쇼핑으로 채운다. 이런 것들이 그저 적절하게 레크리에이션의 형태로 활용된다면 어떤 것도 그 자체로 나쁜 것은 아니다. 그러나 어떤 사람이 그런 행위로 대부분의 시간을 소모하는 데 빠져서 거의 수동적으로 그들의 창의력이나 생산성을 대체하게 될 때, 아무 소용없는 결과를 만드는 데 에너지를 소모하는 강박적인 주기가 시작되며, 이는 그들 자신이 공허하게 되는 것을 스스로 두려워하게 만든다.

　내담자들이 자기가 누구인지를 비교적 정확하게 묘사하고 표현하려고 애쓰면서 자신들에 대해 말하기 시작할 때, 그것은 곧 그들이 자신들을 어떻게 생각하고 있으며 또한 현재 자신들이 어디에 위치하고 있는지를 알게 해 주는 증거가 된다. 예를 들어, 어떤 사람은 신체적 질병을 강조하면서 그들의 자연세계를 자세하게 묘사하는 것에 열의를 다해 집중할 것이다. 또 다른 사람들은 타인과의 관계에서의 자신의 두려움을 나타냄으로써, 그리하여 사회적 세계에 대한 기본적 관심을 드러내 보임으로써 자신들의 다양한 역할에 대하여 장황하게 설명할 것이다. 자신의 개인적 세계에 절박하게 사로잡힌 사람들은 자기들이 중요하다고 느끼는 자신의 성품과 개성의 특별한 강점과 약점을 강조할 수도 있다. 그들은 열등감 아니면 우월감에 사로잡혀 있을지도 모른다. 그들은 또한 자신을 규정하는 것에 대해 회피하거나 자신의 정체성을 만들기 위한 외적인 요소를 찾아보려 할지 모른다. 그들이 파트너와 함께하게 될 때, 사적 세계의 이슈들로 말미암은 선입견이 서로의 실수와 특성에 대해 지적하게 될 수도 있다.

다른 영역들에서와 마찬가지로 개인적 세계의 관계를 탐색하는 목적은 내담자가 자신의 경험을 충분히 알 수 있도록 하려는 것이며, 이전에 자신이 회피하거나 모면하려고 애썼던 모순들을 포용할 수 있게 해 주려는 것이다.

먼저 내담자가 자신의 자산이라 여기는 사적 세계에 대한 관점들을 명료하게 할 필요가 있다. 내담자의 개인적인 경험이 독특한 인격과 개성에 어떻게 작용하는지? 내담자는 자기 자신과 내적으로 어떻게 관련되는지? 내담자는 무엇을 자신만의 특별한 사적 세계라고 생각하며, 그런 친밀함의 안식처와 어떻게 타협해 왔는지? 또한 이 내담자는 자기 내면에 집과 같은 평안함을 갖고 있는지? 만일 있다면 어디에? 등이 안내하는 질문들이다. 이러한 탐색은 사적 세계의 특질들이 지니고 있는 새롭고도 숨겨진 면들을 충분히 드러내 주는 방향으로 진행하도록 가능하게 한다. 이러한 탐색은 매우 빈번하게 부정적인 특성들을 표현하는 것으로 시작된다. 그리고 그 후에 표면적으로 부정적으로 보이지만 그 속에 숨어 있는 잠재력을 발굴할 수 있도록 만드는 도전을 가능하게 한다.

사 례

레이먼드의 자기 탐색은 이런 과정의 좋은 사례다. 마흔두 살의 역사 교사인 레이먼드는, 자신의 표현대로라면 미혼에, 무자식에, 인간관계도 잘 못하고 있고, 그래서 지금은 인생의 맛을 달콤하게 만드는 뭔가를 찾고 있는 중이다. 레이먼드는 자신과 타인들에 대한 새로운 것들을 발견함으로써 많은 즐거움을 찾기 위해 그동안 다양한 인문학 워크숍에 참여했다. 마침내 그는 진행 중에 있었던 인간중심 참만남 집단에 동참했다.

이 그룹에서 레이먼드는 스스로 자신의 주된 성품의 하나로 보고 있었던 사항을 거의 만장일치로 인정하지 않는다는 사실에 곧 직면하게 되었다. 다른 그룹원이 그에게 너무 분석적이고, 합리주의적이며 지성적이라고 말했는데, 간단히 말해서 머릿속에만 모든 것이 들어 있는 사람이라는 것이었다. 한편으로 그런 비판은 그가 매우 건조하고 지루하다고 여겼던 현재 자신의 생활방식에 대해 스스로 역겨워하는 것과 일치했다. 그러나 다른 한편으로는 스스로 대단히 자랑스럽게 여겼던 성품에 대한 공격으로 인해 분개했다. 하지만 결국 그는 조심스럽게 어떤 변화를 갖게 될 시점이 왔다는 지침으로 그들의 의견을 받아들여야 한다고 결심했다. 만일 그렇게 많은 사람들이 자신의 합리성을 인정하지 않는다면 거기에는 그들의 관점에서 보는 어떤 느낌들을 가지고 있음에 틀림없기 때문이었다. 아마 그는 이러한 성격적 결함으로 인해 교사로서의 삶에 불만족한 것이라고 탓할 수도 있었다. 그것은 분명히 그를 인기 있는 사람으로 만들지 못한 것이었다.

비록 그는 여전히 다른 그룹원들에 의해 상처와 오해를 받았다고 느끼고 있었지만, 학교에 휴가를 신청했다. 그리고 그는 자신을 가장 신랄하게 비판하면서 옛날 방식에서 떠나 자신의 감정을 발견하라고 설득했던 사람들 중 한 사람과 함께 인도를 여행하기로 했다.

그러나 그 여행은 완전히 실패로 끝났다. 레이먼드는 그의 여행 파트너와 며칠 동안 즐겁게 보낸 후 더 이상 잘 지내지 못했다. 그는 다른 문화에서의 경험을 즐겼음에도 불구하고, 이 모든 것이 무엇을 증명해야 하는 것인지를 종종 자신에게 질

문했다. 그는 스미어 나오는 감정들이 자신을 혼란스럽게 하고 자신의 합리성을
포기하고 싶지 않다는 사실을 알게 되었다. 그리고 그는 여행에서의 어려움을 극
복하는 과정에서 자신의 논리적인 접근방식이 여행 파트너가 보여 준 자기 멋대로
의 정서보다 훨씬 더 효과적이라는 사실을 깨달았다.

그는 계획했던 일정을 훨씬 앞당겨 영국으로 돌아왔고 즉시 학교에 복직하려고
했다. 하지만 그는 자신의 일에 대해 좀 더 생각할 시간을 스스로에게 허용하기로
결정했고 이러한 계기로 인해 상담자를 만났다.

레이먼드가 여전히 자기의 합리적 특성에 대해 부정적인 생각에 사로잡혀 있다
는 것은 명백했다. 그는 감성적인 접근의 방식을 좋아하지 않았으며, 행동에 있어
서 특정한 규범을 따르도록 집단압력을 받는 것을 원하지 않았다. 이로 인해 그는
참만남 집단이 자신을 이해하기 위한 최상의 모임이 아니라고 확신했다. 그럼에도
불구하고 그는 자신이 잘못되었고 그들이 옳은 건 아닌지, 그리하여 영원히 생기
없고 따분한 인생이라는 책망을 받을지도 모른다는 사실에 두려워하고 있었다.

레이먼드가 원하는 것은 관습적으로 어떤 사물의 크기를 재는 것보다는 자신의
용어로써 자기의 내적 세계를 탐색해 보는 것이었다. 그는 인지적 특성에 맞추어
진 자신의 성격이 단순한 합리주의를 넘어 그 이상으로 뻗어나갈 수 있다고 생각했
다. 풍부한 지성적 자원과는 별도로 그것은 또한 그에게 상황이나 사건의 요점을
신속하게 파악할 수 있는 통찰력을 제공했다. 이것이 그를 훌륭한 역사가로 만든
요인이었다. 또한 그것은 그에게 슬픈 상황에서도 유머러스한 측면을 찾아서 감사
할 수 있게 만들어 주기도 하였다. 그는 재치 있는 코미디에 가장 감사하였으며 우
디 앨런과 몬티 파이튼 영화의 열렬한 팬이었다.

레이먼드가 자신의 합리성에 대한 관점을 상세히 설명했을 때 스스로에게 확실
해졌던 것은, 그 자신의 총명한 두뇌로써 이익을 취하려는 행동은 정말로 하지 않
았다는 사실이었다. 그는 자신의 주변 세상으로부터 어떤 조건들을 수행하도록 강
요받았다. 이 조건들은 구조적으로 그의 강점들을 약점으로 감소시켰다. 이러한
상황은 그에게 경력을 추구하도록 만들거나 기본적인 재능과는 완전히 동떨어진
생활방식에 적응하도록 지루하게 헛된 시도를 하게 하는 노예로 만들었다.

그래서 그의 사적 세계는 대중적 견해의 영향에 의해서 침해를 받았으며, 지적 성향의 즐거움을 추구했을 때 그 자신의 능력을 알 수 있었던 만족감들을 박탈당했다. 그가 사적 세계 속에 있는 즐거움들과 친숙하고 재치 있는 감정에 대해 이야기하는 것은 자신의 개인적 세계에 대한 감사로 그를 회귀시켰다.

이제 레이먼드는 자신이 지루하게 반복되는 일과에 매달렸다는 것이 터무니없이 보였다. 그는 학생 시절에 역사와 관련된 전혀 다른 면들을 발견했던 즐거움을 기억하면서, 그를 매료케 하였던 과목을 가르치는 일이 왜 이토록 지루한 직업이 되었는지에 대해 놀랐다. 그는 학교 수업과 재치가 완전히 양극(兩極)처럼 반대된다는 사실에 대해 한탄하고 있을 때, 어느 날 번뜩이는 생각이 떠오른 것에 대해 스스로 놀랐다. 서로 반대되는 것들을 하나로 묶는 것이 바로 그에게 새로운 도전이 될 것이라는 생각이 그의 머리를 스친 것이었다.

이 아이디어가 머릿속에 스며들어오자 레이먼드는 멈출 수가 없었다. 그는 역사 교과목을 가르치는 기간 내내 유머에 대한 내용으로 교과과정을 바꿨다. 그는 학생들에게 역사적 우스개를 알아보도록 과제를 주었고, 그들에게 교과과정 중에 재치 있는 역사적 일화에 대해 쓰고 조사하게 했다. 그는 많은 학생들이 이러한 새로운 방식에 대해 매우 적극적으로 반응하는 것을 보고 매우 기뻤다. 그가 가르치는 반들 중 어떤 반의 학생들이 그를 가장 인기 있는 선생님으로 선출하자 그의 자만심도 으쓱해졌다.

이제 레이먼드는 역사 사건들에 대한 자신의 영감 있는 관찰에 대해서뿐만 아니라 그가 발견한 것들에 대해 학술 논문을 쓰기 시작했다. 그는 사고의 내면세계를 탐색하는 독창적인 방법을 고안해냈다. 논문을 쓰는 동안, 그는 유머와 재치에 대해 심각하기도 하고 예민하기도 한 내면적 역설이 존재하는 양면성을 생각해야 한다는 것을 배웠다. 그는 자기 자신에 대해 죄책감을 느끼는 것을 멈추었고 그리고 그에게 더 감성적이면서 덜 이성적이 되어야 할 필요가 있다고 제안해 주는 다른 사람들의 의견에 따르려고 노력하는 것도 중단하였다. 자신의 개인적 세계 속으로 들어가는 좁은 길을 따라가면서, 자기의 내면세계를 무시한 채 외적인 일상생활이나 요구들에 맞추려고 자신을 계속적으로 고갈시키기보다는 자신을 새롭게 채워 주는 방법들을 찾아냈다.

레이먼드는 자신의 생활방식이 만족스럽지는 못했지만 단지 변화하기 위한 변화는 문제를 해결할 수 없었다. 그의 말에 따르면, 이는 진정한 자신이 아니었다. 그는 잘못됐다고 느껴졌으며, 따라서 모든 것을 만지고 느껴야 한다거나 회피하는 삶을 살려고 노력하는 데 많은 에너지를 쓰고 싶지도 않았다. 그는 이성적인 모습으로 현실에 맞서기를 원했으며, 비록 의무적이라 할지라도 독창성 있고 재미있게 하는 방법을 찾아야만 했다.

레이먼드가 자기 내면의 강점을 인식하게 되자, 자신의 창의력을 촉진시킬 뿐 아니라 자신이 가장 잘할 수 있는 것들을 수행함으로써 스스로에게 감사하고 즐길 수 있는 능력과 창의성을 배양하기 시작했다. 어느 누구도 그에게 어떤 제안을 하거나 행동에 옮겨 보라고 재촉할 필요가 없었다. 그는 자기 자신에 대한 확실한 기반을 재발견했고, 그것을 바탕으로 자신감 있게 실험하고 탐험할 수 있었다. 이는 그가 자신의 참조그룹(reference group)의 기준을 따르려고 노력하면서 경험했던 동기와 자신감 결여와는 전적으로 대조되는 일이었다.

당신 안에서 그리고 당신에게 스스로 편안함을 느끼는 것은 공적 세계에서의 만족스러운 관계를 위해 매우 중요하다. 만일 당신이 다른 사람과 가깝고 친밀한 관계를 맺기 원한다면 이것은 필수적이다.

다른 사람으로부터 참된 가까움과 친밀함을 얻는다는 것은 어렵다. 많은 부부들이 이렇게 할 수 없고 서로 서로에게 이방인으로 남아 있다. '너와 나'가 아니라 한 존재로 합쳐져서 '우리'라는 용어 안에서 생각하는 것은 드물 뿐 아니라 오늘날 금기시된다. 현대 사회에는 가까운 관계를 위험하고 퇴행적이라고 여기는 무언의 규율이 있는 것처럼 보인다. 사람들은 서로에게 붙잡히는 것을 우려하고, 거리를 유지하려고 하며, 특히 상대를 원하고 있음이 발각될까 봐 두려워한다. 이들은 이별이 자신들을 파괴해버릴 수도 있기에 아주 가까워지는 것을 꺼린다.

친밀한 관계가 교란되고 악화되는 것을 관찰하면서, 우리 모두는 부부들이 너무 가까워지면 서로를 질식시킬 위험에 처해질 것이라고 쉽게 속단한다. 사랑에 있어서 적정선이란 성에 있어서 열정적이어야 한다고 기대하는 만큼 하나의 규칙이 되었다. 물론 성적 열정은 친밀함이나 수용 또는 헌신에 대한 기대를 할 필요조차 없이 우리의 감각에 의해 휩쓸려가게 만든다. 성이란 육체적으로는 매우 친밀할지라도, 아주 가볍게 될 수도 있거나 마찬가지로 아무 헌신이 없을 수도 있다. 누군가에게 마음을 주지 않으면서 몸의 일부를 제공해 주는 것은 충분히 쉬울 수도 있다. 아니면 최소한 그렇게 보인다.

당신의 내적 지성소인 친밀함의 세계 속으로 다른 사람이 들어오는 것을 허락한다는 것은 어떤 일들을 수행하면서도 항상 어떤 위험을 내포한다. 어떤 사회적 수준에서 다른 사람과의 지배, 복종 그리고 회피의 관계를 타협하는 것은 매우 교묘하다. 그러나 자신이 버림받는다거나 오해받거나 수용받는 것에 대해 정말로 신경을 쓰거나 강하게 느끼는 개인적 세계의 심장부에서는 이것을 허용할지에 대해 다루는 것이 훨씬 더 교묘하다. 따라서 우리가 누군가를 우리의 내적 세계로 초대하기 이전에 우리가 다른 사람과 상호 협력과 상호적인 협약을 만드는 것은 상당히 중요하다. 우리가 우리 내면의 약함과 곤궁함을 보여 줄 수 있을 만큼 충분히 그들을 신뢰하고 있는지, 반대로 우리는 그들에게 진실하며, 경멸하거나 무시하지 않고 그들의 비밀과 연약한 면을 존중할 수 있는지에 대한 것이다.

예를 들어, 결혼이나 동거를 통해서 이러한 친밀한 관계가 형성되면, 이미 성립된 공식적 체계가 그들의 역할 속에서 각각을 유지할 수 있게 만든다. 누가 무엇을 어떻게 하는 것에 대해 이루어진 합의는 각 파트너가 특정한 상황에서 해야 하는 행동을 기대할 수 있게 한다. 이와 같은 공식이 없으면 그 관계에서의 기대가 개인적으로 머무르게 되며, 서로의 필요에 대해 적절하거나 적합하지 않을 때 더욱 쉽게 갈등을 유발한다. 하지만 이런 공식화에도 불구하고, 사람들이 변하고 관계의 공식 체계가 그 변화를 따라가지 못할 때 어려움이 발생할 것이다.

잘 작동하는 사적 세계의 관계 안에서, 개인은 상대방보다 더 나은 사람이 되려고 추구하지 않는다. 이는 그들이 서로에게 소속됨으로써 각각 자신을 파트너와 동일시하기 때문이다. 그들은 파트너십을 같은 목표와 목적을 가진 팀이 되는 것으로 경험한다. 본질적으로 자신의 일부로서 경험되는 것에 대해 싸우는 것은 이해가 되지 않을 것이다. 물론 이러한 '하나 됨'은 오늘날 드물게 얻어지며, 서양 사회의 대부분의 사람들은 자신들의 개성과 독립성을 '하나 됨'보다 더 높게 평가하기 때문에 얻고 싶어 하는 소망조차 없다. 그들에게 있어서 인간관계란 사회적 영역에 있다고 보고, 어차피 매우 흔히 고갈되는 내면세계에 서로를 가까이 두려고 하지 않는다. 파트너들은 서로에게 귀를 기울이거나 가까워지는 데 많은 시간을 쓰지 않으면서도, 자주 여러 가지 일들을 수행하고 서로를 보충하는 삶을 같이 살아가거나 여러 활동을 공유한다. 이는 많은 관계들이 나중엔 서로에게 분노하게 되면서 고통스럽게 되어 가는 이유를 잘 설명해 준다. 친밀한 관계들이 종종 매우 개인적이면서 깊이 있는 정서적인 방식 때문에 친밀해지지는 않는다.

사실, 빈스방거(Binswanger, 1944)가 제시한 것처럼 사람들은 그들 자신과의 관계조차 공적인 세계의 다원적인 형태 안에서 구축할 수 있다. 그러면 그들은 자기 안에서 어떤 통일성을 경험할 수 없고, 자기에 대항해서 스스로 분열되고, 충돌되는 요소들과 싸우면서, 역동적인 모순의 내적 자원을 발견하려고 하기보다는 자신에 대한 지배를 추구한다.

공적 세계와 사적 세계의 관계 사이에 구분을 짓는 것이 외적 세계와 내적 세계의 관계들 사이의 구분이나 타인과 자신과의 관계 사이의 구분보다 중요하다. 타인과의 관계와 자신과의 관계 모두는 경쟁하는 공적인 영역 또는 친숙과 친밀함의 사적인 영역에서 이루어질 수 있다.

타인과의 모든 관계들은 공적인 영역을 가지지만, 타인과의 관계 중에서 아주 일부만이 사적이고 개인적인 영역을 갖는다. 이는 다른 사람이 자신에게 받아들여지고 가깝다고 인식되고 인정받는 순간 일어나는데, 이 말의 가장 함축된 의미로 본다면, 자신의 인격에로의 통합적 연장으로서 입양된다는 것이다. 이것이 가장 명확하게 일어나는 때는 아이들, 특히 갓난아기와 어린 시절인데, 사람들은 그들을 자신들의 일부로서, 즉 자신의 내면세계의 매우 많은 부분으로서 경험한다. 물론 이러한 친밀함은 아이들이 성장하여 부모로부터 독립해 가면서 없어지고, 타인이 되고 다시 생소해진다.

분명히, 타인과 진정으로 친밀한 관계를 확립하는 것은 먼저 '자기다움'과 자기 자신과의 친밀성에 대한 명백한 감각이 있을 때에만 가능하다. 그 이후에서도 타인과의 개인적인 관계가 항상 사적으로 유지될 것이라고 당연하게 여길 수는 없다. 다시 말해서 하나의 단위 안에 적극적으로 합쳐지는 것이 실패하자마자 공적인 관계의 영역으로 되돌아간다는 것이다. 이는 개인들 모두가 각각 자기 자신과의 충분한 관계적 경험을 중단하고, 자신이 자신의 내면과 공유하는 세계에 대한 편안함을 느끼지 못할 때 발생한다.

사 례

폴과 패멀라는 사적 세계의 관계가 그들 자신과 서로에게 결핍됨으로써 겪는 비극을 직접적으로 경험했다. 그들은 만나기 전에, 각각 개인적 세계와 자신들에 대한 사적인 관계를 쌓는 경험을 했다. 폴은 아침 일찍 일어나서 새들의 소리를 들으며 마을 어귀를 산보했다. 이것은 그에게 편안함과 안식과 자기 자신과 친밀해지는 느낌을 주었다. 그런데 그가 패멀라와 결혼 후 한 해가 지나기도 전에 이런 것들을 그만두게 되었는데, 이는 그녀가 시골길을 싫어했을 뿐만 아니라 폴이 아침 일찍 일어나는 것도 매우 싫어했기 때문이었다.

패멀라는 저녁에 목욕하는 것으로 시간을 보내곤 했는데, 이것은 사회적 세계가 요구하는 것들에 대응하고자 준비하는 방법으로서 머리와 얼굴을 매만지고 홀로 단장하기를 무척 좋아하였던 것이다. 그 시간은 자신만을 위해 기쁨을 주는 그녀가 매우 좋아하는 시간이었다. 그러나 그녀는 폴이 자기를 기다리는 것을 싫어하고, 거의 매일 저녁 시간을 폴과 함께 나가서 보냈기 때문에, 준비하는 시간을 낭비하지 않기 위해 몸 단장하기를 그만두었다.

폴과 패멀라는 서로를 많이 사랑했고 함께 있는 것을 좋아했으며 그들의 결혼생활은 7년간 아주 행복했다. 그들은 각각 분주한 전문적 직업을 갖고 있었고 아이를 양육할 시간이 없을 것 같아서 아이를 갖지 않기로 결정하였다. 그들은 많은 외부 활동에 참가했고 그들의 저녁시간과 주말은 몇 달 전부터 예약이 되어 있었다.

밖으로는 모든 것이 완벽하게 정상적으로 보였고, 그들도 자신들의 결혼을 기본적으로 행복하다고 생각하고 있었다. 그런데 폴의 아버지가 심장마비로 갑자기 돌아가셨고, 그 후 일주일 뒤에 그들의 가장 친한 부부의 결혼생활이 불성실로 인해 급작스럽게 끝나버리고 말았다. 갑자기 그들은 어쩔 줄 모르게 되었다. 폴은 아버지의 죽음을 어떻게 극복해야 할지 전혀 몰랐고, 그의 친구는 새 여자친구와 떠났기 때문에 폴을 도와줄 수도 없었다. 폴의 옆을 지켜주어야 했던 패멀라는 파경을 맞은 친구가 남편이 떠난 것 때문에 당하는 고통에 전적으로 몰입하다 보니, 아버지를 잃은 폴의 고통보다는 갑자기 자신에 대한 폴의 성실성을 의심하는 것에 더 관심을 갖게 되었다.

패멀라가 매일 저녁 그녀의 외로운 친구와 함께 보냈기 때문에, 대부분의 시간을 혼자 보내게 된 폴은 마치 무지로 인해 더없이 행복했던 피상적이고 덧없는 상태에서 깨어난 것처럼 느꼈다. 그에게 결혼이란 마치 일종의 상업적 계약과 같은 것으로 이제 만기가 도래한 것처럼 보였다. 마치 그는 패멀라를 전혀 알지 못했고 폴에게 그녀는 완전한 이방인처럼 여겨졌다. 따라서 그는 상호 합의한 것에 더 이상 얽매일 필요가 없다고 느끼고는, 아침 일찍 일어나서 해가 뜨는 것과 새들을 보기 위해 시골로 산책을 떠났다. 이는 그가 아버지의 죽음을 받아들이려고 애쓰는 가운데 오랫동안 갈망하던 평화를 주었다. 반면에 패멀라는 이제 그녀가 의심했던 증거를 갖게 되었다. 그것은 폴이 그녀에게 충실하지 않았고, 의심할 여지없이 친구의 남편이 그랬던 것처럼 동일한 방식으로 그녀를 떠나고 싶어 한다는 의미였다.

처음에는 둘 다 서로 오해해서 이기려고 싸웠다. 폴은 패멀라가 아버지의 죽음에 대해 신경 쓰지 않고 자신을 가장 어려운 상황에 처하도록 내버려 둔 것에 대해 비난했다. 패멀라는 폴이 더 이상 그녀 곁에 있고 싶어 하지 않으며 분명히 해야 할 다른 더 중요한 일이 있다고 비난했다. 그녀는 폴이 전적으로 자신의 슬픔에만 빠져서, 친구의 끔찍한 이혼 진행과정을 자신과 동일시함으로써 경험하고 있는 자신의 고통에 아무런 관심이 없다고 느꼈다.

이때쯤 폴은 아침 산보의 즐거움을 재발견하였고, 패멀라가 그들이 함께 공유했던 이전의 삶의 방식에 다시 몰아넣으려는 것에 짜증이 났다. 그는 결혼생활의 거짓 삶을 위해 그가 포기했던 모든 것들을 다시 잃어버리기엔 너무 소중하다는 것을 알게 되었다. 그는 아버지의 급작스런 사망을 통해 아버지가 자신을 자신에게 되돌려 주었으며, 자신과 아내 사이의 고리가 얼마나 약한지를 보여 주었다고 생각했다. 또한 아버지는 자신에게 아침 생활과 새들과의 세상, 곧 그 자기 자신과 하나가 되는 것처럼 편안하게 느껴지는 세상을 일깨워 주었다고 생각했다. 그의 아버지는 폴이 다섯이나 여섯 살쯤 되었을 때 이것을 가르쳐 주었는데, 그가 패멀라와의 사랑을 위하여 이러한 것을 포기했었지만 그렇게 희생할 가치가 없었다는 사실이 지금 밝혀진 것이었다. 그는 패멀라가 자신에게 불성실하다고 말한 것이 가장 불쾌했으며 그녀가 자신의 눈이 아니라 친구의 눈으로 자신을 보려고 했기 때문에 더욱 그녀를 경멸하였다.

처음에 패멀라는 멀어져버린 남편과의 관계에 대한 일을 친구와 함께 나누는 것에 꽤 흥분했다. 그녀는 폴이 아버지의 죽음에 집착하는 것에 비해서 자신을 대하는 행동이 불공평하고 점점 더 집을 비운다는 사실에 대해 친구 앤과 이야기하는 것이 일종의 사악한 즐거움이라는 것을 발견하였다. 이런 대화를 통해 그녀는 폴과 갖지 못했던 다른 사람과의 친근함 같은 것을 느꼈다. 그녀는 이상적인 결혼이라고 생각했던 것이 사실은 얄팍한 모조품에 불과했다는 것을 깨닫기 시작했다.

폴과 패멀라는 또다시 1년간을 계속 함께 살았는데, 이 기간 동안에도 두 사람은 서로 이기기 위한 다툼을 반복했고 폴은 점점 자기의 세계 속에 빠져들게 되었으며 패멀라는 앤과의 관계를 자신의 친밀감에 대한 원천으로 삼게 되었다. 이러한 상황은 앤의 남편이 집으로 돌아올 때까지 계속 되었다. 그러나 이제 패멀라가 앤과 함께 앤의 남편에 맞서는 음모를 짜는 대신에 폴과 함께 집에 머물러야 한다는 것이 충분히 명백해졌다. 패멀라는 앤이 남편과 다시 잘해 보려는 시도에 깊은 인상을 받았으며, 자신도 마찬가지로 노력해 보기로 했다. 그녀는 결혼생활에서 수습해야 할 것들이 있다고 폴을 설득하려 했다. 폴은 거부했는데, 내적인 고상함에 대한 감각도 없고 어떤 것에 대한 감사함도 없이 그저 외모에 신경 쓰거나 다른 여성과 수다나 떠는 여자를 위해 자신이 다시 발견한 세계를 포기할 마음이 없다고 말했다.

패멀라는 좌절했다. 갑자기 그녀는 자신의 인생에서 의지할 것이 아무것도 없었다. 앤은 패멀라와 함께 운영하던 패션 사업에서 손을 떼자고 그녀를 설득했다. 그것은 앤의 남편이 앤을 위해서 다른 데에 돈을 투자하고 싶어 했고 부부가 따로 사업을 하기보다는 함께 어떤 것을 새롭게 시작하길 원하기 때문이었다. 폴은 그녀가 그 사업을 유지하려는 것을 지지하지 않았는데, 그녀 혼자서는 경영할 수 있는 능력이 없다고 믿었기 때문이었다.

이제 그녀는 인생을 극복해 갈 수 있도록 자신의 내면적 자원에 의존할 필요가 있다는 사실을 발견해야 할 때가 온 것이다. 하지만 그녀는 의지할 만한 것이 하나도 없다고 확고하게 느꼈다. 폴은 그녀가 혼자서도 행복해지는 법을 배워야 한다고 말했다. 그러던 어느 날 아침 그녀는 폴이 필요했기에 나가지 말고 같이 있어달라고 그에게 간곡히 요청했다. 그러나 폴은 밖으로 나갔고, 그 후 그녀는 욕조 안에서 사고를 당했다. 그녀가 머리를 감고서 여전히 젖어 있는 머리를 말리려고 욕조 안에서 헤어드라이어를 집었는데 감전이 되었다. 그녀는 욕조의 가장자리에 머리를 부딪친 채 쓰러져서 의식을 잃었고, 폴이 집에 돌아와서야 발견되었다.

그녀의 회복속도가 빨랐기 때문에 그녀의 몸 상태는 걱정거리가 되지 않았다. 그러나 그녀가 욕조에 빠져 거의 익사 직전에 있었다는 것이 명백했기 때문에 병원은 이 사건을 자살 시도로 취급해서 그녀를 정신과의사에게 위탁했다. 정신과의사는 다시 폴과 패멀라 모두를 부부관계 전문상담자에게로 위탁했다. 폴과 패멀라는 1년 예정으로 상담을 시작했다. 부부상담은 그들에게 자신들의 내적 세계의 빈 공간을 메우기 위해서 서로를 바라보는 방식에 대해 직면하도록 하였다. 이 한 해 동안의 상담을 통해서, 그들은 서로 서로 외현적인 관계를 위해 그리고 그들 주변의 사회적 세계와 관계를 맺기 위해 어떻게 자신들의 사적 세계를 포기했었는지를 알게 되었다. 그들이 친밀감과 개인적인 즐거움을 방해했던 이러한 피상적이고도 협소한 사항들에 대해 서로가 인식할 수 있다는 사실은 서로 어느 정도 합의할 수 있는 상태로 되돌려 놓게 되었다.

그들은 지난 7년이 자신들에게 무엇을 의미하고 있는지를 정리해 보면서, 결혼생활이 그들 자신의 내적 생활을 위해서는 충분치 못했던 경험을 상대방에게 설명하는 것에 많은 시간을 할애하였다. 대부분의 부부들처럼 그들은 서로에게 귀를 기울여 들어주는 것을 어려워했고, 한 사람이 비록 좋은 의도를 위한 것으로 말하지만 공격하는 것처럼 보이게 될 때는 자기의 입장을 방어하기 시작하는 경향을 보였다.

그래서 상담자는 매주 한 번씩 부부 중 한 명과의 개인 상담 회기를 갖는 동안 다른 파트너는 관찰자로 참가하였고, 그 후에 서로 피드백과 정리하는 시간을 갖기로 할 것을 제안했다. 이러한 방법은 그들 서로 간의 관계보다는 각각의 사적인 세계를 탐색하는 데 강조점이 있었다. 이 방법으로 상담할 때 가장 중요한 점은 부부 각자가 배우자의 행동이나 태도에 대해 말하거나 해석하는 것을 피하고, 초점이 항상 지금 상담받고 있는 자신의 내적 경험으로 되돌아와야 한다는 점이다.

다음의 상호작용은 상담자가 그러한 상황을 어떻게 다루는지에 대한 전형적인 예다.

패멀라: 어제 우리는 또 싸웠어요. 폴은 노퍽 지역(새 둥지들이 있는 폴이 가장 좋아하는 장소 중 한 곳)에서 하루를 보내고 싶어 했고, 나는 참을 수 없어서 그에게 소리를 질렀어요. 우리는 다른 친구들에게 그들과 함께 주말을 보낼 거라고 약속했었고 폴이 나를 위한 기회를 망치는 것이 불공평하다고 생각했어요. 폴은 나에게 혼자 가라고 주장했지만 모든 사람들이 부부 동반으로 참석할 예정이기 때문에 나는 혼자서 갈 수 없었어요. 하지만 폴은 나의 기분을 이해하지 못해요. 그는 나보다 새들을 더 중요하게 여겨요.

상담자: 잠깐만요. 여기서 폴이 무엇을 더 중요시하고 중요하지 않게 생각하는 것에 대한 추측은 초점이 될 필요가 없어요. 그건 단지 그의 영역이죠. 우리의 과제는 이 상황에 대한 당신의 경험이 무엇인지를 발견하는 것입니다. 이제 한번 봅시다. 당신은 폴과 함께 부부로 친구들을 방문하여 일요일을 보내길 원했어요.

패멀라: 네, 함께요. 보통 하는 것처럼요.

상담자: 그 '함께 함'이 지금 당신에게 가장 중요한 것이죠. 그렇죠?

패멀라: 네, 그게 결혼의 전부 아닌가요?

상담자: 그런가요?

패멀라: 물론이죠. 그게 없으면 그냥 포기하고 이혼하는 게 낫죠. 서로 노력해서 상대방

의 곁에 있어야만 해요. 폴은 마땅히 그러한 것을 더 자주 해야 하는 거죠.

상담자: 당신처럼요?

패멀라: 아… 네 (주저하며 방어적으로) 뭐, 적어도 저는 노력하죠.

상담자: 무엇을 하기 위해 노력한다고요?

패멀라: 가능한 한 자주 그와 함께 있으려고 노력해요.

상담자: 심지어 그가 하는 일에 대해 당신이 하고 싶지 않을 때도요. (이건 단정적으로 그
　　　리고 고맙다는 방식으로 말한다.)

패멀라: 아, 아뇨. (몇 초간 생각하고) 진짜 그런 건 아녜요. 아 뭐. (부끄러워하면서) 네, 무
　　　슨 말씀이신지 알겠어요.

상담자: 제가 무슨 의미로 말하는데요?

패멀라: 제가 그에게 나를 위해 해 주길 기대하는 것을. 나는 그를 위해서 해 줄 준비는
　　　되어 있지 않다는 거요.

　상담자가 관찰하고 있는 배우자에 대한 어떤 불평에도 동조하는 것을 거절하면
서 오직 지금 대화하고 있는 내담자의 경험에 체계적으로 초점을 맞춤으로써, 상담
자는 부부 모두에게 신뢰를 얻을 뿐 아니라 그들로 하여금 서로의 인식과 경험에
관심을 갖도록 만든다.

　폴과 패멀라는 각자 자신들을 위한 삶에 많은 시간을 허락하지 않았었고, 관계를
위해 깊은 내면적 영역을 개발할 기회도 갖지 못했었다는 것을 발견했다. 한편 그
들은 이러한 사적인 풍경이 눈앞에 펼쳐지자 파트너의 내면세계가 얼마나 풍성한
지에 대해 놀라워했다.

　비록 안정적인 자신의 내면세계를 느끼기 위해 패멀라가 폴보다 상담시간이 좀
더 필요했지만, 마침내 부부 모두 자기 내면에 대한 인식과 그들에게 필요한 평화
를 제공하기 위한 자신들의 사적 영역에 대해 이해하게 되었다. 이를 통해 그들은
부부 사이의 화평과 자신의 배우자를 향해 나아갈 수 있다는 자신감을 얻었다. 이
들은 서로 간의 관계를 재정립하였고 가족이 되는 것을 시작하기로 결심했다. 안
타깝게도, 패멀라는 임신할 수 있는 가능성이 낮아서 부부가 원했지만 아이를 가
질 수 없었다. 이는 이러한 상황을 해결하는 방법적 차이로 말미암아 둘 사이에 더

욱 큰 어려움을 가져왔다. 이들은 더 많은 상담을 받았으며, 결국 그들은 서로가 만족할 수 있는 각자의 길을 가기로 결정했다.

커플들이 가지는 관계적 문제는 종종 서로에 대해 그리고 각자 자기 자신과의 친밀감이 부족하기 때문에 만들어진다. 사실 인간관계는 자기 자신과의 친밀성을 회피하기 위한 변명거리가 될 수 있다. 개인적 세계의 영역에서 충만한 존재를 창조하기 위해서는 먼저 용기 있게 혼자가 되어야만 한다. 자기 자신과의 친밀하고 안정적인 관계는 삶과 죽음에 대한 기본적인 사건들과 직면했을 때에만 생성될 수 있다. 자기 안에 자신감과 용기를 쌓아 올리는 것은 사회적 세계에서 편안하게 해 주는 교제 속에 숨는 대신, 있는 그대로의 생생한 삶의 현실에 자신을 노출시킴으로써만 가능하다. 사람이 운명과 재앙 앞에서조차도 홀로 설 수 있다는 사실을 깨닫는 것은, 세상이 덜 무섭고 더 많은 것을 보상해 주는 곳이라는 개인적인 현실감각을 제공해 준다. 이러한 내적 현실의 안정을 통해서만, 다른 사람들의 접근이 가능하고 개인적 세계의 친밀한 태도 안에서 함께 합쳐질 수 있는 것이다. 이러할 때, 결국 공적 세계의 사회적인 영역에서의 관계처럼 일시적이고 인공적인 것이 아닌 보다 안정적이고 기본적인 관계가 형성된다.

인간 존재의 마지막 네 번째 영역과 연결을 하는 것은 사람들이 개인적 세계 혹은 물리적 세계 또는 사회적 세계 속에 더 깊은 뿌리를 내리는 데 도움을 준다. 네 번째 영역은 이상과 가치와 의미로 이루어지는 영적 세계의 영역이다. 사실, 개성과 인격에서 나타나는 강점과 유연성은 거의 대부분 사람이 세상에서 무엇에 가치를 두느냐 하는 강한 의식에 변함없이 연결되어 있으며, 가치들은 영적 차원에서 정해진다고 할 수 있다.

내담자들이 개인적인 영역에서 자신과의 관계로 인해 주저할 때, 그들에게 정말 중요한 것이 무엇인지, 또는 가장 의미 있는 것이 무엇인지를 생각하도록 격려해 주는 것은 도움이 된다. 이는 그들이 자신들의 삶의 목적을 규명하는 것과 마찬가지로, 영적인 방법을 통해 자신 스스로에게 가까워지도록 만들어 주는 일이 될 것이다.

〈표 3-3〉 개인적 세계에서의 긍정적, 부정적인 도전들

개인적 세계에서의 도전들	긍정적인 면	부정적인 면
개인	정체성	자유
나	강점	약점
자기	통합	분열
의식	자신감	혼란

✸ 영적 세계

어떤 심리치료 작업에서든지, 내담자는 조만간 자신이 지닌 신념과 가치가 이상적 수준에서 어떤 관계에 있는지 중심적 초점이 될 것이다. 첫 번째 영역인 자연적 세계가 개인이 자신의 물리적 환경 속에서 살고 있는 구체적인 영역과의 연관을 나타내듯이, 네 번째 영역인 영적 세계는 개인적 삶의 추상적이고 형이상학적 영역과의 연결을 나타낸다.

많은 사람들에게 있어서, 이 영역은 그들 존재의 종교적 영역과 유사하다. 또한 어떤 사람들에게는 영성이나 종교에 대해 언급하는 것이 당혹스럽게 느껴지고 그래서 그들의 삶에 있어서 영성과 관련된 모든 것을 부인하기도 한다. 그러나 대부분의 사람들은 인생에 대해, 세상에 대해 그리고 그들 자신과 그 이상의 것들에 대해 자신들의 이상과 신념을 표현해 주는 어떤 개념과 관련될 수 있을 것이다. 영적 세계는 사람들이 자신들에 대한 의미를 창출하고 사물을 이해하는 경험적 영역이다. '영적'이라는 단어는 매우 오용되고 있는데, 영성은 문자적으로는 생기(生氣) 또는 영혼 또는 어떤 것들의 본질적 원리를 의미하는 것으로 언급된다.

흔히 사람들은 이 영역의 중요성을 거의 자각하지 못하고 있는데, 특히 어린 시절에 가졌던 종교를 완전히 버렸다고 확신하는 사람들이 더욱 그렇다. 그들은 아기를 욕조물과 함께 버리고 자신들은 영적인 신념들이 없는 상태라고 믿고 있는 것이다. 그렇다면 그들은 자신들의 삶에 있어서 그저 오늘만 생각하고 살아가며,

그들 앞에 나타나고 있는 일상생활의 평범한 요구가 무엇인지를 이해하려는 시도조차 하지 않을 수 있다. 물론 인생에 대한 그러한 실용적 관점일지라도 이것 역시 자신의 철학과 이념을 나타내고 있는 것이다. 모든 사람들은 유신론자이든 무신론자이든 그것 자체가 일종의 종교적이 되는, 은연중의 세계관을 가지고 있다 (Deurzen, 2009).

우리가 비록 이런 것들을 당연히 여기면서 그것들을 성찰하지 않는다 할지라도 우리 모두는 일련의 가치들에 의해 살아간다. 실존심리치료는 항상 내담자의 감추어진 이상주의적 관점에 불빛을 비추어서 내담자가 자신의 가치를 밝혀내고 자신을 위해 그것들을 드러내도록 열망한다. 사회적 세계의 가치관에 대한 세련된 적응 이면에 오랫동안 숨겨져 왔던 옛 이상들의 발견과 재평가는, 종종 자신이 어떤 것도 믿을 수 없다고 생각하는 내담자에게 큰 해방(또는 안도)의 경험이 된다. 우리가 우리들의 가치 체계를 되찾고 재검토할 때, 우리의 목적의식과 삶의 방향과 목적지를 다시 회복하게 됨으로써 우리는 삶이 더욱 의미 있다는 것을 곧 발견하게 된다.

현재의 심리치료 방법들은 종종 간접적으로 사람들에게 역할 모델을 찾아서 어떤 모범, 특별히 심리치료자의 모범을 따라 본받도록 격려하고 있다. 실존적 접근은 자신의 이상(理想)을 좇아 자신의 삶을 형성해 가도록 변함없는 실행으로 돌아가는 것을 옹호하고 있다. 사회적으로 요구하는 것에 대한 모방이 아니라, 이상적 가치에 대한 열망이 돋보이는 사람을 뒤따르려는 동기 부여가 그 힘으로 여겨진다.

사람들이 자신들보다 큰 존재, 곧 일상적 삶의 투쟁을 넘어 그들을 벗어나게 해줄 어떤 이상적인 존재와의 내적인 유대를 재발견할 때, 새로운 동기가 그들 안에 넘쳐나게 될 것이다. 그리고 이것이 그들로 하여금 잘못됨이 없는 충만한 목적을 가지고 어려움들을 이겨나갈 수 있도록 한다.

내담자들은 그것이 현재로서는 많은 신용을 주는 것에 대해 명확하지 않기 때문에 그들이 경험하는 이러한 영역(영적 세계)으로 돌아가야 한다는 요구에 주저하게 됨을 느낀다. 과학적이고 물질주의적인 시대에는, 물리적 세계와 사회적 세계와의 관계들이 우선시 되고 있는 것이다. 개인적인 영역은 다소 제한되고 자기중심적인 방법으로라도 종종 추구되고 있지만, 영적인 영역은 꽤 자주 금기시되고 시대에 뒤처진 것으로 여겨진다. 우리는 우리의 이상을 종교와 함께 던져 버렸고, 사람들의 가치들은 뒤섞여 혼란스럽다(Deurzen, 1998, 2009).

어떤 초월적 접근의 영적 부흥운동은 이 영역이 좋은 평판을 얻도록 하는 데 기여하지 못한다. 이러한 영적인 영역과 관련하여 개인의 방식을 명료하게 하는 것은, 특별한 종류의 신비주의적이고 초월적인 경험(비록 그것이 어떤 사람들에게는 실제였다고 할지라도)을 장려하는 것과는 무관하다. 그것은 한 개인이 자신의 삶에 대한 현재의 관점들을 명확하게 만들려는 것이다. 한 사람의 이상적 세계를 이해한다는 것은 그 사람이 세상을 어떻게 이해하고, 무엇을 위해 살며, 무엇을 위해 기꺼이 죽을 수 있는지를 완전히 파악한다는 것을 의미한다. 이런 말이 자신들을 불가지론자 또는 무신론자라고 부르는 사람들을 놀라게 할지 모르지만, 우리 모두는 어떤 것을 믿고 있다. 근본적으로 물질주의적 견해를 가지고 있는 공산주의자들과 과학자들은 사회적 이상이나 또는 증거를 기초로 하는 객관성을 가진 과학적 이상을 여전히 강하게 믿고 있어서, 하나님이나 열반 또는 알라를 믿는 어떤 사람만큼 철저하게 자신들의 믿음에 대해서 추구할 것이다.

사람이 추구하며 살아갈 가치를 형성한다는 것은 종종 사회적, 개인적 또는 물리적 영역에서 문제들을 해결할 수 있는 방향의 첫 단계다. 어떤 이념들과 가치들이 어떤 한 사람에게 매우 중요하다는 것이 명백하게 되었을 때, 그는 외부적 또는 내적인 압박과 방해에도 불구하고 그러한 이상들과 가치들을 실천하기 위한 새로운 힘을 발견하게 될 것이다. 공적인 의견이나 신체적 장애 또는 기질의 나약함을 극복하는 것은 어느 순간 자신의 열망을 충족시키는 가치 있는 일들의 이면에 대항하는 사소한 도전처럼 보일 수 있다. 자기 자신의 이상에 대한 도전을 일으키는 것은 삶에 온전히 새로운 의미를 불어넣을 수 있다. 그리고 이러한 목적의식을 가진다면 일반적으로 얻을 수 없다고 여기던 생생한 활력과 열정도 가져올 수 있다 (Frankl, 1955, 1967을 참조할 것).

내담자와 영적 영역의 상담에 있어서, 그들이 발견할 필요가 있는 도덕적 원칙들이 반드시 심리치료자의 원칙이나 현재 사회의 원칙과 똑같아야 할 필요가 없다는 것을 깨닫는 것이 중요하다. 어느 한 내담자에게 가장 중요한 것이 다른 내담자나 심리치료자에게는 상대적으로 중요하지 않을 수 있다. 중요한 것은 개개인으로 하여금 자신의 우선순위를 세우도록 도와주며, 자신의 특정한 기본적인 동기를 다룰 수 있도록 도와주는 것이다(Midgley, 1981을 참조할 것). 이를 행함에 있어서, 심리치료자는 내담자가 외부적 현실에 순응하기 위하여 추려낸 가치들과 개인적으로 내적인 진실을 표현하는 가치들을 구분하는 일에 있어서 내담자를 돕기 위해 매우 주의를 기울여야 한다. 때때로 이 둘은 얽혀 있거나 심지어 동일시될 때도 있지만, 그것들은 매우 다르며 하나가 다른 하나를 숨겨버릴 수도 있다.

사 례

더글러스에게 있어서, 인생의 목적과 가치는 그의 존재가 매우 잘 적응하고 있는 외적인 요구에 의해 항상 단순하게 규정되어 왔다. 그는 호주 대도시의 엄격한 가톨릭 집안에서 자랐다. 그의 부모님은 두 분 모두 의료기관에서 일하셨는데, 아버지는 존경받는 외과 의사였다. 이전에 그의 형과 마찬가지로, 더글러스는 아버지의 발자취를 뒤따를 준비를 하고 있었는데, 그에게 외과는 아니지만 영국에서 2년 과정의 전문 의학 훈련을 위한 연수과정에 갈 수 있는 기회가 생겼다. 영국으로 가는 선택이 옳다는 것에 대한 별다른 의문 없이, 더글러스는 인생의 단 한 번뿐인 이 기회를 잡기로 결심했다. 그의 가족은 그가 방향을 바꾼 것에 대해 약간 불만스러워했지만 큰 소동 없이 그는 영국으로 여행을 떠났다.

그는 처음엔 영국에서의 삶을 즐기며 지냈다. 그는 이전에 호주 밖으로 한 번도 나와 보지 못했었기 때문에 시간이 날 때마다 영국의 이곳저곳을 방문하면서 많이 옮겨 다녔다. 그는 병원에서 일을 하면서 계속 바쁘게 지냈는데, 그가 말했듯이 여행과 방문은 자신이 고향에서 멀리 와 있다는 것을 거의 인식하지 못하게 할 정도였다. 그 후 영국에서 지낸 첫 해가 끝나갈 즈음, 그가 어느 날 서더크 대성당에 앉아 있었을 때 갑자기 자신이 영국에 온 이후 거의 하나님께 진정으로 기도할 수가 없었다는 것을 깨닫기 시작했다. 즉시 그는 전에 경험하지 못하였던, 벗어날 수 없는 깊은 슬픔을 느끼게 되었다. 그는 이러한 우울함에서 벗어날 수 있도록 모든 것들을 시도해 보았다. 여러 교회를 다니며 기도를 하고, 기분을 고조시키기 위해 친구들이나 동료들과 함께 파티도 하였으며, 술도 마셔 보고 집에 편지를 보냈고 우울함을 진정시키는 약도 먹어 보았다. 그러나 모든 것들이 소용없었다. 그는 슬펐으며, 슬픔 속에 잠겨 있었다.

심리치료를 위한 상담 세션 과정에서, 더글러스는 자신의 슬픔을 단순한 향수병으로 털어버리고 넘어가려고 했다. 그는 이전보다 더욱 열심히 일을 한다면 아마도 시간이 빨리 흘러서 앞으로 남은 영국에서의 시간이 빨리 지나가고 집에 돌아갈 수 있으며, 마침내 정상적인 일상생활을 되찾을 뿐 아니라 기분이 다시금 좋아질 거라 믿었다. 그러나 그가 이런 방식으로 외국에서의 귀중한 시간들을 낭비한다는 것과 집에서부터 멀리 벗어난 것을 더 이상 즐길 수 없다는 사실이 그를 혼란스럽게 하였다.

처음으로 그에게 옳은 방향을 찾게 해 준 것은 영국에서 지내는 것을 자신의 도피로 삼고 있다고 하는 언급이었다. 그는 영국에서의 2년이 그가 호주에서 살 때 받았던 긴장과 스트레스로부터 잠시 벗어나려는 휴일에 지나지 않는다는 것을 처음으로 인정하였다. 그는 전에 한 번도 이러한 새로운 경력을 얻는 것에 대해 진지하게 생각해 보지 않았으며, 그는 무척 돌아가고 싶어 했으며, 자신이 떠나왔던 바로 그곳에서 예전의 일상으로 되돌아가길 원했다. 그를 놀라게 한 것은 자신이 이러한 모든 모험을 너무 심각하게 했다는 것과 집을 떠나 즐거운 시간을 가지려고 했던 것에 대해 죄책감을 느끼기 시작했다는 사실이다.

더글러스는 특별히 하나님께 죄책감을 느꼈다. 호주에서 그는 신실하고 헌신적인 가톨릭 신자로서 교회에 가는 것이 진지하게 수행되었던 가족 행사였다. 예를 들어, 거의 7개월 동안 성찬식에 참여하지 않는다는 것은 그에게 생각도 못할 일이었지만, 그렇게 하고 말았다. 처음에 그는 자신의 신앙과 가족에 대항하여 영국으로 와버렸기 때문에 그래서 죄책감이 생겼다고 생각했었다. 그러나 후에는 죄를 지은 뒤 오랫동안 고해성사에 따른 죄사함을 받을 수 없었기 때문에 죄책감이 생겼다고 생각했다. 따라서 그는 정상적으로는 기도와 사죄가 죄책감을 떨쳐 버릴 수 있었는데 그러지 못하여 죄책감이 쌓였다고 생각하였다.

더글러스가 자신의 슬픔과 죄책감에 대하여 알아낼 수 있는 이성적인 설명들이 무엇이었든지 간에, 그럼에도 불구하고 그가 이러한 강한 감정에 여전히 빠져 있다는 것이 분명하였다. 그의 양심의 메시지를 그는 아직 명료하게 수용하지 않았다.

점차적으로 더글러스는 자기의 슬픔이 상실에 관한 것이 아니라는 사실을 인식하기 시작하였다. 비록 그가 호주에서 살 때부터 포장해서 꽁꽁 감추어 두었던 안정감을 후회할지라도, 그리고 비록 이전의 삶과 확립된 일상을 그리워할지라도, 상황들이 절대 이전으로 돌아갈 수 없다는 것을 그는 너무나도 확실하게 알고 있었다. 게다가 그는 과거에 있었던 상황들로 되돌아가는 것을 자신이 원하지 않는다는 걸 알고 있었고, 또한 자신이 그것을 해야만 한다고 믿었기 때문에 기존에 확립된 삶의 패턴을 부수려는 결정을 했었다는 것도 알고 있었다.

그는 2년간의 연수를 끝마치지 않은 채 호주로 다시 도망가서, 자신의 이러한 도피는 청년기의 모험에 지나지 않을 뿐이라고 가장하면서 이전의 정상적인 생활로 돌아가는 것이 얼마나 쉬운 일인가를 깨닫고 있었다. 그는 오래된 안전장치들로부터 벗어나지 못하고 있었다. 즉, 그가 원할 때는 언제든지 체면이 손상되는 일 없이 옛 생활로 되돌아갈 수 있었다. 그와 반대로 모든 사람들은 귀국을 환영하며 그를 반겨줄 것이다. 하지만 아니다. 그가 가지고 있는 슬픈 감정은 오래된 것에 대한 상실에서 생긴 것이 절대로 아니었다. 더글러스는 자신이 슬픈 이유가 오래되고 안전한 자신의 집 같은 영역 너머에 펼쳐져 있는 세계를 발견할 수 있는 유일한 기회를 잃고 있음을 두려워하기 때문이라는 사실을 서서히 깨닫게 되었다. 그는 영국에 있으면서도 자신이 누구인가를 탐색하는 것에 대해 스스로에게 허락지 않고 있었다.

그가 친숙하고 안전한 존재방식들보다 더욱더 갈망하는 자신만의 것이 있음을 직감으로 알아차리자마자, 실존적 죄의식이라는 용어로써 자신의 죄책감을 이해하기 시작하였다. 그의 죄책감은, 그가 무엇을 잘못하였다는 것을 나타내는 것과는 거리가 먼 것으로서, 그가 할 수 있는 옳은 일을 하지 않고 생략하는 위험에 빠지게 된 방식을 상기시켜 주었다. 그는 자신과 세상에서 새로운 발견을 위한 절벽

위에 있었지만, 그 심한 충격으로부터 자신을 계속 보호만 하고 있었다. 그는 영국에서의 삶에 온전히 참여하지 않고 관광객으로만 지냈으며, 2년이 그렇게 지나가는 것을 기다리고 안전하게 집으로 다시 돌아가려고 함으로써 자신의 책무를 유보하였다. 이것은 기발한 모험을 하겠다는 것을 의미했지만, 그에게는 그것보다는 자신의 체류를 그저 관광 정도로 여기는 것이었다.

상담자는 더글러스 자신이 더 많은 일에 관여하기를 원하고 있음을 스스로 잘 알고 있다는 사실을 볼 수 있게 도와줄 수 있었다. 우선적으로 그는 이런 여행을 감행하겠다고 한 사람이었다. 아무도 그에게 강요하지 않았고, 아무도 그에게 그것을 가볍게 여기라고 하거나 또는 급히 서두르라고 강요한 사람이 없었다. 그는 가톨릭 종교를 가진 외과 의사의 아들로서, 외과 의사가 되어야 하는 정해진 패턴이 충분히 만족스럽지 못하다는 것을 알고 있던 사람이었다. 영국에서 지내는 동안 교회에 나가지 않은 사람도 그 자신이었고, 무엇인가를 좀 더 원했던 사람도 그 자신이었다. 더 원대한 도전을 찾아 헤매던 사람도 그 자신이며, 자신의 지평을 넓히기를 원하면서 자기 내면의 더 깊은 곳을 갈망하던 사람도 그 자신이었다. 그런데 그 후에 일들이 어렵게 되어가자, 그는 오래되어 친숙해진 안전장치들을 다시 더듬어 찾으면서 결국 자기 머리를 모래 속에 박아 버린 듯이 꼼짝 못하게 되었다. 그가 슬픔을 느끼고 낙망하며 우울하게 된 것은 놀라운 일이 아니었다. 그가 죄책감을 느꼈다는 것은 의심할 여지가 없었는데, 그는 자신에게 죄책감 이상의 어떤 것을 빚진 것이다. 그는 자신에게 실존적 부채를 갖게 된 것이었다.

더글러스가 이러한 용어들로 자신의 어려움들을 규명하기 시작하자, 거의 즉각적으로 기운을 차릴 수 있었다. 그는 더 이상 멀리 고향을 떠나 있는 것에 대해 두려워하지 않았다. 이제 그는 무엇을 위해 영국에 오게 되었는지를 더욱 명확하게 상기하였다. 그는 활력과 확신의 불꽃을 자신 안에서 다시 타오르게 할 수 있었는데, 이는 우선적으로 그가 어떤 계획을 독창성 있게 착수할 수 있게끔 만들어 주었다.

그의 어린 시절에 알고 있었던 권위적인 하나님을 떠난다는 것이 지금은 더 이상 두렵지는 않았다. 그것은 내적인 권위와 옳고 그름을 판단하는 내적 의식을 재발견하는 방향으로의 첫발을 내딛은 것이었다. 가족과 그가 속해 있는 사회단체의 가치들을 뒤로 하고 멀리 떠난다는 것이 더 이상 그를 절망으로 몰고 가지 않았고 오히려 그 자신이 소유한 가치를 형성해 가는 문을 열어 주게 되었다.

여러 달 동안 자기 자신과의 싸움을 극복하며, 더글러스는 자신의 오래된 생활습관을 전체적으로 받아들일 필요도, 전적으로 거부해야 할 필요도 없다는 것을 이해하기 시작하였다. 그는 호주나 다른 나라에서 세상을 다스리는 한 종류의 정해진 규범만 있는 것이 아니며, 또한 외부에서 삶을 지배하는 정해진 기준도 없다는 것을 알았다. 사람은 이 모든 것들 가운데서 자신에게 잘 맞는 것을 뽑고 선택할 수 있다. 그는 어떤 일련의 가치들과 규준들을 전적으로 따른다든지, 또는 전적으로 부정한다든지 할 필요가 없었다. 자신의 지평을 넓히고 자신 안에서 힘을 얻는 것은 그로 하여금 살아갈 가치가 있는 것에 대한 자신만의 생각을 갖게 하는 것에 대해 가능하게 해 주었다.

더글러스가 호주로 돌아갈 날이 얼마 남지 않았을 때, 그는 자신이 존경하는 영국 신부를 찾아가서 그와 에덴동산에 관한 이야기를 나누었다. 이 대화를 한 후, 그는 하나님에 대한 새로운 신앙을 발견하게 되었는데, 그는 하나님께서 스스로 생각하기를 원하는 사람을 반드시 거부하시지는 않을 것이라는 결론을 내리게 되었기 때문이다. 금지된 나무의 열매를 먹음으로써 옳고 그름에 대한 지식을 얻게 된 선택이 반드시 죄가 되는 것만은 아니라는 생각이었다. 사실 그는 하나님께서 그 나무를 에덴동산에 두시면서 그 자신 지각 있는 삶의 가능성을 소개하시려고 했던 것이 아닐까라고 생각했다. 대체로 하나님은 사람들이 낙원에서의 영원한 삶에 만족하면서 바보처럼 살기를 원치 않으셨던 것일지도 모른다고 생각했다. 그의 생각은 또한 철학자 키르케고르가 한때 갔었던 길을 따른 것이다.

더글러스가 버림받은 자가 되지 않으면서 호주에서 살았던 삶의 방식으로 자신을 되돌려 놓을 수 있는 어떤 타협안을 준비하고 있는 동안에도, 그가 영국에서의 경험을 지워버리려고 의도하지 않는다는 것 또한 분명했다. 사실, 그가 고향으로 돌아간 지 두 달 후에 그리고 1년 반이 지난 후에 각각 써서 보내온 그의 편지들은 그의 사고의 독립성이 처음엔 급강하 하다가 시간이 흐를수록 꾸준히 증가하고 있음을 보여 주었다. 두 번째 편지에서 그는 자신의 삶의 목적이 무엇인지에 대한 자신의 생각을 그 어느 때보다 구체적이고 정확하게 서술하였다. 이는 대체로 그가 가정으로 돌아와서 발견한 영적인 삶과 이상들에 대해 그의 불만족이 커졌기 때문에 초래된 결과였다. 그가 자신의 생각을 현재의 추세를 따라 맞추려고 하는 동안, 결국 자신의 고유한 길을 따라가는 위험을 감수해야만 한다고 결심하게 되었다.

　실제로 이것은 자기 자신이 사고가 자유로운 그리스도인이 되는 것을 의미했고, 가톨릭 신자로서의 종교적 관행을 따르는 것을 중단한다는 것을 의미했다. 또한 그는 자신의 생각을 업무와 관련짓는 노력을 하였는데, 이것은 자신의 환자들을 위궤양 또는 십이지장 암환자들의 경우로 치료하기보다는 자유롭게 사고할 수 있는 사람들의 경우로 연관시켜나가는 것이었다. 그건 더글러스가 그것을 자신에게 적용시키면서 자신의 우울함도 사라졌기 때문에, 마치 그의 생명나무가 열매를 맺기 시작하였다는 것처럼 들렸다.

더글러스처럼 많은 사람들이 자신들의 이상과 가치를 이해하는 데 어려움을 겪고 있다. 당신의 인생에 있어서 자신만의 열망과 목적에 대한 용어에 다가서려면 당신의 주변을 둘러싼 추세와 유행으로부터 충분히 거리를 둘 수 있을 때에만 비로소 가능해진다. 그러므로 먼저 사회적 세계의 관계를 구별해 내는 것이 이상적이고 영적인 영역을 다루기 전에 필수적이라고 할 수 있다. 이를 수행함에 있어서 당신의 문화와 준거 집단으로부터 떨어진 위치에서 잠시나마 당신 자신을 발견하는 것이 도움이 될 수 있다. 여행이나 초문화적 경험은 이런 종류의 체험을 하게 만드는 촉발제가 된다. 당신을 직접적으로 지원해 주던 체제로부터 이방인으로 경험되는 어떤 다른 사건이나 상황은 당신이 가진 개인적인 이상들과 내적 가치의 명료함이 부족하다는 인식을 제공해 줄 수 있다.

　영적 영역을 마주할 때에 당신의 개인적 세계에서 이미 편안한 상태가 되어 있는 것 또한 매우 중요하다. 도덕적 판단과 결정을 만들어 내는 책임감을 감당해낼 수 있는 당신의 능력에 대한 내적 자신감과 신뢰 없이는, 당신 자신 안에서 지침을 찾을 수 있는 가능성은 거의 희박하다. 동시에, 영적 세계의 이상들이 개발될 때 사회적 영역에 대한 내적인 강점과 명확성은 극적으로 증가될 것이다. 사람들은 종종 향상된 이상적 세계의 관계가 자신들이 자연적 세계에서 경험하는 것들을 어떻게 고양시키는지에 대하여 보고한다. 인간을 우주의 더 큰 패턴과 연결하는 절대적 가치로 전환하는 것은 물질적 세계의 구체적인 현실들을 재정의할 수 있으며 주어진 것들에 대한 감각적 인식과 감사를 고양시킨다. 예를 들어, 우리가 인생의 본질적인 것들에 대해 더 분명해지고 우리의 가치들에 대해 더 많이 질문할 준비가 되어 있을수록 우리는 자연의 풍부함을 더 정확하게 그리고 더 강렬하게 즐길 수 있게 된다.

그러므로 실제에 있어서 인간이 경험하는 네 가지 영역들 모두는 서로 연결되어 있으며 상호 관련을 맺고 있다. 즉, 전적으로 하나의 영역 안에서만 상담하면서 다른 영역들 모두를 무시하는 것은 불가능하다. 비록 내담자들이 흔히 하나의 특정한 영역에서 자신들의 투쟁을 강조하더라도, 일반적으로 삶에 있어서의 어려움이 이러한 네 가지 영역들을 통하여 다루어져야 한다는 것은 성과를 내기 위해 필수적이다.

〈표 3-4〉 영적 세계에서의 긍정적, 부정적인 도전들

영적 세계에서의 도전들	긍정적인 면	부정적인 면
무한성	선	악
관념들	진실	거짓
정신	의미성	무가치함
양심	옳음	그릇됨

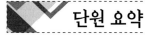

단원 요약

01 인간은 각각 다른 영역에서 세상을 경험한다. 실존적 작업은 이 모든 영역들에 대한 개인의 경험을 조심스럽게 탐색한다.

02 이러한 네 가지 영역들 또는 범주들이란
    a. 물리적 영역(Umwelt)
    b. 사회적 영역(Mitwelt)
    c. 개인적 영역(Eigenwelt)
    d. 영적인 영역(Überwelt)

03 물리적 영역(Umwelt)은 우리를 둘러싼 물질적 세계 곧 자연환경에 대한 우리의 관계적 영역이다. 이것은 또한 이 세상에서 우리 자신을 참여시키는 것과 우리에게 나타난 사실적 한계와 또한 우리에게 전개되는 도전에 관련된 우리의 관계를 포함한다.

04 사회적 영역(Mitwelt)은 세상에서 우리와 함께 살아가는 다른 사람들과의 사회적 관계를 말한다. 이것은 문화적 규준과 사회적 인습 그리고 개인 간에 역동적으로 일어나는 힘의 관계들이 우리의 행동과 경험에 영향을 미치고 있는 공적인 영역에서 우리의 참여적 관계를 나타낸다.

05 개인적 영역(Eigenwelt)은 내적 성찰에 의해서 만들어지는 매우 개인적인 방법을 통하여 우리들 스스로 자신과의 관계 맺음을 가리킨다. 이것은 우리들 자신의 일부로서 우리가 경험하는 사물이나 동물 또는 사람에 대한 우리의 관계를 포함하기도 한다.

06 영적인 영역(Überwelt)은 우리가 살아가는 데 있어서 추구하는 믿음, 이상, 가치와 원칙들에 대한 우리의 관계를 가리킨다. 이것은 우리가 다른 영역들에 대해 작동하는 방식과 우리가 세계를 이해하는 방식을 결정해 주는 총체적인 세계관과 이상적 전망의 영역이다.

07 각각의 영역에서 우리는 인정하고 받아들여야 할 예측할 수 있는 많은 한계들과 도전들뿐만 아니라, 많은 가능성들과 기회들과도 마주치게 된다.

08 각각의 영역에서 우리는 우리 자신의 열망들을 추구할 수 있으며, 장애물들을 극복하기 위해 우리 자신의 능력에 대한 환상을 만들어 낸다. 우리는 또한 이러한 각각의 단계에서 마주치게 되는 궁극적인 염려 때문에 낙담할 수 있다. 이러한 극단적인 양면성을 다루기 위해 건설적이고 실제적인 방법을 발견하는 것은 좋은 인간적 삶을 살기 위해서는 필수적이다.

09 물리적 영역과 관련해서 언급하자면, 내담자들이 세상에서 종사하는 과정에서 구체화되었든지 혹은 구체화되지 못했든지 간에 그러한 방식들에 대해 주의를 기울여야 한다는 것과, 내담자들로 하여금 현실을 마주하게 하고 그에 상응하는 위험을 감수할 수 있는 안전장치

와 그들의 능력을 고양시키도록 해 주는 것이 중요하다.

10 사람들이 그들 자신의 물리적 존재를 자율적으로 관리할 수 있는 기본적인 의식에 대해 알지 못하는 한 다른 영역들에서 상담하는 것은 초점을 잃게 된다.

11 사회적 영역에서, 우리는 내담자들이 다른 사람과 접촉할 때 그들을 지배하려고 하는 것인지, 그들에게 복종하기 위해서인지, 아니면 다른 사람들로부터 물러서서 피하려는 것인지를 지켜볼 필요가 있다. 우리는 내담자들이 그들의 사회적 세계를 다루는 데 있어서 개인적 어려움들을 이해하도록 도와주면서, 좀 더 상호 협력적인 관계의 방식과 경쟁적인 방식을 수행하는 것을 나란히 비교하여 볼 수 있다.

12 사회적 영역에서의 갈등을 극복하기 위해선 '나와 너' 그리고 '나와 그것'의 관련성 사이를 구별할 수 있는 통찰력이 필요하다. 이는 상호관계를 더욱 역동적이고 서로 기여할 수 있는 형태가 되도록 만들기 위해서 상호성과 상호의 이익이 허락하는 인간관계를 추구하는 개인의 능력을 향상시켜 줄 것이다.

13 개인적 영역에서, 개인 각자의 장점과 약점을 인식한다는 것은, 개인의 부정적인 특성으로 여겨지는 것이 발전할 수 있는 긍정적인 잠재력을 가지고 있다는 사실을 발견하도록 이끌어 준다.

14 한 개인의 정체성과 관련된 내적 경험에 초점을 맞추는 것은 그 사람으로 하여금 물리적 또는 사회적 결정요소들의 행운에 의해 안주하는 의식을 넘어서게 해 준다.

15 사람들은 자기 자신이 자신의 세계에서 균형을 이루는 중심이 된다는 사실을 자각할 수 있으며, 자신의 삶에 있어서의 책임을 필요로 한다.

16 이는 항상 인간 존재에서 보다 넓게 암시하고 있는 것들에 대한 총체적 인식을 가지고 상호 균형을 맞추어야 한다는 것을 요구한다. 그러면 그 사람은 어떤 개인이 될 수 있는 것 이상으로 훨씬 넓게 뻗어나가는 우주에서 마치 중력의 중심처럼 견고하게 자리를 잡는다.

17 영적 영역에서는 이상들이 드러나거나 처음으로 발견될 수 있다. 이는 앞날에 대한 관점이나 방향에서 온전한 변화를 이끌어 줄 수 있다. 그리고 현존하는 곤경이나 딜레마는 이러한 변화의 빛 안에서 새로운 의미를 줄 수 있다.

18 어떤 사람이 무엇을 위해서 살거나 죽고 싶어 하는지를 아는 데는 꽤 많은 용기가 필요하다. 그러나 개인적인 목적을 인식함으로써 발생된 열정은 이전의 어떠한 냉담이나 영적 결핍을 극복하도록 한다.

19 자신의 삶의 주변에서 깊게 느끼고 있는 가치를 건설하는 것은 그의 관심에 초점을 다시 맞추는 것으로 모든 영역에서 세상과의 새로운 관계를 가능하게 해 준다.

20 일상적 삶에 있어서의 목적과 의미는 이전에 자신이 감당할 수 있다고 생각했던 것보다 훨

씬 더 큰 어려움들과 싸우는 것을 가능하게 해 준다.

〈표 3-5〉 네 가지 영역들에서의 갈등과 도전과 모순들에 대한 개관

세계	주변 세상 (물질적 세계)	함께하는 세상 (사회적 세계)	자신의 세상 (개인적 세계)	더 위의 세상 (영적 세계)
물리적	자연: 생명/죽음	사물: 즐거움/고통	자신의 몸: 건강/병	우주(질서): 조화/혼돈
사회적	사회: 사랑/증오	다른 사람들: 지배/복종	자아: 수용/거절	문화: 소속/고립
개인적	개인: 정체성/자유	나: 강점/약점	자기: 일치/비일치	의식: 자신감/혼란
영적	무한성: 선/악	관념들: 진실/거짓	영: 의미성/무가치함	양심: 옳음/그름

논의 및 숙고할 점

❖ **당신은 존재의 어떤 영역에서 가장 편안함을 느끼는가?**

1. 당신은 모든 영역들이 드러내고 있는 균형된 모습을 유지하고 있는가?
2. 당신은 자신이 어떤 특정한 영역을 회피하고 있다는 것을 발견하는가?
3. 당신의 일상적 업무와 취미는 네 가지 세계들에서 얼마나 넓은 범위를 차지하고 있는가?
4. 당신은 간과된 영역들을 포함시키기 위해 어떤 변화를 만들어야 할 필요가 있는가?

❖ **물리적인 영역에서 현재 당신의 우선순위는 무엇인가?**

1. 이 영역에서 당신이 염려하고 있는 긴장은 무엇인가?
2. 당신은 당신의 신체에 대하여 얼마나 자신감이 있는가?
3. 당신은 물건이나 기계를 다루는 데 있어서 얼마나 능숙한가?
4. 당신은 사람들의 신체와 성에 관하여 어떤 입장에 서 있는가?
5. 당신은 자연적 세계에 얼마나 많이 몰두해 있는가?

❖ **사회적 영역에서 당신의 우선순위는 무엇인가?**

1. 당신이 현재 다루고 있는 사회적 긴장은 무엇인가?
2. 당신은 자신의 자아와 그 자아가 다른 사람들에게 끼치는 영향에 대해 얼마나 자신이 있는가?
3. 당신은 다른 사람을 돌보고 사랑하는 것과 관련하여 얼마나 잘하고 있는가?
4. 당신은 누가 당신을 지지한다든지 혹은 적대감과 맞서게 될 때 얼마나 잘하고 있는가?
5. 당신은 사회에 어떠한 기여를 하고 있는가?

❖ **개인적 영역에서 당신의 우선순위는 무엇인가?**

1. 당신이 현재 인식하고 있는 내적 갈등은 무엇인가?
2. 당신은 자신과 자신의 성격에 대하여 얼마나 편안하게 느끼는가?
3. 당신은 자신의 장점들과 단점들을 얼마나 잘 다루고 있는가?
4. 당신은 자신의 친밀한 세계에 들어오도록 허락할 수 있는 충분히 가깝게 여기는 어떤 것들이 있는가?
5. 당신 자신을 위한 자기성찰에 있어서 당신의 계획은 무엇인가?

❖ **영적 영역에서 당신의 우선순위는 무엇인가?**

1. 삶의 의미에 대해 당신은 마음에 어떤 질문들이 떠오르는가?

2. 당신은 세상과 그것의 목적에 대해 어떤 생각을 가지고 있는가?

3. 당신은 자신의 삶을 모든 사물들의 전체적 구성 안에서 어디에 끼워 넣어야 한다고 생각하는가?

4. 당신은 기도하거나 또는 자신이 만들지 않은 도덕적 법에 순종하는가?

5. 사람이 태어나기 전과 죽음 이후에 무슨 일이 일어나는지에 대한 당신의 견해는 무엇인가?

제4장

자세히 탐색하기

✶ 가정에 대한 정의

　이전의 장들은 내담자의 세계관을 이해하는 것에 대한 중요성을 보여 주었다. 이제 우리는 내담자들이 세상에서 경험하는 것들을 이해하는 데 있어서 보다 실질적이며 구체적으로 도울 수 있는 방법을 살펴볼 필요가 있다. 앞 장에서 다루었던 몇몇 사례들은 단순히 내담자들의 곤경이나 위기 그리고 궁극적인 해결에 대해 서술되었다. 어려움을 다루기에 앞서 내담자들이 해야 할 필요가 있는 실제적인 노력에 관하여 언급하였을 뿐이다. 이번 장에서는 실존주의 심리치료사가 힘들게 노력하는 과정을 통해 내담자들을 돕는 일에 있어서의 진행방식을 좀 더 명확히 다루고자 한다.

　사람의 삶을 면밀히 살펴보는 것은 실존주의적 작업의 초기 과업에 해당한다. 이를 위해서는 특히 다음과 같은 세 가지 사항을 주의 깊게 고려할 필요가 있다. 첫째, 4가지 영역 모두에 있어서 세상에 관한 가정을 인식하고 정의하고 의문을 가져야 할 필요가 있다. 가정이란 우리가 일상적으로 의심할 여지없이 진실로 받아들이는 것들을 의미한다. 가정은 그것이 실제이든 아니든 간에 우리에게 사물에 대한 인식을 결정하도록 하며, 가능 또는 불가능으로 여기는 것들에 대한 개념적 틀을 제공한다. 물론 가정이 때로는 편견이나 무지와 허위 정보에 근거하여 우리가 그릇된 판단을 하도록 만들기도 한다. 가정은 개인의 과거 경험 또는 경험의 결핍에 기반을 두고 있다. 둘째, 개인의 궁극적이고 생동적인 관심사가 무엇인지를 파악하기 위하여 개인의 가치관들을 인식하고 이에 대한 정의를 내려야 한다.

이러한 가치관들은 현재 어떤 것들을 자신에게 중요하고 가치 있으며, 의미 있게 만드는 것들이다. 셋째, 개인적인 재능들이 인식되어야 하며 규명되고 구체화되어야 한다. 이것들은 사람들의 삶을 가능성 있게 그리고 실제적으로 이루게 만드는 원천이며 우리의 삶을 향상시키고 우리의 미래에 대한 소망을 주며, 우리가 발전시키고 펼쳐 나가야 하는 것들의 원천이다.

개인의 세계관이 과거와 현재 그리고 미래를 창의적 방식으로 조화롭게 구성하고, 역동적으로 성찰하며 만족스러운 라이프 스타일로 변화시키고 모색하려면 이상에서 언급한 세 가지 요소들이 구체적으로 설명될 수 있어야 한다. 우리의 가정에 대한 명료성을 획득하는 것은 현실을 직시할 수 있는 능력을 발전시키게 될 것이다. 우리는 가치관에 대한 명확한 이해를 통해서 인생을 살아볼 만한 가치가 있도록 꾸려나가는 능력을 증가시킬 수 있다. 우리는 개인적인 재능을 명확히 파악함으로써 인생을 실제적으로 원하는 바대로 성취할 수 있는 능력을 발전시킬 수 있을 것이다.

내담자의 과업은 세상에서 존재하는 세 가지 측면의 방식 전체에 대해 내담자의 관심이 직접적으로 향한다는 사실을 확신하게 만드는 것이다. 종종 내담자에게 존재양식의 두드러진 특성에 집중하는 것이 대단히 중요하다는 것을 반복해서 일깨워 줄 필요가 있을 것이다. 내담자가 그러한 것들을 잘 인식할 수 있도록 격려하는 상담과 심리치료의 일부 접근법들은 내담자의 감정을 강조한다. 유사한 기대감으로 행동 또는 인지적 태도를 강조하는 또 다른 접근방법들도 있다. 여전히 어떤 접근들은 개인적인 책임성을 강조한다. 이념은 언제나 동일하다. 즉, 내담자가 경험과 행동의 중심이자 자기 스스로를 경험의 원천으로 인식할 수 있도록 만드는 것이다.

개인에게 있어서 목표는 다음과 같다. 각 개인은 경험에 대한 인식에서 출발하여 감각기관을 통한 자극과 긴장을 관찰하며 정서적 충격과 감정을 향해 이동한다. 그리고 이러한 감정의 이면에 숨겨진 의미들을 말로 표현함으로써 직관적으로 자신이 진정으로 성취하기를 원하는 목적과 그 정당성이 무엇인지를 명확히 알게 된다. 이러한 모든 방식에서 개인은 자신의 권위를 행사할 수 있는 능력을 갖게 되는 것이다. 상담 초기에 대부분의 내담자들은 삶 속에서 발생된 문제를 가져오는데 이는 전적으로 외부요인에 의하여 촉발된 것들이다. 이들은 문제를 자신에게 불행과 불운을 가져다준 환경 탓으로 여긴다. 때때로 그들은 자신들을 제약하는 물리적 상황을 문제로 간주하기도 한다. 만일 그들이 단지 다른 장소나 다른 시기에만 살았더라면, 또는 다른 신체적 조건이나 더 많은 능력을 갖추기만 했어도 만사형통하였으리라는 생각을 한다. 어떤 경우에는, 문제를 문화적 또는 사회적 상황의 탓으로 돌리기도 한다. 이들은 부모가 자신들을 망쳤다고 생각하고, 인생에서 제대로 된 직업이나 배우자를 만나지 못한 불행으로 돌리기도 한다. 또는 대부분의 사람들은 자신이 겪는 대부분의 고통을 특정 관계 탓으로 돌리기도 한다. 종종 부모나 배우자가 잘못되었다는 사실을 발견하는 것이 목표가 되기도 한다. 어떤 경우는 사람들이 자신의 비참함의 원인을 자신의 성격으로 생각하는데, 이는 마치 자신의 유전자를 탓하는 것과 다를 바 없어서 성격을 변화시키려 할 때 무력감을 느끼기도 한다. 또한 어떤 사람들은 자신의 현재 성격이나 정서적 문제를 자신의 잘못이 없음에도 고통을 겪고 있는 외상으로 설명하기도 한다. 끝으로, 어떤 내담자들은 운명이나 하나님의 손길을 자신들의 고통과 고난의 원인으로 인식하기도 함으로써 자신들이 불운하다는 사실에 탄식하기도 한다.

물론 이러한 설명의 어떤 것들은 실제로 어느 정도의 진실일 수도 있다. 그러나 사람들이 세상 안에 존재하는 방식은 일반적으로 매우 다양한 다른 요소들에 의해 지나치게 규정되고 있다. 분명한 점은 이들 요소의 어떤 것도 미래를 어둡게 하는 것은 있을 수 없으며, 또한 우리 모두는 역경에 빠져들 수 있다는 점이다. 내담자가 자신이 처한 어려움을 가중시키는 데 있어서 자신의 책임을 통찰한 가운데 상담에 오는 경우는 매우 드물다. 비록 이들 대다수가 다양하게 자신이 자신의 운명에 대해 좀 더 책임 있는 방식을 발견할 희망을 원하고 있음에도 불구하고 이러한 통찰과 숙달을 지니기 위하여 나아가야 할 방법에 대해서는 거의 감지하지 못하고 있는 것이 사실이다. 때로는, 더 바람직하게 변화할 수 있다는 것을 믿지도 않으며, 상담 초기에 변화보다는 단지 동정과 이해를 외쳐대기도 한다.

결국 사람들이 도움을 청할 때 이들은 무관심과 절망과 외로운 고뇌로 인하여

마비될 정도에 이른다. 대부분의 내담자들이 심리치료에 오게 될 때까지 별다른 성과 없이 자신의 어려움과 싸우면서 상당한 시간을 소모하게 된다. 이들은 고통 속에서 고립과 상실감과 절망감을 점차 크게 느끼기 시작할 것이다. 모든 내담자가 필요로 하는 것은 인간적인 이해와 공감이라는 관대한 대접과 함께 기대어 울 수 있는 어깨라는 개념에 상담자나 심리치료사는 가장 쉽게 빠져든다.

많은 상담자나 심리치료사들은 내담자와 거기에서 함께하고 있으면서 감정을 표출하고 고통을 표현하도록 허용하는 것을 자신의 역할로 여기고 있다. 그들이 배운 바는 공감적 이해를 통해 따뜻한 분위기를 제공해 주는 것으로 배워 왔으며 그들은 종종 경청자로 임무를 완수한다. 이것은 훌륭한 시작이지만 이 정도로 결코 충분한 것은 아니다. 만일 우리가 공감적 경청과 공명으로부터 내담자의 삶에 있는 괴로움을 보다 예리하게 탐구하는 쪽으로 이동하지 않는다면, 진전은 거의 일어나지 않을 것이다. 상담자들은 벽에 부딪힌 듯 막막하게 느끼는 내담자들을 슈퍼비전 현장에 자주 데리고 온다. 이것은 장황하게 늘어놓는 똑같은 이야기와 몇 주간 지속적으로 내담자로부터 동일한 불평을 듣고 있는 경우다. 상담자들은 이들에게 가장 깊고 진솔한 공감과 이해를 보이기도 하며, 때때로 어떤 해결이나 변화는 없으면서 내담자가 현재 처한 상황에 대한 원인을 유용하게 해석해 주기도 한다. 그러나 상담자들은 내담자와 더불어 같은 덫에 쉽게 갇힐 수 있다. 이로 인해 그들은 어떤 진전도 이루지 못하거나 아무 수확도 얻지 못하는 것에 대해 분개하기 시작한다. 때때로 이런 상담자들은 내담자를 자극하여 변화를 선택하고 판에 박힌 생활에서 벗어날 수 있도록 시도하기 위해 내담자에게 과제를 제안하는 쪽으로 선회할 수도 있다. 슈퍼비전에서, 이러한 상담자들은 상황을 타개하기 위한 어떤 다른 새로운 기법이나 수법을 갈망하면서, 한편으로는 내담자들의 자기중심적 행동으로 인해 참을 수 없게 된 감정을 토로하기 시작할 것이다. 그러나 상담전문가들이 이 기법 저 기법을 적용함으로써 그 상황을 타개하고자 활동적으로 애쓸수록, 내담자가 자신의 삶에 대한 책임을 더 지지 않는 쪽으로 흐르게 된다. 이러한 점을 초점으로 삼는 상담자들은 긍정적인 인간 상호작용의 모범이 되기도 하지만, 공감이나 제안, 동의나 긍정적 실행에 대해 어떤 반응도 거부하는 내담자의 완고함에 짜증이 나기도 한다. 상담자들은 자신이 한계에 이르렀다는 것을 보이는 태도를 통해 내담자에게 포기할 것을 암시하거나 스스로 포기할 수도 있다. 내담자들은 가끔 어쩔 수 없이 상담에 임하거나 상담자나 심리치료사가 자신들에 대해 싫증을 내는 것을 감지할 때 상담을 중단하려고 결심한다. 때때로 그들은 모든 것이 잘될 것인 양 가장하고, 또 성과를 보인 모든 것에 대해 상담자나 심리치료사에게 지나치게 감사해하면서 상담을 중단하기도 한다. 가끔 이러한 것이 좋은 결과를 나타내기도 하는데, 이는 내담자가 필요한 모든 것은 결국 자기 스스로 창안한 방법에 달려 있으며, 자신을 위하여 그 누구도 변화시킬 수 없고 오직 자신만이 이것을 할 수밖에 없음을 깨닫는 것이다.

그러나 다수의 사례에서 모든 과정이 이 정도로 끝난다면 참담한 실패라 하겠다. 실제로, 너무 자주 상담이나 심리치료가 인간관계에 대한 일반적 수준의 배려를 대신하는 정도로 그치게 되는 경우도 있다. 상담이나 심리치료가 단순한 대체물로 간주되면, 상담자는 진심으로 애정을 교환할 준비가 되어 있지 않을 것이다. 이는 단지 한정된 전문가적인 관심만으로도 가능할 수 있지만, 분명하게 드러나는 내담자의 필요를 채워 줄 수는 없다.

만일 당신이 전문가다운 통합성으로 상담하고자 한다면, 치료적 만남의 순간부터 내담자가 당신의 애정을 갈구하지 않도록 이를 명백히 하는 것이 중요하다. 당신 자신의 일부나 심지어 공감과 무조건적인 수용을 내담자에게 파는 것이 아니라, 삶의 예술에 있어서 어려움을 해결하고 문제를 예견하는 것에서 당신의 전문성과 기술을 공급하는 것이다. 자유로이 흐르는 인생의 물줄기 속에서 악순환을 끊는 것은 일종의 예술이다. 이는 우리가 인간과 인간 존재를 철저히 이해하는 것을 필요로 한다. 이것은 단지 훈련을 통해서뿐만 아니라 당신 삶의 예술적 연마를 통해서 얻어질 수 있다. 실존주의적 심리치료는 상담자가 내담자의 문제를 실제적으로 성심껏 다루고 있으며 용기를 내어 어려운 문제들과 실망의 순간들을 지속적으로 헤쳐 나가고 있다고 내담자가 느낄 때 진정으로 치료될 수 있다.

만일 실존주의 심리치료사들이 진정한 변화와 명료함을 위한 효과적인 촉매로서 역할을 하려면, 그들은 삶의 경험을 깊이 이해하고 인간 존재의 모순과 역설에 대한 진정한 통찰적 입장에서 내담자들에게 세심하게 반응할 줄 알아야 한다. 이 과정은 내담자로 하여금 자기 삶의 특성 안에서 자신에 대해 면밀하게 탐색하는 방식을 상기시킴으로써, 자신의 뒷모습과 양심을 돌아보게 하는 것의 일부다. 실존주의적 작업방식에 있어서 상담자는 동정이나 연민을 구하는 내담자의 요구에 순응하지도 않으며, 인생에 대한 내담자의 가정에 빠져들어 가지도 않는다. 이는 상담자가 긍휼함을 느끼거나 보이지 말라는 의미가 아니다. 반대로, 사람의 역경에 대한 일반적이고도 깊이 느끼는 관심과 진정한 이해는 실존주의적 작업의 기반이며 이로부터 진전이 이루어지는 것이다.

실존주의적 태도는 동정이 아니라 일종의 사랑의 매라 하겠다. 이는 지속적인 각성과 민감성을 통해 성취될 수 있다. 내담자는 어떤 것을 당연시하기보다는 의문을 제기하고 설명하고 정의하고 탐구하도록, 그리고 상담자나 심리치료사의 이익을 위해서가 아닌 스스로 성찰하는 법을 배우기 위해 격려되어야 한다. 내담자는 덫에 갇힌 듯한 위치에서 수동적으로 안주하기보다는 자신의 반응을 통찰하여 거듭 숙고하고 생각하는 법을 배워야 한다. 내담자가 자신이 처한 곤경을 설명하기 시작할 때 명확한 주제가 진전되면서 실존주의적 상담자는 동시에 개입할 수 있는 준비를 갖추게 된다. 내담자가 자신의 어려움과 고통을 생각하고 이를 말로 자유롭게 표현하는 흐름을 따르는 것을 방해받는 것으로부터는 아무것도 얻을 수 없다. 그러나 완전한 그림이 드러나게 될 때 상담자는 일반적으로 더욱 탐색될 수 있는 요소들의 방향에 초점을 맞추기 시작할 것이다.

이것을 수행함에 있어서, 핵심은 언제나 내담자의 세상 경험에 주의를 기울이는 것이다. 만일 내담자가 '매년 성탄절이 되면 반복되는 이야기인데요. 모든 이들이 제가 그 파티를 준비할 것으로 기대합니다.'라고 말하면, 상담자는 다음과 같이 말할 수 있다. '남들이 당신을 부려 먹고 있다는 인상을 받는다는 말씀이죠?' 따라서 내담자의 내적 경험과 그 말에 내포된 것의 본질로 초점을 변경하게 된다. 내담자가 말하지 않았던 입장을 드러내고 암시하는 가정과 세계관을 가져와 펼침으로써, 내담자는 즉각적으로 자신과 타인에 대해 품고 있는 자신의 방식을 더욱 면밀히 살펴보도록 도전받기 시작한다. 이는 '당신이 이것을 잘못했습니다.' 또는 '이것을 좀 더 주의 깊게 보았으면 합니다.'라는 말처럼 실제적 도전을 포함하지는 않는다. 이것은 단지 내담자가 일상적인 생각과 경험 그리고 행동에서 보여 주는 양식에 대해 좀 더 적극적으로 살피도록 초대하는 데 기반을 두고 있다.

상담자가 경험의 중심이 되는 내담자 자신에게로 초점을 옮겨 줌으로써, 내담자가 자신의 경험을 어떻게 재조명할 수 있는지 체계적으로 제시하는 것이 중요하다. 내담자가 자기경험을 해석함에 있어 강요받지 않는 방식을 통해 이루어져야 하는 것은 매우 중요하다. 내담자는 단지 그것을 다시 다른 각도에서 바라볼 수 있도록 격려받아야 한다. 이렇게 촉진하는 효과는 종종 내담자가 자기경험의 주인공으로서 자신과 관련된 어떤 것에 대해서 자신이 이전에 말했던 것을 보다 정확하게 수정할 수 있게 된다.

내담자는 이렇게 말할 수 있다. '이것은 단순한 느낌이 아닙니다. 내가 부당하게 이용당하고 있지만, 이는 이와 같은 일들에 있어서 그들이 내게 의존적이기 때문이라는 것을 알았습니다.' 그리고 이것은 이제 좀 더 탐색될 수 있는 내담자의 사회적 세계의 관계에서 나타나는 견해를 명확히 언급한 것이다. 상담자가 내담자의 감정에 공감해야만 하는 것은 아니다. 왜냐하면 이럴 경우 경험의 풍요함을 어떤 한 요인이나 또는 부정적인 요소에 국한시킬 수도 있기 때문이다. 숙련된 전문가는 내담자가 세계에 대해 자신이 지각하는 방식에서 표현하는 바를 숙고할 수 있도록 초대하기 위하여 중요한 진술을 개방하도록 하는 법을 알고 있다.

'모든 사람들은 내가 그 파티를 준비할 것으로 기대하고 있어요.'라는 단순한 이 말은 불만으로 들릴 수 있지만, 또한 자랑을 가장하는 것처럼 들릴 수도 있다. 상담자는 내담자가 도전을 받을 필요가 있으며 수용적이지 않은 상황에 대해 상담을 제안하는 것으로 성급하게 결론을 내릴 수도 있다. 상담자는 또한 그 진술을 전형적인 행동적 패턴의 또 다른 예시로 해석할 수 있고, 그래서 자기학대적인 행동을 벗어나 어떤 종류의 만족감을 얻을 수 있도록 근본적인 동기부여에 초점을 둘 수도 있다. 어느 방식이든, 자신과 자신의 세계에 대한 내담자의 기본 가정의 관점에서 이 이슈를 놓고 좀 더 반추할 기회를 놓치게 될 것이다. 이에 대한 개입은 내담자의 권위를 강화시키고, 종종 자신이 생각하는 것 이상의 능력을 발휘하여 세상을 살아가는 방법을 자각할 수 있도록 북돋워 주는 것을 목표로 삼고 있다.

일반적으로, 상담과 심리치료에서는 전문가가 내담자의 어려움에 대하여 어떤 확실한 입장을 취해야 함을 시사한다. 전문가는 공감과 무조건적인 긍정적 관심을 갖고 무엇이 되었든지 간에 지지하면서 암묵적으로 내담자를 수용할 수도 있다. 혹은 전문가가 도전적인 질문으로 직면시키고 질문할 뿐만 아니라 환기시키는 해석을 함으로써 은연중에 내담자에게 동의하지 않을 수도 있다. 또는 상담자는 내담자가 변화하도록 가르치면서 대안이나 가능한 새로운 형태의 행동을 제안할 수도 있다. 많은 상담자와 심리치료사들이 내담자의 상황을 개선시키고자 지원적이면서도 공감적인 요소와 도전, 해석 또는 개선을 위한 아이디어를 포함하려고 노력한다. 이것은 종종 내담자에게 혼란을 줄 수 있는데, 내담자는 결국 자신이 어느 지점에 서 있는지, 상담자가 자신을 좋아하는지 혹은 싫어하는지, 상담자가 자신에게 동의하는지 혹은 동의하지 않는지 알 수 없게 된다.

내담자가 다원적인 접근으로 인해 혼란스런 감정으로 반응하는 가운데, 지원적 접근방법에 대해 낙담의 감정으로, 도전 또는 교육적인 접근방법에 대해 열등감으로 반응하면서, 위와 같은 모든 예에서 보듯이 내담자가 점점 더 전문가에게 의존하게 된다는 사실이다. 전문가가 동의와 반대를 암시하는 개념적인 틀에서 작업하는 한, 내담자는 의존적인 위치에 놓이게 된다. 그러므로 내담자들이 자신과 삶에 대하여 책임을 지지 않으려 한다고 반복적으로 토로하는 전문가들의 불만은 놀랍지 않다. 종종 상담치료기관에서 때로는 실제적으로 의존을 부추기는 경우도 있다.

심지어 가장 예리하고 솔직한 인간주의적 또는 인지적인 접근에서조차도 공공연히 내담자가 자기 스스로 책임질 필요가 있음을 주장하는데, 아직도 여전히 은연중에 의존을 부추기기도 한다. 이러한 접근방법들은 내담자들에게 책임감을 요구함으로써 내담자는 이중구속과 같은 상황에 놓이게 되는 자신을 발견하기도 한다. 이런 방법들은 마치 자녀에게 시키는 대로 하라고 야단치면서 한편으로는 독립적으로 행동하라고 요구하는 이중구속적인 어머니와도 같다. 내담자들이 독립성을 기대하는 전문가를 흉내 내어서 어느 정도 스스로 책임질 줄 아는 사람으로서의 역할을 모방하는 것을 배울 수도 있다. 그러나 이것은 자신의 마음속에서 필연적으로 진정한 자율성에 대한 동기부여 없이 행하는 것이다.

내적인 동기부여를 발견할 수 있도록 내담자를 돕는 유일한 길은 상담자가 균형 잡힌 관점을 유지하고, 동기부여가 내담자들의 마음 중심에 확고히 뿌리를 내리는 과정에서 감동과 변화를 위해 충분히 유연하면서도 생생한 표본이 되는 상담자와의 관계를 통해 이루어진다. 균형 잡힌 관점은 중립적이며, 결코 냉정하고 거리감을 주거나 냉담한 관점과 혼동하지 말아야 한다. 상담전문가가 인간 본성과 인간 조건에 대한 도전의식으로 무장하고, 인생의 어려운 일에 대해 관심을 갖고 진정성과 열정을 지닐 때, 내담자에게 강한 영향을 줄 수 있으며 불안정 가운데에서도 내적인 균형을 지속적으로 유지하기에 충분한 능동적인 능력을 갖출 수 있다. 내담자들은 이러한 헌신을 감지하며 이를 존경한다. 내담자들은 자신들을 위한 상담자의 돌봄이, 여러 면에서 비록 인간적일지라도, 궁극적으로 사람에게 동기를 부여하는 것과 특정한 곤경을 헤쳐 나가는 방식을 알아내려는 깊은 관심을 통해 비롯된다는 사실을 인식하며 배우게 된다. 이러한 열정은 상담전문가가 치료적 대화에서 가져오는 온화함과 열정적이고 에너지가 넘치는 주의력을 통해 내담자에게 명백하게 될 것이다. 이해와 배움에 대한 개방적 자세라는 열정은 그 자체만으로 내담자에게 고무적이며, 평범한 관심이 아니라 치료적 관계에서 혹은 폭풍우 치는 상담의 면전에서 강함을 유지하는 것을 더욱더 보여 주게 되는 것이다.

따라서 내담자에 대한 전문가의 자세가 균형을 이루고 있는 한, 전문성과 진리적 추구에 대한 열정과 관심은 한계가 없고 명백하다. 이 철학적 열의는 내담자가, 실제로는 상담자 자신을 포함하여, 당연시하는 모든 것에 대한 전문가의 일관되고 보완적인 질의를 통하여 명백해진다. 이것이 평범한 인간관계와 사뭇 다른 치료적 관계를 만든다. 삶을 다루는 특정 개인의 모든 것이 중요하며, 온전하고 건설적인 관심을 받을 때 회기들은 비로소 의미 있는 시간이 된다. 삶을 다루는 이러한 방식은 좋고 나쁘거나, 전형적이거나 특별한 것도 아니다. 같은 방식으로, 내담자가 지닌 삶의 특별한 상황을 먼저 좋다거나 나쁘다고 할 것이 아니라 이를 탐구할 가치가 있는 기회와 도전을 배우는 인간 조건의 어떤 특정한 표본으로 보아야 한다. 이러한 공동의 탐구는 매력적으로 공유된 모험과도 같다. 심지어 내담자의 자신감이 악화되는 때에도, 상담자는 대담하고 용기를 북돋아 주는 열정을 지닌다.

상담자의 목표는 근본적으로 한 발을 뒤로 빼고 있는 내담자의 이슈와 딜레마를 숙고할 수 있도록 만드는 것이다. 상담자는 자신이 내담자의 관점을 완전히 파악하거나 이해한다고 결코 가정해서는 안 된다. 상담자는 내담자가 당연시하면서 상담자의 동의를 기대하고 허락을 원하는 것으로 보이는 많은 개념들에 대해 명확함을 끌어낼 필요가 있을 것이다. 내담자는 상담자가 이해, 동의 혹은 반대를 가정하지 않는다는 것을 깨달을 때, 자동적으로 자신의 고유한 가정들을 조금 더 주의 깊게 조사할 수 있도록 자유로워진다. 상담자는 올바르게 하는 것을 목표로 하지 않는다. 그들은 진실에 관해 진전을 보이기 위한 철저한 검토의 연결 과정을 목표로 한다. 세워진 가설이 틀릴 수도 있다는 것을 인식하는 동시에 내담자에 의해서 정정 받을 수 있는 모습을 통해 상담자 본인이 틀릴 수도 있다는 생각은 때로는 좋은 연습이 되곤 한다. 이것은 상담자가 그들을 위해 진리를 알고 있다는 생각 대신에 내담자 스스로가 진실을 위한 가이드가 될 수 있도록 하는 초대장이다.

예를 들면, 내담자는 자신이 이곳에 오면 이 회기를 잘 활용하고 가치 있는 시간이 낭비되는 것처럼 보이지 않기 위해 무엇에 관해 말하게 될지 궁금하다고 말하면서 회기를 시작한다. 실존주의적 상담자는 가려져 있는 전제에 대해 조사를 하지 않은 채 내담자의 곤경을 이해한다고 가정하지 않는다. 암묵적으로 찬성하는 상담자나 심리치료사는 아마 이해했다는 의미로 고개를 끄덕이며 즉각적으로 반응하고 '오늘 당신은 많은 일들로 불안해 보이네요.'라는 말과 같이 내담자의 감정을 언급할 수 있다. 암묵적으로 교육적인 상담자나 심리치료사는 일정을 만드는 구성을 제안함으로써 반응할 수 있다. 그러면 이것은 내담자가 회기를 제대로 사용하는 능력에 대해 기본적으로 신뢰하지 않음을 보여 주는 것이다. 두 가지 경우 모두, 전문가는 가장 피상적으로 표면화된 가치를 수용하고 있는 내담자의 말을 그대로 받아들이는 것이 될 것이다.

두 가지 경우 모두, 내담자는 소위 말하는 순종하는 사람으로서, 상담 회기에서 어떤 역할을 수행해야 한다는 가정에 대한 확신을 얻게 될 것이다. 실존주의 상담자는 평범한 의존성과 준수성의 덫을 자세히 관찰하는 사람이 될 것이고, 조사할 가치가 있는 일련의 기본적 가정들의 표현으로서 내담자의 의사소통을 읽을 것이다.

실존주의 심리치료사는 내담자가 '회기를 적절히 활용하는 것'이 어떤 의미인지 혹은 그가 '시간 낭비'에 대해 생각하면 무엇이 떠오르는지, 잠재적으로 '가치 있게' 시간을 만들어 갈 수 있는 것에 대한 자신의 의견을 깊이 숙고해 보도록 초대할 수도 있다. 이러한 방식으로, 내담자가 스스로 자신의 안내를 받고 지금 자신에게 중요한 것을 따라감으로써, 상담 회기는 이러한 특정한 내담자의 견해에 해결의 실마리를 던질 수 있을 문제들에 대해 대략적인 형태를 그려 나갈 수 있을 것이다. 일반적으로, 그들의 어려움에 대한 다른 시각은 의미와 가정들을 어느 정도 명료화하는 것으로부터 나올 수 있다.

자기 자신이 지니고 있는 가정과 의견에 대해 숙고하는 것이 얼마나 중요한지 인식할 때, 내담자는 말하고 싶고 또 찾고 싶은 것이 많아지게 될 것이다. 내담자 자신에 대해서 스스로 더 잘 알게 되는 이 상담에 대해 곧바로 호감을 갖게 될 것이다. 내담자는 자신의 세계와 견해에 대한 이러한 숙고에 매료될 것이며, 중요한 것에 대한 상실감도 그치게 될 것이다. 이는 내담자 자신이 경험하는 각각의 양상이 자신이 갖고 있는 기대감과 관점을 얼마나 대변하고 있는지 알게 되고, 자기 자신을 더 인식하게 될 때 자신을 더 강력하게 느낄 수 있음을 깨닫게 되기 때문이다. 따라서 상담 회기는 처음부터 최고조로 진행된다. 무가치한 것은 없으며 내담자의 모든 현존과 의사소통보다 더 필요한 것은 없다.

상담자나 심리치료사는 내포된 가정에 대해 끊임없이 민감하며 지속적으로 의문을 제기하면서 더욱 탐색하고 규명하도록 내담자를 격려하여야 한다. 상담자는 내담자가 언급하는 모든 것은 가치가 있고 조사할 의미가 있는 것으로 여겨야 하며, 이러한 것에 초점을 맞춤으로써 내담자가 완벽하게 그 회기를 생산적으로 활용할 수 있도록 하여야 한다. 상담자는 또한 답을 제시하기보다 답을 도출하면서 내담자가 스스로 자신의 경험을 이해할 수 있다는 사실에 대해 어떻게 가정하는지를 보여 준다. 이런 방법으로, 전문가는 내담자가 스스로 자신의 이슈를 다루고 통찰력을 얻을 수 있도록 내담자의 역량에 대하여 신뢰하는 분위기를 조성하는 한편, 전문적 기술을 통해 내담자가 이러한 자율성을 성공적으로 익혀 가면서 자율성에 대한 열망을 갖도록 자극시킨다.

실존주의 심리치료나 상담은 마치 미술 수업과 흡사하다. 그것은 내담자가 현재 당연시하거나, 놓치고 있는 삶의 두드러진 특성과 요소들에 대해 적절하게 주의를 기울여 살필 수 있는 방향에서 내담자를 주시한다. 미술교사는 학생이 간과한 그림자나 조망에 대해 학생들의 주의를 이끌어 낸다. 이와 같은 방식으로, 실존주의적 상담자는 지금까지 내담자가 알아차리지 못했던 가정과 시사점 및 태도에 주의를 기울이도록 안내한다.

이렇게 할 때, 어떤 진실이나 이러저러한 가정의 가치를 즉석에서 판단하지 않도록 자제하는 것이 매우 중요하다. 반드시 기억해야 할 것은, 상담 초기에 내담자를 바꾸려 하기보다는 내담자의 세계에 대한 명료한 그림을 얻는 것이 목표가 되어야 한다. 내담자가 자신의 가정을 포기할 준비가 되어 있지 않는 한, 이러한 가정의 오류가 매우 뻔뻔하게 보일지라도, 내담자가 자신의 입장에 집착하도록 허용하는 것이 중요하다. 조만간 어떤 가정의 결과를 규명하고 탐구함으로써 내담자가 자신이 주도한 실수들을 스스로 포기하도록 해야 한다.

사 례

앨리슨은 앞서 언급한 바 있는 내담자로 상담시간을 적절하게 사용하여 귀중한 시간들을 낭비하고 싶지 않다는 자신의 우려를 표명하면서 첫 회기를 시작하였다. 28세인 그녀는 32세인 남편 존에 대한 질투로 온몸이 마비되는 발작을 일으켰기 때문에 상담받기를 원했다. 존은 의료전문가였고, 앨리슨의 판단으로는 이러한 상황의 원인 제공자였다. 앨리슨의 말을 빌리면, 그는 '진저리칠 정도로 앨리슨을 골칫거리로 만들고 있기' 때문이었다.

엘리슨은 병원 단체급식 서비스 업종에서 일을 했었는데 첫째이자 유일한 자녀를 얻고 나서 지난 6년간 일을 포기할 수밖에 없었다. 이제 그녀의 딸아이가 학교에 다니고 있어서 하루를 어떻게 보내야 할지 정말로 알지 못했다. 그녀가 업무에 복귀하길 원했지만 존은 허락하지 않았다.

초기 인터뷰에서 그녀가 언급한 바대로 이 '병리적' 질투는 앨리슨 자신의 문제가 아니라 남편인 존의 문제라는 것이었다. 존은 앨리슨이 자신의 아내인 것을 점점 더 수치스럽게 여기는 것에 대해 우려를 표명하였다. 지금 앨리슨은 존이 보다 나은 위치로 승진하여 일하는 것 때문에 걱정하고 있었다. 머지않아 곧 그가 새로운 삶을 시작하려고 자신을 버리고 '적절한' 누군가와 결혼할 것이라고 생각하였다. 엘리슨은 성가시게 하는 자신을 달래려고 존이 자신을 상담자에게 보냈다고 믿고 있었다. 하지만 그녀는 상담을 통해 누군가에게 모든 것을 털어놓기 위하여 자신이 스스로 상담에 참여하고 있다는 생각을 하게 되자, 이내 상담에 대하여 좋게 생각하게 되었다.

앨리슨과 함께 한 상담의 대부분은 그녀 자신 그리고 존과의 관계에 대한 가정에 초점을 두는 과정으로 구성되었다. 자신의 관점을 명확히 하고 규명할 수 있는 능력을 발견하자, 그녀는 자신의 내면세계에 대하여 완전히 새로운 통찰력을 얻었다. 무엇보다 그녀는 자신의 강점을 무시하였다. 일단 이러한 강점을 인식하고 활용하고 견고하게 구축하기 시작하자 나머지 과정은 순조롭게 진행되었다.

앨리슨이 '적절하게' 이 상담을 활용하기 원한다는 언급으로 상담의 첫 회기를 시작했을 때, 상담자는 즉시 그녀가 사용하는 이 단어에 주목하였다, 그녀는 첫 회기의 상담에서 이 단어를 여러 번 사용했기 때문이다. 상담자는 앨리슨에게 다음과 같은 말로 반응하였다. '언제 당신이 이 회기를 적절하게 사용하고 있다고 생각할 수 있을까요?' 앨리슨은 이제 자신의 가정을 규명하고자 하는 첫 시도를 하게 되었다. 처음에 잠시 망설였지만, 이내 그 방법을 이해하게 되었다. 곧 그녀는 진정으로 하고 싶은 말을 생각하기 위하여 때때로 말하는 중간중간 멈추기 시작했다. 종종 그녀는 자신의 예상과 추정에 대해 자신이 발견한 것 때문에 깜짝 놀라기도 하였다.

상담자의 첫 개입에 대한 반응으로, 앨리슨은 상담 회기를 적절하게 활용하는 것이 무엇이 되었든지 간에 자신이 기대하는 것을 실행한다는 의미로 생각했다. 상담자는 이 가정에 도전하기보다는 앨리슨이 자신의 기대하는 바를 성공적으로 수행할 수 있는 자신의 능력을 의심하는 것에 대해 초점을 두었다. 앨리슨은 이러한 견해를 전폭적으로 확신하고 있었는데, 자신의 이웃에 사는 다른 모든 여자들과 존의 직장에서 일하는 모든 여성들이 그녀 자신이 할 수 있는 것보다 훨씬 더 '적절'하게 잘하는 것에 대해 계속 설명하였다.

좀 더 탐색이 진행된 뒤, 앨리슨이 말하는 '적절한' 사람이란 자신과는 달리, 무엇인가 제안할 줄 알고, 대부분의 시간을 별반 성과도 없이 다른 이들을 기쁘게 하기 위한 일만 골라서 하는 사람들이라는 증거를 갖게 되었다. 그녀는 다른 사람들이 자신을 호의적으로 좋아해 주며, 자비를 베풀어 주는 시각에서 스스로를 바라보고 있다고 결론지었으며 또한 그녀는 이러한 자신의 처지를 몹시 싫어하였다.

그녀는 지난 몇 년 동안 자신의 입장이 적절한 사람들의 처분에 맡기고 있다는 사실이 명백해졌음을 다양한 방법으로 서술하였는데, 이는 상담자가 그녀에게 '당신은 어떤 식으로 남들의 연민에 당신을 맡긴 채 지내게 되었습니까?'라는 질문으로 북돋워 준 덕분이었다. 이제는 상담 회기에서 고위직책을 맡게 된 남편이 장시간 근무가 늘어나는 것에 대한 두려움을 토로하는 데 많은 시간을 보냈다. 자신이 복직하려는 것을 허락하지 않는 이유는 하찮은 일을 하는 아내를 부끄럽게 여기고, 아내로 인해 직장에서의 새로운 관계를 망치는 것을 원치 않기 때문이라고 확신하고 있었다. 그녀는 존이 근무했던 병원에서 전에 하던 업무로 확실하게 복귀할 수 있었지만, 그녀는 존이 의료진과 '매우 친밀하게 어울리는 것'으로 인해 절박한 상태에 있었다.

앨리슨은 존이 여의사 중 하나와 바람을 피우고 있을지 모른다고 생각했다. 그녀는 그의 처분을 기다렸고 직장으로 다시 돌아가지 말라는 존의 부탁을 거스를 용기가 없었다. 그녀가 만약 복직한다면 존이 이혼을 요구하고 딸인 조앤을 데리고 떠날까 봐 두려웠다. 존의 직업이 다른 사람들을 돕는 것과 관련이 있어서 그 어느 것보다 항상 중요한 것으로 생각했기 때문에 그녀는 어쩔 수 없이 존의 긴 근무 시간을 받아들였다. 그녀 자신은 존의 직업과 같이 '적절한' 일은 타인을 위해 무언가를 하는 개인의 능력에 근간을 두고 있으며, 자신의 장점은 결코 거기에 다가설 수 없다고 분명히 가정했다.

그녀는 또한 자신의 딸 조앤이 점점 자신과 함께 집에 있는 것에 대해 흥미를 잃어가고 있었기 때문에 안타까움을 느꼈다. 조앤은 친구 집에서 거의 매일 놀고 싶어 했을 뿐 아니라, 주말에는 매우 자주 존과 여행을 가고 싶어 했다. 하지만 엘리슨은 그들이 여행에서 자신과 함께하기를 바라지 않는다고 생각했다. 엘리슨이 남편과 별거를 하게 된다면, 조앤은 자신과 있기보다 아빠와 살기를 원할 것이라고 확신했다.

무엇보다도, 엘리슨은 조앤을 출산한 후 불임시술을 조언했던 의사들에게 휘둘렸다는 기분이 들었다. 비록 임신중독증으로 몹시 아팠고 그녀가 또 다른 아이를 가진다면 심각한 위험이 있을 수 있다는 사실에 대해서는 이해했지만 불임시술을 받을 준비가 되지 않았었다. 그녀는 '그들이 그것을 자신에게 강요했고' 전문가들의 의견을 감히 반박할 용기가 없었기 때문에 양보하고 말았다. 그 문제에 대해 결정하기 전에 누군가와 의논하고 싶었지만, '의논할 수 있는 모든 사람들이 너무 바빠 보였다.' 그녀는 '더 이상 그들의 시간을 낭비시키지 말자'고 생각하고 불임수술을 받아들이기로 결정했다.

이 단계에서 이제까지는 '그 밖에 누구요?' 혹은 '어떻게요?'로만 대답해 왔던 상담자는 때때로 엘리슨의 또 다른 가정을 불러오기 위하여 개입하였다.

상담자: 당신은 당신에게 관심을 기울이는 것이 사람들의 시간을 낭비시키고 있다고 생각하는 것처럼 보이는데요.
엘리슨: 모르겠어요. 내가 사람들의 시간을 낭비시키고 있는 것처럼 생각돼요.
상담자: 저는 당신이 사람들의 시간을 낭비시키고 있다고 말하지 않았어요. 그렇지만 당신 스스로가 그들의 시간을 낭비시키고 있는 것으로 생각하고 있네요.
엘리슨: 하지만 전 정말로 다른 사람들의 시간을 낭비시키고 있는걸요.
상담자: 누구의 시간이요, 예를 들면요?
엘리슨: 음. 대부분 존이요. 존은 항상 제가 그를 성가시게 한다고 불평하거든요. 조앤도 마찬가지예요. 그녀는 내가 야단법석을 떤다고 싫어해요. 그들을 위해 제가 무언가 하려고 시도할수록. 항상 저는 더욱 그들과 있으려 하고, 그들은 더욱 저에게서 벗어나려 노력해요.

상담자: 그럼 당신이 낭비하고 있는 것은 그들의 시간이 아니네요.

앨리슨: 무슨 말씀이시죠? [침묵] 제 시간이라고 말씀하시는 거죠. 제 시간을 낭비하고 있다고요?

상담자: 아닌가요?

앨리슨: 저는 노력하고 있어요. 최선을 다하고 있어요. 다 소용없네요. [그녀가 손수건을 꺼내는 동안 10초의 시간이 흘렀으며 그녀는 코를 풀었다.] 아무 소용도 없어요. [그녀는 팔꿈치를 양 무릎 위에 둔 채로 자신의 손수건으로 눈물 흘리는 모습을 가렸다.] 저는 그들을 위해 이 모든 것을 하고 있던 거였어요. 그들이 내가 가진 전부였어요. [흐느끼며] 그들은 심지어 그걸 좋아하지도 않았어요. 다 소용없었어요. 괜히 헛수고만 했어요. 누구에게도 도움이 되지 못했어요.

상담자: 그래서 당신은 당신의 시간을 낭비하고 있나요?

앨리슨: 나는 거의 내 삶을 그들에게 허비해 왔어요. 그는 떠날 때 조앤을 데려가길 원해요. 그것이 아마 끝이 되겠죠. 아무것도 남아 있지 않을 거예요. 아무것도 남겨진 건 없겠죠. [그녀는 얼마 동안 소리 내어 울었다.]

상담자: 그래서 당신이 간절하게 막아 보려고 노력했던 것이 바로 그것이었군요. 아무것도 남겨지지 않는 것. 당장 당신이 가지고 있는 것을 꽉 붙들었던 이유가 그것이었네요.

앨리슨: [열심히 눈물을 닦고 열광적으로 고개를 끄덕이며] 나는 포기할 수 없어요. 그들은 내가 가진 전부인걸요.

상담자: 그래서 당신은 정말 꽉 잡고 있군요.

앨리슨: 그래야만 했어요. 그들이 나의 전부니까요.

상담자: 그리고 그들은 그걸 싫어해요. 그들을 꽉 잡을수록, 당신에게서 벗어나기 위해 더욱 몸부림칠 거예요.

앨리슨: 그렇겠죠. 언젠가 존이 했던 말 같아요. "당신이 나와 헤더를 더 의심할수록, 당신이 맞는다는 것을 증명하고 싶은 기분이 더 들어."

상담자: 그래서 당신이 마치 자신의 무덤을 파고 있는 것 같겠네요. 당신의 의심이 실현되도록 만들고 있네요.

앨리슨: 그렇게 보이네요. 그렇지만 왜 그렇게 되어야 하는지 저는 잘 모르겠어요. 나에게서 떠나고 싶다고 존이 말하는 것 같아요. 나는 솔직히 그렇지 않았거든요. 나는 그가 옆에 있어 주길 원했어요. 하지만 내가 원할수록, 그는 더욱 떠나기를 원해요.

상담자: 당신은 존이 떠나길 원하지 않지만, 틀림없이 그가 떠날 거라 예상하고 있죠.

앨리슨: 네, 네, 그래요. 나는 심지어 이렇게 오랫동안 그가 옆에 있어 주었던 것도 이해할 수 없어요.

상담자: 아무것도 제공해 줄 수 없는 사람과 오랜 시간 함께 하기 위해서 그는 어떻게든 당신을 보살펴야만 하겠네요.

앨리슨: 음… 그는 음식을 좋아해요. 아시겠지만, 저는 요리를 썩 잘하고요.

상담자: 아, 보완할 만한 재능을 가지고 있네요!? [웃으며 말한다.]

앨리슨: [갑자기 자신에게 재능이 있다는 것을 알아채고는 미소에 응답하며] 제가 조앤을 그렇게 빨리 임신하지 않았다면 외식부에서 큰 성공을 할 수도 있었을 거예요.

상담자: 존이 했던 것처럼, 당신은 다른 사람의 도움 없이 혼자의 힘으로 성공할 수 있었다는 말이죠?

앨리슨: 시간만 주어진다면, 제 전문이죠. 그럼요.

상담자: 이제 다음 회기까지 곰곰이 생각해 볼 것이 있네요. 오늘 상담을 마칠 시간입니다.

다음 회기에서 예측한 대로 앨리슨의 태도는 훨씬 덜 순종적이었다. 비록 이 작업이 이제 막 시작 단계이고, 필요한 많은 가정들을 여전히 탐구해야 하겠지만, 스스로 자신을 억제하고 있는 족쇄로부터 자유로워지기에 앞서, 첫 회기 동안에 이러한 탐색을 위한 조율과 방식이 기틀을 잡았다.

상담자가 첫 회기 동안 했던 일과 이후의 회기에서 지속했던 것은 앨리슨의 양심의 소리로서 기능하는 것이었다. 상담자는 그녀가 가능한 한 온전히 자신의 상황에 대한 견해를 표현하고, 명확하게 드러난 자신의 가정들이 시사하는 바를 충분히 생각하도록 초대했다. 이 일을 하면서, 상담자는 줄곧 앨리슨의 편에 서서 그녀와 함께 마치 진정한 동맹처럼, 그녀에게 다른 사람들의 관점에 대해 곰곰이 생각하기보다 자신의 관점으로 상황을 고려해 볼 것을 확실하게 상기시켰다. 그것은 꽤 자주 그녀의 행동이나 가정에 대한 논리적 결론을 앨리슨에게 보여 주었으며, 현 상태에 머무르거나 자신의 생각을 맴도는 대신 그녀가 자신의 생각의 종점에 어떻게 도달할 것인지, 그것이 주는 암시와 결과를 숙고해 보도록 가르쳐 주었다.

상담자의 일은 엘리슨이 지속해 나가도록 유지하는 것과 정서적으로 뒤엉켜 불만이 쌓이기보다는 가까이에 있는 이슈를 다시 살펴보도록 상기시키는 것이었다. 이 일을 할 때, 상담자는 엄하되 꾸중하지 않고, 반감을 갖지 않으며, 항상 업무 중심적이 되어야 한다. 앞서 언급했지만, 여기서 말하는 상담자의 태도는 미술 교사의 태도와 비교할 만하다. 가끔 그림 그리기와 씨름하다 보면, 지금까지 들인 자신의 모든 노력이 수포로 돌아가 버린 사실 앞에서 학생들은 울음을 터뜨리거나 화가 치밀어 오르게 된다. 학생은 홧김에 그림을 꾸겨 공처럼 뭉치거나 갈래갈래 찢어 놓을 수 있다. 이러한 때 교사는 학생이 파괴적인 정서적 분출로 인해 함몰되지 않도록 하며, 매우 집중해서 참여하는 배움의 과정에서 나타날 수 있는 하나의 부작용으로 단순하게 수용해야 한다. 훌륭한 미술 교사는 학생으로 하여금 무엇이 잘못되었는지를 이해하도록 하며, 그것을 수정하는 법을 학습하기 위하여 그림에 대해 다시 숙고하도록 질문한다. 미술 교사는 화가 치밀어 올라 울화통을 터뜨리도록 하는 대신에 솔직하고도 사실적 방식에 기반하여 학생이 한 것이 무엇이며 무엇을 놓치고 있는지에 대해 학생들의 관심을 집중하도록 한다. 탁월한 교사는 유머 감각으로 이러한 일을 훌륭한 학습기회로 만드는 방법을 찾는다.

이와 유사하게, 비록 그녀가 삶에서 오는 어려움으로 인한 두려움과 분노를 표출할 필요가 있을지라도, 상담자는 앨리슨이 자신의 태도에 내포된 바에 대한 현실적인 안목을 극복할 수 있을 것으로 가정하였다. 따라서 상담자는 앨리슨이 기본적으로 강하고 능력이 있다고 생각하는 것을 전달하고 있었다. 이로 인해, 앨리슨은 항상 자신의 장점을 모른 채 그저 다른 사람의 처분에 매여 있었다는 사실을 깨달았다. 또한 그녀의 불안감은 관계를 개선시키는 데 좋은 기초가 될 수 없으므로 이러한 가정은 단지 자기충족적인 예언에 불과하다는 사실을 지적하는 것이 가능했다.

때때로 내담자의 허세가 이러한 방식으로 나타나게 될 때, 처음에 털어놓은 것보다 자신이 얼마나 훨씬 더 강한 믿음을 가지고 있는지가 명확해진다. 앨리슨이 자신의 존재를 멀어지게 했던 부정적인 방식을 인지하게 되었을 때 자신이 존에게 줄 수 있는 자원을 어떻게 가지게 되었는지 빠르게 기억해냈다. 만약 상담자가 앨리슨이 자신을 가치 없다고 여기는 고통에 공감하는 것이 전부였다면, 또는 상담자가 내담자 자신에 대한 긍정적인 감정을 고취시키려 시도했다면, 전달된 메시지는 앨리슨이 자신을 용납하지 못하는 결과를 낳게 했을 것이다. 그러면 그녀가 자신의 힘과 긍정적인 느낌 그리고 용기를 의지할 수 없기 때문에 최종적으로 상담자에 대한 의존도가 더욱 높아지게 되었을 것이다.

실존주의 상담자나 심리치료사는 내담자를 위해 대신 일해 주는 것을 사양한다. 일단 내담자 스스로가 기본적으로 자신을 점검하고 숙고할 수 있게 되면 자력으로 대처할 수 있게 될 것이라고 가정한다. 상담전문가들은 내담자의 가정과 함축적인 의미에 대한 진술이 정정될 수 있다는 사실에 항상 열려 있어야 하지만, 그들은 내담자가 말해 왔고 가정했던 것을 스스로에게 보여 주는 방식에 대해서는 매우 확고할 것이다. 그들은 내담자의 인식, 태도와 의견에 대한 가치 판단을 하지는 않지만 결과와 함의를 검토하도록 돕는다.

앞의 사례의 경우에, 상담자는 앨리슨이 우선 자신과 존 그리고 조앤과의 관계에 대한 가정을 명백하게 하도록 도왔다. 그리고 앨리슨이 자신의 유일한 강점으로 간주했던 맹목적 집착이 강조되었다. 그리고 나서 그녀의 태도와 행동의 결과가 자신 때문이었다는 것이 지적되었다. 앨리슨은 모든 과정이 가족들로 하여금 자신과 같이 있고 싶도록 만드는 무언가를 제공할 수 없었기 때문에, 결국 자신은 혼자 남겨질 것이라는 자신의 가정에 기반을 두고 있었다는 것이 드러났다. 앨리슨의 말에 내포되어 있는 것을 분명하게 만드는 것은 앞서 언급한 이러한 것을 드러내는 방법이었다.

계속 표현하고 있었던 자신의 그릇된 가정을 바로잡기 위한 필요성에 대해 앨리슨 스스로가 느끼고 이를 행동으로 옮기게 되면서 완전히 새로운 그림이 나타나기 시작했다. 상담자는 그녀를 위해 새로운 주제를 발전시키기보다 이것에 대해 스스로 시간을 내어서 추구하도록 그녀를 격려하였다. 이로 인해 새로운 그림이 자신의 생각이며, 그녀 스스로 여러 가지 일에 대해 꽤 잘 대처할 수 있을 것이라는 사실을 알려 주었다.

내담자는 상담자가 받아 주는 응석을 통해서 많은 것을 얻지 못한다. 대체적으로, 자신들이 선택한 삶의 모습을 숙고하는 방식에 대한 어느 정도의 지침만 주어진다면, 내담자들은 자신들의 삶을 꽤 잘 꾸려갈 수 있다. 만일 내담자가 자신에 대한 상담자의 기본적 존중감을 상기할 수 있고, 상담자가 불분명하지만 현재 존재하는 진실을 드러낼 수 있도록 내담자를 돕는 것만으로도 상당한 진전이 이루어질 것이다. 상담자는 다음과 같은 적은 개입으로도 내담자가 자신의 관점을 토로할 수 있도록 돕는다. '그것에 대한 당신의 인식은 무엇입니까? 당신은 어떻게 그것을 알 수 있나요? 당신에게 그것은 무엇처럼 보이나요? 그것에 대한 당신의 경험은 무엇인가요? 그것에 대해 어떤 생각이 들던가요? 당신에게 그것은 어떤 의미죠? 어떻게 그 생각이 떠올랐습니까? 그것에 대해 당신은 어떻게 생각하십니까? 그것에 어떻게 반응하십니까? 어떤 생각이 떠오르던가요?' 이러한 질문들은 내담자들이 자신들의 입장을 숨김없이 털어놓고 발전시켜 나가도록 하며, 일상적이고 자주 반복되는 것들을 대체하도록 만드는 것을 목표로 한다. '그것에 대해 당신은 어떻게 느끼십니까?' 이것은 내담자가 '좋아요.' 또는 '끔찍합니다.'라고 흔히 거부적으로 반응하는 질문이다. 비록 감정이 적절히 표출되고 조율되고 함께 하여야 함에도 불구하고(5장을 참조), 가장 먼저 무엇이 감정을 촉발시켰는지에 대해, 즉 그 뿌리까지 내려가는 것이 때로는 더욱 중요하다.

일단 내담자의 진실이 드러나기 시작하면, 상담자는 내담자가 진실을 밝혀내서 자세히 검토할 수 있도록 도움으로써 그 진실의 내면적 모순과 의미하는 바를 깨닫도록 할 수 있다. 이런 과정에서, 상담자는 직접적이고 직면적이어야 하지만 항상 온화하고 내담자의 변화에 개방적이어야 하는 것이 중요하다. 실존주의 상담자는 항상 신중하고 진지하지만 때에 따라서는 악의적이지 않은 유머를 활용한다. 유머러스한 방식에 있어서, 실존주의 상담자는 비록 실수를 진지하게 받아들여 이를 수정할 필요가 있다 해도, 내담자가 가벼운 마음으로 그리고 기본적으로 기분 좋은 태도로 임하는 것에 대해서는 어느 것도 방해할 수 없다는 것을 내담자에게 알려 주는 방식이 되도록 해야 한다. 때때로 삶이 어려울지라도, 삶의 순간에서 언제나 진실을 직시할 수 있는 것이다. 사람이 실수했다는 것을 깨달아 알게 될 때, 그 실수는 대단한 문제가 되지 않는다. 우리는 오직 실수를 인식하고 시정하는 것으로부터 배울 수 있기 때문에 그것에 대해 웃을 가치가 있다.

물론 이러한 접근방법은 삶의 철학적 태도에 달려 있다. 이 태도는 모든 인간이 어떤 가정을 갖고 움직이고 있으며 그중 어떤 가정은 잘못되어 있을 가능성이 있기에 수정되어야 할 필요가 있다는 사실을 인식하는 것을 의미한다. 그러므로 가정은 결코 잘못된 것으로 또는 나쁜 것으로 여겨지지 말아야 하지만(가정은 책망되거나 제거되지 말아야 한다), 가정이 내담자에게 현재 어떻게 활용되는지에 대해서는 탐색되고 검토되어야 한다. 우리들은 가정들을 통해 편견이나 특정한 관점을 형성하게 되는데, 이 편견이 우리에게 일종의 칼날을 제공한다. 우리 모두는 전적으로 구속받지 않고 또 판단에 무능하지 않도록 우리의 인식과 사고에 대한 어느 정도의 예리한 측면을 소유할 필요가 있다. 정작 우리가 걱정해야 하는 것은 우리가 판단을 내린다는 사실이 아니라 그릇된 판단 바로 그 자체다. 또한 상담자 자신들도 수정할 필요가 있는 가정들과 선입견들을 지니고 있으며, 매일 자신의 내담자들로부터 배워나간다. 상담자의 편견이 나쁜 것은 아니다. 전적으로 편견이 없고 공명정대한 상담자는 없다. 우리의 편견이 현실을 왜곡하는 방식을 기꺼이 반추하고 보다 많은 정보를 얻으면서 우리의 관점을 계속해서 수정하려고 노력하는 한, 해롭지는 않을 것이다. 내담자의 편견과 상담자의 편견 모두 슈퍼비전을 통해 적극적으로 검토되어야 한다(Deurzen and Young, 2009).

실존주의 심리상담자는 내담자의 특정한 가정들을 알고 있는 척하거나 상상하지 않는다. 실존주의 상담자는 단지 내담자를 탐색할 뿐이다. 각각 내담자의 세계에 대해 신선하고 순전한 호기심으로 매 상담 회기를 접근하는 것이 매우 중요하다. 상담자는 마치 외부 지역으로부터 내담자가 거주하는 낯선 지역으로 들어와서 열의를 가지고 내담자를 좀 더 잘 알고자 또는 더 잘 느끼고자 노력하는 어떤 사람과도 같다. 이와 동시에, 내담자들은 종종 현실에 너무 몰두한 나머지 전체를 조망하는 감각을 잃게 된다. 따라서 상담자는 이들이 지니고 있는 것보다 직접적으로 생존에 도움이 되는 것을 통찰할 수 있도록 내담자가 객관성을 유지하도록 도와주는 것을 목표로 삼는다. 내담자의 고향에 이방인으로서, 상담자는 내담자의 세계에서 특징을 이루는 현저한 특색, 습관과 규칙들에 대한 설명을 요구한다.

때때로 내담자가 절대적으로 받아들이는 것들에 대해 보다 세부적인 정보를 요구할 필요가 있다. 임상가의 순전한 접근은 내담자에게 스스로 자신의 문제를 다시 생각하게끔 만들어 준다. 예를 들어, 만일 내담자가 '나는 지금 충분히 잠을 잘 수 없어서 고통스럽습니다.'라고 말한다면, 분명히 내담자는 상담자가 이것을 이해해 주고 이 진술에 내포된 기본적 가정들을 동의해 주기를 바라고 있다. 만일 상담자가 특별히 좋은 경청자가 되도록 훈련을 받았다면, 자연스럽게 그는 내담자의 가정에 동조하여 흡입되어 가도록 유혹을 받게 될 것이다. 많은 상담자나 심리치료사는 고개를 끄덕이고 이해하거나 공감하는 미소를 지으며 '음음' 하면서 자연스럽게 반응할 것이다. 어쩌면 상담자는 '힘들었겠네요.' 혹은 '지쳐서 가라앉은 느낌이 드세요?'와 같이 말할 수도 있다. 좀 더 탐색해 가는 과정이 이어지는 한, 이러한 어떤 것도 잘못된 것은 없다. 실존주의 상담자는 필요한 수면시간에 대하여 다음과 같은 솔직한 질문으로 반응할 수 있다. '충분하지 않다는 것이 어떤 의미인가요?' 또는 '완전히 이해가 되지는 않는군요. 적절한 수면시간은 얼마큼인가요?' 또는 '아, 그러면 충분한 수면시간에 대해서 알려 주시겠습니까?' 이러한 유형의 개입은 어떤 기법을 적용하고 싶은 바람이나 내담자와 영리한 게임을 펼치고 싶은 욕구가 아니라, 진정으로 이해하려는 개방적 태도와 다른 사람의 세계관을 이해하려는 소망에서 나타나야 한다. 그것은 내담자를 자기성찰, 자기이해와 재평가할 수 있는 능력과 연결시켜 주는 것이다.

인생과 자신 그리고 자기 주변의 세계에 대한 내담자의 아이디어에 대한 조각들을 전체로 맞추는 이 단계에 이르면, 상담자의 궁극적인 목표는 항상 내담자들이 질문 과정을 견딜 수 있을 만큼 나름대로 확고한 원칙을 스스로 파악하도록 돕는 것이다. 이러한 것들이 내담자가 자신을 스스로 재평가하는 기초를 만든다. 어떤 가정들은 내담자가 그것들이 함축하는 의미를 직시하게 되면 거의 즉각적으로 관심에서 멀어지거나 버려질 것이다. 다른 가정들은 시간이 지나면서 조사적 탐구를 통해 궁극적으로 내담자에게 어떤 가치가 있는지 알 수 있게 될 것이다.

가정들과 이념들 그리고 규범들의 원천은 내담자의 현실과 유용성에 큰 영향을 끼치지 않는다. 부모나 문화적인 규준에 순응하는 데에서 기인한 가정이나 습관은 여전히 도움이 되며 가치가 있다. 이것들을 자신의 손에서 제거할 필요는 없다. 어느 누구도 전적으로 독창적인 사람은 없다. 어떤 가정이나 이념을 처음에 어떻게 접하게 되었든 간에, 중요한 것은 내담자가 현재 자신의 삶에서 진정으로 그것을 원하는가 하는 것이다. 이것은 내담자가 자신이 원하는 삶을 실현하는 방법에 달려 있다.

어떤 내담자들은 유년시절에 익혔던 가정이나 습관을 지킴으로써 편안한 느낌을 받을 것이다. 다른 어떤 이들은 자신들이 성장하여 발견한 이념과 신념으로 전환함으로써 더 행복한 느낌을 받을 것이다. 사람들이 자신의 가정들을 성찰할 수 있고 그 시사점과 그에 따른 결과를 이해할 수 있으며 여전히 이 가정들에 편안함을 느끼고 있는 한, 모든 것이 이해가 되며 만족스럽게 될 것이다.

내담자가 자신의 의도와 가정을 인식하는 이 단계에 이르게 될 때, 자신의 삶의 목적에 대한 새로운 통찰력을 얻을 수 있다. 자신을 분노케 하고 격동시킨 혼동은 감소되고 점점 자신의 본래 모습이 되어 감으로써 내적 확신이 점차로 형성될 것이다. 어떤 가정들을 유지하고 또 버릴지에 대한 결정은 각자 자신이 선택하는 삶의 궁극적인 방향에 대한 민감성을 증가시키는 과정과 연결되어 있다. 이러한 방향을 찾도록 내담자를 돕는 것이 실존적 작업의 다음 단계이며 이것은 개인의 가치관을 구분하는 것을 필요로 한다.

❀ 가치관을 규정하기

내담자들이 세상에 대한 자신들의 가정을 정의 내리고 검토할 때, 어떤 가정들을 버려야 할지 곧 명백해진다. 왜냐하면 그것들은 더 이상 유지할 필요가 없는 과거의 견해와 오류들을 대변하기 때문이다. 몇몇의 가정들은 면밀하게 조사된 후 거의 즉각적으로 폐기될 것이다. 예를 들어, 앨리슨은 매우 빠르게 자신이 가치 없다는 생각을 버렸고, 자신의 고통이 자신의 판단보다 다른 사람들의 판단을 더 중시하는 경향에 더 깊이 관련되어 있다는 것을 알게 되었다. 자기 자신의 관점을 인식하고 표현하고 가치 평가를 배우는 것은 그녀의 삶에 있어서 큰 변화를 만들어 냈다. 이는 그녀를 매우 자신감 넘치게 만들었으며 그로 인해 남편이 자신을 더 지지해 주기를 원하는 기대를 더 효과적으로 표현할 수 있게 되었다.

다른 가정들 중 심지어 그릇된 가정조차도 오래 지속될 수 있으며, 내담자들은 때로 이러한 가정들을 인식하는 것에 도달하지 못할 것처럼 보이기도 한다. 대부분 예외 없이 이러한 고질적인 가정은 내담자의 세계에서 더 깊고 더 중요한 영역에 뿌리를 내리고 있다. 이러한 관점은 실제로 중요한 사항에 대한 내담자의 신념들과 관련되어 있다. 즉, 이것은 실존주의적 접근이 강조하는 내담자의 경험과 관련된 영역이다. 많은 인지적 접근법들이 가정을 검토하는 것에 대한 중요성을 강조한다. 그러나 매우 빈번히 모든 가정들이 수정되어야 할 학습과정으로 인한 부정적 결과나, 혹은 단순히 잘못된 것으로 도전받고 있다. 실존적 방법은 내담자로 하여금 자신의 가정들과 근본적인 가치 체계에 대해 더 깊이 검토하도록 격려한다. 실존적 작업에서 궁극적으로 중요한 것은 무엇이 내담자에게 중요하게 여겨져야 하거나, 상담자가 내담자에게 중요시 되는 것이 무엇인지를 지시하는 것이 아니라 내담자에게 정말 중요한 것이 무엇인지를 밝혀내는 것이다.

때때로 사람들은 자신들의 세계에 대한 가정과 관점의 원천에 놓여 있는 가치와 원리들을 분명히 인식하고 있지 않다. 그들은 특별히 숨겨진 동기나 원리들을 가지고 있지 않다고 생각한다. 때때로 사람들은 자신들의 동기나 신념 혹은 욕구를 반추하여 인식하지는 못할지라도, 호불호를 식별하는 것에 있어서 결코 실수하지 않는다. 그들은 자신에게 매력적이지 않고, 적합하지 않고, 호감이 가지 않는 것들에 대해 자신의 고유한 내면적 지침을 드러낸다. 이것은 사람들이 본질적으로 옳고 그름에 대해 깊이 느끼는 직관으로 자주 언급이 된다.

그들은 자신들이 좋아하는 것이 정확하게 무엇이고, 싫어하는 것이 무엇인지 또한 무엇이 선하게 보이고, 무엇이 악해 보이는지에 관한 판단이 어디에서 이루어지는지 알지 못한 채 불가사의한 방식으로 감지한다. 매번의 행동, 사람, 상황과 생각은 개인의 규준과 가치, 이념의 청사진에 비유된다. 만약 어떠한 것이 그것에 미치지 못한다면 신중하고 의식적인 사고 과정도 없이 자연스레 싫어지게 된다.

사 례

앞 장에서 등장한 사례의 주인공인 앨리슨은 자신의 어떤 부분에 대해 스스로 매우 싫어했으며, 이런 부분으로 인해 어느 누구도 그녀와 함께 하고 싶어 하지 않을 것이라고 스스로 확신했었다는 사실을 분명히 알게 되었다. 자기주장 훈련의 몇몇 회기를 통해 비합리적이고 자신을 비하하는 것에 대해서도 둔감해 있는 자신을 싫어하는 이유를 알았다. 그것은 그녀가 소망하고 있는 방식으로 살아가는 것에 대해 실패했다고 생각하는 것에 근거하고 있었다. 그녀는 무언가 잘못되었다는 걸 알았지만, 그게 무엇인지는 알지 못했다. 그녀는 어쨌건 스스로 사랑스럽지 않다고 여기는 자신의 태도를 거절하는 것과 관계된 어떠한 제안도 받아들이지 않았다.

앨리슨은 또한 그녀가 남편인 존에게 제공해 줄 수 있는 어떤 것보다 그의 일이 훨씬 더 가치 있고 중요하기 때문에, 그의 긴 근무 시간에 대해 정면으로 도전할 수 없다는 가정을 지니고 있었다. 그녀에게 열려 있는 유일한 선택은 잘못된 것이라고 생각하는 것에 대해 신경질적으로 과도하게 이의를 제기하는 것이었다. 존은 후배 의사 중 하나와 지나치게 친밀한 관계를 가지고 있었다. 남편의 관심을 요구하는 데 있어서 앨리슨의 자신감 결여는 처음에 여성이 남성에게 복종하는 문화적 요소로 인해 촉발되지 않았다. 그것은 상황에 대한 다른 평가적 유형에 기인한 것이었다.

앨리슨의 가치 체계는 남성이 여성보다 우월하다고 지시하지 않았다. 오히려 적절한 직업을 가진 사람은 그렇지 못한 사람보다 더 가치가 있다고 지시하고 있었다. 사실 삶에서 가장 중요하고 가치 있는 것들 중 하나는 사람들이 정당한 이유를 위해 싸우는 것이라고 엄밀히 말할 수 있다. 앨리슨은 비록 직업이 어떤 식으로든지 정당한 이유로 싸울 수 있는 유일한 방법이라고 판단하지는 않았지만, 가능한 방법 중 하나라고 이해했다. 그러므로 그녀는 존이 가치 있는 생명과 관련된 일에 연관되어 있으며, 자신은 이를 방해할 어떠한 권리도 가지고 있지 않는 것처럼 느꼈다. 존의 직업 자체가 도전이며 진정으로 귀중한 이상 그를 일에서 떼어놓는 것은 자신의 원칙을 거스르는 일이었을 것이다. 그녀는 의식적으로 그 이유를 설명할 수는 없지만 자신이 존을 멈출 수 없다는 것을 알고 있었다. 그녀는 또한 동일한 직관적인 방법을 통해 그 순간 자신의 삶이 낭비되고 있으며 자신에게나 그 어떤 누구에게도 가치 없는 사람이 되어 있다는 사실을 알고 있었다. 자녀가 어렸을 땐 자신이 유용하고 필요한 존재라고 느꼈었다. 그러나 지금 그녀는 자신이 필요한 존재임을 훨씬 덜 느끼고 있고, 세상에 어떤 식으로든지 기여를 하기 위해 새로운 직무를 익혀야만 한다고 느꼈다. 물론, 일할 수 있는 그녀의 능력에 대한 존의 폄하는 자신이 그러한 기여를 할 수 없는 사람이라는 인식을 한 번 더 확증시켜 주었다. 이것이 그녀가 존에 대해 더 강하게 반발하고 그의 다른 관계에 대해서 극심한 공포를 느끼게 만들었던 이유였다.

세상과 관련한 앨리슨의 믿음에 대해 반박하려고 노력하는 대신, 그녀가 가지고 있는 가치들을 인식하게 하는 것이 가장 중요했다. 그녀는 자신의 양심이 직접적이고 비언어적인 방식으로 말하고 있는 것을 그녀 자신에게 표출할 수 있도록 하는 데 도움이 필요했다. 늘 그렇듯이, 지침의 원칙 중 하나는 바로 지금 자신의 동기와 에너지를 가장 강력하게 이끌어 내는 것이 무엇인지를 살펴보는 것이었다. 삶 속에서 그녀에게 정말 중요한 것이 무엇인지에 대한 개인적인 관점을 알기 위해서, 그녀는 자신이 가장 진지하게 생각하는 것이 무엇인지 찾아내야 했다.

그녀의 에너지는 대부분 존이 그녀에게 지속적으로 충실할 수 있도록 만들어서, 이혼을 피하도록 노력하는 방향으로 흘러가고 있는 것이 명확했다. 그녀는 자신이 얼마나 모든 것을 서투르게 하고 있는지, 또한 얼마나 자신의 분명한 의도와 모순된 결과를 가지고 있는지 알 수 있었다. 그러나 그녀는 자신의 의도가 분명히 결혼 생활을 위해, 가정을 결속시키기 위해 싸운 것이었다고 단호한 태도를 보였다. 만약 그 결과가 자신의 의도와 일치되지 않는다면, 적어도 그녀는 자신이 정말 열심히 충분하게 노력했다는 사실로 인해 스스로 평안을 찾을 수 있을 것이다. 선한 동기로 보이는 것을 위해 투쟁하는 가치로 인해 자신이 전심으로 헌신했다는 사실을 보여 주는 것은 매우 중요했다.

그녀가 이러한 선한 동기와 관련된 생각에 대해 좀 더 탐색했을 때, 명분 자체는 별로 중요하지 않지만 전폭적인 관여와 헌신적 동기에 대한 진실성의 원칙은 중요한 요인이라는 것이 곧 증명되었다.

앨리슨에게 있어서, 의미 있는 삶이란 어떤 가치 있는 동기를 추구하는 삶이었다. 그녀는 존과 조앤 없이 살아가는 것에 대해 상상할 수 있었고, 여전히 홀로 충만한 삶을 살 수 있었다. 그러나 삶에 대한 진정한 도전이 결여된 채 남편과 딸과 그저 함께 있는 현재의 생활을 단지 연장하는 것만으로는 만족스럽다고 상상할 수 없었다. 또한 그녀는 남편이 가정을 위한 당연한 동기에 충실하지 않다고 자신이 일방적으로 판단했던 것을 깨닫게 되었고, 이것이 그녀가 그를 지속적으로 비난할 권리가 있다고 느꼈던 이유라는 것을 곧 알게 되었다.

그녀가 자신의 의도에 대해 발견할 것의 내면적 의미를 깨닫기 시작했을 때, 즉시 스쳐간 생각이 있었는데 가족의 결속이라는 그럴 만한 가치가 있는 명분을 추구하게 될 때 다름 아닌 질투가 폭발하더라는 것이었다. 그러나 지금 그녀의 의도가 명백히 드러나자 그녀는 지체 없이 어떤 중요한 실제적 싸움을 위한 비참하고 쓸데없는 대체물로서의 이러한 특정 행동경로를 무시하게 되었다.

일단 그러한 생각에 다다르자, 여러 이야기가 쏟아져 나왔고 그녀를 멈추게 할 수 없었다. 소녀단(Girl Guides)의 단원으로 열심히 활동했던 황금기 시절의 이야기가 병원의 급식 부서에서 쌓았던 성취에 관한 이야기와 섞여서 쏟아져 나왔다. 앨리슨이 자신의 여러 성공적인 행동과 활동에 대해 생각할 때, 그녀는 자기확신에 차 있었고 열정적으로 보였다. 그녀는 아주 최근까지 특히 도전적인 삶을 살아온 것처럼 보였다. 또한 아기와 함께 한 처음 몇 년간의 이야기가 좋은 의미로 가득 채워졌다. 그녀는 수년간 보육어머니회의 열성 회원으로 차와 과자를 담당하였을 뿐 아니라 집에서 구운 빵과 사탕을 판매하였다.

그녀는 조앤이 초등학교에 입학하여 다니기 시작할 무렵부터 집 밖에서 하는 어떤 활동에도 적극적인 참여를 중단했다. 학교에서 점점 지적인 부모들이 임원들로 등장하면서 그녀는 열등감을 느끼게 되었으며, 학교행사에 참여하는 것을 당혹스럽게 여겼던 사실이 오랜 반추와 회피를 거듭한 끝에 떠올랐다. 그녀는 조앤이 성장하면서 자신이 과거에 지녔던 기술보다 다른 기술이 필요하다는 사실 때문에 두려워하고 있었다. 지금은 존이 그녀의 지위를 낮추고 업신여기지 않을까 두려워하고 있었다.

상담자는 앨리슨이 놓치고 있는 주목할 만한 명분이 있다는 점에 대해 지적하였다. 예상했듯이 이러한 것에 대한 언급은 헛되지 않았다. 상담 회기는 엘리슨이 학교교육을 이수하지 못한 것에 대한 열등감을 중단하고 싶어하는 것과 관련된 기본 가치를 좀 더 탐색하는 것으로 지속되었다. 그러나 이와 동시에 그녀는 조앤의 학교에서 학교 급식 준비를 지원하는 일에 참여하였다.

흔히 발생하는 것처럼 이러한 일들은 그녀의 주관적인 가치 시스템을 이해하기 위한 좋은 자료를 제공해 주었다. 동시에 이것은 자신이 가치 있게 여기는 것이 무엇인지를 파악할 수 있는 기회를 제공해 주었다. 이전에 존에 대한 강한 질투심을 느꼈던 방식과 거의 같을 정도로 학교급식을 담당하는 여성을 질투하고 있는 자신을 발견하였다. 이러한 이슈에 대한 추적은 그녀의 모든 과거 관심사와 연결된 새로운 관점을 끌어올렸다.

앨리슨은 지금 그녀가 직시할 필요가 있는 무엇으로부터 탈출하기 위해 집 밖에서 일하는 것을 중단하게 된 경험을 깨닫게 되었다. 비록 그녀가 훌륭하고 어쩌면 탁월한 요리사였을지라도 그녀는 적절한 훈련과 학교교육이 부족하여 이에 대한 갈망이 있었기 때문에 단체급식 사업 분야에서 경력을 쌓아갈 수 없었다. 그녀는 자신의 이러한 결격을 보충할 수 있는 방안을 생각할 수 없었다. 일단 자녀를 하나 이상 가질 수 없다는 사실 때문에 가정주부로서의 경력은 별 의미가 없으므로(그녀가 보기에 또 다른 실패라고 보는데), 그녀에게 열려 있는 길이라고는 없는 듯 보였다. 그러므로 그녀의 고통은 더욱 커져갔고, 어느새 존과 조앤에게 필사적으로 매달리려고 노력할 수밖에 없다는 느낌이 들기 시작했었던 것이다.

그녀는 지금 자신의 가치관과 모순되는 삶을 살아왔다는 것과 그로 인해 그녀가 계속 같은 추세로 지속하는 한 자신을 점점 더 경멸할 수밖에 없다는 것을 볼 수 있었다. 그래서 학교의 급식주방장에 대한 그녀의 질투는 실제적으로 추가적인 훈련을 받을 수 있는 자신의 능력에 대한 불신을 재고하도록 만들었다. 그것은 단지 그녀가 관련 강좌를 신청하는 용기를 이끌어 내기 위해 투쟁할 가치가 있는 명분으로서 자신의 소망을 배식 일을 잘하는 것으로 인식했기 때문이다.

특별히 일류 요리사 코스에 참여하는 것은 절반 정도의 투쟁이었다. 이것에 성공했을 때 실습적인 측면뿐만 아니라 이론적인 요소 또한 완전하게 훈련을 수행할 수 있다는 것을 그녀는 깨달았다. 그녀는 하나의 선택으로서 포기했던 자신 안의 자존감을 회복했다.

앨리슨의 발견은 많은 내담자들이 자신들의 가치체계에 대한 통찰력을 얻기 시작하면서 그것에 따라 행동하는 바를 배우는 것과 같은 것이었다. 그것은 내적인 주관적 현실이 무시되기보다 실행 가능하다는 생각을 고수할 때 외적 세계가 갑자기 훨씬 더 실제적이고 의미 있게 되는 발견이었다. 비록 그녀와 존 사이에 더 많은 문제가 있지만 앨리슨의 내면에 있는 병적인 질투심과는 관계가 없었다. 이것은 훨씬 더 깊은 삶의 고민에 대한 증상이었으며 결코 실제적 문제는 아니었다.

궁극적인 가치가 무엇인지에 대한 이해를 얻기 위해 내담자들과 작업하는 동안, 목표는 항상 그들이 자신들만의 가치와 주관적 현실을 구체적으로 시행할 수 있도록 방법을 찾을 수 있게 하는 것이다. 그들은 객관적 실재가 요구하는 것에 대해 자신들이 만들어 왔던 가정에 맹목적으로 순종하는 것을 중단하도록 격려받는다. 그러나 상담자가 이러한 시행을 추진해가는 방법에 대해 직접적인 제안을 하지 않는 것이 무엇보다도 중요하다. 내담자가 행동을 취할 수 있는 동기를 찾지 않았던 지점을 기억해 내도록 하는 것이 오히려 가치가 있다. 대부분 이것들은 사르트르가 항상 자신의 고유적 가치 혹은 과제라고 칭했던 것으로서, 자신의 동기를 부여하는 가치가 아직 발굴되지 못했다는 것을 나타낸다.

만일 사람들이 필요하다면, 자신이 그것을 위해 기꺼이 죽을 수도 있는 무언가를 깨닫게 될 때, 대부분 결국엔 무엇을 위해 살아가야 하는지 또한 명확해진다. 비록 많은 상황에서 이것은 어떠한 직접적인 행동이나 활동에 관련되지만, 이는 또한 행동과 활동의 지나친 강조로 인해 배신당한 사람들의 가치관에 대한 예시도 된다.

사 례

소냐의 곤란한 상황은 이런 면을 잘 보여 준다. 그녀는 어떤 방법으로도 강력한 불면증과의 싸움에서 이기지 못했기 때문에 친구의 조언으로 상담자를 만나게 되었다. 새벽 4시 혹은 5시까지 계속 뒤척이고 매일 밤 겨우 두세 시간 밖에는 실제로 수면을 이룰 수 없는 것이 그녀가 겪는 어려움이었다. 그녀는 9시까지 출근해야 했는데 종종 알람이 울릴 때 너무 지치고 졸려서 제시간에 일어나 준비하는 것에 큰 어려움을 겪고 있었다. 이러한 패턴은 거의 3년간 지속되어 왔다.

첫 상담 회기에서 소냐는 수면제를 먹거나, 잠들기 위해 상당기간 노력해 왔던 최면과 같이 인위적인 방법을 이용하는 것은 터무니없는 일이라고 주장했다. 그녀는 이러한 것들을 무례한 프랑스식 표현으로 정중하게 번역하자면 '바보들의 덫'이라 제쳐두었다. 소냐는 국제적인 규모의 패션 산업에서 일하는 매우 성공한 37세의 프랑스 여성이었다. 그녀는 매력적인 커리어 우먼의 생생한 이미지와 꼭 닮은 모습이었다. 즉, 그녀는 차분했고, 단정한 차림에 세련됨까지 갖추었다. 그녀는 낭비할 시간이 없으며 어떤 식으로든지 자신이 이용당하는 것은 견딜 수 없을 것이라고 말했다. 그녀는 굉장히 활동적인 태도와 날카로운 어조를 지니고 있었다.

그녀가 원했던 것은 확실하고 빠른 불면증 치료법이었다. 그녀는 만일 이렇게 사소하지만 비위를 거스르고 귀찮게 만드는 불면이라는 지속적이고도 굴레를 씌우는 습관이 없다면 자신의 삶이 좋아질 것이라 생각했다. 자신이 실존주의자라고 믿었기 때문에 그녀는 실존주의적 상담을 선택했다. 그녀는 실존주의를 사람들이 자신들의 삶에 대해 완전한 통제권을 갖는, 즉 행동중심적인 철학으로 인식하고 있었다. 그녀는 삶의 모든 것이 개인적인 선택에 기반을 두고 있다고 분명히 말했다.

상담자는 간단하게 소냐에게 상담 회기의 목표가 필연적으로 삶이나 특히 수면을 통제하는 것이 아니라, 삶을 통제하는 것이 매력적인 선택으로 보이는 이유를 분명하게 이해하는 것이 목표가 되어야 함을 언급했다. 상담자는 불면증이 그녀의 삶의 방식과 인생에 대한 그녀의 관점을 탐색할 수 있는 명백한 지점이 될 것이며, 의심의 여지없이 다른 모든 것을 적절하게 조사하는 방향으로 이끌어 갈 것이라는 점을 덧붙였다. 그러고 나서 상담자는 그녀에게 자신과 자신의 태도를 관찰함에 있어서 신실한 헌신의 중요성을 강조했다. 절대적으로 충실한 협력하에서만 이러한 작업이 온전하게 진행될 수 있음을 강조했다. 소냐는 이것이 마치 명쾌한 사업 협약과 같아서 좋다고 하였으며 상담관계가 끝날 때까지 상담자를 붙들겠다고 대답했다.

그녀가 다음 상담 회기를 시작했을 때, 그것은 그녀가 고백할 것이 있다고 언급한 사실상 첫 번째 상담 회기였다. 그녀는 현재 상황에 대한 많은 세부 묘사를 생략했었고 자신이 상담자에게 매우 솔직하지 못했다는 것을 상담자가 알 필요가 있다고 느꼈다. 먼저, 그녀의 실제 이름은 소냐가 아니었고, 소냐는 단지 업무상으로 쓰는 이름이었으며 실제 이름은 앤이었다. 그녀는 여전히 소냐로 불리기를 원했지만 상담자가 이것이 가명이라는 것을 아는 것이 좋겠다고 생각했다.

그녀가 곧바로 15개월의 기간 동안 세 번의 유산을 경험한 것을 이야기했을 때, 그녀는 이것을 과거 몇 년간 그녀가 거쳐야 했던 고통과 갑자기 연결짓기 시작했다. 이런 경험에 대한 생생한 세부 묘사를 하며 손을 심하게 떨고 무심결에 '그게 인생이지……'라고 중얼거리며 자신의 삶의 경험들을 떨쳐버리려 했다. 그녀는 스스로를 잘나가는 전문직 종사자라고 생각하는 영국인 남편 피터와의 충격적이고 불행한 관계에 대해 언급하며 자신에 대한 이야기를 계속 했다.

소냐는 25분간 상담자로부터 어떠한 개입이나 격려를 받지 않고 줄곧 이야기했다. 그녀의 이야기는 명확했고 초점이 분명했다. 그녀의 언어는 매우 다채롭고 목소리의 톤은 극히 감정적이었고 심지어 극적이기까지 했다. 그녀는 1분 동안 깊은 절망을 표현하는 특별한 능력을 보여 주었고 그리고는 거의 숨도 쉬지 않고 다음 순간에 그것에서 벗어나는 놀라운 능력을 보여 주었다.

이 모든 시간 동안 상담자는 끊임없이 일종의 경쟁에 끌려 들어가는 듯한 느낌을 받았다. 마치 소냐는 자신의 활력에 필적할 수 있는 능력을 시험하는 것 같았다. 소냐는 매 문장마다 상담자에게 자신과 자신의 상담 상황을 완전히 책임지고 있는 우수한 인간이라는 것을 알려 주었고, 그로 인해 실제로는 상담이 전혀 필요하지 않은 사람 같았다.

비록 상담자는 명확한 것들에 대한 명쾌한 언급을 하기 위해 몇 번이나 소녀를 멈추고 싶은 유혹이 들었지만, 상담자는 말을 하고 싶어 하는 소녀의 동기 속에 경쟁 요소가 있음을 인식했기 때문에 소녀의 말을 멈추게 하려는 자신을 저지했다. 상담자는 소녀가 완전히 이야기를 마칠 때까지 기다려 주었다. 그때에도 상담자는 앉아서 단순히 소녀를 친근하지만 차분한 태도로 바라보았다. 그리고 다음과 같은 대화가 이어졌다.

소   녀: 결론적으로, 뭔가 말해 주지 않을 건가요?

상담자: 제가 말해야 하나요?

소   녀: 제가 무얼 해야 할지, 어디를 봐야 할지, 이런 문제들을 어떻게 다루어야 할지 말해 주실 거라 생각했었거든요. [10초 침묵; 소녀는 담배에 불을 붙였다.]

상담자: 제가 말하지 않는다고 가정해 봅시다.

소   녀: [약간 어리둥절한 표정으로] 저는 절대적으로 당신이 말해 줘야 한다고 생각하는데요. 제가 당신에게 돈을 지불하는 이유죠.

상담자: [심사숙고 끝에] 제가 침묵을 유지하는 대가로 당신이 돈을 지불하고 있다고 가정해 봅시다.

소   녀: [급격하게 충격에 빠진 표정으로] 아아, 아뇨. 저는 관객은 필요 없어요. 그런 사람은 제 직장에도 있어요. [마치 그것의 의미가 아닌 것처럼 이 말과 함께 크게 손짓을 하며]

상담자: 그럼 제가 계속 침묵을 지킨다면 어떨까요?

소   녀: 제가 다른 곳으로 가겠죠. 제 문제를 해결해 줄 방법을 이야기해 주는 누군가가 있는 곳으로요.

상담자: 당신은 문제를 해결하기 위한 분명한 방안이 존재한다고 가정하고 있군요…. [느릿하고 침착하게 언급하며]

소   녀: 네, 네 [보다 빠르고 조바심을 내며] … 아뇨, 아뇨. [지금은 조금 더 성찰하는 듯이 보임]

상담자: 해결 방안을 찾으려고 성급하기보다는 자신의 문제를 생각해 볼 시간을 가진다면 어떨까요?

소   녀: 이게 바로 정확하게 제가 하기 어렵다고 찾아낸 거예요. 저는 완벽하게 저의 일을 계획할 수 있고, 저의 직원들을 다룰 수 있고, 여행 채비를 할 수 있고, 시즌이

나 공연의 가장 바쁜 시간에 돌아다닐 수 있어요. 전혀 문제가 되지 않아요. 제가 움직이고 있는 한, 제가 일하고 있는 한, 무언가의 중심에 있는 한 저는 거의 모든 것을 관리할 수 있어요. 심지어 최악의 시간에도 저는 즐길 수 있고, 잘해낼 수 있고, 왁자지껄 신나게 일을 할 수도 있고, 이것을 정말 좋아하죠. 이것은 게임과 같고, 제가 잘하는 부분이죠. 저를 몰입하게 하고, 밤낮으로 저와 함께해요. 개인적인 문제를 생각할 시간은 저에게 없어요.

상담자: 그럼 심지어 늦은 밤에도, 당신이 잠들 수 없을 때 당신이 생각하고 있는 건 일이겠군요? 당신의 업무가 당신을 깨어 있게 만들고 있나요?

소 냐: 항상 제 일이죠. 저는 제 개인적인 문제에 대해 결코 생각해 본 적이 없어요. 저는 제멋대로 사는 유형의 사람이 아니에요. 제가 유산을 경험했을 때도 저의 불행에 대해 어떤 생각도 하지 않았어요. 사업에서 저의 부재를 어떻게 처리해 갈지 그 걱정뿐이었어요.

상담자: 확실히 그것이 당신이 자부심을 갖는 부분이네요.

소 냐: 네. [단호하게 고개를 끄덕이며]

상담자: 그럼 당신의 업무가 당신에게 그렇게 가치 있게 만드는 것이 무엇인지 살펴봅시다. 당신의 매일 밤낮을 붙잡을 정도로 중요한 것이 무엇인가요?

소 냐: [즉각적으로 대답할 준비를 하며] 그것은…

상담자: [가로막으며] 곰곰이 생각해 볼 시간을 가지면 어떨까요?

소냐는 이제 자신의 사업 안에서 자신의 일과 역할을 좋아하고 심지어 숭배하게 된 이유를 탐색하기에 이르렀다. 그녀는 자신의 주변에 있는 사람들과 사건들에 대해 생생하게 묘사하는 것을 회피하는 경향이 있었기 때문에, 상황에서의 개인적인 경험에 지속적으로 초점을 유지시키기 위해 매우 많은 도움을 필요로 했다.

많은 내담자들의 경우처럼, 소냐는 사건들에 대한 자신의 감정을 빠르게 표현해 냈다. 그녀는 특히 자신의 직원들과 특정한 교류를 이야기할 때 매우 흥분했다. 그녀는 그들의 어리석음과 태만한 행동에 대해 극단적인 혐오감과 증오를 표현했다. 감성을 통해 생각하는 것과 자신의 경험에 대해 성찰하는 것은 다른 문제다. 그녀는 자기의 내면세계에서 자신을 향한 시간을 갖는 것에 대해 익숙하지 않았다. 그녀의 태도는 전부 행동지향적이며 반응지향적이었다. 대중의 요구와 함께 사회적 측면이 그녀의 세계관을 지배했다.

소냐는 곧 실존적 탐구와 관련된 원칙을 알게 되었다. 예를 들면, 그녀는 상담 회기에 와서 그녀가 어떤 프로젝트를 맡고 있는지 단지 궁금해하는 그녀의 고용인 중 한 명에게 자신의 의도와는 다르게 분노를 느끼며 폭발하려는 정점에서 어떻게 자신을 멈추었는지를 이야기했다. 그녀가 자신의 삶과 다른 사람들에게 접근하는 전형적인 자신만의 방식에 대해 묘사하기 위한 많은 소소한 일들을 나누었다. 그리고 그녀는 이러한 방법으로 자신의 태도를 명시할 수 있는 것과 대화 중에 그것으로부터 어느 정도의 거리를 둘 수 있게 된 것으로 만족했다.

서서히 그녀의 세계관 지도가 드러났다. 지도 위에서 '영향력'은 가치와 의미 있는 존재로 향하는 중앙 대로의 역할을 했다. 소냐는 자신의 가장 중요한 원동력으로서 권위 있는 리더십의 위치에서 존경을 받고 싶어 하는 자신의 욕구를 인식했다. 그녀는 이 목표를 달성하기 위해 자신의 모든 삶을 체계화하였다. 그녀는 대단한 영향력과 존경받는 자리에 있었기 때문에 실제로는 자신의 목표를 달성했다. 유일한 문제는 지금 그녀가 중심 가치를 이루었고 스스로 밝혀낸 것처럼 그것은 그 자체로는 더 이상 의미 있는 것이 아니었다. 그녀가 지닌 인생 철학의 결점이 이제 모습을 드러내기 시작했다. 불면증은 그녀의 전적인 통제 속에 존재하는 약함과 무능력을 가장 잘 상기시켜주었다. 비록 그녀가 틈만 나면 잊으려 노력할지라도, 간절하게 잊고 싶은 유산은 더욱 생생하게 실패의 증인이 되었다.

실패의 증거들은 그녀의 삶의 방식에 맞서며 늘어가고 있었다. 그녀는 세상에서 자신의 위치와 자신이 이루기 위해 관리해 왔던 것들의 중요성에 대해 크게 의문을 가지고 있었다. 비록 자신의 회사와 일상에서 분명히 전적인 통제가 이루어졌음에도 불구하고, 그녀는 외적인 통제권을 얻을수록 자기 자신을 상실해가며 서서히 침몰하기 시작했다. 그녀가 말한 것처럼, 마치 약물 중독처럼 점점 더욱더 성취에 대한 강박관념에 시달리고 있음을 그녀는 느꼈다.

외적인 성공과 통제에 의존하는 것에 대한 두려움을 처음 표현한 순간부터, 소냐는 자신의 내적 세계에 개방적이 되었다. 책임을 맡은 전문가 여성의 이미지를 나타내려는 노력에 보다 덜 사로잡히게 되었다.

이제 방어하기보다 진정으로 자신의 삶을 자세히 살펴보기 시작했을 때 그녀의 가치 체계를 새로운 관점으로 바라보는 것이 가능하게 되었다. 남편인 피터와 또 다시 심한 말다툼을 한 바로 그다음 날 그녀는 자신의 결혼생활이 완전히 실패했다고 두려움을 느끼는 자신을 받아들였다. 평상시와 마찬가지로, 그 말다툼은 일종의 지배에 관한 것과 그들이 대접했던 친구들의 그룹과 연관되어 있었다. 소냐의 경험은 공개적 망신이었다. 이것은 식사 중간, 그들이 만찬을 즐기고 있던 레스토랑에서 결국 그녀가 격분하며 오만하게 떠난 사건을 일으켰다.

그녀의 수치심은 자신의 한계와 직면하게 만들었다. 그녀의 즉각적인 반응은 이것을 부인하며 도망가는 것이었다. 그녀는 피터에게 되갚아주고 친구들에게 그의 잘못을 확신시킬 수 있는 수백 가지 방법을 알고 있었다. 상담 회기에서 발췌한 아래의 글은 이러한 작은 위기가 그녀에게는 파괴지점이 되는 방식의 좋은 예를 제공해 준다.

소   냐: [피터의 행동에 대해 처벌할 방식을 3분간 설명한 후에] 그 어느 누구도, 단언컨대 그 누구도, 그런 행위를 내버려 두어서는 안 돼요. 아아, 정말 창피해.

상담자: 그것이 가장 중요한 점이지요, 그렇지 않나요? 당신의 수치스러운 경험. 그것이 당신이 존재하는 모든 이유를 파괴했어요. 당신이 추구했던 모든 것들에 대해 위배되잖아요.

소   냐: 오, 신이시여. 나는 그때 거기서 그 남자를 죽일 수도 있었어요. 나는 그 남자 목을 조를 수 있었는데. 여전히 지금도 가능해요. 다시 그때를 생각하면 말이에요. 그가 거기서 모든 사람들 앞에서 나에게 모욕을 주었어요. 나를 수치스럽게 했다고요. 정말 뻔뻔스럽게.

상담자: 당신을 모욕한 것은 정말 뻔뻔해요. 그렇지만 당신은 아마도 그의 용기에 고마워하게 될 거예요.

소   냐: 뭐라고요? [그녀는 격분했지만 흥미로워하는 것처럼 보였다.]

상담자: 마침내 우리가 당신이 직장에서 침울한 모습을 볼 기회를 갖게 되었잖아요. 당신은 말하는 순간부터 이미 일어나서 다시 주도적 위치에 올라가기 위한 계획을 세우고 있잖아요.

소   냐: 제가 계속 굴욕감을 느껴야 한다고 제안하시는 건가요?

상담자: 그것을 견딜 수 없나요?

소　냐: [담배에 불을 붙이며] 흠. 예. 나는 견딜 수 있는 체질이 아니에요.

상담자: 당신은 맞서 싸울 것이고 당신이 승리했다는 확신을 가질 것이지만 그런 과정에서 아마도 당신은 자신의 한계를 인식하고 어떤 것들의 새로운 측면을 발견할 기회를 잃어버릴 거예요.

소　냐: 오 하나님. 당신은 나를 편안하게 해 주지 않네요.

상담자: [고개를 저으며] 그렇죠. [소냐와의 회기에서 처음으로 아주 긴 침묵이 3분 동안 이어졌다. 분명히 그녀의 내면이 건드려지고 있었다. 결국 그녀는 격렬하게 담배를 껐다.]

소　냐: 담배도 피지 말아야 할 것 같아요.

상담자: 왜죠?

소　냐: 이 모든 게 같은 것의 한 부분 같아요. 아닌가요? 저는 계속 뛰고 또 뛰고 있어요. 절대 멈추지 않죠. 나는 나에 대해 생각하기 위해 멈춘 적이 없네요.

상담자: 당신이 밤에 깨어서 누워 있을 때조차도 말이죠.

소　냐: 네. 네. 단지 다음 날을 위해 어떻게 달릴지 계획을 하죠.

상담자: 당신이 수치심을 느낄 때 조차도요. 당신에게 소중한 것을 잃어버렸을 때도요.

소　냐: 그건 상당히 아픈 말이네요. 그렇게 아프고 싶지 않아요. 그리고 잃어버리고 싶지도 않고요.

상담자: 그래서 당신은 그 어느 누구도 더 이상 따라잡을 수 없을 만큼, 심지어 당신조차도 따라잡을 수 없게 아픔으로부터 계속 더 빠르게 도망치고 있는 거죠. 당신은 너무 빠르게 달려서 쉴 시간조차도, 회복할 시간도 찾지 못하고 있어요. 마치 잃어버릴 시간이 없는 것처럼요.

소　냐: 그렇지만 제가 빠르게 달리면 달릴수록. 시간은 더 빨리 달아났어요. 사람들은 나를 따라잡을 수 없었고, 나는 시간을 따라잡을 수 없었죠.

상담자: 시간을 따라잡는다는 건 무슨 뜻인가요?

소　냐: 오, 신이시여! [그녀는 자신의 손을 비틀고 하늘을 향해 두 팔을 뻗었다.] 나를 불쌍히 여겨주세요. 나는 정말 너무 많은 실수를 저질렀어요. 내가 틀렸어요. 내가 틀렸어요. [그녀는 보다 격하게 울었다.]

상담자: 당신이 어떻게 틀렸나요?

소　냐: 나는 환상을 뒤쫓았었어요. 나는 신처럼 되려고 노력했어요. 나는 모든 것을 통제하려고 노력했어요. 나는 오로지 나의 환상들을 통제했어요. 오만했던 거죠. 그

래서 평안이 없었어요. 그게 대가였던 셈이죠. 나는 평안을 찾을 수 없었어요. 잠
도 잘 수 없고, 사랑할 수도 없고, 아이도 없어요. 나는 모든 것을 원했어요. 나는
아무것도 얻지 못했어요. 그들은 나를 경멸했어요. 나는 그들을 속일 수조차 없
었어요.

상담자: 당신은 자기 자신을 속였네요.

소   냐: 저는 몰랐어요. 제가 마지막으로 알게 되었네요.

상담자: 사랑에 있어서 자신에게 충실하지 않았던 것처럼 들리네요.

소   냐: [이번에는 잠깐 생각을 하고 난 뒤 거의 들리지 않을 정도의 목소리로 중얼거리
         며] 나는 앤을 배신했어요.

이것이 그 회기의 마지막이었으며 동시에 상담과정 첫 번째 단계의 마무리였다.
이후에 소냐는 그녀 자신의 깊은 곳에 묻어두었던 삶과 앤이란 이름에 대해 더욱
깊은 가치관을 탐색하기 시작했다. 그녀는 이제 자신에게 가장 소중하고 가치 있
는 것은 만족감을 느끼는 삶을 살아가는 것이라는 사실을 이해했다. 그녀는 이것
을 타인에게 중요한 존재가 되는 것을 의미하는 것이라고 정의 내렸었다. 사업에
서 미친 듯이 성공을 추구했던 것은 그러한 욕망을 드러낸 표현이었다. 그녀는 가
치 있는 삶을 만들 수 있는 어떤 것을 얻으려 노력했다. 다른 사람들이 그녀의 성공
을 인정하는 모습을 통해 그녀 자신이 생각하는 완전함을 확인받기를 갈망했었다.

그녀가 이러한 결론에 도달하게 되었을 때, 그녀는 자신의 상황 속에 있는 역설
을 직면하기 시작했다. 그녀는 자신이 추구하는 모습과 정반대로 살고 있는 것만
같았다. 완성이라는 단어의 흔적을 결코 찾아볼 수 없었다. 완성에 대한 그녀의 정
의는 자신이 적절하며 진정으로 살아 있다는 것을 아는 지식 속에서의 편안한 느낌
이었다. 소냐는 자신의 존재에 대해 거듭되는 의심을 품은 채 타인의 인정을 좇아
끊임없이 돌진하는 자신의 삶을 경험했다. 불면증은 이러한 역설이 완전히 표출된
것이었다. 그녀는 수면 중에 자신을 새롭게 하는 능력을 신뢰하는 대신 내일을 계
획함으로써 미친 듯이 생생함을 지속하여 자신을 조종하려 노력했고, 그 때문에 계
속 깨어 있을 수밖에 없었다.

서서히 모습을 드러내기 시작한 근본적인 주제는 통제 대 유기, 그리고 신뢰의

주제였다. 이것은 그녀가 중요하다고 여기는 자기실현이라는 개념이 가지고 있는 의미를 생각할 때 특별히 심해졌다. 소냐는 자기실현이 자신이 통제할 수 없는 부분을 버리고 포기할 때 온다고 생각했다. 그러나 그것은 기본적으로 온화하고 창의적인 것이다. 그녀가 스스로 만들어 내고 있었던 자기실현은 차선의 것이었다. 그것은 자신을 둘러싼 환경을 통제하고 다스리고자 끊임없는 노력을 통해 획득하고자 했던 자기실현이었기 때문이다.

소냐는 이제 자신의 노력이 허사가 될 수밖에 없었던 이유와 방식에 대해 알게 되었다. 수면에 순복하는 대신에 그녀는 그것을 정복하려고 노력했었다. 잠이 드는 대신에, 그녀는 자신을 잠재우려고 몰아붙였다. 순복하고 신뢰하는 대신에, 통제하고 강요하고 있었다. 간절함이 부족해서가 아니라, 자신이 잘 수 있다는 믿음과 신뢰의 부재로 인해 그녀가 잠에 들 수 없었을 것이다. 소냐는 어떤 것도 쉽게 얻을 수 없다고 생각했다. 그래서 그녀는 밤에 수면을 취할 수 있도록 열심히 일해야만 한다고 생각했다. 이러한 그녀의 기대는 순복이라는 유연한 방식이 요구되는 수면에 대해서도 통제하려는 방식으로 꾸준하게 접근하도록 만들었다.

물론 수면장애는 단지 자신과 소냐 자신의 세계에 대한 오해의 아주 작고 부수적인 예일 뿐이었다. 곧 그녀가 타인과의 관계에서도 이와 마찬가지로 동일한 실수를 하고 있다는 것이 명백해졌다. 특히 그녀의 남편 피터와의 관계에서도 그녀는 한 번도 양보하지 않았다. 그녀는 어떤 식으로든 자신이 남편을 필요로 한다는 것이 드러내면 남편이 자신을 학대할까 두려웠다. 그녀는 끊임없이 자신을 방어했다. 항상 공격할 준비와 방어할 준비가 되어 있었고, 이해와 연민 그리고 진정한 친밀감을 찾아가려는 가능성은 배제했었다.

소냐는 자신의 삶이 거의 완전한 성공에 가깝다는 믿음으로 상담을 시작했지만, 지금은 오히려 완전한 실패일 수 있다는 의문을 가지기 시작했다. 그녀는 어떻게 해서든 자신이 살아 있음을 느끼기 위해 극단적인 방법을 사용해야 했다. 그녀는 실패로 인한 절망과 체념 속에 자신을 몰아넣었고, 이 방법을 통해 그녀는 자신을 강한 통제로부터 그냥 내버려 두도록 자신을 허락했다. 그녀는 과거에 숨겨져 있었던 것들이 무엇인지 깊이 생각해 보게 되었다. 그녀는 자식이 없는 것에 대한 고통을 떠올리기 시작했다.

곧 그녀는 아이를 갖는 것이 자신의 이상적이고 충만한 삶의 모습인 것으로 계획했었다. 그녀는 출산이 특별히 여자에게는 인간애를 뛰어넘는 원칙에 모든 것을 양보하고 맡기는 것이라 느꼈다. 이 과정에서 여성은 기적적이고 경이로운 방법으로 생명을 가까이서 느끼는 육신의 축복을 받을 수 있다.

그렇지만 실제로 소냐에게 출산은 그렇게 이루어지지 않았다. 먼저 그녀는 경력 단절이 우려되어 낙태수술을 두 번 받았다. 그러고 나서 그녀가 자녀를 가지려 노력할 때 세 번 유산하게 되었다. 그녀는 상실감과 고통 속에 홀로 남겨졌다. 곧 그녀는 이 모든 것에 대해 크나큰 죄책감을 느꼈다고 언급했다. 그녀가 자연적인 과정에 순복할 수 없었고 강력하게 자신을 통제하고 있었기 때문에 스스로 자신의 아기들을 죽였다고 생각했다. 자연이 그녀에게 맡겨준 것을 수용하고 환영하며 맞이하는 대신 그녀는 거부하는 길을 택했었다. 그녀는 명예와 부을 추구하는 헛된 노력을 기울였고 그래서 자신의 내면에 있는 삶의 원천을 무시해 왔다. 그녀는 유산을 자신의 오만함에 대한 벌이라고 생각했다. 통제권을 계속 쥐고 있었던 것에 대한 대가를 지불했다. 지금 그녀는 자신에게 보복을 한 셈이었다.

지금 그녀의 태도는 5개월 전 자신의 삶을 이해하기 위해 노력을 기울이기 시작했을 때의 태도와는 사뭇 달라졌다. 그녀는 새로운 통찰을 소화하기 위해 노력하고 자신의 삶에 적용할 시간이 필요했기 때문에 당분간 상담 회기에 오는 것을 중단하기로 결정했다. 그녀는 상담치료가 내면의 균열된 틈을 메우고 수면장애 같은 증상을 없애기 위한 어떤 것에 대한 시도가 아니라는 것을 알고 있었다. 그녀는 도움 없이 스스로 다시 시도할 준비가 되어 있다고 느꼈고 어떠한 일이 앞으로 일어날지 보고 싶어 했다. 또한 그녀는 자신이 이전에 스스로 만들었던 삶을 실험해 보고 싶다고 고백했다. 이제 그녀는 무엇이 잘못되었는지 이해했기 때문에, 그것을 바로잡을 수 있을 것이라고 생각했다.

약 11개월 동안 소냐는 자신의 직업에 온전히 몰두했다. 그녀는 이 과정에서 완전히 진이 빠져 버렸다. 자신의 눈이 감기지 않는 한 자려고 노력하지도 않았다. 침대에 누워 몸을 뒤척거리는 대신, 밤에도 앉아서 일을 하거나 자신의 경력을 위해 새로운 전략을 세우곤 했다. 그녀는 실행하고 있는 일에 있어서 완벽하게 성공적이었다.

그녀의 차선책을 위해 모든 것을 다 바쳐 헌신하는 기간이 지난 후, 그녀는 진정으로 자신의 삶에서 원하는 것들을 수행하기 위해 상담치료로 돌아왔다. 그녀는 사회적 성공이 자신이 좋아할 만한 방식으로 만족감을 주지 못했다는 것이 스스로에게 입증되었음을 느꼈다. 이 계획은 삶에 순복하는 방법을 알고 인간관계와 양육의 비밀을 발견하기 위한 것이었다. 그녀가 다시 한번 자신의 운명을 통제하고 조종할 수 있는 마법의 공식을 발견하려고 노력하고 있다는 사실을 깨닫기 시작하는 데 1년 가까운 시간이 걸렸다.

자신의 성장이 느리다는 것에 주목하는 것이 결국엔 유일한 길이었고, 이를 통해 소냐는 순복에 대해 배울 수 있었다. 어느 날 그녀가 자신이 도달하게 된 중요한 결론에 의한 영향에 대해 언급한 지 얼마 지나지 않은 시점에 일어난 일이었다. 그저 있는 그대로의 가치만 발견한다면 실제로는 그녀의 여생에 많은 차이를 만들어 내지 않을 것이다.

그녀는 자신의 삶의 경험에서 일어나는 이러한 변화를 거치는 두 달 동안 임신했고, 결국 아기를 지켰다. 그녀는 직장을 떠났는데, 이러한 결정에 거의 모든 사람들은 깜짝 놀랐으며 경악을 금치 못했다. 그리고 그녀에게 있어서 비록 큰 사건은 아니었지만, 사소하지 않은 이전과는 매우 다른 사항으로 인해 삶의 새로운 국면이 시작되었다. 임신한 몸에서 느껴지는 피로와 출산 후 아기를 돌보며 느끼는 피곤함에 굴복하였기 때문에 불면증은 더 이상 문제가 되지 않았다. 그녀는 이전에 외적인 것에만 치중되어 있던 삶에서 벗어나 새로운 신체적인 경험에 금세 편안해졌다. 담배를 포기했고, 자신의 예민한 후각을 재발견하며 감탄하게 되었다. 또한 이러한 변화가 수면에 중요한 역할을 담당했고 편안함을 느끼게 해 준다는 것을 발견했다. 그렇지만 개인적 세계의 관계가 보다 전면에 드러났기 때문에, 새로운 범주의 문제를 다루어야 했다. 그녀와 남편과의 관계 그리고 그녀와 아이와의 관계가 그녀에게 상당한 고통을 안겨주었다.

소냐는 인생의 도전들이 하룻밤 사이에 절대 해결될 수 없으며 어떻게 살아가는

지에 대한 가치관을 성립하는 것은 지속적으로 질문되고 매일 새로워져야 하는 과정임을 발견했다. 자신이 살아갈 가치가 있다고 느끼는 어떤 것을 위해 헌신하며 삶의 깊은 충만함을 발견하는 동안, 여전히 그녀는 자신이 살아가는 방식이 모든 것을 좋은 방향으로 바로잡아 줄 것이라는 그릇된 가정을 뿌리 뽑아야 했다. 마침내 소냐는 가치가 오직 지침일 수밖에 없고 축복과 행복을 보장해 주는 것이 아니라는 생각을 놓치지 않았다. 그녀는 자신의 다양한 욕구를 만족시킬 수 있는 삶의 방법을 찾으려 노력했고, 자신의 일과 가정 이 모두를 위한 그리고 개인적인 삶을 위한 공간을 만들었다. 그리고 이런 노력은 그녀를 온전히 채워 주었다. 그녀는 영원하거나 절대적인 답을 찾는 것을 기대하는 것이 아니라 계속 찾아가는 것을 배워 갔다.

내담자의 삶을 지탱하는 가치를 결정하는 것에 대해 도울 때, 그들이 이러한 가치에 부합하는 삶을 누리는 데 있어서 그것이 시사하는 바와 결과를 통해 그들이 생각해 볼 수 있도록 돕는 것은 본질적으로 중요하다. 이는 때때로 자신의 의지를 고집하려는 내담자의 능력에 대한 문제를 제기한다. 그러므로 이 과정에서 흔히 내담자가 의지할 수 있는 재능을 탐색하고 검사하는 것이 제시된다.

✤ 재능을 탐색하기

내담자가 진정으로 자신에게 중요하고 궁극적인 어떤 의미를 갖고 있으며, 그것을 위해 살고 죽을 수 있는 어떤 가치를 결정함으로써 내담자가 자신에게 동기를 부여하는 원동력을 인식할 수 있다면, 남아 있는 문제는 내담자가 실제적으로 어떤 방법으로 이 가치를 구현하며 실현할 수 있는가 하는 것이다.

여기에 인간 경험의 다른 영역에서 발생하는 것과 같이 또 하나의 역설이 지배한다. 내담자들은 자신이 의도하는 바와 정반대의 방식으로 재능을 적용하려는 자신들의 경향을 종종 발견하게 될 것이다. 소녀의 경험은 그러한 역설의 한 예다. 그녀는 창의력과 조직화에 대한 자신의 기본적인 재능을 배타적이고 통제중심적인 방식으로 활용하여 정작 자신의 노력에 대한 열매를 누릴 수 없게 만들었으며, 자신을 충전하지 않은 채 스스로 고갈시키거나 성취를 불가능하게 만들었다.

소녀의 사례에서 보듯이, 이러한 종류의 역설은 흔히 자신과 세상에 대한 그릇된 개념에서 비롯된다. 이는 무엇이 삶에 개입하고 있는지에 대해 이해하는 통찰의 결여로 말미암는다. 사람들은 자연스럽게 자신의 삶 속에서 눈이 멀어 실족하는 경향이 있다. 사람들은 자신들의 행동에 대한 의미와 결과에 대해 깊이 고려해 보지 않은 채 그 재능을 아무 때나 끌어낼 수 있는 방향으로 자신들의 재능을 적용한다. 성찰하는 삶은 자연스럽게 찾아오지 않는다. 그것은 획득되어야만 한다. 우리의 뇌는 상당한 훈련을 필요로 하고, 전두엽이 조화 속에서 효과적으로 작동하기 위해 우리는 자기반추와 인생에 대한 성찰을 위한 질서 안에서 많은 새로운 시냅스의 연결을 만들 필요가 있다. 세상에서의 경험과 능동적인 숙고를 통하여 우리는 자신의 능력과 이를 관리하는 최적의 방식에 대한 실제적인 통찰을 얻을 수 있다. 인간의 존재에 대한 이해와 인생이 추구하는 방향에 대한 인식을 얻으려면 더 많은 경험과 성찰과 숙고가 필요하다. 수동적인 삶은 쉽게 찾아온다. 사람은 항상 이에 쉽게 무너진다. 능동적이고 창의적인 삶은 어느 예술에서도 그러하듯이 많은 연습과 연구가 요구된다.

많은 내담자들이 쉬운 성장을 기대할 것이다. 만일 자신들이 겪고 있는 고통을 종식시킬 수 있다면 그들은 고통의 근원을 찾기 위해 작업할 준비를 할 것이다. 그러나 이들은 지나치게 빠른 보상을 기대하게 될 것이고 만일 결과가 속히 나타나지 않으면 금세 실망하게 될 것이다. 수행해야 할 충분한 동기를 제공할 유일한 보상은 그들이 익히 알고 있거나 건설적인 방식보다는 이전에 자기 파괴적인 방식으로 사용된 적이 있는 강점들을 밝혀내는 것이다. 지금까지의 숨겨진 힘과 능력을 발견함으로써 힘에 대한 새로운 감각을 경험하게 될 것이다. 이는 단순히 필요에 의해서라기보다는 더욱 바람직하게 보이는 심도 있는 학습과 탐구를 만들어내기 위함이다. 이와 같은 자기 스스로의 동기를 유발하는 역동성(dynamism)에 이르기 위해 상담자가 고집스러울 정도로 내담자 자신과 세상에 대한 내적 경험에 초점을 맞추는 것은 대단히 중요하다. 이럴 때 강조점은 내담자가 잘못 수행하고 있는 것이나 자신을 스스로 얼마나 비참하게 만들고 있는지가 아니라 내담자가 범한 실수에 내재된 재능이나 소질이다.

이에 대한 한 가지 방법으로 이미 서술한 '한번 해 보자, 뭐가 어때서(why not)'라는 방식을 사용하는 것이다. 내담자가 계속해서 파괴적인 습관이나 성격의 어느 요소를 되풀이하여 표출할 때, 상담자는 내담자로 하여금 그것과 관련하여 암시적인 특성에 대한 새로운 시각을 줄 수 있도록 자극할 수도 있다. 상담자가 이같이 함으로써 내담자를 격려하여 부정적인 행동이나 경험의 근원에 있는 기본 원리를 찾도록 하며, 그것이 의미하는 재능이 더욱 잘 활용될 수 있도록 도와준다.

예를 들면, 만일 내담자가 지나칠 정도로 합리성을 추구하는 듯한 자신의 성향에 대해 불평을 늘어놓는다면, 적절한 개입은 다음의 단순한 질문을 통하여 합리성에 대한 즉각적인 거부를 다시 생각하게끔 격려할 수 있다. '합리적인 것이 어때서요? 또는 합리적이면 왜 안 되는 거지요?' 가치판단과 가정이 함축하고 있는 바에 대한 이러한 유형의 검사는 거의 언제나 생산적이다.

첫째, 상담자는 이러한 질문을 통해 맹목적으로 자신의 의견에 의존적이기보다는 진실을 탐구하는 측면에 진정으로 설 수 있도록 명백하게 만들어 주어야 한다. 그렇게 할 때, 상담자는 내담자가 부정적인 편견이나 자기 삶의 가정을 통하여 접근하는 것이 아니라 진실을 탐구하는 빛 속에서 자신을 숙고해 볼 수 있도록 만들 수 있으며, 그것에 대한 판단을 더 쉽게 교정할 수 있게 한다.

둘째, 상담자는 놓친 부분이 아니라 이미 획득한 영역 안에서 조사를 수행한다. 그렇게 하는 과정에서, 숨겨진 성격이나 잘못 사용되고 있는 현재의 재능에 대한 재활치료의 씨앗이 뿌려진다.

셋째, 따라서 내담자는 어떤 것들을 무시하거나 유혹적인 어떤 다른 것들을 찾아내는 자신의 일상적 방식에 대해 다시 한번 숙고해 볼 수 있도록 격려된다. 내담자는 숙고와 탐구를 위해 중요한 주제가 되는 '왜? 혹은 어때서?'에 대한 몇 마디 말을 통하여 어떤 특정한 방식으로 접근하는 자신의 견해를 되새기게 된다.

내담자는 다른 사람들의 표준이나 규범에 맞추려고 애쓰는 입장에서 응답할 수 있다. 즉, '그렇지만 모든 사람들이 그렇게 합리적이 되는 것은 잘못된 것이라고 제게 말하거든요'라는 식으로 말한다. 이런 경우, 사회적 세계의 현실에 순응하려는 자신의 가정들은 탐구될 만한 가치가 있다. 반면에 자신이 지나치게 합리적이 되는 것이 장애라고 느껴진다고 대답할 수도 있다. 이런 경우, 내담자에게 있어서 합리성이 자신에게 의미하는 것이 무엇인지 몇몇 정의를 내리는 것이 유용할 수 있으며 이를 통해 내재된 긍정적 원리와 재능을 발견할 수 있다.

비록 내담자가 지나치게 합리적이 되는 것에 불만을 느낀다 해도 실제로는 자신의 주요 자산으로서 뿌리내린 가치관인 어떤 성격적 특성에 대해 동의하지 않는 형태로, 즉 단지 분위기 좋게 만드는 대답을 해야만 할 것 같은 기분을 느낄 수도 있다. 상담자는 내담자가 스스로 어떤 특성들에 대해 즉각적인 가치판단으로부터 충분히 분리될 수 있도록, 그리고 내담자가 스스로 이러한 갈등을 인식할 수 있도록 도울 수 있을 것이다. 이러한 형태의 분리와 개방적인 자세는 인간의 특성과 경향성의 복잡성에 대한 통찰의 결과다. 그것은 인간의 능력과 특성의 이중적 견해이기보다는 인간 경험의 모순에 대한 이해에 기초하고 있다. 실존심리치료사는 배경적 환경에 대항하는 각각의 특성을 볼 수 있는데, 이러한 배경은 상대적 측면이나 반대적 특성뿐만 아니라 결속과 통일성의 원리에 대한 인식으로써의 환경이다.

예를 들어, 한 내담자가 인생에 대한 자신의 경직된 접근방식을 시사하는 사건들을 반복하여 보고할 수 있다. 만일 자신의 완고함을 비난하는 다른 사람들에 대해 불평하는 일이 발생하면, 보통 강조되는 기본적인 원리와 재능에 대한 탐구가 분명히 적절할 수 있다. 이러한 사건들과 관련된 내담자의 경험에 대한 탐색을 통해 도울 때, 내담자는 자신을 완고하거나 경직되어 있다고 여기지 않고 오히려 자신의 무기에 충실하게 의지하고 있다는 것을 깨닫게 될 것이다. 따라서 내담자는 자신의 행동에 대한 '완고함'이란 표식을 거부하고, 그것을 주관이 분명하다거나 좀 더 긍정적으로 과단성이 있거나 결단력이 있는 것으로 여기고 싶어 한다. 이것은 비단 언어적인 미묘함의 문제가 아니다. 내담자의 개인적 특성에 있어서 긍정적인 해석에 초점을 맞출 수 있는 것은 현실에 대한 자신의 태도와 인식에 작용할 수 있는 개인의 의지에 대한 정확한 열쇠다.

사람들은 자신의 부정적인 측면에 대한 질문을 시작하기 전에 자신의 기본적인 긍정적 특성과 능력을 신뢰하며 편안함을 느끼는 것이 중요하다. 또한 대부분의 사람들은 엄청나게 선한 의도를 갖고 있는 것이 사실이다. 사람들이 최상의 삶을 이루기 위해 노력하는 긍정적인 부분에 대해 마땅히 신뢰할 가치가 있다. 이런 후에 그들로 하여금 무엇이 잘못되었는지 숙고하도록 하고 왜곡된 점에 대해 균형을 이루도록 하는 것이 훨씬 용이하다. 내담자가 결단력에 대한 개인적 재능을 성찰하기 시작하면, 아마도 자신이 단호함이나 끈기가 결여된 사람들을 어떻게 업신여기고 있는지 인식하게 될 것이다. 내담자는 그들을 약하거나 불안한 것으로 무시하며, 심지어 신뢰하지 못할 사람들이라 여겼을 수도 있다. 그러나 이러한 사실은 비록 태도의 일관성을 보여 주며 일치된 것이라 할지라도 일방적인 견해임을 시사하는 것으로 지적될 수 있음을 보여 준다. 실제로 내담자는 자신과 다른 사람들을 거부하는 것을 진정으로 원하는 것일까? 세상은 오직 한 부류의 사람들로만 이루어져야 하는 것인가?

이렇듯 사람들은 전형적으로 현실에 대한 일방적인 개념을 고집함으로써 살아 볼 만한 삶을 누리고자 노력하며 살아간다. 삶에 내재된 역설을 극복하는 것은 많은 이해를 필요로 한다. 이러한 이해는 통합된 원리를 참고함으로써 더 쉽게 얻어진다. 이런 경우에서 통합적 원리는 곧 '의지'라 할 수 있다. 이와 관련된 역설은 양극단을 포함하는 의지적 원리이며, 각각의 극단은 긍정적 특성과 부정적인 특성을 지니므로, 끊임없이 서로 상호적 균형을 이루어야 한다.

궁극적으로 포괄적이고 지배적이면서 배타적인 의지는 자신과 타인들 모두를 파괴적으로 이끌어 가며, 반면에 전적으로 의지가 결여된 경우는 우유부단함이나 무관심을 만들 것이다. 어느 극단도 그 자체로 좋은 것도 아니며, 나쁜 것도 아니다. '의지'라는 원리를 건설적으로 활용할 수 있는 비밀은 가능성의 연속선에서 유연하게 적용할 수 있는 능력에 놓여 있다. 이는 상황에 따라 적절하게 수행되어야만 하며, 고정된 방식이기보다는 반대적인 양면에 대해 역동적으로 균형을 이루어야 한다.

어떤 내담자는 스펙트럼의 어느 한 끝을 일관되게 선택하는 방식으로 서서히 시작할 수 있는데, 그는 다른 쪽 끝에 존재하는 긍정적인 특성에 대한 경험을 배제시키고 있다. 이런 경우 내담자는 종종 다른 방향으로 바꾸어 이들 간에 균형을 취할 수 있는 능력을 갖고 있지 않다. 따라서 내담자는 스펙트럼 끝에 있는 부정적 의미의 결과를 견뎌내야만 하는 것으로 자기 자신을 비난하고 있는 방식을 살펴봄으로써 시작할 수도 있다.

구체적으로, 자신의 과업에 대한 집착이나 가끔 자신만의 길을 선택함으로써 내담자는 자신의 의지를 건설적으로 활용할 수 있다고 인식할 수도 있다. 그러면 그는 또한 자신이 융통성이 없거나 완고하며, 또는 심지어 반대적 결과로 인해 어떻게 자신을 자책하는지에 대한 증거를 볼 수도 있다. 또한 그는 의지적 결핍에 대항하여 어떻게 스스로를 자동적으로 보호하는지 깨닫게 될 것이다. 그는 일부 다른 사람들에게서 일어나는 것을 관찰할 수 있는 구덩이 속으로 미끄러져 들어가지는 않을 것이다. 그러나 같은 측면에서 그는 적응력과 유연성을 발휘할 수 있는 능력을 상실하고 있다. 완고함을 긍정적인 모습으로서의 일방적 측면만 고수할 때 그는 유연성과 양보가 지닌 긍정적 측면을 비난하게 된다.

따라서 이 내담자가 이미 획득한 기본적 재능은 인간의 경험이 갖는 역설의 모든 스펙트럼을 관리하는 첫 단계로 보인다. 내담자가 무엇으로 출발하든지 간에, 거기에는 항상 이미 획득한 어떤 인간 능력과 재능을 나타내주는 표식이 있다. 예를 들어, 만일 내담자가 자신의 우유부단함에 대해 불평하고 있다면 이것은 자동적으로 자신이 이미 상이한 가능성에 대하여 적응할 수 있거나 개방적인 능력을 획득하였음을 나타내주고 있는 것이다.

이것은 마치 절반이 비어 있는 와인 잔은 절반의 와인이 채워져 있는 잔으로 볼 수 있다는 인식에 대한 옛 격언과도 같은 것이다. 또한 성경에서 말하고 있듯이 자신이 받은 축복을 헤아려 보는 유익한 습관과도 같은데 이것은 단순한 낙관주의의 문제가 아니라 상황을 개선시킬 수 있는 유일한 출발점이라는 것이다. 긍정 심리학자들은 최근에 이러한 적용을 또다시 대중화시켰다. 이들은 자신이 받은 축복을 헤아려 봄으로써 성공적으로 이루어지는 회복이 증가하는 것을 보여 주었고, 오늘날 이 방법은 모든 이들에게 권장되고 있다. 이는 아마도 어떤 이들에게는 구덩이에서 끌어당길 불만에 대한 반작용이라는 것을 망각하고 있기 때문이다(Deurzen, 2009). 흥미롭게도 예외 없이 거의 모든 내담자는 물과 오리의 관계처럼 그들이 현재 갖고 있는 재능을 제안하는 형태를 취한다. 대부분 모두가 상담이나 심리치료를 받으러 올 때 그들이 갈망하는 것은 상담자가 자신들에 대해 스스로 바라는 최상의 희망을 확인해 줄 것이라는 기대다. 또한 항상 그들에게 제안하는 모든 것들은 자기 자신의 최악의 두려움에 대한 비참한 확인일 뿐이다. 오직 전자에 대한 분명하고도 확고한 기반을 통해서만 후자가 다루어질 수 있다.

사람들은 어느 누구도 완벽하지 않다는 개념을 힘들지 않게 받아들인다. 대개 사람들은 기꺼이 현재의 레퍼토리를 확장할 수 있는 방식을 인식한다. 그러나 무엇보다 먼저 장점에 대한 현재의 목록을 공개적으로 작성할 수 있도록 허락을 받아야 한다. 재능을 인정받기 위한 내담자의 은근한 요청은 놓치기 쉽다. 사람들은 종종 자신들의 능력을 인식함에 있어서 매우 수줍어한다.

예를 들어, 내담자들은 자신의 실패목록을 열거하기도 한다. 그런데 이는 그렇게 함으로써 정직함이라는 장점을 보여 주는 의미일 수도 있다. 내담자들은 자신들이 돌보는 사람들에 대해 무자비하게 보고를 하기도 하는데, 이는 그들의 일상적인 사랑을 내비치고 있는 것이다. 그들은 또한 자신들이 불가피하게 삶의 어떤 영역에 고착되어 있는 상황을 보고하기도 하는데, 이는 어찌되었든 그 영역을 고수하는 고귀한 헌신에 대한 칭찬을 무척 갈망하는 것이다.

가장 겸손한 사람은 때때로 겸손에 있어서 자기 스스로의 위엄 있는 모습을 깊이 확신하는 사람이다. 이렇듯 숨겨진 특성과 가려진 자기확신을 악의나 자책이나 조롱 없이 개방하여 가져오도록 하는 것이 상담자의 과업이다. 내담자가 살아가는 기본적인 능력과 자신에 대한 본질적인 신뢰를 명확하게 하는 것보다 더 가치 있고 본질적인 것은 없다. 이것은 마치 미술 교사가 학생이 칠판에 그린 미술 작품을 문질러 버리듯이 학생들을 취급하기보다는 학생의 작품에서 좋은 점을 칭찬하는 것처럼 기본적인 것이다. 개선하려는 우리의 능력에 희망을 갖고 있을 때에만 비로소 개선에 대한 헌신이 가능하다.

　이것은 다시 한번 실존주의 심리치료사들이 어떻게 더욱 심화된 자기발견을 위한 동반자가 되는지 보여 준다. 최상의 언어적 감각 안에서 상담자는 동지이며 내담자의 선한 양심의 소리다. 따라서 상담자는 내담자로 하여금 이미 거기에 있는 것을 최상으로 만들며 그 목록을 지속적으로 확장할 수 있도록 격려한다. 그 과정에서 오류나 단점을 지적하는 것은 자연스러운 일이며 논리적인 상대가 되는 수호천사의 역할이 될 것이다. 내담자가 이러한 관찰을 본질적이고도 친숙한 기능으로 생각하게 되는 순간 그는 익숙한 모습에서 자신을 수줍게 여기는 것으로부터 벗어날 것이다. 그러면 그는 편안하게 자신의 재능을 더욱 낱낱이 살필 수 있고 자신감을 가지고 더욱 삶에 직면할 수 있을 것이다.

　흔히 내담자는 새로운 가능성에 대해서 어렴풋하게나마 알게 되면 상담자의 도움 없이 정상적인 삶으로 복귀하고자 갈망한다. 그들은 마치 새로운 기술을 익혀 이것을 스스로 시험해 보고 싶어 기다리지 못하고 안달 난 어린아이와도 같다. 그들은 또한 약간의 도움을 원하고 특정 이슈에 대해 어느 정도의 개입을 원하지만 실습실 밖에서 기다릴 수 없어 화실에서 스스로 작업하려고 하는 미술생도와 같다. 흔히 전문가들은 너무 가깝게 개입하려는 경향이 있는데, 이는 더 우월한 삶에 대한 지식과 우리의 유능감에 대해 떠드는 것과 같다. 심리치료사들과 상담자들은 자주 보호에 대한 성향과 무한정 작업을 지속하려는 성향을 보이기도 한다. 그러나 내담자가 자기 자신의 힘으로 삶의 여정에서 새로운 출발을 수행할 능력을 얻는 순간 곧바로 시행하는 것이 더욱 바람직하게 여겨진다. 다소의 통찰력과 이해가 있으면, 경험보다 유익한 스승은 없다. 종종 옛 격언은 좋은 지각에 기여하는데, 이 경우 우리가 기억하는 한, 완벽함은 결코 성취할 수 없음을 그리고 실행이 실제로 완전하게 만든다는 사실은 의심할 여지가 없다.

사 례

　카를의 이야기는 이러한 면에 대해 매우 잘 보여 준다. 카를은 자신의 삶에서 느겪던 혼란을 수습하기 위해 도움을 원했던 젊은 독일인이었다. 그는 새로운 유럽 규정으로 영국에서 일자리를 찾을 수 있는 기회를 얻었을 때 영국에 왔지만, 실제로는 그의 과거 정치적 활동으로 인해 독일에 머무는 것이 쉽지 않았던 이유도 있었다. 카를은 교사자격증을 가지고 있었지만 학생 시절 파괴적인 좌파 활동에 연관되어 있었기 때문에 독일에서 교사로 일하는 것이 허용되지 않았다. 카를은 이런 상황에 분개하며 오랜 시간 독일 기득권층의 도덕성을 비판했다. 그러나 사실 그는 이러한 사태가 벌어질 것을 미리 짐작하고 있었지만, 그가 싸우는 이유에 대한 강한 신념이 있었기 때문에 열성적으로 정치적인 도발을 계속하기로 결정했었다.

비록 그는 지금은 망명 중에 있었고 그런 매 순간을 싫어했지만 그럼에도 자신의 이상을 위해 순교자가 되는 경험에서 오는 분명한 만족감을 느끼고 있었다. 카를은 자신만의 영웅주의에서 오는 자부심에 대한 주제를 상세히 이야기했다. 그는 자신의 이념에 완벽하게 충성하고 있다는 생각에 크게 만족하고 있었다. 그는 기득권층의 압박에 굴복하지 않았고 자신의 목숨만을 지키기 위해 배신하지 않았기 때문에 마치 유일하게 살아남아 있는 사람처럼 느꼈다. 그러므로 그는 떳떳하게 자신을 바라볼 수 있었고, 자긍심을 느꼈으며, 심지어 자신과 투쟁에 대한 신의에 자부심을 가질 수 있었다.

어떤 것에 대한 이러한 측면이 명확하게 밝혀졌을 때, 일상에서 그러한 영웅주의가 의미하는 것을 점검해 보고 상황의 역설을 숙고해 보는 것이 가능해졌다. 여기서 나타나는 그림은 덜 만족스러웠다. 카를은 비참함을 느꼈다. 사실 그는 과거의 모든 태도에 대한 지각을 의심하기 시작했다. 그는 친구와 동료들을 독일에 두고 떠나왔다. 그들 중 몇몇은 여전히 학생들이었고, 몇몇은 불법적인 정치적 활동에 전담하여 몸담고 있었고, 다른 사람들은 교사로서의 직업을 이제 시작하고 있었다. 오직 자신만이 때때로 번역 일과 독일어 강사를 하면서 프리랜서로 살아가고 있었다. 그는 런던을 싫어했고 다시 군중의 한 부분이 되는 것 또한 단념했다. 그는 어디에도 속하지 못했다. 그는 자신의 고향과 멀어져서 상실감 속에서 외로움을 느끼고 있었다.

카를에게 가장 충격적이었던 것은 외국 문화에서 마치 외계인이 되는 경험이었다. 모든 것이 낯설고 항상 주변인으로 있을 수밖에 없는 타국에서 살아가야 한다는 것이 이렇게 힘들 거라고는 미처 예상하지 못했다. 경악스럽게도 독일에 있을 때 그가 대항하여 투쟁했던 바로 그것들까지도 그리워졌다. 이제는 바래져 버린 이념을 위해 자신의 직업까지 포기해 버린 자신의 선한 분별력을 의심하기 시작했다.

그러나 그는 자신의 오랜 이상을 그렇게 포기할 수 없었다. 그가 말했던 것처럼, 그가 신뢰해야 할 어떤 것들을 가져야만 했다. 그렇지 않았다면, 그는 '미처 버렸을'지도 모를 일이었다. 이것이 그를 더 고통스럽게 만드는 것이었다. 자신이 해결 불가능한 상황에서 위엄 있는 해결을 위해 갇혀 있는 것처럼 느껴졌고, 분명한 해결책은 자신이 자초한 추방에 책임이 있는 사람들의 일에 대해 불평하는 것이었다. 그래서 그는 정부 당국과 독일 부르주아들의 도덕성을 탓해야 할지 아니면 지나치게 이상적이고 순진해 빠진 자신을 탓해야 할지 그 사이에서 망설였다. 실제로 이 두 가지의 입장은 그의 딜레마에 있어서 두 가지 가능한 해결책을 시사하고 있었다. 만약 그가 고집스럽게 정부 당국자들을 탓하고 있다면, 그는 이미 연락을 취하고 있고 자신들의 반열에 그가 합류하는 것을 환영하는 정치적 행동주의자들의 모임에 합류하는 선택을 가지고 있었다. 그는 다시 한번 경험할 수 있는 소속감과 자신이 하게 될 시위와 혁명적인 행동이 불러오는 격렬함에 특별히 매혹되었다. 그러나 그는 그런 행동의 정당성에 깊은 의문을 갖고 있었다. 자신의 이상과 가치는 이런 방식으로 접근하는 극단주의를 수용할 수 없었지만 그는 지금 더욱더 고통스러워졌다.

전혀 반대인 다른 해결책은 이전의 옳고 그름의 개념을 버리고 꼬리를 다리 사이에 내린 채 독일로 돌아가는 것이었다. 그러면 그는 기득권에 순응하고 사립학교나 사회 속에서 일을 시작할 수 있을 것이다. 이것은 그가 집으로 돌아갈 수 있고 그의 오래된 친구들과 관계를 다시 찾을 수 있다는 점에 있어서 매력적이었다. 그러나 이것은 과거에 그가 헌신했던 모든 것들을 부정하고 말살해버릴 수도 있는 것으로써 아주 비열한 것이었다.

이것들의 어떤 해결책도 분명히 만족스럽지 않았다. 카를은 자신의 이상과 가치관을 깊이 생각할 필요가 있었으며, 그리고 자신이 가지고 있는 재능이 건설적인 방법으로 가장 유용하게 활용될 수 있는 곳이 어디이며, 어떻게 현실뿐만 아니라 이상을 수용할 수 있는 방향으로 자신의 재능을 개발할 수 있는지를 결정해야만 했다.

흥미롭게도 그의 뿌리 깊은 신념 중 하나가 변증법적 사회의 이상 속에 자리 잡고 있었다. 그는 반대의 것들이 충돌을 일으키지 않는 사회를 갈망했다. 이런 사회는 자신의 위치를 지키는 것에만 매달리는 대신 꾸준한 변화와 성장을 위해 힘의 역동적인 통합을 이루어 갈 수 있기 때문이었다. 카를이 전혀 인식하지 못했던 것은 그의 개인적인 삶에서도 마찬가지로 이러한 이론적인 개념이 적용될 수 있는 가능성이었다. 그는 자신의 어려움이 인생에 대한 견해를 대립물의 변증적인 결합으로서가 아닌 흑과 백, 이것 아니면 저것으로 나누어 바라보는 관점에 단순히 기반을 두고 있다는 사실을 깨닫지 못했다.

카를은 자신이 이론에서는 가르쳤지만 실천적 삶에서는 무시해 왔던 기회를 어렴풋이 발견하자마자 흥분하며 세 번째 전략을 시행할 수 있는 새로운 방식을 계획하기 시작했다. 그는 눈을 반짝이며 이것을 '새롭게 성숙된 변증적인 삶의 방식'이라 불렀다. 이것은 그가 봉착했던 막다른 난관과 스스로도 가볍게 조롱할 수밖에 없었던 이전의 무력함에서 벗어날 수 있는 제대로 된 고귀한 방법을 찾은 안도감을 나타냈다.

거부했던 선택 두 가지의 가치 있는 요소들을 포함시킬 수 있는 대안적 삶의 방식을 발견하는 것은 이제 카를에게 도전이 되었다. 올바른 방식으로 이 일을 해나가고 성공시키는 것은 그가 기대하는 미래가 있다는 것일 뿐만 아니라 그의 오랜 이상이 옳고 실현 가능하다는 것을 증명하는 의미를 가지고 있었다.

그가 이미 숙달했고 더 발전시킬 수 있는 재능을 구체적으로 탐색하는 것은 앞으로의 상담 회기에서 중요한 목표가 되었다. 카를은 자신의 이상에 대한 충성심을 자신의 주요 자산으로 보았다. 그는 이것이 변함없고 확실한 자신의 능력을 보여주는 전형적인 증거가 된다고 생각했다. 그는 자신의 삶에 최선을 다하기 위해 지금 자신을 신뢰할 수 있다는 것을 알고 있었으며 다시 자신의 투지를 실천할 수 있는 가능성을 보았다.

또한 그가 이제 어떻게 자신의 투지가 부정적으로 작용해 때때로 고집불통이 될 수 있는지를 인식하는 것은 크게 어렵지 않았다. 그는 이러한 일들이 대개 새로운 환경에 대한 두려움의 결과로 발생한다는 것을 발견했다. 외국에서의 삶을 대처해야만 하는 그의 대부분의 경험들은 자신의 태도에 고집스러운 면이 있다는 것을 깨닫게 해 주는 데 도움이 되었다. 과거에 고집스럽다는 이야기를 종종 들었지만 그는 자신이 고집스럽다는 생각을 묵살해버리곤 했었다. 뜻밖에도 그는 이제 보수적인 태도방식을 식별해낼 수 있게 되었다. 그는 어떻게 사람들이 보수파가 되는지 이해할 수 있었지만 정치적으로는 변함없는 입장을 고수했다. 과거에는 그에게 믿을 수 없고 터무니없는 어떤 것처럼 보였던 모습이었다. 사실, 그는 불가사의하게도 여러 면에서 보수적인 면이 꽤나 많다는 것을 바라보기 시작했다. 이런 통찰력으로 자신의 삶에서 간과했던 요소들을 이해할 수 있었다. 이전에 기회주의라는 명목하에 거부해 왔던 유연성과 순응성 같은 것들이었다.

이전의 고집스럽고 배타적인 태도를 버리고 자신의 가치관 완성을 향해 나아갈 수 있는 방식으로서 새로운 길을 발견하는 것이 그에게 중요했다. 그가 새롭게 발전시킨 이념을 적용하기 위한 구체적인 방법을 찾기 위해 고군분투하는 동안 이것을 완전히 만족시킬 수 있을 것 같은 기회가 생겼다. 그러나 이러한 기회는 이전에는 의심할 여지없이 부르주아들이 놓는 덫이라고 묵살해버렸을 법한 기회였다.

카를이 영국에서 프리랜서로 일하고 있을 때, 독일의 출판회사에서 시간제 근무직을 제안했다. 업무 자체는 훨씬 지겨웠지만 그것은 조국에서 첫 번째 구체적인 일자리 제의였기 때문에 그는 기분이 좋았다. 또한 사무실은 오랜 친구 중 하나가 이주해 온 도시에 위치하고 있었다. 그 친구는 카를이 여전히 존중하는 몇 안 되는 친구 중 하나였다. 그는 합법적인 새로운 정치집단에 합류했는데, 비록 카를이 이전에 관여했던 활동에 비한다면 덜 혁명적이지만, 그의 이상과 합치하는 기준에서 큰 공헌을 하고 있는 단체였다.

카를이 그 친구와 연락을 취해 영국 발전의 연락책으로서 조만간 정당에 참여해 달라는 제의를 받은 뒤에, 새로운 이주에 대한 망설임은 완전히 사라졌다. 6주가 채 되기도 전에 카를은 독일로 이주하여 안착했다. 상담 회기는 확실히 그곳에서 멈추게 되었지만, 카를은 5년 동안 상담자에게 적어도 1년에 한 번씩은 연락을 취했고, 이를 통해 확고한 가치관과 이상의 체계를 융통성 있게 자신의 방법으로 다루어 가고 있다는 것을 확인시켜 주었다. 그의 성장은 꾸준했고 보상이 있었다. 그는 안전하면서 동시에 도전적인 기분을 느낄 수 있는 삶을 찾는 것을 배웠다고 직접 말해 주었다.

이 사례에 많은 것들이 가감될 수 있겠지만, 카를이 이례적으로 자신의 상담 회기를 유익하게 활용했다는 사실은 분명했다. 이것은 단순히 그가 자신의 삶에 닥쳐온 위기를 극복해야겠다는 심각한 위기감을 느꼈기 때문이 아니라 자신이 매우 고립되었다고 느꼈으며 평소보다 더 자세히 자신을 들여다보고자 했기 때문이었다. 그는 또한 자신에게 중요한 것이 무엇인지, 할 수 있는 것이 무엇인지 구체적으로 탐색할 수 있었으며, 그 과정에서 오래된 관점을 버리는 것을 거부하지 않았다. 그래서 그가 자신을 대항하면서 활용하던 재능의 방식에서 자신을 자유롭게 해 주었다. 그는 맹목적이고 잘못 알고 있는 이상주의로 인해 그것을 낭비하도록 내버려 두는 대신에 새롭고 창조적인 방식으로 자신의 강점을 다시 세워 갈 준비를 하였다. 이 과정에서 그가 적용했던 두 가지 다른 재능은 지능과 용기로 드러났다. 두 가지 모두 과거에는 그가 반정부적 활동을 계획하며 역시 파괴적으로 사용했던 것들이었다.

카를이 몇 년간 붙들고 발전시켰던 필수적인 원칙 중 일부는 의지력과 독특성이었다. 카를은 특히 단호할 수 있는 자신의 능력과, 그리고 자신의 통찰력과 경험을 최대한 활용하여 의미 있는 인생을 살아갈 수 있는 자신의 능력에 대한 신뢰로부터 오는 강점에 자부심을 가졌다. 그러나 그가 배운 것 중 하나는 경험에 대한 유연성과 개방성을 통해 자신의 의지적 힘의 균형을 맞추는 것과, 자신과 마찬가지로 다른 사람들의 고유성에 대한 인식을 통해 자신의 독특성에 대한 균형을 맞추어 가는 것이었다. 이것은 역설적 모순을 제거하려고 애쓰기보다는 오히려 모순을 포함함으로써 변증법과 같은 이론적 관념이 개인의 삶에서 실제적이고 분명한 방법으로 적용될 수 있다는 깨달음의 직접적 결과였다.

　　카를의 이야기는 개인의 재능을 인지하는 것이 미래에 대한 열쇠임을 실례로 보여 주는 것이다. 이것은 중요한 원리를 참조함으로써 어떻게 재능이 발견되고 확장되는지, 그리고 보완적인 요소를 얼마나 쉽게 간과하고 있는지를 보여 준다. 동시에 카를이 수행해야만 했던 작업은 그의 본래적 의도를 인지하는 것이 바탕이 되었다. 본래적 의도는 새로운 동력과 힘을 제공해 줄 수 있는 지침이 되는 원리로서 그의 삶의 방향성을 제시하는 가치관과 이상을 찾아내고 초점화하기 위한 것이었다. 카를에게 분명했던 것은 그의 가치관이 심각하게 바뀔 필요가 없었던 것이었다. 같은 가치관이지만 그가 자신의 가치관에 따라 행동할 수 있는 방식은 수없이 많았다. 크게 보면 이것은 일종의 더 넓은 관점을 획득하는 일이었다. 해외에서의 삶은 그의 견해를 확장하는 데 많은 공헌을 하였다.

　　카를이 발견한 것은 삶의 방향성을 추구함에 있어서 기본적으로 자신의 강인함에 대한 지각뿐만 아니라 방향의 보편적인 지각을 갖는 것도 중요하다는 것이다. 동시에, 삶이 완벽하게 계획되거나 처음부터 결정될 수는 없기 때문에 인생의 구체적인 여정에서 유연성이 있어야 되는 것이 유용하다. 멀리서 보면 일방통행의 길로 보이지만 가까이서 보면 또 다른 길들이 보이기 때문에, 이 여정에서 새로운 다른 측면들을 발견한다. 그러므로 가정은 지속적으로 질문되어야 할 필요가 있다. 비록 어떤 것들에 대한 특정한 기대와 가정을 세우지 않고 살아가는 것은 불가능한 일이지만, 그것들이 틀렸거나 파괴적인 것으로 증명되는 순간 이러한 것들에 대한 의문을 가질 수 있는 것이 중요하다. 새 가정들이 예전의 것들을 대신하게 될 것이며 따라서 이것들에 대한 지속적인 경계심과 의문은 궁극적으로 불가피하다. 스스로 이러한 모든 것을 성찰하는 것은 쉽지 않다. 때로는 우리는 살짝 비틀어서 성취되었다는 것에 대한 진정한 이해와 친절한 방식으로 그러한 것들을 우리에게 지적해 주는 또 다른 사람이 필요하다.

　　가치관은 변하고 확장될 수 있으며 또는 반대로 더 초점화될 수도 있다. 그러나 아주 흔하게 사람들의 보편적 방향성은 그들이 처음부터 그것을 의도했기 때문에 변하지 않고 유지된다. 그들은 자신을 단순히 그 방향으로 보다 숙련가가 되게 하고 자신의 잘못된 지점을 인식하게 된다. 때때로 가치는 사람이 성숙하게 될 때 더 깊은 의미를 갖게 된다. 한 사람의 여정이 목표한 수평선의 끝에 도달했을 때, 새로운 수평선은 이미 옛것을 대체하고 있다. 비록 한때의 목표들이 자주 여전히 도상에서 유용하고 중간 이정표로서 필요한 것으로 이해되지만 어느 시절 한때의 목표는 시간이 진행되는 과정에서 먼 조망 속으로 돌아간다. 삶의 목적을 자각하며 사는 것은 맹목적으로 사는 것보다 훨씬 만족스럽다.

한 사람의 생생한 세계에 일반적으로 펼쳐진 삶을 구체적으로 탐색하는 과정은 그렇게 시작된다. 세상에서 가장 관심 있는 것에 대해 발견되는 많은 것은 주로 행동과 반응, 분위기, 감정, 꿈 그리고 생각들에 대한 주의 깊은 숙고에 의해 이루어진다. 그러므로 한 사람이 겪는 세상에서의 경험들을 효과적으로 바라보기 위해서는 이것들을 관찰하는 정확한 과정에 대한 심도 깊은 관심을 가져야 한다.

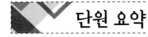

단원 요약

● 실존적인 작업은 다음의 것들과 연관된 개인의 삶을 구체적으로 탐색하는 과정으로 시작한다.

01 4영역 모두의 세계에서 우리가 붙들고 있는 가정들을 명확히 하는 것.

02 우리가 붙잡고 있는 가치가 무엇이며 또한 우리를 사로잡고 있는 궁극적인 관심이 무엇인지를 밝히는 것.

03 아직 인식하지 못하고 잘 활용하지 못하는 개인의 재능과 능력을 규명하고 정교하게 함.

04 실존주의 상담자는 애정이나 공감 또는 무조건적인 동의를 판매하는 것이 아니며 맹목적인 중립을 목적으로 하지도 않는다.

05 실존주의 상담자는 삶에 대한 전문성을 제공하고 또한 어려움을 풀어가고 그것들을 이해할 수 있는 능력을 제공한다.

06 작업의 주안점은 내담자가 현재 당면한 문제가 아니라 삶 자체다. 목표는 진정시키거나 고발하는 것이 아니라 함께 진실을 찾아가는 것이다. 이것은 모든 가정들을 조사하고 가치 판단에 의문을 제기하는 것을 의미한다.

07 내담자는 과잉보호되어서는 안 되며, 자기 스스로의 힘으로 그 작업을 수행해야 될 것으로 기대된다. 그들은 숨겨진 강점을 인식하도록 도움을 받으며, 그들이 어떻게 스스로를 약화시키고 방해할 수 있는지를 발견하도록 격려받는다.

08 우리가 좋아하는 것, 싫어하는 것, 원칙, 신념과 동기를 인식하는 것은 가치체계가 잘 작동되도록 이끌어 준다. 이러한 가치체계는 우리의 가치들이 모순되는 것을 인식하도록 도와줄 수도 있다.

09 마음에 담겨 있는 가치보다 행동에서 암시되는 가치를 통해 일하는 것이 더욱 도움이 될 수 있다.

10 만일 우리가 자신의 신념과 조화를 이룬다고 느끼며 가치 있다고 생각하는 것과 부합하는 우리 삶의 구조와 생활을 만드는 것에 대해 일하고 있다면, 삶은 오직 의미 있는 것으로서 경험된다.

11 사람들은 자신에게 가장 의미 있는 세계관과 목표 그리고 가치관을 더 잘 인식할 수 있도록 자신의 일상 경험을 관찰하는 방법을 배울 수 있다.

12 개인이 자신의 삶에서 좀 더 확실한 방향성을 향해 발견해 나가는 도상에 접어들기 시작할 때 당연하게 여기는 개념들은 때때로 점검되고 재검토되며 의문시되고 재정립되어야 할 필

요가 있다.

13 삶의 선택이 가져오는 결과와 영향은 체계적으로 탐구되어야 하고 도전되어야 할 필요가 있으며 대안들이 비교되어야 한다.

14 사람들은 때때로 자신의 본래의 계획과 의도에 어긋나는 역설적인 방식으로 자신의 재능을 사용한다. 만약 그들이 이 사실을 인식하게 되면 잘못된 방향을 추구하는 것을 지속할 필요가 없다.

15 궁극적으로 개인에게 중요한 것이 무엇인지 확립한 후. 다음 단계는 자신의 목표를 성취하기 위해 가능한 능력과 재능을 이끌어 내야 한다.

16 수동적인 삶은 쉽지만 거의 막다른 난관에 부딪치고 침체될 수밖에 없다.

17 대충대충 사는 것보다 의도적으로 사는 삶을 학습하는 것은 시간이 걸리고 주의 깊게 삶을 반추하며 자기를 성찰하는 법을 배우는 것을 요구한다.

18 내담자의 표면적인 약점 안에 감추어진 강점과 자신들의 오류 속에 있는 진실을 밝혀내는 것은 신뢰와 자발성을 세워 가는 최선의 방법이다.

19 이미 습득한 것과 내담자를 위해 작업하는 것에 초점을 맞추는 것은 이미 잘못된 것과 놓쳐버린 것을 탐색하며 시간을 허비하는 것보다 더 효과적이다.

20 부정적인 속성에 의문을 제시하는 것은 긍정적인 속성을 인식하는 배경에 대항하여 가장 효과적이 될 수 있다.

21 인간 존재의 역설적 본성을 인식하도록 내담자를 돕는 것은 그들의 약점 안에서 강점을 끌어내고 약점 속에 있는 강점을 고려할 수 있는 변증법적 방법을 발견하도록 이끌어 줄 수 있다.

논의 및 숙고할 점

❖ 최근 언제, 어떻게 당신은 자신의 삶을 구체적으로 점검해 보았는가?

1. 현재 당면한 극복해야 할 장애물은 무엇인가?
2. 당신의 기회는 무엇인가?
3. 어떤 선택이 당신을 전진할 수 있도록 해 주었는가?
4. 어떤 선택이 당신을 가로막고 있으며, 수정이 필요한 선택은 무엇인가?
5. 다음에 도달하기를 원하는 곳은 어디입니까? 그리고 거기에 도달하기 위한 단계는 무엇인가?

❖ 당신이 도외시했던 재능이 무엇입니까? 재발견하고 발전시켜야 할 가치가 있는 것은 무엇인가?

1. 당신이 어린 시절에는 잘했지만 그 후로 하지 않았던 것은 무엇인가?
2. 직업 때문에 당신이 도외시했고 후회하고 있는 선택은 무엇인가?
3. 당신이 버렸으나 되살릴 필요가 있는 관계는 무엇인가?
4. 다듬어져야 할 가치가 있는 내면의 열정 중에서 당신이 외면했던 것은 무엇인가?
5. 당신의 삶을 개선하기 위해 당신이 배워야 할 필요가 있는 것은 무엇인가?

❖ 당신이 당연하게 여기고 있는 것들 중에서 다시 검토할 수 있는 사항은 무엇인가?

1. 습관적이고 짜증스럽게 된 삶의 패턴은 무엇인가?
2. 매여 있는 것에서 벗어날 필요가 있는 트랙이나 타성은 무엇인가?
3. 당신이 의존하고 있으며 더 이상 주목하지 않는 삶의 측면은 무엇인가?
4. 당신의 삶에 없어선 안 되는 사람이지만 또한 함께 해서도 안 되는 사람은 어떤 사람인가?
5. 주목해야 할 사각지대는 무엇인가?

❖ 당신의 본래적 의도와 목적은 무엇인가?

1. 당신이 당신의 삶에 대해 가장 어린 시절에 내린 결정은 무엇인가?
2. 당신은 수년간 어떻게 반대 의사를 표현하고 있는가?
3. 당신은 현재 어떤 종류의 사람인가?
4. 당신은 어떤 종류의 사람이 되고 싶은가?
5. 당신이 죽는 순간까지 어떤 삶을 살기를 원하는가?

❖ **당신은 어떤 면에서 수동적이고, 어떤 면에서 적극적인가?**

1. 당신은 대체로 수동적입니까 아니면 적극적인가?

2. 당신은 자신의 소극성에 대해 어느 정도까지 인식하고 있는가?

3. 당신은 사물이나 사람, 이념 또한 당신의 삶에 대해 스스로의 깊은 돌봄을 허락하는가?

4. 당신은 스스로 뒤에 물러나 있으며 중요치 않은 사람처럼 많은 시간을 소비하는가?

5. 당신은 당신의 선택과 선택하지 않은 것에 대해 어떻게 더 많은 책임을 질 수 있는가?

제5장

창조적 탐구

🌸 감정 이해하기

감정은 상담 회기에서 예외 없이 중요한 역할을 한다. 어떤 내담자는 단순히 감정의 강도를 조절하지 못한다. 또 어떤 사람들은 자신들이 느끼는 것이 무엇인지 이해하지도 못한다. 또 다른 사람들은 자신이 어떤 것도 느낄 수 없다고 불평한다. 많은 내담자들은 감정이 모순되는 것으로 인하여 감정이 일어날 때 혼란스러워진다. 상담 회기가 오래 지나기 전에 각 내담자들에게 감정을 조절하거나 해결하는 문제가 언급되어야 한다. 감정의 메시지를 이해하는 것은 당신의 존재방식에 대해 더 깊은 통찰을 얻을 수 있는 강력한 방법이 될 수 있다.

일부 상담자들이 여전히 잘못 가정하고 있는 중요한 문제는 단순히 감정을 표현하도록 내담자를 격려하는 것이다. 그들은 정서적 정화가 여러 형태의 고통스러움을 완화시켜 줄 것이라고 생각한다. 따라서 내담자가 울거나 통곡할 때 상담자들은 스스로 기뻐하며 흡족해한다. 감정을 억제하는 것이 해로울 수 있고, 잘 울거나 통곡하는 것이 일시적으로 기분을 좋게 한다는 사실에는 의심에 여지가 없다. 하지만 단지 감정적 경험에 반응하는 형식은 그 자체만으로 내담자의 문제를 해결하기에 결코 충분하지 않다. 외상적 경험과 연관된 극단적 감정의 반복은 오히려 외상으로 되돌릴 수 있다는 것을 모든 증거들이 보여 준다. 이외에도, 대뇌의 변연계 시스템은 그 주변에 특정한 감정이 반복적이고 지속적으로 허용될 때 그러한 습관을 가져오며 이러한 감정의 배출은 감소되기보다 점차적으로 증가된다. 그래서 필요한 것은 감정을 느끼고 그것을 언어 속에서 여과시켜 우리가 그것을 이해할 수 있도록 만드는 것이다. 감정은 억제하거나 또는 장려되기보다 이해되어야 하는 중요한 경험이다. 각각의 감정은 당신의 삶을 수행하는 방식에 대한 중요한 무언가를 나타낸다. 그것은 매우 의미가 있으며, 그 의미는 이해될 수 있다.

신체적 고통을 경험할 때, 이는 당신의 신체에 어떤 중요한 문제가 있다는 것을 의미한다. 당신은 그것에 주의를 기울이고 고통의 원인을 제거해야 할 필요가 있다는 사실에 대해 잘 알고 있다. 부정적인 감정을 경험하는 경우, 그것은 당신의 실존에 어떤 중요한 문제가 있다는 것을 의미하며, 그것에 관심을 기울일 필요가 있다. 단지 고통이나 감정을 표현하는 것은 그 자체만으로 상황을 고치거나 당신의 삶을 개선하지 못한다. 즐거움과 긍정적인 감정도 동일하게 적용된다. 단지 경험을 표출하는 것이 당신이 미래에 이전보다 더 성취할 수 있는 방식에 대해 어떤 건설적인 것을 습득한다는 보장을 해 주지는 못할 것이다. 감정들은 과정적이고 그것들의 의미를 얻어야 할 필요가 있으며, 따라서 감정들은 이해될 수 있으며 적절히 수행될 수 있다.

실존적 상담과 심리치료는 내담자들이 자신의 정서적 경험으로부터의 메시지를 읽을 수 있도록 돕는 것을 강조하며, 이를 통해 내담자들이 자신들의 감정을 최고조로 만들 수 있다. 따라서 그들은 가장 바람직하고 적절하게 보이는 것에 의해 감정들을 자극하거나 조절하거나 억제하거나 또는 통제할 수 있다. 당신의 감정과 더불어 사는 것은 거친 바다에서 서핑을 배우는 것과 같다. 처음에 당신은 전적으로 예측할 수 없는 파도의 영향을 느끼게 된다. 파도는 당신이 그것에 대비하기도 전에 덮쳐오기도 한다. 당신은 단지 파도를 피하고 싶은 유혹으로 그것을 타려고 시도조차하지 않을 수도 있다. 당신은 그것이 없어지기를 기다리고 멀리 떠나가기를 바란다. 또한 당신이 더 이상 무시할 수도 없으며 그것을 타려고 시도조차 하지 못하는 큰 파도가 밀어닥쳤을 때, 당신은 그 파고와 해류에 충돌하고 파도 속으로 떨어질 수 있다. 당신은 물에 빠지거나 압도되거나 때로는 소용돌이에 빨려들어가 해저로 가라앉을 수도 있다. 때때로 거의 질식하거나 익사할 수 있는 위험에 빠질 수도 있다. 그러나 훈련을 통해 당신은 물의 흐름과 소용돌이의 방향 감각을 얻을 수 있으며, 이로 인해 파도에 의해 나가떨어지는 대신 파도의 정상에 올라타는 것이 가능하게 된다. 그러면 이러한 요소들에 대한 숙달과 조화의 강렬한 느낌이 경험된다. 바다는 여전히 정복되지 않은 채로 남아 있지만, 이제 그것이 이해되고 존중되기 때문에 그것의 힘은 길들여지며, 나누어지고, 빌려주며, 동참하게 된다. 우리는 물의 원리에 대해 배우고 우리의 몸을 앞으로 나아가도록 만들어 줄 수 있는 파도와 하나가 되도록 허락함으로써 바다에서 파도타기를 배운다.

감정들은 인간이 경험하는 썰물과 밀물이다. 그것들은 항상 현재적이고 그것들의 흐름과 저변이 고려될 필요가 있다. 때때로 그것들은 고요하고 어떠한 거품이나 강렬한 소동을 일으키지 않는다. 때때로 그것들은 삶 속의 궂은 날씨에 대한 반응으로 인해 부풀어 오르고 우리를 압도한다. 감정이 강하게 일어나면 쉽사리 휩쓸릴 수 있으며, 감정이 가라앉을 때 당신은 침체된 의식을 가질 수 있다. 감정의 파도를 이해하는 것은 감정을 일으키는 힘을 이용하여 이익을 얻는 유일한 방법이다. 감정은 많은 에너지의 원천이다. 그것은 당신을 감동시키고 행동하도록 몰아붙인다. 당신의 감정을 조율하고 존재에 연료를 주입하는 에너지로 허용하는 것은 삶을 더 보람 있게 하고 열정적으로 만들어 준다. 그러나 만일 감정이 삶에 의해 통제되기보다 오히려 이러한 열정의 책무 속에 당신이 남겨져 있다면, 감정의 중요성이 관철되고 당신이 원하는 방향으로 훈련될 필요가 있다.

실존주의 상담자는 내담자가 자신의 감정적 힘을 건설적으로 활용할 수 있는 방법에 대해 명쾌한 지침을 제공할 필요가 있다. 생생한 감정들이 인식되면, 그것은 이해할 수 있는 메시지로 번역되어야 할 필요가 있다. 이러한 방식으로 내담자는 자신이 반응하는 언어를 이해함으로써 정서적 삶에 친숙하게 되는 법을 배운다. 순진한 반응의 수준에 머무는 것 대신에, 내담자의 정서적 활동은 이제 탁월한 감각의 원천이 될 수 있다.

사 례

도러시는 자신의 정서적 삶에 있어서 단지 그러한 통제적 감각을 발견할 필요가 있었다. 그녀에게 세상은 위기가 잠복해 있는 곳으로 여겨졌고, 그녀는 단단한 통제를 통해 이러한 위험한 세상에 대처하려고 시도했다. 그녀의 강박적인 통제 행동은 그녀의 감정을 통제하는 것이었다. 그것은 총체적으로 반작용이었고 그녀가 통제를 상실할 두려움에 근거한 것이었다. 그녀는 어떤 것이든 잘못되어 가는 것을 두려워했으며, 혹시라도 잘못될 가능성이 없도록 통제적 방식으로 계획을 세우려고 했다. 이런 식으로 그녀는 스스로 통제의 노예가 되어 갔고, 전적으로 그것에 의해 통제되었다. 도러시는 51세의 주부였고, 그녀의 외동아들은 최근에 결혼하여 다른 도시로 이사를 갔다. 그녀는 최근에 손 씻기 강박관념에 의해 속박을 당하고 당혹스러운 느낌으로 인한 행동에 대해 의사에게 말했고, 의사의 조언에 따라 심리치료를 받으러 왔다. 그 이전에 그녀의 며느리가 그녀의 과도한 청결과 강박적인 목욕에 대하여 언급했고 그녀의 의사에게 자문받기를 권했다.

도러시는 항상 자신의 집을 흠잡을 데 없이 청결하게 유지했고, 이로 인해 자신의 아들과 남편을 몹시 짜증나게 만들었다. 그러나 그녀의 청결함이 도를 넘어선 것은 최근이었다. 특히 아들 토니와 며느리 스텔라의 방문으로 생긴 먼지와 쓰레기 때문에 그녀는 심한 패닉 상태에 빠졌다. 스텔라는 여러 번 그녀의 집안일을 도와줄 것에 대해 말했고, 그 이후로 도러시는 화장실에 가서 과도하게 손을 씻고 싶은 충동을 느꼈다. 처음에는 그녀를 이상하게 여기지 않았으나 다른 사람들이 주목하고 언급하기 시작했다. 그녀는 아들 내외가 저녁에 방문했을 때 여섯 번 이상 반복하고 있는 행동으로부터 자신을 억제할 수 없었기 때문에 무엇인가 문제가 있다고 생각했다.

도러시는 자신의 강박행동을 스텔라가 야기시켰다고 느꼈는데, 이는 스텔라가 자신의 자연스러운 행동을 중단시켰기 때문이라고 생각했다. 그녀는 단지 청소하는 것이 허락되지 않았기에, 대신 자기 손을 씻어서 먼지를 깨끗이 제거하고자 하는 충동을 느꼈기 때문이라고 말했다. 스텔라는 토니를 위하여 집을 자연스럽게 유지하기 위한 욕구가 좌절되었고, 이것이 도러시를 혼란스럽게 만들었고, 도러시 스스로 언급한 대로 그녀의 손으로 할 수 있는 것이 아무것도 없었다. 그녀는 토니와 스텔라가 살고 있는 집안 전체에서 세균이 득실거리며 기어 다니는 것을 보았다. 그래서 그녀는 감염과 오염의 위협에 대한 자연스러운 반응으로 청결해야 하는 충동을 경험했다. 도러시가 청소를 할 수 없을 때 그녀에게 엄습하는 공포감을 해결함에 있어서, 도러시는 자신의 안녕을 위해 청결이 필수적인 것으로 나타났다. 그녀는 이것이 없이는 생존할 수 없다고 느꼈다. 그녀는 지저분한 집에서 사는 사람들이 청결한 집에서 사는 사람들보다 더 자주 아프다고 생각했다. 그녀는 또한 청소에 있어서 상당한 전문가라고 생각했다. 그녀는 자신의 집을 매우 자랑스러워했고 잘 정리되고 통제된 상태를 항상 유지했다. 토니는 매우 청결한 환경에서 자라났다. 지금 그녀는 갑자기 벼랑 끝에서 아슬아슬하게 살고 있는 듯했다. 단지 이것에 대해 언급하는 것은 그녀에게 불안과 고뇌를 주었다. 그녀는 토니와 스텔라가 집안일과 깔끔한 환경의 중요성을 인식하지 못했기 때문에 두려움을 느꼈다. 그녀와 그녀의 새 며느리 사이에 지속적인 신경전이 있었는데, 이는 그녀로 하여금 끊임없이 집을 청소하는 데 강박적이 되도록 하였으며 특히 토니와 스텔라의 방문 전과 후에는 더욱 그러했다. 그러나 하루 종일 닦고 씻는 것을 중단시키는 것은 점점 불가능하게 되었다. 그것은 소모적이었고 그녀의 남편이 무뚝뚝하게 지적하는 것조차도 매우 쓸데없는 것이었다.

그녀는 강박관념이 주는 피곤함보다 깨끗하지 않은 것에 대한 불안을 더 두려워했기 때문에 중단하고 싶지 않았다. 단지 새로운 사건이 발생할 때 비로소 도러시의 정서적 메시지를 다루는 것이 가능하며 뭔가 문제가 있다는 것을 그녀가 이해하도록 돕는 것이 가능했다. 그녀의 세탁기는 고장 나고 부엌은 홍수가 되었다. 그녀 역시 더럽게 젖은 속옷과 수리할 것들로 인해 엉망진창된 물건들 속에 함께 남겨져 있었다. 그녀의 반응은 절대적 공포와 당황 중의 하나였다. 처음에 너무 마비가 되어서 거의 움직일 수 없었으며, 피해상황을 응시했고, 공포에 얼어붙어 버렸다. 그녀는 불필요하게 그리고 실컷 남편을 욕했다. 마침내 도러시에게 분명한 것은 자신의 태도가 건설적이지 않았을 뿐 아니라 파괴적이기까지 했으며, 스스로도 받아들일 수 없을 만큼 정신 나간 것이었다.

이 사건 이후 상담 회기에서의 첫 번째 언급은 그녀가 항상 기계를 잘 관리했기 때문에 이런 일이 발생하게 된 이유를 이해할 수 없다는 것이었다. 이것은 사람이 환경을 총체적으로 통제하거나 재난을 온전히 피하는 것이 가능할 것이라는 그녀 자신의 신념을 탐색하도록 이끌었다. 그녀가 모든 것을 항상 통제하는 것이 실제적으로 가능하지 않다는 것을 잘 알게 되었을 때, 도러시는 이것이 진정한 신념이라기보다는 일종의 소망이라는 것을 인식하였다.

그녀는 이제 쓰레기더미와 재난을 피하는 대신에 그것들과 맞서야 한다고 상상하는 것이 어떻게 정서적으로 영향을 주는지 탐색하도록 격려되었다. 비록 처음에 그녀는 이것을 너무 생생하게 상상하는 것에 대해 주저했지만, 그녀는 곧 최악을 상상하는 것으로부터 상당히 만족할 만한 어떤 사실을 깨달았다. 그녀는 일반적으로 이런 일을 방지하기 위해 너무 많은 시간과 에너지를 쓰고 있어서 그녀가 상상하는 것에 대해 자신을 허락하는 것이 거의 어려웠다. 몇 주 동안 돼지와 개미와 비둘기들이 있던 거실을 치우면서 그녀의 손이 더럽혀진 것에 대해 상상하는 것이 편안하게 느껴졌다. 그녀의 집을 가장 혼란하게 만든 것은 이러한 짐승들이었기 때문이라고 생각했기 때문에 그것들을 처리하는 상상은 가장 끔직한 씨름과도 같았다. 그녀는 상상을 처리하는 데 있어서 만족해하는 자신의 반응에 놀랐다.

그녀는 마치 짐승들이 어질러 놓은 침범된 장소처럼, 토니와 스텔라의 집에 대해 이와 같이 느껴지는 것들을 어느 정도 받아들였다. 그녀가 청결해지고 통제할 생각은 허락되지 않았다. 일단 도러시가 최악에 직면하는 것이 가능할 뿐만 아니라 다소 만족스럽기까지 하자, 그녀는 어느 정도 평안을 갖기 시작했다. 지금까지 그녀는 통제하거나 통제를 상실하는 용어 속에서 환경과의 관계를 생각했다. 이제 그녀는 세 번째의 가능성이 있음을 고려하기 시작했다. 그녀는 단지 어떤 예상치 못한 혼란스러운 일을 대처하는 자신의 능력을 신뢰할 수 없었기 때문에 이전에는 이러한 일이 결코 일어날 수 없다고 생각했다. 그녀는 항상 정돈되고 안전한 상황만을 감당할 수 있다고 믿었다. 지금 그녀는 재난이나 무질서를 대처하는 것이 실제로 좋은 일이 될 수도 있으며 그것을 예방하기 위한 끊임없는 긴장 후의 안도감을 생각했다. 그녀는 이제 통제적 생각과 그냥 놓아두는 것에 대한 생각에 흥미를 갖게 되었다. 만일 그녀가 그것을 없애려고 하기보다 정돈되지 않고 지저분한 것과 함께 할 수 있는 것을 배운다면, 이것은 그녀를 통제하지 않을 것이고 그녀 역시 그것을 통제하여 자신을 지치게 만들 필요가 없게 될 것이다. 그녀의 환경과 협력한다는 이러한 개념은 도러시에게 많은 경종을 울렸다. 그녀는 아들 토니가 태어나기 전 그녀가 정원 일을 많이 할 때를 회상하기 시작했다. 정원을 가꾸는 데 있어서 그녀의 기쁨은 할아버지와 함께 일했던 사춘기 시절에서 비롯되었다. 할아버지는 자연을 지배하는 대신 그것을 길들이는 것에 대하여 말하곤 했다. 그러나 이러한 모든 것이 매우 오래전의 일처럼 느껴졌다. 그녀는 이러한 모든 것이 사라져버린 것에 대해 진정 이해할 수 없었다. 모든 것은 서서히 변화되었다. 그녀가 결혼했을 때 그녀의 전반적인 삶은 아주 많이 정돈되었고, 그녀의 아들이 태어났을 때에는 정원을 가꿀 시간이 없을 만큼 일이 넘쳐 나고 있다는 것을 느꼈다. 그녀와 남편 존은 결국 정원의 대부분을 포장공사해 버렸다. 그녀는 그것에 대해 매우 슬퍼했었다.

도러시의 정서적 경험이 엄폐된 공포와 슬픔에 대한 억제로부터 전환되자, 그녀는 자신을 더 진실 되게 느끼기 시작했으며 자신의 감정을 두려워하는 것을 중단하였다. 그녀는 다시 이전의 소녀처럼 느꼈다. 그녀의 눈물은 어린 시절에 깨달았던 것처럼 본성에 대한 친밀감의 상실로 인한 것이었다. 최근 그녀의 며느리가 그녀에게 전화했던 것으로 인해 긴장감까지 있었던 상담이 세련되고 교양 있는 모습으로 바뀌었다. 그것은 그녀를 매우 슬프게 만들었다. 그녀 자신이 이 모든 일에 대해 어떤 것을 할 수 있을지 확신이 없었다. 그녀는 감정들을 거부하고 교양 있게 성장하도록 교육받았기 때문에 자신의 감정이 자신에게 말하는 것에 귀 기울이는 것을 주저하였다. 그리고 다시 이전처럼 모든 것을 변화시키는 것이 쉽지 않았다.

그리고 그녀의 오빠가 가벼운 심장마비를 겪게 되었을 때 운명이 그녀에게 어느 정도의 압력을 주었다. 오빠를 진찰한 의사는 심장마비 증세가 운동 부족과 너무 심한 스트레스에 기인한 것이라고 말했다. 그녀 자신이나 오빠 모두가 이미 알고 있듯이, 도러시는 그의 완벽함 때문에 발생한 것이라고 덧붙였다. 갑자기 그녀는 매우 단호해졌다. 그녀는 어떤 건축업자를 시켜서 정원에 콘크리트를 제거하고 흙으로 다시 채우도록 하였다. 그녀는 정원에서 일할 때에 손을 씻고 싶은 감정이 들지 않는 것을 발견하고 매우 흥분했다. 정원을 개간하며 누리는 순수한 기쁨은 엄청났다. 남편의 웰링턴 장화를 신고 헌 옷을 입는 것은 보너스였다. 그녀는 지금까지 25년을 이러한 더러움 속에 살지 않았고 이러한 것을 좋은 것으로 느끼지도 않았다.

도러시가 매우 엄격한 통제의 습관을 실제로 포기할 수 있기까지는 갈 길이 멀었다. 그러나 정원을 다시 조성함으로써 그녀는 상당히 여유로워졌다. 적어도 그녀를 괴롭히는 증상이 사라졌으며, 뿐만 아니라 그녀는 아들 부부와 좀 더 긍정적인 관계를 맺을 수 있었다. 결국, 며느리인 스텔라 정원 가꾸기에 빠져들었다. 그녀의 며느리조차도 깔끔함에 덜 신경 쓰고 더욱 생기발랄하게 된 것을 칭찬하면서 자신도 많은 것을 배울 수 있다고 말했다. 도러시는 깔끔함이 실제 핵심 이슈라고 생각하지 않았다. 그녀는 아주 오랜 세월 편안한 삶을 누려온 후에 매우 긴장하고 두려움을 갖게 되었다는 것을 깨달았다. 그녀가 신경증적 문제를 유발했다고 생각한 것은 아들이 자신의 돌봄이나 정리를 더 이상 원하지 않았을 때 자신이 심각하게 거부당한다고 느꼈기 때문이었다. 그녀에게 있어서 이러한 돌봄이나 정리는 아들에 대한 자신의 사랑과 모성애를 위한 증거였으며, 그녀는 조롱을 당하는 듯했다. 그 상황에서 자신의 감정을 억제하기 위하여 모든 것을 감추게 되었다고 도러시는 언급하였다. 반면에 지금은 말 그대로 카페 밑에 있는 것을 쓸어 내듯이 감정의 메시지에 더 이상 침묵하지 않고 그것에 귀를 기울이는 법을 배우게 되었다. 단지 공포나 초조함을 표현하는 것은 그저 그것들을 증가시켰다. 이는 어느 누구도 그것들에 대해 해야 할 바를 그녀보다 더 잘 안다고 느끼지 못했기 때문이다. 그녀가 이러한 방식을 느껴야만 하는 이유가 없다면, 그녀 스스로 확신하기 위해 노력하는 것은 그녀로 하여금 단지 더욱 통제하는 것으로 만들어 갔다. 그녀가 수행해야 할 필요가 있는 것은 그녀가 했던 방식대로 느끼기 위한 좋은 핑계였다는 것을 받아들이는 것이었다. 그녀는 자신이나 환경에 함께하기보다는 자신과 환경에 대항하여 살아오고 있었다. 정원 가꾸는 일은 도러시가 다시금 자신의 주변 세상과의 상호작용을 좀 더 뜻 깊고 만족스럽게 하도록 복귀시켜 주었다. 이것은 의미 있는 대상을 요구하는 자신의 큰 에너지를 위한 안도와 목적을 가져다주었다.

그녀는 '통제'라는 매우 가치 있는 것으로 여겼던 어떤 것을 상실했다는 생각에 공포와 초조함을 느끼곤 했다. 자신의 감정적 메시지는 그녀로 하여금 더 효과적인 것을 얻을 수 있는 방식인지 아닌지를 고려하도록 만들었다. 그녀가 발견한 것은 실제로 익숙하고 유용하며 좋아하는 감각으로서 자신이 진정으로 원하는 것만큼 많이 통제되지는 않았다. 그러므로 그 자체로서 감정의 메시지는 오히려 거칠었고, 그것을 이해하는 것을 통해 생각되어야 할 필요가 있었다.

일반적으로, 인간의 감정은 극적인 변화를 통해 실제를 조작하고자 하는 시도로 여겨질 수 있다(Sartre, 1939).

감정에는 4가지 종류가 있다.
1. 위협이 되는 가치를 소유하는 느낌과 연관된 것
2. 가치를 잃어가고 있다는 느낌과 연관된 것
3. 가치를 고양시키는 것과 연관된 것
4. 가치를 획득하거나 성취하는 데 연관된 것

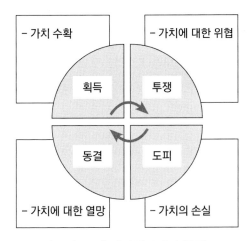

[그림 5-1] 감정의 4가지 종류

[그림 5-1]은 우리의 가치에 대한 관계의 4가지의 영역을 보여 준다. 우리는 우리 자신의 가치를 소유할 때 우리 세계 영역의 상위에 위치해 있다. 오른쪽 상단

은 우리가 위협을 경험하는 구역이다. 오른쪽 하단의 구역은 우리의 가치를 상실하는 곳이다. 하단은 우리의 가치가 결여된 영역이다. 왼쪽 하단은 우리가 가치를 열망하는 구역이며 왼쪽 상단은 우리가 그것을 획득하는 구역이다.

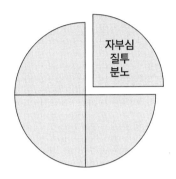

[그림 5-2] 가치 위협: 자부심, 질투, 분노

자부심은 우리가 여전히 자신의 가치를 통제한다고 느끼지만 아마도 그것을 드러내 보이기는 너무 예민한 경우다. 왜냐하면 우리가 당연히 할 수 있는 어떤 방식의 무언가가 없다는 것을 인식하고 있기 때문이다. 질투와 같은 감정은 우리의 가치가 위협 아래 있다는 것을 보여 주며, 분노는 가치 있는 것에 대해 그것이 심각하게 위협될 때 유지하려는 시도와 관련되어 있다. 그리고 우리는 그것을 지키거나 되돌려 얻으려는 최후의 시도를 만드는 것이다.

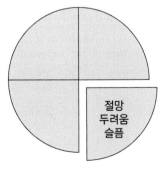

[그림 5-3] 가치의 상실: 절망, 두려움, 슬픔

절망은 우리가 우리의 가치를 포기해야 하는 경우에 엄습한다. 두려움과 슬픔은 우리가 가치 있게 여기는 것을 박탈하려는 위협으로부터 벗어나기를 원하는 우리의 현실과 관련되어 있다. 우리가 그것을 더 이상 유지할 수 없고 그래서 그냥 놔둘 수밖에 없다. 이것은 우리에게 상처를 준다.

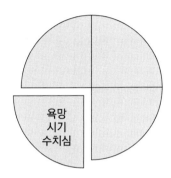

[그림 5-4] 가치 열망: 욕망, 시기, 수치심

우리가 가치 없는 존재로 밑바닥에 내쳐질 때에, 우리는 쓰레기처럼 버려진다고 느낀다. 도전은 우리가 새로운 가치를 열망할 수 있도록 용인하며 상승하도록 출발하는 것이다. 왼쪽 하단의 영역에서 우리가 가치 있는 어떤 것도 성취하는 것이 불가능하다고 느낄 때 주로 수치심을 느끼게 될 것이다. 그러면 다른 사람이 획득한 가치를 볼 때 우리는 시기를 느끼게 된다. 그리고 여전히 그들과 경쟁할 수 없음을 느낀다. 마침내 위로 이동하여 우리의 가치에 좀 더 도달할 때, 우리는 다시 욕구를 느끼기 시작한다. 그리고 이것은 한 번 더 우리의 가치를 획득하겠다는 희망을 느끼도록 우리를 이끌게 된다.

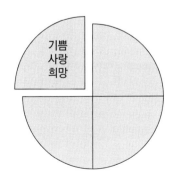

[그림 5-5] 가치 획득: 희망, 사랑, 기쁨

우리가 희망을 넘어 왼쪽 상단 구역에 도달하면, 우리는 자신의 가치에 가까워지고 한 번 더 그것을 달성하는 느낌을 갖게 된다. 사랑은 이 가치에 대해 노력하고 이것에 헌신함으로써 드러나는 작품이다. 그리고 기쁨은 결국 우리가 원했던 것과 연합하여 하나가 되는 느낌이다.

우리로 하여금 가치 있게 여기는 것을 향해 움직이도록 만드는 어떤 감정적 경험도 긍정적인 것으로서 경험된다. 우리를 가치 있는 것으로부터 멀어지게 만드는 어떤 감정도 부정적인 것으로서 경험된다. [그림 5-6]은 완전한 정서적 나침반을 보여 주는데, 이는 4영역을 통해 감정적 경험의 변화에 대한 흐름을 보여 주고 있다. 이 정서적 순환은 매우 가치 있고 본질적이라고 여겨지는 중요한 어떤 것을 소유하는 것으로부터 그것의 상실과 급기야 결핍되는 아래 방향으로 흔들린다. 이 정서적 순환은 가치 있게 여기는 것에 대한 결핍으로 인해 존재적 공허감을 느끼고, 또한 소망하는 것을 얻고자 하는 열망과 그것의 궁극적인 소유를 채우고자 하는 위의 방향으로 움직인다. 모든 영향은 긍정적이면서도 한편으로는 부정적인 측면을 지니고 있는 것으로 보인다. 감정은 그 자체로 옳고 그름이 없다. 그림은 건설적인 정서적 경험에 대한 파괴적인 정서적 경험의 변환적 가능성을 보여 준다.

이와 유사하게, 상반구의 정서적 경향성 안에 본질적인 긍정적 가치도 없으며 하반구의 정서적 경향성 안에 본질적인 부정적 가치가 있지도 않다. 손실과 이득은 실패와 성공과의 동일한 의미로 사용되지 않는다. 삶에서 세우는 것만큼 놓는 것도 중요하다. 중요한 것은 변화와 융통성이 있으며, 우리는 정서가 표현하는 실존적 메시지를 이해할 수 있어야 한다.

불안은 좀 더 일반적이고 기본적인 경험이기 때문에 [그림 5-6]에 포함되어 있지 않다. 그것은 일종의 실존적 인식을 수반하며, 목표와 가치를 향해 위쪽으로 상승시킨다. 2장에서 언급한 바와 같이, 불안은 고뇌(Angst)의 부정적인 표현과 흥분과 기대의 긍정적인 표현이다. 역으로, 침체되거나 의기소침으로 느껴질 수 있는 우울은 목표나 가치로부터 아래쪽으로 멀어져 가는 일반적 경험이다.

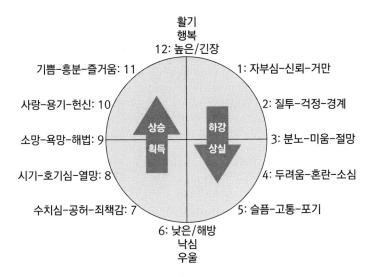

[그림 5-6] 감정의 완성된 나침반

상담자의 작업은 이렇게 특정한 모든 정서적 경험을 해명하고 그것의 특별한 의미를 탐색하는 것을 통해 내담자를 돕는 것이다. 물론 목적은 내담자가 자신의 정서적 경험을 점점 명료하게 스스로 해석할 수 있도록 만드는 것이다. 감정들의 숨겨진 의미에 대한 극적인 발현은 내담자가 상담자를 의존하도록 느끼게 만드는 것 외에 다른 영향을 내담자에게 미치지 않을 것이다.

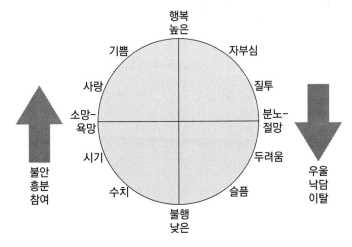

[그림 5-7] 감정의 나침반

상담자는 내담자가 스스로 탐색과 개방의 과정에 적극적으로 참여하기 전까지는 내담자를 위해 정서적 메시지를 해석해 주고자 하는 유혹에 저항해야 한다.

상담자는 지금까지의 이슈를 강요하거나 해답을 제시하지 않고, 무엇을 찾아야 할지에 대한 어느 정도의 단서와 탐색의 적절한 방법을 보여 주면서 기분과 감정을 면밀히 검토하도록 격려한다. 실존주의 상담이나 심리치료는 이러한 면에서 소크라테스적인 방법과 유사하다. 그것은 결코 나태한 생각이나 거짓말을 통해 회피하도록 허용하지 않으며, 내담자가 적극적으로 반추할 수 있도록 온화하게 재촉하는 방법이다. 그러나 항상 겉으로 드러난 감정적 혼란 뒤에 숨겨진 본질적인 의도와 생각을 내담자 스스로가 밝혀낼 수 있도록 상기시키는 것이다. 나침반은 경험의 네 가지 차원에 적용될 수 있다(Deurzen, 2010 참조).

사 례

도널드와 앤절라는 감정의 혼란스런 소용돌이를 분명하게 이해할 필요가 있었다. 그들은 분출되어 끝장날 것 같은 성향으로 애초부터 이것을 감당할 수 없을 것 같아서 어떤 중요한 의사결정에 대한 조언을 얻기 위해 상담받으러 왔다.

도널드는 영국에서 살고 있는 마흔일곱 살의 미국인이었다. 앤절라는 서른아홉 살의 영국인이며 이전 결혼을 통해 낳은 두 명의 10대 자녀가 있었다. 도널드와 앤절라는 짧았지만 그러나 강렬한 애정으로 최근에 결혼했다. 그들은 지금 그들의 새로운 가족생활의 어떤 현실이 극단적으로 어렵고 그들 모두를 만족시킬 수 있는 해법을 상실했다는 것을 발견했다. 부부로서 함께 면담한 첫 회기 후에, 그들은 각각 전 배우자와 관련된 개인적 어려움을 정리하기 위하여 어느 정도의 개인상담 회기를 가져야 한다는 결론에 도달했다. 비록 처음에 그들은 문화적 차이를 근거로 자신들의 문제를 제시했지만 이것은 곧 불일치의 한 단면일 뿐이라는 것이 명백해졌다.

대부분 이들의 소동은 앤절라가 데려온 열네 살과 열여섯 살인 두 자녀의 교육에 대한 논란으로 말미암았다. 아이들은 둘 다 기숙학교에 다니고 있었다. 그러나 도널드는 결혼 후 불필요한 경비에 대하여 앤절라를 설득하기 시작했다. 도널드의 생각은 불필요한 지출을 없애고 아이들과 함께 살면서 집 근처에 있는 명문학교를 다니도록 하려는 것이었다. 앤절라는 이러한 의견에 전혀 동의하지 않았으며, 도널드의 관점을 고려하는 것에 대해 단호히 거절하였다. 첫 회기에서 그들은 상담자가 자신들의 갈등을 해결해 주도록 요청했는데, 분명히 각각은 상담자가 자신의 견해를 지지해 줄 것을 희망하고 있었다. 상담자가 그들 각자의 견해를 충분히 표현하도록 요청했을 때, 그들은 곧 자신들의 논쟁이 많은 정서적 이슈와 연루되어 있다는 것을 알았다. 또한 그들은 먼저 독립적으로 이러한 것들을 해결하도록 노력하는 것이 유용할 수 있다는 것을 깨닫기 시작했다.

　도널드의 첫 회기는 다음과 같이 시작되었다.

도널드: 나는 당신도 아이들이 기숙학교에 다녀야 한다고 생각하는지 여전히 알고 싶습니다.

상담자: 그렇군요. 그래서 이것이 당신에게 어떤 것을 명백하게 하도록 돕는 첫 번째 이슈군요. 당신이 내게 듣고 싶은 말이 무엇인지 찾아보도록 하지요. 하나씩 해 볼까요? 기숙학교는 당신에게 무엇을 생각나게 합니까?

도널드: 부유한 아이들을 위한 곳. 자신들이 아이를 직접 양육하는 것보다 더 중요한 일을 가지고 있는 부모.

상담자: 세련된 쓰레기 하차장?

도널드: 네, 정확해요. 아마도 부모들이 돌보고 싶지 않은 아이들을 우선적으로 처리하기 편리한 곳. 다른 사람들이 다른 곳에서 자녀들을 양육해도 부모는 사이비 신사나 속물로 취급받지 않을 수 있는 적절한 곳이지요.

상담자: 당신은 매우 단호하게 반대하는군요. 그렇지요?

도널드: 진심으로요. 나는 그러한 것에 대한 생각조차 싫어합니다. 나는 그러한 종류의 환경에서 양육되지 않았고 나의 아이들 누구도 그렇게 하지 않을 겁니다.

상담자: 다른 말로, 만일 그들이 당신의 자녀라면 아무런 문제가 없겠군요. 그들은 집에서 생활할 테니까요. 그런데 문제는 계부로서 당신의 권위가 어떻게 확립되는지, 당신의 견해가 얼마나 온전히 중요하게 실행되는지에 관련된 것이군요.

도널드: 간접적으로 맞습니다. 나는 그렇게 생각이 됩니다. (잠시 생각한다.) 네. 나를 화나게 만드는 것은 결정에 영향을 미칠 수 없다는 것입니다.

상담자: 그래서 당신이 무기력하게 느끼는군요. 당신의 분노는 통제력을 다시 확보하려고 시도하는 방식이네요.

도널드: (동의한다고 고개를 끄덕이며 잠시 생각에 잠겨 말이 없다.) 불행히도 그것은 원하는 효과를 볼 수 없을 것 같습니다.

상담자: 못 얻는다고요?

도널드: 내가 이것에 대해 더 강조할수록 그녀는 더욱더 나의 관점을 거부합니다.

상담자: 만일 당신의 관점이 문제가 아니라면.

도널드: 네 젠장. 내 자신이 학생처럼 취급되는 인상을 갖습니다. 앤절라는 어머니로서의 모든 책임을 갖고 싶어 합니다. 내가 그녀보다 거의 열 살이나 많다는 사실이 무시당하고 있습니다. 그녀는 내가 아버지가 아니라는 생각을 합니다. 그래서 나는 무엇이 가장 적절한 것인지 알 수가 없어요.

상담자: 그래서 당신은 그들이 당신의 자녀가 아니고 당신은 그들의 아버지가 아니라는 사실을 억지로 떠올리고 있군요.

도널드: 그것이 문제인가요? 나는 항상 그것을 떠올리고 싶지는 않습니다. 지금 나는 그들의 아버지가 되고 싶습니다.

상담자: 만일 그것이 문제가 된다면 무엇일까요?

도널드: 글쎄요 젠장. 그 같은 경우에 그녀가 나와 결혼하지 말았어야 했겠지요.

상담자: 당신은 '당신이 아버지가 아니라는 것이 문제가 된다면'을 의미하는 건가요? 그러면 역시 남편으로도 적절할 수 없다는 것인가요?

도널드: 네. 포기할 수도 있습니다.

상담자: 어떻게 그럴 수 있지요?

도널드: 나는 그녀를 위해. 이 나라에 머무르기 위해 엄청나게 많은 것을 포기했습니다. 나는 좋은 가족을 갖게 되었다고 스스로 생각했었지요. 그리고 내가 얻은 모든 것이 아직까지 문제가 됩니다.

상담자: 그래서 당신은 결혼서약을 말하는 것보다 남편과 아버지가 되는 것에 훨씬 더 중요하다는 것을 발견하고 있습니다.

도널드: (크게 웃는다.) 당신 말은 내가 무엇보다도 부성에 대한 순진한 생각을 지니고 있었다는 의미이군요. (그는 조금 더 웃는다.)

상담자: 그것이 가능하겠어요?

도널드: (여전히 웃으면서) 농담이시지요? 아니야 도널드, 아니야 위대한 도널드. (그는
　　　흐느낌처럼 크게 한숨을 쉬고 갑자기 웃음을 멈췄다.) 오 이런.

　이후에 도널드는 자신의 태도에 대한 의미를 탐색할 준비가 되었다. 그는 즉각적
으로 아버지가 되는 자신의 환상을 위해 싸우려고 시도하였을 때 앤절라에 대한 자
신의 분노를 인식했다. 그가 이것에서 벗어나고 싶고, 패배를 인정하고 싶은 마음
을 가졌을 때 이러한 환상을 상실하는 두려움에 대해 자신의 감정이 움직이는 방식
을 보았다. 그가 자신의 조건에서 그 모든 것을 가질 수 없다는 생각은, 권위 있는
아버지에 대한 환상을 붙잡을 수도 없으면서, 그를 절망 속으로 몰아넣었다. 그리
고 그가 환상을 위한 전투에서 이미 패배했고 자신이 하고자 상상했던 것을 현실에
서 얻을 수 있는 방법이 없다는 것을 자각하게 되었을 때 그는 슬픔을 경험했다. 마
침내 슬픔은 그의 거짓된 자부심을 있는 그대로 보게 하였고 이것을 버리는 기회를
주었다. 그의 웃음은 갑작스럽게 발가벗겨진 자신을 보며, 그가 소유할 수 있고 소
유했다고 믿었던 것이 실제로는 소유할 수 없다는 사실을 깨달은 결과였다. 이 웃
음은 유머와 슬픔이 섞인 것이었다. 자신에 대해 동반되는 냉소에서, 자신의 단점
을 인식하는 것에 대한 변화가 시작되었고 그리고 자기기만의 부끄러움을 표출하
였다. 그러면서 그는 수치심을 느꼈다.
　그의 아내로부터 분리되어 문제에 대한 정서적 흐름의 과정을 추적하는 동안, 도
널드는 부성적 열망에 대한 새로운 고찰을 위해 자신을 자유롭게 하였다. 그가 자
연스럽게 받아들인 후에 그는 새로운 가치를 향하여 오르기를 시작할 수 있었다.
치료적 작업은 그가 환상적 가치와 동일한 것에 다시 돌아가 경청하기보다는 새로
운 가치를 향하여 오르도록 돕는 것이었다. 이것은 곧 그에게 있어서 전반적으로
부성적 경험이 얼마나 중요한지를 보여 주었다. 사실 아이들을 갖는 것은 앤절라
와의 결혼에 있어서 가장 민감한 가능성 중의 하나였다. 도널드에게 있어서 아버
지가 된다는 것은 자신의 존재적 충만을 위한 가장 중요한 소망이었다. 지금까지
그것은 크나큰 좌절의 영역이었다. 그는 종종 아이들을 가진 직장 동료와 비교하
여 몹시 열등감을 느꼈다.

이후의 회기에서는 직장에서 어떤 동료와 비합리적인 행동과 관련된 문제가 있었는데 그는 동료에 대한 질투심의 근원을 천천히 추적했다. 그 동료는 세 딸을 둔 아버지였다.

앤절라는 자신의 시각에서 불일치를 해결하기 위한 정서적 사이클에 있어서 정확히 상반된 측면으로 움직였다. 그녀는 도널드와의 결혼에 대해 마침내 그녀가 사랑하고 사랑받을 수 있는 한 남자를 만남으로 인한 기쁨과 감사에 대한 자신의 감정을 묘사하면서 시작하였다. 많은 외로움과 소외 후에 마침내 자신의 삶이 누군가와 함께하고 있는 것처럼 느꼈다. 아이들은 이제 더욱 독립적이 되었고 각자 자신들의 학교에 잘 적응하였다. 그녀는 지금 자신의 행복에 대해 고려하는 것을 당연하게 느꼈으며 모든 일들이 순조로워 보였다.

그 이후에 도널드가 아이들을 집으로 데려올 것에 대해 더욱 강하게 주장하기 시작하였을 때, 그녀는 경계심을 느끼기 시작했다. 그녀가 처음에 상상했던 것만큼 그가 자신을 돌보아 주려고 하는지, 아니면 그가 단지 실제로는 가족의 한 부분이 되기만을 원하는지 의아해지기 시작했다. 그녀는 실제에 있어서 그에게보다는 아이들에게 질투심을 느꼈다. 그녀는 도널드를 아이들과 공유하는 것을 원하지 않았다. 그녀는 그와 그의 모든 것이 전적으로 자신만의 것이 되길 원했다. 그녀는 대안적 해법조차도 들을 수 없을 것처럼 느껴졌다. 그녀가 아이들과 어떤 것들을 정리하는 방식은 잘 진행되었고, 그녀는 자신이 이미 알고 있듯이 자신의 유익을 지키기 위한 것을 결정하였다.

곧 그녀의 질투에 대한 의미는 도널드와의 관계에 대한 또 다른 측면에서 드러났다. 아이들을 기숙학교에서 데려오려고 하는 도널드의 되풀이되는 요구에 대한 그녀의 반응을 탐색하는 과정에서 다음의 대화가 이루어졌다.

앤절라: 나는 제니퍼와 집에서 함께 지내는 것에 대해 상상하는 것조차 싫어요. 그녀는 열일곱 살이 다 되어 가요. 그 애는 집에서 남자와 함께 있는 것에 대해 적응하는 법을 알지 못해요. 그 아이는 남자에 대한 자신만의 생각을 가지고 있어요. 당신은 내 말이 무슨 뜻인지 아시지요?

상담자: 아니요. 잘 모르겠는데요. 무슨 의미이지요?

앤절라: 당신도 아시다시피, 그 애는 10대 소녀로서 사람에게 쉽게 빠져들어요. 팝스타, 교사, 실제로 누구에게든지. 나는 실제로 그 아이가 도널드에게 푹 빠질 거라고 생각해요. 그들이 부활절에 극장에 함께 갔었는데, 그 아이는 그것을 마치 낭만적인 데이트처럼 말했어요.

상담자: 당신은 그 아이가 거의 숙녀로 성장했다는 것을 깨달았군요.

앤절라: 네. 때때로 나를 아주 놀라게 해요. 그 아이는 내 옷을 입을 수 있어요. 그 아이가 방학 동안 집에 있을 때에는 내 옷을 허락 없이 입어요. 그 애는 실제로 나의 많은 옷을 가지고 갔어요. 내가 소중히 아끼는 드레스와 실크 스카프들. (그녀는 침을 꿀꺽 삼키며 걱정스런 표정으로 천장을 뚫어지게 쳐다보았다.)

상담자: 그래서 더욱 당신이 아주 소중히 여기는 다른 것을 빼앗길 수도 있다고 걱정하는 건가요?

앤절라: 실제로 그럴 수 있다고 확신해요. 만일 그 애가 집에서 살면 그 아이는 도널드에게 모든 것이 될 수도 있을 거예요. 저는 그저 끊임없이 그 아이를 따라다녀야 할 거예요.

상담자: 그래서 당신이 신뢰하지 않는 사람은 단지 제니퍼만이 아니군요. 당신은 그 아이의 열중에 대해 대처하는 도널드의 힘도 역시 신뢰하지 않는군요.

앤절라: 당신은 남자에 대해 알잖아요. 그는 실제로 그 애의 아버지가 아니지요. 그 애는 그를 유혹할 수도 있어요. 그는 그것을 의식조차도 못한 채 매우 강하게 그 애의 유혹에 매료될 수도 있어요.

상담자: 그리고 그를 잃게 될 수도 있지요.

앤절라: 맞아요.

상담자: 그래서 당신이 신뢰하지 못하는 것은 단지 제니퍼와 도널드만이 아니지요. 당신은 남편과 안정적이고 안전하고 신뢰할 수 있는 관계를 만들 수 있는 자신의 능력에 대해 분명한 확신을 가지고 있지 못하는군요.

앤절라: 나는 그런 식으로 생각하지 않아요. (천장을 골똘히 쳐다보면서 1분 30초 정도의 침묵이 흘렀다.)

앤절라: 지금 그런 식으로 말하고 싶지 않았어요.

상담자: 당신은 일반적으로 스스로를 약하다고 생각하지 않지요, 그렇지 않나요? 앤절라.

앤절라: 그렇지요. (그녀는 좀 더 천장에 시선을 고정하였다.) 이것은 정말 타격이 커요. 이것에 대하여 생각해 봐야 해요. 오늘 여기서 그만하고 싶어요.

상담자: 여기서 진정시키는 것이 좋겠군요.

앤절라: 네.

상담자: 만일 당신이 스스로 진정시키지 않는다면 무슨 일이 일어날 수 있을까요? (긴 침묵)

앤절라: (매우 자신을 진정시키려 노력하면서, 허스키한 목소리로 속삭이듯이) 미쳐버렸을 거예요.

회기는 여기에서 종료되었지만, 이 지점에서부터 앤절라는 약점과 취약성에 대한 불안으로 인해 회피하는 자신을 이해하는 데 있어서 진전이 이루어졌다. 몇 달이 지나서야 그녀는 도널드에게 이러한 자신의 감정을 전달할 수 있었고, 이러한 방식은 그들 사이의 긴장을 해소하는 데 도움이 되기 시작했다. 어쨌든 이 회기는 자신의 부족함과 무능에 대한 두려움의 깊은 곳으로 평소의 방어적이었던 지점까지 처음으로 뛰어들게 한 회기였다.

도널드와 앤절라가 각자의 입장에서 촉발된 것을 서로에게 알 수 있도록 해 주었을 때, 그들은 맹목적인 전쟁을 수행하기보다 이해와 상호 간에 존중하는 새로운 수준의 관계를 모색했다. 비록 그들이 견해 차이를 근본적으로 해결하지는 못했지만, 현재 그들의 대화와 노력은 관계를 위협하기보다 강화시켰다. 그들은 서로 비난하기보다 다른 감정적인 기복을 이해할 수 있다는 사실을 알았다.

당신 자신의 정서적 경험을 이해하는 것은 그것을 장애물로서 밀쳐두는 것 대신에 종종 대인 관계를 향상시키는 효과가 있다. 밀접한 사람들이 솔직한 감정의 용어를 나누는 것은 매우 인상적이다. 생각과 상상은 복잡하고 개인적으로 다르지만, 사람들의 감정적 메시지는 단순하고 직설적이다. 불행하게도 감정들은 일반적으로 많은 문화적 편견과 왜곡을, 그리고 기본적으로 명확한 메시지를 뒤죽박죽으로 만드는 중요한 요인이 된다. 상담자가 문화적 규범의 편견으로부터 거리를 유지하고 있으며 사람들의 경험에 대해 혼란스러운 그림을 첨가하는 것에 대해 민감해야 하는 것은 매우 중요하다. 감정의 스펙트럼에 있는 기본적 색상을 인식하면서 그들의 관계를 이해하는 것은 이 과정에서 매우 큰 도움이 된다.

❋ 의미를 발견하기

내담자들은 자신의 일상에서 해야 할 업무 외에 허드렛일을 해야 하는 동기를 못 느끼듯이 흔히 자신이 원하는 것이 무엇인지를 모를 때 불평을 한다. 세상이 어떠한 흥미도 제공해 주지 못하는 것으로 보일 때 흔히 약물이나 알코올을 유일한 대체물로 삼아서 세상으로부터 냉담하게 분리하는 것을 경험한다. 분리는 세상이 의미가 없거나 노력할 가치가 없는 것으로 여겨질 때 유일한 해결책이 된다 (May, 1969). 사람들이 냉담하고 분리될 때 악순환이 시작된다. 어떠한 선택도 바람직하지 않게 보일 때 그들은 결정을 하는 것에 무기력해진다. 또한 인생은 무의미해진다. 우리가 더 적게 세상에 관여하고 우리 자신을 의미의 구조 밖으로 더욱 내몰수록, 우리가 참여해야 할 어떤 부분도 더욱 적어지는 것으로 보인다.

실존심리치료의 목표 중 하나는 내담자가 스스로 의미와 목적을 탐색함으로써 소망과 의지가 통합될 수 있는 진정한 동기를 발견할 수 있도록 돕는 것이다. 그것은 감정을 이해하고 나서 뒤따르는 논리적인 후속작업이다. 당신이 어떤 일에 촉각을 곤두세우고 다른 사람을 두려워하는 것이 명백해지면, 당신이 열망하는 본질을 확립하는 것이 상당히 쉬워진다. 우리가 투쟁하고 헌신해야 할 가치가 있다고 생각하는 것에 대한 이해가 명확해질 때, 이로부터 동기가 흘러나온다. 우리의 가치를 검토하는 것을 통해, 우리의 삶이 이러한 가치와는 얼마나 동떨어져 있고 의미 있는 방식 안에서 삶을 위해 제공하는 인식의 범위가 얼마나 작은지를 자각하게 된다. 만일 좌절된 열망과 이상 혹은 가치에 대해 충분한 관심이 주어진다면, 그것은 흔히 동기부여의 증가를 불러일으키게 된다. 지금 우리는 정말 중요한 무언가를 위한 더 많은 공간을 확보하기 위해, 우리 삶에 있어서의 필요한 변화를 주도하고 책임지기를 원한다.

그러므로 감정의 메시지에 대한 철저한 분석은 가치 있는 것에 대한 인식을 통해 그리고 이것을 성취하는 방법을 발견함으로써, 동기를 증가시키는 것에 직접적으로 이어질 수 있다. 그러나 많은 경우에 일이 그렇게 간단하지 않다. 감정이 위축되고 삶이 가치 있는 것에 대한 방향으로 변화되는 기회를 거의 제공해 주지 못하는 것으로 여겨진다면, 총체적인 동기의 결핍이 발생될 수 있다. 사람들은 삶의 의지에 대한 결핍을 경험할 수도 있다. 그리고 그들이 전진할 수 있도록 돕는 유일한 길은 불합리와 고통 속에서도 의미를 발견하는 어려운 작업을 지지해 주는 것이 될 수도 있다(Frankl, 1955). 실존주의자들은 무엇보다도 삶이 무의미하게 되었을 때(Sartre, 1938; Camus, 1942), 사람에게 진정성 있게 살아가는 것을 배우도록 제안함으로써 의미를 창조할 수 있도록 도와줄 수 있다.

사 례

레나는 그저 그런 상황이었다. 그녀는 일흔두 살이었고 모든 의미 있는 느낌을 상실했다. 그리하여 그녀는 의지 없는 깊은 우울증의 희생자처럼 스스로를 방치했다. 레나는 일시적으로 정신과 병동에 머물렀지만 곧 퇴원하여 자신의 일상으로 돌아갈 수 있도록 허락받았다. 사회복지사와 정신과 간호사가 정기적으로 그녀를 방문했다. 그녀는 일상적으로 세상이 뭔가 문제가 있다는 식의 말을 자주 내뱉음으로써, 결국 상담이 그녀에게 도움이 될 수 있을 것으로 고려되었다.

상담 회기에서 이제까지 레나의 비밀스러운 배경의 많은 측면들이 드러났다. 그녀는 비록 영국 국적자이지만 유태계 네덜란드인이었다. 그녀는 제2차 세계 대전이 시작되는 시점에 네덜란드에 남은 사람들을 몰살시키려 했던 나치 정권을 피해서 부모와 함께 영국으로 이주했다. 그 당시 레나는 서른 살이었지만, 거의 40대 초반, 즉 그녀의 부모가 돌아가실 때까지 부모와 함께 살았다. 레나에게는 생존해 있는 친척이 없었다. 그녀는 매우 진지하고 경건한 생활을 했었다. 그녀가 한번은 한 남성과 친밀한 관계를 가졌지만 그녀가 그에게 헌신하기보다는 부모를 지속적으로 돌보는 것을 더욱 우선시해야 한다는 것이 분명해졌을 때 그는 떠났다.

레나는 과거 네덜란드에서 알았던 그 누구와도 전혀 접촉하지 않았다. 그녀는 그곳에 있는 어느 누구도 알지 못했다. 그녀는 단지 두 번의 짧은 휴가를 다녀왔는데 휴가지에서도 즐겁지가 않았다. 그녀가 35년 동안 매우 적극적인 전문가의 삶을 살았음에도 불구하고, 그녀는 옛 동료 중 누구와도 거의 접촉하지 않았다. 그녀는 여러 해 동안 유능한 개인 비서였는데, 은퇴한 첫날부터 그녀에게 갑자기 관심을 끊어버린 지난 고용주에게 많은 배신감을 느꼈다. 그녀는 부모님의 죽음 이후에 오직 일을 위해서만 존재했고, 은퇴와 함께 그녀의 삶은 아무런 의미가 없었다. 그녀는 일상적인 외부의 일에도 점점 더 흥미를 잃게 되었고, 세상의 불공평에 사로잡히게 되었다. 그녀는 자신을 지켜주려고 하기보다는, 단지 자신의 비관적인 생각에 동조하는 다른 사람들과 함께하였다.

처음에 레나는 단순히 우울하고 부정적이고 복수심이 있는 것처럼 보였다. 그녀는 인간의 비통함에 대해 세상에 있는 모든 사람들을 비난했다. 그것은 상담자가 본질적으로 비판적이고 우울한 성향으로 말미암은 레나의 태도를 무시하도록 유혹했다. 그러나 세상에 대한 레나의 주장이 진지하고 정신병리적 관점보다 철학적 관점으로 탐색되는 순간 또 다른 그림이 나타났다.

삶에 대한 레나의 관점은 정말 매우 비관적이었다. 그녀에게 있어서 삶을 지속하거나 세상을 위해 돌이킬 어떤 타당한 이유도 없었다. 그녀는 사람들은 차라리 죽어 없어지는 것이 더 나은 비참한 피조물이라고 주장했다. 그러나 그녀의 허세는 그녀의 사회복지사가 인간은 자신의 삶에 대한 책임이 있다는 것에 대해, 즉 그녀는 자신이 바라는 대로 언제든지 삶을 끝낼 수도 있다는 것을 지적하며 말했을 때 그녀의 부정적인 도도함은 절망으로 바뀌었다. 사회복지사의 언급은 진심으로 그렇게 하기를 원하는 것이라기보다는 단지 놀림조의 말이었다. 그러나 그러한 언급 이후로 그녀의 자살위험을 걱정한 상담자는 그녀에게 이러한 문제들에 대해 다른 각도로 생각해야만 하는 세월이 있었다는 것에 대해 지적했다. 우선적으로 상담자는 그녀가 나치의 위협으로부터 벗어나 영국으로 이주했다는 사실을 끄집어내었으며, 그리고 이러한 경험이 삶의 가치에 대한 인식과 삶에 어떤 큰 자취를 남기고 있다는 것을 제시했다. 처음에 레나는 오히려 방어적이었으며, 만일 그녀의 부모가 그때 살아 있지 않았었다면 그녀는 곤혹스럽게 도망치지 않았을 것이라고 말했다. 그녀의 상담자는 이러한 진술에 충격을 받았고 신중하고도 정직하게 스스로 점검하도록 요청했다. 그 이유는 레나는 그 당시 매우 강하게 자신의 삶을 사랑한다고 주장하는 것처럼 보였으며 정의롭지 못한 것에 대항하였고, 그리하여 자신과 자신의 부모를 구한 것은 단순히 무시될 수 없는 용감하고도 단호한 행동인 것으로 여겨졌기 때문이었다. 레나는 이것을 상담자의 개인적 진술 이상으로 더 깊이 마음에 새기는 것으로 보였으며, 다음 회기에서 그녀의 태도는 극적으로 변화되었다.

그녀는 이전 회기에 대하여 조심스럽게 언급하기 시작했다. 그녀가 의미했던 것은 궁극적으로 더 편하고 쉬운 방안을 선택하기 위해 이주했었다고 말했다. 좀 더 구체적으로 말하도록 격려받을 때에 그녀는 오래전 네덜란드를 탈출할 때 그녀가 느꼈던 강렬한 죄책감에 대해 말하기 시작하였다. 그것은 단지 자신의 아버지가 어떤 영국인과의 특별한 관계로 인해 가능했을 뿐이며 그녀는 그것이 용감한 행동이라기보다는 겁쟁이로서의 행동이었다고 느꼈다. 그녀는 도망치는 대신 네덜란드에 남아서 독일과 싸울 수 있는 용기를 진심으로 원했다. 동시에 그녀는 만일 현재 동일한 딜레마에 부딪힌다 해도 역시 안전하고 쉬운 선택을 하게 될 것이라는 사실을 잘 알고 있었다. 당시 그녀는 스스로 이러한 선택은 부모를 돕기 위함이었다고 자신에게 말함으로써 자신의 양심을 평온하게 잠재울 수 있었다. 그러나 이것은 아마도 거짓이라는 것을 이후에 깨달았다. 그녀는 단지 자신의 생명을 구하기 위해 도망쳤다는 것을 느꼈다. 그녀는 그러한 행운이 없었던 많은 사람들을 알고 있었다.

그녀의 죄책감을 보상하는 유일한 방법은 가능한 오랫동안 부모의 안녕을 위해 전적으로 헌신하는 것 외에는 없었다. 그녀는 부모의 죽음 이후 자신의 은둔적이고 경건한 삶은 오직 영국 망명의 특권으로 누적된 빚을 지속적으로 갚는 유일한 방법이라고 느꼈다. 레나를 가장 놀라게 한 것은 어느 정도 이러한 모든 것을 평소에 알고 있었으나 결코 그녀의 마음에서조차 이것을 공식화하지는 않았다.

레나가 자신의 삶에 대해 이야기할 때 그녀의 얼굴은 마치 자신이 다른 사람에게 말하고 있다는 것을 실제로 알지 못하는 사람처럼 멍한 모습이었다. 그녀는 이것에 대해 스스로 인식도 하지 못한 채, 분명히 자신의 존재를 온전히 지배해 온 내면적 실체의 발견에 깊이 함몰되었다. 고통의 원인이 되었던 모든 것을 지금 순식간에 깨닫게 되었다. 특히 그녀의 순결성과 독신은 자신의 존재가 무가치하다는 내면적 확신에 비추어졌을 때 이해될 수 있었다. 그녀는 언젠가 분명히 소멸된다고 믿었기 때문에 실제로 출산의 행위에 의하여 자신의 삶이 견고케 되는 것을 결코 기대할 수 없었다.

그녀가 실제로 고국으로 되돌아가거나 과거 친구들을 찾고자 시도한 적이 없었다는 것 역시 놀랄 만한 일이 아니다. 그녀의 유년 시절과 청소년 시절에 함께했던 친구들이 어쩔 수 없는 죽음에 내몰리거나 실종되었다는 사실을 발견하는 것은 너무나 수치스러웠을 것이다. 우연하게 또는 어떤 기회에 간접적으로 그들의 죽음에 대한 소식을 듣는 것으로도 충분히 고통스러웠다. 옛 상처를 들추어 낼 필요가 없다고 스스로 가정함으로써, 그녀는 이러한 직면으로부터 안전하게 자신을 지켜 왔었다. 그러나 그렇기 때문에 그녀는 또한 자신의 죄책감과 비겁함에 대면할 기회를 스스로 빼앗았다. 그러므로 그녀는 단지 다른 사람으로부터가 아닌 스스로 소외된 고통을 지속하기 위해 자신을 비난했다. 실제로 그녀는 자신을 직면할 수 없다고 느꼈고 거울 속에 비친 자신의 모습을 보지 않았다. 영국 동료들과의 접촉에서 항상 홀로 떨어져 멀리 남겨져 있는 이유 중 하나는 그들에게 자신의 과거가 드러나게 될 것에 대해 두려워했기 때문이었다. 그녀는 슬레이트 지붕을 깨끗이 닦아 놓는 상상을 더 선호했으며, 단순히 친밀한 개인적 관계를 만드는 사람이 아니었다. 그녀는 다른 사람들이 자신의 배경에 대해 잡담을 하는 것과 그리고 자신을 대체로 전쟁의 희생자, 난민자, 불쌍한 여인으로 추측한다는 사실을 잘 알고 있었다. 그녀는 동정받기를 원하지 않았으며 그것을 수치스러운 것으로 보았다. 그러나 그녀는 지나온 역사를 직접적으로 언급할 수가 없었고 다른 사람들이 죽을 때 그러한 재앙에서 도망치는 자신을 부끄럽게 여겼다. 그녀가 영국으로 이주할 결심을 하게 된 시절로 되돌려 보는 것이 좋을 것이라고 생각되었다. 그리고 그녀는 확실히 이러한 일들이 자기 가족의 인맥과 특권적 위치로 인해 가능할 수 있었다는 사실을 알았다. 밝혀진 것은 그녀가 더 많은 사람들을 구하기 위해 더 많은 수단을 강구했어야 했다고 느꼈다는 것이다. 그러나 그녀가 더 많은 것을 할 수 있게 되었을 때, 그녀는 단지 자신과 자신의 부모만을 구출했다.

레나는 전쟁 전에는 매우 다른 삶을 살았다는 것이 밝혀졌다. 그녀는 많은 친밀한 친구들을 가지고 있었고 적극적으로 사회생활을 하였다. 이 모든 것은 영국으로 피신함과 동시에 변화되었다. 처음에 그녀와 그녀의 부모는 단순히 나치가 언젠가는 그들을 다시 잡으러 올 것이란 두려움이 있었기 때문에 드러내며 살지 않기로 결정했다. 그래서 가능한 한 다른 이들로부터 멀리 떨어져서 생활하는 습관을 가지게 되었다. 그리고 레나는 마치 새로운 나라에 실제로 속하지 않은 것처럼 느꼈다. 전쟁 후에 네덜란드로 돌아가는 것은 이전에 언급한 이유로 인해 의문의 여지가 없었다. 그래서 레나는 스스로 강제적인 유배생활의 삶을 지속적으로 살았다. 이것은 생존자로서의 순수하고 충실한 감사와는 동떨어진 것으로 깊은 만족감을 제공할 수 없었다.

이제 그녀의 생은 거의 종착역에 다가서고 있었다. 레나는 구출된 자신의 삶이 대부분 낭비되었다고 생각했으며, 만일 국외 추방과 죽음의 운명을 용기 있게 받아들이기로 한다면 좀 더 위엄과 가치가 있을 것으로 생각했다. 그리고 그것이 그녀로 하여금 절망적으로 느끼도록 만드는 데 충분하지 않음으로 인해 하나님으로부터의 소외감이라는 또 다른 어려움이 추가되었다. 레나가 기억하는 한 자신의 가족은 유대교적 전통을 실행하지는 않았지만 그녀는 수년 동안 매우 종교적이었다. 영국으로 이주 후 그녀는 외적인 종교생활에 대해 포기했고 하나님과 매우 개인적인 관계만으로 스스로 만족했다. 그러나 그녀는 양심의 가책 때문에 마음이 혼란스러웠고, 심지어 하나님은 무작위로 어떤 사람은 살리고 어떤 다른 사람은 죽여버리는 일종의 나치와 같은 존재로 생각하는 것을 억제할 수 없어서 하나님 앞에 나아갈 수 없다고 느꼈다. 왜 그녀인가? 그녀가 그렇게 쓸모없을 때 왜 그녀를 구했을까? 그녀는 그 질문에 대답 할 수 없었고 운명의 불공평으로 인한 고통에 시달리게 되었다. 그녀는 결국 하나님은 존재하지 않는다는 결정을 더 선호하게 되었다. 왜냐하면 진정한 하나님은 고통 중에 있는 백성들에 대해 최소한의 구원도 없이 그토록 엄청난 황폐함과 파괴의 원인이 되는 나치를 허락하지 않을 것이기 때문이다.

영성과 관련된 그녀의 입장에 대한 설명은 자신의 생각에 어떤 불일치를 발견하기 위한 문을 열었다. 그녀는 전쟁에서 강렬한 고통을 겪는 사람들의 위엄을 발견할 수 있는 것이나 구원받을 수 있는 것에 대해 어떻게 상상하는지 질문을 받았다.

그녀는 만일 그들이 자신들의 확신이 옳다는 믿음을 통해 겁내지 않고 죽음과 대면할 수 있다면 이와 같은 일이 일어날 것이라고 대답하였다. 그러자 상담자는 명백하게 그녀의 진술에 근거하여 그녀가 어떤 고통으로부터 온전히 도망가는 경우 소망이 없다는 것을 제시하였다. 레나는 곧 자신의 논점에 잘못이 있다는 것을 알았고 다음과 같이 말하였다. "그러나 나는 그렇게 했어요. 나는 고통을 받았어요. 맞지요?" 그녀의 상담자가 "당신은 그랬어요. 당신은 다른 사람들의 유익을 위해 고통을 받았어요. 그리고 당신은 여전히 그렇게 하고 있어요."라고 말했을 때, 처음으로 레나는 주저앉았고 그녀에게 중요했던 모든 것으로부터 낯선 망명생활로 인해 그녀 자신이 얼마나 큰 고통을 겪었는지 인정하였다.

이제 그녀는 완전히 다른 시각에서 자신의 전반적인 삶의 이야기를 재고할 수 있게 되었고 그것과 함께 그녀 자신과 화해하는 것이 가능하게 되었다. 그것은 더 이상 기만과 비겁한 탈출 이야기가 아니었다. 그것은 자신의 내적 갈등과 죄책감에 대한 자신과의 투쟁에 대한 이야기였다. 이러한 시각에서, 그녀의 삶은 실제적으로 역설적인 것에 대한 인간 투쟁의 기념비처럼 보였다. 지난 몇 년 동안 자신을 혹사하는 막다른 경계까지 스스로 몰아가는 이러한 방식은 분명한 순교적 멋을 지니고 있었다.

레나가 자신이 겪었던 고통의 몫을 고려하기 시작했을 때, 그녀가 영국으로 피난해 옴으로써 도피했다는 고통으로부터 자유롭게 되었다. 그렇게 함으로써, 그녀는 여전히 자신을 구원하길 원하는 모순된 열망에 대해 알고 싶어 했으며, 아직 존엄성을 해치고 있는 적과 직면하길 원하고 있다는 결론을 내렸다. 이 과정에서 레나가 배웠던 것은 인간의 투쟁은 여러 방법이 있다는 것이다. 그러나 그 투쟁은 아무리 반대 방향으로 가장해도 발생하게 된다는 것이다.

그녀의 삶이 결국 그 자체로 존엄성을 가졌다는 것을 알 수 있게 되었을 때 레나는 오랫동안 결핍되었던 기본적 삶의 의미를 회복했다. 의미가 회복되면서 동시에 남은 시간 동안의 새로운 목적이 수면 위로 떠올랐다. 마침내 이제 그녀는 스스로의 나치 지배로부터 자유롭게 되었는데, 그것은 그녀가 결코 잊을 수 없었던 오랜 과거의 옛 친구들의 운명을 알아보고 싶다는 생각을 할 수 있게 만들었다. 레나가 과거를 떠올리는 힘든 과정을 시작했을 때, 그녀는 스스로에 대해 알 수 없었던 그녀 내면의 활기와 의지를 발견했다. 그녀는 죽을 준비를 하기 전에, 아직도 자신이 성취해야 할 많은 일들이 있기 때문에 더 이상 소모할 시간이 없다고 말했다. 그녀는 여러 단체에 공헌하기 시작하였고 그녀 자신의 경험을 기록하기 시작했다. 이러한 모든 것은 마침내 그녀 자신의 자유를 활성화시키도록 도움을 주었다.

레나의 경험은 삶의 목적의식으로 말미암은 자기 동기부여의 의지를 보여 준다. 미래가 달성 가능한 가치 있는 것을 성취하는 기회로 인식될 때, 목표가 세워지고 동기와 의지가 생긴다. 이러한 목적의식은 일반적으로 과거 혹은 삶에서 발견할 수 있는 의미와 항상 밀접하게 관련되어 있다. 물론 의미는 많은 다른 방식으로 발견될 수 있다. 어떤 사람에게 의미 있는 것이 다른 사람에게 반드시 의미 있는 것은 아니다. 그러므로 의미를 발견하는 것은 항상 특별한 개인적 과정인데 이 과정에서 상담자는 내담자로 하여금 과제에 머무르게 함으로써, 그리고 내담자에게 사각지대처럼 보이는 측면을 강조하는 것을 통해서만 도울 수 있다. 종종 이러한 경우가 많이 있다. 사람들은 자신에 대한 중요성과 거짓된 삶을 살고 있다는 인식으로부터 자신을 차단함으로써 자신들의 삶의 의미를 차단한다.

<표 5-1>의 도식적 개요는 의미를 통해 작업하는 임상가를 위한 안내로서 유용할 수 있다. <표 5-1>은 인간 존재의 역설적 본성을 다시 한번 보여 준다. 이것은 사람들이 경험의 네 가지 차원에 있어서 자신들의 실존적 의미를 어떻게 발견하는지 보여 주고 있다. 각각의 단계에 있어서 기본적인 목적은 궁극적 관심과 대비하여 사람이 반대의 가치를 넘어서도록 독려할 수 있는 가능한 가치를 발견하는 것이다. 처음은 사람들이 인식하던지 인식하지 못하든지 간에 추구하고 있는 이상적 가치를 보여 주는데 이는 종종 비현실적이다. 두 번째는 자신의 이상을 성취하는 데 있어서 위협이 되는 형태 안에서 이러한 열망의 논리적이고 피할 수 없는 어두운 측면을 보여 준다. 세 번째는 궁극적으로 우리를 앞으로 나가도록 하는 의미를 만들게 하는 가치를 보여 준다.

많은 실존주의 작가들은 사람들이 필연적으로 직면하게 되는 궁극적인 관심에 대해 언급한다. 야스퍼스(Jaspers, 1931)는 한계적 상황에 대해 말하였고, 틸리히(Tillich, 1952)는 궁극적 관심과 자기확신에 대한 위협을 말하였으며, 하이데거(Heidegger, 1927)는 돌봄 또는 관심으로서의 동일한 개념에 대해 언급하였고 이는 빈스방거(Binswanger, 1963)에 의해 이어졌다. 그러나 어떤 작가도 의미와 궁극적 관심 사이의 조화를 체계적으로 고찰한 작가는 아무도 없었다. 최근에 궁극적 관심의 개념을 기반으로 하여 실존주의적 작업의 틀을 제시했던 얄롬(Yalom, 1980)조차 관심과 목적 사이의 명백한 연결을 만들지 못했다.

기본적 목적과 궁극적 관심을 인식하는 것에 덧붙여서, 대부분의 사람들은 현실적 방법으로 안착할 수 있도록 하는 중간적 목표를 인식하는 것이 중요하다. 만약 누군가 그러한 타협점에 도달한다면, 그것은 종종 인간의 열망과 실존의 모순과 궁극적 실재 사이의 기본적 갈등을 피하는 방법이라는 사실을 기억하는 것도 도움이 된다. 그러나 실존심리치료에서는 타협이 목표가 아니라 양극단 사이에서의 역동적인 변화가 목표다. 또한 사람들이 종종 자신의 삶을 이해하도록 돕는 어떤 바람직한 가치를 인식하는 것은 도움이 된다. 물론 동등하게 중요한 많은 다른 가치와 경험들도 있다. <표 5-1>은 인간 존재에 대한 우리의 사고에 어떤 구조를 제시하는 것을 목적으로 하며, 이는 내담자가 고려하지 않거나 활용하지 않는 특정한 갈등과 모순을 인식하도록 도울 수 있다.

〈표 5-1〉 인간 존재의 역설적 본질에 대한 도식 개요

차원	긍정적 목적	부정적 관심	최소 목표	최상의 가치
물리적	건강	질병	양호함	활기
	즐거움	고통	안전	안녕
	질서	혼돈	안정	조화
	삶	죽음	생존	실존

	성공	실패	생산성	창조성
사회적	소속	고립	연대감	충의
	수용	거절	인정	협력
	사랑	미움	존중	상호관계
개인적	정체감	혼란	개성	통합
	완벽	결함	헌신	용기
	독립	의존	자율	자유
	확신	의심	지성	명료함
영적	선	악	책임감	투명
	진실	거짓	실제	신빙성
	의미	무가치	감각	가치
	목적	모순	가능성	자유

도식의 목적은 인간 존재의 4가지 차원 모두에서 부정적 관심, 최소의 목표, 최상의 가치가 발견될 수 있다. 삶은 지속적으로 우리에게 새로운 도전과 선택을 보여 주고 있다. 그리고 만일 우리가 삶에 대한 책임과 진보를 느끼고 있다면 우리는 도전과 선택을 최상이 되도록 만들 필요가 있다. 우리가 삶의 복잡성으로 인해 혼란스럽거나 압도되거나 무겁게 느껴질 때, 우리는 일시적으로는 포기하기도 하지만 조만간에 용기를 갖고 일어서야 하며, 이러한 모든 것들을 해결하도록 노력해야만 한다. 상담자는 이런 삶의 다른 차원들이 각각 어떻게 관련되어 있는지 그리고 사람들이 도덕적이고 책임 있고 생산적일 때, 어떻게 만족스럽고 성취감을 주는 삶의 방식으로 해결하는지를 잘 이해하는 것이 필요하다. 가능한 목적과 그것의 어두운 면 사이의 대조적 차이를 인식하는 것은 중요하다. 대부분의 내담자는 안전감과 의미에 대한 기본적 위협에 대해 크게 염려한다. 그들은 자신들의 안전이 치명적인 공격을 받을 수 있다는 끊임없는 두려움 속에서 살아간다. 물론 필연적으로 우리는 조만간에 모두 죽게 되며, 우리는 이러한 피할 수 없고 냉혹한 부정적인 것들을 다루어야만 한다. 우리가 이것에 대해 실감하고 더 일찍 부정적인 것을 고려할수록 그만큼 더 우리는 긍정적인 것을 수행하게 된다. 현실에서의 도

피와 운명으로부터 숨으려는 시도는 일반적으로 상황을 더욱 어렵게 만든다. 삶의 역설은 결단을 통해 자신의 나쁜 것을 직면할수록 좋은 것을 가져오기가 더욱 쉬워진다. 하지만 종종 우리는 우리 자신과 세상에 대해 고정된 흑백논리로 작동하는 경향이 있다. 우리는 양자택일의 용어로 사고한다. 우리는 좋은 것을 원하고 나쁜 것을 피한다. 때때로 우리는 긴장보다는 단순히 안전을 원한다. 우리는 신앙처럼 전심으로 무언가를 더 쉽게 믿거나 또는 전적으로 그런 믿음을 거부하고 되는 대로의 사고, 즉 의미를 상실한 세계를 받아들인다는 것을 발견한다. 불확실성과 가능성을 가지고 사는 것을 배우는 것은 어렵지만 우리가 실제로 우리 앞에 펼쳐진 넓은 삶의 범위에 개방을 할 때, 모든 것이 크게 향상된다. 우리는 우리의 삶을 신화로 둘러싸기보다는 현실과 조율하는 것이 가능하다는 것을 발견한다. 우리가 한편으로는 절대적 진실을 위한 투쟁의 역동적 통합과 다른 한편으로는 의심을 위한 기본적인 회의에 대한 필요성을 발견하게 될 때, 모든 일들이 훨씬 흥미롭고 매력적인 것이 된다. 우리는 우리가 유연하며 매일 새로운 것을 배울 수 있다는 것을 발견한다.

  기본적 의심과 모순과의 투쟁에 대한 언급 없이 얻어질 수 있는 진실은 없다. 그러나 마찬가지로 모순적 기초는 그것 자체 위에 인간의 마음을 채울 수 없다. 만약 삶이 빛나고 역동적으로 충만하게 되려면 4가지 차원에서 비존재의 깊이에 대한 인식은 배경으로 참조되어야만 한다. 4가지 차원 모두에서 목적을 위한 투쟁은 결국 삶에 대한 어떤 깊은 의미를 위해 수행되어야 한다.

  단지 한 차원에서 의미를 갖고 사는 것이 가능할 때, 4가지 중 어떤 한 영역에 고착되는 것은 그 사람의 경험적 배경에 지속적인 불만족으로서 남게 될 것이다. 사람들은 종종 그들을 괴롭히는 것이 무엇인지 분명하고 명백한 방식으로 알지 못한다. 비록 삶이 목적을 위한 방식으로 가득 차 보일지라도 그들이 한 영역에만 고착되어 있다고 느낄 때 그들은 무언가 잘못되었다는 것을 지각한다.

사 례

미리엄은 스물여섯 살의 중등학교 교사다. 그녀는 자살 시도 후 병원에 입원하였고 철저한 초기 사정 후, 그리고 다양한 형태의 치료를 받은 후에 자신의 요청으로 상담에 의뢰되었다. 비록 그녀의 자살 시도는 상대적으로 치명적이지는 않았지만 실제로 그녀는 매우 심각하게 자신의 삶을 마감하고 싶어 했다. 그녀는 자신의 에너지를 약화시키는 이 깊은 절망감을 이해하지 못했다.

사실 그녀는 자신이 죽음을 계획했을 때 처음으로 에너지의 진정한 고양을 경험했다. 그녀가 분명한 자부심을 가지고 이것을 얘기했을 때, 상담자는 그녀가 자살 시도를 감행하는 것에서 만족감을 느꼈는지 동정심을 가지고 물었다. 미리엄은 너무나 겁이 나서 자신에게 이런 일종의 폭력을 실제로 가하지는 못할 것으로 상상했기 때문에 손목을 자르는 자신의 능력에 대해 분명한 자부심을 느꼈음을 인정했다. 두 번째로 에너지의 고양은 정신과의사가 그녀가 '정서적 불안정'으로 인해 장기간의 치료기간이 걸릴 것이라고 그녀에게 알려 주었을 때 갑작스럽게 일어났다. 의사는 그녀가 조울증이며 양극성 장애를 가졌고 리튬은 그녀의 불안정한 우울감을 안정시키기 위해 사용될 것이라는 사실을(의학 지식을 가지고) 잘 알고 있었다. 그녀는 매우 화가 났지만 대신에 상담을 하겠다는 동기가 생겼다. 그녀의 요청은 수용되었고 다시 한번 상담자가 그녀에게 확인했을 때 그녀는 마침내 성공적으로 자신을 주장하는 것에 만족감을 느꼈다.

미리엄은 자신의 삶을 지루하고 재미없는 것으로 묘사했다. 그녀는 3년 동안 강의했었는데 첫해에는 긴장했고 두 번째 해는 평안했고 세 번째 해는 지루했었다. 그녀는 지금 폴과 결혼해 5년간 살고 있다. 유사한 패턴은 그와의 관계에서도 명백했다. 처음에 그녀는 폴과의 관계에서 상당히 긴장했다. 그 시기에 둘 다 학생이었기 때문에 돈에 쪼들렸고 거의 기본생활을 할 여유도 없었지만 그것은 중요하지 않았고 인생은 매우 재미있었다. 그녀는 성적으로도 매우 내성적이었기 때문에 처음엔 그녀에게 성관계가 어려운 것이었다. 그래서 그녀는 성에 대한 많은 책을 읽었고 그들은 함께 실험했다. 그 이후 얼마 동안 그들의 성관계는 훌륭했고 그들은 아이 갖는 것을 고려하기 시작했다. 이것이 이루어지지 않았을 때, 미리엄은 점차 끊임없는 성관계가 지루하게 되었다. 그녀는 지금 폴이 한 아이의 아버지가 될 수 없다는 것을 알았고, 그녀는 더 이상 성에 의미가 있다고 생각하지 않았다.

그들은 꽤 편안하게 살았다. 그들은 2년 전에 그들 소유의 집을 샀고 둘은 좋은 직업과 안정적인 급여를 받았다. 미리엄은 지금 전적으로 안전하고 전망 있는 인생처럼 철저히 포장되었다. 그러나 그녀는 '모든 것을 가졌다'고 말할 때, 자신이 그토록 절망스럽게 느껴야 하는 이유를 알지 못했다. '모든 것'이 무엇인지 구체화하도록 질문받았을 때 '좋은 가족, 좋은 남편, 좋은 집, 좋은 직장, 좋은 친구들, 상당한 돈이 모든 것'이라고 그녀는 대답했다. 그것이 더 이상 그리운 것도, 더 이상 열망하는 것도 없다는 것을 의미하는지에 대해 질문을 받았을 때, 그녀는 단지 탄식했고 '더 이상 없다'고 말했다.

상담자가 목숨을 바칠 만큼 충분히 중요한 무언가가 분명히 있다는 것을 그녀에게 상기시켰을 때, 미리엄은 즉시 좀 더 생생해졌다. 그녀는 고상함을 유지하고 반복되는 일상의 지루함과 단조로움에 빠져서 살고 싶지 않은 욕구에 대해 말했다. 이런 의미에서 그녀의 자살시도는 사슬로 엮인 것처럼 보이면서 총체적으로는 불만족스러웠던 삶을 더 이상 견디지 않겠다는 결단의 표현이었다. 이러한 것은 다음의 대화에서 계속된다.

상담자: 그래서 당신은 자신의 삶을 다시 스스로 통제할 수 있다는 것을 자신에게 증명했군요.

미리엄: 네. 그랬던 것 같아요. 여기서 사람들은 그렇게 하는 게 어리석다고 생각하는 것처럼 보여요. 그들은 나를 겁쟁이나 바보처럼 취급해요. 그들은 내가 정말 잘못된 것으로 여기죠. 그것이 어려워요. 그것은 저에게 많은 용기를 주죠.

상담자: 그것은 매우 중요하군요. 당신이 그런 용기를 가지고 있다는 것을 깨닫는 것이요.

미리엄: 네. 처음에 나는 다시 나 자신에 대해 정말로 좋게 느끼기 시작했고, 그런데 그들은 마치 내가 미친 사람처럼, 마치 죽은 것처럼 나를 취급했어요.

상담자: 당신이 가까스로 얻었던 조그만 개인적인 자유를 지키려던 것이기 때문에 당신이 그토록 화가 났던 것이 이상한 일은 아니군요.

미리엄: 내가 다시 도망가도록 놔두는 것은 나를 미치게 할 수도 있어요. 나는 대가를 지불했어요. (그녀의 붕대 감긴 손목을 내보이며)

상담자: 아~. 먼저 당신은 대가를 지불해야만 했군요. 당신은 자유라는 권리를 얻기 전에 자신을 희생시켜야만 했었군요.

미리엄: 나는 그것을 얻었어요. 나의 가치를 보였어요. 나는 스스로 위태롭게 할 만큼 충분한 용기가 있다는 것에 대해 확신할 수 없었어요. 나는 지금까지 항상 안전하게 지냈어요. 당신은 내가 서 있는 곳, 즉 무시무시한 곳을 볼 수 있어요.

상담자: 안전하게 지냈다는 것이 결국 만족은 아니고 지금 당신은 더 대담해지기 위해 당신 안에 어떤 것을 지니고 있다는 사실을 알고 있군요?

미리엄: 음~ 그렇지만 그들은 내가 미쳤다고 생각해요. 보통 사람들은 이렇게 행동하는 것을 상상하지 않아요. 그들은 지루함을 받아들여요.

상담자: 당신은 아니군요.

미리엄: 나는 이와 같은 상황에 처하게 될 거라고는 결코 생각해 본 적이 없어요. 나는 정말 이상주의자였어요. 당신도 알지만…

상담자: 무슨 의미죠?

미리엄: 당신은 더 나은 세상에 대한 신뢰가 있고 세상이 변하기를 원하고 있어요. 나는 지루하게 결혼생활하는 것을 결코 원하지 않았어요.

상담자: 무슨 일이 있었던 거죠?

미리엄: 나도 모르겠어요. 단지 점차적으로 붕괴된 것으로 보여요. 다른 사람들처럼 나도 덫에 걸렸어요. 그리고 나는 여기 있어요. 결혼했고 담보 대출과 단조로운 생활에 빠진 것처럼… (침묵) … 교사로서의 첫해 이후 나의 이상은 사라진 것처럼 보였어요. 그것은 나를 너무나 힘들게 했어요. 그것과 싸울 수 없었어요. 어떤 것도 변화시킬 수 없었어요. 만약 교육에서 그것을 이룰 수 없다면, 그 밖의 어떤 방법으로 그것을 할 수 있지요? 갑자기 아무것도 남겨지지 않은 것처럼 보였고, 나는 두려웠어요. 나는 단지 거기에 매달려 있었어요.

상담자: 그래서 당신은 그냥 안착했고 이상을 포기했군요.

미리엄: 비록 완벽하진 않지만요. 나는 여전히 아이들을 교육하는 것만으로 그것을 할 수 있다고 생각했어요. 아이들이 중학교에 가게 될 때는 너무 늦어요. 당신은 처음부터 그것을 해야 해요. 여성주의자들은 철저히 잘못하고 있어요. 아이들에게 세상에서 가장 큰 영향력을 지닌 자는 집에서 아이와 함께하고 있는 엄마들이에요. 3~4명의 아이들을 키우며 집에 있다는 생각은 나에게 매력적이죠. 물론 어떤 것

도 하지 못했어요. 내가 당신에게 말했죠. 폴은 아이를 가질 수 없어요. 그는 처음에는 나의 문제라고 생각했지만 나와 관계된 것이 아니에요. 그의 잘못이에요.

상담자: 그래서 또 다른 이상이 침몰했군요.

미리엄: 세상에, 아주 무서운 일이에요. 나는 산산이 부서진 것처럼 느꼈고, 그 역시 정말로 화가 난 것처럼 보였어요. 그래서 나는 그와 함께 산보할 수도 없었고 단지 그를 홀로 남겨둘 수도 없었어요. 그것은 그에게도 끔찍한 일이었을 테니까요.

상담자: 그렇군요. 그래서 당신은 그를 떠나는 게 너무 미안하게 느껴졌고 그래서 당신은 그 대신에 자신을 죽이기로 결심했군요.

미리엄: (처음에 상담자의 눈을 쳐다보고 몇 초간 상담자의 눈을 살피며) 당신은 유머감각이 있군요. 그렇지요? 나도 한때는 그랬어요.

상담자: 무엇이 유머러스하다는 것이죠?

미리엄: 당신은 내가 자살하려고 했던 것의 코믹한 면을 어느 정도는 알고 있는 것처럼 보여요.

상담자: 코믹한 측면이 무엇이죠?

미리엄: 그것은 마치 바나나 껍질 위에서 넘어지는 누군가를 보는 것 같아요. 그들이 자신들의 거짓된 자부심인 존엄성을 갑자기 잃어버린 것이기 때문에 우습죠. 잠시 동안 그들은 고상한 척하며 걸어가다가 바로 다음 그들은 바닥에 떨어지고 그리고 모든 사람들이 웃지요.

상담자: 그래서 그것을 당신에게 어떻게 적용하지요?

미리엄: 나는 매우 진실하고 필사적으로 아내의 역할을 했었어요. 그런데 갑자기 당신은 내가 실제적으로는 전혀 충실하지도 않고 얼마나 나 자신에게만 집중하고 있었는지를 나에게 알려 줬어요. 나는 지금 막 그것을 깨달았어요.

상담자: 당신이 말하는 바는 만약 당신이 그를 떠난 것보다, 만일 당신이 죽었다면 폴에게 훨씬 더 나쁘다는 것을 의미하는 건가요?

미리엄: 예. 그렇지만 나는 충실하지 못한 아내가 되는 것 대신에 영웅이 되기를 원했어요.

　영웅심에 대한 그녀의 욕구를 탐색하는 것은 새롭게 에너지와 동기를 고양시켰다. 그녀의 열망적 지평을 다루기 위해, 그리고 그녀의 환상과 손실된 환상의 범주로부터 그녀의 마음 안에 있는 이런 열망을 분리하기 위해 많은 상담 회기를 가졌다. 이 영역에서 그녀의 감정은 실제로 매우 불안정했다. 그녀가 이사하는 것에 대한 열정을 갖게 되자마자 그녀는 그것을 이행할 수 있는 가능성에 대해 절망감에 빠져들었다. 그녀가 실제로 가치 있는 어떤 것을 신뢰하는 것은 어려워 보였다.

그녀가 단지 물질적이고 사회적인 차원에서 제공할 수 있는 삶에만 만족해야 한다는 것을 두려워하는 것은 분명하다. 그녀에게 있어서 만족스러운 개인적인 경험 체계의 어떤 것은 금기되거나 손에 닿지 않는 것처럼 보인다. 폴과 그녀와의 관계는 친밀감과 연대감이 결여되어 있었다. 그것은 온전히 경쟁적인 특성을 지닐 뿐만 아니라 존중과 우정을 기초로 하고 있다. 그것은 그녀에게 안정감과 물질적 편안함과 만족을 제공하지만 소속감과 그녀가 갈망하는 것에 대한 즉각적인 이해를 제공하지는 않는다. 폴과 미리엄은 그녀가 원하는 것처럼 하나로서가 아닌 둘로서 존재했다. 그녀는 만약 아기를 가질 수 있었다면 그것은 그다지 문제가 되지 않았을 것이라고 말했다. 왜냐하면 그들은 그녀와 친밀감을 느낄 수 있기 때문이었다.

그녀가 갈망했던 친밀감을 얻을 수 없어서 슬프긴 하지만, 그녀가 친밀감에 대한 갈망 자체가 문제라고 단정 지었던 것과 또한 자신이 내부세계의 친밀감을 스스로 박탈했다는 것이 더 슬펐다. 예를 들어, 그녀는 열심히 시를 쓰고 그 시를 읽곤 했었는데 그녀는 더 이상 시 읽는 것을 중단하였다. 시가 청소년과 꿈꾸는 사람들만을 위한 것이라고 깨달았을 때 그녀는 '성인적' 관점을 취했다. 그녀의 삶에서, 꿈을 위한 여유는 없었다. 꿈은 위험한 것이다. 꿈은 악몽으로 변하거나 잠자던 사람이 갑자기 깨어나 보니 추위 가운데 나자빠져 있는 자신을 발견하게 될 것이고, 그것이 매일매일의 현실이 될 것이다. 비록 그녀는 더 이상 꿈꾸지 않기로 결정했지만, 그녀는 또한 인생에서 꿈이 없다는 것은 거의 가치 없는 삶이라는 사실을 확신했다.

꿈은 어떤 사람이 소망하는 것처럼 정확히 실현될 수 없지만 그럼에도 불구하고 환상이 상상하고 원하던 어떤 종류의 기쁨을 얻을 수 있는 동기를 가져올 수 있다는 사실을 받아들이는 데 몇 달이 걸렸다. 계속해서 그녀는 자신의 개인적인 세계에 대한 권리를 요구할 수 있도록 허락하는 새로운 사고방식을 도입했다. 그녀는 다시 일기를 쓰기 시작했고(그녀가 이전에는 썼지만 '유치한' 것으로 여겨 포기했었던) 오래지 않아 다시 시를 쓰게 됐다.

거기서부터 많은 일들이 일어났다. 그녀의 개인적 세계를 재정복했기에 그녀는 또한 더욱 영적인 영역에 대한 새로운 관련성을 지속적으로 만들어 갔다. 그녀는 특별히 시를 쓰는 그룹에 참여했고 해외 개발도상국에서 3년 동안 교사로 있다가 최근 돌아온 어떤 사람과 만났다. 그녀의 삶을 헌신할 수 있는 이유를 발견하기 위한 열정은 빛이 났다.

그녀가 이러한 새로운 차원으로 확장하며 자신이 세우려고 했던 것에 필사적으로 매달리는 동안 이제 다른 단계가 시작됐다. 그녀는 단지 가르치고 텔레비전을 시청하는 범위를 넘어서 어떤 프로젝트에 대한 헌신의 중요성을 폴에게 확신시키려고 노력했다. 예상대로 폴은 관심 없어 했다. 다소 죄책감과 의심 그리고 혼란과 씨름하면서 미리엄은 결국 혼자서 자신의 열망을 추구하기로 결심했다. 이러한 결심을 한 지 2주 만에 폴은 새 여자친구를 사귀었고 결국 집을 떠났다.

그녀가 무엇이 일어났는지에 대해 이해하려고 노력하는 동안, 혼란스럽고 매우 강렬한 감정들과 투쟁하며 그녀는 또한 외국에서 교사로 일하기 위한 지원서를 작성했다. 그리고 그녀는 동시에 이혼을 위한 서류 절차를 진행하기 시작했다. 그녀가 개인적 목표의식에 몰입하는 것은 여러 달을 지내는 동안 자신의 온전한 정신을 증명하기에 중요했다. 정서는 그녀가 자신의 동기를 인식할 수 있는 감각을 만들었다. 그녀가 마침내 개발도상국에서 온 해외우편물을 받았을 때 그녀는 이 새로운 도전을 위해 보다 더 준비하였다. 이러한 증명은 그녀가 몇 달 후 외국의 새로운 직장에서 보내왔던 편지들에 나타나고 있다. 이것은 다음의 발췌문 자체가 잘 알려주고 있다.

'내가 이전에 죽으려고 얼마나 심사숙고했었는지 지금은 이해할 수 없습니다. 나는 거의 소경이었음이 틀림없습니다. 나는 이런 방식으로 나의 삶과 세상을 극복할 수 없다고 생각했습니다. 이제 나는 그 이유가 도전이 충분하지 못했기 때문이라는 것을 압니다. 나에게는 감정을 감소시키는 것이 필요한 것이 아니고, 반대로 더 많은 감정들이 아주 많이 필요합니다. 나는 전혀 이해하지 못하는 것으로 허비하는 다른 사람들을 생각하면서 몸서리치기 때문에, 병원에 이것에 대해 얘기해 주시기를 부탁합니다. 내가 필요한 것은 리튬이 아니라 열정이었습니다. 비록 세상

은 내가 두려워하는 것보다 더 나쁘지만 나는 또한 그것이 훨씬 더 좋아진다는 것
을 발견했습니다. 삶이 목적을 가질 때 틀림없이 지루하지 않습니다.

미리엄과의 작업에 있어서 상담자는 이 장에 서술된 감정과 동기의 실제적 범주
를 고려하지 않았다는 점에 매우 주목해야 한다. 미리엄의 말과 개념은 여러 장면
에서 사용되었고 탐색되었다. 미리엄의 경우처럼 극적인 해결이 체계적으로 항상
깔끔하게 일어나는 것이 아니라는 점에 주목해야 한다. 상담자나 심리치료사가
수행하는 것은 내담자가 삶에서 성취해야 할 중요한 사항은 가장 깊은 감각인 자
신의 본래 의도를 추적하도록 돕는 것이다. 이러한 근본적인 계획에 대한 이행이
모험적이고 대담할수록 고요하고 안정적이 될 수 있다. 온전히 내담자 스스로가
주도적이어야 한다. 오직 내담자만이 자신의 목표를 발견할 수 있다. 임상가는 단
지 내담자가 자신의 열정에 충실하도록 독려할 수 있고 혼란이 시야를 모호하게
할 때 명료함을 제공할 수 있다.

내담자의 정서적 의미를 추적함으로써 내담자의 삶을 고무시키는 목적이 밝혀
진다. 그러면 의미가 더욱 충만하게 창조될 수 있는 방안을 발견하기 시작하는 것
이 가능해진다. 내담자가 사회의 역할-모델로부터 모방된 적절한 행동에 만족하
도록 하는 대신에 내담자는 자신의 이상에 대한 자신감을 얻도록 격려받는다. 목
표에 대한 내면적 감각과 일치하는 삶은 단지 의무를 완성하는 것을 넘어서는 동
기를 제공한다. 그것은 사람을 진심으로 그리고 열정으로 활기 넘치게 느끼도록
만들며 삶을 더욱 가치 있게 만든다.

분명한 것은, 의미를 추구하는 것은 인간의 조건이 뿌리내리고 있는 실존적 딜
레마와 대면하게 됨을 암시한다는 점이다. 자신의 이상이 지향하는 방향을 따른
다는 것은, 그와 동시에 자신이 기꺼이 인간의 한계를 직시할 경우에만 효과적으
로 행해질 수 있다. 실존적 상담 및 심리치료는 의미를 발견하고자 굳게 결심하지
만 삶이 무방비한 현실에 노출되는 것에 대해 공포스러워하는 사람들에게 필요한
명확성과 지지를 제공하고자 하는 것이다.

✿ 꿈을 통한 작업

내담자의 세계관을 명료화하는 과정과 본래적 계획 및 동기에 초점을 맞추는 데 있어서, 꿈은 매우 유용한 자산이다. 꿈에 대한 토론을 통하여, 내담자가 어떤 이미지를 가지고 있는지, 한편으로는 자신에게 가장 중요한 것이 무엇이며 다른 한편으로는 자신에게 가장 두려운 것이 무엇인지를 정립해 나가기가 특히 수월하다.

꿈이 이완된 뇌세포들 중 무작위로 선택된 산물인지, 아니면 기억들의 저장으로서 개인이 현재 몰입된 것들에 대해 직접적으로 의미 있는 표현인지에 대한 것은 그다지 중요하지 않다. 내담자들이 꿈을 보고할 때, 그들은 현재의 관심사와 꿈속 이미지에서 존재하는 방식의 특성을 인식할 수 있고 또한 인지한다. 꿈은 내담자의 실제적 세계로서 동일한 의도와 염려 속에 거주하는 소우주와 유사하다.

만일 내담자가 꿈을 보고하지 않으면, 꿈 작업의 원리들을 의식적 환상과 백일몽에 적용시키는 것 역시 마찬가지로 완벽하게 가능하다. 사실, 이 작업은 그것들이 마치 실제로 꿈인 것처럼 상상하는 사건에 대해 내담자가 보고한 경험의 모든 것을 자세히 살펴보는 것과 연관되어 있다. 어떤 이야기도 꿈처럼 취급될 수 있다. 복잡한 소재도 꿈과 더불어 사용될 수 있는 유사한 종류의 체계적 접근방식으로 좀 더 수월하게 이해될 수 있다. 구조적 실존분석(Structural Existential Analysis)을 온전히 수행하는 것은 그러한 소재를 다루는 데 있어서 훨씬 더 용이하게 만든다. 꿈에 대해서와 마찬가지로 삶에 대해서도 중요한 점은 주관적 입장 그리고 주인공의 의도와 관점에 대해 정확하게 추적할 수 있는 능력이다. 우리는 내담자에 의해 묘사된 것을 매우 주의 깊고 정확하게 관찰하고 현상학적 원리를 적용함으로써 이것을 수행한다. 그러면 우리는 그것을 구조적으로 매우 다양한 각도에서 관찰할 수 있다.

만일 내담자 스스로가 본인이 관찰자임을 상기한다면 상담자는 내담자의 어려움에 말려들지 않고 모든 것들을 전체적인 시야에서 바라보는 것이 더욱 수월해진다. 내담자의 삶이 꿈을 통해 보일 수 있으며 그 꿈속에서 내담자가 간파된다. 그러나 상담자는 그 꿈의 내면적 모순, 기능, 동기 및 목적을 파악하기 위해 그 꿈으로부터 자유롭게 남아 있을 수 있다.

꿈 작업의 목적은 경험이 실제이든 아니면 상상이든 간에 보고된 경험으로부터 내담자가 본질적 의미를 정제할 수 있도록 돕는 데 있다. 만일 경험이 꿈으로 제시되면 이러한 작업을 행하기가 더욱 쉬워진다. 이는 그 사건이 구체적인 틀 속 내부에 잘 담겨 있기 때문이다. 그러므로 내담자는 자신에 대한 객관성과 자신의 주관적 입장에서 통찰을 획득할 수 있는 능력을 잃지 않으면서 중요하게 보이는 다양한 요소들에 대해 쉽게 깨어 있을 수 있다.

이것을 행할 때, 꿈에 대한 의미를 부여하는 사람은 내담자 자신임을 명심하는 것이 중요하다. 그 어떤 경우에도 상담자나 심리치료사가 그 이미지들이 무엇을 나타내는지 해석하거나 제시해서는 안 된다. 어떤 꿈이나 상상은 집단에서 그림을 통해 작업할 수 있는 것으로 보이기 때문에 다양한 의미가 부여될 수 있다. 꿈이 주는 가능한 의미에 대한 새로운 아이디어가 제공되는 것이 내담자에게는 매우 유용하다. 그러나 때때로 더욱 중요한 것은 해석에 있어서 내담자 자신이 새로운 영역 안에서 가능한 확장된 용어의 틀로 생각해 보기 전에, 좀 더 충분히 자신의 개인적 시야를 탐색하도록 허용받는 것이다.

종종 똑같은 꿈이나 이미지는 내담자 자신의 의도에 대해 진보적인 이해 과정 속에서 내담자를 위한 새로운 의미로 부여될 수 있다. 내담자가 일련의 상담 회기 중 초기에 꿈을 가져와서 절차 없이 그것을 계속적으로 언급하는 것은 드문 일이다. 그러므로 꿈은 자기 경험의 한 단계로부터 그다음 단계로 이끄는 실과 같은 연결고리가 될 것이고, 앞으로 나아가는 매 단계마다 점점 더 그 중요성과 풍요로움을 많이 획득하게 만들 것이다.

의심의 여지없이, 시간이 지나감에 따라 모든 지나간 꿈속에서 새로운 중요성을 발견하는 일이 가능하고 그 결과 자신의 관점은 성숙하고 또 깊이를 더하게 된다. 이와 동일한 것으로 예술작품에서도 언급될 수 있는데, 이는 사람이 자신의 삶에서 각각 다른 시기에 다른 중요성을 얻을 수 있는 것과 같다. 서적은 이러한 재해석의 과정에 대한 매우 적합한 예라 할 수 있다. 많은 사람들은 똑같은 책을 10년 뒤에 다시 읽고 이전에는 명확하지 않았던 그 책의 다양한 관점들을 발견하게 되는 일에 꽤 익숙해 있다. 이것은 사람들이 특정 시기에 열려 있는 특정 이미지 속의 의미만을 지각할 수 있다는 말과도 같다. 그들이 한 가지 배타적인 관점에 사로잡혀 있는 것에 대해 결코 비난받아서는 안 된다. 하지만 그들은 단순히 자신들의 현재적 관점에 의해 둘러싸여 있어서 다른 측면들을 통합할 수 있는 능력이 결여된 것으로 보인다.

상담자는 아직 준비가 되어 있지 않은 내담자를 위해, 적절하게 연관성이 있는 꿈을 통해 그 의미들을 간파해 낼 수도 있다. 비록 임상가가 내담자에게 그러한 가능한 해석을 숙고해 보도록 격려하고 싶을지라도 그러한 압박을 행사하는 태도는 삼가야 한다. 항상 그렇듯이, 내담자는 동기가 무엇인지 그리고 자신의 현실을 어떻게 지각하기를 원하는지에 대해 궁극적 권위를 지닌 유일한 사람이다.

예를 들어, 만약 내담자가 나무를 심고 꽃을 키우는 꿈을 말한다면, 그는 이것을 예술적 혹은 지적 창조성의 용어 속에 중요한 것으로 간주하기를 원할 수도 있다. 또는 내담자는 그것을 단지 존재의 물리적 형태와 좀 더 밀접하게 연관시키기 위한 자신의 욕구표현으로 보기를 바랄 수도 있다. 상담자는 만일 자신이 자녀들을 두고 있거나 가까운 장래에 아이를 갖고 싶은 열망이 있다면 특별히 그 꿈이 출산에 대한 열망의 심오한 의미를 견지하는 것이라 생각할 수도 있다. 내담자가 자신의 꿈에 있어서 그러한 의미를 종국적으로 인식하는 과정에서, 상담자가 그 내담자에게 통찰을 부여하는 것은 매우 부적절한 일이 될 것이다. 어떤 내담자들은 자신에게 적합하지 않은 그러한 설명들을 과감하게 거부할 수 있지만, 어떤 다른 내담자들은 때때로 실제로는 그것들을 경험하지도 않으면서 스스로 외부적 개념들을 받아들여 그것에 일치시키는 경향이 있다.

비록 이 내담자가 자신이 지니고 있었던 출산에 대해 인식하지 못한 채 그 열망을 지니고 있다고 할지라도, 자신의 최고의 관심사는 그것을 위한 행동으로 옮길 준비가 되기도 전에 그 설명을 인정함으로써 제대로 다루어지지 못하게 된다. 내담자는 다른 방식으로 창의적이 되고자 하는 열망으로서 자신의 꿈에 대해 고정적인 것에서 벗어나는 해석을 하는 것이 훨씬 더 나을 수도 있다. 그리하여 그는 자신의 통찰에 따라 행동할 수 있으며 그것을 실행할 수 있는 건설적 방법을 찾을 수 있다.

그것은 여행을 위한 준비의 또 다른 형태와 마찬가지로 실존적 탐구와 함께한다.

당신이 일반적인 방향과 의도를 알고 있는 것은 중요하지만, 멀리 떨어진 지평선에 당신의 시야를 고정시키는 것은 별로 도움이 되지 않는다. 당신은 자신의 즉각적인 행동을 마비시킬 수도 있는 궁극적 목표에 직면함으로써 압도당하는 것보다 오히려 구체적이고 달성 가능한 목표를 필요로 한다. 그러므로 명심해야 할 점은 내담자 자신이 그 순간에서 얼마나 멀리 모험적 실행을 원하는지 되새겨야 하며, 그 어떤 경우에도 내담자 자신의 한계를 무시해서는 안 된다.

그와 동시에 상담자는 내담자가 가능한 한 철저히 자발적으로 꿈을 탐색하고 자신의 현재적 삶의 방식에 대한 지표로서 그것의 가능성을 충분히 활용하도록 격려해야 한다. 이것을 효과적으로 행하기 위해서는 어느 정도의 간단한 지침이 유용할 것이다.

적용되는 첫 번째 규칙은 어떤 해석도 하지 않고, 연속해서 여러 번 자신의 꿈을 신중하게 묘사하도록 요구하는 것이다. 상담자는 이 단계에서 단지 이야기 자체를 하도록 격려할 뿐 어떤 질문도 하지 않는다. 두 번째 이야기에서, 상담자는 더 세부적인 것을 이끌어 낼 수 있지만, 어떤 의미도 부과하거나 특별한 예상을 하지 않는다. 상담자는 자신이 할 수 있는 한 내담자가 충실하게 묘사하는 일을 고수하는지 확인할 뿐이다.

그런 다음에야 비로소 구조적 분석이 시작되고, 상담자와 내담자는 함께 각각의 차원에서 삶의 세계관에 대한 상태를 구체화한다. 이는 상담자가 각 단계에서 나타날 수 있는 것들에 대해 묘사적 관찰을 공식화하기 시작할 때다. 구체적 예를 들어보자.

물리적 차원에서

• 꿈꾸는 사람이 있는 물리적 세계는 무엇인가? 자연세계인가 아니면 문명세계인가?

• 그것은 알려진 것인지, 알려지지 않은 것인지, 현실인지 비현실인지?

- 관찰된 법칙이 무엇이며, 조우했던 물리적 실체는 무엇인가?
- 사물, 동물, 피조물은 무엇인가?
- 경험된 감각들은 무엇인가?
- 이 물리적 세계에서 꿈꾸는 사람은 편안한가? 안전한가?
- 꿈꾸는 사람이 움직임과 행동을 통제하는가? 그는 능동적인가 수동적인가? 꿈꾸는 사람 자신의 신체적 경험은 무엇인가?
- 다른 사람의 몸과 상호작용이 있는가?
- 물리적 존재에 대한 위협이나 위험은 무엇인가?
- 그것들을 어떻게 조우하는가?

사회적 차원에서

- 문화적 상황, 사회적 상황, 정치적 상황은 무엇인가?
- 꿈꾸는 사람은 혼자인가 아니면 사람들과 연결되어 있는가?
- 꿈꾸는 사람이 꿈에서 갖는 사회적 역할은 무엇인가?
- 꿈꾸는 사람이 다른 사람과의 관계에서 어떤 기능을 수행하는가?
- 얼마나 많은 다른 사람들이 꿈속에 있는가? 그들은 서로 가까운가, 친밀한가 또는 거리감이 있는가, 낯설어하는가?
- 그들은 친근한가 또는 위협적인가, 도움이 되는가 또는 위험한가?
- 그들은 남자인가, 여자인가, 노인인가, 청년인가, 꿈꾸는 사람과 비슷한가 또는 다른가?
- 그곳은 협조적인가, 고마움을 느끼는가, 공동체인가 또는 경쟁적인가, 호의적인가, 위협적인가?
- 사랑이 있는가 또는 사랑에 대한 열망이 있는가?
- 꿈꾸는 사람이 다른 사람과의 관계에서 적극적인가, 수동적인가, 능동적인가, 수동적인가?
- 다른 사람의 위협과 가능성은 무엇인가?
- 이것은 어떻게 조우하는가?

개인적 차원에서

- 꿈에서 의미하는 사적인 세계는 무엇인가?
- 그 또는 그녀에게 꿈꾸는 사람은 누구인가?
- 그 또는 그녀의 행동과 동기는 무엇인가?
- 꿈꾸는 사람은 강한가 또는 약한가? 자신감이 있는가 또는 주저하는가?
- 꿈꾸는 사람은 중요한가 또는 두드러져 보이는가? 익명인가 또는 단지 관찰자인가?
- 그는 육체 속에 있는가 혹은 육체에서 분리되어 있는가?
- 그 또는 그녀는 분명한 정체감을 가졌는가? 그리고 그 정체감에 대한 인식을 가졌는가?
- 꿈꾸는 사람은 자신이 원하는 것을 알고 있는가? 꿈꾸는 사람의 역할과 위치와 꿈을 통한 운명의 변화는 어떠한가?
- 어떤 성격적 특성이 꿈의 활동을 통해 묘사되고 있는가? 용기가 있는지 또는 겁쟁이인지, 영리한지 또는 어리석은지, 스스로 하는지 또는 다른 사람에게 의존적인지?
- 꿈속에서의 사람은 자신에 대해 어떤 유형의 사람인가? 친절한지, 무례한지, 이해하는지, 너그럽지 못한지, 지지적인지, 도전적인지?
- 그 또는 그녀의 의도, 욕구 그리고 목표는 무엇인가?
- 꿈꾸는 사람은 이것들을 인식하고 있는가?

영적 차원에서

- 꿈꾸는 사람은 그 또는 그녀가 살고 있는 세상이 어떤 유형이라고 믿고 있는가?
- 그의 세계관은 무엇인가? 꿈꾸는 사람은 이러한 상상의 세계에서 어떤 위치에 있는가?
- 표현된 가치, 가설, 신념 그리고 원칙은 무엇인가?
- 어떤 종류의 도덕률이 펼쳐져 있는가?
- 꿈꾸는 사람의 윤리는 무엇인가?

- 꿈을 의미 있게 만드는 것은 무엇인가?
- 표현된 소망과 욕구는 무엇인가?
- 종말에 실제적으로 중요한 것은 무엇이고, 그것을 성취하는 방식에 참여하는 것은 무엇인가?
- 꿈속에서 의미하는 목적은 무엇이고, 꿈이 함축하는 목적은 무엇인가?

만일 완전한 구조적 분석을 위한 시간이 없다면, 꿈을 이해하기 위해 다음의 요점들이 고려될 수 있다.

- 꿈꾸는 사람이 추구하는 것은 무엇인가?
- 꿈속의 세계에서 실존적 도전은 무엇이고 분위기는 어떤가?
- 직면하거나 숨겨진 한계적 상황은 무엇인가?
- 행동에 대한 장애물은 무엇인가?
- 꿈에서 긍정적 변화를 위한 가능성은 무엇이며, 그 이야기가 어떻게 전개되는가?
- 그 이야기의 무게 중심은 어디에 있는가?
- 꿈의 메시지는 무엇인가?
- 꿈에서 감각, 느낌, 사고, 직관은 어떠한가?
- 꿈꾸는 사람은 자신과 다른 사람을 어떻게 연관시키는가?
- 꿈꾸는 사람은 그 꿈을 향상시키기 위해 동일한 꿈을 어떻게 다시 꿀 수 있는가?

만약 실제로 꿈 작업을 할 시간이 많지 않다면, 꿈꾸는 사람에게 꿈의 복잡한 이야기를 단순화하고 한 문장으로 그것의 기본적 행동을 요약함으로써, 즉 꿈의 기본적 메시지를 재생하도록 요청함으로써 작업할 수 있다. 처음에는 내담자에게 꿈에서 자신의 역할에 대해 집중하도록 하고 그리고 꿈에서 수행되었던 것처럼 몇몇 단어로 자신의 주관적 개념을 표현하도록 요구한다. 때때로 이것은 그 자체로 내담자의 기본적인 실존적 태도에 대해 암시적인 용어로 그 꿈의 중요성에 대한 새로운 빛을 비추어 줄 것이다. 예컨대, 내담자가 능동적인지 수동적인지, 그녀가 상황을 주도하는지 상황에 압도되는지가 바로 확실해질 것이다. 그러나 더욱 중요하게, 내담자가 실제로 목표로 하고 있는 것에 대해 강조점을 두게 될 것이다. 우리는 바로 그 점에 대해 궁금한 것이다.

- 꿈꾸는 사람이 자신의 스타일에 대해 무엇을 배웠고, 세상에서 존재하는 방식은 무엇인가?
- 그는 자신의 태도와 행동에 대해 그리고 행동의 가능한 결과들에 대해 무엇을 배웠는가?
- 미래를 위해 어떤 교훈이 제시되고 있는가?
- 꿈에서 역설과 딜레마는 무엇인가?
- 꿈의 가르침을 도모하기 위해 매일의 삶에서 요구되는 변화는 무엇인가?
- 이 꿈으로부터 취할 수 있는 실존적 메시지는 무엇인가?

사 례

브렌다는 북아메리카 출신의 내담자로 늑대에게 쫓기면서 무릎까지 올라오는 눈 속을 헤치며 달리는 꿈을 꾸었다. 꿈에 대한 그녀의 첫 보고에서, 그녀의 목표에 대한 아무런 언급도 없었다. 그녀가 어디로 가고 있었는지 또는 첫 번째 장소에서 그녀가 이런 무서운 상황에 있었던 이유가 무엇인지 드러나지 않았다. 정확한 세부사항과 눈 속을 통과하는 여정의 근본적인 목적에 대한 질문에서 꿈의 내용은 주위를 분산시키는 예기치 않은 전환으로 인한 공포와 흥분으로 가득 찼을 뿐이었다.

브렌다가 꿈속에서 자신이 어디로 가고 있었는지에 대한 질문을 받았을 때, 그녀는 자기 자신을 노출시키는 위험한 불합리성에 대해 이해하면서 자신의 의식 이면을 줄곧 따라가고 있었다는 것을 깨달았다. 그녀는 절대적 확신을 가지고 자신이 담배 한 갑을 사기 위하여 식료품 가게로 달려가고 있었는데 흡연에 대한 어리석은 집착만 아니었더라면 안전했을 거라는 사실을 주지하고 있었다. 왜냐하면 그녀가 이러한 특별한 질문에 집중하는 순간 늑대들이 비로소 나타나기 시작했기 때문이었다.

마침 공교롭게도, 브렌다는 이 꿈을 꾸기 몇 년 전에 담배를 끊었다. 그리고 그녀가 질서정연하고 평온한 삶에 정착하는 동안, 어느 정도 자신의 삶에 있어서 담배 피우며 거칠게 살았던 시절을 항상 갈망했다. 이 꿈을 탐색함으로써 흡연에 대한 갈망은 그녀의 모험정신을 상징하였던 것이 명백해졌다. 자연세계의 불필요한 위험(이러한 경우, 꿈속에서의 눈과 늑대들)에 스스로를 노출시키는 것은 현재 그녀의 삶의 일부가 아니라 흡연을 통하여 도전으로 다시 나타났다. 심장병이나 폐암의 위험은 그녀로 하여금 담배를 끊도록 만들기는커녕 정말 포기하기 힘든 실제적으로는 비밀스러운 유혹이었다. 그녀는 흡연을 불놀이로서 경험했고 이는 매우 큰 즐거움이었다.

요즈음, 그녀의 삶에 있어서 남아 있는 불씨가 거의 없었고, 그로 인해 그녀의 꿈속에서 만나는 도전들은 겨울의 차갑고 사나운 동물들로 나타난다는 사실이 적합한 것처럼 보였다. 이 동물들은 아마도 불을 두려워했을 것이다. 여전히 꿈속의 의도는 담배와 불놀이 같은 다른 도전을 다시 획득하는 것이었다. 이러한 모든 다른 방식에서, 그녀는 자신의 생존에서 몇 가지 구체적인 위험에 스스로를 노출시킬 결심을 분명히 하고 있었다. 그녀의 원래 의도는 비록 자기 자신이 소멸될 수 있는 위험이 도사리고 있을지라도, 좀 더 생동감을 추구하는 사람이 되고자 하는 것처럼 보였다.

그녀는 꿈을 다음과 같이 요약했다. "불필요하지만 불에 대한 본질적 즐거움을 추구하는 데 있어서, 나는 용감하게 그 요소의 치명적인 도전에 가까이 뛰어든다. 마침내 문화가 나를 구조하러 오지만 그 과정에서 나를 기절시킨다." 이 마지막 조각은 꿈의 끝에서 언급되었고, 그 속에서 사람들로 가득 찬 제설기, 책 및 조각상들이 나타났으며 늑대들은 쫓겨 달아났다. 그것들이 그녀를 구하기 위하여 접근하던 찰나, 그것들이 그녀를 내리쳤고, 그녀는 무의식 상태로 버려졌으며, 그녀가 꿈에서 깨어나 보니 사고 후 자신이 병원에 있었다고 믿게 되었다.

브렌다에게 그 꿈은 현재의 실존적 상태에 대한 은유라는 사실이 명확해졌다. 그녀는 그것을 보다 잘 요약해서 그중에서 가장 필수적인 이미지와 행동들을 선별해 내었다. 그녀의 꿈은 브렌다의 삶에 있어서 도전적 요소에 대한 갈망의 표현이었음이 이제 매우 분명해졌기 때문에, 그녀가 그 도전을 어떻게 지각했는지 더욱 구체적으로 탐색할 필요가 있었다. 그녀의 궁극적인 염려는 자신의 목적지에 도달할 수 있을 만큼 충분히 강인하지 못하다는 것이거나 혹은 무의식적으로 좌절하여 자신을 탐구하는 모든 것에 실패하지 않을까 하는 것이었다. 이러한 기본적인 아이디어를 잘 다듬어 정교하게 만들고 그것이 브렌다의 일상적 경험에 어떻게 적용될 것인지 검토할 필요가 있었다. 이러한 확장은 4차원의 세계에 대해 단계별로 수행되었고 다음과 같은 양상들을 드러냈다.

물리적 세계의 차원에서, 브렌다의 불놀이는 이미 그녀의 기본적 열망으로 보였다. 이러한 의미에 있어서 흡연은 구체적으로 그녀 자신의 신체적 경험을 나타내었던 것이다. 연기를 흡입하는 것은 불을 들이마시는 것과 같으며 여분의 살아 있는 것을 느끼는 것과 같았다. 연기를 내뿜는 것은 자신의 입으로부터 나오는 그녀 자신의 신체적 힘을 보는 것과 같은 것이었다. 담배와 불을 매일 매 순간 지니고 다니는 것은 그녀에게 자연세계의 물질과 일체감을 주었다. 그것은 마치 어떤 마술적 의식의 비밀스러운 힘을 소유하는 것과 같았다. 담배를 피울 때, 그녀는 물리적 세계를 지배하였고, 자기 운명의 주인이었다. 흡연이 신체적 위험에 그녀를 연루시킨다는 지식은 단지 그 모든 것에 흥미로운 전율을 더할 뿐이었다. 그것이 잠재적으로 치명적이라는 사실은 그것의 힘과 중요성을 증명해 주었고, 담배를 피울 때, 자신의 운명에 책임을 지고 있다는 느낌을 증대시켜 주었다.

브렌다의 꿈속에서 실제로는 그녀가 이제 더 이상 불놀이에 대한 만족을 얻지 못하는 것과 같은 방식으로, 담배 가게까지 가는 것에 성공하지 못했다. 이러한 꿈에 대한 생각을 통하여, 브렌다에게 계시처럼 떠오른 것은 금연이 개인적 성취가 아닌 개인적 실패로서 경험했다는 점이다. 흡연은 삶과 죽음의 실제적 놀이인 그녀의 실존에서 물리적 측면에 대한 지배를 상징화하였다. 이렇기 때문에 그녀는 다른 그 어떤 것으로도 그것을 대체할 수 없었다. 그녀가 담배를 끊은 주된 이유는 직업적인 이유였지만, 이것이 용기 있는 행동이라기보다는 비겁한 행동을 보여 주는 것으로 여겨져서 깊은 좌절을 느꼈다.

이 일들에 있어서 문화적 측면은 꿈속에서 제설기로 나타났고, 그것은 꿈속에서 많은 다른 사람들, 서적들과 예술작품을 가지고 왔다. 이것은 사회적 차원에 대한 그녀의 관계적 표현이었다. 브렌다는 타인들을 자신에게 다가와서 자신을 위협하는 냉혹하고 멈출 줄 모르는 기계로 경험하였다. 비록 아름다움(조각상과 그림들)을 갖추고 있고 책의 형태로 된 지식을 갖추고 있기는 하지만, 결국에 문화란 단지 그러한 비인간적 방식으로 그녀를 구원하러 올 뿐이었다. 그것은 늑대들을 겁주었을 뿐만 아니라 결국에는 또한 그 과정에서 그녀까지도 으스러뜨리게 되었다.

이 단계에서 꿈이 표출하는 것은 그녀 자신의 세계를 통제하고자 하는 열망을 포기했었던 사실에 대한 브렌다의 인식이었다. 문화가 주는 구원과 안전을 위해, 그녀는 생각의 독립성을 포기하였고 스스로 무의식적으로 절망하였다.

이러한 사고의 독립성은 개인적 세계의 차원에 대한 최초의 직접적 언급이었다. 꿈은 이 영역에 대해 많은 여지를 남기지 않았다. 브렌다가 늑대와 맞닥뜨리고 도달하는 제설차에 대해 긴박감을 갖는 동안 공포를 인식하였음을 보고하였다. 이러한 어떤 감정도 그녀 자신과의 관계에 명확한 감정을 가질 기회를 남겨두지 않았다. 왜냐하면 그것들은 직접적으로 물리적 세계의 관심과 연관된 감정들이었기 때문이다. 개인적 세계가 출현하기 시작한 유일한 순간은 꿈이 끝났을 때였다. 그녀가 깨달은 그 순간 그녀는 자기 속으로 물러섰으며 병원에서 깨어날 것으로 예상하였다. 흥미롭게도, 이것은 또한 꿈의 종결을 의미하였다.

브렌다는 자신의 실제적 삶에 있어서도 마찬가지라는 사실을 깨달았다. 그녀는 자신이 아프지 않는 한, 자신만을 위한 시간, 즉 개인적 삶을 위한 여유가 없었다. 사실, 그녀는 최근 며칠간을 병원에서 보냈으며, 스스로에 대해 자신을 개방함으로써 이것을 경험하게 되었다. 그녀는 좀 더 견고한 사적 세계를 정립하는 것이 현재 삶의 공허감을 치유할 수도 있다는 사실에 대해 생각해 보기 시작했다. 그녀는 오직 개인적 세계를 위해 가능한 한 더 많은 공간과 시간을 확보하는 것을 통해 흡연에 대한 자신의 열망과 관련된 수수께끼를 해결할 수 있으리라는 사실이 명백해졌다. 그 순간, 이러한 자연세계가 내포하는 것들이 충분히 선명해진 것 같았다. 그러나 그녀는 불놀이, 즉 담배 한 갑을 사기 위하여 가게에 도착하는 일이 비록 그녀를 중대한 위험 속에 노출시키는 것이지만, 또한 더 심오한 방식으로 중요한 의미를 지니고 있음을 충분히 잘 인식하고 있었다. 그녀는 자신의 열망에 대한 의미를 이해할 수 있기 전에, 그리고 영적 의미 속에서 정말로 중요한 것과 관련하여 자신의 동기에 대해 온전히 파악하기 전에, 자신의 내면세계에 좀 더 익숙해질 필요가 있었다. 그녀는 정말로 자신의 삶에 새로운 불꽃을 찾고 있었다.

그 순간, 그녀는 단지 물질적 세계의 강박관념에 전적으로 휘둘리고 그와 동시에 사회적 세계의 간섭에 영향받기보다는 개인적 차원의 방향으로 자신의 지평선을 확대해 가는 것이 현명하다는 결론에 도달했다. 그녀는 이러한 통찰력에 반응하였고 혼자 있을 수 있는 시간을 확보하기 시작하였다. 그 이전의 그녀의 삶은 일과 사회적 활동에 의해 지배되고 있었다.

처음에 브렌다는 어떤 면에 있어서 한가할 때 오히려 평온을 누리기가 힘들다는 사실을 알았다. 다시 담배를 피우고 싶은 유혹이 이 시기 동안 특히 강렬했다. 그녀는 처음에는 굴복하였지만, 그와 동시에 좀 더 건설적인 방식으로 그녀의 삶에 불을 붙일 수 있는 새로운 방식을 탐색하기 시작했다. 이는 특히 자기 존재의 황량함과 관련되어 있었다. 그녀는 실제로 혼자 차가운 눈을 헤치며 걷고 있는 것처럼 느꼈다. 그녀는 또한 왜 다른 사람들이 그렇게 항상 위협적으로 보이는지(늑대들처럼) 또는 그렇게 상처받기 쉬운지(그녀에게 충돌함), 그리고 왜 그녀가 자신의 사적인 세계에 타인을 포함시킬 수 없는 것처럼 보이는지 의아해했다.

꿈은 그녀에게 지속적으로 언급하고 있었고, 일상생활의 많은 사건들은 계속해서 꿈의 양상을 보여 주었다. 결국 그녀는 자신이 주위의 사람들과 새로운 형태의 접촉을 원한다는 결론에 이르렀다. 단순히 직업적이고 비인간적인 사회적 관계를 갖는 것이 아니라, 그녀는 또 다른 존재에 대한 확신의 온기를 원했던 것이다. 그녀는 좀 더 많은 물리적 반응을 확보하지 않으면서도 자신의 주위에 있는 여러 명의 사람들로부터 이것을 획득하고자 노력한 후에, 새로운 접근방식을 선택하였다.

그녀는 또 다른 꿈을 통하여 이러한 새로운 접근에 대한 아이디어를 얻었다. 그 꿈은 원래의 꿈과 꽤 유사했지만 그러한 눈 속을 통하여 다른 외로운 여행자들의 출현이 있었다. 이러한 꿈은 그녀가 늑대와 함께 울부짖거나 사물들을 부숴버리는 제설기를 타는 것 대신에 늑대로부터 도망치는 다른 외롭고 고립된 사람들 몇 명 정도는 찾아야 한다는 개념을 그녀에게 제시해 주었다.

이러한 두 번째 꿈에서, 그녀는 갑자기 자신이 제설기를 타고 있는 사실을 발견하였다. 그것은 이제 썰매가 되어 늑대를 흩어지게 하였지만 눈 속을 달리는 사람들을 죽였고, 그녀가 깨어났을 땐 이것으로 인해 강렬한 죄책감을 느꼈다. 그 죄책감은 자신이 눈 속을 달려가는 사람으로서, 근원적인 곤경으로부터 탈출하고자 애를 쓰며, 대중과 결합함으로써 안전하지만 다소 냉혹하다는 깨달음이었다. 그녀의 죄책감은 그 순간 자신이 할 수 있는 것으로 여겨졌던 다른 어떤 것보다 더 비열해지고자 하는 자신의 열망을 스스로 상기시켜 주었다.

그녀는 자신이 솔선해서 다른 사람을 돌보는 방식으로 타인들과 함께해야 된다고 결론을 내렸다. 그리고 예상치 않은 우연한 기회에 그녀는 '선한 사마리아회'에 자원봉사 돌보미로 가입하게 되었다. 당연히 이러한 세상에서 삶의 방식에 대한 새로운 시도는 온전히 그녀에게 지대한 영향을 미쳤다. 비록 그녀는 사회적 고립에서 벗어나고 남들이 그녀에게 더 가까이 다가올 수 있도록 하기 위해 이러한 일을 시작했지만, 곧 이 도전은 그 이상으로 발전해갔다.

브렌다는 이 일이 자신의 개인적인 인생에 또 다른 영역을 더하는 것일 뿐만 아니라 사람들과의 관계에서 다른 측면을 덧붙인다는 것을 발견했다. 하지만 그것보다 그녀는 몇 년 만에 처음으로 자신의 인생에 실제적인 삶의 가치가 있는 듯한 어떤 것을 느끼게 되었다. 이로 인해 그녀가 도외시하였던 영적 차원이 비로소 통합되었고 삶이 풍성하게 되었다. 그녀는 이 일로 인해 자신의 삶뿐만 아니라 남들의 삶까지도 풍요롭게 만들어 주는 인생을 상상할 수 있게 되었다. 이것은 그녀에게 활력소와 열정을 불어넣어 주었고, 그녀가 과거 흡연에서 발견했던 따뜻함과 존재감을 제공하는 내면의 모닥불과 같았다.

이러한 언급이 있은 후 얼마 지나지 않아 브렌다는 눈(snow)에 관련된 세 번째 꿈을 꾸었다. 이번에 그녀는 자신이 두껍게 쌓인 눈 속을 걸어가서 조그만 텐트에서 캠핑을 하고 있는 사람들에게 다가가는 자신을 보았다. 그녀는 그들의 취약성을 걱정하면서 그들을 돕기 위해 가고 있다고 소리치고 싶었지만, 그녀가 소리쳤을 때 그녀의 목소리는 늑대의 소리처럼 되었다. 그녀가 뒤돌아보았을 때, 그녀 뒤에 늑대 무리가 위협적으로 다가오는 것을 발견하고, 그녀는 텐트를 향해 뛰어 돌진하였고 탈진하듯 텐트 근처의 모닥불 주변에 쓰러졌다. 그녀가 그들에게 늑대 무리가 다가오고 있음을 전하려고 했을 때, 그녀는 자신의 목소리가 어땠는지 기억하고 그들이 그녀를 거부하거나 죽일까 봐 두려워하면서 침묵했다. 그녀는 이로 인해 절망적으로 울기 시작했고, 놀랍게도 그녀의 눈물은 작은 불꽃처럼 땅에 떨어지며 눈을 녹이고 작은 불을 지피기 시작하는 것을 보게 되었다. 그녀는 생각하기를 이제 자신이 스스로 따뜻함을 유지하는 방법과 늑대들로부터 자유롭게 되는 법을 알게 될 것이라고 생각했다. 그녀는 자신감과 기쁨에 도취되어 꿈에서 깨어났다.

  평상시처럼, 첫 단계는 그녀가 이 세상에 존재하는 방식과 본래적 의도와 궁극적 관심의 용어를 통해 본질적인 의미를 이해하기 위해서 꿈을 한 문장으로 요약하는 것이었다. 브렌다는 이것을 다음과 같이 정리하였다. '나는 어려운 환경에 빠져 있는 어떤 가난한 사람을 구하려고 하였다. 그것은 나 자신에게 평안함을 줄 것으로 여겨졌다. 그러나 나는 그들이 오히려 나를 구하는 상황이 된 것을 발견했다.' 그 꿈을 세부적으로 엄밀하게 조사하는 과정을 통해, 그녀의 경험은 다른 차원들로 확대되었다. 브렌다는 특별히 자연세계의 극심한 환경을 극복하는 자신의 능력에 대해 어느 정도로 확신 있게 느끼는지에 대해 주목했다. 눈은 다른 두 꿈에서처럼 그녀를 조금도 두렵게 하지 않았다. 그녀는 자신이 단지 육체적인 불편함을 대면하는 과정에서 추위와 눈 속을 완전히 편안하게 나아간다는 것을 느꼈다. 이것은 그녀의 모든 삶에 대한 태도와 일치했다. 그녀는 최소한의 물질로 편안함을 느끼는 경향이 있었다. 사실, 그녀는 종종 자신의 건강을 고려하지 않고 무시해 왔다. 과도한 흡연을 하거나 신체적인 질병을 무시함으로써 결국은 병원에 입원하게 되었다.

  브렌다는 이제 고통에 견디는 능력과 불편함에 용기 있게 맞서는 것이 그녀의 중요한 자산이라는 것을 깨달았다. 그녀는 이러한 태도에서 오히려 용감하다고 느꼈으며 그것에서 대단한 자신감을 가졌다. 그녀가 선한 사마리아회에 끌렸던 이유 중 하나는 모임의 명칭 때문이라는 것을 깨달았다. 그것은 그녀에게 성경 이야기를 상기시켰다. 그녀는 선한 사마리아인처럼 되는 것을 좋아했는데, 이는 그녀의 신체적인 안락함을 어느 정도 포기하면서 그녀 자신보다 더 연약한 누군가의 복지를 위해 헌신하는 것이었다. 이러한 요소들을 두려워하지 않는 것은 마치 흡연이 그녀의 느낌을 강렬하게 했던 것처럼 그녀의 느낌을 흡족하게 만들었다.

그러나 꿈에서 보인 것처럼, 이러한 기본적인 내용의 자신감은 한 떼의 이리의 접근으로 위태롭게 되었다. 브렌다는 항상 그 늑대들이 다른 사람들이라고 확신했다. 첫 번째 꿈에서 이러한 그녀의 세계적 관계들에 대한 공적인 측면은 늑대들과 제설차 형태의 위협들처럼 대부분 부정적인 방향으로 나타났다, 두 번째 꿈에서, 인간들이라는 동료의 요소들이 추가되었는데 그들은 뭔가를 필요로 하고 그녀처럼 두려워하는 것으로 보였다. 세 번째 꿈에서 이러한 동료 인간들이 처음에는 그녀의 도움이 필요한 사람으로 인식되었지만, 브렌다 자신이 공포스러운 존재가 되는 것처럼 변화를 드러냈다(그녀의 목소리가 늑대의 소리처럼 되었을 때). 그래서 거기에는 공적인 세계의 영역에서 중요한 변화가 있었다. 그것은 어떤 사람들은 그녀 자신보다 훨씬 더 나쁜 상태라는 것이 이제 분명해졌을 뿐만 아니라, 그들은 그녀가 자신보다 더 강한 다른 사람들을 두려워했던 것처럼 그녀를 두려워할 수도 있다는 것이었다.

그녀의 두 번째 발견은 그녀가 처음에는 이러한 사람들이 자신의 도움을 필요로 할 것이라고 생각했으나 그들은 오히려 그녀를 구해 주는 사람으로 드러난 것이었다. 물론 그들이 우월한 위치라는 이유는 그녀와는 다르게 그들은 불에 근접해 있었다는 것이다. 브렌다가 불의 존재를 알아채자마자, 그녀는 저항할 수 없이 그것에 매료되었고, 탐욕스러운 늑대들로부터 안전을 지키는 자신의 능력에 실망하면서 거의 그것을 향해 점프해서 뛰어드는 것으로 끝이 났다. 그 순간 그녀는 마치 모든 것을 상실한 것처럼 느꼈다. 그녀는 다른 사람들이 너무 무서워서 스스로 자신을 지킬 수가 없었다. 그녀는 자신이 도와주고 싶은 다른 사람을 도울 수가 없었다. 왜냐하면 그들이 그녀에게는 너무 무서웠기 때문이다. 그녀는 그들이 자신에게는 결핍되었던 그토록 간절히 갈망하던 불을 소유하고 있다는 사실을 발견했다. 그러나 그녀는 아직 그들의 그룹에 속하지 못했다.

자신의 꿈 안에서 이 모든 것을 깨달은 순간, 그녀는 일상적으로 금욕적이었던 행동을 포기하고 울음을 터트렸다. 그녀가 쏟아냈던 바로 그 눈물이 소외와 눈을 녹이는 과정이 시작되었다는 사실을 그때서야 깨닫게 되었다. 그녀는 불의 비밀을 밝혀 냈다. 또한 그녀는 자신 안에 있는 불의 근원을 발견했다. 이 발견은 그녀로 하여금 텐트에서 야영하는 그룹의 일부라는 느낌을 갖게 만들었다. 그녀는 지금 임시 처소를 발견했다. 그녀는 자신의 연약함과 눈물을 드러냄으로써, 자신의 내면적 불을 발견했고 이제는 이것을 다른 사람들과 함께할 수 있게 되었다.

분명히 처음에 이 꿈은 사회적 차원에서 어떤 희망과 편안함을 표현했다. 그 늑대들은 더 이상 실제적인 위협이 될 수 없었다. 그녀는 그 그룹의 일부였고 그녀는 가족을 가지게 되었다(비록 일시적일지라도). 그리고 가장 중요한 것은 그녀는 불의 비밀을 가졌고, 그것은 야생 동물의 어떤 공격도 피할 수 있게 했다.

또한 그녀의 개인적 세계라는 측면에서 이 꿈은 뚜렷한 진전을 보여 주었다. 우선 거기에는 개인적 정서와 생각과 관련된 것들이 훨씬 더 많이 드러났다. 이 꿈에는 그녀가 전에 꾸었던 꿈들에는 존재하지 않았던 주관적인 경험이 강하게 드러나 있었다. 물론 이 강렬함의 핵심은 눈물로 인해 실제적인 정서적 분출의 경험이었으며, 이는 불의 형태 속에서 개인적 가능성을 발견하는 것으로 이끌었다. 그것을 담배나 다른 사람들로부터 빌려오기보다는, 그녀 자신의 내면으로부터 불에 대한 접근을 발견한 것은 그녀가 깨어났을 때 매우 기쁘게 만들었다. 그녀는 이제 자신의 자연적 환경에 영향을 끼쳐서 얼음 같은 가혹한 상태를 녹이고, 추위로부터 안전할 수 있었다. 또한 그녀는 이전에 자신을 잡아먹을 것만 같았던 사람들에 대한 두려움을 쫓아낼 수 있었다. 다른 말로 하면, 사적인 영역의 힘이 또한 그녀의 신체적 영역과 사회적 영역에서 자율성을 증가시켰다.

브렌다는 이러한 생각들을 부여잡을 수 있었으며 현실에서 실천할 수 있었다.

비록 그 꿈은 새로운 희망에 대한 작은 표출이었지만, 그녀는 그것들을 신뢰하고 그것을 기초로 하여 실행함으로써 그러한 이미지들을 실제로 만들었다. 그래서 그녀는 더 이상 선한 사마리아 사업이라는 일종의 의무적 생각을 중단하고, 대신에 그녀 자신의 발전과 확장을 위해 다른 사람에게 향하는 여행으로서 그것을 인식하기 시작했다. 그녀가 전에 자신이 오만했던 것을 인정함으로써 직장 동료들 가운데 몇 명을 친구로 삼았을 뿐만 아니라 동료들이 그녀를 겸손하고 친절한 사람으로 인식할 수 있게 해 주었다. 이러한 경험은 브렌다에게 난생 처음의 경험이었고 그녀가 꿈을 종결할 때의 기쁨과 동일했다.

비록 세 번째 꿈은 첫 두 번의 꿈보다 훨씬 구체적으로 검토되었지만, 아직도 영적 차원에 대해서는 거의 언급이 되지 않았다. 브렌다는 이 영역에서는 결코 편안하지 않았다. 그녀의 꿈에서 이상적 의미를 발견하려는 이전의 시도는 그녀가 무엇보다도 필요한 다른 사람을 돕고 싶었던 것이다. 그러나 그것은 그녀 자신의 욕구와 연약함에 대한 인식이 부족한 것에 기초하였다는 사실이 명백하게 밝혀졌다는 신념을 이끌었다. 이것은 그녀가 자신의 삶에서 직접적인 목적을 발견할 준비가 되기 이전에 수행해야 할 다른 과제들을 가지고 있다는 것을 보여 주었다. 정말로 그 시간들은 그녀의 개인적 세계를 정리하고 그녀의 신체적인 그리고 사회적인 관계를 더욱 견고하게 확립하는 것에 대한 도전을 위해서 충분했다. 그러한 순간을 위한 그녀의 이상은 단지 그 불이 내면에서 지속적으로 피어오를 수 있도록 유지하고, 그녀 자신을 따뜻하고 안전하게 유지하며, 특히 우정을 발전시킴으로써 그녀는 이제 삶에 집중하게 되었다.

그녀의 주된 동기적 힘은 다른 사람들의 동정을 받는 느낌이 아닌 관계세계의 사회적 측면에서 지금은 일종의 잠재력을 얻을 수 있는 가능성이었다. 두 번째로 그것은 이전에는 단지 대처만 할 수 있었던 상황에서 편안함을 발견하고 주도성을 취함으로써 그녀의 외부적인 상황에 영향을 줄 수 있는 능력에 대한 발견이었다. 점차적으로, 전면에 나타나게 되는 것은 그녀의 새롭게 발견된 동기였는데, 이는 생각과 느낌 속에서 그리고 가까운 사람들과 친밀감을 증가시키는 것을 통해서 그녀의 개인적 세계에서 내면적 현실감과 풍요로움을 발견하는 것이었다.

이러한 가치관과 열망에 일치시키는 것은 그녀가 사회적 영역에서 적응을 하지 못하고 다시 배제되고 고립되어서 다른 사람들에 대한 사회적 상품으로 전락되는 그녀의 궁극적 염려로 인한 것이었다. 두 번째 그녀의 염려는 지속적으로 편안함이 커져서 혹시 자신이 아프거나 나약해지지 않을까 하는 것이었다. 이전에 그녀가 병들었을 때 건강해지려는 노력보다는 그것을 참는 힘에 의지하여 도피하였었다. 그녀가 이렇게 물리적 세계 속에서 감정적 스펙트럼의 나락에 버티고 있었던 방식에 주목하는 것은 흥미롭다.

동일한 일이 그녀의 개인적 세계에서도 일어났다. 그녀가 자신의 내면적 세계에 대해 알지 못한 채 자신을 보호하고 있었을 경우, 그녀는 어떤 것을 잃게 된다는 두려움이 없었다. 그녀가 자신의 내면세계에서 더 깊은 본질에 대한 열망을 발전시키는 것과 다른 사람들과의 친밀감을 증가시키는 것을 시작하는 순간, 그녀는 또한 자신의 취약함과 혼란스러움을 인식하게 되었다. 물론 이에 대한 것을 인식하고 자신과 가까운 다른 사람들 모두에게 표현할 수 있게 된 것은 그녀가 더더욱 자신과 다른 사람들과의 친밀함을 발전시켜나가는 힘이 되었다.

많은 경우에 그렇듯이, 브렌다는 지금 자신을 촉진시키는 동기에 대한 증가된 힘을 스스로 지속시키는 것으로부터 유익함을 얻기 시작하기 전에 앞을 향해 내딛고 그 안에서 익숙해져야만 했다.

그 꿈들은 그녀가 길을 찾는 것에 대해 더욱 쉽게 만들어 주는 이미지들을 제공해 주는 기능을 하였다. 그녀의 상황과 지위에 대한 일련의 단순한 이미지들을 통해서 그녀는 나아가야 할 최상의 경로를 결정할 수 있었다.

이러한 이미지들을 발전시키고 꿈이 그녀를 인도하고 영감을 주는 가이드맵이 될 수 있도록 허락함으로써, 그녀는 긍정적인 방향으로의 전진과 분명한 희망을 스스로에게 주입시켰다. 이는 그녀가 실제적 상황을 숙고해 봄으로써 어떤 일을 처리하고자 노력할 때 교묘하게 피해가려는 것들이었다. 꿈은 단지 사실적인 상황을 표현해 주는 것 이상으로 삶에 대해 그녀가 독특하게 접근하는 실례를 보여 주었다. 그래서 그녀는 자신에게 있는 경험의 혼란스러움을 처리할 수 있었다. 꿈에서 표현된 것처럼, 세상에 대한 그녀의 태도가 암시하는 것을 면밀하게 관찰하는 것은 그녀에게 근시안적 영역을 인식하고 개선을 위한 분명한 공간을 주목하도록 만들었다.

꿈이 제시하는 요점의 긍정적인 가능성에 초점을 맞추는 것은 그녀가 사물을 다른 시각에서 그리고 종합적으로 인식하고 더 건설적인 측면에서 볼 수 있도록 해 주었다. 그래서 브렌다는 그 꿈을 자기실현적 예언으로 바꿀 수 있는 창조적 이미

　지의 저자가 되었다. 이를 통해 그녀는 자연적이고 논리적으로 더욱 전진할 수 있

　었다.

　이러한 방식으로 꿈에 대해 작업하는 것은 세상에 대한 이미지와 환상이 사람들을 붙잡고 있다는 점을 깨닫게 한다. 그래서 사람들이 도움이 될 수 있는 것들을 좀 더 보완하며 이러한 것들을 제거하는 준비가 되도록 한다.

　사람들의 꿈과 상상력의 창의적인 사용이 없으면 세상은 외부의 세계에서 흡수된 낡고 오래된 이미지의 중심이 된다. 그러므로 열정과 희망을 가지고 살아갈 수 있게 해 주는 이미지를 되살리는 것은 좀 더 활력 있도록 만드는 중요한 전진이다. 꿈을 실제적인 청사진으로 설계하는 것은 삶을 충만하게 만드는 시작이 된다. 사람들의 내면적 힘이 중심으로부터 흘러나와서 세워지고 주변의 세상과 다른 사람들에게 뻗어나가는 것은 훨씬 더 의미 있는 일이 될 것이다.

❋ 상상력 활용하기

　꿈이 세상에서 개인적 방향성에 대한 표출인 것처럼 상상도 이러한 방향성에 대한 기원이며 또한 그것을 변화시키는 수단이다. 상상은 의미 창조를 위한 능력의 근원이다. 그것은 세상을 특정한 개인적 현실로 고양시키는 상상력의 힘이다. 상상은 외부 세상에서 지각되는 것이 내면적으로 변환되고 개인이 창조하는 현실적 이미지의 용어 속에서 의미를 갖게 된다.

　많은 이미지들은 문화적으로나 사회적으로 공유되고, 그리하여 사람들 사이에 소통되고 이해될 수 있는 일종의 객관적 실제에 다다르게 된다. 하지만 하나의 문화 속에서도 현실에 있어서의 공유된 이미지에 대해 매우 다른 해석이 존재한다. 죽음, 성격, 성, 성공과 같은 개념들은 각기 다른 사람들의 집단에 의해 매우 다른 방식으로 규명될 수 있다. 모든 개념과 각각의 삶의 측면들에 대한 함축된 의미는

각각의 사람의 관점을 결정한다. 더 나아가서 이러한 관점은 그 사람이 선택할 수 있는 범위를 결정한다.

몇십 년 안에 세상이 핵전쟁에 의해 멸망할 것이라고 상상하는 사람은 무엇을 하든 별로 열정과 희망이나 에너지를 가지고 과업을 수행하지 않을 것이다. 자신이 저능아라고 생각하는 사람들은 공적인 연설이나 수학 공부를 하지 않을 것이다. 자신이 불공평한 취급을 받는다고 믿는 사람은 기대하지 않았던 자신만의 확신을 발견할 수도 있을 것이다. 자신이 고귀한 혈통을 타고났다고 생각하는 사람은 자신의 주변으로부터 존경과 저항의 분위기를 창출하는 당당한 태도를 취할 수도 있다.

상상은 그저 인지적 특성만이 아니다. 우리가 상상하는 세상은 단순하게 건설되지 않는다. 그것들은 우리의 감각과 감정의 복합체이며, 우리 안에 그리고 주변에 이러한 분위기와 기분을 창출한다. 우리의 상상력은 우리 자신의 마음, 사람들과 사물들 그리고 거기로부터 우리가 관련되어 있는 사고와 모두의 세계에 영향을 끼친다. 모두가 매주 날마다 자신들의 세상을 상상하지만 우리 중 많은 사람들의 상상력은 매우 풍부하지는 않다. 자신들이 지속적으로 반복하여 동일한 이미지를 떠올리며 그것을 드러난 표상보다 더 진실한 것으로 여기도록 인식하는 사람은 거의 없다. 문화는 이미지들과 표상이 공통적으로 합의된 반복적 형태에 기초하기 때문에, 다른 현실 속에서 우리 자신이 침몰될 수 있는 가능성을 알아차리지 못하면서 우리의 삶을 살아갈 수 있도록 해 준다. 많은 사람들은 자신의 상상력에 대한 창조적 가능성을 거의 느끼지 못한다. 현실을 사실과 실제 위에 기초한 것으로서 생각하는 것은 그들에게 평안을 준다. 그들이 현실을 건설한다는 개념은 매우 생소하다. 이는 그들을 위해 이러한 것과 연관된 어떤 것을 건설하려는 의지적 행동이 없기 때문이다. 하지만 그들은 분위기나 기분에 자신을 몰입시키는 생각과 관련된 것을 더 쉽게 발견한다. 그들은 일련의 음악이나 특정한 사람이나, 어떤 상황의 단체 또는 취향이나 영화, 자신들을 좋고 나쁨, 슬프고 기분 좋은 감정 속으로 밀어 넣는 서적들을 바라보는 것에 익숙해 있다.

사람들이 상담이나 심리치료를 받으러 올 때, 그들은 세상을 경험하는 다른 방식에 뛰어들게 된다. 이는 종종 사람들이 세상을 보는 방식으로부터 어떠한 계기를 통해 다르게 보는 일이 발생하기 때문이다. 이것은 그들로 하여금 현실에 대한 환상적이며 허구적인 특성을 깨닫게 만든다. 그들은 자신들이 미친 것인지 아니면 세상이 원래 그런 곳이고, 애당초 자신들이 상상했던 것만큼 결코 명확한 곳이 아닌지 알기를 원한다. 사람들은 자신들이 환상을 상실한 것 또는 꿈으로부터 깨어나게 만든 것에 대해 불평할 수도 있다. 그들이 이러한 현실에 있어서 상대적인 감각을 경험하게 될 때, 그들은 종종 현실을 창조하는 자신들의 능력에 대한 발견으로부터 단지 뒷걸음쳐서 멀어지게 된다. 실존주의적 접근은 이러한 것을 촉진시키고 격려함으로써 개인이 자신의 세상에 대한 책임을 더욱 짊어질 수 있도록 하며 능동적으로 그것의 생산적인 특성에 공헌하는 방법을 배우도록 한다.

사 례

조지는 그의 아내 넬리의 갑작스러운 죽음 이후 세상을 이해하기 위한 투쟁에 있어서 도움을 필요로 했다. 그들은 23년간 결혼생활을 유지했고 그들이 함께한 삶은 매우 평탄했으며 조지는 다른 삶을 생각할 수 없을 정도로 온전히 순조로웠다. 그는 절대적으로 넬리만으로 충분했으며 다른 누군가를 바랄 필요가 전혀 없을 만큼 자신의 삶의 방식을 좋아했다. 그 둘 사이에 엄청난 열정이 있었던 건 아니었다. 그들은 어릴 적부터 친구였다. 그들은 인생을 바라보는 관점이 비슷했으며 집안일 또한 문제없이 명확하게 잘 분배하였다. 그들은 상대방이 무엇을 원하는지 잘 알고 있었기에 그들 사이에 별다른 문제 또한 존재하지 않았다. 조지는 지루하지만 안정적인 직업을 가지고 있었고 넬리는 집안일을 도맡아 하였다. 그들은 아이가 없었다.

넬리가 교통사고를 당하고 이틀 만에 세상을 떠나자 조지의 삶은 완전히 멈춰버렸다. 그는 이러한 사건들을 믿을 수 없었고 그는 이전처럼 살 수가 없었다. 그는 그저 집 안에 앉아서 하루 종일 멍하게 있었다. 그는 신체적으로나 심리적으로나 적응을 하지 못하고 있었다. 그는 조금도 먹고 싶은 마음조차 없었으며 넬리가 돌봐 왔던 집안일과 자신을 돌보는 것 모두를 온전히 이웃에게 의지했다. 처음에 그의 이웃들은 조지의 슬픔을 알았기 때문에 기꺼이 기쁘게 그를 도와주었지만 시간이 지나도 그의 태도가 변하지 않자 그들은 염려와 함께 점점 지쳐가기 시작했다.

넬리가 사망한 지 5개월이 지난 후 이웃들은 보험회사에서 파견된 의사에게 조지에 대한 걱정을 이야기한 후, 조지를 외래병동에 위탁하기로 결정했다. 비록 조지는 넬리의 죽음에 대해 이야기를 하는 것이 자신에게 도움이 되지 않을 것이라고 생각했지만, 여러 명의 의료진들이 조지를 치료했으며 심리상담도 이 치료 중의 일부였다. 조지는 삶의 덧없음에 대해 불평했으며 죽고 싶다는 말을 하였다. 그는 실제 그의 나이보다 열다섯 살은 많아 보였고 노인처럼 행동했다. 곧 조지가 귀찮다는 이유로 상담소에 가는 것을 거절했을 때, 의료진들은 그를 요양소로 보내기 전에 우선 그의 집으로 방문해서 상담을 해 주기로 결정했다.

상담자는 몇 달을 거쳐서 조지와 친밀하고도 지지적인 관계를 확립하였으며 이러한 시간을 통해 조지는 대화할 준비가 되었다. 그는 이미 노년 생활을 상실했기 때문에 넬리를 갈망하고 있는 것은 아니라는 사실이 명확해졌다. 넬리의 급작스러운 죽음은 조지로 하여금 전에는 의지할 만하고 견고하며 안정적이라고 믿어 왔던 것들이 덧없다는 사실을 직면하도록 만들었다. 그가 적응하지 못하는 것은 그 자신의 삶에서 이러한 변화였다.

조지는 자신이 실제로는 넬리를 별로 그리워하지 않는다는 자신에 대해 매우 놀라워했다. 그는 망설이면서 그가 거의 넬리를 생각하고 있지 있다고 고백했다. 그가 정말로 그리워하는 것은 그가 누렸던 이전의 안정과 평안함이었다. 그는 처음에는 이것을 그에게 제공해 줄 수 있는 또 다른 여자를 찾을까도 생각했지만, 어찌 됐든 세상이 결코 이전과 동일한 것으로 돌아갈 수 없다는 사실을 깨닫고 그 생각을 포기했다. 사라진 것은 단지 넬리뿐만이 아니었다. 소멸된 것은 단지 집안에 있던 한 여인의 존재만이 아니었다. 동시에 존재에 대한 그의 신념도 소멸하였다. 이러한 모든 한계와 함께, 넬리와 함께 했던 그의 삶은 의미를 공유한 느낌을 제공했었다. 그녀가 살아 있었을 때 그가 일을 해야 하는 이유는 둘의 생활을 위해 경제적으로 제공하기 위해서였다. 주말엔 그들이 함께 지방의 호텔에 여행 다니는 것을 좋아했다. 인생은 매우 살아볼 만하고 즐거운 경험으로 보였었다. 하지만 이제는 위험이 도사린 전쟁 지역처럼 여겨졌다.

조지가 이렇게 은유법을 사용해 가면서 그 자신을 표현하기 시작하자 그의 세상에 대한 탐구는 좀 더 생산적이 되었다. 그는 곧 넬리와 자신이 함께 그러한 평온한 삶의 분위기를 창조했다는 사실을 깨달았다. 이러한 환경은 어떤 특정한 상황에서 탄생된 것이 아니라 그들이 세상을 바라보는 관점과 그것에 일치하여 행동하는 방식에 의해 삶으로 유입되었다는 것을 깨달았다. 그러므로 어떤 면에서 이것은 영원히 지속되는 것으로 볼 수 없기 때문에 환상적이고 비현실적이었다. 세상이 본질적으로 합리적이며 즐거운 곳은 아니다. 반면에 세상이 본질적으로 함정이 무수히 많은 전쟁 상황의 현장도 역시 아니다. 어떤 경험도 자기 자신이 창조한 이미지와 느낌에 의해 형성된다.

조지가 허상의 것들이 굳이 비현실적이지는 않다는 것과 현실이 항상 어떠한 이미지나 사고들에 의한 신념 그리고 그에 따른 행동들에 의해서 어느 정도 구축이 되는 것이라는 사실을 깨닫기 위해서는 시간이 필요했다. 그는 점차로 세상에 대한 자신의 능동적인 해석을 어느 정도 이해하게 되었다. 그는 평안이나 안정이 단순히 당연하게 주어질 수 없다는 것을 알았기 때문에, 현재 경험하는 삶이 기본적으로 위험한 것이라고 인식할 수 있었다. 넬리의 죽음이 그의 안전에 대해 예기치 않게 갑작스러운 공격으로 경험되었기 때문에 이것은 마치 지금 전쟁터에서 살고 있는 것처럼 치명적이었다. 이곳에서는 어떤 것도 안전할 수 없고 전혀 예상치 못할 때 면전에서 어떤 것들이 폭발할 수 있는 것으로 여겨졌다. 그는 세상에 대한 이러한 견해로 말미암아 더 이상 위험을 무릅쓰지도 않고 다시 빼앗길 수도 있는 어떤 것에도 다가서지 않는 방식으로 행동했다.

그가 제2차 세계 대전에 대한 영화를 보면서 몇 달 만에 처음으로 큰 흥분을 느꼈을 때, 정말로 이러한 종류의 경험을 창조했다는 사실을 명백하게 알았다. 이러한 종류의 전쟁 경험은 그 자신의 상상과 일치했고, 그는 화면의 다큐멘터리에서 자신의 사적인 세계를 인식하는 것에 대한 만족을 발견하였다. 그는 전쟁터 이미지가 자신에게만 있거나 절대적으로 부정적일 필요가 없다는 사실을 깨달았을 때,

그가 삶의 긍정적인 감각을 창조할 수도 있다는 것을 상상하는 것이 가능해졌다. 그는 절망적인 전쟁의 상황에서 사람들이 영웅적인 행동을 하는 것에 매료되었으며 그 주제에 관련된 책을 탐독하기 시작하였다.

조지가 자신을 둘러싼 세상에서 새로운 의미를 탐색하고 다른 이미지와 생각들을 창출하며 이러한 것에 적극적으로 참여하기 시작하자 그는 거의 즉각적으로 우울증에서 회복되었다. 그는 다시 직장에 나가가 시작했고 남자 동료들 중 전쟁기념품을 수집하는 사람과 친분을 쌓았다. 그들은 함께 노르망디와 아른험을 여행하였으며, 조지는 그의 새로운 흥미와 우정에 큰 즐거움을 발견하였다. 그가 우울증을 앓는 동안 여러 차례 자신에게 흥미로운 어떤 것을 하거나 취미를 가져야만 할 것이 제시되었다. 그러나 이러한 모든 조언들이 외부적이고 이성적이고 다른 사람들에 의해 주어졌다고 느껴지는 한 아무 소용이 없었다. 조지 자신이 새로운 경험 속으로 자신을 허용할 수 있도록 만들어 주는 적합한 분위기와 이미지를 창조하기 전까지 그는 무감각했다. 단지 그가 그러한 생각에 대한 느낌과 상상이 자신의 실제적 경험에 적절할 때에야 비로소 다시 다가서고 회복할 수 있다는 사실을 깨달았다.

상상은 고립된 과정이 아니다. 그것은 개인이 갖는 총체적 존재 방식의 한 측면이다. 상상이 새로운 행동이나 감정을 처방하는 것이기 때문에 내담자를 위하여 환상이나 상상을 처방하는 것은 쓸모가 없다. 치유적 이미지들이 의미가 있기 위해서는 개인의 전반적인 관점에 적합해야만 한다. 이러한 적합성은 내담자가 새로운 발상이나 상상을 창조할 수 있을 때 비로소 가능할 수 있다. 어느 누구도 의미 있게 되도록 만들거나 이러한 의미가 창조될 수 있는 법을 결정할 수 없다. 출발점은 항상 그 개인이 이미 만들어 낸 상상의 의미에 있어야만 한다. 전문상담자들은 중요한 이미지들에 대한 설명의 과정과 부정적인 것들을 긍정적인 것으로 변형해 주는 것에서만 도움을 줄 수 있을 뿐이다.

내담자가 자신의 상상력을 활용하는 방식에 있어서 다소 모호한 것들을 간과하여 자신은 상상력이 없다고 결론 내리기 쉽다. 상상력은 그 자체가 공상이지만 본래적인 방식으로 늘 드러나는 것은 아니다. 그러나 유명한 예술가들이 자신의 천재적이고 창의적인 능력을 상상하는 것과 마찬가지로 많은 작은 회사의 책임자들이 성공을 상상한다. 모든 사람들이 비록 최상의 건설적인 방식은 아닐지라도 상상력을 활용한다. 과거에 대한 후회와 미래의 염려 모두는 존재의 어떤 방식에서 사람들이 자신에 대해 상상하는 모호한 방법들이다. 이러한 것들의 긍정적인 방식은 즐거운 추억과 미래에 대한 백일몽이다. 물론 이것의 어떤 것은 건설적일 수도 있고 또는 파괴적일 수도 있다. 자신의 모든 괴로움과 위안의 근거로서 과거의 이미지를 내면적으로 반복하며 매달려 있는 사람은 자신의 창조적 능력에 대해 제한적인 견해를 창출함으로써 자기 자신을 학대하고 있는 것이다. 미래에 대해 걱정하거나 백일몽을 꾸는 사람은 다가오는 시간들을 적극적으로 설계하는 방법을 모를 수도 있다.

자신이 수행하고 있는 과정을 숙고함으로써 상상력의 이러한 측면들에 대해 전반적인 영역에서 많은 것을 얻을 수 있다. 강박적으로 염려하는 사람은 수동적인 염려를 능동적인 염려로 바꾸어서 미래를 위한 계획으로 변경할 수도 있다. 염려를 많이 하는 사람들은 때때로 강한 상상력을 가지고 있으면서 아직은 그것이 해를 끼치게 하기보다는 오히려 자신에게 도움이 되게끔 하는 방법을 배우지 못한 사람들이다. 강박적인 공상가들 또한 마찬가지다. 둘 모두 자신들의 강력한 상상력에 대해 자신들이 창조하는 과정을 반추하는 법을 배움으로써 건설적으로 활용할 수 있도록 전환할 수 있다. 다가오는 날들에 대해 마음이 자유롭게 흘러가도록 허용하거나 가능한 모험이나 기회를 깊이 생각하도록 하는 것은, 당신이 그러한 과정의 책임 속에 남아 있는 한 최상의 창조적 일 중의 하나가 될 수 있다. 이러한 방면에서 상상력은 현실에 대해 준비하는 역할과 당신이 다가오는 것에 대해 편하게 느껴질 때까지 그것을 조형하는 것에 대한 작업이 될 수 있다.

동일한 방식으로 과거에 대한 이미지를 살펴보는 것은 당신이 현실에서 평안감을 제공받기 위한 작업으로 건설적이 될 수 있다. 당신이 과거의 무엇이 옳고 그른지에 대한 이해는 단지 미래를 준비하기 위한 좋은 자산이 될 수 있다. 만일 당신이 과거의 경험으로부터 파괴적인 이미지를 지닌 자신을 발견한다면, 당신이 그것을 교정할 수 있는 것은 오직 그것에 대한 반추를 통해서만 가능하다. 그러므로 만일 당신이 미래를 위해 창조적 이미지를 건설하는 과정에 있다면 주기적으로 과거의 이미지를 돌아보는 것은 매우 중요하다.

물론 많은 사람들은 이러한 것에 대하여 스스로 자문하는 것에 익숙하지 않다. 현재 서구사회에서 삶의 실제는 우리가 우리 자신과 우리의 미래를 조형하는 이미지에 대한 그러한 반추를 격려하지 않는다. 최근에 마음챙김 수련이 미세하게나마 이러한 결함을 치유하기 위해 시작되었다. 그러나 기도나 명상 같은 의식은 거의 정규적으로 실행되지 않는다. 가장 많은 사람들이 위장된 새로운 이미지와 이야기를 습득한다. 이는 그들이 텔레비전을 시청하거나 영화관에 가서 다른 사람들의 상상을 따르는 것을 통해 일어난다. 불행하게도 많은 사람들이 그러한 이미지를 진행시키고, 그리하여 건설적인 이미지를 선택하고 습득할 기회조차 갖지 못한다. 이러한 성찰의 과정 없이, 상상력은 적극적으로 반추되기보다는 수동적인 것이 되며, 그 사람은 상상적 질을 상실하고 모순적인 이야기 덩어리들로 인해 압도된다. 실존심리치료는 수동적인 이미지의 꿈으로부터 깨어나는 사람들을 도와주며, 자신의 내면적 현실을 풍요롭게 만들기 위해 자신의 비전과 환상을 모니터링하는 방법을 배우도록 도와주는 자리에 있다. 실존주의적 접근은 자기 자신이 상상하고 있는 것들을 마음에 떠올리고 그것들을 즐거운 방법으로 재창조하도록 격려한다.

사 례

티나는 바로 이러한 도움이 필요했다. 그녀가 상담을 받으러 왔을 때 그녀는 큰 혼란에 빠져 있었다. 그녀는 위기상황에 대비하여 전문상담자의 전화번호를 15개월 전부터 지갑에 보관하고 있었다. 그녀는 자신의 혼란과 어두운 기분이 마법처럼 사라지기를 항상 소망해 왔었기 때문에, 이제라도 상담자에게 자신의 문제들을 털어놓을 수 있는 용기를 갖게 되었다. 결국 문제들이 개선되는 것이 아니라 악화되고 있다는 것이 명백해졌고 그래서 그녀는 도움을 요청했다.

티나는 스물세 살이었다. 그녀의 아버지는 서부 인디언이었고 어머니는 남부 런던에서 태어나고 자란 영국 출신의 백인이었다. 티나는 어머니와 백인인 계부 아래에서 자랐다. 그녀는 계부로부터 태어난 두 명의 여동생들이 있었다. 비록 티나는 아버지의 친척들을 가끔 만나기는 했었지만 그녀의 생부 및 그 친척들과는 거리를 두고 있었다. 티나의 자아상은 극단적으로 혼란스러웠다. 그녀는 자신이 가까운 가족 모두처럼 백인이라고 생각하며 자랐지만 그녀가 사춘기가 되었을 때 집에서 그녀의 초콜릿 빛깔의 피부색에 대해 놀리기 시작했다. 티나의 여동생들은 티나의 갈색 피부에 비해 특별히 하얀 피부톤을 가지고 있었다. 처음에 티나는 동생들이 여름마다 자신의 피부가 쉽게 갈색으로 그을리는 것에 대해 질투하는 줄 알았다. 하지만 티나의 계부가 티나에게 불쾌한 이야기를 하면서 친부에게 가라고 집에서 쫓아내려고 했을 때, 비로소 티나는 자신에게 일어나는 일들을 이해하기 시작했다.

열다섯 살짜리의 상상력으로 티나는 자신의 불행한 이야기를 만회하려는 것을 통해 외로이 인종차별을 극복하려 했다. 그녀는 계부가 자신에게 두 여동생들을 돌보게 하고 모든 잡다한 일을 하는 하녀가 되는 환상을 창조했다. 그녀는 계부와 여동생들의 요구를 더 이상 만족시켜 주지 못했기 때문에, 그들이 자신을 싫어하고 있다고 상상했다. 처음에 티나는 친부의 가족에게로 피신하고자 노력하는 자신을 발견했지만 그녀는 거기서 더욱 환영받지 못할 것이라고 느꼈다. 그녀는 또한 자신이 백인의 핏줄을 지니고 있으면서 어머니에게 양육되었기 때문에 그들이 자신을 미워할 것이라고 느꼈다. 이제 환상을 통해 자신의 세상을 이해하려는 그녀의 모든 시도는 그녀를 실패하게 만들었다.

이중적인 이러한 환멸 후에 티나는 자신이 어디에 속한 건지, 자신이 누구인지, 그리고 자신을 기쁘게 해 줄 자신의 이미지를 어디서 발견할 수 있을지 더 이상 알지 못했다. 이때에 그녀는 열여섯 살이었고 비서 교육과정을 위해 학교를 중퇴했었다. 그녀는 이 과정을 마친 후에 친부가 사는 지역에서 임시직원으로 일하기 시작했고 그곳에 거주했다. 몇 년 동안 그녀는 이와 같이 살면서 이곳에서 저곳으로 임시직장을 옮겨 다녔고 어떤 안정적인 친밀한 관계를 이루지 못한 채 살았다. 그녀는 여분의 시간을 모두 텔레비전을 보고 담배를 피우면서 허비했으며, 그녀는 자신이 다른 사람들과는 온전히 다른 존재라고 상상했다.

지금 티나는 무인도에 갇혀 있고 자신을 구해 줄 배를 기다리고 있는 상상을 하기 시작했다. 그녀는 점점 더 자기중심적이고 이기적이 되어 갔기 때문에 티나에 대한 가족들의 관심은 더욱 줄어들었다. 이로 인해 그녀는 가족과 자신의 처지를 미워했다. 그녀는 외부의 세상과 이어 주는 유일한 생명선인 텔레비전 외에 모든 것을 싫어했다. 그녀는 직장에서 기본적인 불평등과 세상의 거친 어려움을 겪었고 이러한 일을 처리하는 데 있어서 자신의 연약함에 대한 수많은 사건들을 겪었다. 그녀는 자신이 괴롭히기 좋은 피해자이기 때문에 모두가 자신을 함부로 대한다고 상상하기 시작했다. 그녀는 이렇게 절망적으로 침체되는 것으로부터 구출될 필요가 있다는 사실을 깨달았다. 언제나처럼 텔레비전이 자신을 구하기 위해 거기에 있었고 편안하게 해 주는 이미지를 제공해 주었다. 특히 이러한 이미지는 티나가 절대적으로 깊은 사랑에 빠져 있는 유명가수에 대한 이미지였다.

처음에 이러한 새로운 변화는 그녀의 인생을 보다 활기차게 해 주었다. 이것은 그녀가 두 번째로 깊이 빠져버린 사랑이었으며 더군다나 전에는 이런 강렬함이 없었다. 그녀는 자신이 꽤 고양되었고 희망에 가득 찼다고 느꼈다. 그녀는 매우 빠르게 저축을 해서 비디오 녹화기를 샀고 그 유명가수의 공연을 식사도 하지 않은 채 쉬지 않고 보기 시작했다. 이러한 방식을 통해 그녀는 자위의 즐거움을 발견했고, 이것은 그녀로 하여금 그 유명가수와 실제로 연결되어 있다는 확신을 진지하게 가졌다. 티나는 이전에 결코 이토록 행복한 느낌을 가져 본 적이 없었다. 그녀는 온통 자신만의 세상에 빠져 있었고 직장에서 돌아온 후 언제든지 원하는 시간에 뒹굴 수 있었다.

티나는 마치 구름 위를 걷는 느낌이었다. 그녀는 자신이 특별하다는 것을 깨달았다. 그녀는 전혀 열등하지 않았고 오히려 우월했다. 그녀는 사람들이 자신과 그 유명가수가 비밀리에 사랑을 하고 있다는 것을 알았으면 했다. 이러한 환상은 거의 몇 개월 동안 완벽했다. 그러나 이러한 마법 같은 주문은 그녀가 그 유명가수의 공연을 보러 간 날 여지없이 깨져 버렸다.

그녀는 그 유명가수를 많은 사람들과 공유해야 된다는 것에 엄청난 굴욕감을 느꼈다. 그녀 자신이 매우 어리석었고 위험하리만큼 현실과 유사한 소꿉놀이를 하고 있었다는 사실이 명백해졌다. 그 공연장에서 수천 명의 여자 청소년들과 여성들이 자신의 것으로만 상상했던 가사와 화음으로 소리를 지르고 있었다.

티나는 공연장에서 기절을 했고 응급 대원들은 그녀가 의식이 돌아온 것을 모른 채 그녀에 대해 잡담을 하고 있었다. 그녀는 들것에 실려 있었고 다리가 매우 불편하게 뻗쳐져 있어서 자신의 다리를 위한 지지대를 찾고 있었다. 응급 대원들이 그녀의 꿈틀거리는 동작을 보았을 때 그들은 그녀에 대해 비꼬는 말들을 하였다. 그들은 그녀를 아마도 간질병 발작을 지닌 또 다른 히스테리 매춘부라고 칭했다. 티나는 자신이 가장 취약한 상황에 있었을 때 그런 식으로 취급된다는 사실에 엄청난 충격을 받았으며, 이러한 말들은 그녀 자신에 대해 새로운 상상의 장을 펼치도록 만들기 시작했다.

그녀의 유명가수에 대한 환상은 그날 밤 무참하게 부서졌고 그 공백에 간질병 있는 히스테리 매춘부의 이미지가 곧바로 자리 잡았다. 그 순간부터 티나의 인생은 철저히 비참해졌다. 그녀의 즐거움은 사라졌고 그녀의 비디오 녹음기는 더 이상 소용이 없었다. 그녀가 억압했던 정신 상태에 대한 염려가 전면으로 드러났고 그녀는 끊임없이 부정적으로 자기를 감시함으로써 스스로 고통스럽게 하였다. 몇 달이 지나지 않아서 그녀는 스스로 정신병이 있다고 확신을 했고, 의사와 연관이 있는 지인을 통해 전문상담자의 이름을 소개받았다.

티나가 마침내 상담자에게 연락을 했을 때엔 그녀가 1년 동안 더욱 스스로를 고문하고 있었을 시점이었다. 자신의 정신질환이 동료들에게 알려질 것에 대한 두려움으로 더 이상 직장에 나가지 못할 지경에 이르렀기 때문에 그녀는 어떤 도움을 얻도록 노력해야만 했다. 티나의 처음 몇 회기는 통제할 수 없는 흐느낌으로 거의 모든 시간을 소비했다. 그녀가 자신의 경험을 말하기 시작하는 데에는 이후 또 다른 두 회를 필요로 했다. 그리고 매우 서서히 어떤 작업들이 예견될 수 있었다.

주로 그녀 자신에 대한 이미지가 초점이었다. 비록 그녀가 많은 어려움을 겪고 자신에 대해 부정적으로 느끼고 있음에도 불구하고, 그녀의 깊은 내면에는 자신이 가치 있고 어쩌면 매우 특별한 사람일지도 모른다는 확신이 분명히 있었다. 티나에게 자신의 독특성에 대한 상상을 통해 진실의 뿌리를 발견하도록 격려하는 것은 어렵지 않았다. 그녀는 특별한 존재감을 정직하게 수용하는 것에 대한 격려를 기꺼이 받아들였다. 그녀가 자신의 내면에서 자유롭게 되기를 갈망하고, 자신의 상황에서 어려움을 포기하지 않는다는 사실을 스스로 인식했을 때, 티나는 자신이 갖고 있던 열등함의 이미지에 대해 덜 예민해지기 시작했다. 그리하여 경험에 대한 교훈을 얻고자 고통스러운 과거의 역사를 되돌아보는 것이 가능하게 되었다. 고통스런 요소들을 제거하기 위하여 자신에게 용기와 강함을 제공하는 것이 첫 번째 목표였다. 그녀가 했던 실수들에 대한 인식은 필수적이지만 조심스럽게 제시되어야 할 다음 단계였다.

티나가 강하고 풍부한 상상력을 가지고 있다는 것은 분명했다. 과거에 그녀가 선의의 거짓말을 하거나 매우 사소한 거짓말하는 것을 사람들이 간파했을 때 그녀는 그렇다고 수긍하였다. 또한 그녀는 그러한 상상력이 어떻게 자신을 도피시키는 행동을 하는지 매우 정확히 알고 있었다. 그녀는 이러한 일이 일어날 때 자신이 갖는 느낌을 질주하는 야생마의 이미지로 비유했다. 비록 그녀는 너무 빨리 달리고 싶지 않고 그리하여 현실의 고비를 놓치고 싶지 않았지만, 그녀는 마치 아무것도 할 수 없어서 어떤 일이 일어날 때 굉장한 희열을 경험한다는 것을 감지했다.

티나는 또한 자신이 그 누구에게도 의지하지 않고서 스스로 그렇게 오랜 시간을 살아왔다는 것에 대한 자부심을 가지고 있었다. 그녀는 자신의 삶이 쉬운 것이 아니었고, 그럼에도 불구하고 버틸 수 있었던 능력은 그녀가 강하고 자원이 풍부하다는 증거라는 사실을 깨달았다. 이렇게 근본적으로 긍정적인 요소들이 제공된 후에, 그녀의 강점들이 더욱 효율적이고 미래를 위한 보상적인 방법으로 이끌려 나오는 것이 가능해졌다. 티나가 성공적으로 삶을 관리할 수 있는 자신의 능력에 대해 재확신을 하자, 그녀의 상상력은 다시 한번 발휘될 수 있었다. 그녀는 미래에 대한 자신의 모습을 상상할 때 열정적으로 계획을 짜기 시작했다.

이 시기에 그녀는 자신의 상상력을 관찰하는 데 있어서 많은 도움을 필요로 했다. 그녀는 자신의 마음이 실행될 때 원하는 곳으로 갈 수 있도록 스스로 허락하는 법을 배웠다. 그리고 그것을 점검하며 마음이 충분하게 활동하여 열매를 획득할 수 있는지에 대한 실제적 가능성을 숙고하는 법을 배워야만 했다. 예를 들어, 그녀가 그 유명가수에 대해 심취한 것은 자신이 더욱 매력적이고 화려한 존재가 되고자 하는 갈망의 표출이라는 결론을 내렸다. 그녀는 미래에 자신이 유명가수로서 성공한 모습에 대한 강렬한 상상을 하기 시작했고 몇 주 동안 그러한 상태의 멋진 결과에 대한 백일몽에 빠져 있었다.

실제로 성취감의 기회를 얻을 수 있는 상상에 빠지는 것을 배운 후에, 그녀는 마침내 자신의 명성과 행운의 이미지를 대중음악계에서 일하는 개인 매니저로서의 이미지로 전환시켰다. 그녀는 상상력의 이러한 산물을 조금 더 가다듬어서 상급 비서 교육과정에 입학하고자 하는 희망으로 이끌었다. 물론 이것은 실천 가능했고, 그녀는 잠시 동안 일을 하지 않고도 몇 년 정도 유지할 수 있는 충분한 돈을 갖고 있었다. 비록 그녀가 이 과정을 특별히 좋아하지는 않았지만 다른 젊은 여성들과 중요한 연결고리를 만들었고 그들 중 한 명과는 매우 친숙하게 되었다. 이 친구 또한 대중음악에 몰입해 있었기 때문에 그들은 종종 함께 공연을 보러 다녔다. 이 것이 티나의 삶을 변화시켰다.

티나의 삶이 상상하는 계획에 따라 실천이 되고 안정을 이루게 되자, 다른 문제들이 보이기 시작했다. 특별히 티나는 아주 친밀한 여자친구와 같이 살면서 사람들에게 동성애자라고 인식되는 상상이 쌓여 갔기 때문에, 그녀의 성적 상상이 고려될 필요가 있었다. 티나는 자신의 여자친구에 대해 전혀 이성으로서의 매력을 느끼지 않았고, 오히려 자신의 계부에 대한 성적 욕구를 말하기 시작했다. 이때쯤 티나는 환상과 현실을 구분하는 방법에 매우 익숙해져 있었기에, 그녀는 어린 시절 가족에 속하고자 갈망했던 거짓된 신념 속에 사로잡히지 않으면서 당시의 여러 사건들을 보고할 수 있었다.

이제 이것은 티나가 계부에 대해 스스로 창조했던 이미지로서 마치 감각적인 방식에서 스스로 자유롭게 즐기는 법을 세우는 것처럼 보였다. 그녀는 계부가 자신을 성적으로 학대하고 싶어 한다는 것을 확신했었고, 또한 사소한 많은 사건들에 대해 이런 생각을 확증시켜 주는 것으로 해석했었다. 이러한 모든 것은 그녀가 가족의 노예소녀가 되는 환상의 일부였다. 비록 훗날 티나가 그러한 생각을 버렸을지라도 계부가 자신을 원했었다는 자신의 생각이 옳았는지에 대한 여부를 진지하게 숙고해 본 적은 없었다. 처음에 티나는 자신이 상상하는 것이 어느 정도는 진실임에 틀림없다고 확신했고, 따라서 그녀는 모든 남자들은 돼지라고 결론지었다. 이러한 결론은 그녀가 여자친구와 사는 것에 대한 좋지 않은 감정을 해소시켜 주었다. 더 나아가 심지어는 자신이 동성애자일지도 모르며 그것을 오히려 자랑스러워하는 것이 틀림없다고 생각함으로써, 사람들이 자기를 동성애자라고 말하는 것에 대해 더 이상 두려워하지 않는다는 결론에 이르렀다.

자신이 동성애자라는 새로운 이미지를 연출하는 것은 그녀에게 많은 즐거움과 흥분을 주었다. 그녀는 스스로를 자유롭게 하고 해방시킨 것으로 생각했고, 이것은 그녀에게 새로운 에너지와 열정을 제공했다. 하지만 이 경험이 어떤 면에서 큰 보상을 주고 있었던 반면에, 그것은 여전히 그녀가 남자들과의 관계에서 매우 제한적인 특성을 남기고 있었다. 그녀는 언젠가 자신의 아이를 가지고 싶었기에 그것에 대해 불만족스러워했다. 그래서 그녀는 친부와 계부에 대한 자신의 환상과 관련하여 오래된 과거에 대한 탐험을 시작했다. 이는 몹시 힘든 탐험이었고 종종 그녀는 마치 파괴적인 환상에서 휴양하고 있는 느낌을 줄 때가 여러 번 있었다. 결국 그녀는 이러한 환상들을 실천 가능한 현실로 전환하기로 결심하고 친부의 집과 계부의 집에 가서 그들에게 자신의 분노와 의심을 털어놓았다.

티나는 내면적인 강한 독립심과 삶을 최상으로 만들고자 하는 결심을 통해 이러한 용기 있는 행동에 대한 보상을 받았다. 처음에는 친부 또는 계부로부터 긍정적인 응답이 없었다. 비록 티나는 그들에게 용기 있게 털어놓은 것을 뿌듯해했지만, 그들이 이해를 하지 못하는 것에 대해 화가 났다. 이것이 자신에게 그렇게 중요한지에 대해 생각을 해 보다가, 그녀는 이 둘의 존재가 자신의 정체성을 이루는 배경의 반반씩을 차지하는 상징이라는 것에 도달했다. 그들 중 최소한 하나에게서라도 받는 인정은 그녀에게 소속감을 주었을 것이다. 그 주제에 대해 다시 그녀의 상상력을 자유롭게 하도록 허락함으로써, 티나는 그들 중에 누가 진짜 아버지인지를 자신에게 가르쳐 주고자 하였다. 이를 통해 그녀 자신을 인디언으로 생각해야 하는지 아니면 백인으로 생각해야 하는지 알 수 있도록 그들이 도와주기를 원한다는 생각에 도달했다.

그녀는 자신이 '솔로몬의 시험'이라고 부르는 것을 강구해 내었다. 이것은 그녀가 이 세상에서 어느 곳에도 속할 수 없는 느낌이기 때문에 자살할 것이라는 내용의 편지를 양쪽 집안에게 보내는 것이었다. 그녀는 실제로는 자살할 의도가 전혀 없었지만 이러한 위협에 사람들이 어떻게 반응하는지를 알기를 원했다. 그녀는 이러한 모든 계획에 있어서 절대적으로 냉정했고, 상담 회기에서 이러한 생각에 대한 어느 정도의 저항에도 불구하고 그것을 수행하기로 결정했다.

이 사건을 통해 그녀는 양쪽 집안 모두에서 자신이 필요한 지지와 인정, 그리고 관심을 끌어내는 데 성공했다. 그녀는 둘 중 단지 한 가족으로부터만이라도 선택되고 받아들여지기를 원했었지만, 양쪽 모두 그녀의 주변에 모였으며 이로 인해 그녀의 소속감은 크게 향상되었다. 그녀는 자신의 어머니와 계부를 주기적으로 방문하기 시작했고 이제 청소년이 된 의붓동생들과도 좋은 관계를 형성하기 시작했다. 그녀는 큰 언니와 친구로서의 새로운 자기 이미지에 대해 매우 만족감을 얻었고, 그녀 자신을 아주 성숙하고 책임감 있는 존재로서 인식하기 시작했다.

그와 동시에 그녀는 친아버지의 가족으로부터 초대를 받았고 친부의 새로운 아이의 세례식에 참여를 했다. 이복동생의 세례식 행사에서 그녀는 매우 기뻐했으며, 마치 자신이 세례를 받고 자신을 거의 돌봐 주지 않았던 서부 인디언의 가족원으로서 공식적으로 받아들여지는 상상을 만들었다. 생애 처음으로 티나는 자신이 혼혈인 것에 대해서 평안함을 느꼈고, 의붓자매들에게 언니가 되었던 것처럼 이제 아기인 제이슨에게도 좋은 누나가 될 것을 맹세할 때 구원의 눈물을 흘렸다.

제이슨을 주기적으로 돌보는 것이 실제로 티나의 인생을 보람차게 해 주었다. 그녀는 자신이 아기들을 사랑한다는 것을 발견했고, 그녀가 이제 진정으로 확대가족의 일원으로 소속된 것을 기뻐했다. 몇 달이 지나지 않아 그녀는 또한 가족의 친구인 한 남자와 사랑에 빠졌고 처음으로 남자와의 관계를 시작했다. 그녀의 상상과 환상적 세계로의 탐험여행에는 많은 양상들이 있었다. 그녀의 창조적 즐거움을 풍부하게 하는 데는 지속적으로 장애물이 있었지만, 그녀는 자신의 갈망과 환상들을 파괴적이기보다는 건설적으로 사용하도록 관리할 수 있는 능력을 갖게 되었다.

티나의 경험은 상상력이 사람들의 삶을 조성하는 데 있어서 매우 강력한 힘이 있다는 것을 보여 주었다. 티나의 인생은 하나의 새로운 상상으로 인해 새로운 방향을 찾았다. 티나의 과제는 구조적으로 만드는 방식을 발견하며, 자신의 빠른 상상력을 완화시키며, 그것의 힘에 대항하여 현실적 검증을 활용하는 것이었다. 그녀가 환상적인 사회적 기준에 대해 자신의 확신을 만들지 않으면서 이렇게 할 수 있도록 그녀를 지원함으로써, 상상력의 창조적 능력을 사용하도록 돕는 것이 가능하였다. 티나와 같은 사람들 모두가 실제로 선용되지 못하는 높은 감수성과 창조적 재능을 지니고 있을 때 너무 혼란스럽거나 연기적이어서 매우 흔히 비난이나 무시를 받는다.

모든 사람이 티나가 했던 것처럼 자신의 환상을 그토록 순식간에 혹은 강렬한 태도로 사용하는 것은 아니다. 또한 모든 사람이 조지의 방법처럼 그것을 속박하는 태도로 사용하지는 않는다. 내담자들의 상상적인 힘을 다루는 것에 있어서, 그들의 창의적 유연성에 대한 수준을 측정하고 각각의 개인들에게 요구되는 과업을 조정하는 것은 중요하다. 상상의 영역에서 더 좋거나 더 나쁜 것은 없다. 중요한 것은 내담자가 이미지를 수동적인 활용에서 능동적인 사용으로 그리고 파괴적인 창조에서 건설적인 창조로 항상 현실 검증의 좋은 처방과 함께 조화를 이루면서 이동할 수 있도록 하는 것이다.

단원 요약

01 감정은 사람에게 중요한 것이 무엇인지에 대한 진정한 안내자다. 감정은 세계 속에서 자신들의 존재방식을 보여 준다.

02 정서를 이해하고 숙달하는 것은 바다에서 파도타기를 배우는 것과 같다. 왜냐하면 정서는 인간 경험의 밀물과 썰물이기 때문이다.

03 정서적 표출은 반응적 정서로부터 능동적 정서로 옮겨지기 때문에 그 사람의 기분이나 감정의 메시지를 해석하고 이해하는 것만큼 중요하지는 않다.

04 정서는 우리가 가치를 두거나 두려워하는 것과 관련이 있는 우리의 위치를 알려 준다.

05 자만심은 우리가 가치를 두거나 기뻐하는 것에 대해 당연하게 여기는 것을 보여 준다. 격언처럼, 그것은 거의 확실하게 낭패를 보기 쉽다.

06 질투는 우리가 가치를 두는 것과 기뻐하는 것이 위협 아래 있고 우리가 그것을 잃지 않기 위해 필사적으로 보호하려고 노력하는 것을 보여 준다.

07 분노는 우리가 가치를 두는 것이 심각하게 위협을 받고 있으며 강력한 마지막 노력으로 그것을 되찾으려고 하는 것에 붙여진 우리의 감정이다.

08 두려움은 우리가 가치를 두는 것을 우리가 구할 수 있다는 신뢰를 갖지 못하는 것을 나타내고, 그 위협으로부터 우리 자신이 물러나 있기를 원하는 것을 나타낸다. 상실의 경험은 소유의 경험으로부터 인계받는다.

09 슬픔은 상실의 표현이고 우리가 가치를 두었던 소유를 놓아야 하며 우리 자신이 그것으로부터 공허하게 되도록 하는 것이다.

10 죄책감과 수치심은 우리가 여전히 상실의 공허를 경험하는 것을 보여 준다. 그러나 우리가 마땅히 되었어야 하는 것에 대해 스스로 비교하는 것을 향하여 되돌아가는 것이다. 또한 우리가 가치 있는 것을 다시 획득하고자 하는 열망이 이미 있으나 그 순간 그렇게 하는 것에 대해 실패한 것을 드러낸다. 죄책감은 우리 자신이 부족해지는 스스로의 감각이다. 수치심은 다른 사람의 시각에서 우리가 부족해지는 것이다.

11 욕구는 우리가 새로운 가치를 성취하고자 하는 열망으로서 구체적으로 실행 가능할지의 여부를 명확히 알지 못하는 상태의 감각을 보여 준다. 그것은 종종 질투와 함께 시작된다. 이는 다른 사람이 가지고 있는 어떤 것에 대한 욕구인데 우리는 갑자기 우리도 그것을 동일하게 가지고 싶어 하는 것을 깨닫는다.

12 희망은 우리가 가치 있게 여기는 것을 획득할 수 있는 가능성에 대한 자각인데, 아직은 여전히 그 대상의 실제적인 소유와는 꽤 거리가 있는 상태다.

13 사랑은 우리가 자신에게 벗어나 그것을 돌보는 헌신 안에서 얻게 되는 경험이다.

14 즐거움은 우리가 가치를 두는 것에 대한 우리의 큰 성취와 함께 수반되는 감정이다. 그것은 곧 자부심으로 이어지고 그 순환은 지속해서 반복적으로 시작될 수 있다.

15 모든 감정은 긍정적인 면과 부정적인 형태를 가지고 있으며 온전한 정서적 순환은 끊임없이 반복되거나 혹은 동시에 다른 가치를 지니기도 한다.

16 어떤 감정적인 애착도 만들어지지 않을 때, 거기에는 어떤 것에 대한 열망이나 절망도 없다. 그러한 냉담과 지루함은 철수로 인한 결과다.

17 의미는 가치 있는 것들에 대한 개인의 참여로부터 창조된다. 그리고 이러한 헌신은 삶을 가치 있게 만드는 목적을 제공한다.

18 삶의 불합리성은 세계 속에서 의미를 창조하는 것이 가능하기 이전에 인식되어야 한다.

19 사람들은 좀 더 이해가 가능한 방식으로 자신들의 삶의 이야기를 재인식하도록 도움을 받을 수 있다. 그리고 그들이 이전의 결핍되어 있는 지점에서 의미와 목적을 발견하고 창조할 수 있도록 도움을 받을 수 있다.

20 우리가 추구하는 모든 기본적인 가치와 목적 때문에 거기에는 또한 이러한 가치의 상실에 대한 궁극적인 염려가 있다.

21 꿈은 우리의 가치와 특히 궁극적 관심에 대한 우리의 관계를 생생하게 표현할 수 있다. 꿈은 현실적인 각각의 차원에서 우리와 세상의 관계를 드러내준다. 그리고 그것은 어떤 것이 의미 있는 것인지, 가치를 가지고 있는지, 우리에게 관심이 있는 것인지 보여 주기 위해 판독될 수 있다.

22 실존적인 꿈 작업은 세상과 관련이 있는 협동적인 모험이며, 그 꿈을 꾸는 사람에 대한 의미를 파악하기 위해 개인적인 동기가 탐색되고 묘사될 수 있다. 그러나 그것은 결코 의미의 외적인 체계의 틀에서 해석되지는 않는다.

23 내담자의 꿈의 세계는 내담자에 의해서 이해되어야 한다. 이를 통해 내담자 자신의 선입견과 실제의 삶 속에서의 동기를 더 잘 이해할 수 있다.

24 꿈은 세상 안에서 우리의 현재적 방향을 표출한다. 그러나 우리의 상상은 미래를 위해 이러한 방향을 조성하고 재조직할 수 있다.

25 우리가 세상에 대해서, 과거에 대해서, 현재에 대해서 그리고 미래에 대해서 우리 자신에게 말하는 이야기들은 우리가 세상에서 스스로 창조하는 가능성 또는 장애물을 결정한다.

26 상상력이 우리에게 파괴적인 영향을 주도록 놔두는 것보다 창조적으로 사용하는 법을 이해하는 것은 삶의 기술의 중요한 부분이다.

논의 및 숙고할 점

❖ **어떤 종류의 감정적인 반응이 당신에게 가장 익숙한가?**

1. 당신에게 더 어렵거나 더 쉬운 어떤 종류의 반응들이 있는가?
2. 왜 당신은 이렇게 생각하는가?
3. 당신은 어려운 감정들을 어떻게 다루는가?
4. 당신은 좋아하는 감정들을 극대화시키는 방법에 대해 알고 있는가?

❖ **즐거움과 행복, 기쁨에 대한 당신의 전형적인 경험들은 어떤 것인가?**

1. 당신이 특별히 행복했을 때를 생각할 수 있는가?
2. 그 시기가 끝났을 때, 상실한 것은 무엇인가?
3. 당신은 다시 이와 같이 느낄 수 있기 위해 이러한 감정들을 열망하도록 당신 스스로에게 허락하는가?
4. 당신은 다른 사람들에게 언제 어떻게 그런 감정들을 불러일으켜 주었나?

❖ **질투, 분노 그리고 두려움에 대한 당신의 전형적인 경험은 무엇인가?**

1. 당신은 그러한 감정들을 일으키는 위협을 인식하고 예방하도록 노력하는가?
2. 당신은 이러한 감정들로 인해 행동하는가 아니면 이러한 감정들을 억제하는가?
3. 당신은 부정적인 감정들을 느끼거나 표출할 때 당신 스스로를 비난하는가?
4. 당신은 이러한 감정들을 어떻게 긍정적인 방법으로 사용할 수 있는가?

❖ **당신은 상실, 박탈, 실망 그리고 슬픔을 언제 그리고 어떻게 느꼈는가?**

1. 운명이 당신을 부드럽게 취급했는가? 아니면 당신은 삶 속에서 매우 고통스러웠는가?
2. 당신은 이러한 상실의 경험으로부터 무엇을 배웠는가?
3. 그러므로 당신은 다음에 올 실망이나 상실을 어떻게 다룰 것인가?
4. 삶은 상실 없이도 동일하게 많은 경험적인 배움을 이룰 수 있는가?

❖ **무엇이 당신의 욕망, 질투 그리고 열망을 일으키는가?**

1. 당신이 바라거나 열망하는 방식에 있어서 다른 사람을 따라 하는 경향이 있는가?
2. 당신은 우울증으로부터 끌어올리는 열망의 실례에 대해서 생각할 수 있는가?
3. 당신은 다른 사람들이 당신에 대해 질투하는 것을 어떻게 다루는가?
4. 당신의 삶에서 욕망의 역할은 무엇이고, 그리고 당신은 이것을 어떻게 변화시키기를

원하는가?

❖ **일상적으로 당신의 희망, 사랑 그리고 즐거움의 대상은 무엇인가?**

　1. 당신에게 있어서 가장 오랫동안 지녀온 사랑의 대상은 무엇인가?

　2. 당신은 어떻게 그 사랑을 보여 주고 표현하는가?

　3. 이 사랑을 경험하면서 가장 즐거운 것은 무엇인가?

　4. 당신은 다른 사람의 사랑, 돌봄, 희망, 기쁨에 대해서 어떻게 반응하는가?

제6장

삶을 받아들이기

❋ 홀로 세상을 마주하기

실존적 상담과 심리치료의 전체 과정은 자아에 관해 또는 자신이 살고 있는 세계와의 관계에서 사람이 자아에 대한 감각을 경험하는 방식에 초점을 맞추고 있다. 자아에 대한 실존적 정의는 대부분의 다른 심리치료적 접근방법들이 사람을 분리된 존재로 규정하는 것과는 근본적으로 다르다. 사람과 세상과의 관계는 실존적으로 자아의 의미를 정의하는 것이다. 자아는 물리적, 사회적, 개인적 그리고 영적 세계의 관계에 대한 개인의 전체적인 네트워크에 있어서 핵심이다. 우리는 우리가 생각하는 것, 행동하는 것, 관계하는 방식과 우리가 세상을 이해하는 방식이 된다. 우리 존재의 출발점으로서 자아는 우리가 마음을 빼앗기고, 관심을 갖고, 참여하는 모든 것들 사이의 역동적인 균형을 만들 수 있는 내적인 이야기의 중력 지점이다. 우리의 자아는 끊임없이 삶에서 다양한 역할과 기능에 대해 다소간의 중요성을 제공하는 것으로 재정의되며, 그리하여 끊임없이 우리의 정체감을 재정의한다. 그러므로 많은 사람들이 자신이 누구인지에 대해 혼란스러워하는 것은 전혀 의문을 가질 일이 아니다. 왜냐하면 그들의 자아감은 때때로 그들의 환경과 세계와의 관계가 변함에 따라 급격하게 변할 수 있기 때문이다. 심리치료적인 면담 회기들은 내담자들이 혼란스럽게 여기는 정체성 변화를 감독하여 그 자신과 자신의 삶이 일치될 수 있도록 하는 자기성찰의 시간을 제공해 줄 수 있다. 이런 이유로 인해 내담자가 자신과 자신 그리고 자신이 살고 있는 다양한 세계를 만나는 것처럼 심리치료사와 내담자 사이의 실제적 상호작용이 매우 강조된다.

심리치료사는 내담자에게 있어서 부모님, 조언자, 관리인, 친구라기보다는 내담자의 또 다른 자아로서 기능하게 된다. 무엇보다도 실존주의 심리치료사는 어느 정도 지혜를 가진 내담자의 협력자다. 그는 내담자의 내적인 진실을 내담자 자신에게 상기시켜 균형감각과 명확한 방향성을 설정할 수 있도록 도와주며, 내담자의 양심의 소리를 자신에게 상기시켜주는 촉진자로서 내담자에게 유용하다. 그리하여 내담자가 경직된 정체감보다는 역동적인 정체성을 확립할 수 있도록 해 준다. 그러므로 모든 상담 회기에서 상담자는 내담자가 외부세계에서 열중하고 있는 것으로부터 자신의 내적인 성찰에 대해 체계적으로 재초점화할 수 있도록 해 준다. 내담자는 자신의 역동적인 자아감을 향상시킬 수 있도록 그 열중을 이해하고 정제시키고 변화할 수 있도록 스스로 돕는다. 비록 때때로 대중적으로나 사적인 영역에서 치료적인 관계로서의 사회적인 측면이 있지만, 심리치료사는 언제나 내담자의 주관적이고 목적의식이 있는 세계에 참여하여 사회적이고 상호 개인적인 관점을 넘어서는 더 높은 차원의 관점으로 도달하도록 도와준다. 이것은 내담자들이 주관적인 탐색을 회피하기 위해 의존적인 또는 반의존적인 상호작용의 변명 속으로 숨어 들어가는 것을 차단하면서 실행된다. 상담 회기는 철저히 자신에 대한 그리고 삶에 대한 점검의 시간으로서 다루어진다. 심리치료사는 회기에서 내담자가 마치 스스로 진실하게 혼자인 것처럼 되도록 하기 위한 방법을 강구한다.

대부분의 다른 심리치료적 접근들은 내담자가 상담자와 관계를 맺는 방식은 중요한 타인들과의 관계를 성찰하는 방식이라는 것을 가정한다. 그러나 실존적인 접근은 오히려 이것을 내담자가 자신과의 관계적 표현으로 본다. 이러한 생각은 사람들은 오직 자신에게 의미를 가지는 것에 대해서만 관계를 가질 수 있다는 개념에 기초하고 있다. 사람들은 단지 자기 스스로에 대해 인식하고 자신과 관계를 맺는 방식 안에서 세계를 인식하고 세계와 관계를 맺는다. 우리는 자신과 유사한 것에 주목하고 다른 사람들이 자신과 똑같이 되기를 기대하며 때때로 그들이 그렇지 않을 때 매우 놀란다.

이 동류의식의 원리는 투사와 내사 모두의 개념을 초월한다. 동류의식에서 우리는 친근한 것을 향하여 방향을 선회하고 현재의 상황 또는 우리가 관계를 맺고 있는 사람들에게 적합한 면을 드러낸다. 유사하게, 다른 사람들은 우리와 유사한 것을 드러내려 하고 이로 인해 우리는 그들 속에서 우리의 특별한 측면들을 드러낼 수 있다. 사람들은 자석 조각처럼 행동하고 자신들이 친밀감을 느끼는 것에 끌리고 합치되기 원하는 자신을 발견하게 된다. 우리는 이러한 방식으로 서로에게 숨겨져 있는 측면을 드러내게 된다. 하지만 우리는 또한 우리의 방식을 그들에게 강요함으로써 다른 사람들이 습관적으로 세계를 경험하는 방식을 왜곡할 수도 있다. 우리는 서로에게 몰입될 수도 있고 서로를 압도할 수도 있다. 우리는 우리가 다른 사람과 관계를 맺을 때 우리 자신을 변형한다. 심리치료에 있어서 우리가 주도하는 것과 다른 사람들이 주도하는 것을 구분하고, 내담자들을 각성시키고자 시도하는 역할을 하며, 때때로 우리는 그 두 가지가 상호적으로 작용한다는 것을 발견하게 된다. 우리의 대부분은 최대한의 유사성과 친밀관계를 위한 목표를 가지고 있다. 우리 중 어떤 사람들은 다른 사람들에게 자신의 관점을 강요함으로써 이것을 성취하며, 어떤 사람들은 다른 사람들의 견해를 수용하려고 함으로써 이것을 달성한다. 만약 이것 두 가지가 모두 가능하지 않다면, 우리는 아마 독립적인 자아를 유지하기 위하여 모든 관계를 회피하려고 할 것이다. 우리가 만약 행운이 있다면 우리는 좀 더 상호적 접근을 성취하기 위해 서로에게 협력적으로 일하는 것을 배울 수 있다. 여기에서 각자는 다른 사람들과의 관계로부터 새로운 어떤 것을 배우고 둘 모두는 만족감과 성장하는 기쁨을 얻게 된다. 실존심리치료는 정확히 그러한 협력적인 방식을 지향한다. 그 방식에서 변증적인 발전이 가능하게 되고 그러한 발전적 느낌은 내담자에게 교환적 결실을 만들어 준다.

내담자가 자신의 태도에 영향을 미치려고 시도하고 있거나 내담자가 실제로 자신에게 영향을 끼치는 방식을 깨닫게 되는 것을 상담자가 인식하게 되면, 상담자는 이것을 내담자 스스로 고려하고 숨겨진 의미를 이해할 수 있도록 격려한다. 이렇게 함으로써 상담자는 그러한 동기의 원인에 대해 해석해 줄 필요가 없게 된다. 단지 상담자는 내담자가 자신의 태도를 관찰하고 의도를 점검하도록 격려할 필요가 있을 뿐이다. 상담 회기는 내담자의 일반적인 사회적 상호작용으로부터 자신의 주관적 경험에 대한 성찰로 옮겨지는 과정이다. 이러한 과정은 내담자가 자신에 대한 성찰을 하지 않고 익숙한 상호작용으로 돌아가려 할 때마다 일어날 수 있다. 이것은 일반적으로 면접 대상자의 취약한 특성을 드러내고자 하는 어떤 영악한 면접관에 의해 사용되는 매우 단순하지만 미묘한 과정이다. 짧고 명백하며 공손하고 악의 없는 세부사항이 교환된 후에, 면접관은 곧바로 솔직하고 신속하게 개인적인 질문으로 초점을 옮긴다. 애거서 크리스티의 <미스 마플>[3]은 갑작스럽게 그리고 철저한 폭로로 이끄는 순진하고 상냥한 질문 기술의 실제에 대한 뛰어난 예시다.

상담자는 내담자와 이러한 의지적 논란에 참전하는 사람이 아니고, 내담자와 동맹자이며 내담자가 자신의 내면적 세계와 열망을 활짝 드러낼 수 있는 길로 내담자를 친절하게 초대해야 하는 사람이라는 것을 확신해야 한다. 내담자의 진솔성은 성과물이 아닌 자기성찰을 위한 선택으로 여겨져야 한다. 내담자가 이러한 선택을 하는 것에 대해 충분한 안전감을 느끼는 것은 주로 상황과 상담자에 대한 명백한 편안함과 관련되어 있다.

실존주의 임상가는 대화에 있어서 어떤 주제에도 참여하는 것을 거절하지 않으며, 많은 주제들을 스스로 이끌어 내지도 않는다. 상담자는 내담자가 사회적 주제의 뒷문을 통해서 자신의 주관적인 탐색 속으로 편안하게 들어가도록 허락한다. 그러나 동시에 상담자는 내담자가 이러한 뒤쪽 문에서 필요 이상으로 오래 머무르지 않도록 엄격하게 제한한다. 첫 번째 회기에서 상담자는 내담자가 주관적 경험의 세계에 대한 탐험으로 이동하도록 초대한다. 물론 이것은 상담자가 예리하게 내담자의 편견과 자신의 편견 모두를 알아야만 한다는 것을 의미한다(Deurzen, 2010; Deurzen and Adams, 2011).

그러므로 내담자는 자신의 의도와 태도를 숙고해 보도록 지속적으로 자신에게 되돌아간다. 내담자는 상담자와의 대화에 얽매여 있기보다는 스스로와의 대화를 가지도록 격려받는다. 예를 들어, 만약 내담자가 주말에 어디를 가야 하는지를

---

3) 역자 주―2013년의 영국 드라마

상담자에게 질문하면 상담자는 다른 누군가에게 하듯이 이 질문에 단순히 답변할 수도 있을 것이다. 이러한 간단하고 구체적인 답변을 준 후에 상담자는 다음과 같은 말하는 것을 통해 내담자의 자기탐색으로 다시 초점을 맞출 수 있을 것이다. '그것이 이와 같은 휴일에 당신이 가고자 하는 곳입니까?' 또는 '당신은 어떠세요?' 내담자의 연속적인 반응은 거의 변함없이 자신의 열망과 싫어하는 많은 것을 드러낼 것이다. 이는 그 주제가 내담자에 의해 나왔고 확실히 그에게 있어서 어떤 중요성이 있기 때문이다. 이것이나 저것이 매력적이거나 매력적이지 않은 이유, 그리고 이러한 관심이 어떻게 먼저 일어났는지에 대하여 초점을 맞추는 것은 자연스럽게 궁극적인 이슈에 대한 탐험으로 이끌어지게 된다.

또 다른 예시는 상담자가 급한 전화를 받느라 몇 분 동안 자신의 회기를 시작하지 못하고 기다리는 것에 짜증이 났다는 것을 말하는 내담자와 관련된 것이다. 상담자는 다음과 같이 말할 수 있었을 것이다. '기다리게 해서 죄송합니다. 기다려야만 하는 것이 당신을 화나게 한다는 걸 알아요.' 그러나 진심 어린 공감적 반응 후에 이 상황에서 그를 정말로 화나게 한 것이 무엇인지 탐색해 보도록 마음이 풀린 내담자를 격려하는 것이 필요할 것이다. 상담자는 아마 먼저 일반적인 의견에 대해 질문함으로써 이 이슈에 초점을 맞출 수도 있을 것이다. '이런 일들이 당신을 화나게 만든 것입니까?', 그리고 그런 다음에 내담자의 주관적 경험의 방향에 초점을 맞춘다. '당신이 기다리는 동안 당신 안에서 무슨 일이 일어났습니까?' 또는 '오늘 당신을 특히 짜증나게 만든 것이 무엇입니까?'

그러므로 내담자는 자신의 의견, 관점, 느낌, 생각, 감명, 반응, 가설들에 대해 가치판단을 덧붙이지 않고 관찰하도록 초대받는다. 빈번히 내담자들은 이러한 일들에 대해 익숙해 있지 않다. 많은 사람들은 전혀 그런 것에 대한 파악 없이 자신들의 내적인 경험에 수동적으로 따라가게 된다. 그들의 경험을 이끌어 주는 외부적 세계의 구조가 존재하는 한 그들은 편안해한다. 하지만 그들이 홀로 남게 된다면 그들은 상실감을 느끼게 된다. 많은 사람들에게 있어서 자신이 홀로 남게 되었을 때 자신의 생각과 느낌의 혼란으로부터 빠져나오려는 첫 번째 단계는 그것들을 분석하는 것이다. 분석하는 것은 매우 모호하고 혼동스럽게 보이는 어떤 것들에 대해 인식 가능하고 친숙한 외적 구조를 강요하는 방법이다. 이러한 방식으로 만들어진 자신의 내면적 세계는 오히려 억압적이고 제한적이고 비판적일 수가 있다.

실존주의 상담자나 심리치료사는 대부분 내담자가 실질적으로 자기 관찰을 수행하도록 주도해야만 한다. 인과적 설명으로 그것을 맞추려고 시도하지 않고 순간순간 떠오르는 모든 느낌과 견해에 주의를 기울임으로써, 내담자는 서서히 복잡한 내부세계의 근원이 자신임을 발견하게 될 것이다. 내담자는 경험의 특정한 측면에 사로잡힌 채로 남아 있는 것 대신에, 그것의 의미를 충분히 파악하고 자신의 원래 계획과 의도를 추적하기 위해 뒤로 물러나 있는 법을 배우게 될 것이다. 목표는 자신의 내면세계에 휘둘리고, 그것으로 인해 공포스럽게 되는 것을 멈추는 것이다. 이것을 위해 스스로 자기 자신과 대면하는 것이 필요하다. 상담자는 단지 제한된 시간 동안 내담자와 내담자의 내면세계 사이에서 중재자의 역할만을 할 뿐이다. 내담자가 자신을 신뢰하는 법을 더 빨리 배울수록 더욱 좋다. 우리 스스로의 소리에 대해 더 잘 귀 기울일 수 있고 내부적 작용에 대해 더욱 관심을 기울일수록 다른 사람과의 관계에서 발전을 이루는 것이 더 쉬워지게 된다.

이전 장에서 기술한 것처럼 치료적 작업의 전체적인 과정은 경험의 이러한 내적 원천을 향한 오솔길이다. 당신은 이것을 소유할 수 있으며, 이는 자신의 행동과 외적 관계의 핵심이 되는 심오한 본질에 도달하기 위한 자신의 존재 방식에 대해 더 깊이 사고하는 것과 명백한 관련이 있다. 이러한 사고는 지적인 분석의 사고가 아니라 이미 있는 것에 대한 집중적인 성찰적 사고다. 이것은 명상이나 철학적 사색과 매우 큰 유사성을 지니고 있다(Heidegger, 1957). 이미 거기에 있는 자기 스스로에게 빛을 비추는 것은 자신에 대한 존중과 주의집중의 문제이며 높은 IQ를 가지는 것에 의존하는 것은 아니다. 많은 영리한 사람들은 이러한 종류의 자기존중과 자신의 내적인 삶에 대한 주의집중이 부족하다. 많은 평범한 사람들이 자신에 대한 뛰어난 직관적 이해력을 가지고 있으며 자신의 내면적 세계를 존중한다.

심리치료와 상담적 접근은 일반적으로 개인의 생물학적이고 사회적이고 문화적인 조건에 주목을 하지만 사람들의 실존적 상황에 대해서는 거의 관심을 기울이지 않는다. 대부분의 사람들이 발견하는 것은 이러한 것에 대해 이해하기가 아직도 매우 어렵다는 것이다. 이러한 사실은 사람들이 홀로 있을 때 갖게 되는 이와 같은 종류의 경험으로부터 더욱 명백해진다. 그들이 신체적으로나 사회적으로 또는 문화적으로 느낄 수 있는 박탈감이나 소외감이 무엇이든지 간에, 그들은 자주 특정한 정체성으로 자신을 생각할 수 있으며 이것으로부터 힘을 얻을 수도 있다. 예를 들어, '남달리 유능한 사람' '전문성을 추구하는 사람' '흑인 여성' 등. 어떤 방식에서든지 다르게 되는 것은 가장 뛰어난 강점이 될 수 있다. 특히 그가 유사한 위치에서 다른 사람들과 함께할 수 있다면 이것은 매우 특별한 강점이 될 수 있다.

당신이 인간 조건의 기본적인 도전을 이해하는 것과 평화롭게 함께하는 것을 배우는 것 그리고 자신의 유한성에 대한 깨달음과 특히 끊임없이 반복되는 한계와 실패에 대면하는 것에서 힘을 찾는 것은 훨씬 더 어렵다. 생물학적이거나 사회적인 불공정함을 찾는 것은 상대적으로 쉽다. 그리고 특히 그것이 극복될 수 있는 것이라면 그것에 대항하여 연합할 수 있는 것은 좋게 느껴진다. 욕구와 불안전함의 현실 그리고 궁극적으로 병과 죽음으로 이끌려 가게 되는 것이 인간성의 토대라는 개념을 이해한다는 것은 더욱 어렵다.

많은 사람들이 끌어당겨서 씨름하기에 너무 어려운 것으로 보이는 이러한 도전들에 대해 잊어버리고 있다. 그들이 단지 도움이 되는 외부 활동에 맹목적으로 열중하는 것을 선호한다는 것은 놀라운 것이 아니다. 그러나 약간의 격려를 통해 그들은 종종 자신의 인간성과 피할 수 없는 한계에 대해 이해하는 여정을 즐겁게 시작할 수 있다는 사실을 발견한다. 불행하게도, 자아에 대한 탐험은 종종 외부의 성공을 성취하고 자신의 중요성에 대한 감정을 강화시켜서 더 강한 자아를 찾고자 하는 것과 동일시된다. 세상에서 자신의 지위에 대해 자신감을 느끼고 건강한 신체를 유지하는 것을 중요하게 여기는 것처럼, 건강한 자아에 대한 감각을 유지하는 것이 중요하게 느껴지는 과정에서 자아를 내적으로 성찰하는 작업은 오히려 더욱 도외시되는 경향이 있다. 사람들이 자신의 실존적 위치에 대해 분명해지며 가치와 목적에 대해 역동적인 감각을 가지는 것은 결코 흔하지 않다. 그러나 위기가 닥쳤을 때, 불가피하게 자신의 현실적인 실존적 위치는 다시 주목을 받게 될 것이다. 그리고 우리는 실제로 선택의 여지가 없으며 끊임없이 인간의 취약함을 드러내는 운명의 무자비한 진행에 대해 생각할 수밖에 없다.

어떤 사람들은 자신의 신체적, 사회적 환경에 대해 안전하게 느낌으로써 기본적인 인간성과 유한성에 대한 의문을 자신과는 상관없는 것으로 여긴다. 그들은 오직 당연하게 여기는 것이 의문시되는 불행에 직면했을 때만 그것을 대면한다. 그들은 비교적 작은 위기에도 갑작스러운 혼란 속으로 내몰리게 된다. 왜냐하면 그들은 오직 외부적인 것을 기반으로 하였기에 깊은 내면적인 안전이 없거나 혹은 매우 약하기 때문에 조그만 위기가 닥쳤을 때도 위협을 느끼게 된다.

이와 같이 외부적인 것에 초점을 맞춘 인생을 살아가는 많은 남성들과 전문직 여성들이 있다. 비록 그들은 규칙적으로 자신을 위해 많은 시간을 소비할 수도 있지만, 그 시간은 전형적으로 신문을 읽고, 인터넷을 뒤지거나, 자신을 온전히 외부적 존재로의 연결을 유지하는 어떤 방식에서 네트워크를 구축하는 것으로 소모된다. 갑자기 사랑하는 사람의 질병이나 죽음 또는 실직, 병환, 사고, 노화를 통한 그들 자신의 좌절이 닥쳤을 때 그들은 갑작스러운 고독의 진공 속에서 완전히 상실감을 느끼기도 한다.

위기 상담은 대부분 이와 같은 내적 자원의 결핍이 갑작스럽게 노출되는 것으로 인한 것이다. 그러므로 그것은 대부분 위기가 닥칠 때까지 기본적으로 외적인 안전을 당연시하던 사람들에게 필요하다. 그리고 특히 만일 그들이 이전에 고립 속에서 자신과 타협할 기회가 없었다면 더욱 그러하다.

이반 일리치의 이야기(Tolstoy, 1886)는 생생하게 이 점을 묘사하고 있다. 이는 어느 부유하고 성공한 남자가 갑자기 죽음의 절박함에 대면하였을 때 자신과 자신의 삶에 타협하는 갈등에 대해 묘사하고 있다. 그는 자신의 삶 모든 것이 잘못되었을 수도 있으며, 그동안 자신에게 깊은 의미가 있는 충만한 삶을 살아가는 것 없이 단지 외적인 성취만을 위해 인생을 낭비했다는 충격적인 깨달음에 직면하였다.

이반 일리치의 발견은 승리가 자신으로부터 자기를 소외시켰을 때 사람의 가장 큰 적이라고 주장했던 키르케고르의 발견과 유사하다.

그러나 사람들이 만일 여전히 어떤 특정한 위기가 발생하지 않으면서 또한 자

신의 물질적이고 대중적인 삶에서 여전히 성공하고 있는 한 그들은 심리치료사
나 상담자를 찾지 않는다. 사람들은 자신이 사회적 요구에 부응하고 있는 동안에
는 자신으로부터 소외되어 있는 삶을 온전히 받아들이는 것처럼 보인다. 하지만
자신이 편안하고 행운이 있는 기간 동안 자기 존재가 얼마나 궁핍했었는지를 인
식하게 되는 것은 이미 뒤늦은 시점이다. 이것은 오직 그들이 위기에 대한 직면을
통해 자신의 내면적 세계를 이해함으로써 이러한 몰락의 긍정적인 측면에 대해
감사하기 시작하면서부터다. 그들은 오직 스스로 역경과 실패, 그리고 유한성을
경험하는 과정을 통해 내적인 힘과 진실이 발견될 수 있다는 사실에 대해 감사하
게 생각할 수 있다. 내적인 자기확신을 발견하는 것은 기본적으로 겸손한 자세를
가지고 홀로 세계를 대면하려는 자신의 의지에 달려 있다.

　이러한 존재의 용기(Tillich, 1952)는 기본적인 안전의 결핍으로 인해 단순히 안전
함 자체를 옹호한다. 그러나 고립과 외로움의 중심에서도 확고하게 살아갈 수 있
는 삶은 오직 존재적인 불안전함과의 직면으로 인해 성취될 수 있다(Laing, 1960).
자기 존재의 기본적인 안전이 당연시되는 한, 사람은 모든 것이 자신을 위해 제공
될 것이라는 기대 속에서 살아간다. 이것은 외적인 편안함과 성취가 지속적으로
제공되는 행운에게 근본적으로 의존하는 것을 수반하게 된다. 내적인 자유는 이
기대로부터 해방되는 과정을 통해서만 얻어질 수 있다. 매우 흔히 사람들은 오직
자신이 처음으로 실패에 대면하게 되었을 때 내적인 자유의 가능성을 발견하게
된다. 이러한 반복된 실패와 위기에도 불구하고 많은 사람들은 이러한 역경이 곧
지나갈 것이고 삶은 내일 다시 안전해질 것이라는 희망을 가지고 있다. 그들은 불
운에 대해 도전하기보다는 기회를 무시하고 다른 사람을 의존하거나 망각을 통해
서 구원을 추구하고자 한다. 이러한 경우에 이들은 종종 현실과 자아에 대한 대면
을 회피하고자 하는 최후의 시도로 상담자와 심리치료사에게 호소한다.

　실존주의 임상가들은 구원자의 역할을 하려는 유혹에 빠지지 않도록 주의해야
만 한다. 심리치료사는 자신의 개입으로 내담자가 자신과의 관계를 강화시키는지
아니면 그 반대로 외적으로 추종하여 도망가려는 것에 더욱 열중하고 있는지를
점검해야 한다. 또한 상담자는 내담자의 양심이 역할을 제대로 수행하고 있는지

를 주시해야 할 것이다. 만일 내담자가 실존적 고뇌를 대면함으로써 자신의 내면 적 자유를 이해한다면 비로소 그는 내적으로 자기 자신을 재창조할 능력을 발견 하게 될 것이다. 이러한 능력이 없이는 어떤 외적인 진보도 궁극적으로 공허한 것 이 될 것이다.

비록 외부세계에서 조작과 거짓말이 계속되고 있다 하더라도 내담자는 진실이 발견될 수 있는 안전한 장소로서 항상 기댈 수 있는 내적 원천의 삶을 발견할 필 요가 있다. 심리치료사가 내담자에게 편의를 제공하려 노력하며 고통과 고뇌를 편안하게 해 주려고 시도하는 한, 내담자가 이러한 안전을 발견하는 것에 대해 오 히려 방해가 될 뿐이다. 그러므로 심리치료사는 진통제나 텔레비전 세트 혹은 친 절한 이웃의 역할을 피해야만 한다. 비록 내담자가 어느 정도 망각이 필요할 수 있을지라도 그 어떤 것보다도 더욱 상담자는 내담자가 홀로 자신의 실존을 대면 할 내면적 능력과 자신의 고유한 강점을 발견할 기회를 주어야 한다.

만일 어떤 사람이 자신의 활약과 대중적 존경 속에서의 지속적인 확신을 통해 자아감을 얻는 것에 익숙해 있다면, 이와 같은 발견을 통해 그를 돕는 것은 어려울 수 있다. 어떤 사람들은 흔히 자신에게 닥친 고뇌로부터 피할 수 있는 많은 방안 을 가지고 있는 것을 좋아한다. 그 자신이 불안전함과 소외와의 투쟁에서 자신의 안전함에 대한 환상을 재정립하는 위안을 선호하는 한, 이 문제를 해결하는 초점 은 없을 것이다. 어느 누구도 만약 자신이 익숙한 안전을 기꺼이 버릴 준비가 되 어 있지 않다면 삶에 대한 새로운 측면을 발견하지 못할 것이다. 실존주의 임상가 들은 선교사적 열정을 자제해야만 한다. 압박이 없다면 더욱 많은 환상이 무너지기 시작하고, 더 많은 탐색이 이루어질 때 내담자는 다시 돌아올 것이다.

심지어 내적으로 이미 완전하게 황량해져서 고독 속에 있는 사람을 도와주는 것 은 더욱 어려울 수 있다. 그러나 자신을 상실한 사람들은 물질적 위안과 존경받을 수 있는 외적 성취에 의지하기 전에 내적인 자유와 확신을 찾을 필요가 있다. 외 적인 것은 활동 속에서 잃어버린 영혼을 위로하려고 시도하는 유혹이다. 종종 이 것은 마치 자신이 필요한 모든 것은 단지 사회의 한 구성원으로서 존경을 얻는 것 으로 보일 수 있다. 의심할 여지없이 만약 빠른 재적응과 활동이 성격적 특이함과 삶에서 철수하는 것을 대체할 수 있다면 상담자와 심리치료사를 안심시키고 사회에 있어서 자신을 안심시키는 일이다. 그러나 대부분 이러한 방식에서는 얻는 것은 없고 많은 것을 잃게 된다.

회복을 위해 사회적 요구에 순응하도록 배운 내향적인 사람들은 보통 개인적인 자유나 내면적 열정이 전혀 없는 로봇으로서 기능하는 것으로 끝이 난다. 이와 같은 적응은 단지 매우 큰 대가를 치르게 되며 불가피하게 약물 등을 통한 인공적인 망각의 수단에 주로 의지하게 된다. 또한 이와 같은 사람들에게 그 기회는 도움이 되기보다는 더 오랫동안 심리치료사에게 의존하게 만든다.

어떤 사람이 외부세계로부터 소외와 깊은 외로움을 동반한 강렬한 고통을 겪고 있을 때, 차라리 미쳐버리는 것이 재적응보다 더 나은 해결책이라고 주장하는 사람은 아무도 없다. 깊은 절망에 빠진 사람들이 가장 원하는 것은 여전히 고립으로부터의 탈출이다. 어느 누구보다도 이러한 사람들은 내면적 힘을 발견할 준비가 되어 있는 것이다. 그러나 외부적 삶을 다루는 것에 대한 무능력은 자신들이 갈망하는 자유를 발견할 수 없도록 만든다. 만약 그들이 내부의 혼돈과 혼란에 대한 대면을 시작할 수 있는 안전한 장소를 찾지 못한다면 내적, 외적 세계 모두에서 고립 속에 빠져들 수 있다. 안전한 안식처와 내적인 안정감을 이루기 위한 투쟁에 있어서 어느 정도의 도움이 주어진다면, 그들은 매우 특별한 수준의 통찰력과 이해력을 발견하게 될 것이다. 이렇게 특별한 민감성을 가진 사람들이 외적 소외를 경험하고 결국 철수하게 되는 것과 같이, 이들이 고립 속에서 상실감이라는 커다란 위험 속에 있다는 것은 의심에 여지가 없다.

이와 같은 사람들은 종종 어떠한 형태의 도움에도 극단적으로 저항하는데, 그들은 이러한 도움을 간섭이나 자신들을 평범하게 만들려고 하는 시도로 생각하기 때문이다. 그들은 중요한 이슈를 설명하고 진실을 찾아주기 위한 어떤 도움도 그저 하찮은 것으로 인식한다. 어느 내담자들보다도 더 황폐하게 소외된 사람은 실존주의 심리치료에 반응한다. 이와 같은 사람과 심리치료를 진행하는 것은 정말로 심리치료사의 진정한 능력에 대해 시험할 수 있는 좋은 기회를 제공한다. 존재의 완전한 밑바닥에 처한 사람이나 잃을 게 더 이상 없는 사람은 실로 이것이 순수한 열정인지 아니면 허위와 속임수인지를 즉각적으로 알아차릴 것이다. 그 사람들의 개인적인 깊은 자아를 대면한 상담자만이 완전히 구렁에 빠져 있거나 낭떠러지에 매달려 있는 사람들에게 변화를 만들어 낼 수 있을 것이다. '실존주의적' 학파의 가치를 지닌 심리치료나 상담이 이러한 작업을 정확히 수행할 수 있을 것이다. 이러한 개입은 그들이 어디에 있든지 그들을 만날 수 있으며 또한 그들에게 다가설 수 있는 방법을 찾을 수 있으며 그들이 교착상태로부터 벗어나는 길을 찾아주는 데 도움을 줄 것이다.

사 례

숀이 상담자를 만나기 시작했을 때는 스물다섯 살이었다. 심리치료사는 2년 전 그가 정신병동에 있었을 때 그를 처음 보았다. 그러나 스스로 도움을 청하러 오게 된 것은 이번이 처음이었다. 그는 친구의 추천으로 실존주의 상담자를 찾았다. 상담자에 대한 그의 요구는 상담이 아닌 실존철학에 대한 지도를 받는 것이었다. 숀은 자신의 삶의 방식에 대한 직접적인 간섭에 대해 매우 의심스러워했다. 그는 단지 생활 속에서 불안전한 심리 상태로 인해 고통을 받고 있었기 때문에 정신과적 도움이나 심리치료에 대해 매우 부정적인 경험을 가지고 있었다. 그러나 그는 일시적인 정신의학적 도움 없이는 자신의 정신병적 상황에서 살아남을 수 없다는 것을 분명히 느꼈다. 그는 심지어 친구와 부모님의 도움 없이 오직 정신의학적인 도움과 약물에 대한 의존으로 살아가야 한다는 것을 더욱 분명히 느꼈다.

숀은 부모님과 함께 살고 있었고 대부분의 시간을 자신의 방 안에서 보냈다. 열여섯 살 이후에 그는 자신의 삶에 다른 사람들이 간섭하는 것을 막기 위한 방안으로 고독을 추구하게 되었다. 그는 '고독자'로서의 자부심을 가졌지만 여전히 그 과정에서 엄청난 절망과 공허함에 빠지는 것을 느꼈다. 그는 몇 년 동안 매우 뛰어난 학생이었고 명성 있는 대학의 철학과에서 매우 우수한 성적으로 학위를 받았다. 그러나 그가 공부하는 교과목들에 대해 역겨움을 느꼈으며 결국 삶과 철학은 학술적인 철학자들 위에서 길을 잃었다는 결론을 내렸다.

비록 그는 친구와 부모님으로부터의 지원을 감사하게 여겼지만 그들을 신뢰할 수는 없었다. 그는 자신을 도와주는 그들의 동기가 주로 자기와 자기의 삶을 통제하려는 것에 기초하고 있다고 의심하기 시작했다. 그가 가장 열망하는 것은 내면적 명료함에 대한 이해를 성취하기 위한 것이었다. 그의 내적 세계는 아직도 혼돈에 빠져 있었다. 그는 학위를 마친 후 2주 동안 자신의 방 안에만 틀어박혀 단지 물과 간간이 크림 크래커만 먹으면서 시간을 보냈다. 그의 건강상에 문제가 생기자 그의 부모님은 의사를 불렀고 숀은 신체적으로 그리고 정신과적인 치료와 돌봄을 받기 위해 병원으로 옮겨졌다.

그 사건에 대한 숀의 이야기에 따르면, 병원에 입원하고 단지 몇 주가 지난 후 그의 부모님은 그를 병원으로 데려온 것에 대해 후회하기 시작했다. 부모님은 숀이 약물에 취해 넋이 나가고 자기 자신을 잃어버리게 되는 것을 병세가 급격하게 악화되어 가고 있는 것으로 여겼기 때문에 큰 충격을 받았다.

결국 부모님과 병원에 근무하는 정신과 간호사들 중 한 명인 친구의 도움으로 숀은 병원에서 퇴원하였으며 다량의 흥분제가 투여된 약물을 끊기 시작했다. 그가 새로운 안정을 찾고 그의 방에서 TV를 보거나 벽을 응시하고 앉아 있는 것 이상의 어떤 다른 것을 시도하는 데 1년이 넘게 걸렸다.

실존주의적 가이드의 틀에서 그의 삶은 일상적인 생활로 구성되었다. 기상하고 옷을 입고, 조금 더 먹고, 목욕하고, 독서를 조금 더 하고, 자리에 눕는 것 등이었다. 그는 자신의 부모님이 암묵적이었지만 사회적으로 유용한 방식으로 행동하도록 그를 지속적으로 압박했다는 것을 예민하게 알고 있었다. 또한 그는 친구들이 그를 좀 더 활발하게 만들려고 시도하는 것으로 인해 끊임없이 놀랐다. 그는 모든 사람들이 안심할 수 있기를 원하고 있었고 그들의 선행에 대한 결과를 보고자 하는 소망이 있다는 것을 깨달았다. 비록 그는 이것에 대해 비판적이었지만, 그 역시 그것은 자연스럽고 논리적이라는 것을 깨닫고 있었다. 따라서 그는 더욱더 외로운 명상과 철수하고 싶은 자신의 욕구로 인한 갈등으로 더 많은 고통을 받았다.

그는 철학적 회기들이 자신에게 다시 일상생활로 돌아가라고 주입하려는 역겨운 시도가 되지 않도록 두려움과 회의적으로 접근했다. 동시에 그는 누구라도 할 수 있는 만큼의 현재적 삶에 대한 도전에 열중하며 새로운 통찰과 이해를 갈망했다. 비록 그는 얼마 동안은 고독한 삶에 절대적으로 헌신했지만, 그 고독한 삶을 수행할 새로운 방식에 대해서도 역시 예민해져 있었다. 주변 사람들은 숀이 활동과 인간관계가 필요하다는 사실을 모두 확신했다. 그러나 숀은 자신이 시작했던 일, 즉 자신과 자신의 삶을 이해하는 것을 끝마치는 것이 먼저 필요하다는 것에 대해 확신했다. 어떠한 능란한 재촉과 압력도 그에게 자신의 세계로부터 나와서 평범해지라고 설득할 수 없었다. 그가 원하는 모든 것은 자신 안에 있는 망각적 침묵을 직면하는 것이었다.

물론 숀은 그의 철학교사가 또한 심리치료사라는 사실과 머지않아 정신분석에 대해 논의를 시작할 것이라는 것도 잘 알고 있었다. 숀은 특히 고독과 철수하는 삶을 위한 자신의 필요성에 대해 이전 심리치료사들의 견해에 특히 몰두하였고, 그는 심리치료사가 옳았는지 틀렸는지에 대해 스스로 판단하기를 원했다. 심리치료사는 그에게 이러한 필요가 외부세계에서 투쟁하는 것에 대한 거부에 기초하고 있다고 시사하였다. 더 나아가 그는 삶에서 철수하려는 숀의 태도가 퇴행적인 행동의 한 형태이며 유아의 공생적 세계로 돌아가려는 시도라고 지적했다.

숀은 이러한 해석들에 대해 격노했고 심리치료사가 무엇이 실제로 진행되고 있는지에 대해 이해하는 것조차도 시작하지 못했다고 느꼈다. 그래서 그는 더 이상 그 심리치료사와 대화하기를 거부하였고, 그 결과 심리치료사는 즉각적으로 이러한 태도를 이전의 진단에 대한 확증으로 해석했다. 숀의 약물치료는 이것 이후에 상당히 증가되었고 숀은 이런 해석에 대한 명백한 실수에 엄청난 절망을 느꼈다.

그러나 이러한 에피소드는 그에게 상당한 충격을 주었고 그는 어쩌면 심리치료사가 옳았을지도 모른다는 것을 이해하려고 노력하기 시작했다. 그는 정신분석에 대해 탐독함으로써 그 이슈를 설명하기 시작했으며, 자신이 읽은 것을 바탕으로 자신의 내적 경험에 대해 토론하는 것은 그에게 현실에 대한 최초의 몰입을 제공하였다. 그는 이제 혼란스러운 것과 모순적인 것을 구체화할 수 있게 되었다. 그는 자신을 분석하는 것이 아니라 그 반대로 자신이 명료화시킬 필요가 있는 것에 대한 자신의 자각을 가다듬기 위하여 정신분석적 개념을 자신의 용어 안에서 사용하였다.

그에게 있어서 고독한 삶으로 철수해야 할 필요성은 퇴행과는 거리가 먼 것으로, 실제로는 진보적이라는 결론에 도달하게 되었다. 그는 외부세계로부터 도망쳐 숨지 않았다. 그는 그것을 두려워하지도 않았고, 그것과의 투쟁을 거절하지 않았다. 그가 말했던 것처럼 그는 단순히 '실존적 훈련' 속에 있었다. 그는 지난 몇 년간 의기양양한 심리치료사들이 편안한 이론적 안위 속에 있는 것보다, 훨씬 예리하게 인간의 어려움과 삶의 문제를 직면했다는 사실을 매우 강하게 느꼈다. 이제 숀은 반대적 상황에 직면한 어떤 것을 가지고 있었기에 더욱더 활동적인 방식에서 행동하기를 시작했다.

그는 심리치료에 대한 사회정신의학과 대안적 접근에 관한 책을 열정적으로 읽었으며, 지식에 대한 질문을 준비했다. 그곳에는 자신의 경험을 통해 비판하고 교정해야 할 많은 것들을 가지고 있었다. 그는 특히 자신의 행동이 가족들의 잘못된 관계적 상황에 대한 반응이었다는 관점에 동의하지 않았다. 이것은 또한 그가 병원에 입원해 있는 동안 자신과 부모가 함께 가졌던 몇 번의 가족치료 회기에서의 나쁜 경험과도 연관되었다. 그는 이 경험이 병원으로부터 나올 수 있도록 그를 지지해 준 부모님의 결정에 기여했다고 생각했다.

이 가족치료 회기에서의 분명한 가정은 근본적으로 부모와의 관계에서 잘못된 무언가가 있다는 것이었다. 다시 말해, 그와 그의 엄마 사이에 공생적 결합이 있음에 틀림없거나 또는 어떤 방식으로든 그가 성장하지 않도록 만들었다는 것이 제시되었다. 숀은 이러한 가족치료적 개입이 도움보다는 자신이 성취하고자 노력했던 과업을 방해했다는 것을 느꼈다.

전문적으로 그를 도와주려고 시도했던 모든 사람들은 자동적으로 그의 행동이 잘못되었다고 가정했다. 그들은 이것이 어떤 잠재된 병리적 증상이라는 사실을 보여 주려고 노력했다. 어느 누구도 그의 행동이 옳고 의지적일 가능성에 대해 고려하지 않았다. 그의 행동이 자신을 고통스럽게 만들었기 때문에 모든 사람들은 그것이 잘못된 것이라고 가정했다. 대신에 그가 원했던 것은 어느 누군가가 일시적으로는 유일하게 옳은 태도였던 자신의 행동에 있어서, 단지 자신을 독려하지 말고 그러한 행동 안에서 자신이 좀 더 효과적이 될 수 있도록 도와주는 것이었다.

실제로 그는 엄마와 친밀한 관계를 가졌는데 그는 이것을 병리적인 어떤 것으로 서가 아닌 일종의 자산으로 여겼다. 엄마와의 친밀한 관계는 그가 자신의 내면세계를 자각할 수 있도록 만들어 준 부모님의 위대한 민감성이라는 사실을 매우 확신했다. 그는 이것이 일반적으로 기대되는, 즉 피상적 방식을 통해 외부세계에서 살아가는 것을 어렵게 만들었다는 사실을 의심할 여지없이 확신했다. 또한 그는 이것이 결코 엄청난 상실이 아니라는 것을 의심하지 않았다. 그가 만약 자신의 방식에서 스스로를 이해할 수 있다면, 또한 이것을 가치 있는 것으로 여긴다면, 다른 사람들이 수행하고 있는 어떤 것을 건설적으로 활용하는 것보다도 더 좋은 장비를 갖추게 될 것이라는 사실을 강하게 느꼈다.

그가 자신의 정신적인 문제를 의심했던 유일한 순간은 부모님이 자신을 정신질환이 있는 사람으로 여겨서 병원에 입원시켰을 때였다. 만일 그들이 고독의 필요성에 대해 더 이상 이해하지 않았다면, 그가 자신을 지속적으로 신뢰하기가 더욱 어려웠을 것이다. 그가 다양한 심리치료에 노출되어 접하게 되었을 때, 이러한 심리치료들이 그에게 문제시되었던 것을 지식적으로 신뢰할 만한 설명적 모델을 제공함으로써 그를 더욱 혼란스럽게 만들었다. 이것은 그의 내적 현실에 대한 견고함을 거의 상실하게 만들었다. 그가 생각하기에, 이것이 그가 자신에 대해 정상적인 수준의 확신으로 돌아오도록 하는 데 2년이 넘게 만든 이유였다. 그의 정신을 온전히 지키도록 만드는 유일한 방법은 스스로 많은 시간을 갖도록 하는 것을 통해서였다. 그는 자신의 진실이 스스로에게 확실해지기 전에는 외부세계에 대항하여 자신의 진실을 주장할 준비가 되지 않았던 것이었다. 외부세계로부터의 간섭은 그를 뒤로 물러서게 만들었고, 따라서 삶의 전체적인 측면에서 철수하는 것이 유일한 해결책이었다.

이 탐험과 발견을 통해 그리고 개인지도의 강력한 관계로 인해 숀은 치료적인 측면에 대해 인지할 준비가 되었다고 느꼈다. 일단 그가 자신의 내적 세계가 조롱받을 만한 것은 아니며, 병리적이거나 이론적 틀에 비추어서 부적절하다는 것이 아니라는 사실을 확실히 느꼈을 때, 그는 자신이 여전히 혼란스러워하는 것에 대한 다양한 이슈를 명료화하기 위해 도움을 요청했다.

1년 6개월 동안의 이러한 개인지도는 숀에게 있어서 자신과 관련된 능력에 대한 확신을 충분히 그리고 명철하게 꾸준히 증가시켰다. 마침내 그는 자신의 존재에서 스스로 중심이 되기를 원한다는 것에 대해 확실하게 느꼈다. 그 자신과의 계속되는 대화가 매우 확실하고 진실했기에, 그는 그것을 동일하게 다른 사람들에게도 명백하게 전달할 수 있다는 것을 느꼈다.

심리치료사와의 상의 없이 그는 철학적 개인지도를 홍보하기 위해 자신에 대한 소개를 여러 신문에 광고를 냈다(그는 결국 철학 전공 학위와 자신의 삶의 경험을 갖게 되었다). 또 다른 1년 반 안에 그는 임대한 사무실에 정착했고 (가끔씩은) 그 자신을 위한 삶을 (자기 스스로의 힘으로) 살았다. 또한 그는 석사학위도 진행 중이었다. 그에게 있어서 철수하는 단계는 끝이 났다.

숀은 얼마 동안 계속해서 심리치료사를 만났고 그가 현재 해결하기 위해 가장 필요로 하는 이슈는 다른 사람들과의 관계였다. 그것은 그가 자신에게 있는 문제들을 명료화한 후에 비로소 다음 단계의 장애물에 도전하기 위한 준비가 필요한 것이었다. 내면으로 향해 가서, 내적으로 안전함을 느낀 후에 이제 외부세계로 이동하는 때가 된 것이었다. 이제 그는 내면적 실제를 창조했고 필요할 때마다 그 자신을 재창조하는 방법을 알았기 때문에 외부적 세계와 다른 사람과 함께하는 행동을 통해 그 자신의 존재를 확신할 준비가 되었다.

❋ 행동과 책임

내담자들이 안전한 평안함과 정신적 본질에 대한 접근을 얻게 되는 순간, 그들의 행동과 세계에 대한 참여는 더욱더 보람차게 될 수 있다. 순간적인 충동에서 맹목적인 선택을 하는 것 대신에 이제는 내적인 동기와 조화를 이룬, 잘 이해된 결정을 하는 것이 가능할 것이다.

분명히 현실에서 이러한 그림은 대부분의 내담자들에게 있어서 이것보다는 훨씬 목가적이지 않다. 수년 동안 자신들의 상황에 대해 고려하기 시작한 후에도 그들은 여전히 억압을 느끼는 상황에 얽매여 있다는 사실을 발견하게 될 것이다. 자신의 삶에 대해 책임지는 가능성을 깨닫게 되는 것이 자동적으로 이상적인 상황으로 이끌어 가지는 않는다. 우선 그곳에는 즉각적으로 버려질 수 없는 굳어져 있는 습관과 과거의 상황에 대한 광대한 영역이 남아 있다. 두 번째로, 책임을 지는 과정은 보통 망각과 의존에 대한 동기부여의 형태로 모순과 방해에 얽혀 있다. 세 번째로, 가장 진지하게 자율적인 삶의 방식을 택하는 사람들에게서조차도 선택은 불가피하게 항상 제한되어 있다.

그러나 자유롭고 자율적인 어떠한 사람도 완벽한 삶을 살 수는 없을 것이다. 어느 누구도 개인적인 목적과 이상을 위해 유능하게 모델적인 삶을 이끌어 갈 수는 없을 것이다. 삶은 어떤 사람의 의지적 힘보다도 더욱 강력하며 불굴의 의지를 가지고 있다. 심지어 가장 결단력 있는 사람도 결국 자신의 한계를 알아야만 하며 자신의 모든 열정을 채울 수 없다는 것을 받아들여야만 한다.

끔찍하고 절망적인 상황으로서 인간 조건에 의해 부과된 이러한 한계들을 보는 것은 가능하다. 또한 그것들을 주어진 틀로서 보는 것이 가능하며, 그 틀 안에서 한 개인이 예술적 작품으로 자신의 개인적 삶을 창조하는 것은 가능할 것이다. 모든 예술가들이 자신의 작업에 부과되어 있는 한계와 적절히 타협해야 하는 것과 마찬가지로, 모든 사람들은 자신의 삶에 주어진 조건과 타협해야만 한다. 사실 사람은 주어진 경계를 인식하는 과정을 통해 이러한 범위 내에서 존재하고 있는 미개척된 가능성을 고려할 수 있을 것이다(Camus, 1942; Tillich, 1952).

한 개인이 주도하는 어떤 행동도 자신의 상황에 부여된 현실로 말미암아 드러나게 된다. 자신의 행동과 태도에 의해 그 상황에서 새로운 업적이 만들어질 수 있는 범위는 주로 자신의 행동을 실행하는 것에 대한 인식에 달려 있다.

내담자들에게 있어서 그들이 어떤 희생을 감수할 준비가 되어 있지 않은 어떤 행동을 수행하라고 격려하는 것은 좋은 일이 아니다. 비록 내담자는 심리치료사들에 의해 제공된 어떤 행동들에 대해 명시적이거나 혹은 암묵적인 요구에 순응할 수도 있지만, 그는 결국 자신의 순응적인 태도에 대해 분개하게 될 것이다. 이러한 점에서 내담자는 자신이나 자신의 삶에 대해 불쾌감을 경험할 수도 있고 또는 저항하여 반항하거나 거역하는 것을 결정할 수도 있다. 대부분의 내담자들은 현재의 삶의 방식에 있어서 혐오적인 지점에서부터 출발한다. 세상에 대한 각성은 종결해야 하는 지점이 아닌 실존적 작업이 시작되는 지점이다.

　자연스럽게 모든 사람들은 자신의 상황과 일상 활동에 있어서 만족스럽지 못한 많은 것들을 가지고 있다. 설령 만족스러움이 있을지라도 그들 자신에 대해 이상적인 상황과 헌신을 발견하는 사람은 거의 없을 것이다. 그러므로 최근의 모든 상황이 괜찮은 척하는 어떤 내담자도 실존적인 접근이 목표로 하는 행동적 자기성찰의 단계에 이르지 못할 것이다. 이와 같은 자기성찰은 앞에 놓여 있는 위험과 개인의 행동이 어떤 부정적인 결과를 초래할 것인지 명확히 볼 수 있는 능력으로 특징지어진다. 또한 그것은 어느 정도의 자기부정에 의해서도 모범적인 예가 된다. 만일 실존적인 접근이 어떤 경우에 있어서 순전히 일방적으로 이상적인 수행만을 부추기면 아무것도 얻을 수 없다. 그것이 얼마나 만족스럽든지 간에 맹목적인 열광은 맹목적인 숙명주의에 반하여 선호되는 것이 아니다. 물론 그 반대도 동일하게 옳은 것이다.

　실존적인 심리치료를 받기 위해 온 대부분의 내담자들은 극도의 열정과 숙명 양극단 사이의 어딘가에 있는 자신을 발견하게 된다. 대부분, 그들은 자신의 인생에 대한 명백한 인식 없이 자신의 삶을 수행했거나, 자신이 환경의 무력한 희생자로 판명되는 가여운 모습에 대해 후회한다. 그들은 종종 자신을 위해 무언가를 해야만 한다고 느껴지기에, 삶에서 앞서 나갈 수 있는 어떤 활동을 발견하기 위해 상담자 또는 심리분석가에게 찾아온다.

　내담자들은 심리치료의 실제적인 결과가 즉각적으로 나타날 수 있을 것이라고 생각하고 싶어 한다. 그들은 종종 자신의 삶에서 물질적이고 상황적인 변화에 매우 욕심을 낸다. 왜냐하면 그들은 단지 과거에 가지고 있었던 것을 상실했기 때문이거나 그것을 제거하기를 원하기 때문이다. 두 가지 모든 경우에 있어서, 강조점은 흔히 빠른 교체에 대한 기대다. 새로운 헌신을 향해 도망하기 때문에, 내담자들은 빈번히 더욱 견고한 기초 위에 자신의 존재를 세우기 위해 열린 기회들을 무시하게 된다. 더더욱, 많은 상담자들도 신속하고 구체적인 결과를 위한 자신들의 갈망으로 인해 문제의 한 부분을 만들기도 한다.

현대문화에 있어서 균형은 활동의 방향과 속도에 초점을 두고 사색과 평안에서부터는 멀리 떨어져 있기에, 비록 대부분의 사람들이 이러한 것으로 인해 압박감을 느낄지라도 그들은 이러한 기준에 의해서 자신을 평가한다. 사람들은 주로 보이는 활동에서 어떤 구체적인 결과를 성취하는 경우에만 만족감을 느낀다. 그들의 성취감은 그들이 실제로 하루 동안에 수행할 수 있는 것의 양과 비례한다. 올바른 활동으로부터 잘 선택되고, 특별한 헌신으로부터 얻어지는 잘 수행된 성취감은 점점 드문 경험이 되어 가고 있다.

만일 실존주의 상담자가 진정한 성찰과 이해를 위해 안락한 분위기를 제공하려 한다면, 그는 이 영역에서 사회적인 기대에 순응하려는 자기 자신과 내담자의 시도를 조심스럽게 살펴보아야 한다. 그는 내담자를 돕고 있는 활동이 자신을 위한 의미를 창조한다는 것을 기억해야만 한다. 이것은 사회적 기대 자체를 만족시키려는 희망에서 어떤 활동을 창조하지 않아야 한다. 행동을 이해하기 위해서 자기주도적이 되어야만 한다. 진정한 헌신과 의도에서 나온 행동은 그것의 결과와는 무관하게 엄청난 만족감을 가져다줄 것이다.

의미 있는 삶을 만드는 것은 올바른 태도를 찾고 그 과정에 몰두하는 것에 관한 것이다. 이것은 순전히 목표 지향적이거나 단지 얻어진 결과를 통해서만 중요성을 지니는 것이 아니다. 자신의 내담자들과는 달리 실존적인 상담자는 결과에 과도한 관심을 두어서는 안 된다. 올바른 태도를 발견하고 내적인 성찰의 과정을 통해 그것을 유지하는 것에 집중하는 것은 가장 중요한 점이 될 것이다. 긍정적인 결과가 이러한 종류의 태도로부터 흘러나올 것이라는 사실은 이러한 과정을 더욱 더 가치 있게 만들어 준다.

물론 몇몇 사람들에게 있어서 자신들의 생존을 안전하게 지켜줄 수 있는 행동을 주도하는 능력은 충분히 그 자체로 보상적일 수 있다는 사실을 마음속에 갖고 있어야만 한다. 그러므로 그들은 곧 자신의 존재적 상황이 무엇이든지 간에 생존을 위한 단순한 능력에 대해 일시적으로 만족하게 될 수도 있다. 그러나 이것은 많은 이들에게 있어서 올바른 것은 아니다. 대부분의 내담자들은 거의 의미 있거나 보상적인 것이 아닌 활동에 참여하고, 때로는 그들이 더 이상은 생존하고 싶지도 않은 데까지 이르게 된다.

앞에서 충분히 그리고 확실하게 언급된 것처럼, 이러한 상황에서 앞으로 나아가기 위해 필요한 최우선적인 사항은 내담자가 내면적 침묵의 무자비한 정직함 속에서 스스로와 대면하는 것이다. 이것 없이는 어떠한 건설적인 것들도 일어나지 않을 것이다. 내담자들이 외부적 관찰자의 시각을 통해 자신의 상황을 인지하고 묘사하게 되는 한, 자신의 동기에 대한 내적 원천과 어떤 접촉도 이루어지지 않을 것이다. 그는 자신의 곤경에 대한 가치판단으로 가득 찰 것이다. 그가 특별히 고통스러운 시간이라고 여기거나 특히 자신을 약하거나 부족한 사람이라고 생각하는 것은 명백할 것이다. 어느 경우에서든지 그는 자신에 대해 부정적인 평가를 내리게 될 것이고 그러한 상황에 처한 자신을 발견하게 될 것이다. 빈번히 이러한 시간 동안 내담자는 끔찍한 상황에 있는 자신을 발견하며, 기본적으로 불행하거나 이와 같이 다루기 힘든 사람과 함께하는 상담자를 확신시키기 위해 몰두할 것이다. 비록 모두는 아니지만 상담 회기의 초기에 흘리는 많은 눈물은 이러한 자기연민의 표현이다.

이러한 초기의 자기 면죄를 대함에 있어서 심리치료사의 가장 효과적인 태도는 찬성하지도 그리고 반대하지도 않는 것이다. 내담자를 간곡하게 격려하는 것은 공감적으로 또는 감상적으로 손수건을 제공하는 것만큼이나 비효과적이다. 대신에 상담자는 견고하면서도 편안한 태도를 취해야 한다. 그는 이 상황을 자기만족하는 일반적인 인간적 반응이라는 인식과 함께, 자신의 경험과 자기성찰로 인해 붕괴될 필요성을 인식하는 것으로 예상해야만 한다. 상담자는 사람들이 스스로 생각했던 것보다는 덜 끔찍하며, 일반적으로 어떤 일이 일어나든지 대처할 수 있는 내적인 힘을 소유하고 있다. 내담자가 그런 결론을 인정한다면 가장 큰 도움을 받게 된다는 사실을 알게 될 것이다.

존재의 가장자리를 부드럽게 할 수 있는 작은 자기만족감은 전혀 문제가 되지 않지만, 실제적 이슈를 직접적으로 대면하는 것이 오히려 외적으로 드러나는 방식과 관련된 어떤 간접적인 정서보다도 크게 열정적이 된다. 상담자는 내담자가 자신의 상황에 있어서 공적 세계의 평가와 관련되는 것을 피해야 한다. 대신에 그는 불만족스러운 상황이나 자기 이미지로부터 발을 빼려는 내담자의 노력에 대해 초점을 맞출 수도 있다.

예를 들어, 내담자가 지겨운 직업에 고착되어 있는 자신이 싫다고 표현할 때, 상담자는 이것을 삶의 선택에 대해 조사하는 과정을 시작하는 표시로서 이해한다. 그러면 상담자는 내담자가 이러한 각성을 기회로 만들 수 있도록 도와줄 것이다. 그는 내담자가 후회할 수도 있는 삶에 대해 동기를 부여하도록 느끼게 만드는 인식적 자원으로서 가능하게 해 줄 것이다. 물론 자기성찰과 함께, 내담자는 다른 직업이 아닌, 자신에게 필요한 것이 다른 태도라는 사실을 발견하게 될 것이다. 반대로 내담자는 직업을 바꿀 필요가 있으며, 그 자신이 건설적인 행동을 취하는 것 대신에 끙끙 앓는 소리를 통해 더 나은 직업을 위해 준비하는 것으로부터 자신을 보호하고 있다는 것을 발견하기도 한다.

궁극적인 결과가 무엇이든지 간에, 상담자는 내담자가 먼저 자신의 상황을 조심스럽게 점검해야 하는 것을 분명히 해야 한다. 자신이 실행하는 것에 대한 현재의 태도를 자각하는 것은 이 과정에서의 첫 번째 단계다. 이것은 이전 장에서 서술한 것처럼 일반적으로 온전한 실존적인 탐험과 관련이 있다. 개인은 가장 익숙한 의도들이 인식되고 이해될 때 비로소 행동이 이것들과 통합될 수 있다.

구체적으로 행동을 고려하는 것은 어떤 빛이 내담자의 열망과 갈망에 비추어져야 하는 것을 필요로 한다. 모든 행동은 비록 그것이 불충분할지라도 사람에게 어떤 것을 제공하려고 하는 목적을 지니고 있다. 크게 성공한 행동에서 사람은 자신의 노력과 주도적 계획을 통해서 자신이 깊게 열망한 것뿐만 아니라 자격이 부여되었다고 느끼게 된다.

자격에 대한 이러한 생각은 행동을 고려할 때 꽤 중요하다. 매우 낙심하거나 패배적인 행동은 성공의 가능성에 대한 확신이 부족하게 된다. 확신의 부족은 자격의 부족에 기인한다. 이러한 단순하고 자기증명적인 생각은 분명히 지배적인 그룹이나 개인의 곤경상태에서 드러난다. 미국의 흑인들이 자유를 위해 싸우기 시작한 것은 필요했던 시간보다 더 오래 걸렸다. 왜냐하면 그들 중 많은 이들이 조용히 향상된 상황에 대해 감사함을 느꼈고 평등과 자유에 대한 자격을 깨닫지 못했기 때문이다.

　많은 여성들은 여성 인권운동에 관련되길 원하지 않았다. 왜냐하면 부분적으로 그들은 그 권리와 특권을 찾기 위해 그것에 권한을 부여할 필요성을 느끼지 못했고 열망하지도 않았기 때문이다.

사 례

　상담 작업에서 줄리아는 집에서 자신의 사생활을 위해 자신만의 방을 가져야 하는 권리에 대한 인식을 위해, 이것을 순수하게 갈망하기까지 거의 2년이 걸렸다. 줄리아는 45세의 가정주부다. 그녀는 자신에게 주어진 안전과 사랑의 용어 안에서 엄마와 아내가 되는 것이 특권으로 생각되었기 때문에 자신의 개인적 공간을 위한 권리를 주장하는 것에 대해 두려워하였다. 그녀는 개인적인 공간에 대한 권리를 주장하는 것이 집의 나머지 영역에서 절대적인 힘과 안전에 대한 자신의 권한을 변경시킬 수도 있다는 것을 직관적으로 이해했다. 만일 그녀가 자신의 전반적인 유용성과 너그럽게 섬기는 태도를 그만두면 그녀는 또한 남편과 자녀들이 제공하는 헌신된 고마움을 상실할 수도 있을까 봐 두려워했다.

　줄리아에게 있어서, 자신의 권리를 주장하는 것은 다른 특권을 포기하는 것을 의미했다. 그녀는 자신이 독립하는 것에 있어서 몇몇 마음이 내키지 않는 시도들을 했다. 그런 후 그녀는 변화를 위한 선택을 확신하기 전에 자신의 행동에 대한 결과를 생각해야만 한다는 사실을 깨달았다. 그녀가 결심을 하고 변화가 필요하다는 것을 깊이 있게 확신하게 되자, 그녀는 또한 자기 행동의 논리적인 결과를 받아들일 준비를 했다. 예를 들어, 가족에 대한 그녀의 독립은 가족들에게 더 큰 독립을 허락한다는 것을 의미한다. 모든 연관된 것에 있어서 가장 좋을 수 있다는 것을 그녀가 깨달았을 때 그녀는 자신이 매우 유용한 방식으로 자신이 원하는 것을 얻을 수 있도록 스스로에게 허락하였다.

　유사하게 자신의 지루한 일에 대해 끊임없이 불평했던 질은 자신의 불평을 활용하여 전문적인 일상 속에서 더 나은 권한을 부여받을 수 있는 방법을 깨닫게 되었다. 자신의 불평에서 질은 따분한 직업에 환멸을 느끼는 자신의 권리에 대해 다른 사람으로부터 확인받고 싶어 하였다. 그녀는 자신이 전문적인 삶에서 획득하기를 원하는 것에 대한 의미를 다른 사람을 통해 확신받고 싶어 하였다. 그녀는 그것을 갈망했고 그것을 어떻게 수행할지를 알았다. 그러나 그녀는 그것을 주장하는 것이 자신에게 옳은지에 대한 확신을 갖지 못했다.

　그녀가 처음에 자신의 의도에 대한 확신이 부족함을 인지했을 때 대부분의 사람들처럼 자신의 양육과정에서 이것을 설명하려고 했다. 그녀는 스스로 생각하기에 아버지의 엄격함과 어머니가 자기에게 전문적으로 성공하지 말라고 말한 것이 이러한 믿음의 부족에 대한 원인이라는 것을 자세히 설명하였다. 이것과 관련된 많은 것이 중요하고 진실이다. 그러나 이것은 원인들에 대해 골똘히 빠져들게 만들어서 그녀를 앞으로 나아가게 하는 것을 막았다. 질이 다른 직업에 대해 의미를 두지 않으려는 자신의 생각이 이와 관련된 결과라는 직관적인 이해보다도 더 많은 것을 깨닫기까지 1년이 넘게 걸렸다.

　그녀는 자신이 일하고 있는 회사에서 다른 지위를 획득하는 것은 어쩔 수 없이 자신의 동료들로부터 고립당하게 된다는 것을 알았다. 비록 그녀는 승진과 함께 부여되는 권력에 대해 열망했지만 그녀는 자신의 개인적인 삶에 있어서 그것이 주는 결과를 두려워했다. 그녀는 지금처럼 지지받기보다는 질투를 받게 될 것이다. 그녀는 자신의 동료들로부터 겪을 수 있는 이러한 소외에 대한 준비를 하지 못하였기에 두려움을 느꼈다. 사실 그녀는 자신의 일에 대해 환멸하는 것과 관련된 특성을 꽤 즐기고 있다는 것을 깨닫기 시작했다. 그것은 그녀 주변의 사람들로부터 동정적인 표현을 제공받기 때문이었다.

　그녀는 곧 지루한 일에 대한 끊임없는 불평이 자신의 업무에 대해 매우 능숙한 기술적 평판과 함께 동료들 사이에서 일종의 사회적 위치를 자신에게 제공하였으며, 이것은 자신을 가장 즐겁게 한다는 사실을 발견하게 되었다. 이러한 시각에서 그것을 주시하는 것은 또한 현재의 힘에 대한 자신의 착각과 조작에 기반하고 있다는 사실을 볼 수 있도록 만들어 주었다. 처음으로 그녀는 승진을 위한 자신의 능력을 시험해 보는 것에 대해 심각하게 고민하기 시작했다.

그녀가 경영자 과정을 밟으면서 그녀는 부모님이 실제로 자신의 야심에 대해 엄청난 지지를 보냈었다는 더욱 많은 증거를 얻게 되었다. 그녀가 더 나은 직업에 대해 의미를 부여하지 않는 것은 자신의 교육으로부터 기초된 것이 아니라는 사실을 깨닫기 시작했다. 새로운 역할이 수반하는 의무에 대한 그녀의 두려움을 깊이 생각한 후, 그녀를 주저하게 만드는 것은 아무것도 남아 있지 않았다. 질은 새로운 전문적인 직업을 시작했고 성공에 대한 자신의 동기부여에 대한 기대를 인식하기 시작했으며, 자신의 책무에 있어서 분명하였으며 실패하지 않기로 결단을 내렸다.

헌신과 함께 오는 권한과 책무의 명백한 공식은 의식적인 의사 결정에 대한 접근을 확보하기 위한 유일한 방법이다. 가능한 결과와 의미를 이해하고 인식하는 것에서 수행된 참여는 우연한 것보다 훨씬 충만하게 끊임없이 만족감을 준다. 물론 어떤 수행이 충분히 자유로운 선택으로 이루어질 때조차도 실수할 가능성은 여전히 있다. 그러나 제때에 이와 같은 실수를 인식하는 것은 적절한 조정을 만들어 내기가 더욱더 쉬워질 것이다.

사 례

나오미는 자신의 선택에 있어서 분명한 자각을 통해 대부분의 삶에 대한 결정을 내렸다고 생각하였다. 그리고 자신은 전반적으로 이러한 방식에서 유익하고 좋은 선택을 만들어 낼 수 있었다고 생각했다. 스물두 살인 나오미는 자신의 연령대보다 성숙하고 평균 이상의 지능을 지닌 자신을 자랑스럽게 여겼다. 언젠가는 자신이 상담자가 되는 것에 관심을 갖게 될 것 같아서 스스로 상담에 임했다. 그녀는 자신에 대한 통찰과 다른 사람에 대한 이해를 보여 주는 방식 안에서 자신과 자신의 삶을 잘 설명했다.

특히 그녀는 수년 동안 지속해 온 부모의 갈등을 정확하게 인식하고 있었다. 그녀는 부모가 하고 있는 잘못들에 대해 예리한 분석을 해 주었다. 그녀는 또한 자신의 생애 전반에 걸쳐 그들이 자신을 올바른 방향으로 이끌기 위해 노력했던 방식과 자신의 결정에 상관없이 그들의 지도를 받아들일 수밖에 없었던 방식에 대해 자세히 이야기했다. 그녀는 법학서를 탐독하는 것을 선택하기보다는 대학에서 부모가 원했던 어학공부를 선택했던 방식에 관련된 예를 들었다. 그녀의 원래 의도는 예술학교에 가거나 또는 철학을 공부하는 것이었지만, 그녀는 부모님의 뜻을 거스르지 않았다. 그녀는 실제로 미래의 취업 가능성과 관련하여 그녀의 부모가 얼마나 현실적이었는지에 대해 이해하고 있었다. 그녀는 자신을 위한 부모의 선택에 굴복한 것이 아니라 직업적 기회에 관한 그들의 충고를 마음에서 통합할 수 있었다.

순수한 관심에서 벗어난 타협으로 인해 선택한 학업이 과연 즐거운 것인가에 대한 질문을 받았을 때 비로소 그녀는 자신에 대한 스스로의 만족도가 낮다는 것이 보이기 시작했다. 학업이 즐겁지 않았고 그리고 언어를 가르치거나 번역하는 일을 대신할 직업을 찾아야 한다는 생각이 명확해졌다.

그녀가 현재의 성취에 대해 만족하지 못하는 것을 인정했을 때에도 그녀는 여전히 자신의 운명을 완벽하게 통제할 것처럼 보였다. 그녀는 만족스럽지 못했던 학업을 보충해 준 다른 만족들에 대한 주제를 소개하며, 지난 몇 년 동안 남자친구인 애덤과 어떻게 지냈는지를 말했다. 여기서 다시 그녀는 자신의 존재에 대해 온전한 책임을 지니고 있었던 방식에 대해 자축하는 인용을 덧붙였다. 그녀는 결혼하는 것을 거부했다. 그녀는 강한 친밀함이 자신에게 얼마나 좋은지 그리고 결혼에 관련된 많은 것들이 얼마나 자신을 질식시킬 수도 있는지를 정확하게 알고 있었다. 물론 자신의 부모와 애덤의 부모는 이런 상황을 온건하게 반대했지만 그것은 단지 세대 차이의 영향이었으며 상황을 흥미롭게 만들었다.

그녀는 애덤과의 강렬한 관계 그리고 공부하거나 영화를 보러 가는 것 때문에 한동안 전혀 예술 작업 시간을 갖지 못했다고 문득 떠올리듯 말했다. 그것이 자신이 후회하고 있는 유일한 것이라고 말하였다. 그녀는 다시 더 많은 예술작업을 수행할 시간을 찾아야만 한다는 것을 알고 있었다. 예술활동을 하지 않았던 시기에 가장 그리웠던 것이 무엇이었냐는 질문을 받았을 때, 그녀의 표현이 극적으로 바뀌었다. 갑자기 목을 굵으며 시선을 상담자에게서 다른 쪽으로 돌렸다. 그녀는 미적 감각을 향한 자신의 사랑을 언급하는 것에 대해 주저함과 어려움을 가지고 있었다. 이것에 대해 말하는 것을 얼마나 주저하는지를 상담자가 언급했을 때, 그녀는 상담자가 이해할 수 있을 것이라는 확신이 들지 않았다고 말했다. 이해받는 것이 익숙지 않은지의 여부에 대한 상담자의 질문에 그녀는 갑자기 두 눈에서 눈물이 흘러내렸다.

침묵 속에서, 나오미는 소리 없이 그러나 격렬하게 울었다. 그것은 마치 그녀가 여러 해 동안 체면 아래 쌓아두었던 모든 눈물을 쏟아 내는 것 같았다. 그녀의 고통을 설명할 어떤 단어를 찾을 수 없이 그리고 상담자의 어떤 개입적 시도 없이 거의 15분 동안 울었다.

상담 말미에 짧은 대화가 있었다. 나오미는 자기 자신이 되어야 할 필요 대신에 지금 자신에게 상담자가 필요한 의미가 분명하다고 말했으며 가능한 한 빨리 자신에 대한 심리치료를 시작해 줄 것을 요청했다. 2년 동안의 상담작업이 지속되는 가운데, 나오미는 삶에 대한 자신의 개인적 태도를 회고하면서 재추적하였다. 처음에 삶의 책무로 제시되었던 모든 것이 자신의 순종적 증거들로 판명이 났다. 그녀가 했던 선택의 대부분이 온전히 환멸에 근거되어 있다는 것을 발견하였다.

나오미는 어떤 행동이나 권한을 위해 싸울 가치가 있다는 사실을 믿지 않았다. 세상에 대한 그녀의 관점은 거의 완전히 회의적이었다. 그녀가 한때 갈망하던 대부분의 것들을 포기했다. 그녀는 어린 시절의 꿈을 뒤로 한 채, 어른이 되기로 결정했다. 그녀가 꿋꿋하게 붙잡고 있었던 유일한 것은 자기 주변을 둘러싼 미친 세계를 넘어서는 자신의 우월성에 관한 은밀한 믿음이었다. 그녀가 생각하는 이런 우월성은 내면의 자유를 포기하지 않고 어떤 상황에서도 적응할 수 있는 능력과 지성의 결과였다. 그녀가 가치 있게 여기는 것을 위해 투쟁하는 것을 포기함으로써 그녀가 경멸했던 것에 자신을 노예로 묶어두지 않았다.

그녀는 자신의 부모와 완전히 타협하리라는 믿음으로 흥미롭지 않은 어떤 것을 공부했다. 그녀가 법학 공부를 거절함으로써 그녀의 부모는 그녀에게 영향력을 주는 것을 포기했어야 했다. 그러나 그녀 역시 스스로 첫 번째 선택을 포기했다는 것을 거의 깨닫지 못하고 있었다. 그녀의 예술적 활동은 스스로가 알고 있는 것보다 훨씬 더 그녀에게 중요했다. 하지만 그녀는 수채화 그리기를 좋아하는 어린아이의 모습에서 벗어나 성장한 것을 더 자랑스러워했다. 자신은 총명하기 때문에 그런 미성숙한 관심으로 인해 취업 기회를 망치게 놔 둘 수 없다고 스스로에게 말했다. 그녀는 예술가가 되는 환상을 가지고 있었고, 가르치는 것에 대한 모든 생각을 매우 싫어했다. 하지만 지금 그녀는 가장 가능성 있는 직업적 선택으로 언어를 가르치는 일에 고정되어 있었다. 그녀는 자신의 선택과 결정의 결과로 인해 덫에 걸린 기분이 들기 시작했다.

현실적이라고 생각했던 것들이 오히려 그녀의 삶을 아주 부정적으로 제한하는 접근방법이었다는 사실이 드러났다. 이는 애덤과의 관계에서 더욱 분명하게 드러났다. 그녀는 애덤을 사랑하지 않는다고 인정했다. 사랑은 이 세상에서 실현 가능한 선택이 아니기 때문에 사랑을 찾아 나서는 것을 그만두는 것이 훨씬 낫다고 결정했다. 처음에 그녀는 결혼에 대한 생각을 단순히 무시해 버렸고, 누군가와 그 관계가 끝나는 것이 분명해질 때까지 동거하면서 사랑한다는 생각을 유지했다. 하지만 애덤과 몇 개월 같이 동거하면서, 짧은 기간의 사랑조차도 허상이라는 결론을 내렸다.

그녀를 둘러싼 모든 허상과 함께, 나오미는 나이가 들어간다는 것과 남은 미래가 얼마 남지 않았다는 것을 느꼈다. 그녀는 사람이 삶에 대해 더 많이 이해할수록 살 만한 가치가 있는 것들이 점점 더 줄어드는 것처럼 보였다. 삶은 단지 하나의 긴 허상과도 같았다. 그녀는 자기 자신이 더 나이가 들고 단단해져서 고통을 느끼지 않고 이러한 모든 것에 무감각해지기를 갈망했다.

나오미는 전적으로 자신의 삶에 책임을 느꼈었다. 그녀는 가능한 선택 속에서 절대적 통찰력으로 선택을 했고 그리고 옳은 선택을 했다고 믿었다. 그리하여 전혀 다른 희망의 여지가 없었다. 그녀가 했던 최선의 선택이 쓸모없는 것으로 귀결되는 결과를 낳았기에, 그녀는 삶에 대해 연민을 느끼는 사람들의 인생을 쉽게 상상해 볼 수 있었다.

나오미가 자신의 선택이 실제로는 긍정적인 선택과 훨씬 동떨어진 것이라는 사실을 인식할 수 있기까지 매우 긴 시간이 걸렸다. 그녀가 확신을 가지고 수행했던 것은 단지 하나의 명확한 태도를 위한 선택이었는데 그것은 바로 냉소적인 회의론이었다. 다른 모든 선택은 타협 또는 포기였다. 어떤 가치 있는 것을 위한 투쟁을 불신하기 위해, 그녀는 서약 이상으로 다른 것에 온전히 헌신함으로써 어떠한 창조적인 활동에도 참여하지 않았다.

나오미가 이러한 관점으로 자신의 태도를 볼 수 있게 되었을 때, 그녀가 중요하게 여기는 어떤 것을 강하게 신뢰할 수 있는 자부심의 결핍에 대해 의심하는 것이 가능하게 되었다. 처음에는 주저하며, 어느 정도의 열정으로, 그녀가 정말 가치 있다고 여기는 것들에 대해 전념하게 되면 다른 특권들을 포기해야 하는 두려움이 있었다는 결론에 도달했다. 그녀는 갈등과 대립을 끊임없이 회피하는 태도를 적극적으로 받아들였다. 그 결과, 그녀는 숨을 쉴 수 있는 공간조차 거의 없다고 느끼는 그러한 방식 안에서 자신의 세계를 협소하게 만들어 버렸다. 실제로, 스물두 살의 나이에, 그녀는 이미 인생의 종말을 기다리고 있었다.

나오미가 잃어버릴까 봐 두려워하는 것이 무엇인지 깨닫는 것은 쉬웠다. 그것은 기꺼이 자신의 이상을 포기할 수 있는 편안한 중산층의 생활방식에 대한 보장이었다. 실제로 그녀의 삶에서 모든 동기가 서서히 빠져나가는 것을 느끼는 것은 전혀 이상하지 않았다. 그녀는 자신의 젊음과 열정을 시험해 보지 않았다. 그녀가 거절했다고 생각했던 부모의 삶에 대한 방식과 본질적으로 다르지 않은 삶의 양식의 특권들을 받아들였다. 그녀는 이러한 삶의 방식을 유지할 수 있는 전략에 모든 에너지를 쏟았고, 대안적으로, 증가하는 회의주의를 통해 그것의 한계를 통찰하는 것에 만족했다.

그것을 위해 유일하게 한 가지가 있었다. 그녀는 자신의 통찰들의 결과를 그려 보아야 하며 그것이 투쟁할 만한 가치가 있는지에 대한 여부를 결정해야만 했다. 이것이 이전의 결과들이었다는 사실은 나오미에게 이상한 일이 아니었다. 몇 가지 방식에서 그녀가 미리 철수하는 것과 회의주의에 대한 이전의 헌신에서 그러한 원인을 인식하였다. 이것은 모든 것이 어렵게 여겨지거나, 그녀의 마음 중심에 있는 불만족의 세계에서도 자신을 유지할 수 있었던 그녀의 통전적인 능력이었다. 그녀가 취했던 이전의 태도는 사실 그녀가 알고 있는 유일한 방법을 통해 자신을 유지하기 위한 끊임없는 시도였다. 동시에 이것은 그녀의 편안함과 지성을 유지하는 방법이었다.

그녀가 겁쟁이처럼 회의적 방식으로는 많은 것을 얻지 못했다는 결론에 도달한 지금, 이러한 기회로 인해 그녀는 더 대담하게 접근하였다. 그녀가 이 단계에 도달했을 때, 강렬한 안도감을 경험했다. 단번에, 인생이 다시 가능해 보였다. 삶에 있어서 가장 부정적이고 불합리한 측면의 무미건조함을 이기려면 정말로 자신이 매우 강해져야 한다고 결정했다. 이것은 그녀 스스로 더욱 건설적으로 삶을 수놓을 수 있는 자신의 능력에 대한 확신을 주었고 그리고 이는 그녀에게 더욱 의미 있는 삶을 추구해 나가는 흥미를 주었다.

나오미가 자신에 대한 탐색에서 이와 같은 지점에 다다랐을 때, 그녀는 이미 여러 달 동안 수채화를 다시 그리기 시작했다. 지금 그녀는 몇 년 전에 신청하고 싶었던 유화 그림 과정에 등록하기로 결정했다. 그녀가 매우 가치를 두었던 것에 대한 새로운 참여는 그녀를 매우 흥미롭게 하였고, 그녀의 삶을 매우 극적으로 바꾸어 놓았다. 그녀는 그림 그리기 교실에서 여러 다양한 사람들을 만나면서 그동안의 애덤과의 관계가 얼마나 공허한지를 발견하였다. 이러한 발견이 있은 지 6개월 만에 나오미는 그림 그리는 시간을 더욱 잘 활용할 수 있는 조그만 단칸방으로 이사했다. 그녀는 다양한 다른 과목들을 위해 예술학교로 돌아왔고 그리고 6개월 후에, 새로운 그룹의 친구들과 함께, 자신의 작품을 전시했다.

실제로 그녀가 일을 즐기면서 돈을 벌 수 있다는 인식으로 인한 활기찬 기분은 엄청난 것이었다. 동시에 나오미는 두 개의 그림을 팔아 얻은 몇백 파운드가 생계를 보장해 주지 않는다는 사실도 잘 알고 있었다. 그녀의 과거 회의주의적 경험과 타협은 이런 시간에 그녀에게 유효적절했으며, 성공적이고 목적을 가지고 이 분야에서 생계를 유지할 수 있는 대체방안을 찾아 나갔다.

나오미는 이제 그녀를 위해 옳은 방향으로 나아가고 있는 것을 깨달았고, 어느 정도로 타협해야 하는지 여부는 전혀 문제가 되지 않았다. 타협이 그녀의 주된 참여를 상실하게 하지 않는 한, 그것은 훼손 행위보다는 오히려 더 도움이 되는 것이었다. 그녀는 자신을 가난하게 노력하는 예술가로서 생각하는 것에 대해 매우 큰 만족을 느꼈다. 부모의 도움에 대해 어떤 의존도 하지 않고 그녀는 스스로를 지탱할 수 있는 것이 자랑스러웠다. 뿐만 아니라 그녀가 참여하고 헌신하는 행동적 가능성을 발견하는 것은 그녀에게 독립심을 가져다주었다.

　나오미의 경험은 헌신을 수행하기 전에 내적 동기의 근원에 관한 상담의 중요성을 보여 주고 있다. 사람이 스스로 자신의 인생에 총체적인 책임을 지고 외부적 현실에 대한 현명한 해석을 바탕으로 모든 결정을 내릴 수 있는 것은 자기 자신을 신뢰하기 때문이다. 자기 자신이 주는 깊숙한 조언의 목소리에 주의 깊게 귀를 기울이고 내면적 감각에 따른 행동적 선택을 배우는 것은 또 다른 과제다.

　나오미는 그것으로부터 실제적인 생동감이나 의미를 얻지는 못하지만 외적으로 성공한 인생과 세상의 모든 안락함을 가질 수 있었다. 하지만 그녀의 미래를 위한 유일한 방법은 희생할 만한 가치가 있는 것을 발견하고 그것에 일치하여 자신의 삶을 선택하는 방향으로 전환하는 것이었다.

　나오미는 이른 나이에 인생을 어떻게 허비하고 있는지를 깨달을 수 있었으므로 꽤 운이 좋은 편이었다. 많은 사람들은 행복을 취하고 싶은 자신들만의 방법에 대한 잘못된 생각을 가지고 성인으로서의 인생 대부분을 투자한다. 사람들 모두는 의미 있는 참여와 도전이 안정을 갈망하는 것에 분명히 위협적일 것이라는 생각에 너무 자주 혼란스러워하고 있다.

　우리가 미래에 대한 보장을 추구할 때 우리의 인생이 결코 그렇게 불안정하지만은 않다. 만족을 성취하는 가장 정확한 길은 여유와 편안함을 다 즐기고 난 후 노력해서 얻는 것이 아니고, 우리의 안락함을 포기하는 것에 대해 연연하지 않을 정도의 중요한 어떤 것을 위해 전진하는 것을 통해서다. 참여하지 않는 활동이 권태로움을 생산해 내는 것처럼 확실하게 참여하는 활동은 만족감을 생산해 낸다.

최종적 분석으로, 참여적 활동은 인생을 의미 있게 만들 수 있는 자신의 목적의식에 대한 내면적 성찰을 통해서만 가능하다.

만일 사람이 행위의 집합체 이상이 아니라는 것이 진실이라면(Sartre, 1946), 행위는 성찰적인 본질을 취하는 것이 매우 중요하다. 만일 우리가 우리의 양심이 지시하는 그러한 헌신을 하도록 준비된다면 목적과 의미는 분명히 창조될 수 있다. 단지 그러한 상태에서 만들어진 참여만이 명예스럽게 여겨지며 난관을 극복하면서 수행될 것이다. 행동들이 더 큰 성취를 향한 움직임으로서 경험될 수 있는 것은 단지 이러한 의도적 헌신의 태도를 통해서다. 단순히 외적으로 강요된 의무에 부응하는 것 대신에, 당신은 개인적으로 내면적 의무를 풍요롭게 성취해 감으로써 당신의 인생을 살아갈 수 있다.

외적인 상황들이 종종 개인이 만들 수 있는 헌신의 종류를 결정한다. 변화를 위한 작지만 빈번한 선택을 통해, 이러한 상황은 상당한 영향을 받을 수 있다. 상황에 복종하는 선택은 전반적으로 거의 불가피하게 불만족과 실존적인 죄책감으로 이어진다. 이러한 방식에서 실존적인 죄책감은 자신에게 빚지고 있는 것이 무엇인가를 상기시켜준다. 당신이 이러한 실존적 도전을 받아들이면 당신은 자기 인생의 책임에 대한 강한 느낌을 경험하게 될 것이다. 창의적 행위에 대한 헌신은 당신 자신과 인생에 대해 소유권을 갖게 되는 감각을 동반한다. 이런 느낌은 지속적으로 성찰적이며 의도적인 참여와 함께 증가된다. 그것은 단순히 외부 세계의 통제를 유지하려는 노력을 뜻하는 상황적 책임감과는 대조적인 것이다. 외면적 힘에 대한 추종과 내면적 강인함과 생명력 사이에는 큰 차이가 있다. 종종 최근의 실존문학이 해결점을 제시한다(Macquarrie, 1972).

실존심리치료의 목적은 내담자가 단호한 행동으로 자기 자신을 참여시킬 수 있도록 하는 것이다. 이것은 자기 삶의 목적에 대한 진정한 평가에 기초되어 있다. 올바른 헌신을 찾는 것으로 인해, 사람들은 자신에게 가능하지 못하리라 믿었던 생동감과 활력이 넘치는 에너지를 발견한다. 자기 자신의 신념과 이상에 의한 삶에 대한 용기는 종종 자신에게 생각하기 힘든 고통을 받아들이도록 허용한다.

심리치료사는 어느 누구도 다른 사람의 헌신이 이루어지도록 결정할 수 없다는 사실을 기억하는 것이 매우 중요하다. 유사한 상황 속에 있는 두 사람은 전혀 다른 방향으로 느낄 수도 있다. 내담자에게 긍정적인 방향을 제시해 주는 것은 현재 상황에 대한 자신의 탐험을 방해할 수도 있다. 그래서 그것은 내담자로 하여금 나아가게 하는 것보다는 물러서게 할 것이다. 심리치료사 또는 상담자들의 역할은 내담자가 이전의 헌신을 취소하고 새로운 것을 착수하기 전에 자신의 삶을 정리할 충분한 시간을 가져야 하는 것을 분명히 해야 한다. 때때로 태도의 변화가 필요로 하는 전부일 수도 있다. 때때로 내담자는 자신의 개혁을 시작하기 위해서 충분한 에너지와 연료를 공급해 줄 수 있는 내부 자원을 찾을 필요가 있다. 어느 쪽이든, 적절하고 자기주도적인 행동이 수행되기 전에 성찰적 반추가 철저히 이루어져야 할 필요가 있다.

✺ 의사소통과 상호관계

　대부분의 내담자들은 다른 사람들과 관련된 문제를 중심으로 자신들의 어려움을 생각한다. 거의 대부분 일련의 상담 회기 가운데 관계에서 보이는 기본적인 불편함과 관련된 것들이 당연히 다루어진다. 상담에서 내담자가 관심 있어 하는 어떤 이슈를 다루는 것은 중요하다. 그러나 분명하게 보이는 것에 대한 표면적인 처치로 인한 만족보다는 오히려 내담자 문제의 뿌리로 향하는 것이 훨씬 더 중요하다.

　관계에서 경험하는 사람들의 불편함은 흔히 일상적인 삶과 자신에게 관련된 더욱 기본적인 불편함에 뿌리를 두고 있다. 자기 자신의 방향과 목적에 대해 혼란스러워하는 사람들은 여러 방향으로 자신을 이끌어 가려고 하는 사람들의 출현에 의해 압도당하는 기분을 느낄 수밖에 없다. 타인들과의 부정적인 관계에서 힘든 것을 탓하는 것은 거의 대부분 올바르지 않으며 유용하지도 않다. 삶에서의 문제는 총체적으로 어린 시절 부모와의 관계에서 파괴적이고 외상적인 경험에 의해 결정되었으며 그것이 원인이라고 하는 것은 전혀 유용하지 않으며 아마도 거의 정확하지도 않다.

의심할 여지없이 인간은 기본적으로 사회적 창조물이다. 또한 풍요롭고 충족한 삶을 살아가는 어떤 누구도 긍정적인 대인 관계를 할 수 있는 능력을 가지고 태어난 것 같지는 않다. 그러나 만약에 우리가 어떤 사람에게 다른 사람과의 관계를 향상시킬 수 있도록 도우려 한다면, 우리는 그가 먼저 자기 자신에 대한 관계를 배울 수 있는 기회를 제공하는 것에서 시작할 필요가 있다.

많은 상담자들과 심리치료사들이 모든 내담자의 경험을 다른 이들과의 상호작용적 범위 안에서 해석하는 실수를 한다. 물론, 이것은 치료적 관계 그 자체가 이러한 영역에서 내담자의 어려움에 대해 일차적이고 직접적인 경험을 제공하는 것이기 때문에 이러한 것을 살펴보는 것은 매력적인 방법이다. 상담자는 내담자의 현재적 관계를 인식하도록 강요하는 것보다 내담자에게 자신의 내면적 현존을 발견할 수 있도록 허용하는 것이 훨씬 더 어렵다. 상담자에 대한 내담자의 관계는 내담자 자신과의 내면적 관계의 반영이라고 논의될 수 있다. 내담자가 상담자와의 관계에서 하는 경험은 자기 자신과의 관계를 드러내는 것이라고 여겨질 수도 있다. 사람은 스스로 다른 사람들을 본받을 수 있으며 그들 역시 끊임없이 또 다른 사람들로부터 새로운 가치관과 생각 그리고 타인들부터 흡수되는 방식을 통합하고 있다.

이런 종류의 수동적인 흡수와 조건화가 치료의 모든 것인가?라는 질문이 남게 된다. 실존주의적 접근은 본질적으로 결정주의적 접근으로부터 가능한 한 많은 거리를 둔다. 초점화된 관점은 내담자가 원하는 관계방식이나 실제로 원치 않는 타인과의 관계방식을 결정할 수 있도록 숙고할 수 있는 기회를 제공하는 것이다.

그러므로 실존주의 상담자는 내담자와의 관계에서 지시적이지도 비지시적이지도 않다. 상담자는 내담자에 대한 자신의 영향을 고려하여 상담관계가 내담자에게 직접적으로 유용하도록 한다. 그리고 상담자는 내담자가 그들 사이의 상호작용이 동등하게 인식될 수 있도록 하는 목적을 가지고 있다. 이러한 목적은 내담자에게 자신의 발걸음과 자신의 마음을 발견할 수 있도록 도와주게 된다. 이것은 내담자가 다른 사람들에게 기대거나 다른 사람들을 자신에게 의지하도록 부추기는 것보다 오히려 내담자 자신이 개인의 무게 중심을 발견할 수 있도록 허용하는 것을 의미한다.

이런 의미에서 의존 또는 독립보다 자율성에 목표를 둔다. 자율적인 위치에서 관계는 새로운 의미를 가지게 될 것이다. 다른 사람들로 부터 직접적으로 위협감을 느끼거나 자신을 방어하기 위하여 그들을 위협해야만 한다는 느낌 대신에, 그것은 다른 사람들에 의해 존중받을 뿐만 아니라 다른 사람을 존중하고 서로 협동해 나가는 것을 고려하도록 한다. 이런 태도는 순환적이고, 상호적이며, 협력적인 것들의 하나다. 또한 우리는 이것을 상호의존으로서 생각해 볼 수도 있다.

관계가 공적인 측면과 사적인 측면 모두에서 이루어진다는 생각은 흥미로운 일이다. 배타적으로 공적인 측면에 위치되어 있는 관계들은 부버의 나-그것(I-It)의 관계적 형태로서 고려될 수 있다(Buber, 1923). 이런 단계에서 사람들은 사물을 조작하고 사용하는 것과 같은 방식으로 서로를 대면하며 영향을 주고 있다.

우리가 앞서 살펴본 대로, Sartre(1943)는 서로 다른 세 종류의 인간관계에 대하여 묘사하고 있다. 첫 번째 입장으로는 다른 사람을 지배하고 조정하는 것으로 이는 기본적으로 가학적이거나 지배적인 방식이다. 두 번째 입장은 기본적으로 피학적이거나 복종적 방식으로서 자기 자신의 자유를 다른 사람이 사용할 수 있도록 포기하는 것이다. 세 번째 입장은 관계적 과정에서 자기 자신을 상실할 두려움으로 인해 인간관계 전체로부터 철수하는 선택이다. 이것은 인간관계에 대한 흥미나 가능성 대한 거부 또는 무관심을 선택하는 것이다.

공적인 영역의 관계에서 철수하는 것에 대한 두 가지 형태는 이미 앞에서 제시되었다. 타인들에 의해 흡수되는 두려움으로 인해 수동적으로 철수되는 것은 극단적으로 소외되고 궁극적으로 파괴적인 결과를 초래할 수도 있다. 그와 반대로, 재생과 내적 조언의 근원으로 되돌아가고자 적극적으로 철수하는 태도는 인간관계를 향한 다른 형태의 방식이다. 사적인 인간관계를 얻기 위해서, 우리는 자기의 내면적 세계에서 자신과의 밀접한 접촉이 이루어져야 한다. 이는 만일 자신 스스로가 편안하지 않다면 자신의 내면 속으로 다른 사람을 친밀하게 허용할 수 없기 때문이다.

부버의 나-너(I-You) 관계는 항상 명확하게 자신과 다른 사람 모두에 대해 강렬한 주관적 존중의 위치로부터 시작한다. 이러한 방식에서 다른 사람들에 대한 관계는 우리 자신들의 방식과 동일한 방식으로 다른 사람들의 주관성을 인식한다. 그러므로 나-너(I-You) 관계는 우리의 사적인 영역에 포함될 수 있는 다른 사람들과의 관계다. 여기서 친밀함은 각자 다른 사람의 개인적 세계에 대한 인식과 서로의 필요와 기대, 그리고 싫어하는 것에 대한 존중을 기반으로 한다.

실존주의의 치료적 관계는 불가피한 공적인 차원을 가능한 한 주의 깊게 모니터링하기 위해 노력한다. 또한 내담자의 주체성이 나-너(I-You)를 인식하는 친밀감에 개방적이 되도록 하는 목적을 지닌다. 더 나아가, 내담자가 자기 자신과의 관계에서 나-너(I-You) 관계를 구현해 나갈 수 있도록 하는 것을 목표로 삼는다.

이러한 대인 관계의 두 측면을 넘어서서, 세 번째 단계가 인식될 수 있다. 나-나(I-Me)의 관계 또는 두 존재가 총체적으로 동일시되고 절대적인 헌신으로 작용하여 완전히 합일된 상태의 수준인데, 이는 그들의 분리를 초월하여 서로 묶인 어떤 것을 목표로 하고 있다. 물론, 이런 종류의 관계는 영적인 영역에 위치해 있다. 이것은 구체적인 인간 현실영역 너머의 무언가를 열망하는 인간의 능력을 의미한다. 이는 절대적이며 상상적 관계를 위한 가능성을 열어 준다. 이런 유형의 관계에서 개인은 이기적인 것을 향한 자신의 열망을 포기하고 대신에 자신보다 더 위대한 어떤 것을 위해 노력한다. 이것이 바로 초월적 관계다.

어떤 친밀한 관계는 이런 측면의 관계로 다가서는 순간이 있다. 성적 해방은 최소한 일시적일지라도 파트너가 자신과 하나로서 인지되는 경우에만 가능하다. 그러면 이러한 하나됨은 무한성을 향해 가는 길이 된다. 성적 결합의 황홀경 속에서 절대적이고 우월한 세계에 속하는 순수한 감각이 있다. 개인은 일곱 번째 하늘 속에 있는 것을 느낀다. 두 사람이 서로에게 합쳐짐으로써 하나가 되지만 그렇게 함으로써 그들 각자는 자신을 넘어선 어떤 것과 실제적으로 둘 모두가 결합된다. 그들은 하나됨의 생각과 행위로 결합된다.

다른 측면에서, 이러한 총체적 흡수의 타입은 서로에 대한 헌신에서 또한 경험될 수 있다. 잠시라도 파트너 중 어느 한 사람도 상대방을 독립된 인간으로서 인식하지 않는다. 그것은 함께 속해 있는 분명한 감각, 두 몸이 한 사람으로 존재하는 감각이다. 둘 중 그 누구도 복종을 하지도 않으며 상대방에 의해 복종을 당하지도 않는다. 그들 중 어느 누구도 상대방의 주체성에 대해 개방하려고 노력하지 않으며 그들은 그저 하나됨의 조화 속에서 함께 있는 것이다. 이런 경험은 대부분 변함없이, 만일 필요로 한다면, 개인으로서 존재하는 것을 기꺼이 포기할 것이며 둘 모두에게 간절히 원하는 공동계획과 동일하다. 물론 출산과 후손을 양육하는 것은 나-나(I-Me)의 가장 공통적인 하나됨이다.

출산에서 실제적으로 하나됨을 깨닫게 되며, 두 개인의 분리됨이 가장 분명하고 구체적인 방식 안에서 초월된다. 많은 커플들에게 있어서 아이를 양육하는 것은 경이로운 하나됨의 감각과 그들 자신보다 위대한 어떤 것에 대한 헌신적 감각을 지속적으로 느끼도록 허락한다. 그러나 또 다른 다수의 커플들에게 있어서는 이러한 경험을 시작조차 하지도 못하고 있다. 그러면 그들에게 있어서의 자녀 양육은 영적 세계와 관련된 이상과 가치를 위한 문으로써가 아닌 물리적 영역의 의무를 담당하는 자로서 경험되기가 더 쉽다.

실존주의 상담의 치료적 관계는 어느 정도 하나됨의 나-나(I-Me) 관계를 지향하는 방식을 목표로 한다. 일반적으로 상담자와 내담자는 상담이 내담자의 열망에 대한 진실한 감정을 향하여 진행되어 가는 순간에 서로 함께하는 것을 경험하게 될 것이다. 그러한 순간에 상담자와 내담자는 삶의 의미를 더욱 밀접하게 이해하게 되며 인간동기에 대한 진실을 발견하려는 마음을 공유한다는 인식을 하게 될 것이다. 순간적으로 경험된 이 연합은 동일시(identification)의 인식이나 동질성(sameness)의 인식이 아니다. 이것은 나-너(I-You) 종류의 밀접한 관계다. 이것은 일반적으로 공감으로 일컬어진다. 물론 이것은 치료적 관계에서 중요한 역할을 수행한다.

공유된 프로젝트의 연합에 있어서 개인적 차이는 일시적으로 중요하지 않게 된다. 중요한 것은 서로를 결합시키는 중요한 동기에 대한 자각이 전부다. 자기 자신의 운명에 대한 절대적인 생각과 결합된 순간에서 생성된 에너지와 열정이 고려될 수 있다. 특히 더욱 원시적인 것으로서 많은 종교들이 이런 종류의 경험에 대한 의식을 형성했다. 치유적 의식도 같은 방식이었다. 이러한 경우에 무당 혹은 사제와 같은 치료자들은 사람들의 고통을 흡수하고 새로운 힘으로 그것을 재생할 수 있는 우월한 상징으로 동일시되는 신이나 자연 또는 어떤 다른 힘에 대한 의식을 통해 그들의 보호 대상자를 합치시키도록 용인한다.

심리치료나 상담의 많은 형태들은 이러한 유형의 경험에 대해 아무것도 언급하지 않는다. 많은 숙련된 임상가들은 일련의 회기 동안 어떤 단계에서 이러한 연합이 발생될 수 있도록 한다. 이것은 갑자기 놀라우리만큼 긍정적인 결과를 만들 수 있는, 즉 일반적인 접근방식의 최상에서 어느 정도 다르게 던져져 있는 것이라는 사실에 조금도 의심의 여지가 없다. 우리 자신을 내담자의 세계에 참여하도록 허용함으로써, 우리는 사람들 사이의 일반적인 분리를 뛰어넘으며, 잠시 그 공간 안에서 초월적인 경험을 한다. 그렇게 함으로써 우리는 모든 장애물들이나 문제들이 한때 그토록 크게 보였던 것과는 다르게 그것들을 초월할 수 있는 희망을 준다. 그러한 촉매적 경험의 효능을 인식하는 것이 중요하지만, 특정 기술이나 기교를 통해 일어날 수 있도록 시도하는 것에 있어서는 어떤 초점도 없다. 치료적 결합의 힘은 진실을 추구하는 상호적 참여에 있어서 정직성의 질에 비례한다. 상담과 심리치료는 이러한 영적인 요소 없이도 유용할 수 있다. 그러나 이러한 종류의 경험이 없이는 내담자가 깊이 있게 감동을 느끼며 삶을 새롭고 더욱 완성적인 어떤 것으로 만들도록 영감을 느끼는 것은 극히 드물 것이다.

사 례

줄리아(이전 장에서 간단히 언급했던)는 그녀의 아이들 중 하나가 조현병 증세가 나타났을 때 자신의 상담 회기를 시작하였다. 처음에 그녀는 아들과 다르게 행동하라고 지적하고 너무 지시적인 상담자에게 상담을 받았다. 그녀는 아들을 치료하는 전문가로부터 조언을 구했고, 그리고 다른 접근방식이 이루어져야 한다는 결론을 내렸다. 줄리아는 기본적으로 내담자-중심으로 접근하는 두 번째 상담자와 잘 상담할 수 있었다. 그녀는 이 새로운 상담자가 자신을 잘 이해할 수 있으며 엄마로서 실패했다는 자신의 고통을 잘 지지해 주고 있다고 느꼈다. 그렇지만 여전히 어떤 중요한 것을 놓치고 있다는 생각이 들었다. 그녀의 현재 감정을 넘어서는 어떤 것이 있어야 함을 감지했다. 그녀는 상담자가 자신의 마음속 어딘가에 숨어 있는 문제에 대하여 언급조차 하지 않는다는 것을 느꼈다. 그녀는 자신이 붙잡고자 노력하는 어떤 생각들이 있으며, 그리고 불만족으로 마음을 졸이기보다는 이해하기 힘든 어떤 모호한 갈망을 알아내기 위한 도움을 얻고 싶었다.

아직은 젊고 수련 과정에 있는 그녀의 상담자는 이러한 이슈들을 자신의 슈퍼바이저에게 가져왔고 또한 자신이 일하고 있는 상담 기관의 사례회의에 토의주제로 내놓았다. 어느 정도의 논의 후, 치료팀은 줄리아가 실존주의 심리치료사와 상담하도록 바꾸어 주는 것이 유익할 것이라는 데 동의했다.

줄리아와 실존주의적 관점에서 상담하는 것은 그녀가 열여덟 살 된 아들 믹과의 관계를 재점검하도록 돕는 것을 포함했다. 이것 역시 그녀가 아들을 위해 성취하고자 노력했던 것이 무엇이며, 자신이 아들을 위해 어떤 존재가 되고자 노력했는지를 스스로 되돌아보도록 하는 것을 포함했다. 이것은 분명히 그녀가 꿈꿔 오던 삶, 특별히 엄마로서의 삶이 무엇이었는지 검토하는 것을 의미했다. 이것은 그저 단순히 무엇이 잘못되었는가를 탐색하는 것이 아닌, 그녀 자신의 확신과 희망 그리고 믿음을 살펴볼 수 있도록 돕는 것을 의미했다.

이전의 모든 상담적 경험이 아들의 문제에 있어서 줄리아의 책임을 암시하고 있었기 때문에 이것은 특별히 중요했다. 그녀의 첫 상담자는 실제적으로 그녀의 잘못된 행동을 언급하며 그녀에게 대안적 전략을 실행하도록 했다. 줄리아는 잠시 동안 그 말을 따랐지만, 그녀는 자신의 모든 인생의 경험과 행동이 잘못되었다고 제기하는 것에 대해 굴욕감을 느끼게 되었다. 그녀는 또한 제시된 대안 방식에 동의할 수 없었으며, 자신에게 제안되었던 방법을 믹에게 시행하였을 때, 믹으로부터의 더욱 큰 소외감을 경험하기까지 하였다.

두 번째 상담자는 확실히 그녀의 감정을 존중해 주었지만, 그 상담자 역시 어느 정도는 줄리아가 잘못이라는 것과 충분히 오랫동안 자신의 죄책감에 들끓도록 허용하는 것이 그녀를 더 좋은 길로 인도할 것이라는 가정을 분명히 하고 있었다. 또한 이것은 최소한 줄리아가 이러한 상황을 인식했던 방식이었다.

믹의 입원에 대해 강한 죄책감을 느끼는 것이 분명했지만, 직접적으로 그 죄책감이 그의 행동방식에 대한 책임 때문이 아니었다. 그녀는 자신이 아들을 돌보는 것을 포기함으로써 그를 무기력한 상태로 만들었기 때문에 죄책감을 느꼈다. 그녀는 아들이 드러내고 있는 증상에 대해서는 어느 것도 죄책감을 느끼고 있지는 않았었다. 지금까지 모든 사람들은 아들의 질병을 그녀의 책임이라고 인식했기 때문에 그녀가 죄책감을 느낄 것이라고 가정하였다. 반면에 줄리아는 아들의 병(또는 오히려 광기)이 단지 믹 자신의 책임이라고 생각했다. 그녀는 단지 아들이 처한 현재 상황에서 그를 돌봐 줄 수 없을 때 자신의 부족함을 느꼈다.

이런 점에 있어서, 줄리아는 누군가에게 자신이 좋은 엄마로서 비쳐질 가능성 없다고 생각하였다. 그녀는 다른 사람들에게 그토록 확연하게 좋게 보여야만 하는 이유에 대해 알지 못했다. 그녀는 자신의 내면적 요인을 이해하기 위해 부단히 노력하기를 원했다. 이전에 그녀가 자신의 모든 의도는 선한 것이었다고 상담자들에게 언급했을 때, 그들은 그녀의 의도와 결과 사이의 차이점을 성급하게 설명하였다. 비록 그녀가 좋은 의도를 가지고 있었음에도 불구하고 그녀의 아들이 병에 걸렸다는 것은, 그녀의 양육이 잘못되었거나 해로운 것임에 틀림없다는 것을 의미했다.

그 상황은 마치 범죄수사의 장면과 유사했다. 줄리아는 피의자로 낙인찍혔고 그녀는 거의 압력에 굴복되어서 대부분 자신의 유죄를 인정하기 시작하였다. 그러나 정의와 그녀 자신(그렇지 않으면 그녀 아들)의 올바른 판단과 관심으로, 그녀는 이제 그녀의 무죄를 증명하도록 자신을 도울 수 있는 독립적 수사관의 조언을 받았고 그 과정에서 그 범죄 자체가 명료화되었다.

줄리아는 이런 상황을 무척 좋아했다. 이 상황은 곧바로 그녀와 상담자를 같은 편으로 만들었다. 그들은 진실을 추구하는 동맹자로서, 같은 상황에 내몰리게 되었다. 이러한 상황에서 가벼운 감상적 멜로드라마 같은 구상은 중요하지 않았다. 이런 상황에 대한 유일한 진실 여부가 더 중요했다. 연합적 이미지는 줄리아에게 몇 년 만에 처음으로 자신의 의도와 행동에 대한 자신감을 허용했다. 이제 그녀는 자신을 동정 어린 눈으로 바라볼 수 있을 뿐만 아니라, 그것이 현재 자신이 처한 곤경에서 빠져나올 수 있는 유일한 방법이었고, 그렇게 하는 것이 꽤 안전할 수도 있다는 것을 확신했다.

줄리아는 상담과 심리치료를 넘어서는 무엇인가에 헌신된 것을 느꼈다. 그녀는 진실을 발견하기 위해 최선을 다했다고 느꼈다. 그러므로 그녀가 전에는 하지 않았던 방식으로 그녀 자신이 스스로 개방하는 것을 느꼈다. 그녀는 자유롭게 자발적으로 정보를 드러내기 시작하였다. 그녀는 할 수 있는 것만큼 최대한 협력하고 싶었다. 실제로 그녀는 최소한 자신의 확신을 공유하고 그것들을 명료하게 만들어 줄 수 있도록 도와주는 친밀한 또 다른 한 사람이 있다는 것을 느꼈다고 말하였다.

상담자는 진실을 세우고자 하는 목표점을 향해 이 긴밀한 협력을 유지할 수 있었다. 그녀는 이러한 태도에 있어서 공모하는 것에 대한 위험을 잘 인식하고 있었다. 이와 관련하여 단지 함께 공유된 목표와 동기를 잘 기억할 필요가 있었다. 줄리아의 태도와 기분, 정서와 생각 역시 여전히 아주 명료하게 점검되어야 할 필요가 있었다. 개인적 자유를 위한 줄리아의 성스러운 전투에 있어서 그녀와 함께 참여하는 것은 그녀의 존재방식에 동의하거나 승인하는 것을 의미하는 것은 아니다. 그녀 자신이 자각하고 있는 존재방식의 승인을 위한 맹목적인 필요에 의해 탈선이나 자기 방종을 스스로 위로하던 때를 잘 인식할 수 있도록 만들었다.

불성실한 경우에서의 절대적인 연합과 엄격한 규율의 조합은 줄리아에게 강력한 영향을 주었다. 이제까지 주로 그녀는 자녀들의 안녕을 위해 골몰한 사람으로 자신을 묘사했다. 병원에 입원한 믹은 세 자녀 중 막내였다. 열여덟 살, 스무 살, 스물두 살 된 세 자녀 모두 아직도 함께 집에서 살고 있었다. 줄리아는 이것을 자신이 좋은 어머니라는 증거로 생각하였다. 그녀는 항상 위의 두 자녀와 갈등을 겪었는데, 특히 둘째인 딸아이 디디와 심한 갈등을 겪었다. 그녀는 첫째 아이인 노엄이 가능한 오랫동안 집에 머무르고 싶어 하는 것으로 생각했다. 디디는 결혼을 할 수도 있었다. 항상 장래가 가장 유망하게 보였던 믹은 그의 기본적인 생각과 취미 때문에 결국 그 보금자리를 떠나지 않을 것 같았다.

그녀는 항상 믹을 특별히 사랑하였고 그들 사이에는 매우 특별한 친밀함이 있었다. 여전히 그녀는 믹이 자신의 길을 갈 수 있도록 해 주어야 한다는 사실을 항상 잘 알고 있었고, 사람들이 자주 그녀에게 조언한 것처럼 그에게 집착하는 느낌을 갖지 않았다. 그녀는 자신이 큰아들인 노엄에게 더욱 집착하고 있다고 생각했다. 그녀는 남편(이름 역시 같은 노엄임)과 무척 많이 닮았으며, 그는 다른 방식을 원하지 않았을 것이라고 말하였다. 그는 엄마의 돌봄을 받는 것을 무척 즐거워하였고, 구멍 난 더러운 셔츠나 양말과 같은 것들을 가지고 잔소리를 하면 그녀를 원래의 자리로 되돌리는 법을 잘 알고 있었다. 그녀는 하녀처럼 취급되고 이용당하고 있다는 느낌을 받았다. 그녀는 단지 그를 양육하는 것이 매우 즐거웠기 때문에, 이런 종류의 관계를 더욱 부추기는 방식이라고 인식하였다.

그녀와 큰아들과의 관계는 여러 측면에서 남편에 대한 그녀의 관계를 유사하게 보여 주고 있었다. 두 사람 모두 그녀를 좋아했고, 그녀는 '어미 닭'처럼 그들을 보살폈다. 아직도 그들은 그녀가 닿을 수 없는 자신들만의 세상에서 안락함을 누렸다. 그들은 함께 풋볼대회를 보러 가고 술을 마셨으며 자신들에 대한 그녀의 염려를 비웃는 진정으로 같은 팀이었다. 그들은 그녀에게 순응적이었으며 그녀 역시 그들에게 헌신적이었다. 마치 그들이 그녀 손안에 있는 듯이 행하면서도 어느 정도 그녀를 이용했다.

딸 디디에 대한 그녀의 관계는 디디가 아빠를 좋아한다는 것을 줄리아가 알아차린 후, 그녀와 딸 디디와의 관계는 언제나 망가져 있었다. 아빠의 관심을 얻기 위해 디디는 언제나 아버지의 아이였다. 줄리아가 기억하는 한 자신과 딸 사이에는 늘 갈등이 있었다. 이런 이유로 인해 오래전부터 디디가 집을 떠나 줄 것을 기대했다. 실제로 그녀는 거의 매일 발생되는 디디와의 심각한 의견 대립으로 인해 디디가 집을 떠나는 것이 해결을 위한 최상의 방법이 될 수 있다고 생각했다. 의견 대립은 거의 대부분 사소한 일, 즉 일주일에 여러 차례 바닥에 왁스칠을 할 필요가 있는지의 여부에 대한 것 등에 관한 것이었다.

그녀는 특히 믹이 병원에 입원하기 바로 전에 믹과 관련한 문제로 디디와 논쟁을 벌였다. 디디는 줄리아가 믹의 기이한 행동을 너무 과하게 받아 주기 때문이라고 지적하였다. 디디는 그녀에게 믹이 몇 달 동안 지내온 정원 창고에 음식을 날라다 주는 것보다 의사와 상의해야 한다고 주장하였다. 이제 줄리아는 디디가 믹에 대한 자신의 결정에 더 이상 영향을 주지 못하도록 해야만 한다고 느꼈다. 그녀가 믹을 병원에 입원시킨 것이 그와 자신에게 단지 나쁜 영향을 준 것으로 판명되었을 때, 그를 병원에 입원시키도록 내버려 둔 것을 후회했다. 이것은 마치 그녀가 믹을 평생 잃어버릴 수도 있을 것처럼 보였다.

믹을 잃어버리는 것은 줄리아에게 있어서 가장 심각한 박탈적 경험이었다. 그는 이제까지 그리고 지금도 여전히 그들 모두 중에서 믹을 가장 소중히 여겼다. 그녀는 그를 자신의 연장선으로 여겼다. 그는 그녀의 모든 아이들 중 자신을 가장 닮았으며, 그리고 그녀와 유사한 힘과 능력을 지니고 있었다. 그녀는 믹에게 발생한 모든 사건이 어떤 신체적 질병의 영향 때문이라고 믿고 싶었다. 그녀는 그토록 영특하고 똑똑한 아이가 어떻게 이토록 다르게 변하고 자신으로부터 멀어질 수 있는지에 대해 이해할 수 없었다.

줄리아는 믹이 점점 더 이상한 행동을 하는 것에 대해 개입하지 않은 채 내버려 두었는데 그 이유는 그것이 단지 그가 사춘기를 보내는 방식이라고 믿고 싶었기 때문이었다. 다른 두 아이들은 다른 방식으로 그녀를 힘들게 하였다. 그녀는 믹의 괴이한 행동이 곧 지나가기를 소망했다. 믹은 정원에 있는 창고에 들어가서 거기에 쌓여 있는 누더기 더미에서 잠을 자며 그곳이 집 안에서 가장 안전한 장소라고 주장하였다. 처음에 여름기간 동안에는 그러한 행동이 줄리아를 어렵게 하지는 않았다. 그런데 그는 가을에도 집 안에 들어오는 것을 거절했고, 그녀는 그의 마음을 바꾸도록 설득하기 위한 노력을 시작했다.

그녀가 애원하면 할수록 상황은 더욱 악화되어 갔다. 곧 그는 식사하거나 씻기 위해 집 안으로 들어오는 것조차 거부하였다. 실제로 그는 정원의 뒤편을 그의 화장실로 사용하였다. 이웃 주민들은 이에 관하여 질문들을 쏟아내고 비난하기 시작하였다. 그래서 줄리아는 믹이 정상적인 생활로 되돌아오도록 압박하며 더욱 노력하였다. 이제 차분하고 꽤 이성적이었던 믹은 그녀에게 소리를 지르고 여러 차례 그녀를 마녀라 일컫기 시작하였다. 그녀는 믹이 자신을 마녀라고 부르고, 그가 매우 진지하다는 것을 알았을 때 그제야 상황이 심각하다는 생각을 갖기 시작하였다. 그는 단순히 그녀를 모욕하는 것이 아니라 마법을 사용한다며 비난하기도 하였다.

이제 그녀는 그가 자신에게 말하고 있는 이 모든 것에 대해 여전히 인내하기 위한 준비를 하였다. 그녀는 겨울이 그를 은신처에서 나올 수 있게 해 준다면 그는 이러한 괴이한 상황에서 회복되어 정상으로 돌아올 수 있을 거라고 희망했다. 겨울이 와도 믹은 창고에 그대로 남아 있었다. 그는 자신이 이렇게 행동하는 이유에 대해 논의하는 것을 거절했다. 그러던 어느 매우 추운 날 밤, 줄리아가 창고에 들어가서 추위에 새파랗게 질려 있는 믹을 보았을 때, 만일 그가 집으로 돌아오지 않으면 의사를 불러오겠다고 으름장을 놓았다.

줄리아가 집 안으로 돌아가려 할 때, 믹이 그녀를 죽일 듯이 격분하고 소리를 지르면서 순식간에 달려들었다. 그는 그의 손 가득히 자신의 배설물을 그녀에게 내던졌고 그녀가 집 안으로 서둘러 도망가자 그는 창문에 배설물들을 집어던졌다. 마침내 의사가 왔고 믹은 병원에 입원하게 되었다. 비록 그녀가 이후로 그와 진심으로 소통할 수는 없었을지라도 그녀는 믹이 자신에게 뭔가 말하고자 하는 것이 틀림없이 있다는 사실을 알았다. 그 밖의 다른 사람들이 믹의 망상증에 대하여 이야기할 때, 그녀는 그가 마법에 대해 생각하는 어떤 다른 중요한 의미를 지니고 있을 것이라고 느꼈다.

그녀는 대부분의 사람들이 자신의 학대적이고 마녀 같은 행동으로 인한 공포를 믹이 표현하고 있는 것이라고 추측하고 있다는 사실을 깨닫게 되었다. 그녀가 전에 만난 상담자들은 아들이 일으킨 문제의 원인이 바로 자신이라고 믿고 있었다는 것을 알았다. 그녀 또한 그 당시에는 그렇게 생각하고 있었다. 그녀는 믹 또한 자기 자신의 그러한 행동이 그녀 때문이라고 확신하게 될까 봐 두려워하고 있었다. 그녀의 내면 깊숙한 곳에서는 이보다는 더 희망적인 무엇인가 있을 것이라고 확신하였다.

두려움 없이 개방적으로 이러한 사실에 대해 말할 수 있는 것은 그녀 자신이 스스로 정신이상자처럼 생각된다는 것을 솔직하게 얘기할 수 있도록 만들었다. 또한 이것은 이러한 사건에 대한 그녀 자신의 논리를 형성한 것을 깨달을 수 있도록 하였다.

믹이 줄리아에게 항상 가장 소중한 존재가 되었던 이유는 삶에 있어서 그와 그녀가 유사한 모습을 공유했기 때문이었다. 어떤 일이 발생하든지 간에 그녀는 믹이 항상 자신의 동맹군이라는 것을 알았다. 그는 때때로 그녀에게 자신의 맹세를 의미하는 윙크나 웃음을 보냈다. 그녀는 이러한 종류의 충성이 없었다면 자신의 정신이 온전한 상태를 유지할 수 없었을 것이라고 생각하였다. 자신의 자율성을 잃지 않으면서 다른 네 사람과 친밀하게 살아가는 것이 얼마나 힘든 일인가에 대한 생각은 점점 더 명확해져 갔다. 그것은 오직 믹과의 친밀한 관계와 말없이 이루어진 헌신적 동맹만이 다른 가족들과의 무너진 관계에서 그녀를 유지할 수 있게 하는 힘이었다.

　그 집안에서 줄리아의 위치가 인정받지 못하고 있다는 사실은 점점 더 분명해졌다. 그녀의 남편과 큰아들 노엄이 자신의 반대편에 서서 대응할 때 자신이 얼마나 자주 무가치해지고 나약해지는 것을 느꼈는지에 대해 설명하였다. 그들은 그녀를 일용품처럼 취급했는데, 이는 때때로 자신들에게 편안함과 안락함을 제공하는 일을 지속할 수 있도록 만들기 위해 끊임없이 재잘대며 비위를 맞추어 주는 어떤 사람과도 같았다. 분명히 그들이 표현하는 모든 것이 그녀를 다른 사람들보다 열등한 존재로서 깔보는 것으로 비쳐졌다. 그들이 풋볼과 정치에 관해 토론하는 중에 그녀가 참견할 때마다 그들은 그녀를 마치 어리고 알지 못하는 아이처럼 취급했다. 그들은 기분 내키는 대로 행하였고, 그녀가 항상 가정에 더 오랜 시간 머무름에도 불구하고 그들 각자가 그녀보다 더 많은 공간을 차지하고 있었다.

　우월과 순종의 주제가 명확해졌다. 두 노엄에 대한 그녀의 관계는 확실하게 I-It의 수준이었다. 더군다나 그들의 필요와 요구를 순종적으로 받아들이는 것과 그녀에 대한 그들의 지배적 위치가 고정되어 있었다. 두 노엄 누구도 그녀를 주관적 세계를 지닌 완전한 사람으로 인식하지 못했고, 그녀도 그들에 대해 중요한 존재로서 자신의 주체성에 대한 감각조차도 없었다. 줄리아는 현재 당면해 있는 힘의 불균형으로부터 어떻게 자유로워질 수 있는지 그리고 자신의 주체적 중심을 지각한 위치에서 어떻게 관계를 다시 형성해야 할지 의아해하였다.

　이 문제는 그녀가 가족생활로부터 물러서서 다시 자신을 발견할 수 있는 자신만의 공간을 소유하고자 하는 것에 의해 예시되었다. 그녀는 이러한 사생활을 몹시 원했다. 그녀는 만일 자신이 엄마와 주부로서의 역할에 함몰되지 않았더라면 그들을 좀 더 잘 이해하고 그들과 좀 더 나은 관계를 만들 수 있었을 것이라고 확실하게 느꼈다. 지금도 그녀는 그들의 사랑을 상실할 수도 있다는 두려움 때문에 자신을 위해 그 어떤 것도 감히 요구할 생각조차 하지 않았다. 이 경우 사랑은 바로 욕구를 의미했다. 줄리아는 두 노엄이 더 이상 자신을 필요로 해 주지 않는 것에 대한 공포에 가득 찼다. 줄리아는 만일 그들이 자신을 더 이상 필요로 하지 않으면 가정에서 그들은 자신을 원하지 않을 것이라고 분명히 느꼈다. 이것 역시 그녀가 그들과의 관계에서 나–그것(I–It)의 관계라는 증거다. 그 관계에서 그녀의 인격은 중요하지 않았다. 그녀는 단지 구체적이고 가시적인 봉사를 제공하는 경우에만 중요할 뿐이었다.

그녀가 이러한 문제에 대해 구체적으로 이의를 제기하고 자신의 개인적 공간을 얻기 위해 집의 구조를 실제적으로 변경하려는 생각을 시작할 수 있을 만큼 충분히 용감해지기까지는 많은 시간이 걸렸다.

변화를 위한 그녀의 용기에 대한 결정적 동기는 그녀 자신의 공간이 없는 것으로 인해 드러난 분노로서, 이는 마치 믹이 자신의 공간을 위하여 창고로 가버린 감정과 유사한 공통점이 있다는 사실을 인식하는 것으로부터 왔다. 그녀가 이러한 유사성을 인식했을 때 이는 매우 충격적이었고 마음이 뭉클했다. 이러한 것이 분명했었음에도 불구하고, 그녀는 어떤 명백한 방식에서 자기 자신의 갈망을 결코 인정해 본 적이 없었다. 따라서 믹의 행동에서 나타나는 중요한 의미에 대해서도 전혀 알 수 없었다. 지금에서야 비로소 그녀가 믹이 거처할 곳을 마련하는 기이한 과정을 보면서도 왜 그리 관대했었는지를 이해할 수 있었다. 그가 자기 자신을 위한 공간을 갖고자 소망하는 것은 결코 놀랄 만한 일이 아니었다. 그는 항상 큰아들 노엄과 같은 방을 사용하였는데 그 방은 노엄의 물건들로 가득 찼으며 믹을 위한 개인적 공간은 거의 없었다.

이제 줄리아는 자신을 공격한 믹의 행동이 의미하는 바를 알게 되었다. 그녀는 그가 줄리아에 의해 버림받았다고 느꼈음이 틀림없다고 생각했다. 왜냐하면 그녀는 믹이 독립적으로 자신을 세워 나가고자 하는 노력에 대해 직접적으로 지지하지 않았기 때문이었다. 그녀는 항상 믹과 눈으로 말하고 있었지만 그의 자율성에 대한 새로운 욕구가 너무 커서 그녀가 알아차릴 수 없었을 때, 그녀는 눈으로 대화하는 것을 멈추었다. 그가 평상시에 집안에서 진행되는 일들에 대해 동떨어져서 살아가고자 하는 간절함을 인정하고 받아들이는 것은 그녀 또한 자신의 위치를 공개적으로 선언해야 한다는 것을 의미했다. 그녀는 그렇게 할 수 있는 마음의 준비가 되어 있지 않았고, 그래서 믹에 대해 헌신하기보다는 다른 이들에게 헌신하는 것을 선택하였다. 그녀가 믹의 입원에 대해 죄책감을 느끼는 것은 놀랄 만한 일이 아니었다. 그를 극단적이고 격리된 위치로 몰아붙인 것은 바로 그들의 밀접한 연합에 대한 그녀의 배신이었다. 이렇게 함으로써 그는 자신의 소외에 대한 반발을 일으켰다.

줄리아가 믹과의 관계에서 이러한 통찰을 한 후에 그녀는 다른 방식으로 믹에게 다가설 준비가 되었음을 느끼게 되었다. 그는 아직 병원에 있었으며 정신과 치료뿐만 아니라 심리치료를 위한 회기를 갖고 있었다. 비록 믹이 병실에서의 행동에서나 상담자와의 관계에서 소통하지 않고 매우 철수해 있었을지라도 줄리아는 몇 달 만에 처음으로 그와 이야기를 할 수 있었다.

그녀가 그를 실망시킨 것에 대해 얼마나 미안해하는지 말해 줄 수 있는 지금, 믹이 회복될 수 있다는 가능성을 분명히 느꼈다. 그에 대한 동정과 걱정을 표현하는 대신에, 그녀는 이전에 했던 것처럼 이제 그의 대담한 행동에 대한 감탄을 말로 표현하였다. 그녀는 특별히 그가 자신을 개인적으로 공격했기 때문에 얼마나 상처받고 무서웠는지에 대하여 말하였다. 그녀는 단지 그가 말하고자 했던 것을 이해할 수 없었던 것뿐이라고 이야기하였다. 그녀는 이제 자신 스스로 문제들을 정리하기 위해 노력하고 있다는 것과 희미하게나마 빛을 보기 시작하였다고 그에게 말하였다. 그가 준비되었을 때, 그녀 자신을 좀 더 분명히 성찰하기 위해 그를 필요로 할 수 있다고 이야기하였다.

이 대화를 나눈 그 주간과 이후 2주 동안 믹은 이전보다 더욱더 스스로를 고립시켰다. 하지만 이전처럼 경직되어 있는 것보다 무언가를 생각하고 있는 것만은 확실하였다. 열흘 후 믹은 자신의 어머니에게 편지를 보냈다. 이 편지에서 그는 엄마와 더 이상 관계를 맺을 수 없다고 선언하였는데, 그 이유는 그녀가 진실보다는 마법에 헌신할 것을 선택했기 때문이라고 하였다. 만일 그녀가 검은 마법과 독이 든 음료를 버린다면, 그때 그는 다시 말할 수 있을 것이라고 하였다. 그는 그 징조를 볼 수 있기를 기다리고 있다고 하였다. 그때까지 그는 스스로 자신을 보호해야만 했다. 그녀와는 달리, 그는 자신을 보호할 독사 피나 악어의 피부를 가지고 있지 않다고 말하였다.

줄리아는 이 편지를 받았을 때 절망의 나락으로 떨어졌다. 그녀는 모든 것이 정상으로 돌아오리라고 생각했었는데, 이제 그럴 수 없다는 것이 분명해지는 것처럼 보였다. 믹은 여전히 그녀에 대해 악의를 품고 있었고 그녀는 그 이유를 이해할 수 없었다. 또한 그는 여전히 수수께끼 속에서 분명하게 말하고 있었다. 그러나 그녀는 더 많은 퍼즐조각들을 발견하였고 그 퍼즐조각들을 맞추는 것에 대해 열정적이었다. 최소한 어떤 의사소통이 있었기 때문에 거기에 희망도 있다는 사실은 틀림없었다.

믹의 말이 그녀에게 일으킨 잠정을 탐색함에 있어서, 줄리아는 디디와의 관계에 대하여 이야기하기 시작했다. 줄리아는 믹이 말하고자 하는 의도가 최근에 자신이 딸 디디와 가까워지기 위해 부단히 노력했던 것에 대해 이야기하는 것이라고 믿었다. 수년 동안 줄리아와 디디는 지속적으로 갈등을 겪었다. 지난 몇 해 동안 그녀는 디디를 자기편으로 만들기 위해 노력했다. 그러기 위해 그녀는 머리 염색과 팝음악과 같은 실제로는 자신이 싫어하지만 때때로 그것을 좋아하는 척하였다. 그녀가 3년 전 디디의 머리를 녹색으로 염색하는 것을 도와줄 때 믹이 그녀를 처음으로 마녀라고 칭했던 것을 기억했다. 그 당시 그것은 농담이었지만, 이는 디디와 함께 여성의 속임수와 관련된 어떤 것과 연결되어 있다는 사실이 명백했다.

줄리아가 이 방향으로 탐색을 시작하자, 기억들이 쏟아졌다. 믹이 지난 몇 년 동안 전쟁을 선전포고 하는 자로서 혹은 그녀의 행동으로 말미암아 최소한 유기된 자로서의 경험을 했었다는 사실이 그녀에게 점점 명백해졌다. 그녀는 디디를 영원히 잃을지도 모른다는 두려움 때문에 디디와 가까워지기 위하여 매우 열심히 노력했다. 더 늦기 전에 그녀는 자신의 외동딸과 친밀해지기를 원했다. 그녀는 또한 디디가 자기보다 두 노엄들을 더 좋아하고 있다는 생각에 견딜 수가 없었다. 그녀는 어느 정도 디디를 자기편으로 만드는 것에 성공하였다. 그녀는 디디로부터 어느 정도 존경을 받았다. 그녀는 디디가 이전에 어느 누구도 그녀 자신에게 말해 주지 않았던 이야기를 해 줌으로써 이를 일종의 진정한 인간관계처럼 인식했다. 비록 그녀는 디디가 말한 내용을 좋아하지는 않았지만, 최소한 디디가 자신을 염려해 주고 있다는 것을 알았다. 비록 디디가 자신의 노예와 같은 행동을 비난했지만, 이것은 적어도 딸이 생활 속에서 그녀가 하고 있는 것을 보고 있었다는 것을 가리키고 있었다. 디디는 두 노엄이 오랫동안 하지 않았던 방식으로 그녀를 인정했다. 즉, 노엄이 오래전부터 하지 않았던 일을 함으로써 디디는 그녀를 다른 사람으로 인정해 주었다.

그러나 줄리아가 디디에게 얻었던 새로운 관계적 측면의 가치만큼 그녀는 이제 고통스럽게 그것에 대한 대가를 인식했다. 그녀는 스스로 디디의 관심을 얻기 위해 때때로 믹에게 완전히 무관심했었다. 그녀는 비록 지렁이 채집이 믹에게 어떤 의미가 있었는지를 잘 알고 있었음에도 불구하고, 믹이 지렁이를 채집하는 기이한 취미를 비웃었던 것을 기억했다. 디디가 즐거워했기 때문에 그녀는 온 가족 앞에서 믹에 대해 비아냥거렸다. 그녀는 그가 성장할 필요가 있고 그녀가 항상 그를 보호해 줄 수는 없다고 스스로에게 말하면서 그의 상처를 무시했다. 지금 믹은 자신이 한 마리의 지렁이라고 말하고 있었다. 그는 그녀가 자신을 이렇게 만들었고 그녀로 인해 사람들 또한 자신을 부서뜨리고 짓밟을 수 있었다는 사실을 제시하고 있었다.

줄리아는 믹이 자신을 마녀라고 고발하는 것은 디디에 대해 비밀스러운 여성적 계략을 꾸몄던 자신의 음모를 관찰한 것에 기반하고 있다고 생각했다. 그녀는 결코 그렇게 한 적이 없었고 그 역시 이전의 그녀를 잘 알고 있었기 때문에 이러한 차이에 대해 매우 민감할 수 있었다. 그녀는 이제 여성적 힘을 갈망했던 자신에 대해 수치스럽게 느껴졌다. 그녀는 다른 사람들, 특히 남성들에게 인정과 존경을 받고 싶은 자신의 강한 욕구를 추적할 수 있었다. 그것은 마치 그녀가 열망했던 관계에서 일종의 자율성과 힘을 스스로는 얻어낼 수 없다는 것을 인식하여 정직하지 못한 방법으로 힘을 얻고자 하는 시도를 계획하는 것과 같았다. 갑자기 이것을 마법에 의지하는 것과 비교하는 것이 더 이상 터무니없어 보이지는 않았다.

줄리아는 단순히 자신의 관계들을 주의 깊게 숙고해 봄으로써 믹의 태도에 대한 논리성을 점점 더 잘 이해하게 되었다. 그녀는 어떤 면에서 믹이 그녀 자신보다 그녀를 더 잘 알고 있었다는 사실을 보기 시작했다. 그것이 그가 그녀의 태도에서 불일치를 집어낼 수 있었던 이유이었다. 그녀는 그의 행동이 자기 자신뿐만 아니라 그녀를 구하기 위한 시도였을 수도 있다는 것에 대해 놀라기 시작했다. 그의 위험 경고와 그녀의 마녀 같은 행동에 대한 책망은 그녀가 이전에 그와 관계할 수 있었던 좀 더 진실된 태도로 그녀를 되돌리고자 하는 노력으로 여겨질 수 있었다. 그리고 그가 거처를 밖의 창고로 옮긴 것은 그녀에게 일종의 예시를 만들어 주는 것과 같았다. 그는 그녀에게 그녀만을 위한 공간이 절실히 필요하다는 것을 말하고 있었던 것처럼 보였다. 그녀는 자신과 그들, 즉 그녀가 그들을 위해 기꺼이 자신과 그를 버리고자 했던 그 사람들과 어느 정도의 거리를 유지할 필요가 있었다.

줄리아가 이러한 관점에 도달하기까지는 몇 달의 시간이 걸렸다. 그 시간 동안 그녀는 믹에 대해 많은 부분을 알지 못했다. 그는 변하지 않았고 여전히 병원에 있었으며, '그 징후가 옳았다'고 하기 까지는 그의 가족들 중 어느 누구도 만나고 싶어 하지 않았다. 다른 가족구성원들은 믹의 병세에 대한 또 다른 증상으로 여겨서 이러한 것을 무시했다. 이제 줄리아는 이것을 극단적으로 심각하게 여겼다. 그녀는 믹의 행동이 무엇을 의미하는지 알고 있다고 생각했다. 더더욱, 그녀는 다시 믹의 편에 서서 느끼기 시작하였다. 비록 그녀는 그가 자신의 견해를 표출하는 방식이 슬펐지만 그녀는 그의 관점에서 그것을 이해하였다. 그녀는 단순히 그의 문제에 대해 관심을 갖기보다는 자신이 깊이 관여되는 것을 느꼈다.

줄리아는 스스로 어떤 행동을 취할 필요성을 느꼈다. 만일 믹이 그녀와 자신의 존엄성을 보호하기 위해 밖의 창고로 옮겨서 거의 얼어 죽을 정도로 용감했었다면, 그녀 또한 견딜 수 있고 마찬가지로 그에 맞는 행동을 취할 수 있었다. 이제부터 그녀는 남편인 노엄과 아들 노엄 그리고 그녀의 딸인 디디와의 관계에서 자신에 대해 정직해지려는 임무에 착수했다. 그녀는 자신의 공간에 대한 요청과 자신의 마음을 드러낼 것을 결정하였다. 더 나아가 그녀는 보복의 두려움 없이 풋볼과 정치, 그리고 머리 염색 또는 다른 일들에 대한 그녀 자신의 의견을 확실히 주장하기로 다짐했다. 이러한 새로운 태도를 진정으로 수행하기까지는 수개월이 걸렸다. 줄리아는 순종적인 자신의 태도에 얼마나 깊이 빠져 있었는지를 이제 겨우 자각하게 되었다.

　자신에 대한 믹의 지원 없이, 그녀는 다른 사람들의 자신만만한 얼굴에 비추어 볼 때 마치 자신은 지렁이처럼 여리고 발가벗은 것처럼 느껴졌다. 믹 역시 그렇게 작고 보호받지 못하는 것을 느꼈던 것이 그녀에게 점점 명백해졌다. 비록 그녀는 이 모든 것에 대해 믹과 말할 수 있는 기회를 여전히 갖지 못했지만, 이제 믹이 보여 주는 망상적 행동을 온전히 수용할 수 있는 지점에 다다랐다. 그녀는 그가 언급하고 행동했던 것들에 대해 평안함을 가졌을 뿐 아니라 그것에 대해 고맙기까지 하였다. 그녀는 그의 괴이한 행동이 희생이었음을 경험하였다. 그녀는 그토록 자신을 이해하지 못한 것에 대해 의아해했으며, 그의 도전 없이도 자기만족적 삶을 살 수 있도록 강해지기 위해 싸우기 시작했다. 믹은 그녀와 함께했던 유일한 사람이었다. 그는 그녀가 지금까지 상상할 수 없었던 방법으로 그녀를 철저히 올바르게 바라보고 있었다. 그녀는 그에게 감사하였다. 그녀는 또한 그의 외로움을 생각하며 큰 충격을 받았다. 그는 그녀와 자신 두 사람의 무거운 짐을 짊어져야만 했다. 또한 그녀는 믹보다 강한 다른 사람들로부터 보호받기 위해 기회를 엿보고 있었을 때, 그가 홀로 모든 짐을 짊어지도록 버려두고 방관했다.

　그녀가 자신에 대해 충분한 확신을 느끼게 되었을 때, 그녀는 자신이 새롭게 깨달은 것을 설명하기 위해 믹에게 긴 편지를 썼다. 그녀는 또한 이 편지의 복사본을 가족 모두에게도 주었다. 그 영향은 실로 놀라웠다. 처음엔 열띤 가족의 논쟁이 일어났다. 줄리아 역시 자신의 아들처럼 미쳤다는 이야기를 여러 차례 들었다. 그러나 그녀는 계속했다. 그녀 자신을 표현하는 방식이 점차적으로 덜 혼란스러워졌으며 더욱 초점이 명확해졌다. 상담 회기에서도 그녀는 존엄성과 진실에 대한 자신의 의도와 태도를 추적하기 위해 끊임없이 상기하였다. 그녀는 남편이나 큰아들 노엄 또는 디디의 탓으로 돌리지 않기 위해 자기 자신과 싸워야만 했다. 그녀는 부적절한 자기연민이나 믹의 전쟁으로 인한 다양한 분노폭발로부터 많은 감정적 상처를 입었다. 그러나 이 모든 것에도 불구하고 의사소통의 새로운 형태가 가족 안에서 형성되었다.

첫 번째 가시적인 결과는 디디가 독립하여 집을 나가기로 선언한 것이었다. 그녀는 남자친구와 집을 얻어 생활하였다. 그 달에 줄리아는 디디의 방을 믹의 방으로 재정비하였다. 그녀는 그의 물건들을 디디의 방으로 옮겼고 그가 집에 오는 것을 환영한다는 것을 알게 하였다. 믹은 거절하였지만, 자신의 어머니를 병원에서 다시 보는 것에 흥미를 갖기 시작하였다.

믹과 일반적인 대화를 가지는 동안, 이제 줄리아는 자신의 상담 회기에서 탐색하고 노력하는 것에 대한 가장 중요한 국면이 시작되었다. 믹의 성장과 변화가 확연히 드러났다. 관계 속에서의 그의 경험은 자신의 모습을 변화시켰다. 그녀가 그를 자신의 연장선으로 이용하고, 그 후에 그녀가 그를 더 이상 필요로 하지 않는 순간에는 그를 무시한 것에 대해 그는 매우 큰 아픔을 느꼈다. 서서히 그들의 대화는 줄리아가 자신의 나약함에 대해 그에게 이야기하는 것이 가능해지는 단계에 이르렀다. 그러자 그것은 그들에게 이전의 친밀함에 있어서 긍정적인 측면을 바라볼 수 있도록 하는 것이 가능해졌다. 그저 학대받거나 공생적인 상태로 무시되는 것이 아니라, 그것의 가치와 장점을 나타내는 신호가 가능해졌다.

이러한 시간 동안에 줄리아는 다른 사람과 하나가 되는 다른 방식에 있어서 민감하게 되었다. 친근해지는 한 가지 방법은 유사한 영혼을 지닌 사람들이 다른 인간관계의 위험으로부터 도망치기를 갈구함으로써 그들만의 안전한 항구에서 만나는 것에 기인하는 것이다. 친밀해지는 또 다른 방법은 목적과 헌신의 하나됨에 대한 상호적 인식의 방법이다. 그녀가 믹과 하나가 되는 것은 두 가지 측면 모두를 가지고 있었다. 그들 둘은 보호를 위해 서로를 필요로 했다. 거기에는 또한 여전히 신실함과 진실을 향해 공유된 헌신의 요소가 있었다. 진실은 흩뜨려지고 단지 신실함만이 여전히 남아 있을 때 믹에게는 견딜 수 없는 상황이 되었다.

줄리아 자신보다 더 먼저 그녀의 연약함을 알고 있었던 믹은 자신이 알고 있는 유일한 방식, 즉 지렁이처럼 사는 것을 통해 그녀의 배신으로부터 자신을 보호했다. 이제 서로서로에게 이러한 일들에 대해 이야기할 수 있었으며, 믹은 자기의 엄마와 다시 친밀한 관계를 회복하기를 열망하고 있었다. 그러나 그는 두 사람 모두 홀로 서기에 충분할 정도로 강해지기 전까지는, 그녀와 다시 친밀하게 생활할 마음의 준비가 아직은 되어 있지 않았다.

줄리아는 이와 같이 믹의 단호한 결정과 명료한 이해로 인해 다시 감동을 받았다. 그녀가 아들과 다시 친밀하게 되는 안전함으로 되돌아가는 것이 허용된다면, 그녀는 스스로 자신의 모든 통찰을 버리게 될 것이라는 사실을 깨달았다. 그리고 그녀는 믹이 돌아왔을 때 그와 평화롭고 친밀해지기 위해서 디디가 그곳에 있지 말아야 된다는 사실을 알고 있었다. 또다시 줄리아는 그녀 자신에게로 돌아가도록 만들어 주는 그의 강요에 고마움을 느꼈다. 그녀는 이제 자기 공간을 소유하기 위해 디디가 쓰던 방을 사용하는 것에 대해 디디를 포함한 가족구성원 모두와 일일이 협의하였다.

줄리아가 자신의 방을 소유하는 것은 다른 가족원들에 대한 그녀의 모든 관계를 새롭게 생각하고자 하는 의지와 주체성을 확립하는 것에 대한 매우 진지한 결심을 드러낸 것이었다. 그녀는 남편과 평등한 관계를 획득하기 위해 노력하고 있었다. 그녀는 항상 조용하고 곁에 있어 주는 엄마를 의지했던 큰아들의 신뢰를 잃을 위기에 처해 있었다. 하지만 그녀는 가능한 한 온전한 타인으로서 관계하기를 원하는 하나의 주체적인 인간으로서 자신을 드러내고 있었다. 그녀는 자신의 태도 변화로 인해 디디로부터 많은 존경을 얻었다. 두 노엄에 대한 어려움들은 단지 시작일 뿐이었다.

수주 후 믹은 주말 동안 집을 방문해도 되는지를 물었다. 줄리아는 매우 기뻤지만 믹이 새로 얻을 수 있는 방을 포기하고 거실에서 머물 수 있는지의 여부를 물어보았다. 믹은 그녀가 자신의 영역에 곤건하게 서 있을 수 있는 능력의 중요성에 대해 기뻐했다. 그는 이런 여건 속에서 이제 병원을 떠나 집으로 영원히 돌아갈 준비가 되었다고 느꼈다. 줄리아는 그가 평상시대로 다시 자기와 관계를 갖고 친밀해지는 것을 허락하는 것으로 받아들였다.

몇 달이 지나지 않아서 줄리아의 관계는 자신이 가능하다고 생각했던 것보다 훨씬 더 충만했다. 그녀는 그 과정에서 자기를 상실하지 않고도 믹과 다시 친밀해질 수 있는 것이 가능하다는 것을 발견하였다. 이것은 '내(I)'가 없거나 '나(ME)'를 내동댕이치는 것이 아닌 '나-나(I-Me)'의 관계였다. 그녀는 또한 믹을 또 다른 한 존재로서 존중하고 사랑하는 것과 어느 정도 그를 자유롭게 놔두면 그의 내면세계를 이해하는 것이 어떻게 가능한지를 발견했다.

그녀는 이제는 남자친구와 함께 생활하지 않고 독립해서 살고 있는 디디와 유사한 '나-너(I-You)' 관계를 갖기 시작했다. 그녀의 아들 노엄과 가장 힘들게 여겨지는 남편과는 갈등 중에 있다. '나-너(I-Me)'와 '나-그것(I-You)'의 관계들이 보상을 주고 있는 과정에서, 그녀는 'I-It'의 관계에서 악의 없이 자기 자신을 주장하는 것이 여전히 어려웠다. 이것은 믹과 디디의 관계에서는 이러한 종류의 관계를 하지 않고 있다는 것이 명백했다.

줄리아에게 있어서 다음 단계는 외부세계와의 관계, 즉 '나-그것(I-It)'의 관계에서 보다 크게 대면하는 방향이 있어야 함이 분명해졌다. 그녀는 자신의 직접적인 가족들 밖의 관계에 초점을 맞추어야 할 필요가 있었다. 줄리아는 집 밖에서 어떤 작업을 수행할지 그 가능성을 고려하기 시작하였다. 그녀는 자신이 만일 그러한 주도성을 보여 줄 수만 있다면, 그녀는 자신의 새로운 자율성을 유지할 수 있을 것이라는 스스로의 확신에 의해 격려를 받았다. 이는 그녀가 자기 자신뿐만 아니라 믹을 위한 공간을 남겨두는 방식에서 매우 중요한 것임에 틀림없다고 생각했다.

줄리아의 투쟁은 거의 온전히 다른 사람들에 대한 관계적 영역에 위치해 있었다. 처음에 그녀는 수동적인 '나-그것(I-It)'의 관계에 의해 거의 완전히 지배된 것 같았다. 그녀의 갈망은 다른 사람과의 상호적 연결에 의해 이해되고 힘을 얻는 느낌을 주는 '나-나(I-Me)'의 관계와 일치됨을 위한 것이었다. 그녀에게 있어서 그러한 관계를 허용하는 상담자를 찾는 것이 우선적으로 필요했다. 그녀의 아들과 가졌었던 '나-나(I-Me)' 관계의 긍정적인 측면뿐만 아니라 부정적인 측면을 이해하는 것이 그다음 단계였다.

이후에 줄리아가 시행한 과업은 부정적인 나-그것(I-It)의 관계들로부터 자신을 자유롭게 하는 것과 다른 사람들에게 단호한 자세를 견지하는 것을 배우는 것이었다. 그녀가 다른 사람들을 주도하면서 기쁘게 해 주려고 하는 자신의 노력에 대한 인식을 통해서만 이것을 할 수 있었다. 그녀가 이러한 방식으로 자신을 직면하기 시작했을 때, 그녀는 마찬가지로 새로운 방식으로 다른 사람들을 바라볼 수 있게 되었다. 오래지 않아 그녀의 새로운 태도는 다른 사람들과의 관계에서 효과가 드러남을 알 수 있었다. 이제 좀 더 상호적으로 소통적인 나-너(I-You)의 관계가 가능하게 되었다. 동시에 그녀는 자신의 아들과 나-나(I-Me)의 친밀한 관계의 가능성을 발견하였다. 그녀는 상담 회기에서 나-그것(I-It) 관계의 잠재적 위험성과 관련되어 여전히 두려워하는 태도에 대해 지속적으로 작업해 나갔다. 이제 그녀의 목표들 중 하나는 남편과의 관계에서 나-너(I-You)의 관계가 가능하게 되며 아마도 언젠가는 나-나(I-Me)의 관계가 되는 것이었다. 그러나 그녀는 이것을 위해서는 그녀의 남편 또한 기꺼이 다른 방식을 통해 그녀를 새롭게 숙고해야만 가능하게 된다는 사실을 잘 인식했다. 그녀는 자신이 변화를 지속하고 덜 순종적인 행동을 할 수 있게 될 때에야 비로소 그도 변화될 것이라는 사실을 확실히 느꼈다.

줄리아의 남편은 그들 사이에 극적인 변화가 생긴다면 관계 속에서 그가 해야 할 많은 일들이 있음을 분명히 알고 있었다(예를 들면, 그의 아들 노엄과의 친밀한 관계를 다시 고려해야 함). 줄리아와의 상담 회기에서 이것은 선택사항처럼 고려되지 않았다. 그녀는 남편의 실수나 무책임을 비판하면서 시간을 낭비하기보다는 그녀 자신이 스스로 해야 할 일에 대해 끊임없이 초점을 맞추고 있었다. 앞으로 그녀가 헤쳐 나갈 여러 과정들 속에서 다른 사람들의 도움 없이 혼자서 자신과의 관계에서 최상을 만들어 갈 것이라고 결심했다. 그녀는 이러한 방식에서 타인을 탓하거나 변명을 만들고 싶은 유혹에 쉽게 빠지지 않았다. 이런 태도를 통해 매번 긍정적인 발전이 줄리아에게 보너스와 격려로 더해졌다.

자연스럽게 다른 사람과 관계하는 동안, 관계를 향상시키는 유일한 방법은 관계 속에서 각자 개인적인 영역에 대한 탐색과 통찰에 의해서다. 한 사람이 먼저 이것을 철저히 이루고자는 의지가 일반적인 패턴을 변화시킬 수 있게 한다. 두 사람이 이것을 이루고자 하는 의지는 매우 큰 상호적 이해와 협력을 가능하게 할 것이다.

✻ 현재를 살아가기

성장은 실존적인 관점에서 보면 현재적 삶을 살아갈 수 있는 능력으로 여겨진다. 현재적 삶을 살아간다는 것은 사람들이 태어나 죽을 때까지 필연적으로 겪게 되는 자신의 인생과정을 인식하는 존재적 태도다. 이러한 진행은 피할 수 없으며 그러므로 삶의 변화와 변형은 불가피한 것이다. 그러므로 성장이란 사람의 노화와 변화과정에 대한 우호적인 수용과 적극적인 관리로 정의될 수 있다. 성장은 사람의 과거유산을 수용 가능한 현재의 것으로 조형함으로써 미래를 위한 새로운 가능성으로 창조해 가는 자신의 능력에 대한 자각이다.

내담자들이 미래의 비전 속에 있는 희망과 과거의 회상 속에서 힘을 발견할 수 있는 한 그들은 자신의 성장에 대한 책임 속에서 삶을 잘 숙고하게 될 것이다. 지속적인 성장은 과거로 퇴행해 가거나 과거로부터 도망하지 않고 현재를 즐기고 감사해하는 능력으로 여겨질 수 있다. 덧붙여 그것은 미래에 무엇이 놓여 있든지 간에 결연히 직면하려는 것으로 특성지어진다. 성장은 미래에 대한 두려움과 현재의 편안함에 안주하려는 것으로 인해 방해받을 수 있다. 또한 동일하게 더 이상의 어려움을 직면하거나 노력을 하지 않으면서 이상향만 갖고 미래를 향해 뛰어드는 것으로 인해 성장에 방해가 될 수도 있다.

실존주의 상담 및 심리치료는 내담자들이 과거는 모든 것이 성취적이었으며 미래는 모든 것이 전도양양할 것이라는 편안하고도 완벽한 인생에 대한 헛된 꿈을 내려놓게 하는 데 그 목표를 두고 있다. 실존심리치료자들은 지금-여기에서 항상 충분히 깊이 있게 경험되는 흥미로움 속에서 성취적 열반을 약속하지 않는다(Deurzen, 2009). 그 반대로, 내담자들은 끊임없는 도전으로서 삶의 현실적 측면으로 돌아오도록 도움을 받는다. 순간의 안락함을 맛볼 수 있는 것은 그들의 본성이 일시적으로 인식의 배경에 대항할 때만 잠깐 가능할 수도 있다. 적극적으로 수행된 삶의 모험을 즐길 수 있는 것은 단지 영원한 안정에 대한 열망이 성취될 수 없는 것으로서 확실히 포기할 때만 가능할 수 있다.

시간을 기반으로 한 영원에 대한 인식은 존재에 대한 자신의 지각적 영역에 있을 수 있다. 그러나 심지어 당면한 환경도 여전히 일시적일 것이다. 사후세계와 하나님에 대한 믿음이 평화로운 영향을 줄 수 있다. 하지만 그것이 세상을 살아가는 존재로서 이 세계에서의 명백한 불합리와 냉혹함을 받아들여야 하는 것을 결코 대체할 수는 없다. 인간이 이 세상에서 소비하는 제한된 시간을 가진 존재이며 단순히 죽을 수밖에 없는 운명으로서, 피할 수 없는 과업 중 하나가 의미 있는 존재를 창조해야만 하는 자신과 화해하는 것이다. 다시 말해, 무의미하게 살면서 시간을 낭비할 수는 없다는 뜻이다.

교회와 교리로부터의 영적인 가이드가 사라짐으로써 더욱더 많은 사람들이 계획 없이 되는 대로 살아가며 자신들의 인생을 낭비하고 있다. 죽음은 종종 우리가 인생에 있어 가끔씩 위기를 느끼게 만드는 유일한 시간이다. 많은 사람들은 흘러가는 시간에 대한 감각이 없어지든지 혹은 시간을 다 소진하여 더 이상 돌이킬 수 없을 때에야 비로소 그 위기를 깨닫게 된다. 오늘날 서구적 문화에서 실제적인 시간의 흐름에 대한 진지한 인식이 없거나 바쁜 스케줄에 의해 살아가는 것으로 인해 자신을 상실하기가 매우 쉽다.

동일한 방식으로 돈이 우리 인생에 있어서 주요한 가치적 척도로 자리매김하여 생필품이 된 것 같이, 시간 역시 경험의 깊이보다는 몇 분이나 몇 시간들로 측정되는 유용한 품목처럼 되었다. 사람의 개인적 시간에 대한 감각을 다시 회복하는 것은 의심할 여지없이 실존적 작업의 목표 중 하나다. 이것은 개인의 과거에 대한 회고뿐 아니라 미래의 전망과 기대를 포함하고 있다. 이는 과거의 자료들로부터 미래를 위한 삶과 현재 자신의 삶을 영위하고 있는 방식에 대한 철저한 성찰을 포함하고 있다. 현재를 살아가는 법을 배운다는 것은 자신이 실존적 주관자로서 적극적으로 참여한다는 의미다. 인생이 무로 시작해 무로 끝난다는 것에 대한 인식은 현재적 자유가 제한적이라는 것을 끊임없이 상기시키게 할 것이다.

상담 회기를 통해 내담자들은 현재적 고통의 원인으로서 자신의 과거를 언급할 것이다. 그들은 종종 어떤 사건들이나 경험들에 의해 조성된 자로서 자신을 설명할 것이다. 처음에 그들은 이러한 것을 통해 세상에 자신을 드러내는 방식에 대한 관심을 끌게 될 것이다. 이러한 제시는 단순히 과거의 어떤 측면들을 현재로 끌어

오는 과정이다. 즉, 사람이 자신을 드러내거나 재현해 보이는 방법은 과거의 경험을 선정하는 적극적인 과정이다.

이러한 재현에서 과거 경험의 어떤 요소들은 강조되거나 되풀이되기도 하지만 또 다른 요소들은 생략되거나 심지어는 삭제되기도 한다. 그러므로 내담자가 자신의 이미지를 현재로 갖고 오는 방식에는 현재적 경험에서의 또 다른 형태를 통해 자신에 대해 스스로 특별한 인상을 강하게 가질 수 있다. 불우한 어린 시절을 보낸 불행한 경험을 가졌거나 그것을 이겨낼 희망이 전혀 없었다고 반복적으로 말하는 내담자는 현재 스스로 이러한 외상을 적극적으로 깨닫고 있는 것이다. 과거 경험을 상상하거나 실제로 그러한 경험이 재현되는 고통들은 새로운 외상에 노출되는 것을 통해 경험될 때 더욱 강력해질 수 있다.

과거에 대한 그러한 재현이 결코 비현실적이거나 영향력이 없는 것은 아니다. 많은 내담자들은 스스로 창조와 재창조를 지속함으로써 강하고 견고한 이야기 축을 만들어 간다. 그리고 이것은 외적 현실과 잘 통합된다. 그러나 대부분의 사람들은 이러한 이야기들을 창조해 낼 때, 이와 관련된 실제적인 저작권에 대해 인식하지 못한다. 자신의 과거 속에 살아가면서 현재의 이미지를 창조하는 것은 호흡하는 것처럼 자연스럽게 진행된다. 실존적 접근에 있어서 상담자나 심리치료사는 특정한 방법으로 어떤 이미지를 창조하거나 그러한 이미지를 통해 살아가도록 내담자에게 제시하지 않는다. 대신에 모든 임상가들이 수행하는 전부는 내담자가 이미 현재에 삶의 이미지를 창조하거나 살아가고 있는 방식에 대해 내담자의 주의를 집중하게 하는 것이다.

내담자가 자신의 현실을 구성하는 데 있어서 적극적 참여를 위한 책임을 져야 한다고 주장할 필요는 없다. 내담자가 그렇게 하는 것을 원하지 않는 한 책임지지 않을 완전한 권리를 가지고 있다. 단순히 내담자가 스스로 자신에 대한 회상과 자기표상을 재창조하는 것에 대해 관찰하는 방법을 알 수 있으면 된다.

그러므로 과거의 경험이나 기억들에 대한 작업에 있어서 강조되는 것은, 기억이 단지 현재 속에서 다시 재현되는 방식이 아니라 이러한 특별한 기억들이 부각된다는 사실을 인식하는 것이다. 기억들 속에서 내담자 자신이 선택한 것에 대해 주의를 기울이도록 돕는 것은 기억 자체가 실제로 영향을 주는 것만큼 중요하다.

사람은 살면서 수백만 가지의 실제적이거나 또는 상상된 기억들 속에서, 단지 어떤 특정한 기억들만 대표적으로 선택하게 된다. 어떤 사실들은 과거로부터 수집되어 현재의 삶 속으로 들어오게 된다. 어떤 사실들은 최근의 기억 뒤에 남겨지기도 한다. 또 다른 어떤 사실들은 너무나 먼 기억이기 때문에 아스라이 없어지기도 한다. 아마도 이전에 경험된 기억들을 찾아 현재에 좀 더 유용하게 사용할 수 있도록 숙달하는 것이 가능하다. 그러나 그러한 요소들은 분명히 매우 강력한 영향력을 가진 규칙적인 검토하에 보관되어야 한다.

사람에게 있어서 가장 강하게 마음속에 품고 영향력을 행사하는 과거의 측면들에 대한 의식적 자각만이 반드시 이러한 회상을 위한 기준은 아니다. 정신분석은 이러한 측면들에 대한 완전한 자각 없이도 자신들의 과거 경험의 특정한 측면에 대해 기억하고 행동할 수 있는 방식에 대한 풍성한 증거를 제시해 왔다. 실존적 접근은 이러한 측면들을 무의식적이라고 간주하지는 않는다. 오히려 그것은 성찰되지 않은 의도로 생각한다(Deurzen, 2010).

의도란 사람들이 과거로부터 자신을 회상하는 특정한 방법으로 미래를 향해 자신을 이끌어 가는 방법이다. 의도는 항상 여러 방법으로 표현될 수가 있으나 그것이 늘 그 사람을 반영하거나 투명하게 하는 것은 아니다. 의도는 사람이 자신을 재현하고자 하는 방법이다. 의도는 때때로 소원이나 기대와 혼동되는 경향이 있다. 소원은 사람이 자기 미래의 한 부분이 되기를 원하는 것이다. 소원은 어떤 의미로는 과거로부터 완전히 단절된 것이다. 기대는 이전에 발생했던 일의 논리적인 결과로서 다음에 다시 일어날 것을 상상하는 것을 말한다. 그것은 어떤 의미에서는 미래로 연결되어 있는 것은 아니다. 소원과 기대 모두는 수동적인 경험들이다. 소원하고 기대할 때 그 사람은 앞으로 전개될 세계를 기다리고 있는 것이다.

반면에 의도된 과정 속에서 과거와 미래는 적극적으로 연결이 된다. 그러므로 적극적인 의도에 담겨 있는 의미는 현재적 삶에 대한 방식이다. 이미 보여 준 것처럼, 소원과 기대는 때때로 서로에 대해 모순 속에 있다. 이러한 방식에서 그것들은 사람이 의도한 과정을 방해한다. 그것들은 사람의 의도성을 수행하는 자기 창조의 행위를 방해하는 것이다.

한 예로, 만일 당신의 본질적인 의도가 당신의 삶에 책임을 지는 것이라면, 책임져야 할 실패에 대한 과거 기억들과 이로 인한 무기력함에 대한 예상이 있을 수 있다. 동시에 이것이 성취될 것이라는 가능성과는 상관없이 여전히 완전하게 책임성 있는 통제에 대한 소망이 있다. 예로, 내담자가 이렇게 언급할 수 있다. '물론 나는 결코 완전한 책임성 속에 있지는 못할 것이라고 생각합니다만, 나는 내 삶을 책임감 있게 통제하기를 원합니다.' 이 경우 내담자가 자신이 의도에 맞춘 삶을 성취한다는 것은 이 내담자가 무한한 능력에 대한 미래적 환상들로 도망가기를 멈춘다든지, 자신의 과거로부터 기인된 무능함의 예상으로 인해 마비되지 않는다는 것을 의미하기도 한다. 이는 내담자가 과거와 현재의 경험을 책임지고자 하는 자신의 의도에 대한 실제적 증거와 연결되어 있다는 의미가 될 수도 있다. 그것은 절대적인 것을 위해 투쟁하기보다는 책임지는 것에 대한 한계를 인식하는 것일 수도 있다. 그것은 자신이 이미 지금 책임지는 것을 발전시키고 책임지는 방식에 주의를 집중한다는 것을 의미할 수도 있다. 결국 그것은 자신의 의도에 대한 효과를 감지하는 것을 배우고 이로 인해 책임지는 것에 대한 실제적 가능성과 불가능성에서 좀 더 조절하게 되는 것을 의미할 수도 있다. 이것은 의도된 과정의 연속성에 있어서 증가된 감각으로 이끌어 갈 수 있다. 일단 내담자가 자신이 그렇게 하는 과정에서 자신의 의도를 깨닫는 법을 인식할 때, 내담자는 자신의 의도를 충분히 잘 표현할 수 있으면서 동시에 자신의 태도에 잘 적응해 나갈 수 있게 될 것이다.

그러므로 현재적 삶을 산다는 것은 기대와 소원 사이에 연결을 만들면서 당신의 의도와 조화를 맞추는 삶을 의미한다. 당신의 의도에 조화를 이루어 산다는 것은 세상이나 당신 자신, 그리고 다른 사람들에 대한 의도의 영향을 인식하는 행동 속에서 의도를 표현한다는 것을 의미한다. 그러므로 표현의 실수를 수정해나가는 과정은 의도된 목표들을 향해 모든 행동과 수행이 움직여짐을 확신하면서 자동적으로 발생할 수 있다. 그러므로 현재적 삶을 살아간다는 것은 당신 자신의 운명에 대해 자율권과 보다 큰 현실적 감각을 창조한다.

사 례

　모드가 상담하러 왔을 때 그녀는 단지 자신의 운명에 대한 어떤 책임감을 느끼고 있었다. 그녀는 사회복지사의 권유에 의해 어느 정도 강압적으로 상담에 들어왔다. 모드는 자녀양육에 있어서 심각한 문제를 갖고 있었다. 그녀는 다섯 살도 채 되지 않은 두 아이를 키우는 싱글 맘이었다. 그녀는 아동학대를 의심받았기 때문에 매우 철저히 조사받고 있었다. 모드의 둘째 아이가 신체적 학대로 의심되는 부상으로 인해 여러 번 치료를 받은 후에, 그녀는 사안의 중대성과 관련하여 매우 엄중한 경고를 받았다. 상담 회기는 그녀의 사례에 대한 평가과정과는 분리되었고, 또한 평가에 관련된 사람들과 상담자 사이에는 아무런 의사소통도 없었다는 것이 명백했다.

　모드는 상담자가 진정으로 비밀을 보장하고 있다는 확신을 얻은 후에, 곧바로 자녀들에 대해 자주 분노했었다는 사실을 인정했다. 그녀는 상황이 악화되었음을 깨달았고, 좀 더 잘 조절할 수도 있었는데 그러지 못했던 것에 대해 실망하고 있었다. 그녀는 때때로 통제불능이 되었고, 아이들을 폭력적으로 흔들었으며, 아이들이 다칠 정도로 침대에 던져버렸다는 사실을 깨달았다. 모드는 아이들을 자신으로부터 분리하여 다른 곳에서 보호하려는 보건관리사와 사회복지사로 인해 두려워하고 있었다. 그녀는 자녀들을 세상 누구보다도 사랑한다고 맹세했으며, 또한 아이들을 데려가서 다른 곳으로 위탁하는 것은 그녀에게는 상상할 수도 없는 일이라고 했다. 만일 담당자들도 그녀의 상황이 얼마나 험악하고 자주 발생하는지를 안다면 그들도 주저 없이 자신과 똑같이 행동할 것이라고 생각했다.

　그녀의 물질적인 어려움을 해결해 주고 보육을 위해 여러 가지 편의와 도움을 최대한으로 지원해 주는 모든 노력들도 모드의 행동을 변화시키는 데는 별다른 영향을 주지 못했다. 사실, 그녀는 더 많은 사람들이 자신을 도우려 할수록 자신이 아이들과 함께 있을 때처럼 상황이 더욱 악화된다고 생각했다. 그녀는 상담자가 자신을 정리해 볼 수 있도록 도와주고 지금의 상황을 향상시킬 수 있도록 하는 방법을 말해 줄 수 있을 것이라는 희망을 지니고 있었다. 그녀가 실제로 이해할 수 없는 것은 자신이 자녀를 그토록 사랑하고 그들을 위해 좋은 의도를 갖고 있으면서도 여전히 아이들을 험악하게 취급하는 것이었다. 그녀의 시간적 경험에 어떤 간극이 있는 것처럼 보였다. 어느 때는 그녀가 정말로 모든 것을 좋게 유지하기 위해 열심히 노력하여 아이들과 매우 좋은 감정을 느끼다가도, 그다음 어느 한순간 갑자기 감정을 통제하지 못하고 특별한 이유도 없이 아이들을 때리고 있는 자신을 보게 되었다.

확실히, 모드의 과거 모든 경험들은 그녀가 스스로 잘 조절할 수 없을 거라는 예상을 하도록 했다. 그녀는 스스로에게 장점을 발견하거나 자신을 신뢰할 만한 근거를 가지고 있지 않았다. 동시에 그녀는 통제 안에 있기를 원했고, 또한 그녀는 상황을 전적으로 통제하는 자로서의 자신을 상상하는 것을 좋아했다. 그녀가 통제를 위한 자신의 소망에 일치해서 행동하면 할수록 그녀는 더욱더 어떤 통제를 수행할 수 없는 것처럼 보였다. 미래에 대한 그녀의 소원과 과거의 경험에 대한 회상은 어떤 방법으로도 연결되지 않았다. 그녀는 화를 내거나 다른 사람들의 도움을 구함으로써 그 간격을 연결시키려 노력했다. 이러한 방법은 그녀가 더욱더 자신의 무능력한 증거를 수집하게 만들었고, 그녀의 긍정적인 의도와 자신의 의향을 깨닫고 표현하는 자신의 능력에 대한 경험은 더욱 줄어들었다.

모드는 자신의 의도에 대해서는 결코 의심하지 않았다. 그녀는 좋은 엄마가 되고 싶었고, 일반적으로 상황과 자신을 잘 조절하고 싶었다. 동시에 모드는 좋은 엄마가 되는 것이 무엇을 의미하는지 명확하게 설명하는 것에 대해서는 매우 어려워했다. 그녀는 자주 과거에 그랬던 것처럼 아이들을 때리고 잡아 흔드는 것이 좋은 엄마가 하는 일이 아니라는 사실은 알고 있었으나, 긍정적인 감각으로 구성된 것에 대한 건설적인 아이디어를 갖지는 못했다. 그녀는 사랑에 대해서 이야기했지만, 아이들을 사랑함에도 불구하고 여전히 상처를 주고 있다는 생각에 의기소침해졌다. 상담 회기에서 그녀에게 필요한 접근은 명백하게 그녀의 진솔한 상실감에 기초해 있었다. 그녀는 정말로 누군가가 자신이 잘못하고 있는 것을 말해 주기를 원했다.

모드가 상담자에게 보이는 의존적인 태도를 탐색함으로써, 그녀가 원하는 것은 자신의 실수를 이해해 주기를 바라는 것으로 드러났다. 그녀는 자신을 위해 생활과 보육을 맡아 줄 기관을 찾아보고 있지 않았다. 그녀는 단지 그것을 스스로 어떻게 해야 하는지 알기를 원했다. 그녀가 일단 자신의 의도를 더 이상 의심할 필요가 없다는 것이 재확인되는 순간, 그녀가 자녀와의 실제적 상호작용에 대해 진실하게 말하는 것이 더욱 쉬워졌다. 그녀의 의도가 다시 신뢰받을 수 있는 기회로 인해 그녀는 훨씬 안도했다. 자녀에게 상처를 주고자 하는 무의식적 갈망을 가지고 있을지도 모른다는 사회복지사의 말로 인해, 그녀는 자신을 의심하기 시작했다. 비록 이것이 자신에게는 터무니없는 것처럼 여겨질지라도, 이는 자신이 좋은 사람이 되려고 최선의 노력을 기울일 때 급작스럽게 나타나는 공격성을 설명할 수 있을 것처럼 느껴졌다.

　이제 그녀는 자신의 무의식적 잔인함이 노출되는 것에 대한 두려움 없이 그와 같은 실수를 점검하는 것이 가능해졌다. 모드는 자신의 선한 의도가 빗나가는 방식을 점검하기 위한 유일한 목적을 가지고 자신의 반응을 살펴볼 수 있었다.

　모드는 큰애가 놀고 있는 동안에 작은애를 침대에서 재우는 예를 보고했다. 처음에 그녀는 세 살짜리 큰아이가 자신의 돌봄을 요청하기 전에 아기를 침대에서 재우는 것에 대해 충분한 자신감을 가졌다. 그러나 큰애가 보채기 시작하는 소리를 들었을 때, 그녀는 급하게 아기를 재워야 하는 조급함을 느꼈다. 이는 그녀가 아기를 여유 있는 마음으로 부드럽게 재우는 것을 방해하였으며 여느 때처럼 거칠게 침대로 밀어 넣게 하였다. 다쳐서 울고 있는 큰애를 돌보러 가기 위해 아기 방을 나올 때, 그녀는 이미 직감적으로 곧 작은아이도 울기 시작할 것이라는 것을 알았다. 모드가 좋은 엄마처럼 행동하려고 마음을 먹고 인내하며 큰애의 아픔을 달래려고 달려갔을 때 이미 아기는 울기 직전이었다. 아기가 울기 시작하자마자 그녀는 불안을 느꼈고 큰애의 아픔에 어떤 동정도 느끼지 못한 채 그저 울음을 그치게 만들려고만 애썼다.

　5분 후에는 두 아이 모두 달래지 못한 채, 두 아이 사이를 오락가락하였다. 여전히 그녀는 좋은 엄마가 되려고 노력하고 있었다. 하지만 그녀는 또한 통제 불능의 상황이 되었기 때문에 매우 큰 낭패감을 경험하였다. 이것이 그녀를 갑자기 분노케 만드는 상황과 감정이었다. 아이들의 울음은 자신의 무능함과 무기력을 떠올리게 하였다. 자신이 하고 있는 일을 인식하기도 전에, 그녀는 간이침대에서 작은아이를 들어 올려서 격분해 있는 큰아이에게로 던져버렸다. 두 아이의 자지러지는 비명소리로 인해 자신이 무슨 짓을 했는지를 그제야 깨닫고는 아기를 다시 걱정하며 들어 올려서 간이침대로 옮겼다. 그리고 그녀는 다시 크게 울고 있는 세 살짜리 큰애에게로 가서 그를 통제하기 위해 때리기 시작하였다. 그녀는 이렇게 하면서 얻는 만족감을 알고 있었다. 그러나 아이를 때리기 전에 자신을 멈추게 했던 그런 만족감과는 달리 그것은 수치스러웠다.

이 사건의 실제적 결과를 보면, 이는 모드에게 있어서 엄청나게 충격적인 사건이었다. 그녀는 이전에 그런 적이 없었다. 그녀는 항상 그러한 사건을 잊으려고 애를 썼다. 왜냐하면 자신이 너무 수치스럽게 느껴졌으며, 그러한 일들이 실제로 일어나지 않기를 바랐기 때문이었다. 모드에게 있어서 특이한 것은, 그녀가 부정적인 사이클이 시작되는 어떤 시점(그녀의 말에 의하면, 직감적으로)을 알게 되었다는 점이다. 처음에 이러한 인식은 매우 신비스러웠다. 그러나 오래지 않아 모드는 아이들과 함께 행동하는 자신의 방식을 통해 깨닫게 되었는데, 이는 그녀가 아이들이 잠이 필요한지, 혹은 안정이 필요한지에 대한 확신에 있어서 실패했었던 것들이었다. 그녀의 경험에 집중하도록 어느 정도의 도움을 통해, 그녀가 정신없이 큰애와 작은애 사이를 오가면서 짜증나고 피곤한 상황을 어떻게 연출해 내는지 알 수 있었다. 그것은 비록 어긋나게 했고 후에 잘못된 행동의 근거가 되었지만, 그녀의 의도는 좋은 엄마가 되고 싶었던 것이었다.

그러나 순간적인 결심만으로 단순히 좋은 엄마가 되지 못한다는 사실은 매우 명백하였다. 그녀는 그러한 순간에 자신의 의도나 선입견이 단지 더욱 통제적인 요소가 된다는 것을 인식하였다. 그 순간에 좋은 엄마가 되는 것은 다른 어떤 것들보다도 아이들을 통제하는 행동으로 구성되었다. 그러면 그것들로 인해 분출되고 활용된 감정은 실패감으로 경험되었고 이는 곧 분개와 처벌로 전환되었다. 나아가 그녀의 아이들에 대한 학대는 직접적 처벌이 아닌 오히려 상황을 조절하고 싶은 바람으로 인해 표출되는 본능적인 폭력이었다.

자녀들에 대한 잘못된 행동으로 여전히 부끄러웠지만, 모드는 자신의 기본적인 마음에는 심지어 최악의 상황에서도 여전히 그것에 대해 책임을 지려 하였다. 또한 그녀가 비록 제대로 아이들을 통제하지 못하였더라도 다시 상황을 수습하려 했었다는 점을 볼 수 있게 되었다. 다음으로는 그녀가 처음 어디서부터 통제를 상실하는지에 대한 것을 탐색해 보는 것이었다. 모드는 이러한 사건들이 대부분 통제를 상실하는 것에 대한 두려움으로 인해 발생하였다는 사실을 쉽게 인식하였다. 그녀가 아이들을 빨리 재우려고 노력하거나, 자신이 좋은 엄마에 대한 이상적인 규칙들을 충족시키려고 애쓰는 가운데, 자신의 노력이 실패로 돌아갈 것이라고 깨달았을 때 그녀는 두려워하기 시작했다. 사실 그녀는 자신의 비합리적인 기대감으로 인해 실패를 창조하고 있었다. 이러한 사실은 모드에게 완전히 새로운 관점이었고 이런 시각에서 자신의 경험을 숙고하는 것은 그녀에게 매우 특별한 안도감를 주었다.

모드가 어떤 근본적인 결점들 때문에 실패하는 것은 아니었다. 그녀는 자녀들에 대해 은밀하고 잔혹하게 가학적이거나 공격적이지 않았다. 또한 그녀는 양육적 능력의 결핍으로 인한 희생자가 아니었다. 그리고 그녀는 자신의 어려운 환경을 적절히 대처할 수 없었기 때문에 실패하고 있는 것도 아니었다. 오히려 그녀는 너무 노력하고 있었기 때문에 실패하고 있었다. 그녀는 완벽한 엄마가 되기 위해 그리고 자녀를 너무 사랑했기 때문에 실패하고 있었다. 그녀는 스스로 너무 많이 위태로웠기 때문에 실패하고 있었다. 즉, 그녀가 너무 자신을 의심했기 때문에 실패하고 있었다. 좋은 엄마가 되기 위한 의도로 열심히 노력함에 있어서 그녀는 비현실적인 기준에 자신을 끼워 맞추려 했다. 그녀의 소원을 만족시키는 데 있어서 지속적인 실패는 자기 스스로를 실패자로 예상하게 만들었다. 그녀가 또다시 불안해지기 시작할 때는 자기 앞에 희미하게 나타나는 실패를 볼 때였다. 그녀의 공포는 실패를 벗어나서 마지막 휴양지를 찾는 길이었다. 그녀의 공포는 자신에게 순간적으로 통제의 묘미를 줄 수 있는 공격적이며 분노할 수 있는 자격을 부여했다.

모드는 자신이 얼마나 쉽게 자녀를 폭행하는 데 빠져들 수 있는지를 알게 되었다. 자녀들을 통제하는 이러한 경험을 통해 책임성으로 말미암아 발생되는 환상적이고도 순수한 안도감이 어떤 호소력을 갖는다. 일단 그녀가 통제하고자 하는 이러한 방식에 대한 유혹을 인식하게 되자, 그녀는 또한 아이들에 의해 조정되기보다는 아이들에게 상처를 덜 주는 방식을 모색하는 것이 가능하게 되었으며, 그들을 책임지고자 하는 것과 관련된 것을 이해하는 경험은 스스로에게 더욱 만족감을 주었다.

모드가 감당할 수 없는 상황에 이르기 전에, 그녀는 온화한 통제를 적용하는 주제에 대해 다양한 경험들을 하기 시작했다. 그녀는 자신이 작은 아기를 침대에 눕혀 천천히 재우는 동안에 큰아이가 안전한 장난감을 가지고 자기 방에 머물러 있도록 교육했다. 그녀는 비록 큰아이가 칭얼대더라도 그가 잠시 동안은 혼자서도 잘 할 수 있을 것이라고 스스로에게 말하였다. 실제로 그는 그녀가 화를 낼 때보다 혼자 있을 때 공포감 없이 더욱 잘 있었다. 후에 그녀는 아이 혼자서도 잘할 수 있을 것이라는 말을 자신에게뿐 아니라 큰아이에게도 해 주었다. 일단 그녀가 온전히 작은 아기에게 집중할 때는 큰 아이를 홀로 두었고 그가 칭얼거려도 그에게 달려가지 않았다. 그녀는 또한 작은아이에게는 침대에서 우유를 먹이고 있는 동안에 "일단 우유를 다 먹은 후 네가 잠시 누워 있는 동안 너와 같이 있을 수 없단다."라는 말을 하였다. 그녀는 아이들이 몇 주 지나지 않아서 자신의 새롭게 변화된 방식을 잘 이해했다는 사실을 확실히 느꼈다. 그리고 규칙적인 잠자리 습관은 그녀가 폭력에 의존하려는 유혹에서 자유롭게 해 주었다.

모드는 자신이 스스로 이해할 수 있었던 것처럼 이제 아이들도 자신을 이해할 수 있을 것으로 결론지었다. 그녀는 자기에게 필요한 모든 것은 자신의 좋은 의도를 스스로 신뢰하고 자신의 행동에 대한 기억의 간격들을 연결시키는 것이라는 사실을 느꼈다. 그리하여 그녀는 자신의 성장에 대한 자각과 함께 순차적인 방법으로 자신의 경험을 통해 삶이 새로운 관계들을 만들 수 있다는 가능성을 깨달았다. 좋은 엄마가 되고자 하는 욕구와 나쁜 엄마가 될 가능성 사이의 단절이 있던 곳에서 그녀는 스스로 할 수 있다고 생각했던 것보다도 더 훌륭한 방식으로 자신의 의도를 시행할 수 있게 되었다. 한 순간으로부터 그다음 순간까지 단절되어 있던 곳에서, 그녀는 지금 완전한 자기인식으로 인해 연속적인 시간의 연결 속에 있게 되었다.

실패의 두려움으로 말미암아 그녀 자신과 다른 사람들에 대해 자신의 동기와 행동과 의도를 숨길 필요가 없어지자, 모드는 엄마로서 자신의 행동에 대해 더욱 큰 일관성과 지속성이 가능해졌다는 것을 발견하였다. 엄마로서의 성취감이 어느 정도 생기기 시작하자, 양육에 대한 새로운 즐거움이 발견되었다. 아이들은 더욱 많은 행동의 변화로 이러한 기쁨에 응답했다. 역기능보다는 순기능적인 순환이 이루어졌다.

모드의 이야기는 그녀가 자신의 세계를 모방하고 조직하는 방식과 개인적 경험의 직접적인 논리와 연결성을 고려하는 것이 얼마나 유익할 수 있는지를 보여 주고 있다. 이렇게 하는 것은 한 개인이 자신의 세상에 대한 지각 속에서 읽고 있는 의미들을 해석하는 것과 연결되어 있다. 내담자는 세상에 대한 자신의 지각과 해석을 항상 전적으로 당연한 것처럼 생각한다. 그러므로 심리치료사는 내담자가 자신의 존재를 조성해가는 현재적 과정에 내포된 의미를 통해 생각하고 명료화할 수 있도록 도울 필요가 있다.

물론 사건이 발생하는 과정을 교정할 수 있는 시간이 내담자에게 여전히 남아 있어서 자기 자신의 미래를 조성하는 방식을 새롭게 하도록 돕는 것이 가능할 때, 그것은 특히 더 만족스러울 수 있다. 그러나 거의 모든 사람들은 사건이 발생한 후에 상담을 받으러 온다. 그들은 때때로 가용한 다른 선택에 대해 깊이 고려하지도 않은 채, 그 순간 옳다고 여겨지는 방식으로 자신의 삶을 수행한다. 그들은 마치 어떤 것도 선택할 기회가 없었던 것처럼 살아가고 있으며, 어느 날 그들은 너무나 명백하고 필요한 것으로 여겨졌던 모든 것들이 존재에서 갑자기 사라진 것을 깨닫는 것처럼 잠에서 깨어난다. 그리고 이제는 쓸모없고 터무니없이 보이는 삶에 대해 어느 정도 이해하기 위한 마지막 노력의 수단으로 상담과 심리치료가 선택된다.

반복되는 상담이나 애도상담은 때때로 이전에 가치 있었던 어떤 것들이 갑자기 내담자에게 절망적인 것으로 여겨지는 지점에서 출발점을 갖는다. 우울증은 별거나 이혼뿐만 아니라 은퇴하여 직장을 잃었거나 아이들이 커서 집을 떠난 후에 어떤 개인이 이전 정체성과 생활태도에 대해 갖는 근본적인 의문의 산물이다. 어떤 경우들은 단순히 사람들이 자신들의 인생 중 가치 있다고 여기거나 주어진 시간, 그리고 자신들이 변경할 수 있고 또다시 전진할 수 있는 새로운 기회를 상실한 것에 대해 후회를 한다. 또 다른 경우들은 상황이 보다 더 복잡하다. 상실은 과거의 생활태도가 무의미하거나 적어도 개인이 잠깐이라도 그와 같은 것을 경험할 수도 있다는 것을 뜻한다. 그러면 마치 그 사람의 전 생애가 무가치한 것에 에너지와 시간을 터무니없이 소모하면서 살아온 것처럼 의미 없이 여겨질 수 있다. 인생에 대한 이와 같은 평가의 결과는 흔히 삶이 끝나기를 소망하거나 그 반대로 인생을 새롭게 출발하고자 소망할 수도 있게 한다.

사 례

쉰아홉 살에 조기 은퇴한 마틴이 상담 첫 회기에 왔을 때, 그의 첫 말은 다음과 같았다. "나는 여기서 무엇을 하고 있는지 모르겠습니다. 내가 당신에게 흥미 있게 이야기할 일은 아무것도 없습니다. 나의 삶은 완전히 낭비되어 버렸습니다. 내가 관여했던 모든 것들은 먼지가 되어 버렸습니다."

이렇게 인생이 먼지가 되어버린 방식에 대해 언급하면서 마틴은 3가지 주제를 내어 놓았다. 가장 중요한 것은 그의 업무에 관한 것이었다. 그는 삶의 대부분이라 할 수 있는 지난 40년 동안 대부분의 에너지와 시간을 도시에 있는 큰 기업에서 일하느라 보냈다. 이러한 모든 노력에도 불구하고 그가 소망했던 직책을 얻지 못했고, 최근 수년 동안 그의 삶은 더욱 비참해졌다. 이는 자기보다 나이 어린 동료가 자신이 그토록 갈망했고 가치가 있다고 여겼던 위치로 승진했기 때문이었다. 이제는 그 동료의 감독을 받으며 자신의 업무로부터 물러나 있어야 했으며 전문가로서의 삶은 고통이 되었다.

이러한 일로 인해 마틴은 직장에서뿐만 아니라 가정에서도 점차적으로 고통스럽게 되었다. 그의 늦은 귀가와 잦은 외박으로 인해 항상 불평해 왔던 그의 아내가 이제는 그가 집에 있는 것에 대해 불평하기 시작하였다. 그들의 결혼생활은 아이들이 집을 떠난 이후에 잦은 말다툼으로 점점 훼손되기 시작했지만, 그것은 곧 일상적인 삶의 모습이 되어 버렸다. 그의 아내가 친구와 스페인에서 살기 위해 그를 떠났을 때 그것은 정말로 뜻밖의 일이었다. 그는 배신감을 느끼게 되었고, 그에게 일어난 일에 대해 도저히 믿을 수가 없었다. 이것의 결과로 직장에서 그의 성과는 형편없게 되었으며, 이는 회사가 그에게 조기 은퇴를 받아들이도록 설득한 이유가 되었다. 이것이 처음에는 다행이라 생각했지만, 곧 경제적 안정이라는 현실 앞에 그것은 그에게 또 다른 배신감의 원인이 되었다. 또다시 마틴은 매우 오랫동안 헌신적으로 일했던 직장으로부터 받은 그와 같은 대우로 인해 배신감과 속임을 당한 느낌이 들었다. 그의 젊은 동료가 인사권을 손에 쥐고 있다고 확신했으나 동시에 그는 그 친구를 다룰 수 있을 만큼 충분히 기민하지 못한 자기 자신을 비난했다.

마틴은 그의 동료에게 분노를 느끼기보다는 자신이 회사에 전적으로 충성하고 무조건적으로 헌신하고 있는 것과 실수를 되풀이하는 것을 볼 수 있었기 때문에 스스로를 불쌍하게 느꼈다. 자신의 실수들에 대해 보여 준 이러한 뛰어난 통찰력은 마틴의 초기 보고 중에서 가장 긍정적인 측면이었다. 이는 아이들에 대한 그의 태도에서도 똑같이 반복되었다. 그의 두 아이들 모두 멀리 떨어져 있어서 몇 년 동안 보지 못했다. 그의 딸은 결혼해서 딸보다도 훨씬 더 야심찬 남편과 미국에서 살고 있었다. 그는 딸이 아이도 없고 사랑도 없이 그럭저럭 불행한 결혼생활을 유지하고 있다는 사실을 아내를 통해 알고 있었다. 그는 딸에게 미안함을 느꼈지만 딸이나 사위와는 소통할 수가 없었다.

그의 아들은 10년 전에 법적으로 어떤 어려움을 겪었으며 마틴은 그가 어떻게 독립해서 살고 있는지 알지 못했다. 그는 아들과 지난 6년 동안 대화를 한 적이 없었고 현재 어디에 사는지도 몰랐다. 상담 회기 중 어느 때에 아들이 스페인에서 아내와 그녀의 친구 근처에서 살고 있다는 것을 알게 되었다. 그의 아내와 아들 사이의 친밀감은 그에게 새로운 배신의 경험이 되었다.

마틴은 배신과 의리에 대한 결여를 동료나 상사였던 사람에게서 얻는 것으로 예상했었다. 그는 젊은 동료와 자녀들에 대해 연민과 질투를 느꼈다. 그는 그들이 자신들의 삶에서 하고 있는 것을 알지 못하며, 뿐만 아니라 단지 진실을 너무 늦게 깨닫게 된다는 사실을 알지 못한다고 생각했다. 그가 좋아하는 격언 중 하나가 '사람이 지금 아는 것을 그때 알았더라면'이다. 그가 지금 알지 못하는 것이 무엇인지를 질문받았을 때 그는 전혀 알 수 없다고 대답했다. 그러나 그는 이와 같은 질문에 꽤 흥미를 가졌다. 특별히 지나간 허송세월로부터 가치 있는 어떤 것을 되찾을 수 있는 최고의 기회라고 여기는 것이 그에게 호소력이 되었다. 적어도 그가 이 과정에서 어떤 것을 배운다면 결국 중요한 것을 얻게 되는 것이다.

마틴이 아직 모든 것을 잃지는 않았다고 깨닫는 순간, 상담에 대해 무시했던 그의 태도가 바뀌면서 흥미를 갖게 되었다. 그는 자신의 내면적 경험에 대해 보다 더 수용적이 되었으며, 자신이 항상 내적 능력을 향상시키기 원하는 사람들에 대해 폄하해 온 이유에 대해 스스로 의아해하기 시작하였다. 지금 그에게 이것은 사람이 의지할 수 있는 모든 것에 대한 문제라고 여겨졌다. 최소한 그는 아무도 자신으로부터 자신의 사고를 제거할 수 없다고 말했다. 내적 평안감과 소속감을 세우는 것은 마틴이 다른 시각에서 자신의 삶을 숙고할 수 있도록 해 주었다. 그는 다른 많은 각도에서도 그의 과거를 바라볼 수 있음을 발견하게 되었다. 그는 자신의 생애를 실패와 실수의 연속으로 기술할 수도 있었다. 그는 또한 자신의 인생을 부모에 의해 무자비한 야망과 신중하지 못한 행위를 하도록 키워진 응석받이 아이의 역사로 해석할 수도 있었다. 한편으로 그는 자신의 태도를 주변 환경에 대한 적응하는 과정으로써 점차적으로 발전되어 가는 것으로 뒤돌아볼 수도 있었다. 그리고 이제 스스로를 비난하고 파괴적인 행위에 대한 모든 책임을 떠안거나 혹은 다른 사람들이나 환경을 탓하는 것에 대한 선택이 그에게 남겨졌다.

그것은 점차적으로 다른 가능성이 있을 수 있다고 생각하게 만들었다. 따라서 그는 꾸준히 심각하게 다른 원인들 모두를 탐색하게 되었다. 그는 스스로 자신의 과거를 이해하기 위한 방식에 있어서, 탐색할 수 있는 다른 요소들을 견고하고 진지하게 생각하게 되었다. 다른 말로 하면, 마틴은 미래의 가능성 속에 있는 의미뿐만 아니라 과거의 확실한 모순 속에 있는 의미를 스스로 창조할 수 있는 비밀을 발견하게 되었다.

과거의 흔적을 없애거나 미래적 과정을 서두르기보다는 마틴의 현재적 삶에 대한 학습이 진행되었고, 이는 새로운 위기가 발생되면서 더 쉬워졌다. 이 위기는 업무에서 자신을 능가했던 동료가 갑자기 심장마비로 사망한 사건이었다. 이 동료는 마틴보다 10년 이상 젊었기 때문에, 그는 여전히 자신의 삶을 숙고할 시간을 갖기보다는 자신의 삶을 구원할 것 같은 예상치 못한 성취감을 느꼈다.

이전에 실패처럼 여겨졌던 것이 상업적 야망의 성공보다 더 큰 성공의 시작으로 추론될 수 있었다. 적어도 그는 자신의 인생이 더 늦기 전에 다시 생각할 수 있는 시간을 가지게 되었다. 적어도 아직은 여전히 자신의 인생과정이나 진로를 바꿀 수 있는 시간이 남아 있었다. 마침내 마틴은 그의 인생을 어떻게 살아가야 할지를, 또는 최소한 남은 인생에서 무엇을 할지 심각하게 생각하게 되었다. 잠시 동안 마틴은 동료가 죽기 전 어떤 일에 대해 그와 정리할 수 있는 기회를 놓쳤다는 생각에 사로잡혀 있었다. 이것은 동료의 장례식에서 들었던 메시지로 인해 야기되었다. 그의 동료는 '잊고 용서하고 오히려 축복을 세어 보라'라는 말을 마틴에게 전해 달라고 그의 아내에게 부탁했었다.

물론 결국 그 메시지에 대한 해석은 마틴 자신의 상상에 달려 있었다. 그는 동료가 자기와 격렬하게 벌인 경쟁에 대한 용서를 구하였고 그가 죽음으로서 그것이 이루어졌다고 결론지었다. 마틴은 분명히 자신이 살아야 할 가치 있는 모든 것을 상실했기 때문에, 삶에 대한 축복들을 생각해야 한다는 개념에 여전히 사로잡혀 있었다. 따라서 그의 동료가 의미했던 것은 자기를 위한 것이었고, 여전히 살아갈 남아 있는 시간에 대한 축복이 있다는 것을 알게 되었다. 그는 시간을 사용하는 데 있어서 자기 자신을 안내할 도움의 손길과 지식과 경험을 가지고 있었다. 그가 만일 병원에서 죽어가고 있다면 남은 시간을 어떻게 사용하길 원하는지 상상하면서 물었을 때, 그것에 대한 대답은 그의 동료보다도 더욱 분명하고 명확했을 것이다.

마틴은 아직 성취할 필요가 있는 첫 번째 임무로 소원해진 아내, 그리고 아이들과 대화할 수 있는 시간을 갖는 것이라고 결정했다. 어떤 결과가 있든지 간에(사실 정말로 가능성 있는 기대는 거의 없었다), 그는 자신이 지금 얼마나 많이 변했는지 그리고 얼마나 그들의 소식을 듣기 원하는지를 그들에게 알리려고 노력하는 것이 자기 스스로에 대한 책무로 여겨졌다.

그는 몇몇 상담 회기 중 이곳저곳 여러 번의 여행을 했다. 그러한 여행 중의 활동과 새로운 환경과 옛 친구들에 대한 접촉은 그에게 왠지 모를 따뜻한 효과를 주었다. 그는 매번 눈에 띄게 변했다. 그는 많은 논쟁들과 과거 실수들로 인해 슬퍼진 현실에 직면했다. 가장 가까웠던 사람들이 그를 냉혹하게 대하는 것은 때때로 그를 절망하게 만들었지만, 그의 삶에서의 잘못들과 놓친 기회들을 겸손하게 뒤돌아보도록 좀 더 개방적이고 더욱 성찰하게 만들었다.

아내 혹은 아이들과도 실제로 친밀감을 회복할 가능성이 희박하다는 것이 분명해져서 매우 실망한 후에 그는 스스로 집에서 일상적인 삶에 정착했다. 그의 아내가 그에게 스페인에 와서 자신과 함께 시간을 가져보자고 초대장을 보내온 것은 그가 과거를 완전히 포기할 필요가 있다고 생각할 때였다. 마틴이 마침내 그녀에게 가기로 결정했을 때, 그는 자신의 마음을 솔직히 그녀에게 이야기하고 또한 그녀의 견해를 듣고자 하는 매우 진지한 의도를 가지고 있었다. 그러나 처음에 그가 스페인에 도착했을 때, 아내가 법적인 문제로 곤경에 빠져 있는 아들을 어찌할 수 없었기 때문에 자신을 초청했다는 사실을 깨닫게 되었고, 이로 인해 그는 매우 실망하게 되었다. 그러나 그는 이것이 이전에 그들과의 관계적 문제로 발생한 당연한 결과라고 곧바로 수용했으며, 그는 이것을 여전히 회복할 수 있는 가능성을 위해 구체적으로 공헌할 수 있는 기회로 생각하고 환영했다.

곧 마틴은 아들을 위해 복잡한 법적 논쟁에 관여하게 되었다. 그는 이와 같은 실제적인 방법으로 자신을 헌신할 수 있어서 감사했다. 그가 새로운 희생에 뛰어듦으로써 받게 된 많은 스트레스에도 불구하고, 그는 자신의 실수를 이해할 수 있는 방법을 발견한 것으로 인해 큰 만족감을 얻었다. 그가 자신의 과거 실수로 인해 생긴 문제들을 구체적으로 드러냄으로써, 그는 인생의 균형을 새롭게 만들 수 있는 기회를 발견했다.

마틴은 그의 상담자에게 편지를 썼는데, 비록 자신의 과거를 지우거나 삶의 역사를 극적으로 바꾸는 것은 점점 더 어려워졌지만, 자신이 올바른 일을 하고 있다는 것을 알게 됨으로써 찾아오는 내적 평안을 발견하게 되었다고 말했다. 확실히 마틴은 진실한 내적 감성을 잘 조화시켜 나가고 있었다. 잃어버린 시간과 낭비한 시간을 절망스러워하는 대신에 그는 현재의 삶을 살고 있었다. 그는 자신의 운명을 온전히 통제하고자 했던 이전의 환상을 버렸다. 그는 매사에 운명적으로 찾아오는 불가피한 파괴적 특성으로 인한 두려움을 극복했다.

자신의 한계를 온전히 인식한 후에, 마틴은 실존적으로 살아가는 삶에 대한 도전으로 인한 평온을 누리기 시작하였다. 그는 더 이상 큰 보상을 요구하거나 자신의 이익을 위한 증거를 요구하지 않았다. 단지 그는 최악의 상황에서조차도 최상의 것을 만들기 위한 결정을 하였다. 마틴에게 있어서 이렇게 새롭고도 단호한 태도를 가능하도록 만든 것은 결코 멀리 있지 않은 죽음에 대한 깊은 성찰이었다. 실제로 다가올 죽음에 대한 염려가 있었기에, 존재적 상실에 대한 경험이 그에게 훨씬 더 삶에 대한 의미를 주었으며, 그러한 모든 것의 상실을 통해 훨씬 더 실제가 되었다. 때늦은 깨달음과 더불어, 마틴은 운명이 자신에게 기회를 빼앗아감으로써 오히려 자신에게 호의를 베풀었다고 느끼게 되었다. 이전에는 그가 지금 느끼는 것처럼 실제적이며 진실하게 자신을 느낀 적이 결코 없었다.

마틴은 현재적 삶에 대한 비밀을 스스로 분명하게 깨달았다. 그것은 불가피하게 죽음에 항복할 수밖에 없으며 이미 결정된 환경에서 가능하게 주어진 만큼만 창조적이라는 사실을 스스로 인식하는 것으로 구성되어 있다. 그는 과거에 대한 후회 대신에 가능한 지점에서 균형을 잡으려고 끊임없이 노력하였다. 그는 삶의 노년기에 있어서 미래에 대한 공포를 견고한 성장으로 대체했다. 이제 그는 자신을 불행한 인과적 고리의 희생자나 혹은 자신의 삶을 완전히 통제하고 대단한 책임감을 가진 관리자로 주장하는 대신에 그 자신의 운명에 참여하게 되었다. 그가 열정적인 헌신으로 최선을 다하고 있다는 인식은 그에게 삶을 잘 살고 있다는 확신과 생명력을 가져다주었다.

그래서 자신의 현재적 삶에 대해 배우는 것은 격언[4]처럼 하나님으로부터 허락되기를 요구했던 것들, 즉 변화시킬 수 없는 것들을 수용할 수 있는 평온, 변화시킬 수 있는 것들을 변화시키는 용기, 이것을 구별할 수 있는 지혜를 자신 안에서 스스로 발견한다는 의미다.

---

4) 역자 주—실제로는 라인홀드 니부어(Reinhold Niebuhr)의 기도문임

단원 요약

01 자기(self)는 개인이 속해 있는 세계와의 관계에 있어서 이야기의 중심이다.

02 실존심리치료는 개인이 더 큰 자각과 이해, 그리고 자신의 세계 내 관계들을 조정하여 스스로 자신을 변화시킬 수 있도록 하는 과정이다.

03 상담자는 의식과 내적 진실에 대한 내담자의 목소리를 기억나게 하는 사람이며 또 다른 자아로서 기능한다.

04 유사성의 원리는 투사, 내사, 동일시 그리고 투사적 동일시의 오래된 개념들을 포함하고 있다. 사람들의 상호작용은 자주 연합하거나 병합하려는 욕구, 또는 분화되거나 분리되려는 욕구에 기반을 두고 있다.

05 실존주의 상담자들은 자신의 내담자들이 세상, 특히 타인들과의 상호작용에 관해 꾸준히 자기성찰을 증가시킬 수 있도록 격려한다.

06 목표는 분석하는 것이 아니라 서술하는 것이며, 외적인 현실과 다른 시각의 측면과 관련된 세계에서 끊임없이 자신의 위치를 입증하면서 자기 자신을 이해하고 자각하는 것이다.

07 어둠에 빛을 준다든지, 은폐된 것을 드러낸다든지, 실제로 무엇이 있는지에 주목하는 것들은 모두 자기를 반영하고 숨겨진 세계의 영역들을 탐험하는 과정들의 부분이다.

08 이 과정은 불가피하게 인간 조건의 한계에 직면하는 것과 자기 자신의 한계와 가능성을 받아들이는 것을 포함하고 있다.

09 고통을 받고 있거나 외로운 사람들에게 주어진 어떤 도움도 진실을 추구하며 의존적이지 않도록 하는 것이 필요하다.

10 만일 혼란이 이해될 수 없거나 이해하지 않으면 단지 정신이상으로 가게 된다.

11 사람이 자신에 대해 진실을 발견할 때, 외부세계로부터의 공격에 대항해 자기 자신을 유지하는 것이 어려울 수도 있다. 그러나 진정한 진실을 발견하기 위해 다양한 관점들을 자신의 시각으로 가져와야 한다.

12 중요한 어떤 것에 대한 자기성찰을 통해 행동이 이루어질 때 우리는 잘 이해되는 방식으로 세상과 관계를 맺을 수 있으며 우리 자신의 비전과 동기와 조화를 이루며 살 수 있다.

13 우리는 단지 주어진 상황의 한계 내에서만 자유롭다. 우리의 조건들은 우리 자신의 선택과 창조성을 연습할 수 있는 범위 안에서 틀을 형성한다.

14 맹목적인 광신은 맹목적인 운명주의와 마찬가지로 비생산적이다. 즉, 자기를 인식하는 삶

은 항상 어떤 특별한 가치와 목표에 대한 절대적 헌신뿐만 아니라 어느 정도의 회의를 포함하고 있다.

15 실존주의 상담자는 자기연민이나 자기방종을 직접적으로 직면하지는 않는다. 대신 상담자는 보다 나은 삶에 대한 내담자의 열망과 동맹을 맺거나 면밀히 탐색하는 힘든 과정을 격려한다.

16 만일 행위들이 인식되거나 이해되면 그것들은 단지 자신의 가장 친숙한 의도들과 동시에 일어날 수도 있다.

17 많은 패배적 행동들은 성공의 가능성에 대한 확신의 결핍에서 기인하게 된다. 확신의 결핍은 자부심의 결핍으로 말미암는다.

18 자신의 권리를 주장하는 것은 항상 이전의 어떤 특권을 포기하는 것을 의미한다. 어떤 것에 대한 가치는 사람이 그것을 위해 얼마만큼 기꺼이 포기하는가에 의해 결정된다.

19 자신의 선택에 대한 가능한 결과와 함의를 인식하고 이해하면서 수행된 참여는 우연한 경우보다 끊임없이 더욱 충만해진다.

20 손실을 피하고자 하는 노력은 비록 대부분의 사람들이 그렇게 살지만 삶을 살아가는 데 있어서 나쁜 원리다. 사람들 모두는 도전과 의미 있는 헌신이 위협이 될 것이라는 생각으로 말미암아 안전을 갈망하며 너무 자주 혼란스러워한다.

21 성의 없는 행동이 냉담과 권태감을 생산하듯이 헌신된 행동은 생명감과 만족감을 산출한다.

22 실존적 죄책감은 당신이 당신 스스로에게 빚을 지고 있는 것을 떠올리게 만드는 것이다. 당신이 실존적 도전을 끌어당겨 확장함으로써만 당신은 자신의 인생에 대한 강한 책임감을 경험할 것이다.

23 실존심리치료의 목표는 내담자들이 삶의 목적에 뿌리내린 진정한 감정적 터전 위에서 단호하게 행동하도록 하며 스스로 헌신할 수 있도록 하는 것이다.

24 사람들과의 불편한 관계 경험은 때때로 자기 자신이나 일반적인 생활에서 겪는 더욱 기본적인 불편함으로 인해 기인된다.

25 '나-그것' 그리고 '나-너'의 관계를 넘어선 'I-Me' 관계의 가능성이 있다. 이는 우리가 소속되었다고 느끼는 어떤 사람들과 완전한 연합과 통합으로 구성된다. 이것은 항상 일시적인 상태다.

26 현재적 삶은 한 개인이 태어나서 죽을 때까지의 성장과 불가피한 변화과정을 인식하는 존재적 형태다. 사람들은 변화가 수행하기 힘든 어떤 것이라기보다는 피할 수도 없고 냉혹한 어떤 것이라는 사실을 알고 있다.

27 성장은 주어진 과거의 것들을 미래를 위해 수용적인 현재와 새로운 조망들로 창조하며 형성해 가는 것이다.

28 결연한 의지는 과거나 미래에 대한 두려움이나 이상화시키는 것이 아니라, 실제적으로 지금 현재 자신을 에워싸고 있는 것들을 평가하면서 자신의 앞과 뒤에 놓여 있는 것을 단호하게 직면하는 것이다.

29 안전을 위한 노력은 가능한 선택이 아니며, 삶에 대한 도전들은 수용되고 환영되며 대면해야 할 필요가 있다. 인간의 삶은 안전을 추구할 때처럼 결코 불안정한 것만은 아니다.

30 다른 많은 일들과 같이 시간은 우리 삶의 필수품이다. 개인적이고 의미 있는 시간적 감각을 회복한다는 것은 자신의 삶의 주체성을 재확립하는 것이다.

31 우리가 소원과 기대를 수행하는 것처럼 우리는 의도를 통해서 수동적 방식이 아닌 적극적인 태도로 세상과 스스로에 대한 우리 자신의 구상을 진척시켜 나간다.

32 소원과 기대들은 종종 서로서로 충돌한다.

33 당신의 의도와 조화롭게 살아간다는 것은 세상과 당신 자신과 다른 사람들에 대한 영향력을 인지하면서 의도를 행동으로 표현한다는 의미다.

34 자신, 세상, 타인들 그리고 이상들에 대한 인식을 하면서 헌신적으로 최선을 다하는 것은 종종 인생을 잘 살도록 기여하기에 충분하다.

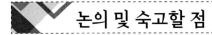

논의 및 숙고할 점

❖ **당신의 자아는 어디에 이야기 무게 중심을 두고 있는가?**

1. 당신으로 하여금 균형을 잡지 못하게 하는 것은 무엇인가?
2. 어떤 활동들, 장소들, 사람들 그리고 재능들이 당신으로 하여금 다시 중심을 유지할 수 있도록 만들어 주고 있는가?
3. 당신이 예상치 못했던 일을 극복하기 위해 당신은 일상의 어떤 것들을 통해 당신의 능력을 고양시키고 있는가?
4. 당신은 견고함과 융통성을 어떻게 조화시키는가?

❖ **자기성찰은 당신의 결정과 행동에 어떻게 영향을 주는가?**

1. 당신은 명상을 위한 정기적인 시간을 갖고 있는가?
2. 당신은 긍정적인 자기평가와 부정적인 자기평가 사이의 균형을 이룰 수 있는가? 그 예들을 들어보라.
3. 당신이 다른 사람들을 향한 비판의 수준을 생각해 보라. 그리고 그것들을 당신 자신에게 적용해 보라.
4. 당신은 날마다 어떻게 자신을 향상시켜 나가고 있는지 스스로에게 질문하는가?

❖ **당신은 열광주의와 운명론 사이에서 어떻게 삶의 균형을 유지하는가?**

1. 당신이 강렬하게 느끼는 것들은 무엇인가?
2. 당신은 죽을 만큼 힘들었거나 피하고 싶었던 경험들이나 사건들을 기억하고 있는가?
3. 당신의 열정은 다른 사람들이 수용할 수 있는 정의로운 것들인가?
4. 당신이 무언가를 포기하고 나누어 주는 것에 있어서 좋았던 경험은 어느 때였으며 또한 좋지 않았던 경험은 언제였는가?

❖ **과거, 현재, 미래와의 관계에서 당신의 위치는 어디인가?**

1. 당신의 과거 중 가장 결정적인 순간들을 생각해 보라.
2. 인생을 살아오는 동안 당신이 인식하는 어떤 선택의 전환점들이 있었는가?
3. 당신은 매 순간순간을 충실하게 즐길 수 있는가? 당신은 어떻게 그럴 수 있는가?
4. 당신은 어떻게 미래를 예견하며 계획하고 있는가? 당신의 본질적 계획은 무엇인가?

❖ 당신은 죽음의 가능성을 어떻게 기꺼이 자각하게 되는가?

1. 당신이 죽은 후 당신 인생에 대해 다른 사람들이 어떻게 묘사해 주기를 원하는가?
2. 당신은 살면서 위험에 처한 적이 있었는가? 그 경험과 당신이 얻은 교훈에 대해 서술해 보라.
3. 당신은 다른 사람들의 죽음과 어떻게 대면해 보았는가? 서술해 보라.
4. 당신이 인생에서 살아야 할 만한 최고의 가치는 무엇인가?

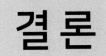

결론

이제까지의 내용에서 사람들 자체보다는 사람들의 삶을 강조하는 상담 및 심리치료가 서술되었다. 견고한 기술을 소개하기보다는 어떻게 내담자와의 관계가 형성되고 관찰하며 이해하는지에 대한 틀을 개괄적으로 설명하였다.

유추하기보다는 귀담아 들을 수 있는 능력, 처방하기보다는 경청하는 것, 내담자의 의미를 왜곡하기보다는 반영하는 것, 내담자를 혼란스럽게 하기보다는 안심을 줄 수 있는 기본적인 심리치료적 기술들이 소개되었다. 그와 동시에, 그 기술들이 적용되는 방법을 숙고하였다. 실존주의적 접근은 상담자와 내담자가 공감대를 형성하는 방법을 깊이 있게 숙고한다. 또한 그것은 해석이나 인지적 사고 및 행동 변형에 대해 분석하기보다는 근본적인 삶의 문제와 그 삶의 의미를 상기시키도록 한다.

따라서 실존주의 상담과 심리치료는 인간의 안목을 확장시키는 방법 중 하나로 여겨지고 있다. 이러한 방법이 강조하는 것은 상담기술과 전략적인 개입주의와는 거리가 멀다. 대신에 상담자 혹은 심리치료사 그리고 내담자 모두가 자기 자신의 세상을 좀 더 정밀하게 바라보는 것을 통해 유익함을 얻는 것이다.

한 개인의 지각과 경험을 재평가하는 것은 놀라운 결과를 가져올 수 있다는 사실이 논의되었다. 일상적인 역할에 적응하기보다는 개인적인 가치와 이상을 열망하는 삶이 뒤따를 수 있다. 이는 변화 자체를 목적으로 변화를 추구하기보다는 사람들이 필연적인 변화의 과정을 재발견할 수 있고, 이전에 생각하지 않았던 자신의 한계와 가능성을 생각하도록 만들어 줄 수 있다. 사람들은 무기력하고 무관심한 삶에서 새로운 의미를 찾게 될 수 있다. 자신들의 새로운 깊이를 알 수 있는 기쁨을 찾을 수 있고, 우울한 생활보다는 열정적인 삶을 살아갈 수 있게 된다. 또한 이는 그들 자신에게 세상에 대한 모험심과 믿음의 정신을 회복시킬 수 있다.

분명히 실존주의적 관점에서 내담자들은 자신의 삶에 대한 격려를 받으며, 그렇게 함으로써 그들은 이전에 무시하거나 알아채지 못했던 피할 수 없는 인생의 현실을 맞이할 것이다. 실존주의 상담은 분명히 철학과 윤리에 기반을 두고 있지만, 함축적으로 내담자들에게 전달된 메시지는 그들 자신에 관한 것보다는 삶에 관한 메시지다. 그러한 내용에 있어서 사람은 근본적으로 서로 큰 차이를 지니고 있지 않다. 모든 인간들은 조만간에 맞서야 하는 근본적인 문제를 가지고 있다. 어떤 인간이든 필연적으로 그 문제들을 인식하고 맞서 싸워야 한다. 비록 개인적인 차이가 사람들에게 다양한 출발점과 지위를 줄지라도 근본적인 문제는 거의 다르지 않다.

처음 보기에는 부정적이라고 생각되는 것들 속에 오히려 긍정적인 배움과 경험이 기다리고 있을 수 있다. 긍정적인 가능성이 없는 사람은 아무도 없다. 어떤 사람이 심하게 고통을 겪을지라도, 그 상황 속에서 항상 창의적인 기회를 찾을 가능성은 존재한다.

매우 특별한 경우를 제외하고 대부분의 사람들은 기회와 자산을 가지고 태어난다. 그만큼 불행과 위기 또한 찾아올 것이다. 그들은 부여받은 자산과 기회를 활용할 수도 있으며, 동시에 불행이나 위기 속에 빠져들 수도 있다. 기회와 도전은 여러 가지의 형태로 나타난다. 그것을 구별하여 인식할 수 있는 능력을 배우는 것은 필수적이다. 경험이 충분한 실존주의 상담자들은 대부분 사람들의 문제와 역경을 볼 수 있을 것이고, 또한 그 사람들의 재능과 자산을 잘 활용할 수 있도록 도와줄 것이다.

삶에 대한 의미와 목적을 발견하고 이와 같은 측면에서 지속적인 배움을 갖는 것은 무엇보다도 가장 풍요롭고 만족스럽게 사는 방법 중 하나일 것이다. 이를 위해 가장 우선적으로 이루어야 할 과제가 자기 자신과의 관계를 잘 이끌어 가는 것이다. 두 번째로 지속적으로 외부적 상황에 잘 대처할 수 있는 건강한 육체적인 토대를 가꾸는 것이다. 그리고 또 다른 수준의 과업으로서 다른 사람들과의 관계적인 도전에 적절히 대처하며 협력과 화합의 능력을 깨우치는 것이다.

우주에 있어서 인간의 위치가 어디인지를 성찰하는 것 또한 진정한 의미를 발견하는 중요한 요소일 수 있다. 우리 모두는 기본적인 우주의 구조와 법칙에 의존하며 세상의 원칙을 따른다. 우리가 비록 어떤 특정한 종교 또는 신, 아니면 다른 높은 것을 믿지 않아도, 우리의 삶은 가시적인 것을 넘어서는 그 어떤 것에 더 큰 의미를 두고 있다는 것을 알 수 있다. 그 의미가 무엇인지, 왜 그런지 궁금해하는 것은 의심을 통해 건강한 사고방식을 유도하며 우리를 초월하는 무엇인가에 대한 경외심을 갖는 것이다. 그러므로 어떤 사람의 개인적인 신념이나 믿음은 자신이 원하는 형태로 유용한 것이다.

그러나 더욱 확장된 우주적이거나 과학적인 인과관계의 원칙이 결코 모든 일의 충분한 이유가 될 수 있는 것은 아니다. 그 어느 것도 신이나 운명에게 또는 문화적 환경이나 부모에게 전적으로 책임을 물을 수는 없다. 그리고 자기 자신에게 너무 비판적이고 과도한 책임을 부과하는 것 또한 소용이 없다. 우리가 참여하는 활동과 그것으로 인한 상호작용을 인식하는 것이 세상에서 안전한 위치를 찾는 유익한 시작일 것이다. 우리의 한계와 가치를 인정하는 것 역시 올바른 방향으로 가기 위한 중요한 절차다. 그리고 우리의 의무와 권한을 자각하는 것 또한 동등하게 중요하다. 그러나 가장 중요한 삶의 태도는 반대와 모순, 역설을 포함할 수 있는 능력이다. 그리고 양극단들은 너무 민감하도록 만들거나 너무 엄격하게 평가하기 때문에 보통의 평균을 넘어서는 일종의 열정적 참여라 할 수 있다.

결국 사람들은 자극을 통해 자기 자신이 정말로 중요하다고 생각하는 것에 따라 행동한다. 모든 사람은 자기 자신의 충만한 삶을 살아가기 위한 희생이 준비되었을 때에 비로소 거부할 수 없는 내면적 신호를 받는다. 숙련된 실존주의 심리치료사는 이러한 열정을 현실적으로 잘 조정할 수 있다. 여전히 사람들은 최상이라고 여겨지는 느낌을 갖기 위해 용기를 북돋게 될 것이다. 사람들은 또한 최악을 대비할 필요가 있으며 좋은 점과 나쁜 점 모두를 공유해야 하는 것을 예상할 필요가 있다는 사실을 기억하게 될 것이다. 이러한 모든 것은 다음의 속담과 같다. 어떤 것을 성취하려면 그것을 위한 대가를 지불해야 할 것이며, 대가를 지불할 가치가 있는 것은 틀림없이 최선의 노력을 기울일 가치가 있는 것이다.

마지막으로, 실존주의적 접근은 정신적 가치를 주장한다. 활력과 목표가 없고, 의지와 헌신이 없는 삶은 진부하고 기계적이고 흥미롭지 못할 것이다. 사람 안에 있는 본질 또는 조건화된 자아를 가정하지 않는 접근들 중의 하나인 실존주의적 접근의 핵심적 주제는 니체가 주창한 명언과도 같다. "자신을 의지하라. 그러면 진정한 자신이 될 것이다(Will a self and you will become a self)."

실존주의적 작업은 자신의 의지적 길을 추적하며 계획하며 디자인하는 것이다. 실존주의 상담자들은 자신들의 영향력을 통해 내담자들을 혼란에서 빠져나올 수 있도록 이끌어 준다. 상담자들은 이것을 위해 소크라테스식 문답법을 적용해 내담자들이 자신만의 진리를 탐색할 수 있도록 이끌어 준다. 실존주의 심리치료사나 상담자는 먼저 내담자가 지니고 있는 부분적인 진리를 인식하도록 하며 그것을 분명히 표현케 함으로써 내재적 모순을 탐색할 수 있도록 돕는다. 마지막으로 내담자가 그러한 진리를 더 넓은 보편적인 진리로 확대시킬 수 있도록 도움을 준다. 이 모든 과정에서 불안감이 형성된다. 하지만 이러한 불안은 가능성에 대한 솔직함이고 실패의 가능성과 책임의 필요성을 동시에 느끼고 있다는 표시다.

실존주의적 접근의 성공 여부는 상담자와 내담자가 동시에 점진적으로 동조를 느끼면서 모순이 포함된 분명한 진실을 깨닫는 것에 달려 있다. 인간 경험에 있어서 느끼며 살아가는 것과 의미를 부여하는 것, 그리고 혼돈과 당혹감을 이해하는 정도가 이러한 것에 대한 타당한 증거가 된다.

사람들은 삶이 치유될 수 있도록 애쓰거나 바꾸려는 시도를 중단할 때에 진실한 모습으로 살아난다. 그래야만 반복되는 도전들과 위기와 문제들에 대해 준비하게 되고 경험의 깊이와 진정한 헌신적인 존재로서의 현실에 대해 열린 마음을 갖게 된다. 그때가 되어서야 사람들은 놀라움과 경이로움으로 어떠한 고통과 근심이 있어도 인생은 결과적으로 살려고 노력하는 것에 가치가 있다는 것을 깨닫는다.

실존주의 심리치료사들에게 있어서 가장 흐뭇한 일은 사람들에게 가치 있는 삶을 살아가기 위한 투쟁을 도와주는 것이다. 이 과정에서 상담자와 내담자 모두가 성찰하는 것은 지구에서의 삶은 고통과 기쁨이 있고 어느 정도의 현명함이 모든 것을 바꾸기도 하는 천국과 지옥 사이의 어느 지점에 있다는 사실이다.

 추천도서

소설과 희곡

Anouilh, J. (1951) *Antigone*. London: Methuen.

Beauvoir, S. de (1954) *The Mandarins*. Harmondsworth: Penguin.

Beauvoir, S. de (1966) *A Very Easy Death*. Harmondsworth: Penguin.

Camus, A. (1947) *The Plague*. New York: Knopf, 1948.

Dostoevsky, F. (1864) *Notes from the Underground*. Harmondsworth: Penguin.

Dostoevsky, F. (1866) *Crime and Punishment*. Harmondsworth: Penguin.

Dostoevsky, F. (1880) *The Brothers Karamazov*. Harmondsworth: Penguin.

Eliot, G. (1872) *Middlemarch*. Harmondsworth: Penguin, 1999.

Fynn (1974) *Mr God, this is Anna*. Glasgow: William Collins & Co.

Goethe, J. W. von (1774) *The Sorrows of Young Werther*. Harmondsworth: Penguin, 1989.

Green, H. (1964) *I Never Promised You a Rose Garden*. New York: New American Library.

Hesse, H. (1919) *Demian*. London: Granada.

Hesse, H. (1924) *Steppenwolf*. New York: Holt, 1947.

Horwood, W. (1987) *Skallagrigg*. Harmondsworth: Penguin.

Kafka, F. (1926) *The Castle*. New York: Knopf, 1954.

Miller, A. (1953) *Mr Pye*. Harmondsworth: Penguin.

Sartre, J. P. (1938) *Nausea*. Harmondsworth: Penguin, 1962.

Sartre, J. P. (1943) *No Exit and The Flies*. New York: Knopf, 1947.

Shute, N. (1950) *A Town Like Alice*. London: Pan Books.

Steinbeck, J. (1939) *The Grapes of Wrath*. London: Pan Book, 1975.

Tolstoy, L. (1886) *The Death of Ivan Ilyich* (tr. L. Solotaroff). New York and London: Bantam Books, 1981.

Turgenev, I. (1862) *Fathers and Sons*. Harmondsworth: Penguin.

철학

Blackham, H. J. (1982) *Six Existentialist Thinkers*. New York: Harper & Row.

Buber, M. (1923) *I and Thou* (tr. W. Kaufmann). Edinburgh, T. T. Clark, 1970.

Camus, A. (1942) *The Myth of Sisyphus*. Harmondsworth: Penguin, 1975.

Friedman, M. (1964) *The Worlds of Existentialism*. Chicago and London: University of Chicago Press.

Heidegger, M. (1927) *Being and Time* (tr. J. Macquarrie and E. S. Robonson). London: Harper & Row, 1962.

Howard, A. (2000) *Philosophy for Counselling and Psychotherapy*. Basingstoke: Macmillan Press.

Jaspers, K. (1950) *The Way to Wisdom* (tr. E. Paul and C. Paul). London: Routledge & Kegan Paul, 1951.

Kaufmann, W. (ed.) (1956) *Existentialism from Dostoevsky to Sartre*. New York: Meridian.

Kierkegaard, S. (1844) *The Concept of Dread* (tr. W. Lowrie). Princeton, NJ: Princeton University Press, 1944.

Kierkegaard, S. (1846) *Concluding Unscientific Postscript* (tr. D. F. Swenson and W. Lowrie). Princeton, NJ: Princeton University Press, 1941.

Mace, C. (1999) *Heart and Soul: The Therapeutic Face of Philosophy*. London: Routledge.

MacMurray, J. (1957) *The Self as Agent*. London: Faber & Faber.

MacMurray, J. (1961) *Persons in Relation*. London: Faber & Faber.

Macquarrie, J. (1972) *Existentialism: an Introduction, Guide and Assessment*. Harmondsworth: Penguin.

Merieau Ponty, M. (1945) *Phenomenology of Perception* (tr. C. Smith). London: Routledge & Kegan Paul, 1962.

Midgley, M. (1981) *Heart and Mind*. London: Methuen.

Nietzsche, F. (1878) *Human, All Too Human: a Book for Free Spirits* (tr. R. J. Hollindale). Cambridge: Cambridge University Press, 1986.

Nietzsche, F. (1882) *The Gay Science* (tr. W. Kaufmann). New York: Random House, 1974.

Nietzsche, F. (1883) *Thus Spake Zarathustra* (tr. R. J. Hollingdale). Harmondsworth: Penguin, 1961.

Olson, R. G. (1962) *An Introduction to Existentialism*. New York: Dover Publications.

Plato (1938) *Portrait of Socrates*. London: Oxford University Press.

Ryle, G. (1949) *The Concept of Mind*. London: Hutchinson.

Sartre, J. P. (1939) *Sketch for a Theory of the Emotions*. London: Methuen, 1962.

Sartre, J. P. (1943) *Being and Nothingness* (tr. H. Barnes). New York: Philosophical Library, 1956.

Sartre, J. P. (1946) *Existentialism and Humanism* (tr. P. Mairet). London: Methuen, 1948.

Scott, N. (1978) *Mirrors of Man in Existentialism*. New York: Collins.

Spinoza, B. (1677) *Ethics* (tr. R. H. M. Elwes). New York: Dover Publications, 1955.

Warnock, M. (1970) *Existentialism*. Oxford: Oxford University Press.

실제적인 적용

Bateson, G. (1973) *Steps to an Ecology of Mind*. St Albans: Paladin.

Bettelheim, B. (1962) *Dialogues with Mothers*. New York: Avon Books.

Bettelheim, B. (1987) *A Good Enough Parent*. London: Thames & Hudson.

Binswanger, L. (1963) *Being-in-the-world: Selected Papers of Ludwig Binswanger* (tr. J. Needleman). New York: Basic Books; London: Souvenir Press, 1975.

Boss, M. (1957) *Psychoanalysis and Daseinsanalysis* (tr. J. B. Lefebre). New York: Basic Books, 1963.

Boss, M. (1979) *Existential Foundations of Medicine and Psychology*. New York: Jason Aronson.

Cohn, H. (1997) *Existential Thought and Therapeutic Practice*. London: Sage.

Collier, A. (1977) *R. D. Laing: Philosophy and Politics of Psychotherapy*. New York: Pantheon Books.

Deurzen, E. van (1998) *Paradox and Passion in Psychotherapy*. Chichester: Wiley and Sons.

Deurzen-Smith, E. van (1984) 'Existential psychotherapy', in W. Dryden (ed.), *Individual Therapy in Britain*. London: Harper & Row.

Deurzen-Smith, E. van (1997) *Everyday Mysteries: Existential Dimensions of Psychotherapy*. London: Routledge.

Du Plock, S. (ed.) (1997) *Case Studies in Existential Psychotherapy*. Chichester: Wiley and Sons.

Field, J. (1936) *A Life of One's Own*. Boston, MA: Houghton Mifflin.

Frankl, V. E. (1946) *Man's Search for Meaning*. London: Hodder & Stoughton, 1964.

Frankl, V. E. (1955) *The Doctor and the Soul*. New York: Knopf.

Frankl, V. E. (1967) *Psychotherapy and Existentialism*. Harmondsworth: Penguin.

Freud, S. (1916) 'Introductory lectures on psychoanalysis', *The Standard Edition of the Complete Psychological Works of Sigmund Freud* (tr. J. Strachey), Vol. 15. London: Hogarth, 1961.

Freud, S. (1930) 'Civilization and its discontents', *Standard Edition*, Vol. 21. London: Hogarth, 1964.

Freud, S. (1932) 'New introductory lectures on psychoanalysis', *Standard Edition*, Vol. 22. London: Hogarth, 1964.

Fromm, E. (1949) *Man for Himself*. London: Routledge & Kegan Paul.

Jaspers, K. (1964) *The Nature of Psychotherapy*. Chicago: University of Chicago Press.

Laing, R. D. (1960) *The Divided Self*. Harmondsworth: Penguin, 1970.

Laing, R. D. (1961) *The Self and Others*. Harmondsworth: Penguin, 1971.

Laing, R. D. (1967) *The Politics of Experiences*. Harmondsworth: Penguin, 1970.

Lomas, P. (1981) *The Case for a Personal Psychotherapy*. Oxford: Oxford University Press.

May, R. (1967) *Psychology and the Human Dilemma*. New York: W. W. Norton.

May, R. (1969) *Love and Will*. New York: W. W. Norton.

May, R. (1969) *Existential Psychology*. New York: Random House.

May, R. (1983) *The Discovery of Being*. New York: W. W. Norton.

May, R., Angel, E. and Ellenberger, H. F. (eds) (1958) *Existence*. New York: Basic Books.

May, R. and Yalom, E. (1985) 'Existential psychotherapy', in R. J. Corsini (ed.), *Current Psychotherapies*. Itasca, IL: Peacock.

Oatley, K. (1984) *Selves in Relation*. London: Methuen.

Rogers, C. R. and Stevens, B. (1967) *Person to Person*. London: Souvenir Press.

Ruitenbeek, M. (1982) *Psychoanalysis and Existential Philosophy*. New York: Dutton.

Schafer, R. (1976) *A New Language for Psychoanalysis*. New Haven, CT, and London: Yale University Press.

Smail, D. J. (1978) *Psychotherapy: a Personal Approach*. London: Dent.

Strasser, F. and Strasser, A. (1997) *Existential Time Limited Therapy*. Chichester: Wiley and Sons.

Szasz, T. S. (1961) *The Myth of Mental Illness*. New York: Hoeber-Harper.

Szasz, T. S. (1965) *The Ethics of Psychoanalysis*. New York: Basic Books.

Tillich, P. (1952) *The Courage To Be*. New Haven, CT: Yale University Press.

Valle, R. S. and King, M. (1978) *Existential Phenomenological Alternatives for Psychology*. Oxford: Oxford University Press.

Yalom, I. (1980) *Existential Psychotherapy*. New York: Basic Books.

Yalom, I. (1996) *Lying on the Couch*. New York: Basic Books.

Zinker, J. (1977) *Creative Process in Gestalt Therapy*. New York: Vintage Books.

446

Beauvoir, S. de (1944) 'Pyrrhus and Cinéas', in M. A. Simons, M. Timmerman and M. B. Mader (eds), *Philosophical Writings*. Urbana, IL: University of Illinois Press, 2004.

Binswanger, L. (1944) 'The case of Ellen West', in R. May, E. Angel and H. F. Ellenberger (eds), *Existence*. New York: Basic Books, 1958.

Binswanger, L. (1946) 'The existential analysis school of thought', in R. May, E. Angel and H. F. Ellenberger (eds), *Existence*. New York: Basic Books, 1958.

Binswanger, L. (1963) 'Heidegger's analytic of existence and its meaning for psychiatry', reprinted in J. Needleman (ed.), *Being-in-the-world: Selected Papers of Ludwig Binswanger*. London: Souvenir Press, 1975.

Boss, M. (1957) *Psychoanalysis and Daseinsanalysis* (tr. I. B. Lefebre). New York: Basic Books, 1963.

Buber, M. (1923) *I and Thou* (tr. W. Kaufmann). Edinburgh: T & T Clark, 1970.

Bugental, J. F. T. (1981) *The Search for Authenticity*. New York: Irvington.

Camus, A. (1942) *The Myth of Sisyphus*, (tr. J. O'Brian). Harmondsworth: Penguin, 1975.

Cohn, H. (1997) *Existential Thought and Therapeutic Practice*. London: Sage.

Cohn, H. (2002) *Heidegger and the Roots of Existential Therapy*. London: Continuum.

Cooper, M. (2003) *Existential Therapies*. London: Sage.

Deurzen, E. van (1998) *Paradox and Passion in Psychotherapy*. Chichester: Wiley and Sons.

Deurzen-Smith, E. van (2002) *Existential Counselling and Therapy in Practice* (2nd edn). London: Sage.

Deurzen, E. van (2009) *Psychotherapy and the Quest for Happiness*. London: Sage.

Deurzen, E. van (2010) *Everyday Mysteries: Handbook of Existential Psychotherapy* (2nd edition). London: Routledge.

Deurzen, E. van and Kenward, R. (2005) *Dictionary of Existential Psychotherapy and Counselling*. London: Sage.

Deurzen-Smith, E. van (1984) 'Existential psychotherapy', in W. Dryden (ed.), *Individual Therapy in Britain*. London: Harper & Row.

Deurzen-Smith, E. van (1988) *Existential Counselling and Therapy in Practice*. London:

Sage.

Deurzen-Smith, E. van (1997) *Everyday Mysteries: Existential Dimensions of Psychotherapy*. London: Routledge.

Deurzen, E. van and Adams, M. (2011) *Skills in Existential Counselling and Therapy*. London: Sage.

Du Plock, S. (ed.) (1997) *Case Studies in Existential Psychotherapy and Counselling*. Chichester: Wiley and Sons.

Frankl, V. E. (1955) *The Doctor and the Soul*. New York: Vintage Books, 1973.

Frankl, V. E. (1967) *Psychotherapy and Existentialism*. New York: Washington Square Press, 1970.

Heidegger, M. (1927) *Being and Time* (tr. J. Macquarrie and E. S. Robinson). New York: Harper & Row, 1962.

Heidegger, M. (1957) *What is Called Thinking?* (tr. J. Glenn Gray). New York: Harper & Row, 1968.

Husserl, E. (1925) *Phenomenological Psychology* (tr. J. Scanlon). The Hague: Martinus Nijhoff.

Jaspers, K. (1931) *Psychologie der Weltanschauungen* (tr. M. Franck and A. Newton), in M. Friedman, *The Worlds of Existentialism*. Chicago and London: University of Chicago Press, 1964.

Jaspers, K. (1951) *Way to Wisdom* (tr. R. Manheim). New Haven, CT, and London: Yale University Press.

Kierkegaard, S. (1844) *The Concept of Dread* (tr. W. Lowrie). Princeton, NJ: Princeton University Press, 1980.

Kierkegaard, S. (1846) *Concluding Unscientific Postscript* (tr. D. F. Swenson and W. Lowrie). Princeton, NJ: Princeton University Press, 1941.

Laing, R. D. (1960) *The Divided Self*. London: Tavistock/Harmondsworth: Penguin, 1970.

Laing, R. D. (1961) *The Self and Others*. London: Tavistock/Harmondsworth: Penguin, 1971.

Macquarrie, J. (1972) *Existentialism: an Introduction, Guide and Assessment*. Harmondsworth: Penguin.

May, R. (1950) *The Meaning of Anxiety*. New York: W. W. Norton.

May, R. (1969) *Love and Will*. New York: W. W. Norton.

May, R., Angel, E. and Ellenberger, H. F. (1958) *Existence*. New York: Basic Books.

Merleau Ponty, M. (1945) *Phenomenology of Perception* (tr. C. Smith). London: Routledge & Kegan Paul, 1962.

Midgley, M. (1981) *Heart and Mind*. London: Methuen.

Nietzsche, F. (1883) *Thus Spoke Zarathustra* (tr. R. J. Hollingdale). Harmondsworth: Penguin, 1961.

Nietzsche, F. (1886) *Beyond Good and Evil* (tr. H. Zimmern). New York: Prometheus, 1989.

Plato (2003) *The Last Days of Socrates* (tr. H. Tarrant and H. Tredennick). London: Penguin Classics.

Plato (2007) *The Republic* (tr. M. Lane, H. D. P. Lee and D. Lee). London: Penguin Classics.

Sartre, J. P. (1938) *Nausea*. Harmondsworth: Penguin, 1962.

Sartre, J. P. (1939) *Sketch for a Theory of the Emotions*. London: Methuen, 1962.

Sartre, J. P. (1943) *Being and Nothingness: an Essay on Phenomenological Ontology* (tr. H. Barnes). New York: Philosophical Library, 1956.

Sartre, J. P. (1946) *Existentialism and Humanism* (tr. P. Mairet). London: Methuen, 1948.

Schneider, K. (2007) *Existential-Integrative Psychotherapy: Guideposts to the Core of Practice*. New York: Routledge.

Spinelli, E. (2005) *The Interpreted World: an Introduction to Phenomenological Psychology*. London: Sage.

Spinelli, E. (2007) *Practising Existential Psychotherapy: the Relational World*. London: Sage.

Strasser, F. and Strasser, A. (1997) *Existential Time-Limited Therapy*. Chichester: Wiley and Sons.

Szasz, T. S. (1961) *The Myth of Mental Illness*. New York: Hoeber-Harper.

Tantam, D. (2002) *Psychotherapy and Counselling in Practice: a Narrative Approach*. Cambridge: Cambridge University Press.

Tillich, P. (1952) *The Courage to Be*. Glasgow: Collins/Fontana.

Tolstoy, L. (1886) *The Death of Ivan Ilyich* (tr. L. Solotaroff). New York and London: Bantam Books, 1981.

Von Uexküll, T. (1921) 'Unwelt und Innenwelt der Tiere', in R. May, E. Angel and H. F. Ellenberger (eds), *Existence*. New York: Basic Books, 1958.

Yalom, I. (1980) *Existential Psychotherapy*. New York: Basic Books.

 찾아보기

저자 소개

Emmy van Deurzen

뒤르첸(Emmy van Deurzen)은 실존심리치료에 대한 국제적 권위자로서 여러 나라에서 강연활동을 하고 있으며, 그의 저서는 수 개국의 언어로 번역되었다. 그녀는 Middlesex 대학교의 외래교수이며 런던에 있는 'New School of Psychotherapy and Counseling'의 학교장이다. 그녀는 또한 런던과 셰필드에서 딜레마 자문회사와 실존 아카데미를 운영하고 있다. 그녀는 이전에 Regent's College의 심리치료학부 창설자이며 초대 학장을 역임하였다. 또한 영국심리치료학회의 초대 회장을 지냈다. 그녀는 실존분석협회의 창설과 그 협회의 전문학술지인 「실존분석(Existential Analysis)」의 출간을 주도하였으며, 같은 해인 1988년 영국의 실존심리치료 및 상담의 초석이라 할 수 있는 이 책을 처음으로 출간하였다.

역자 소개

한재희(Han, Jae Hee)

한재희 교수는 백석대학교 상담학교수로서 성균관대학교를 졸업한 후 고려대학교와 서울신학대학교에서 상담심리학과 목회상담학을 전공하여 각각 석사학위를 취득하였다. 그 후 미국 텍사스에 위치한 Baylor(베일러) 대학교 대학원에서 상담심리학을 전공하여 박사학위를 취득하였다.

주요 경력으로는 한국상담학회 심리치료상담학회 회장, 전국대학교 학생생활상담센터협의회 회장, 한국가족문화상담협회 회장, 한국다문화상담학회 회장 등을 역임하였으며, 현재 백석대학교 상담대학원 원장으로 재직하고 있다.

주요 저서 및 역서로는 『상담패러다임의 이론과 실제』(교육아카데미 출판사), 『한국적 다문화상담』(학지사), 『상담이론과 실제』(공저, 학지사), 『부부 및 가족 상담』(공저, 학지사), 『사회복지실천 상담기술론』(공저, 학지사), 『상담 과정의 통합적 모델』(센게이지러닝) 외 다수의 공저서와 공역서가 있다.

또한 한재희 교수는 한국상담심리학회 상담심리사 1급(주슈퍼바이저), 한국상담학회 전문영역수련감독상담사(심리치료, 집단상담, 부부가족상담), 한국가족문화상담협회, 한국기독교상담심리학회 및 한국목회상담협회 슈퍼바이저로 활발한 임상적 활동을 하고 있으며, 특히 한국문화적 상황에서의 실존통합심리상담에 대한 이론적 체계 확립과 임상적 적용을 위해 노력하고 있다.

실존주의 상담 및 심리치료의 실제

Existential Counselling & Psychotherapy in Practice
-Third Edition-

2017년 4월 20일 1판 1쇄 발행
2024년 3월 25일 1판 3쇄 발행

지은이 • Emmy van Deurzen
옮긴이 • 한 재 희
펴낸이 • 김 진 환
펴낸곳 • ㈜ **학지사**

    04031 서울특별시 마포구 양화로 15길 20 마인드월드빌딩 5층
대표전화 • 02) 330-5114   팩스 • 02) 324-2345
등록번호 • 제313-2006-000265호

홈페이지 • http://www.hakjisa.co.kr
인스타그램 • https://www.instagram.com/hakjisabook

ISBN 978-89-997-1217-3 93180

정가 **22,000**원

역자와의 협약으로 인지는 생략합니다.
파본은 구입처에서 교환하여 드립니다.

출판미디어기업 **학지사**

간호보건의학출판 **학지사메디컬** www.hakjisamd.co.kr
심리검사연구소 **인싸이트** www.inpsyt.co.kr
학술논문서비스 **뉴논문** www.newnonmun.com
원격교육연수원 **카운피아** www.counpia.com